中国固定资产投资统计年鉴

1998

国家统计局固定资产投资统计司 编

中国统计出版社

(京)新登字 041 号

图书在版编目(CIP)数据

中国固定资产投资统计年鉴 1998/ 国家统计局固定资产投资统计司编.
—北京：中国统计出版社，1998.8
ISBN 7-5037-2839-6

Ⅰ. 中…
Ⅱ. 国…
Ⅲ. 固定资产-投资-统计资料-中国 1998-年鉴
Ⅳ. F832.48-66

中国版本图书馆 CIP 数据核字(98)第 23511 号

中国统计出版社出版
(北京西城三里河月坛南街 75 号 100826)
新 华 书 店 经 销
科伦克三菜北京印务有限公司印刷
*
787×1092 毫米　16 开本　45.625 印张　110 万字
1998 年 9 月第 1 版　1998 年 9 月北京第 1 次印刷
印数：1-1000 册
*
定价：140.00 元

《中国固定资产投资统计年鉴—1998》编委会

说　　明

《**中国固定资产投资统计年鉴—1998**》分上下两篇。

上篇由以下部分组成:

一、**全社会固定资产投资**。包括全社会固定资产投资主要指标，并按各种经济类型（国有经济、集体经济、联营经济、股份制经济、外商投资经济、港澳台投资经济和个体经济固定资产投资）分列。

二、**国有经济固定资产投资**。包括国有基本建设、国有更新改造、国有其他固定资产投资和国有房地产开发投资。

三、**集体经济固定资产投资**。包括城镇集体所有制单位建造和购置固定资产计划总投资在50万元以上的项目和农村集体所有制单位固定资产投资（乡镇企业固定资产标准是使用年限在一年以上，单位价值200元以上；除此以外的其他农村集体单位是使用年限在二年以上，单位价值50元以上）。农村集体所有制单位固定资产投资由农村抽样调查总队根据抽样调查资料推算。

四、**联营经济固定资产投资**。不同所有制性质的企业或企业、事业单位之间共同投资组成新的经济实体所进行的固定资产投资。联营经济投资只包括具备法人条件的紧密型联营企业所进行的投资。不具备法人条件的半紧密型联营企业和松散型联营企业的投资，仍按其各自的所有制性质划归经济类型。

五、**股份制经济固定资产投资**。全体股东共同出资，并以股份形式投资办企业而进行的固定资产投资。包括股份有限公司和有限责任公司。

六、**外商投资经济固定资产投资**。外国投资者根据中华人民共和国有关涉外经济的法律、法规，以合资、合作或独资的形式在中国大陆举办的企业所进行的固定资产投资。包括中外合资经营、中外合作经营和外资企业在中国大陆的投资。

七、**港澳台投资经济固定资产投资**。港澳台地区投资者根据中华人民共和国有关涉外经济的法律、法规，以及合资、合作或独资的形式在中国大陆举办的企业而进行的固定资产投资。包括与大陆合资、合作经营和独资企业在中国大陆的投资。

八、**个体经济固定资产投资**。包括市、县城、镇和工矿区所辖范围的个人建房；农村个人建房及购置生产性固定资产（使用年限在二年以上，单位价值50元以上的生产资料）的投资。农村个人固定资产投资由农村抽样调查总队根据抽样调查资料推算。

下篇由以下部分组成:

一、**基本建设固定资产投资**。内容包括:

1. 列入中央和各级地方本年基本建设计划的项目(含用军费、人防经费安排的基建工程),以及虽未列入本年基本建设计划,但使用以前年度基本建设计划内结转投资在本年继续施工的项目;

2. 用基本建设计划内投资与更新改造计划内投资合建的新建项目和新增生产能力(或效益)达到大中型项目标准的扩建项目,以及为改变生产力布局而进行的全厂性迁建项目;

3. 国有经济既未列入基本建设计划也未列入更新改造计划的总投资在50万元以上的新建、扩建、恢复和为改变生产力布局而进行的全厂性迁建项目,以及行政、事业单位增建业务用房和行政单位增建生活福利设施的项目。

二、**更新改造固定资产投资**。内容包括:

1. 列入中央和各级地方本年更新改造计划的项目,以及虽未列入本年更新改造计划,但使用以前年度更新改造计划内结转投资在本年继续施工的项目;

2. 用更新改造计划内投资与基本建设计划内投资结合安排的对企业、事业单位原有设施进行技术改造或更新的项目,增建主要车间、分厂等新增生产能力(或效益)尚未达到大中型项目标准的项目,以及由于城市环境保护和安全生产的需要而进行的迁建工程;

3. 国有经济企业、事业单位既未列入更新改造计划也未列入基本建设计划,总投资在50万元以上的属于改建或更新改造性质的项目,以及由于城市环境保护和安全生产的需要而进行的迁建工程。

三、**房地产开发固定资产投资**。内容包括:

各种经济类型的房地产开发公司、商品房建设公司及其他房地产开发单位统一开发的商品住宅、厂房、仓库、饭店、宾馆、度假村、写字楼、办公楼等房屋建筑物和配套的服务设施、土地开发工程投资,如道路、给水、排水、供电、供热、通讯、平整场地等基础设施工程。包括非房地产企业实际从事房地产开发或经营活动,不包括单纯的土地交易活动。

使用本年报资料时请注意以下几点:

1. 自一九九七年起，除房地产开发投资、农村集体投资、个人投资外，基本建设、更新改造和其他固定资产投资项目和企事业单位投资统计起点由5万元提高到50万元。为便于比较，本资料对1996年的主要数据做了同比口径的调整。

2. 本年鉴资料是直接由全国固定资产投资统计基层报表数据库加工而来，由于篇幅所限，只能编印部分内容。各资料使用单位若有特殊的资料加工需求，可与国家统计局固定资产投资统计司联系。各资料使用单位对本资料的内容编排有何意见或建议，请及时反馈，以利今后改进。

3. 因为房地产开发投资与基本建设、更新改造投资等的统计指标不完全配套，因此本年鉴资料上篇的各个部分中的有关资料，不包括房地产开发的资料，如按建设性质分的投资，财务拨款中的自筹资金来源等。

4. 本年鉴资料凡小数点后各项相加不等于总计者，均由于四舍五入的缘故。

目　　录

上　　篇

全社会固定资产投资

国有经济固定资产投资

集体经济固定资产投资

联营经济固定资产投资

股份制经济固定资产投资

外商投资经济固定资产投资

港澳台投资经济固定资产投资

个体经济固定资产投资

下　　篇

基本建设固定资产投资

更新改造固定资产投资

房地产开发固定资产投资

上　　　篇

全社会固定资产投资

全社会固定资产投资 1997 年主要指标与 1996 年比较

指　　标	1997 年	1996 年	1997 年比 1996 年增减	
			绝对数	±%
一、投资总额(亿元)	**(25318.00)**	**(22974.03)**	**(2343.97)**	**(10.2)**
	24941.11	**22913.55**	**2027.56**	**8.8**
1.按构成分				
建筑安装工程	15614.03	15109.29	504.74	3.3
设备、工具、器具购置	6044.84	4925.98	1118.86	22.7
其他费用	3282.25	2878.28	403.97	14.0
2.按三次产业分				
第一产业	647.69	587.03	60.63	10.3
第二产业	9695.55	9282.45	413.09	4.5
第三产业	14597.87	13044.06	1553.81	11.9
其中：住宅	5370.68	5187.11	183.57	3.5
二、全部项目建设规模(亿元)				
计划总投资	81764.36	75188.03	6576.33	8.7
实际需要的总投资	85652.29	79034.28	6618.01	8.4
自开始建设至本年底累计完成投资	49294.91	44009.80	5285.11	12.0
全部建成尚需投资	36357.38	35024.48	1332.90	3.8
三、新增固定资产(亿元)	**20706.71**	**18426.91**	**2279.80**	**12.4**
四、房屋建筑面积(万平方米)				
施工面积	230490.98	235258.57	−4767.59	−2.0
其中：住宅	149658.07	155508.94	−5850.87	−3.8
竣工面积	166057.13	161965.68	4091.45	2.5
其中：住宅	121100.96	121913.44	−812.48	−0.7

注：自1997年起，除房地产开发投资、农村集体投资、个人投资外，基本建设、更新改造和其他固定资产投资项目和企、事业单位投资统计起点由 5 万元提高到 50 万元。为便于比较，本篇对 1996 年的相应数据作了全面调整。调整以前的数据为原口径数，调整后的为新口径数。括号内的数为原口径数，以下各表相同。

全社会固定资产投资主要指标(一)

指　　标	合　计	国有经济	集体经济	农村	个体经济	农村
一、投资总额(亿元)	**24941.11**	**13091.72**	**3850.87**	**3055.64**	**3429.42**	**2691.16**
1.按构成分						
建筑安装工程	15614.03	8035.30	2157.46	1613.64	3100.83	2374.15
设备、工具、器具购置	6044.84	3110.54	1332.51	1191.32	220.99	220.13
其他费用	3282.25	1945.88	360.91	250.68	107.60	96.87
2.按三次产业分						
第一产业	647.69	138.92	102.92	95.89	388.25	388.25
第二产业	9695.55	5158.52	2236.01	1985.90	53.78	53.78
第三产业	14597.87	7794.28	1511.91	973.85	2987.39	2249.13
其中：住宅	5370.68	1745.77	424.49	160.36	2500.52	1890.65
二、全部项目建设规模(亿元)						
计划总投资	81764.36	49162.43	8370.79	6111.27②	3501.87①	2691.16①
实际需要的总投资	85652.29	51776.80	8493.63	6111.27②	3505.27①	2691.16①
自开始建设至本年底累计完成投资	49294.91	30303.38	4573.69	3055.64①	3452.09①	2691.16①
全部建成尚需投资	36357.38	21473.42	3919.94	3055.64①	53.17③	
三、新增固定资产(亿元)	**20706.71**	**10420.60**	**3722.37**	**3055.64①**	**3413.80**	**2691.16①**
四、房屋建筑面积(万平方米)						
施工面积	230490.98	66129.87	30537.01	20442.90	107288.25	89308.83
其中：住宅	149658.07	35096.08	10080.75	3803.05	92735.23	77287.04
竣工面积	166057.13	31747.33	22606.47	17679.07	103593.66	85887.87
其中：住宅	121100.96	18016.72	6276.01	3263.76	92563.96	77287.04

注：①以当年投资代替。②以当年投资乘以2代替。③房地产统计中私营经济的投资。

全社会固定资产投资主要指标(二)

指　　标	联营经济	股份制经济	外商投资经济	港澳台投资经济	其他经济
一、投资总额(亿元)	**123.12**	**1387.21**	**1955.94**	**937.14**	**165.68**
1.按构成分					
建筑安装工程	72.68	690.14	943.12	510.17	104.32
设备、工具、器具购置	23.17	399.24	690.63	234.96	32.81
其他费用	27.28	297.84	322.19	192.01	28.55
2.按三次产业分					
第一产业	0.96	6.61	5.05	2.70	2.25
第二产业	30.73	705.81	1163.33	312.61	34.75
第三产业	91.43	674.79	787.56	621.83	128.68
其中：住宅	26.18	258.62	203.14	184.44	27.53
二、全部项目建设规模(亿元)					
计划总投资	608.35	5856.33	8911.11	4930.90	422.58
实际需要的总投资	652.45	6118.96	9310.34	5335.48	459.37
自开始建设至本年底累计完成投资	298.16	2897.99	4755.33	2726.43	287.82
全部建成尚需投资	354.29	3220.97	4555.01	2609.05	171.55
三、新增固定资产(亿元)	**88.13**	**904.06**	**1386.92**	**667.74**	**103.09**
四、房屋建筑面积(万平方米)					
施工面积	1051.05	8787.45	8503.88	7091.28	1102.19
其中：住宅	631.54	4790.44	2966.69	2780.31	577.03
竣工面积	360.65	3258.61	2503.18	1551.84	435.39
其中：住宅	235.81	1958.61	1026.37	801.87	221.61

各地区全社会全部项目计划总投资(一)

单位：亿元

地区	合计	国有经济	集体经济		个体经济	
				农村		农村
全国总计	**81764.36**	**49162.43**	**8370.79**	**6111.27**	**3501.87**	**2691.16**
北京	5237.89	3309.37	152.82	77.02	38.78	36.93
天津	1467.09	867.46	124.97	104.78	23.49	10.63
河北	3286.84	1667.17	868.67	797.53	189.99	145.61
山西	1314.84	1018.55	44.48	26.66	41.99	31.77
内蒙古	844.36	721.65	24.35	16.87	46.04	39.01
辽宁	3008.24	1854.25	207.46	126.44	88.15	68.69
吉林	1129.47	732.83	64.01	57.09	36.50	24.60
黑龙江	1433.23	1171.27	46.38	32.20	69.26	52.68
上海	8419.34	4982.26	701.00	332.31	59.87	20.55
江苏	5027.73	1980.62	1093.85	902.12	372.70	329.88
浙江	4390.59	1816.35	811.59	657.50	332.06	238.91
安徽	1840.35	919.94	289.12	248.33	147.71	119.51
福建	2890.68	1147.84	211.22	145.32	146.20	86.55
江西	834.90	588.55	29.83	14.30	89.62	71.88
山东	4656.64	2637.72	1081.02	937.00	241.93	198.68
河南	3243.02	2056.82	443.68	367.18	299.29	244.08
湖北	3909.59	2514.69	205.25	154.76	129.72	90.14
湖南	1714.94	1081.40	172.87	145.39	197.84	145.75
广东	9516.18	4919.29	974.72	393.23	267.82	208.12
广西	1596.77	913.78	131.69	89.58	144.95	91.42
海南	886.74	281.26	14.84	9.17	12.08	5.71
重庆	1353.00	771.11	124.37	88.77	78.75	56.48
四川	2702.79	1775.68	258.70	193.59	149.20	122.82
贵州	743.48	503.82	34.44	23.50	39.20	33.18
云南	1552.77	1044.38	108.96	83.52	76.89	66.14
西藏	96.75	83.66	0.66	0.43	0.89	
陕西	1168.51	847.01	61.43	35.37	87.92	76.18
甘肃	741.67	508.44	32.33	14.08	28.83	26.76
青海	328.56	247.28	9.13	6.80	5.00	3.70
宁夏	277.77	250.19	6.29	4.24	11.34	9.81
新疆	1839.14	1668.85	40.66	26.21	47.85	35.00
不分地区	4310.49	4278.93				

各地区全社会全部项目计划总投资(二)

单位：亿元

地　　区	联营经济	股份制经济	外商投资经济	港澳台投资经济	其他经济
全国总计	**608.35**	**5856.33**	**8911.11**	**4930.90**	**422.58**
北　京	7.68	238.28	851.87	637.02	2.07
天　津	4.75	102.84	275.32	66.03	2.23
河　北	2.63	214.07	274.86	64.30	5.15
山　西	3.51	32.74	168.41	3.62	1.54
内蒙古	0.42	47.14	4.50	0.24	0.02
辽　宁	1.80	224.44	445.08	180.87	6.19
吉　林	6.42	84.20	194.65	8.43	2.43
黑龙江	2.77	49.73	57.11	31.95	4.76
上　海	240.28	293.32	1303.14	623.80	215.67
江　苏	15.17	320.93	1011.24	227.61	5.61
浙　江	44.92	807.98	379.07	183.59	15.03
安　徽	4.25	270.33	185.63	18.45	4.92
福　建	33.06	180.61	477.71	669.62	24.42
江　西	2.81	74.77	29.34	17.17	2.81
山　东	12.94	167.75	380.16	128.24	6.88
河　南	1.11	208.88	123.72	97.02	12.50
湖　北	21.32	376.95	343.91	276.01	41.74
湖　南	2.25	92.74	128.75	36.15	2.94
广　东	155.62	554.96	1201.67	1420.62	21.48
广　西	3.95	126.64	237.27	36.90	1.59
海　南	9.95	104.05	417.51	35.51	11.54
重　庆	4.93	183.66	72.77	109.15	8.26
四　川	6.38	380.79	102.84	15.05	14.15
贵　州	0.91	123.49	37.15	2.98	1.49
云　南	7.17	233.62	55.80	21.46	4.49
西　藏	0.07	11.09			0.38
陕　西	8.61	115.71	44.05	3.21	0.57
甘　肃	0.64	108.66	54.01	8.51	0.25
青　海	0.62	16.91	46.85	2.38	0.39
宁　夏	0.17	7.12	1.06	1.60	
新　疆	1.24	70.38	5.66	3.40	1.10
不分地区		31.56			

各地区全社会全部项目实际需要总投资(一)

单位：亿元

地区	合计	国有经济	集体经济	农村	个体经济	农村
全国总计	**85652.29**	**51776.80**	**8493.63**	**6111.27**	**3505.27**	**2691.16**
北京	5600.81	3461.71	157.03	77.02	38.78	36.93
天津	1516.22	883.90	127.32	104.78	23.32	10.63
河北	3349.01	1677.47	871.36	797.53	190.05	145.61
山西	1365.88	1059.99	46.31	26.66	41.99	31.77
内蒙古	964.33	841.00	24.62	16.87	46.06	39.01
辽宁	3127.60	1923.04	211.72	126.44	89.65	68.69
吉林	1177.31	769.68	64.81	57.09	36.50	24.60
黑龙江	1510.32	1245.75	46.97	32.20	69.35	52.68
上海	8684.22	5125.79	704.56	332.31	57.40	20.55
江苏	5149.82	2053.99	1103.20	902.12	372.70	329.88
浙江	4553.40	1903.93	836.11	657.50	332.05	238.91
安徽	1897.89	951.62	289.79	248.33	147.83	119.51
福建	3043.78	1208.90	216.66	145.32	147.25	86.55
江西	868.08	617.43	30.24	14.30	89.71	71.88
山东	4806.40	2748.13	1085.94	937.00	241.93	198.68
河南	3340.73	2112.58	446.66	367.18	299.29	244.08
湖北	4004.62	2569.12	209.89	154.76	130.00	90.14
湖南	1790.33	1146.14	174.15	145.39	198.09	145.75
广东	10024.22	5157.21	1006.62	393.23	269.53	208.12
广西	1638.85	945.64	132.69	89.58	144.95	91.42
海南	929.49	314.10	15.48	9.17	12.08	5.71
重庆	1560.30	942.03	126.62	88.77	79.44	56.48
四川	2929.54	1961.93	263.61	193.59	149.22	122.82
贵州	773.51	528.32	35.65	23.50	39.26	33.18
云南	1623.41	1103.22	111.87	83.52	76.89	66.14
西藏	98.06	84.98	0.65	0.43	0.89	
陕西	1217.37	886.69	63.24	35.37	87.91	76.18
甘肃	761.27	522.41	33.51	14.08	28.83	26.76
青海	374.44	292.66	9.23	6.80	5.00	3.70
宁夏	280.31	252.30	6.33	4.24	11.35	9.81
新疆	1870.63	1696.55	40.80	26.21	47.98	35.00
不分地区	4820.14	4788.58				

各地区全社会全部项目实际需要总投资(二)

单位：亿元

地　　区	联营经济	股份制经济	外商投资经济	港澳台投资经济	其他经济
全国总计	**652.45**	**6118.96**	**9310.34**	**5335.48**	**459.37**
北　　京	8.56	250.24	930.59	751.53	2.37
天　　津	15.17	106.12	295.51	62.64	2.24
河　　北	2.87	246.32	285.57	70.15	5.23
山　　西	3.65	37.81	170.58	3.72	1.83
内 蒙 古	0.42	47.36	4.64	0.22	0.02
辽　　宁	2.01	237.78	463.62	193.39	6.37
吉　　林	6.82	86.34	200.99	9.68	2.49
黑 龙 江	2.77	48.96	58.76	33.01	4.76
上　　海	249.66	305.54	1351.06	656.54	233.67
江　　苏	16.53	332.55	1026.47	238.58	5.81
浙　　江	48.25	826.49	396.59	194.54	15.44
安　　徽	4.27	284.84	187.71	18.74	13.08
福　　建	37.36	183.29	514.63	710.05	25.63
江　　西	2.83	75.46	31.50	18.06	2.87
山　　东	13.79	174.87	395.00	139.25	7.47
河　　南	1.12	226.86	136.16	105.09	12.98
湖　　北	22.92	384.68	353.35	292.63	42.03
湖　　南	2.26	95.51	133.37	37.85	2.96
广　　东	163.88	607.85	1259.79	1535.86	23.48
广　　西	4.00	130.15	241.76	38.04	1.63
海　　南	11.40	107.86	418.82	38.21	11.54
重　　庆	4.99	193.63	81.72	122.29	9.59
四　　川	6.80	396.80	119.40	15.37	16.41
贵　　州	0.94	125.05	39.08	3.58	1.64
云　　南	7.17	238.55	57.76	22.82	5.14
西　　藏	0.07	11.09			0.38
陕　　西	9.25	118.70	47.62	3.38	0.57
甘　　肃	0.66	109.54	54.35	11.72	0.25
青　　海	0.63	17.28	46.86	2.40	0.38
宁　　夏	0.18	7.33	1.09	1.73	
新　　疆	1.24	72.59	5.96	4.39	1.11
不分地区		31.56			

各地区全社会全部项目累计完成投资(一)

单位：亿元

地区	合计	国有经济	集体经济	农村	个体经济	农村
全国总计	**49294.91**	**30303.38**	**4573.69**	**3055.64**	**3452.09**	**2691.16**
北京	2641.94	1584.49	85.06	38.51	38.78	36.93
天津	933.35	585.48	68.25	52.39	17.38	10.63
河北	2070.96	1088.79	448.83	398.76	190.02	145.61
山西	877.15	745.70	26.78	13.33	41.99	31.77
内蒙古	747.11	645.36	15.04	8.43	46.04	39.01
辽宁	2013.65	1255.62	127.79	63.22	88.81	68.69
吉林	844.75	584.83	34.74	28.55	36.50	24.60
黑龙江	1182.58	978.77	28.03	16.10	69.35	52.68
上海	5080.25	3136.65	360.26	166.16	42.69	20.55
江苏	3167.24	1357.74	602.71	451.06	372.70	329.88
浙江	2603.03	1086.98	457.68	328.75	331.52	238.91
安徽	1156.91	627.33	150.75	124.17	147.02	119.51
福建	1726.52	810.16	115.32	72.66	144.05	86.55
江西	551.99	395.83	18.19	7.15	89.65	71.88
山东	2883.41	1642.42	565.81	468.50	241.90	198.68
河南	2051.80	1244.37	238.24	183.59	299.29	244.08
湖北	2165.99	1369.46	116.12	77.38	128.50	90.14
湖南	1121.07	713.15	92.71	72.69	197.26	145.75
广东	5441.58	2866.19	563.29	196.61	255.25	208.12
广西	895.92	515.01	67.00	44.79	144.95	91.42
海南	412.71	183.85	9.03	4.59	12.08	5.71
重庆	686.30	369.99	64.31	44.38	71.79	56.48
四川	1741.70	1135.67	149.63	96.80	148.78	122.82
贵州	438.08	312.32	19.95	11.75	38.95	33.18
云南	981.38	687.52	61.10	41.76	76.89	66.14
西藏	69.90	65.66	0.41	0.22	0.89	
陕西	769.69	566.31	33.15	17.69	87.87	76.18
甘肃	480.55	347.42	20.12	7.04	28.83	26.76
青海	181.16	160.83	5.04	3.40	5.00	3.70
宁夏	168.16	145.71	3.81	2.12	11.26	9.81
新疆	1040.92	935.00	24.55	13.11	46.13	35.00
不分地区	2167.18	2158.74				

各地区全社会全部项目累计完成投资(二)

单位：亿元

地区	联营经济	股份制经济	外商投资经济	港澳台投资经济	其他经济
全国总计	**298.16**	**2897.99**	**4755.33**	**2726.43**	**287.82**
北京	3.42	98.71	495.20	334.51	1.77
天津	2.49	57.01	155.42	46.69	0.62
河北	1.83	145.84	138.57	53.96	3.11
山西	1.36	22.55	34.01	3.09	1.68
内蒙古	0.31	36.89	3.24	0.22	0.02
辽宁	1.78	157.42	267.22	111.68	3.33
吉林	3.83	34.98	141.80	6.04	2.03
黑龙江	1.51	34.17	46.46	20.40	3.89
上海	110.58	175.10	699.18	414.11	141.67
江苏	13.37	158.68	503.78	154.38	3.89
浙江	26.29	314.29	291.86	83.27	11.15
安徽	2.15	127.84	89.70	9.08	3.04
福建	18.83	66.90	255.51	298.38	17.37
江西	1.85	19.58	13.64	11.07	2.19
山东	10.89	119.18	225.54	73.31	4.36
河南	0.89	131.84	83.49	47.92	5.76
湖北	17.36	155.10	200.64	143.70	35.11
湖南	1.33	38.06	52.25	24.28	2.04
广东	50.89	326.22	617.45	748.21	14.08
广西	2.34	52.12	90.68	22.66	1.16
海南	4.81	59.00	113.87	22.07	8.00
重庆	1.52	82.21	35.95	55.17	5.36
四川	4.48	200.87	83.53	8.71	10.03
贵州	0.49	46.81	16.91	1.62	1.02
云南	2.97	101.07	34.41	14.55	2.87
西藏	0.07	2.71			0.16
陕西	8.53	51.18	19.39	2.77	0.49
甘肃	0.21	37.66	38.88	7.19	0.24
青海	0.52	5.69	1.37	2.38	0.32
宁夏	0.16	5.07	0.65	1.50	
新疆	1.09	24.80	4.74	3.53	1.08
不分地区		8.44			

按管理渠道分的全社会固定资产投资

1997年主要指标与1996年比较

指　　标	1997年	1996年	1997年比1996年增减	
			绝对数	±%
投资总额(亿元)	**(25318.00)**	**(22974.03)**	**(2343.97)**	**(10.2)**
	24941.11	**22913.55**	**2027.56**	**8.8**
一、基本建设投资	**9917.02**	**8570.79**	**1346.23**	**15.7**
计划总投资	42847.70	36767.00	6080.70	16.5
实际需要的总投资	45055.84	38921.91	6133.93	15.8
自开始建设至本年底				
累计完成投资	24671.06	21039.94	3631.12	17.3
全部建成尚需投资	20384.78	17881.97	2502.81	14.0
新增固定资产	7443.15	6129.65	1313.50	21.4
二、更新改造投资	**3921.94**	**3615.00**	**306.94**	**8.5**
计划总投资	9392.85	9351.15	41.70	0.5
实际需要的总投资	9691.54	9788.84	−97.30	−1.0
自开始建设至本年底				
累计完成投资	6763.31	6300.20	463.11	7.4
全部建成尚需投资	2928.23	3488.64	−560.41	−16.1
新增固定资产	3250.55	2995.31	255.24	8.5
三、房地产开发投资	**3178.37**	**3216.44**	**−38.07**	**−1.2**
计划总投资	16392.40	16561.49	−169.09	−1.0
实际需要的总投资	17685.72	17704.53	−18.81	−0.1
自开始建设至本年底				
累计完成投资	9109.72	8439.89	669.83	7.9
全部建成尚需投资	8576.00	9264.64	−688.64	−7.4
新增固定资产	2413.43	2105.13	308.30	14.7

各地区按三次产业分的全社会固定资产投资

单位：亿元

地　　区	合　　计	第一产业	第二产业	第三产业
全国总计	**24941.11**	**647.69**	**9695.55**	**14597.87**
北　　京	989.71	9.19	223.00	757.51
天　　津	500.67	5.63	264.01	231.03
河　　北	1425.98	53.23	648.69	724.07
山　　西	376.74	5.73	199.44	171.58
内 蒙 古	278.65	18.48	137.38	122.79
辽　　宁	986.62	13.71	444.85	528.06
吉　　林	361.17	10.75	212.56	137.87
黑 龙 江	669.86	30.17	343.25	296.44
上　　海	1981.48	4.70	661.21	1315.58
江　　苏	2174.97	42.56	980.96	1151.45
浙　　江	1608.56	26.50	605.50	976.55
安　　徽	677.85	16.33	276.72	384.80
福　　建	880.88	11.19	274.21	595.48
江　　西	329.45	13.39	93.20	222.86
山　　东	1742.53	75.78	898.37	768.38
河　　南	1209.50	53.49	488.31	667.70
湖　　北	1023.50	17.71	433.44	572.36
湖　　南	667.39	21.46	199.29	446.64
广　　东	2291.05	25.45	595.79	1669.81
广　　西	479.80	14.21	118.17	347.42
海　　南	161.48	7.09	40.40	113.98
重　　庆	375.57	8.02	133.56	234.00
四　　川	926.34	24.47	391.32	510.55
贵　　州	222.30	9.75	107.91	104.65
云　　南	538.60	13.78	185.74	339.08
西　　藏	34.50	1.43	9.15	23.92
陕　　西	393.16	10.97	138.28	243.90
甘　　肃	242.08	7.60	126.71	107.78
青　　海	88.44	3.39	54.43	30.61
宁　　夏	85.84	3.03	37.37	45.45
新　　疆	446.99	55.02	194.78	197.19
不分地区	769.44	33.51	177.55	558.39

各地区全社会固定资产投资(一)

单位：亿元

地　　区	合　　计	国有经济	集体经济	农村	个体经济	农村
全国总计	**24941.11**	**13091.72**	**3850.87**	**3055.64**	**3429.42**	**2691.16**
北　　京	989.71	600.69	53.37	38.51	38.78	36.93
天　　津	500.67	279.12	61.77	52.39	17.38	10.63
河　　北	1425.98	641.67	439.52	398.76	189.43	145.61
山　　西	376.74	280.41	20.86	13.33	41.99	31.77
内 蒙 古	278.65	197.32	12.38	8.43	45.97	39.01
辽　　宁	986.62	573.76	97.36	63.22	87.16	68.69
吉　　林	361.17	223.43	33.17	28.55	36.50	24.60
黑 龙 江	669.86	530.96	23.27	16.10	69.02	52.68
上　　海	1981.48	1151.05	254.79	166.16	31.71	20.55
江　　苏	2174.97	783.07	561.68	451.06	372.70	329.88
浙　　江	1608.56	547.17	397.97	328.75	331.26	238.91
安　　徽	677.85	283.37	141.97	124.17	147.01	119.51
福　　建	880.88	368.64	94.27	72.66	141.89	86.55
江　　西	329.45	199.12	15.16	7.15	89.64	71.88
山　　东	1742.53	767.66	528.64	468.50	241.90	198.68
河　　南	1209.50	555.08	222.67	183.59	299.29	244.08
湖　　北	1023.50	542.01	106.64	77.38	127.57	90.14
湖　　南	667.39	333.01	84.48	72.69	196.41	145.75
广　　东	2291.05	1054.32	322.83	196.61	253.27	208.12
广　　西	479.80	222.83	54.95	44.79	144.94	91.42
海　　南	161.48	75.51	5.68	4.59	12.08	5.71
重　　庆	375.57	176.31	55.07	44.38	71.16	56.48
四　　川	926.34	514.87	127.97	96.80	148.61	122.82
贵　　州	222.30	141.84	14.93	11.75	38.84	33.18
云　　南	538.60	341.50	51.30	41.76	76.89	66.14
西　　藏	34.50	31.58	0.41	0.22	0.89	
陕　　西	393.16	239.66	24.74	17.69	87.87	76.18
甘　　肃	242.08	169.97	13.58	7.04	28.83	26.76
青　　海	88.44	72.37	4.51	3.40	5.00	3.70
宁　　夏	85.84	65.98	3.66	2.12	11.26	9.81
新　　疆	446.99	363.42	21.26	13.11	44.18	35.00
不分地区	769.44	764.00				

注：不分地区包括跨省、市、区项目和各部门统一购置的设备、铁路机车、车辆、飞机等，以及用军费和人防经费安排的基本建设工程完成的投资（以下各表同）。

各地区全社会固定资产投资(二)

单位：亿元

地　　区	联营经济	股份制经济	外商投资经济	港澳台投资经济	其他经济
全国总计	**123.12**	**1387.21**	**1955.94**	**937.14**	**165.68**
北　京	1.43	35.77	160.71	97.77	1.18
天　津	2.04	25.85	101.40	12.49	0.62
河　北	1.12	62.26	78.31	11.43	2.24
山　西	0.79	11.36	19.07	0.95	1.31
内蒙古	0.17	20.11	2.52	0.16	0.02
辽　宁	1.17	78.33	98.97	47.76	2.12
吉　林	1.27	19.54	43.46	2.07	1.73
黑龙江	0.61	13.01	22.51	7.42	3.04
上　海	37.07	76.38	260.50	107.00	62.97
江　苏	5.72	89.01	288.78	71.34	2.65
浙　江	11.45	167.38	119.06	27.94	6.33
安　徽	0.72	62.66	37.16	3.42	1.54
福　建	7.75	37.15	101.28	118.82	11.08
江　西	0.88	11.39	7.17	5.37	0.71
山　东	3.23	66.91	106.78	23.86	3.56
河　南	0.70	72.02	35.35	21.25	3.15
湖　北	13.24	72.76	74.66	54.78	31.84
湖　南	0.89	19.30	23.33	8.37	1.60
广　东	18.66	126.46	243.86	265.09	6.56
广　西	1.18	19.70	28.09	7.38	0.73
海　南	3.49	31.31	20.51	6.49	6.40
重　庆	1.14	35.40	15.46	17.50	3.51
四　川	1.64	91.14	30.07	5.09	6.94
贵　州	0.42	17.05	7.96	0.63	0.63
云　南	1.85	47.82	11.61	6.29	1.34
西　藏	0.06	1.41			0.16
陕　西	3.14	31.20	5.16	1.00	0.40
甘　肃	0.21	17.83	9.03	2.48	0.16
青　海	0.36	4.98	0.78	0.31	0.12
宁　夏	0.04	3.59	0.58	0.74	
新　疆	0.70	12.69	1.79	1.90	1.05
不分地区		5.43			

各地区全社会新增固定资产(一)

单位：亿元

地区	合计	国有经济	集体经济	农村	个体经济	农村
全国总计	**20706.71**	**10420.60**	**3722.37**	**3055.64**	**3413.80**	**2691.16**
北京	715.29	456.43	53.87	38.51	38.78	36.93
天津	333.39	208.14	57.96	52.39	17.02	10.63
河北	1157.31	437.82	431.91	398.76	188.29	145.61
山西	315.79	239.03	18.99	13.33	41.99	31.77
内蒙古	217.27	147.92	13.08	8.43	46.02	39.01
辽宁	769.36	427.33	91.13	63.22	85.47	68.69
吉林	354.21	190.67	32.17	28.55	36.50	24.60
黑龙江	559.33	433.84	22.44	16.10	68.92	52.68
上海	1345.26	737.05	225.35	166.16	30.07	20.55
江苏	1885.89	690.03	549.94	451.06	372.70	329.88
浙江	1454.74	452.97	394.72	328.75	331.24	238.91
安徽	620.74	257.96	139.92	124.17	146.66	119.51
福建	780.60	347.94	88.64	72.66	140.39	86.55
江西	324.41	205.02	13.02	7.15	89.46	71.88
山东	1554.08	626.36	520.32	468.50	241.81	198.68
河南	1082.82	496.50	214.69	183.59	299.28	244.08
湖北	781.23	377.81	97.73	77.38	126.95	90.14
湖南	568.13	257.56	83.17	72.69	196.27	145.75
广东	1845.97	775.68	304.92	196.61	250.07	208.12
广西	423.56	194.66	54.41	44.79	144.94	91.42
海南	122.19	57.77	5.17	4.59	12.08	5.71
重庆	326.57	146.51	52.41	44.38	69.70	56.48
四川	735.73	362.19	125.47	96.80	147.85	122.82
贵州	182.68	115.22	15.52	11.75	38.86	33.18
云南	396.64	238.81	50.64	41.76	76.89	66.14
西藏	22.29	19.60	0.41	0.22	0.89	
陕西	290.74	172.64	23.05	17.69	87.78	76.18
甘肃	198.33	118.05	12.71	7.04	28.83	26.76
青海	82.89	70.27	4.37	3.40	5.00	3.70
宁夏	93.84	74.04	3.57	2.12	11.20	9.81
新疆	384.32	303.69	20.71	13.11	41.92	35.00
不分地区	781.10	781.08				

各地区全社会新增固定资产(二)

单位：亿元

地　区	联营经济	股份制经济	外商投资经济	港澳台投资经济	其他经济
全国总计	**88.13**	**904.06**	**1386.92**	**667.74**	**103.09**
北　京	0.60	29.17	104.41	30.92	1.11
天　津	0.14	9.85	35.66	4.59	0.04
河　北	1.29	35.56	52.86	7.65	1.94
山　西	0.08	10.82	2.24	1.38	1.25
内蒙古	0.01	7.24	2.77	0.21	0.02
辽　宁	1.00	43.85	88.11	30.22	2.24
吉　林	0.09	15.59	75.82	1.61	1.77
黑龙江	0.54	10.26	12.68	7.61	3.04
上　海	34.26	59.83	128.38	105.26	25.07
江　苏	5.70	58.08	145.73	62.31	1.40
浙　江	9.17	124.29	109.57	27.75	5.02
安　徽	0.32	32.75	40.49	1.83	0.81
福　建	3.89	24.23	84.42	82.35	8.75
江　西	0.63	6.65	5.80	3.26	0.58
山　东	4.56	45.33	96.36	17.32	2.02
河　南	0.64	24.45	30.38	14.28	2.60
湖　北	10.08	51.82	53.29	34.21	29.35
湖　南	0.34	9.46	14.22	5.82	1.28
广　东	8.62	110.83	199.04	191.71	5.10
广　西	0.96	9.82	13.05	5.15	0.57
海　南	0.79	18.48	25.73	1.05	1.12
重　庆	0.72	24.39	10.80	20.52	1.50
四　川	0.97	69.52	23.60	2.43	3.69
贵　州	0.16	9.09	3.36	0.07	0.41
云　南	1.01	15.23	10.14	3.35	0.57
西　藏	0.07	1.22			0.11
陕　西	0.15	4.25	1.92	0.58	0.37
甘　肃	0.14	22.81	14.41	1.16	0.22
青　海	0.48	2.50	0.18	0.01	0.07
宁　夏	0.12	3.73	0.41	0.78	
新　疆	0.60	12.95	1.07	2.33	1.05
不分地区		0.02			

各地区全社会住宅建设投资(一)

单位：亿元

地区	合计	国有经济	集体经济	农村	个体经济	农村
全国总计	**5370.68**	**1745.77**	**424.49**	**160.36**	**2500.52**	**1890.65**
北京	257.23	149.54	17.25	9.63	21.46	19.72
天津	77.62	42.96	8.53	3.95	11.27	5.33
河北	229.64	69.33	17.00	8.24	131.77	95.57
山西	70.51	36.07	2.94	0.56	29.19	19.83
内蒙古	58.15	31.07	1.83	0.22	23.42	17.50
辽宁	197.30	86.63	19.39	3.73	59.51	46.75
吉林	58.63	30.13	2.14	1.05	20.38	10.14
黑龙江	114.86	63.89	4.74	1.46	39.60	26.73
上海	296.49	149.86	34.99	7.28	23.14	18.44
江苏	507.32	114.95	44.23	12.28	309.80	273.37
浙江	421.05	74.92	25.99	4.36	262.47	183.04
安徽	155.88	32.80	14.68	9.05	99.15	78.92
福建	213.34	42.51	15.21	6.35	111.66	65.97
江西	100.13	22.92	2.96	0.58	68.68	53.48
山东	325.16	95.60	50.13	34.08	158.89	123.17
河南	301.43	59.07	13.20	6.89	214.89	168.95
湖北	206.88	62.25	11.02	4.74	100.20	69.37
湖南	223.74	45.22	13.94	9.52	157.69	115.27
广东	615.57	182.80	74.92	19.99	202.00	164.20
广西	163.36	28.95	5.37	2.28	121.00	70.60
海南	27.41	12.71	0.80	0.40	10.99	5.03
重庆	100.82	26.39	8.14	3.58	48.93	38.44
四川	213.64	67.42	18.16	4.95	102.51	82.24
贵州	40.56	14.86	1.45	0.13	20.04	15.12
云南	111.83	52.45	4.54	2.95	47.59	39.46
西藏	4.08	3.10	0.09	0.08	0.84	
陕西	109.54	39.00	3.48	0.45	61.63	51.63
甘肃	46.93	24.91	3.50	0.58	12.24	10.59
青海	13.36	10.05	0.22	0.03	2.32	1.44
宁夏	16.31	8.47	1.12	0.17	5.53	4.64
新疆	69.63	42.63	2.51	0.81	21.75	15.71
不分地区	22.29	22.29				

各地区全社会住宅建设投资(二)

单位：亿元

地　　区	联营经济	股份制经　济	外商投资经济	港澳台投资经济	其他经济
全国总计	**26.18**	**258.62**	**203.14**	**184.44**	**27.53**
北　　京	0.62	23.61	30.26	14.27	0.21
天　　津	1.05	6.19	4.22	3.00	0.39
河　　北	0.06	6.80	4.11	0.50	0.06
山　　西	0.01	1.03	0.60	0.47	0.20
内 蒙 古	0.01	1.61	0.17	0.02	0.02
辽　　宁	0.30	14.55	9.96	6.74	0.23
吉　　林		4.31	1.28	0.34	0.06
黑 龙 江	0.15	3.45	1.81	0.50	0.72
上　　海	8.44	5.85	34.70	26.33	13.17
江　　苏	1.42	14.97	9.93	11.69	0.33
浙　　江	3.45	40.95	6.51	4.89	1.88
安　　徽	0.27	5.96	1.96	0.79	0.29
福　　建	2.54	8.54	14.59	15.44	2.86
江　　西	0.13	1.90	1.39	2.15	
山　　东	0.98	8.04	5.78	4.87	0.86
河　　南	0.03	4.67	4.66	4.69	0.20
湖　　北	0.96	8.38	10.47	12.94	0.66
湖　　南	0.20	2.91	2.18	1.39	0.21
广　　东	4.16	49.60	37.23	63.73	1.13
广　　西	0.37	3.27	2.67	1.58	0.14
海　　南	0.11	1.01	1.17	0.48	0.15
重　　庆	0.11	8.01	3.89	4.45	0.90
四　　川	0.31	17.09	5.21	0.52	2.43
贵　　州	0.03	2.45	1.53	0.17	0.03
云　　南	0.05	4.02	2.48	0.38	0.32
西　　藏	0.01	0.01			0.03
陕　　西	0.25	3.35	1.72	0.08	0.02
甘　　肃		2.11	2.22	1.92	0.03
青　　海	0.12	0.59	0.05	0.01	
宁　　夏		0.98	0.20	0.01	
新　　疆	0.03	2.41	0.19	0.11	0.01
不分地区					

各地区全社会建筑安装工程投资(一)

单位：亿元

地　　区	合　　计	国有经济	集体经济	农村	个体经济	农村
全国总计	**15614.03**	**8035.30**	**2157.46**	**1613.64**	**3100.83**	**2374.15**
北　　京	606.03	370.48	37.08	24.34	35.50	33.64
天　　津	285.92	172.87	27.47	20.56	16.93	10.54
河　　北	861.25	412.52	214.56	189.27	164.53	121.15
山　　西	247.88	182.09	15.99	10.17	34.72	24.49
内 蒙 古	175.47	115.77	9.06	6.14	39.36	32.42
辽　　宁	618.16	369.82	58.79	34.84	74.62	57.29
吉　　林	224.41	144.74	16.37	13.38	29.34	17.44
黑 龙 江	447.00	355.39	14.77	9.50	53.39	37.09
上　　海	1054.44	609.69	153.14	91.58	28.53	20.55
江　　苏	1314.03	483.64	255.21	184.41	365.77	322.95
浙　　江	1031.54	353.14	192.06	146.39	324.03	231.74
安　　徽	443.01	176.24	82.16	71.14	132.29	105.05
福　　建	568.48	230.87	65.80	50.91	131.12	76.77
江　　西	226.67	117.54	9.83	4.61	85.42	67.71
山　　东	1067.12	478.31	280.75	242.99	219.40	176.23
河　　南	807.17	346.41	129.19	103.97	269.51	214.31
湖　　北	597.55	301.58	64.27	47.33	120.00	82.66
湖　　南	478.70	216.21	56.91	47.85	176.34	125.78
广　　东	1512.78	665.93	236.86	142.47	228.06	185.64
广　　西	338.31	153.12	32.63	25.20	120.25	66.74
海　　南	102.38	48.98	3.56	2.58	11.51	5.15
重　　庆	246.11	103.09	32.75	24.37	65.26	51.45
四　　川	607.43	314.09	78.78	55.12	137.43	111.89
贵　　州	131.64	77.50	8.29	5.90	29.31	23.72
云　　南	352.31	216.80	35.27	29.72	64.45	53.71
西　　藏	28.24	25.47	0.36	0.18	0.89	
陕　　西	265.13	154.47	16.11	11.04	72.78	61.09
甘　　肃	144.87	94.01	9.73	4.61	23.45	21.38
青　　海	59.20	48.95	2.65	1.88	4.56	3.26
宁　　夏	51.96	40.02	2.49	1.22	6.88	5.43
新　　疆	310.43	249.77	14.55	9.97	35.20	26.88
不分地区	408.42	405.81				

注:农村个体投资为推算数。

各地区全社会建筑安装工程投资(二)

单位：亿元

地　　区	联营经济	股份制经济	外商投资经济	港澳台投资经济	其他经济
全国总计	**72.68**	**690.14**	**943.12**	**510.17**	**104.32**
北　　京	0.89	21.96	85.62	53.79	0.72
天　　津	0.86	12.71	44.00	10.63	0.45
河　　北	0.43	25.95	35.68	6.10	1.47
山　　西	0.11	5.62	7.82	0.85	0.69
内 蒙 古	0.17	9.97	0.99	0.13	0.02
辽　　宁	0.55	33.88	49.30	29.72	1.48
吉　　林	0.77	12.82	18.27	0.87	1.22
黑 龙 江	0.47	7.48	8.74	4.59	2.17
上　　海	20.48	27.92	111.86	58.02	44.80
江　　苏	3.39	44.98	126.31	32.37	2.36
浙　　江	6.83	85.09	50.13	15.70	4.55
安　　徽	0.52	28.87	19.91	2.00	1.02
福　　建	5.20	20.08	51.55	56.33	7.53
江　　西	0.52	5.35	4.15	3.46	0.40
山　　东	2.36	29.00	44.42	10.87	2.02
河　　南	0.43	27.72	20.39	11.47	2.06
湖　　北	4.88	33.72	32.24	29.72	11.15
湖　　南	0.80	10.56	12.27	4.97	0.63
广　　东	14.37	72.34	141.61	148.75	4.87
广　　西	0.63	11.88	15.27	4.07	0.47
海　　南	1.64	16.69	11.63	4.28	4.09
重　　庆	0.84	20.00	9.09	12.21	2.89
四　　川	1.14	51.78	17.05	2.09	5.07
贵　　州	0.26	9.32	6.07	0.46	0.42
云　　南	1.36	23.09	7.88	2.60	0.85
西　　藏	0.04	1.37			0.11
陕　　西	2.07	15.39	3.56	0.41	0.33
甘　　肃	0.13	9.26	5.89	2.33	0.06
青　　海	0.27	2.27	0.26	0.19	0.05
宁　　夏	0.02	2.01	0.30	0.25	
新　　疆	0.27	8.48	0.86	0.95	0.35
不分地区		2.60			

各地区全社会设备、工具、器具购置投资(一)

单位：亿元

地区	合计	国有经济	集体经济		个体经济	
				农村		农村
全国总计	**6044.84**	**3110.54**	**1332.51**	**1191.32**	**220.99**	**220.13**
北京	177.84	103.40	13.31	12.67	2.88	2.88
天津	148.45	61.93	30.94	30.46		
河北	426.88	167.24	178.82	166.53	21.42	21.41
山西	84.07	61.53	4.17	2.88	5.15	5.15
内蒙古	63.76	48.84	2.22	1.46	3.39	3.39
辽宁	227.72	122.33	26.62	22.59	5.24	5.15
吉林	91.18	45.98	14.88	13.59	4.77	4.77
黑龙江	164.07	127.01	6.24	5.29	12.21	12.17
上海	425.39	232.63	70.24	63.53	0.13	
江苏	659.98	199.43	264.27	235.30	5.94	5.94
浙江	379.56	100.01	172.51	159.54	6.93	6.93
安徽	166.19	75.94	45.32	40.49	9.68	9.68
福建	210.64	88.29	19.69	16.73	8.76	8.57
江西	78.78	64.39	3.94	2.22	2.37	2.37
山东	513.29	200.84	211.31	192.60	19.08	19.07
河南	276.91	136.96	65.67	55.23	22.21	22.21
湖北	256.73	132.49	31.40	23.07	3.52	3.52
湖南	135.79	84.13	21.64	20.19	13.12	13.12
广东	454.45	236.41	49.82	41.01	17.66	17.48
广西	91.03	45.28	15.96	14.12	15.36	15.36
海南	35.18	15.54	0.66	0.61	0.17	0.17
重庆	85.52	52.68	17.56	16.48	2.34	2.26
四川	175.57	105.48	36.62	33.72	4.92	4.91
贵州	57.40	43.23	4.03	3.72	4.78	4.78
云南	112.04	78.40	10.05	7.33	5.23	5.23
西藏	3.39	3.26	0.04	0.03		
陕西	88.85	58.86	6.12	5.19	11.12	11.12
甘肃	58.85	48.32	1.75	1.35	4.01	4.01
青海	16.34	11.71	1.70	1.38	0.40	0.40
宁夏	23.51	17.16	0.91	0.77	3.54	3.54
新疆	93.17	78.54	4.11	1.26	4.66	4.55
不分地区	262.32	262.32				

注:农村个体投资为推算数。

各地区全社会设备、工具、器具购置投资(二)

单位：亿元

地　　区	联营经济	股份制经济	外商投资经济	港澳台投资经济	其他经济
全国总计	**23.17**	**399.24**	**690.63**	**234.96**	**32.81**
北　　京		1.35	44.42	12.27	0.19
天　　津	0.06	6.08	49.14	0.29	
河　　北	0.42	24.02	31.68	2.91	0.37
山　　西	0.66	4.64	7.28	0.08	0.55
内 蒙 古		7.88	1.41	0.01	
辽　　宁	0.44	31.38	32.72	8.59	0.40
吉　　林	0.43	3.82	19.86	1.04	0.40
黑 龙 江	0.12	3.35	12.24	2.18	0.71
上　　海	3.13	31.90	75.89	9.95	1.53
江　　苏	1.57	26.43	130.96	31.18	0.20
浙　　江	1.90	45.16	42.22	9.81	1.02
安　　徽	0.02	23.83	10.57	0.69	0.13
福　　建	1.57	8.54	33.74	47.83	2.23
江　　西	0.29	4.23	2.28	0.96	0.31
山　　东	0.39	27.50	46.22	6.55	1.41
河　　南	0.20	32.37	11.96	6.92	0.62
湖　　北	6.27	23.40	32.11	10.38	17.18
湖　　南	0.04	5.24	8.08	2.61	0.93
广　　东	1.71	17.42	62.50	67.76	1.18
广　　西	0.27	3.87	8.87	1.23	0.19
海　　南	1.65	9.39	5.93	1.03	0.81
重　　庆	0.12	5.15	4.31	3.09	0.27
四　　川	0.40	14.97	9.63	2.73	0.82
贵　　州	0.14	4.10	0.95	0.06	0.12
云　　南	0.40	12.24	2.43	2.99	0.31
西　　藏	0.02	0.03			0.04
陕　　西	0.37	11.67	0.42	0.23	0.06
甘　　肃	0.06	3.10	1.42	0.08	0.10
青　　海	0.06	2.05	0.25	0.11	0.05
宁　　夏	0.02	1.18	0.27	0.44	
新　　疆	0.43	2.94	0.86	0.95	0.68
不分地区					

各地区全社会其他费用投资(一)

单位：亿元

地区	合计	国有经济	集体经济	农村	个体经济	农村
全国总计	**3282.25**	**1945.88**	**360.91**	**250.68**	**107.60**	**96.87**
北京	205.83	126.81	2.98	1.50	0.41	0.41
天津	66.30	44.32	3.36	1.37	0.45	0.09
河北	137.85	61.91	46.14	42.97	3.48	3.06
山西	44.79	36.80	0.70	0.28	2.13	2.13
内蒙古	39.42	32.71	1.10	0.83	3.22	3.20
辽宁	140.75	81.61	11.95	5.79	7.30	6.25
吉林	45.58	32.70	1.91	1.58	2.39	2.39
黑龙江	58.79	48.56	2.26	1.31	3.42	3.42
上海	501.65	308.74	31.41	11.04	3.04	
江苏	200.97	100.01	42.20	31.35	0.99	0.99
浙江	197.46	94.02	33.39	22.83	0.30	0.24
安徽	68.66	31.18	14.50	12.54	5.04	4.78
福建	101.76	49.49	8.78	5.02	2.01	1.21
江西	24.00	17.20	1.39	0.32	1.85	1.80
山东	162.12	88.52	36.59	32.91	3.42	3.38
河南	125.42	71.72	27.81	24.39	7.57	7.57
湖北	169.21	107.95	10.97	6.98	4.05	3.97
湖南	52.90	32.67	5.93	4.65	6.95	6.85
广东	323.83	151.99	36.15	13.14	7.55	4.99
广西	50.46	24.44	6.37	5.48	9.33	9.32
海南	23.91	11.00	1.46	1.39	0.40	0.40
重庆	43.94	20.55	4.76	3.53	3.57	2.77
四川	143.35	95.31	12.57	7.96	6.27	6.02
贵州	33.27	21.12	2.60	2.13	4.75	4.68
云南	74.25	46.30	5.97	4.70	7.21	7.21
西藏	2.86	2.84	0.01	0.01		
陕西	39.18	26.32	2.52	1.46	3.96	3.96
甘肃	38.37	27.63	2.10	1.08	1.36	1.36
青海	12.89	11.71	0.16	0.13	0.04	0.04
宁夏	10.37	8.80	0.26	0.12	0.84	0.83
新疆	43.40	35.12	2.60	1.88	4.31	3.57
不分地区	98.70	95.86				

注:农村个体投资为推算数。

各地区全社会其他费用投资(二)

单位：亿元

地区	联营经济	股份制经济	外商投资经济	港澳台投资经济	其他经济
全国总计	**27.28**	**297.84**	**322.19**	**192.01**	**28.55**
北京	0.53	12.46	30.66	31.71	0.27
天津	1.12	7.05	8.26	1.57	0.17
河北	0.26	12.29	10.95	2.42	0.41
山西	0.01	1.10	3.97	0.02	0.06
内蒙古		2.25	0.12	0.03	
辽宁	0.19	13.07	16.95	9.45	0.23
吉林	0.07	2.90	5.33	0.16	0.11
黑龙江	0.02	2.19	1.53	0.65	0.16
上海	13.46	16.57	72.76	39.03	16.63
江苏	0.76	17.60	31.52	7.79	0.09
浙江	2.72	37.13	26.72	2.42	0.76
安徽	0.18	9.96	6.69	0.73	0.39
福建	0.98	8.54	15.99	14.66	1.32
江西	0.06	1.81	0.73	0.95	0.01
山东	0.48	10.40	16.14	6.44	0.12
河南	0.07	11.93	3.00	2.85	0.47
湖北	2.10	15.64	10.31	14.68	3.51
湖南	0.05	3.51	2.98	0.79	0.03
广东	2.58	36.71	39.75	48.57	0.52
广西	0.28	3.95	3.96	2.08	0.07
海南	0.20	5.24	2.95	1.18	1.49
重庆	0.19	10.25	2.06	2.21	0.35
四川	0.11	24.40	3.38	0.28	1.04
贵州	0.03	3.63	0.94	0.11	0.09
云南	0.09	12.49	1.31	0.70	0.18
西藏					0.01
陕西	0.69	4.13	1.18	0.37	
甘肃	0.02	5.47	1.72	0.07	
青海	0.03	0.65	0.28	0.02	0.02
宁夏		0.40	0.01	0.06	
新疆		1.28	0.07		0.02
不分地区		2.83			

各地区全社会按国民经济行业分的固定资产投资(一)

单位：亿元

地　区	合　计	农、林、牧、渔业	采掘业	制造业	电力、煤气及水的生产和供应业
全国总计	**24941.11**	**925.12**	**1318.69**	**5702.93**	**2334.56**
北　京	989.71	13.55	4.12	132.11	77.30
天　津	500.67	6.95	44.54	165.19	40.88
河　北	1425.98	82.36	57.98	439.24	135.17
山　西	376.74	6.54	69.70	62.06	55.45
内蒙古	278.65	19.63	52.27	44.84	37.40
辽　宁	986.62	24.37	98.72	235.46	97.85
吉　林	361.17	18.57	29.88	135.83	39.97
黑龙江	669.86	32.72	166.50	99.47	74.08
上　海	1981.48	7.41	21.83	489.21	117.69
江　苏	2174.97	53.16	33.04	789.86	138.25
浙　江	1608.56	40.27	13.17	411.67	163.46
安　徽	677.85	46.55	48.39	169.80	46.86
福　建	880.88	22.20	4.63	184.49	81.22
江　西	329.45	15.73	9.59	53.95	28.12
山　东	1742.53	119.28	154.80	589.08	120.69
河　南	1209.50	83.19	91.31	264.39	116.60
湖　北	1023.50	28.79	14.81	234.14	167.79
湖　南	667.39	29.16	11.73	117.86	61.54
广　东	2291.05	30.72	14.23	361.88	186.45
广　西	479.80	26.22	10.13	76.76	27.29
海　南	161.48	9.77	1.36	30.71	5.78
重　庆	375.57	10.99	11.30	78.08	31.56
四　川	926.34	30.74	37.20	169.20	168.28
贵　州	222.30	12.03	18.86	51.50	36.06
云　南	538.60	24.03	13.85	111.49	50.15
西　藏	34.50	1.77	0.54	0.51	7.51
陕　西	393.16	12.57	29.31	56.25	47.46
甘　肃	242.08	9.23	16.60	66.76	35.06
青　海	88.44	4.65	14.20	15.56	23.73
宁　夏	85.84	3.34	6.90	15.39	14.58
新　疆	446.99	65.12	121.11	50.19	18.89
不分地区	769.44	33.51	96.08		81.47

各地区全社会按国民经济行业分的固定资产投资(二)

单位：亿元

地　　区	建筑业	地质勘查业、水利管理业	交通运输、仓储及邮电通信业	批发和零售贸易、餐饮业	金融、保险业	房地产业
全国总计	**339.36**	**345.68**	**3753.40**	**580.38**	**188.37**	**3440.73**
北　京	9.46	5.61	122.71	29.48	12.20	334.35
天　津	13.40	3.23	68.42	6.21	2.37	89.55
河　北	16.30	24.55	223.41	47.84	9.09	54.72
山　西	12.22	5.00	63.26	7.90	5.01	18.66
内蒙古	2.88	0.87	41.47	4.47	3.21	11.57
辽　宁	12.82	1.52	141.28	28.64	5.86	151.71
吉　林	6.88	1.17	32.78	8.06	2.74	25.74
黑龙江	3.20	3.24	131.42	8.48	7.15	46.23
上　海	32.47	3.13	159.22	39.80	5.08	753.93
江　苏	19.81	17.34	240.96	61.99	9.64	255.20
浙　江	17.20	25.77	194.30	35.74	11.66	219.28
安　徽	11.67	10.58	77.79	17.72	4.38	53.90
福　建	3.86	7.47	184.28	15.23	5.37	152.76
江　西	1.53	3.83	77.56	5.75	2.37	25.77
山　东	33.81	31.72	156.79	56.86	16.69	115.58
河　南	16.01	54.40	106.44	29.35	11.28	54.46
湖　北	16.69	9.17	119.45	20.90	14.62	128.45
湖　南	8.17	10.89	104.02	23.15	8.02	34.98
广　东	33.23	43.05	386.46	33.21	11.30	553.26
广　西	4.00	3.36	91.58	13.15	3.28	35.30
海　南	2.55	1.33	30.42	6.04	4.65	11.01
重　庆	12.61	1.79	48.77	4.77	2.52	70.79
四　川	16.63	8.28	117.14	21.87	9.74	108.15
贵　州	1.49	1.25	35.06	4.95	1.53	15.59
云　南	10.25	8.19	104.92	16.56	6.14	41.07
西　藏	0.59	0.87	8.25	0.87	1.23	0.68
陕　西	5.26	4.83	70.82	11.12	3.37	29.85
甘　肃	8.29	6.93	32.34	6.41	2.44	18.62
青　海	0.95	1.82	10.46	2.03	1.03	2.51
宁　夏	0.49	1.56	19.76	2.40	1.16	6.12
新　疆	4.60	13.59	71.67	9.45	3.22	20.93
不分地区		29.35	480.20			

各地区全社会按国民经济行业分的固定资产投资(三)

单位：亿元

地　区	社会服务业	卫生、体育和社会福利业	教育、文化艺术及广播电影电视业	科学研究和综合技术服务业	国家机关、政党机关和社会团体	其他行业
全国总计	**1124.59**	**191.92**	**691.07**	**77.54**	**854.17**	**3072.58**
北　京	57.91	7.41	49.14	26.05	64.93	43.37
天　津	13.58	2.26	10.58	2.15	12.66	18.70
河　北	45.02	10.47	49.36	2.00	59.35	169.13
山　西	9.18	2.19	9.91	0.50	13.15	36.01
内蒙古	6.78	2.82	11.29	0.48	11.52	27.16
辽　宁	66.75	5.66	18.92	2.68	24.73	69.66
吉　林	4.65	1.95	11.88	1.15	12.92	27.01
黑龙江	12.50	2.16	12.44	0.45	21.11	48.70
上　海	201.44	19.63	40.15	4.18	22.48	63.81
江　苏	81.69	12.37	53.96	3.62	54.95	349.11
浙　江	75.45	14.42	37.34	2.09	42.80	303.94
安　徽	20.01	4.84	16.71	0.96	26.94	120.75
福　建	28.83	6.42	23.75	0.84	24.35	135.16
江　西	6.86	2.54	6.69	0.21	16.16	72.77
山　东	38.02	14.26	39.47	2.98	67.79	184.71
河　南	35.90	7.07	38.16	2.69	54.28	243.97
湖　北	34.85	9.46	33.71	2.39	43.55	144.73
湖　南	22.11	6.35	32.90	1.33	23.06	172.12
广　东	181.01	29.11	83.07	3.60	85.74	254.72
广　西	23.74	3.29	14.89	0.82	18.14	127.86
海　南	27.67	1.52	5.63	0.42	9.21	13.39
重　庆	10.77	2.59	10.37	0.57	19.77	58.31
四　川	37.71	7.01	24.75	6.41	33.15	130.07
贵　州	7.57	1.33	3.42	0.29	5.40	25.98
云　南	40.75	6.57	16.21	2.04	28.40	57.99
西　藏	1.51	0.26	1.62	0.17	5.48	2.65
陕　西	9.85	2.48	15.18	1.94	16.98	75.89
甘　肃	4.56	1.46	7.05	0.67	9.71	15.96
青　海	1.35	0.70	1.52	0.34	4.72	2.87
宁　夏	2.96	0.60	1.68	0.12	2.33	6.44
新　疆	13.60	2.71	9.30	0.64	18.42	23.55
不分地区				2.75		46.09

各地区全社会竣工房屋面积(一)

单位：万平方米

地　　区	合　　计	国有经济	集体经济	农村	个体经济	农村
全国总计	**166057.13**	**31747.33**	**22606.47**	**17679.07**	**103593.66**	**85887.87**
北　　京	2129.21	1167.54	367.68	253.56	320.71	286.00
天　　津	1272.24	498.03	231.88	187.35	430.09	304.30
河　　北	8981.13	1589.20	1992.71	1766.45	5166.72	4195.80
山　　西	1970.59	715.75	114.10	69.26	1075.37	822.00
内 蒙 古	2470.07	715.67	176.46	140.51	1516.60	1344.00
辽　　宁	3291.11	1366.54	511.88	293.82	1089.21	857.00
吉　　林	1798.86	599.30	170.22	144.08	857.58	590.59
黑 龙 江	2509.38	1060.40	180.38	121.18	1138.51	826.10
上　　海	3685.79	1618.94	946.94	541.59	534.81	478.40
江　　苏	14708.82	2188.60	2178.32	1539.32	9701.72	8712.00
浙　　江	11688.60	1544.87	1451.21	1022.16	7800.83	5817.14
安　　徽	7431.63	932.86	975.00	851.90	5307.19	4542.00
福　　建	5161.39	830.83	555.99	441.22	3192.99	1977.74
江　　西	4740.83	699.03	130.07	65.58	3829.17	3161.60
山　　东	14611.15	1901.40	4695.59	4350.13	7673.97	6514.00
河　　南	14213.56	1716.63	1850.38	1617.37	10368.86	8882.40
湖　　北	8181.44	1365.09	628.94	485.44	5698.46	4661.00
湖　　南	8668.14	1136.02	853.69	745.05	6540.54	5325.00
广　　东	12178.98	2300.09	2109.95	1297.10	6673.56	5930.98
广　　西	6355.34	790.45	378.70	308.17	5015.19	3420.00
海　　南	677.55	278.07	19.33	16.04	293.34	191.77
重　　庆	4450.76	758.70	357.03	265.65	3052.25	2635.20
四　　川	10255.66	1723.00	840.90	526.53	7286.67	6488.86
贵　　州	2110.80	451.95	97.01	62.27	1457.77	1247.95
云　　南	3800.78	1019.31	334.20	282.52	2336.23	2079.00
西　　藏	137.87	86.01	10.38	9.15	33.36	
陕　　西	3680.76	736.87	159.50	114.20	2729.72	2429.37
甘　　肃	1730.13	498.84	137.70	79.64	1026.18	947.11
青　　海	382.63	167.08	13.62	8.32	187.92	148.00
宁　　夏	633.76	207.30	30.87	11.58	365.32	335.77
新　　疆	1904.33	839.08	105.84	61.94	892.81	736.79
不分地区	243.88	243.88				

各地区全社会竣工房屋面积(二)

单位：万平方米

地　　区	联营经济	股份制经济	外商投资经济	港澳台投资经济	其他经济
全国总计	**360.65**	**3258.61**	**2503.18**	**1551.84**	**435.39**
北　　京	2.68	92.85	121.04	53.04	3.68
天　　津	0.51	56.78	38.29	16.35	0.30
河　　北	5.45	93.14	102.52	19.77	11.62
山　　西	0.25	42.33	12.81	7.24	2.75
内 蒙 古	0.11	49.60	8.59	2.56	0.47
辽　　宁	6.52	156.31	110.42	31.09	19.14
吉　　林	0.35	88.57	65.68	6.94	10.22
黑 龙 江	6.24	48.47	30.99	21.06	23.34
上　　海	123.37	78.41	160.66	107.54	115.11
江　　苏	24.03	193.57	266.26	146.34	9.97
浙　　江	60.04	556.49	155.98	89.05	30.12
安　　徽	3.44	117.70	77.96	10.33	7.14
福　　建	12.68	117.21	221.25	194.31	36.12
江　　西	1.67	23.12	31.48	25.82	0.47
山　　东	28.18	117.58	138.11	43.66	12.66
河　　南	3.30	132.69	84.85	45.05	11.81
湖　　北	10.86	173.64	142.31	127.72	34.42
湖　　南	3.61	56.00	48.78	25.79	3.71
广　　东	30.10	313.96	347.47	378.91	24.94
广　　西	5.63	65.09	57.58	39.19	3.50
海　　南	3.67	39.94	30.92	4.52	7.76
重　　庆	7.89	111.99	42.98	107.95	11.97
四　　川	5.90	265.69	82.97	16.27	34.26
贵　　州	1.07	54.33	37.36	1.22	10.09
云　　南	5.46	58.00	37.69	8.69	1.20
西　　藏	0.17	7.35			0.60
陕　　西	1.33	29.14	19.04	2.44	2.73
甘　　肃	0.88	28.65	24.33	11.62	1.92
青　　海	3.43	10.25			0.32
宁　　夏		25.61	2.78	1.87	
新　　疆	1.82	54.16	2.09	5.53	3.02
不分地区					

各地区全社会竣工住宅面积(一)

单位：万平方米

地　区	合　计	国有经济	集体经济		个体经济	
				农村		农村
全国总计	**121100.96**	**18016.72**	**6276.01**	**3263.76**	**92563.96**	**77287.04**
北　京	1384.50	722.54	207.67	124.28	304.85	272.00
天　津	734.18	321.85	37.70	16.62	305.05	187.50
河　北	5764.37	812.11	218.87	119.08	4662.44	3837.69
山　西	1582.79	475.95	36.54	7.55	1035.96	799.00
内蒙古	1705.46	470.30	36.36	11.51	1168.69	1018.00
辽　宁	2257.36	937.41	189.52	43.55	919.52	727.00
吉　林	1156.65	370.25	25.56	13.05	677.92	435.83
黑龙江	1828.21	721.20	61.60	22.77	989.42	719.36
上　海	2242.54	1011.46	406.35	66.51	522.68	469.73
江　苏	11048.13	1156.00	519.79	156.29	9118.23	8240.00
浙　江	8160.17	747.77	298.61	61.31	6566.55	4841.80
安　徽	5668.76	469.14	271.61	195.31	4822.99	4238.00
福　建	3928.96	421.10	200.98	129.11	3016.85	1929.44
江　西	3779.10	373.36	52.94	10.68	3305.42	2730.33
山　东	9573.45	1090.35	1464.56	1268.49	6882.11	5985.00
河　南	10863.14	838.24	231.93	144.54	9669.61	8404.70
湖　北	5812.69	747.97	157.00	84.14	4691.10	3830.00
湖　南	7008.84	617.50	260.76	198.09	6053.82	5003.24
广　东	8876.89	1235.78	790.75	251.62	6248.41	5569.38
广　西	5383.72	400.50	86.24	48.55	4790.45	3278.00
海　南	446.23	134.28	9.42	7.44	271.52	176.65
重　庆	3441.10	457.45	121.53	58.55	2661.41	2309.20
四　川	7823.37	1008.75	340.80	124.75	6220.51	5580.41
贵　州	1406.84	226.00	25.54	5.75	1094.85	905.04
云　南	2430.24	569.24	71.37	54.87	1738.97	1525.00
西　藏	65.68	32.72	3.84	3.69	28.77	
陕　西	3193.84	507.64	39.67	9.29	2606.34	2336.43
甘　肃	1291.35	313.00	44.97	5.33	890.90	827.37
青　海	286.32	110.25	3.01	0.55	163.20	131.00
宁　夏	449.93	114.45	17.65	2.25	299.14	278.66
新　疆	1393.48	489.52	42.91	18.25	836.27	701.28
不分地区	112.66	112.66				

各地区全社会竣工住宅面积(二)

单位: 万平方米

地　　区	联营经济	股份制经济	外商投资经济	港澳台投资经济	其他经济
全国总计	**235.81**	**1958.61**	**1026.37**	**801.87**	**221.61**
北　京	1.85	64.60	53.30	29.70	
天　津	0.40	44.54	11.73	12.90	
河　北	2.43	43.67	19.84	4.44	0.56
山　西	0.25	20.23	6.27	6.16	1.43
内蒙古	0.01	27.77	1.68	0.25	0.41
辽　宁	5.38	109.64	65.72	20.57	9.60
吉　林		60.46	17.73	4.08	0.65
黑龙江	5.52	29.06	6.13	5.43	9.85
上　海	101.54	33.59	41.71	25.61	99.61
江　苏	10.70	105.23	75.61	58.39	4.18
浙　江	41.43	375.00	66.64	47.39	16.79
安　徽	2.36	69.45	26.48	5.57	1.16
福　建	8.50	66.17	106.55	94.67	14.14
江　西	0.01	14.40	16.57	16.39	0.01
山　东	16.03	50.22	43.14	22.80	4.23
河　南	0.52	58.62	32.58	30.22	1.42
湖　北	3.24	92.62	41.70	75.90	3.16
湖　南	2.03	34.46	24.67	14.16	1.44
广　东	18.73	210.99	173.77	187.48	10.98
广　西	3.94	48.33	22.80	29.28	2.18
海　南	1.29	15.46	10.53	0.48	3.25
重　庆	0.71	76.68	35.58	81.51	6.23
四　川	4.26	166.64	44.86	9.94	27.62
贵　州	0.47	32.58	25.87	1.22	0.31
云　南	0.45	25.02	19.85	5.32	0.03
西　藏	0.08	0.11			0.16
陕　西	1.30	20.49	16.91	0.90	0.60
甘　肃		15.79	15.44	9.79	1.47
青　海	2.00	7.85			
宁　夏		16.27	2.39	0.03	
新　疆	0.41	22.66	0.29	1.28	0.13
不分地区					

国有经济固定资产投资

国有经济固定资产投资主要指标

指　　标	1997 年	1996 年	1997 年比 1996 年增减	
			绝对数	± %
一、投资总额(亿元)	**13091.72**	**12006.21**	**1085.51**	**9.0**
1.按构成分				
建筑安装工程	8035.30	7245.53	789.77	10.9
设备、工具、器具购置	3110.54	3022.53	88.01	2.9
其他费用	1945.88	1738.15	207.73	12.0
2.按三次产业分				
第一产业	138.92	107.09	31.83	29.7
第二产业	5158.52	5102.86	55.66	1.1
第三产业	7794.28	6796.26	998.02	14.7
其中：住宅	1745.77	1726.28	19.49	1.1
二、全部项目建设规模(亿元)				
计划总投资	49162.43	44859.73	4302.70	9.6
实际需要的总投资	51776.80	47429.87	4346.93	9.2
自开始建设至本年底累计完成投资	30303.38	26876.09	3427.29	12.8
全部建成尚需投资	21473.42	20553.78	919.64	4.5
三、新增固定资产(亿元)	**10420.60**	**9031.48**	**1389.12**	**15.4**
四、房屋建筑面积(万平方米)				
施工面积	66129.87	68195.06	−2065.19	−3.0
其中：住宅	35096.08	35635.54	−539.46	−1.5
竣工面积	31747.33	31552.17	195.16	0.6
其中：住宅	18016.72	17850.26	166.46	0.9

各地区国有经济投资总规模与完成情况(一)

单位:万元

地区	计划总投资	实际需要总投资	自开始建设至本年底累计完成投资	本年完成投资
全国总计	**491624331**	**517767980**	**303033773**	**130917172**
北京	33093668	34617079	15844919	6006885
天津	8674580	8839022	5854813	2791188
河北	16671698	16774689	10887905	6416655
山西	10185531	10599901	7456963	2804131
内蒙古	7216540	8410046	6453577	1973237
辽宁	18542539	19230437	12556215	5737572
吉林	7328339	7696800	5848311	2234265
黑龙江	11712653	12457480	9787673	5309568
上海	49822649	51257867	31366540	11510545
江苏	19806158	20539939	13577441	7830745
浙江	18163480	19039330	10869808	5471714
安徽	9199378	9516222	6273334	2833677
福建	11478413	12089023	8101572	3686438
江西	5885483	6174254	3958310	1991245
山东	26377169	27481309	16424186	7676644
河南	20568190	21125821	12443702	5550837
湖北	25146926	25691196	13694598	5420119
湖南	10813959	11461355	7131544	3330087
广东	49192851	51572089	28661947	10543188
广西	9137769	9456416	5150075	2228299
海南	2812627	3141030	1838509	755128
重庆	7711102	9420291	3699909	1763137
四川	17756845	19619252	11356742	5148728
贵州	5038241	5283219	3123245	1418440
云南	10443838	11032242	6875225	3414968
西藏	836628	849798	656645	315753
陕西	8470085	8866927	5663081	2396561
甘肃	5084438	5224094	3474194	1699660
青海	2472783	2926567	1608317	723721
宁夏	2501924	2522960	1457095	659770
新疆	16688516	16965512	9349993	3634226
不分地区	42789331	47885813	21587385	7640041

各地区国有经济投资总规模与完成情况(二)

单位:万元

地　　区	累计新增固定资产	未完工程累计投资	全部建成尚需投资	未完工程占用率(%)
全国总计	**167936702**	**120111001**	**214734207**	**91.7**
北　　京	7988954	7634766	18772160	127.1
天　　津	3737993	1674659	2984209	60.0
河　　北	6340258	3340475	5886784	52.1
山　　西	4900681	2181982	3142938	77.8
内 蒙 古	3753973	2121498	1956469	107.5
辽　　宁	7395392	4797378	6674222	83.6
吉　　林	3822515	1845903	1848489	82.6
黑 龙 江	6767385	2419660	2669807	45.6
上　　海	12378468	16869310	19891327	146.6
江　　苏	9049274	4390840	6962498	56.1
浙　　江	5805339	4695324	8169522	85.8
安　　徽	4163787	1689996	3242888	59.6
福　　建	4714413	2905899	3987451	78.8
江　　西	2669491	1140439	2215944	57.3
山　　东	10658462	5382762	11057123	70.1
河　　南	7590190	4457183	8682119	80.3
湖　　北	6641130	6371855	11996598	117.6
湖　　南	3622395	2909045	4329811	87.4
广　　东	12973697	14572816	22910142	138.2
广　　西	3028538	1951521	4306341	87.6
海　　南	998723	797904	1302521	105.7
重　　庆	2112767	1534305	5720382	87.0
四　　川	5231789	5871166	8262510	114.0
贵　　州	1800434	1281050	2159974	90.3
云　　南	3628980	2688353	4157017	78.7
西　　藏	428725	216989	193153	68.7
陕　　西	2661519	2896810	3203846	120.9
甘　　肃	1425244	1992090	1749900	117.2
青　　海	1112215	434280	1318250	60.0
宁　　夏	1080404	357797	1065865	54.2
新　　疆	6221353	2575813	7615519	70.9
不分地区	13232214	6111133	26298428	80.0

国有经济分行业投资总规模与完成情况(一)

单位:万元

行　　　业	计划总投资	实际需要总投资	自开始建设至本年底累计完成投资	本年完成投资
全　国　总　计	**491624331**	**517767980**	**303033773**	**130917172**
(一) 农、林、牧、渔业	7525506	7980121	2566170	1696903
农业	2511915	2920492	1306962	929595
林业	3866106	3880911	627926	313557
畜牧业	190288	197118	125029	92071
渔业	103436	113231	69261	53944
农、林、牧、渔服务业	853761	868369	436992	307736
(二) 采掘业	52997565	54747408	33694472	11406973
煤炭采选业	25307441	26814066	17137700	3639572
石油和天然气开采业	23594263	23611215	13339775	6973894
黑色金属矿采选业	1417982	1415715	1029633	212745
有色金属矿采选业	858675	902043	675178	267379
非金属矿采选业	828156	919080	701560	168849
其他矿采选业	165	165	165	165
木材及竹材采运业	990883	1085124	810461	144369
(三) 制造业	80238388	82774108	54591240	20756420
食品加工业	1169229	1211456	945288	636021
食品制造业	495753	501638	349768	230795
饮料制造业	1135482	1233746	933210	556780
烟草加工业	2081881	2137158	1485879	774948
纺织业	1490032	1550396	1141150	607518
服装及其他纤维制品制造业	157029	161899	120506	62331
皮革、毛皮、羽绒及其制品业	84182	84733	69038	27963
木材加工及竹、藤、棕、草制品业	386673	388909	317434	153122
家具制造业	31861	38301	27045	19139
造纸及纸制品业	2059342	2242831	1548945	648110
印刷业、记录媒介的复制	355816	369590	281573	160101
文教体育用品制造业	84174	84294	51693	35529
石油加工及炼焦业	8012822	8052466	4588344	2578901
化学原料及化学制品制造业	19911152	20565183	14978238	3984911
医药制造业	1000989	1032335	731738	312947
化学纤维制造业	1189127	1237791	814806	341977
橡胶制品业	584439	627638	408006	216403
塑料制品业	303206	298835	260417	175636
非金属矿物制品业	3348568	3561527	2678380	1221838
黑色金属冶炼及压延加工业	20605363	21138155	13059659	3797450
有色金属冶炼及压延加工业	3205366	3288771	1679267	721909
金属制品业	439671	445928	273516	162727
普通机械制造业	2085074	2106299	1174476	546040

国有经济分行业投资总规模与完成情况(一)

续 1　　　　单位:万元

行　　业	计划总投资	实际需要总投资	自开始建设至本年底累计完成投资	本年完成投资
专用设备制造业	1455346	1489516	968250	450449
交通运输设备制造业	5010026	5256847	3565920	1299399
电气机械及器材制造业	973895	1015147	619818	286233
电子及通信设备制造业	1640869	1682302	859190	476027
仪器仪表及文化、办公用机械制造业	288918	297157	194287	87698
其他制造业	652103	673260	465399	183518
(四) 电力、煤气及水的生产和供应业	82536876	89762564	45915393	17417653
电力、蒸汽、热水的生产和供应业	73782275	80481552	40047821	15349669
煤气生产和供应业	2894466	3085639	1937526	597948
自来水的生产和供应业	5860135	6195373	3930046	1470036
(五) 建筑业	5144722	5272387	3852877	2004184
土木工程建筑业	4758905	4878747	3541661	1835776
线路、管道和设备安装业	342730	350302	277678	145310
建筑物的装修装饰业	43087	43338	33538	23098
(六) 地质勘查业、水利管理业	17618029	18828181	8086311	2984388
地质勘查业	598566	631329	437024	196927
水利管理业	17019463	18196852	7649287	2787461
(七) 交通运输、仓储及邮电通信业	100583998	103302271	64464086	32267552
铁路运输业	25283786	26973679	17910217	5777733
公路运输业	29722517	30079998	17056538	7731026
管道运输业	99262	99283	64438	56755
水上运输业	2144288	2185066	1227784	535765
航空运输业	3691866	3722557	2512583	1622198
交通运输辅助业	19269949	19721847	10800525	5344310
其他交通运输业	1824110	1832156	435987	298553
仓储业	1649837	1690872	781159	396804
邮电通信业	16898383	16996813	13674855	10504408
(八) 批发和零售贸易、餐饮业	5529319	5844267	4214921	2109937
食品、饮料、烟草和家庭用品批发商业	1752323	1901301	1267652	731805
能源、材料和机械电子设备批发业	733121	782708	604898	300545
其他批发业	262247	312421	207259	90754
零售业	2369523	2383036	1826161	826924
商业经纪与代理业	148987	171928	119695	57741

国有经济分行业投资总规模与完成情况(一)

续 2

单位:万元

行业	计划总投资	实际需要总投资	自开始建设至本年底累计完成投资	本年完成投资
餐饮业	263118	292873	189256	102168
(九) 金融、保险业	3141289	3500462	2713216	1422096
金融业	2906352	3246291	2540160	1339721
保险业	234937	254171	173056	82375
(十) 房地产业	69701345	73880476	37983202	13710218
房地产开发与经营业	68374882	72426006	37045412	13194102
房地产管理业	1299849	1398460	916097	504111
房地产代理与经纪业	26614	56010	21693	12005
(十一) 社会服务业	25920583	26760215	16073141	7989258
公共服务业	22594463	23126349	13774624	6685392
居民服务业	123136	128170	82243	63009
旅馆业	1571645	1808850	1295017	689682
租赁服务业	31718	47036	27998	12743
旅行社	341741	354212	200890	150950
娱乐服务业	336710	367847	165898	92517
信息、咨询服务业	57916	58910	49755	32919
计算机应用服务业	45546	45546	20682	13702
其他社会服务业	817708	823295	456034	248344
(十二) 卫生、体育和社会福利业	3785793	4175631	2697527	1488855
卫生	2669370	2903592	1951882	1136220
体育	853322	958250	535448	250424
社会福利保障业	263101	313789	210197	102211
(十三) 教育、文化艺术及广播电影电视业	12355834	14816578	9131185	5345470
教育	8896690	10968138	6625076	4202967
文化艺术业	2131945	2393250	1546397	681899
广播电影电视业	1327199	1455190	959712	460604
(十四) 科学研究和综合技术服务业	2402722	2593379	1708147	711335
科学研究业	1592629	1740168	1141430	449086
综合技术服务业	810093	853211	566717	262249
(十五) 国家机关、政党机关和社会团体	17039347	18229646	11854302	7596700
国家机关	15914530	17010301	11059052	7155676
政党机关	596389	625312	446215	278184
社会团体	521382	586965	342517	159596
基层群众自治组织	7046	7068	6518	3244
(十六) 其他行业	5103015	5300286	3487583	2009230
其他行业	5103015	5300286	3487583	2009230

国有经济分行业投资总规模与完成情况(二)

单位:万元

行　　业	累计新增固定资产	未完工程累计投资	全部建成尚需投资	未完工程占用率(%)
全　国　总　计	**167936702**	**120111001**	**214734207**	**91.7**
(一) 农、林、牧、渔业	1187944	789503	5413951	46.5
农业	641194	507668	1613530	54.6
林业	160871	61843	3252985	19.7
畜牧业	75502	40885	72089	44.4
渔业	39378	27237	43970	50.5
农、林、牧、渔服务业	270999	151870	431377	49.4
(二) 采掘业	22129353	8656768	21052936	75.9
煤炭采选业	10549766	5234281	9676366	143.8
石油和天然气开采业	9690635	2236465	10271440	32.1
黑色金属矿采选业	299941	714913	386082	336.0
有色金属矿采选业	405812	246156	226865	92.1
非金属矿采选业	500038	186480	217520	110.4
其他矿采选业	165	—	—	—
木材及竹材采运业	682996	38473	274663	26.6
(三) 制造业	31016464	21741807	28182868	104.7
食品加工业	637498	278431	266168	43.8
食品制造业	238026	88566	151870	38.4
饮料制造业	706428	167201	300536	30.0
烟草加工业	889635	559960	651279	72.3
纺织业	888830	234319	409246	38.6
服装及其他纤维制品制造业	80393	36811	41393	59.1
皮革、毛皮、羽绒及其制品业	54725	12443	15695	44.5
木材加工及竹、藤、棕、草制品业	194885	97659	71475	63.8
家具制造业	17909	8936	11256	46.7
造纸及纸制品业	628182	865284	693886	133.5
印刷业、记录媒介的复制	196344	75237	88017	47.0
文教体育用品制造业	28229	21860	32601	61.5
石油加工及炼焦业	2311699	2243477	3464122	87.0
化学原料及化学制品制造业	8220324	5969485	5586945	149.8
医药制造业	412743	294427	300597	94.1
化学纤维制造业	541046	254665	422985	74.5
橡胶制品业	131617	276111	219632	127.6
塑料制品业	172166	81684	38418	46.5
非金属矿物制品业	1436175	1133228	883147	92.7
黑色金属冶炼及压延加工业	7337079	5430921	8078496	143.0
有色金属冶炼及压延加工业	959927	698589	1609504	96.8
金属制品业	127123	129569	172412	79.6
普通机械制造业	668630	450896	931823	82.6

国有经济分行业投资总规模与完成情况(二)

续 1　　　　单位:万元

行　　业	累计新增固定资产	未完工程累计投资	全部建成尚需投资	未完工程占用率(%)
专用设备制造业	629848	309372	521266	68.7
交通运输设备制造业	2270730	1179480	1690927	90.8
电气机械及器材制造业	338221	249056	395329	87.0
电子及通信设备制造业	540555	296719	823112	62.3
仪器仪表及文化、办公用机械制造业	97604	93533	102870	106.7
其他制造业	259893	203888	207861	111.1
(四) 电力、煤气及水的生产和供应业	23237379	20896886	43847171	120.0
电力、蒸汽、热水的生产和供应业	20075584	18302545	40433731	119.2
煤气生产和供应业	915341	984111	1148113	164.6
自来水的生产和供应业	2246454	1610230	2265327	109.5
(五) 建筑业	2132728	1507925	1419510	75.2
土木工程建筑业	1886660	1446250	1337086	78.8
线路、管道和设备安装业	214993	59486	72624	40.9
建筑物的装修装饰业	31075	2189	9800	9.5
(六) 地质勘查业、水利管理业	3259842	4200962	10741870	140.8
地质勘查业	334160	93747	194305	47.6
水利管理业	2925682	4107215	10547565	147.3
(七) 交通运输、仓储及邮电通信业	38681980	22580590	38838185	70.0
铁路运输业	10768486	6457507	9063462	111.8
公路运输业	8914964	6814095	13023460	88.1
管道运输业	26615	37823	34845	66.6
水上运输业	705384	484477	957282	90.4
航空运输业	1833207	639982	1209974	39.5
交通运输辅助业	6509368	3926010	8921322	73.5
其他交通运输业	75804	323427	1396169	108.3
仓储业	306676	257190	909713	64.8
邮电通信业	9541476	3640079	3321958	34.7
(八) 批发和零售贸易、餐饮业	2095398	1896650	1629346	89.9
食品、饮料、烟草和家庭用品批发商业	704064	533818	633649	72.9
能源、材料和机械电子设备批发业	294503	298533	177810	99.3
其他批发业	77138	127316	105162	140.3
零售业	895704	828130	556875	100.1
商业经纪与代理业	8749	43451	52233	75.3

国有经济分行业投资总规模与完成情况(二)

续 2　　　　　　　　　　　　　　　　　　　　　　　　　　　　　单位:万元

行　　业	累计新增固定资产	未完工程累计投资	全部建成尚需投资	未完工程占用率(%)
餐饮业	115240	65402	103617	64.0
(九) 金融、保险业	1263735	1401495	787246	98.6
金融业	1192678	1302847	706131	97.2
保险业	71057	98648	81115	119.8
(十) 房地产业	19536579	16198953	35897274	118.2
房地产开发与经营业	18939086	15868408	35380594	120.3
房地产管理业	587982	318657	482363	63.2
房地产代理与经纪业	9511	11888	34317	99.0
(十一) 社会服务业	7110342	8580099	10687074	107.4
公共服务业	6082385	7413532	9351725	110.9
居民服务业	43665	36520	45927	58.0
旅馆业	649897	569299	513833	82.5
租赁服务业	3102	23396	19038	183.6
旅行社	111787	82217	153322	54.5
娱乐服务业	77751	83447	201949	90.2
信息、咨询服务业	27089	22661	9155	68.8
计算机应用服务业	5651	15031	24864	109.7
其他社会服务业	109015	333996	367261	134.5
(十二) 卫生、体育和社会福利业	1330498	1228009	1478104	82.5
卫生	1056981	820558	951710	72.2
体育	192021	332980	422802	133.0
社会福利保障业	81496	74471	103592	72.9
(十三) 教育、文化艺术及广播电影电视业	5274775	3627635	5685393	67.9
教育	4438588	2059843	4343062	49.0
文化艺术业	498735	960161	846853	140.8
广播电影电视业	337452	607631	495478	131.9
(十四) 科学研究和综合技术服务业	904292	760394	885232	106.9
科学研究业	659337	459073	598738	102.2
综合技术服务业	244955	301321	286494	114.9
(十五) 国家机关、政党机关和社会团体	6542852	4904739	6375344	64.6
国家机关	6208868	4488446	5951249	62.7
政党机关	233228	190849	179097	68.6
社会团体	95336	224346	244448	140.6
基层群众自治组织	5420	1098	550	33.8
(十六) 其他行业	2232541	1138586	1812703	56.7
其他行业	2232541	1138586	1812703	56.7

各地区国有经济按投资规模分的投资总规模(一)

单位:万元

地　区	500万元以下	500～1000万元	1000～3000万元	3000～5000万元
全国总计	**12570825**	**9035908**	**27039139**	**19380393**
北　京	104496	154403	702861	709792
天　津	98203	108408	361319	288825
河　北	948596	613484	1486999	727560
山　西	292107	209055	700838	515173
内蒙古	307349	184214	357340	260716
辽　宁	280793	330125	979338	772055
吉　林	182481	178287	378482	269029
黑龙江	308142	290950	678845	450463
上　海	100185	168666	1131879	1100701
江　苏	588370	482211	1762982	1325107
浙　江	624782	523380	1860655	1199268
安　徽	454107	304452	995846	703313
福　建	459442	303123	900827	764643
江　西	410872	237440	631069	353760
山　东	777716	538370	1771963	1267655
河　南	838908	527972	1663411	1112314
湖　北	775121	485177	1371922	1006197
湖　南	628891	385432	1057201	673230
广　东	542243	645086	2247551	1797447
广　西	553570	307850	717167	506435
海　南	129928	104180	289315	167847
重　庆	211949	185430	570669	440916
四　川	671754	487688	1213775	824707
贵　州	257414	161511	449150	360826
云　南	588004	337335	864486	589579
西　藏	94083	28914	70451	37198
陕　西	334558	236151	611619	496781
甘　肃	257455	134102	338764	200444
青　海	154349	83206	145483	87392
宁　夏	107375	49371	179689	95165
新　疆	487582	249935	547243	275855
不分地区	—	—	—	—

各地区国有经济按投资规模分的投资总规模(二)

单位:万元

地　　区	5000万元～1亿元	1亿元～5亿元	5亿元～10亿元	10亿元及以上
全国总计	**32278005**	**91740599**	**44264854**	**281458257**
北　京	1610426	6085246	3018516	22231339
天　津	496678	2228356	821746	4435487
河　北	1276615	3072125	1395707	7253603
山　西	661884	1737969	1178403	5304472
内蒙古	411049	1160894	559205	5169279
辽　宁	1108672	4062447	2121865	9575142
吉　林	481497	1056528	630055	4520441
黑龙江	597667	2078192	955449	7097772
上　海	2706901	11830772	5284045	28934718
江　苏	2238418	5197462	2480772	6464617
浙　江	1912764	5288488	1151677	6478316
安　徽	901715	1978019	984801	3193969
福　建	1251521	3116112	1466562	3826793
江　西	444426	989138	838859	2268690
山　东	2060240	5121495	2785018	13158852
河　南	1380204	3255948	1718504	10628560
湖　北	1579739	3798359	1274085	15400596
湖　南	1306015	2575981	1124305	3710300
广　东	3156086	10687327	5482026	27014323
广　西	833578	1809850	866881	3861085
海　南	242393	793717	464043	949607
重　庆	563957	1709844	909633	4827893
四　川	1235760	2802001	1882324	10501243
贵　州	361448	808730	552912	2331228
云　南	1241873	3061542	914093	3435330
西　藏	108155	173425	150694	186878
陕　西	858903	1850619	722506	3755790
甘　肃	387182	1064603	734809	2106735
青　海	135400	471504	206600	1642633
宁　夏	193706	350602	124054	1422998
新　疆	478493	1175959	504719	13245726
不分地区	54640	347345	959986	46523842

各地区国有经济按隶属关系分的投资总规模

单位:万元

地区	合计	中央项目	地方项目	省属	地市属	县属
全国总计	**517767980**	**227931159**	**287202646**	**116525270**	**101577408**	**69099968**
北京	34617079	11792365	22821714	16007705	6341191	472818
天津	8839022	4405649	4407404	3469222	622185	315997
河北	16774689	6251985	10491606	3575086	3656016	3260504
山西	10599901	5496544	5044911	2241001	1702028	1101882
内蒙古	8410046	4545327	3861546	2467208	941611	452727
辽宁	19230437	8261153	10920371	3662022	6339073	919276
吉林	7696800	4299153	3394510	1215089	1633817	545604
黑龙江	12457480	7296232	5149969	2041320	2383219	725430
上海	51257867	14242324	35569408	21910095	—	13659313
江苏	20539939	6631810	13887106	2831706	6266202	4789198
浙江	19039330	6290201	12699474	2324814	6127947	4246713
安徽	9516222	3949277	5545137	944247	3182257	1418633
福建	12089023	2118278	9925252	3625045	3700237	2599970
江西	6174254	1857954	4287376	2105736	1054010	1127630
山东	27481309	12353115	15126894	3956925	6671688	4498281
河南	21125821	10672928	10339283	2964098	3457139	3918046
湖北	25691196	14401646	11177198	1937564	6677242	2562392
湖南	11461355	4116345	7301776	2746396	2689724	1865656
广东	51572089	12086522	39125589	8538898	22765809	7820882
广西	9456416	1484516	7900644	3155998	3412551	1332095
海南	3141030	270276	2832802	1805985	573256	453561
重庆	9420291	3247345	6153894	2852848	559144	2741902
四川	19619252	9268326	10317495	3185053	4442688	2689754
贵州	5283219	1999906	3271105	2205041	504392	561672
云南	11032242	2354055	8661744	4409464	1659741	2592539
西藏	849798	418485	426091	212675	148890	64526
陕西	8866927	3760770	5105877	1985623	2198239	922015
甘肃	5224094	2796998	2425293	1214631	773720	436942
青海	2926567	2003163	923290	459211	270211	193868
宁夏	2522960	908748	1614212	1343039	105874	165299
新疆	16965512	12405623	4552002	3189852	717307	644843
不分地区	47885813	45944140	1941673	1941673	—	—

各地区国有经济按建设性质分的投资总规模

单位:万元

地　区	新　建	扩　建	改　建	单纯建造生活设施	迁　建	恢　复	单纯购置
全国总计	**235276544**	**147042951**	**50229416**	**10108654**	**4762050**	**459987**	**4388340**
北　京	5100887	11358059	1284014	1411458	344185	25000	87751
天　津	3865507	2983785	727374	37966	18691	1336	12109
河　北	7772381	5321380	2145550	546781	108011	98180	73971
山　西	3846329	4113174	1895488	325045	28132	4445	24811
内蒙古	3703057	3591394	661565	158466	12389	103313	26914
辽　宁	6018263	7072547	3651063	316832	209409	18080	70516
吉　林	2523498	3905821	617486	213114	16617	834	15222
黑龙江	5128968	5658976	751930	268584	13871	4995	37894
上　海	23422529	10568192	3529004	1383713	543956	—	117920
江　苏	5913184	7847703	2921706	205965	187951	340	72714
浙　江	8350659	5006065	1789455	212138	341622	5490	85939
安　徽	4645459	2666144	1210924	182811	43309	5859	34636
福　建	6261339	2861217	887575	155965	92415	1225	50115
江　西	3290827	1566078	679545	97569	34179	1208	25944
山　东	7757383	13611684	2456850	511726	244551	1150	113625
河　南	11324384	6483286	1963837	402572	301824	27966	82159
湖　北	13653439	6556825	1816589	262018	364566	10200	246578
湖　南	5374933	3145052	1686259	310902	203378	3644	48950
广　东	23723671	11031327	3224270	921524	241809	19415	550190
广　西	5735976	1953552	765321	165128	21438	13053	44993
海　南	1931003	487153	212132	131095	33838	8241	23735
重　庆	3782081	3605502	804347	71477	463309	8658	116134
四　川	10819282	5206333	1633061	342209	334336	6242	149011
贵　州	2863439	1290874	699125	151095	101429	5437	19439
云　南	4673464	3149651	1634898	219846	241057	65938	10507
西　藏	547678	85042	180416	10298	4884	3669	8721
陕　西	4433346	2054495	1004010	404377	103322	6763	31982
甘　肃	1823471	1806657	1219028	175245	63864	5020	5807
青　海	1464041	1040219	253551	91543	1800	591	6378
宁　夏	1195874	863308	326806	59186	15418	—	4046
新　疆	11543673	2191341	2610395	362006	26490	3695	36292
不分地区	32786519	7960115	4985842	—	—	—	2153337

注：按建设性质分的数据不含房地产，下同。

各地区国有经济固定资产投资额和新增固定资产

单位:万元

地区	投资额	新增固定资产	固定资产交付使用率(%)
全国总计	**130917172**	**104205960**	**79.6**
北京	6006885	4564332	76.0
天津	2791188	2081416	74.6
河北	6416655	4378176	68.2
山西	2804131	2390319	85.2
内蒙古	1973237	1479237	75.0
辽宁	5737572	4273265	74.5
吉林	2234265	1906687	85.3
黑龙江	5309568	4338426	81.7
上海	11510545	7370539	64.0
江苏	7830745	6900278	88.1
浙江	5471714	4529723	82.8
安徽	2833677	2579602	91.0
福建	3686438	3479367	94.4
江西	1991245	2050163	103.0
山东	7676644	6263620	81.6
河南	5550837	4964965	89.4
湖北	5420119	3778076	69.7
湖南	3330087	2575646	77.3
广东	10543188	7756773	73.6
广西	2228299	1946615	87.4
海南	755128	577727	76.5
重庆	1763137	1465140	83.1
四川	5148728	3621925	70.3
贵州	1418440	1152182	81.2
云南	3414968	2388099	69.9
西藏	315753	195981	62.1
陕西	2396561	1726370	72.0
甘肃	1699660	1180477	69.5
青海	723721	702748	97.1
宁夏	659770	740390	112.2
新疆	3634226	3036898	83.6
不分地区	7640041	7810798	102.2

各地区国有经济按投资规模分的投资(一)

单位:万元

地　　区	500万元以下	500～1000万元	1000～3000万元	3000～5000万元
全国总计	**9081942**	**5528107**	**13247583**	**8041176**
北　京	70563	86641	287366	246736
天　津	73109	70084	204084	138552
河　北	775552	456041	939946	394367
山　西	182027	109751	312020	152108
内蒙古	227370	121383	196780	110476
辽　宁	211650	210534	543364	339171
吉　林	145199	124749	231798	118769
黑龙江	232869	208314	411843	248771
上　海	68207	88842	497157	451080
江　苏	469663	332708	999875	699427
浙　江	425833	289317	844277	493557
安　徽	323029	193615	493811	306276
福　建	297868	162283	412213	280735
江　西	284119	134492	266352	110830
山　东	572492	345326	923672	570991
河　南	672263	361698	887742	487243
湖　北	581448	295984	689381	412065
湖　南	422030	201762	413845	251481
广　东	363333	353393	961428	723016
广　西	371394	184047	297599	162436
海　南	102381	69692	151766	53765
重　庆	143773	106042	238582	155188
四　川	462385	274263	582347	345945
贵　州	162768	84577	187101	127697
云　南	414096	185684	358046	200216
西　藏	83265	18480	30514	16519
陕　西	211048	122739	259585	166402
甘　肃	168607	71207	137801	57089
青　海	100468	51370	70529	38711
宁　夏	78357	29397	85399	48543
新　疆	384776	183692	331360	133014
不分地区	—	—	—	—

各地区国有经济按投资规模分的投资(二)

单位:万元

地　区	5000万元~1亿元	1亿元~5亿元	5亿元~10亿元	10亿元及以上
全国总计	**11356624**	**26374736**	**11053127**	**46233877**
北　京	532994	1626546	644286	2511753
天　津	255799	915174	206357	928029
河　北	615924	1117515	428367	1688943
山　西	228795	601641	302184	915605
内蒙古	152361	347075	100154	717638
辽　宁	377382	1173087	698389	2183995
吉　林	159815	275706	148027	1030202
黑龙江	299036	821852	269713	2817170
上　海	896127	2818240	1232819	5458073
江　苏	1000720	2077856	863077	1387419
浙　江	626016	1352063	272006	1168645
安　徽	382869	607476	106907	419694
福　建	446055	840564	207499	1039221
江　西	146758	293190	309961	445543
山　东	785223	1575266	763764	2139910
河　南	489202	1007178	580280	1065231
湖　北	538884	916381	280881	1705095
湖　南	323571	643291	351294	722813
广　东	918401	2708683	1078666	3436268
广　西	243839	425938	95742	447304
海　南	80998	155894	63746	76886
重　庆	170833	368500	185236	394983
四　川	437141	816979	464186	1765482
贵　州	91558	214372	116465	433902
云　南	376262	896648	216789	767227
西　藏	51099	69976	37900	8000
陕　西	245330	557309	153047	681101
甘　肃	132942	355359	260369	516286
青　海	42196	105436	55711	259300
宁　夏	74506	130351	23404	189813
新　疆	220624	396654	182882	1801224
不分地区	13364	162536	353019	7111122

各地区国有经济按构成分的投资

单位:万元

地　　区	投资额	建筑安装工程	设备工器具购置	其他费用
全国总计	**130917172**	**80353047**	**31105367**	**19458758**
北　京	6006885	3704778	1034024	1268083
天　津	2791188	1728724	619295	443169
河　北	6416655	4125164	1672419	619072
山　西	2804131	1820869	615292	367970
内蒙古	1973237	1157711	488420	327106
辽　宁	5737572	3698210	1223311	816051
吉　林	2234265	1447422	459818	327025
黑龙江	5309568	3553915	1270069	485584
上　海	11510545	6096857	2326275	3087413
江　苏	7830745	4836408	1994255	1000082
浙　江	5471714	3531411	1000080	940223
安　徽	2833677	1762445	759424	311808
福　建	3686438	2308666	882857	494915
江　西	1991245	1175395	643851	171999
山　东	7676644	4783087	2008366	885191
河　南	5550837	3464106	1369554	717177
湖　北	5420119	3015754	1324874	1079491
湖　南	3330087	2162102	841316	326669
广　东	10543188	6659270	2364057	1519861
广　西	2228299	1531181	452755	244363
海　南	755128	489792	155381	109955
重　庆	1763137	1030892	526789	205456
四　川	5148728	3140925	1054751	953052
贵　州	1418440	774951	432319	211170
云　南	3414968	2168017	783974	462977
西　藏	315753	254721	32630	28402
陕　西	2396561	1544703	588626	263232
甘　肃	1699660	940116	483201	276343
青　海	723721	489482	117137	117102
宁　夏	659770	400164	171626	87980
新　疆	3634226	2497664	785373	351189
不分地区	7640041	4058145	2623248	958648

各地区国有经济按隶属关系分的投资

单位:万元

地区	合计	中央项目	地方项目	省属	地市属	县属
全国总计	**130917172**	**51790242**	**78510005**	**26397495**	**26313042**	**25799468**
北京	6006885	2871751	3132221	2176298	831174	124749
天津	2791188	1184894	1597410	1200509	199523	197378
河北	6416655	1846608	4552669	1175731	1460651	1916287
山西	2804131	1222664	1566819	659941	516015	390863
内蒙古	1973237	939451	1030932	406439	359825	264668
辽宁	5737572	2391462	3327026	917337	1932727	476962
吉林	2234265	905946	1325336	581005	488926	255405
黑龙江	5309568	3394780	1909274	729059	777017	403198
上海	11510545	3017094	8340508	5020602	—	3319906
江苏	7830745	2244053	5580062	1008336	2234410	2337316
浙江	5471714	1460685	3987111	698148	1686618	1602345
安徽	2833677	958274	1861962	187106	959446	715410
福建	3686438	620381	3053025	1180713	945756	926556
江西	1991245	472827	1505153	713335	314300	477518
山东	7676644	2800264	4875840	1208056	1821039	1846745
河南	5550837	2013704	3472179	473196	1152027	1846956
湖北	5420119	2545428	2814051	441065	1280532	1092454
湖南	3330087	1452939	1871970	542543	681046	648381
广东	10543188	2404160	8051648	1575284	4401915	2074449
广西	2228299	467362	1717084	578499	598895	539690
海南	755128	135631	613668	347528	135933	130207
重庆	1763137	575988	1179567	442051	129224	608292
四川	5148728	2145808	2985758	496688	1295953	1193117
贵州	1418440	503310	908115	544382	154540	209193
云南	3414968	821484	2583659	1060205	508136	1015318
西藏	315753	112058	200666	71334	83277	46055
陕西	2396561	878381	1517900	433795	701035	383070
甘肃	1699660	1055341	643275	239033	204877	199365
青海	723721	405040	318607	121689	94821	102097
宁夏	659770	296608	363162	211688	64073	87401
新疆	3634226	2335348	1293825	626377	299331	368117
不分地区	7640041	7310518	329523	329523	—	—

各地区国有经济按建设性质分的投资

单位:万元

地　区	新　建	扩　建	改　建	单纯建造生活设施	迁　建	恢　复	单纯购置
全国总计	**45817601**	**44645765**	**18715712**	**4413700**	**1346128**	**231921**	**3813472**
北　京	746291	2945737	507433	357660	94362	5002	78103
天　津	707810	1319652	376795	21553	14599	786	11788
河　北	2781880	1725135	1288241	218812	31869	34951	66684
山　西	881502	1020888	587658	149761	9296	1039	19168
内蒙古	656101	791693	250811	103755	3321	69832	21667
辽　宁	1504247	2218192	1166967	197523	52459	6010	58731
吉　林	609628	1031187	310730	160618	5352	724	11802
黑龙江	1435469	2994305	384018	180536	5416	3530	30599
上　海	5272155	2428591	1206666	349488	144075	—	61039
江　苏	1719451	3198557	1457458	122255	73595	340	66773
浙　江	2149455	1505284	691285	88868	141042	2510	75211
安　徽	897351	967283	622170	77041	10590	4399	29136
福　建	1484121	1302964	384756	59495	29405	92	45866
江　西	944578	545859	287011	58946	11917	511	22431
山　东	1594037	3927594	1093089	325427	88050	1150	108556
河　南	2169446	2061421	786519	228882	80499	3618	59890
湖　北	1862910	1958333	711849	161419	107243	8155	221618
湖　南	1080425	1121427	682630	187027	53793	1631	45283
广　东	4338349	2691355	997328	234085	70032	9860	495586
广　西	982773	674929	301502	85535	8791	2915	43239
海　南	428653	203262	19569	47178	9240	8134	23678
重　庆	469429	713047	281959	28049	89822	2200	50084
四　川	2276692	1465304	748945	190343	73339	1626	132179
贵　州	589257	468262	223960	67589	15027	4909	8071
云　南	1251479	1074769	555829	127311	74329	48141	7490
西　藏	189454	44036	58509	9569	1311	1769	4515
陕　西	884975	732899	384112	178118	22675	3772	24276
甘　肃	441215	637372	474658	84157	10129	2288	4855
青　海	313387	251093	76545	57711	300	561	4294
宁　夏	232136	266120	88594	31835	3388	—	3206
新　疆	1339036	814864	1140058	223154	10862	1466	33931
不分地区	3583909	1544351	568058	—	—	—	1943723

各地区国有经济按主要行业分的投资(一)

单位:万元

地　　区	合　计	农、林、牧、渔业	采掘业	制造业	电力、煤气及水的生产和供应业
全国总计	**130917172**	**1696903**	**11406973**	**20756420**	**17417653**
北　　京	6006885	12647	28374	642709	592270
天　　津	2791188	3264	443518	374311	408595
河　　北	6416655	68766	322028	1517136	875467
山　　西	2804131	15859	665632	414614	414267
内 蒙 古	1973237	13790	509608	355382	263435
辽　　宁	5737572	68311	951616	1356753	573532
吉　　林	2234265	14757	270762	722521	381247
黑 龙 江	5309568	90625	1645064	674279	740643
上　　海	11510545	26335	184334	2082150	1164368
江　　苏	7830745	26387	202527	1436754	850354
浙　　江	5471714	22974	10848	445418	1057385
安　　徽	2833677	14639	334007	609233	256877
福　　建	3686438	24493	21912	338525	457595
江　　西	1991245	15604	78534	361223	262965
山　　东	7676644	123236	1365964	1562639	899595
河　　南	5550837	34382	708618	1249943	606388
湖　　北	5420119	54512	99777	873682	1407839
湖　　南	3330087	21639	37175	620871	552281
广　　东	10543188	43518	131178	817506	1157425
广　　西	2228299	33086	40965	319288	226519
海　　南	755128	57739	12570	118625	49370
重　　庆	1763137	14358	56925	343171	275447
四　　川	5148728	21651	282412	618240	1471194
贵　　州	1418440	4246	109561	370142	355486
云　　南	3414968	49898	93507	870831	219974
西　　藏	315753	17245	4632	4018	75097
陕　　西	2396561	10754	259762	445009	270618
甘　　肃	1699660	5177	159189	633367	190515
青　　海	723721	27463	140154	82467	224300
宁　　夏	659770	8505	68067	113319	145590
新　　疆	3634226	415993	1206938	382294	176348
不分地区	7640041	335050	960815	—	814667

各地区国有经济按主要行业分的投资(二)

单位:万元

地　　区	建筑业	地质勘查业、水利管理业	交通运输、仓储及邮电通信业	批发和零售贸易、餐饮业	金融、保险业	房地产业
全国总计	**2004184**	**2984388**	**32267552**	**2109937**	**1422096**	**13710218**
北　京	82401	55719	1149451	128278	96518	1284305
天　津	127286	32262	545839	22111	10299	402938
河　北	35681	190391	1855770	117021	60065	308711
山　西	106231	46263	577341	32153	47038	139613
内蒙古	23851	8732	375580	25617	28843	83433
辽　宁	101196	14163	1255529	64271	36372	616472
吉　林	60376	11535	308452	32036	21663	104224
黑龙江	23591	25017	1252254	53813	58109	285241
上　海	280659	30602	1499060	211748	41657	3145205
江　苏	83172	151489	1956012	164837	79293	1234150
浙　江	55537	160274	1311193	128663	72299	839945
安　徽	53029	77226	630760	59656	34593	237758
福　建	8808	68469	1635332	51101	41903	402948
江　西	12853	33156	739189	42981	16960	123124
山　东	94115	274159	1308710	122497	96767	561275
河　南	87476	528099	855395	110670	89435	172121
湖　北	145651	78320	1002368	69425	131983	399750
湖　南	23710	97481	949946	112004	54630	162108
广　东	138837	340370	2834481	99393	71714	1858635
广　西	23456	26431	773802	53070	27949	142376
海　南	18817	13340	139638	23027	40163	30086
重　庆	57876	14631	420329	22147	22193	160322
四　川	114919	72825	1004159	83376	74778	306175
贵　州	6345	10454	325532	29178	14359	43965
云　南	63646	66131	879368	93097	46537	288412
西　藏	5808	8705	82507	8584	12335	6777
陕　西	41108	43696	632508	36915	24996	168546
甘　肃	79995	65002	256960	26369	20693	47531
青　海	7402	18199	97672	14336	8270	20420
宁　夏	1656	15064	170231	15442	11247	35038
新　疆	38696	112687	694536	56121	28435	98614
不分地区	—	293496	4747648	—	—	—

各地区国有经济按主要行业分的投资(三)

单位:万元

地区	社会服务业	卫生、体育和社会福利业	教育、文化艺术及广播电影电视业	科学研究和综合技术服务业	国家机关、政党机关和社会团体	其他行业
全国总计	**7989258**	**1488855**	**5345470**	**711335**	**7596700**	**2009230**
北京	398562	59726	467894	248486	636859	122686
天津	133631	20455	92358	18364	125994	29963
河北	288451	64540	274672	18252	383962	35742
山西	85661	21141	74220	5004	117350	41744
内蒙古	66135	22256	83479	4755	104770	3571
辽宁	232423	50183	160712	23793	226132	6114
吉林	18337	17990	99977	10524	124195	35669
黑龙江	88354	18402	96922	3710	208059	45485
上海	1849527	171107	362488	39203	182930	239172
江苏	454789	85664	409791	26941	483659	184926
浙江	463016	117060	304891	18954	383110	80147
安徽	148652	30334	96346	8471	222921	19175
福建	195895	40708	164139	4369	195562	34679
江西	54287	23702	58126	1947	159704	6890
山东	245300	119398	286504	23598	568501	24386
河南	253527	54736	245327	23919	501518	29283
湖北	181401	81434	243737	21557	396501	232182
湖南	169458	50407	227354	12720	217890	20413
广东	1417230	164107	587396	27284	709958	144156
广西	180612	32557	146445	8160	173085	20498
海南	86977	13608	44698	4182	89013	13275
重庆	48196	24146	98274	5732	192547	6843
四川	322423	60705	234778	62972	325068	93053
贵州	47857	13030	32095	2900	52166	1124
云南	264744	56371	131379	19314	263409	8350
西藏	11965	2554	15920	1654	53853	4099
陕西	82181	19426	125947	19398	162732	52965
甘肃	37677	13651	59126	6662	94276	3470
青海	11652	6927	15057	3398	45704	300
宁夏	27385	5836	16596	1211	22625	1958
新疆	122953	26694	88822	6429	172647	6019
不分地区	—	—	—	27472	—	460893

各地区国有经济按主要工业行业分的投资(一)

单位:万元

地　　区	工业合计	煤炭采选业	石油和天然气开采业	黑色金属矿采选业	有色金属矿采选业	非金属矿采选业	其他矿采选业
全国总计	**49581046**	**3639572**	**6973894**	**212745**	**267379**	**168849**	**165**
北　京	1263353	9165	—	18684	—	525	—
天　津	1226424	—	436929	—	—	6589	—
河　北	2714631	219097	51235	17162	12248	22286	—
山　西	1494513	660811	—	4253	360	208	—
内蒙古	1128425	451649	—	17388	9020	6308	—
辽　宁	2881901	178038	677581	75188	15882	4927	—
吉　林	1374530	25295	207370	—	1591	522	—
黑龙江	3059986	213841	1378646	2008	2576	245	—
上　海	3430852	—	172229	12105	—	—	—
江　苏	2489635	116805	70766	2935	1300	10721	—
浙　江	1513651	1024	229	850	3938	2973	—
安　徽	1200117	304671	—	15646	6501	6974	—
福　建	818032	14874	—	494	3545	1704	—
江　西	702722	19735	—	317	53721	3300	—
山　东	3828198	395079	945785	6540	16384	2176	—
河　南	2564949	331612	345206	640	22705	8455	—
湖　北	2381298	3425	66540	1048	14785	11906	165
湖　南	1210327	24396	—	908	10629	1132	—
广　东	2106109	4313	108635	3103	10516	4581	—
广　西	586772	6211	17645	7564	8572	771	—
海　南	180565	10	—	5999	600	5250	—
重　庆	675543	33497	19592	790	—	3046	—
四　川	2371846	34646	213306	8063	4118	8045	—
贵　州	835189	52777	5226	201	130	51227	—
云　南	1184312	43416	136	6664	37412	1021	—
西　藏	83747	1886	—	2047	200	50	—
陕　西	975389	120351	114516	—	22361	643	—
甘　肃	983071	84873	67984	82	4968	677	—
青　海	446921	3817	132505	—	2013	1819	—
宁　夏	326976	68020	—	—	—	47	—
新　疆	1765580	30778	1166478	2066	1304	721	—
不分地区	1775482	185460	775355	—	—	—	—

各地区国有经济按主要工业行业分的投资(二)

单位:万元

地区	木材及竹材采运业	食品加工业	食品制造业	饮料制造业	烟草加工业	纺织业	服装及其他纤维制品制造业
全国总计	**144369**	**636021**	**230795**	**556780**	**774948**	**607518**	**62331**
北京	—	12543	3999	2069	—	10961	3080
天津	—	2351	1670	314	2625	2881	290
河北	—	25116	21395	32412	8623	60853	21407
山西	—	7711	2783	3109	5728	7415	13
内蒙古	25243	15563	2285	9259	5	1896	—
辽宁	—	15428	3481	13364	8143	20889	3625
吉林	35984	8643	7794	15111	2577	9502	72
黑龙江	47748	41537	5591	17988	9510	4537	931
上海	—	7930	15338	1752	77892	31207	4512
江苏	—	48411	18877	38790	34642	74254	3351
浙江	1834	18764	11828	23514	26213	44289	82
安徽	215	24895	12126	77694	44332	34683	2637
福建	1295	6137	1873	28267	8322	3028	121
江西	1461	30500	4712	10333	4702	16812	657
山东	—	75469	22085	55817	41479	56670	4145
河南	—	33203	30797	45401	40752	58787	1256
湖北	1908	18057	4462	7831	48235	37112	8663
湖南	110	13096	1032	10800	49622	11761	370
广东	30	19675	11266	39513	13743	11293	3856
广西	202	58824	7027	3788	7320	8925	393
海南	711	4130	5748	4220	200	5798	—
重庆	—	4689	11645	8142	22069	4152	—
四川	14234	5640	4116	79947	33509	12580	842
贵州	—	2924	1116	9924	32687	2808	1020
云南	4858	90782	2031	5967	224266	2269	—
西藏	449	1947	173	500	—	317	—
陕西	1891	8193	1482	4272	19875	14156	187
甘肃	605	6922	4665	3156	3755	8466	30
青海	—	1920	100	50	933	939	465
宁夏	—	6493	5145	60	548	819	186
新疆	5591	18528	4153	3416	2641	47459	140
不分地区	—	—	—	—	—	—	—

各地区国有经济按主要工业行业分的投资(三)

单位:万元

地区	皮革、毛皮、羽绒及其制品业	木材加工及竹、藤、棕、草制品业	家具制造业	造纸及纸制品业	印刷业、记录媒介的复制	文教体育用品制造业	石油加工及炼焦业
全国总计	**27963**	**153122**	**19139**	**648110**	**160101**	**35529**	**2578901**
北京	1200	2973	3490	13074	27214	4469	205330
天津	—	700	—	44314	2385	4502	72646
河北	11946	5425	1440	44385	14269	100	252958
山西	—	4326	—	7476	1714	3228	37143
内蒙古	515	228	2900	4961	528	—	12112
辽宁	306	100	346	2541	12068	604	241152
吉林	130	2242	175	2580	70	—	5461
黑龙江	282	15915	—	18467	3266	1183	245657
上海	486	3400	500	4961	15257	3910	171653
江苏	744	524	815	48021	10812	60	86990
浙江	1265	2285	—	18659	1244	615	12073
安徽	460	1128	280	11341	1539	70	33554
福建	292	3631	995	54260	558	—	81331
江西	887	24573	130	5352	11228	509	67538
山东	337	2453	4435	117681	3286	2350	134661
河南	3548	26829	394	26774	6125	—	65845
湖北	150	3377	280	9789	6036	—	99536
湖南	164	5553	1000	18753	3313	50	145380
广东	—	2474	1081	2427	5383	12417	226091
广西	89	16157	58	67039	4018	—	8422
海南	500	2565	—	110	825	—	—
重庆	—	—	50	3578	2400	80	61
四川	2486	3691	30	32259	8610	—	128
贵州	—	1634	105	1530	991	480	—
云南	—	15804	55	71425	3522	—	1201
西藏	—	100	—	—	—	—	—
陕西	1163	2379	—	2614	9438	—	98938
甘肃	—	2656	450	985	1650	—	114525
青海	203	—	—	1926	100	—	—
宁夏	—	—	—	2835	124	782	9984
新疆	810	—	130	7993	2128	120	148531
不分地区	—	—	—	—	—	—	—

各地区国有经济按主要工业行业分的投资(四)

单位:万元

地区	化学原料及化学制品制造业	医药制造业	化学纤维制造业	橡胶制品业	塑料制品业	非金属矿物制品业	黑色金属冶炼及压延加工业
全国总计	**3984911**	**312947**	**341977**	**216403**	**175636**	**1221838**	**3797450**
北京	91139	11764	1627	12921	994	18525	80148
天津	68734	3316	1737	1800	6204	51399	31132
河北	229499	53088	43531	3600	24716	158629	296639
山西	73705	5353	1210	3390	5207	27364	107338
内蒙古	59213	1678	—	118	350	39188	118549
辽宁	248768	7062	14973	18474	21025	50326	433484
吉林	453992	2079	1142	215	2623	20836	21639
黑龙江	103598	15223	1053	8768	13578	26080	9268
上海	51261	17865	3801	2096	21670	19599	1417539
江苏	451042	12342	59439	5409	6595	58367	99063
浙江	53774	17837	26067	807	3350	24565	39129
安徽	86735	13899	4834	—	24654	52345	24017
福建	37950	2686	7392	451	926	9527	28494
江西	22371	2265	2545	586	3968	27645	12772
山东	421981	9548	29843	97862	17647	69327	149867
河南	351787	46657	11701	15637	3755	120736	84252
湖北	75107	12098	5713	759	2714	41977	262536
湖南	107769	7354	11206	511	765	44857	67527
广东	147442	14252	6558	2820	7426	83584	23370
广西	38802	4798	1405	2290	100	10672	28685
海南	13971	399	—	383	—	64159	244
重庆	31152	14433	95329	300	545	28508	2631
四川	61608	10059	209	937	—	44473	88886
贵州	146560	6908	3288	4046	474	19529	10550
云南	179678	2182	—	25153	253	32915	136868
西藏	—	100	—	—	500	227	—
陕西	47515	7514	—	1366	80	6862	26388
甘肃	221058	6309	7014	262	2636	22943	135226
青海	4556	1472	—	—	92	18057	14759
宁夏	51382	1967	360	270	180	6935	780
新疆	52762	440	—	5172	2609	21682	45670
不分地区	—	—	—	—	—	—	—

各地区国有经济按主要工业行业分的投资(五)

单位:万元

地　　区	有色金属冶炼及压延加工业	金属制品业	普通机械制造业	专用设备制造业	交通运输设备制造业	电气机械及器材制造业
全国总计	**721909**	**162727**	**546040**	**450449**	**1299399**	**286233**
北　　京	560	4426	9664	23542	59000	3880
天　　津	—	23684	26093	6213	13379	1716
河　　北	18026	18138	37829	30541	37303	7307
山　　西	37764	653	9696	27605	15505	3684
内 蒙 古	35268	227	2277	413	7357	1855
辽　　宁	26258	20922	29197	16599	111745	11614
吉　　林	12193	1311	2240	4360	131009	4777
黑 龙 江	8393	7425	18411	8990	73934	6191
上　　海	5422	7781	22731	21175	110053	28132
江　　苏	7933	5787	84572	47623	87090	49062
浙　　江	2500	3645	31441	7269	22330	11150
安　　徽	29859	5137	23528	13597	75587	6692
福　　建	14599	922	8018	4615	19905	5533
江　　西	38149	1385	12125	9501	19882	18790
山　　东	42478	6422	69070	54614	44311	12075
河　　南	112199	1960	29715	46917	54053	16157
湖　　北	35770	9893	18674	13781	122204	7844
湖　　南	20460	1687	14678	23567	41899	11747
广　　东	13170	6650	10076	17497	22089	24219
广　　西	9168	4021	5968	5835	20211	1523
海　　南	—	525	22	594	13434	127
重　　庆	34787	1596	5400	1753	26528	6468
四　　川	16385	1152	24116	12605	59451	9813
贵　　州	70732	2585	5205	1146	38270	3581
云　　南	28471	2458	12397	14663	2070	10295
西　　藏	—	—	—	—	30	—
陕　　西	12720	5662	13013	22471	58500	13596
甘　　肃	51024	5435	11493	4781	4897	6787
青　　海	22741	6770	4115	704	1430	230
宁　　夏	12006	2798	2488	2139	275	1142
新　　疆	2874	1670	1788	5339	5668	246
不分地区	—	—	—	—	—	—

各地区国有经济按主要工业行业分的投资(六)

单位:万元

地区	电子及通信设备制造业	仪器仪表及文化、办公用机械制造业	其他制造业	电力、蒸汽、热水的生产和供应业	煤气生产和供应业	自来水的生产和供应业
全国总计	**476027**	**87698**	**183518**	**15349669**	**597948**	**1470036**
北京	15623	10904	7590	462945	77073	52252
天津	3289	937	—	343077	52124	13394
河北	46737	5788	5436	806603	14473	54391
山西	1735	307	13452	392185	13255	8827
内蒙古	2323	—	36314	250254	3304	9877
辽宁	19180	—	5079	439534	33621	100377
吉林	6016	2483	1249	293484	23624	64139
黑龙江	2281	3122	3100	711300	18646	10697
上海	7560	5627	1040	796037	100265	268066
江苏	80030	15966	143	703681	22843	123830
浙江	38886	1687	150	962152	11447	83786
安徽	—	1876	1734	228014	9917	18946
福建	7706	738	248	402067	6195	49333
江西	7286	906	3114	233358	10122	19485
山东	9159	5324	2243	803113	62714	33768
河南	6237	2235	6234	537798	28431	40159
湖北	16750	2555	1779	1358365	14627	34847
湖南	3329	2213	408	515017	3510	33754
广东	63835	7863	17436	967292	14737	175396
广西	2920	484	346	199773	510	26236
海南	27	—	644	19695	9826	19849
重庆	1442	5975	29458	247601	4949	22897
四川	82750	2492	19466	1405917	17561	47716
贵州	1318	547	184	343846	2373	9267
云南	1961	681	3464	184827	4834	30313
西藏	124	—	—	74671	—	426
陕西	41042	4862	20721	183698	26158	60762
甘肃	5511	632	99	163126	6643	20746
青海	—	95	810	215661	244	8395
宁夏	820	1224	1577	140899	255	4436
新疆	150	175	—	149012	3667	23669
不分地区	—	—	—	814667	—	—

各地区国有经济农业、轻工业、重工业投资

单位:万元

地　区	合　计	农　业	轻工业	重工业
全国总计	**51277949**	**1696903**	**6475174**	**43105872**
北　京	1276000	12647	171953	1091400
天　津	1229688	3264	100737	1125687
河　北	2783397	68766	473932	2240699
山　西	1510372	15859	62383	1432130
内蒙古	1142215	13790	52271	1076154
辽　宁	2950212	68311	223161	2658740
吉　林	1389287	14757	118130	1256400
黑龙江	3150611	90625	150582	2909404
上　海	3457187	26335	505522	2925330
江　苏	2516022	26387	503890	1985745
浙　江	1536625	22974	284576	1229075
安　徽	1214756	14639	268025	932092
福　建	842525	24493	167091	650941
江　西	718326	15604	120572	582150
山　东	3951434	123236	496026	3332172
河　南	2599331	34382	374145	2190804
湖　北	2435810	54512	213942	2167356
湖　南	1231966	21639	167414	1042913
广　东	2149627	43518	372357	1733752
广　西	619858	33086	194111	392661
海　南	238304	57739	43877	136688
重　庆	689901	14358	196613	478930
四　川	2393497	21651	319229	2052617
贵　州	839435	4246	79314	755875
云　南	1234210	49898	440760	743552
西　藏	100992	17245	3993	79754
陕　西	986143	10754	132807	842582
甘　肃	988248	5177	74057	909014
青　海	474384	27463	25634	421287
宁　夏	335481	8505	24563	302413
新　疆	2181573	415993	113507	1652073
不分地区	2110532	335050	—	1775482

各地区国有经济能源工业投资

单位:万元

地　区	能源工业合计	煤炭采选业	石油和天然气开采业	电力、蒸汽、热水的生产和供应业	石油加工及炼焦业	煤气生产和供应业
全国总计	**29139984**	**3639572**	**6973894**	**15349669**	**2578901**	**597948**
北　京	754513	9165	—	462945	205330	77073
天　津	904776	—	436929	343077	72646	52124
河　北	1344366	219097	51235	806603	252958	14473
山　西	1103394	660811	—	392185	37143	13255
内蒙古	717319	451649	—	250254	12112	3304
辽　宁	1569926	178038	677581	439534	241152	33621
吉　林	555234	25295	207370	293484	5461	23624
黑龙江	2568090	213841	1378646	711300	245657	18646
上　海	1240184	—	172229	796037	171653	100265
江　苏	1001085	116805	70766	703681	86990	22843
浙　江	986925	1024	229	962152	12073	11447
安　徽	576156	304671	—	228014	33554	9917
福　建	504467	14874	—	402067	81331	6195
江　西	330753	19735	—	233358	67538	10122
山　东	2341352	395079	945785	803113	134661	62714
河　南	1308892	331612	345206	537798	65845	28431
湖　北	1542493	3425	66540	1358365	99536	14627
湖　南	688303	24396	—	515017	145380	3510
广　东	1321068	4313	108635	967292	226091	14737
广　西	232561	6211	17645	199773	8422	510
海　南	29531	10	—	19695	—	9826
重　庆	305700	33497	19592	247601	61	4949
四　川	1671558	34646	213306	1405917	128	17561
贵　州	404222	52777	5226	343846	—	2373
云　南	234414	43416	136	184827	1201	4834
西　藏	76557	1886	—	74671	—	—
陕　西	543661	120351	114516	183698	98938	26158
甘　肃	437151	84873	67984	163126	114525	6643
青　海	352227	3817	132505	215661	—	244
宁　夏	219158	68020	—	140899	9984	255
新　疆	1498466	30778	1166478	149012	148531	3667
不分地区	1775482	185460	775355	814667	—	—

各地区国有经济交通运输业投资

单位:万元

地区	合计	铁路运输业	公路运输业	管道运输业	水上运输业	航空运输业	交通运输辅助业	其他交通运输业
全国总计	**21366340**	**5777733**	**7731026**	**56755**	**535765**	**1622198**	**5344310**	**298553**
北京	492721	95884	116471	—	—	27105	253261	—
天津	158011	9973	3863	—	—	7398	136777	—
河北	1428434	10831	926242	26022	24432	4055	421203	15649
山西	466328	47852	339871	—	—	5957	72648	—
内蒙古	234924	125753	40704	—	—	1935	66532	—
辽宁	832120	211000	21895	3464	2766	11634	571063	10298
吉林	261398	56869	141810	—	—	1500	61219	—
黑龙江	651909	90560	454757	771	7376	530	93520	4395
上海	852586	31116	6552	—	33015	220624	424041	137238
江苏	1027668	90646	495768	—	12549	35967	323247	69491
浙江	894392	64849	414587	—	30618	52564	319698	12076
安徽	355780	29744	25357	240	7876	8000	275699	8864
福建	943422	112223	634358	—	29447	5095	149603	12696
江西	396754	38157	287360	—	10060	34142	27035	—
山东	882474	58401	306220	540	28050	23338	465915	10
河南	538658	113395	187598	1198	1403	40973	193811	280
湖北	450068	102713	86122	—	21061	32688	207484	—
湖南	541700	133211	228389	58	640	1364	172195	5843
广东	1761423	120895	809645	—	69752	325524	430599	5008
广西	563527	69808	373056	—	38921	20046	59743	1953
海南	69245	347	10426	—	1746	3399	53327	—
重庆	264650	9246	48615	—	39069	142	167391	187
四川	722531	149330	378535	494	2225	35352	156438	157
贵州	199663	25620	157016	—	805	—	16222	—
云南	576857	85150	428093	—	2589	31501	26125	3399
西藏	46294	—	44967	—	—	—	1316	11
陕西	460028	230430	97869	—	323	8409	122997	—
甘肃	110709	56884	3024	—	—	28527	12239	10035
青海	54970	8930	11003	—	—	2420	31867	750
宁夏	106430	18559	47725	23968	—	—	16178	—
新疆	447131	192914	176336	—	—	62751	14917	213
不分地区	4573535	3386443	426792	—	171042	589258	—	—

各地区国有经济邮电通讯业投资

单位:万元

地区	合计	邮政业	电信业	邮电业
全国总计	**10504408**	**445587**	**4981154**	**5077667**
北京	638332	30978	607354	—
天津	361609	15680	268922	77007
河北	410171	12648	192455	205068
山西	107201	4281	55270	47650
内蒙古	135074	6701	60365	68008
辽宁	388316	11262	131235	245819
吉林	38252	4066	6756	27430
黑龙江	569369	12047	249073	308249
上海	632924	34207	566479	32238
江苏	917414	53064	145000	719350
浙江	401471	26753	125082	249636
安徽	271015	14178	75278	181559
福建	684791	37856	386678	260257
江西	315491	6439	68557	240495
山东	419615	18101	172553	228961
河南	308221	14529	142879	150813
湖北	546575	9500	266842	270233
湖南	401528	7241	273661	120626
广东	1048632	14638	228305	805689
广西	201629	9789	100830	91010
海南	69589	8358	43455	17776
重庆	154854	10124	143735	995
四川	274129	22034	103727	148368
贵州	124770	6983	80654	37133
云南	298164	2973	32864	262327
西藏	36213	16775	17225	2213
陕西	170848	7437	120983	42428
甘肃	145923	120	69790	76013
青海	42702	1693	31633	9376
宁夏	61859	1497	33298	27064
新疆	243113	23635	95602	123876
不分地区	84614	—	84614	—

国有经济按隶属关系分的行业投资

单位:万元

行业	合计	中央项目	地方项目	省属	地市属	县属
全国总计	**130917172**	**51790242**	**78510005**	**26397495**	**26313042**	**25799468**
(一) 农、林、牧、渔业	1696903	545146	1143814	536878	136837	470099
农业	929595	352411	574347	387261	58564	128522
林业	313557	179259	133527	62107	10960	60460
畜牧业	92071	3960	85363	6936	22319	56108
渔业	53944	4244	49120	14349	11454	23317
农、林、牧、渔服务业	307736	5272	301457	66225	33540	201692
(二) 采掘业	11406973	9747047	1658520	1028625	245030	384865
煤炭采选业	3639572	3063608	575584	317993	99265	158326
石油和天然气开采业	6973894	6457677	516217	396582	46767	72868
黑色金属矿采选业	212745	26103	186642	149565	25172	11905
有色金属矿采选业	267379	138955	127682	22088	27893	77701
非金属矿采选业	168849	8708	159857	88372	20352	51133
其他矿采选业	165	——	165	——	——	165
木材及竹材采运业	144369	51996	92373	54025	25581	12767
(三) 制造业	20756420	7965350	12747611	4458586	4663426	3625599
食品加工业	636021	15453	614298	59312	107377	447609
食品制造业	230795	2177	227790	30094	75890	121806
饮料制造业	556780	6150	548623	32561	191066	324996
烟草加工业	774948	590491	184457	111175	39737	33545
纺织业	607518	35041	569860	82998	301636	185226
服装及其他纤维制品制造业	62331	11379	50792	20484	17202	13106
皮革、毛皮、羽绒及其制品业	27963	——	27963	2583	7603	17777
木材加工及竹、藤、棕、草制品业	153122	2904	149018	49258	22914	76846
家具制造业	19139	——	19094	4310	6703	8081
造纸及纸制品业	648110	51495	592235	169899	199240	223096
印刷业、记录媒介的复制	160101	46395	113476	42785	42931	27760
文教体育用品制造业	35529	——	35459	13663	17542	4254
石油加工及炼焦业	2578901	2349986	228565	65234	97978	65353
化学原料及化学制品制造业	3984911	1520643	2458794	710362	963017	785415
医药制造业	312947	21090	288803	51023	131252	106528
化学纤维制造业	341977	144262	197653	52699	93058	51896
橡胶制品业	216403	8589	207614	64486	122165	20963
塑料制品业	175636	3300	171650	34135	82274	55241
非金属矿物制品业	1221838	88309	1131416	327901	432454	371061
黑色金属冶炼及压延加工业	3797450	1309545	2487843	1755257	660333	72253
有色金属冶炼及压延加工业	721909	352010	367440	156676	110452	100312
金属制品业	162727	33997	128105	47589	42204	38312
普通机械制造业	546040	69723	475487	103678	234802	137007

国有经济按隶属关系分的行业投资

续1 单位:万元

行业	合计	中央项目	地方项目	省属	地市属	县属
专用设备制造业	450449	93263	355058	104000	144801	106257
交通运输设备制造业	1299399	875237	418251	160927	156738	100586
电气机械及器材制造业	286233	29862	256095	51782	135492	68821
电子及通信设备制造业	476027	143107	331648	111437	196064	24147
仪器仪表及文化、办公用机械制造业	87698	20256	67442	35386	26089	5967
其他制造业	183518	140686	42682	6892	4412	31378
(四)电力、煤气及水的生产和供应业	17417653	11216957	6186381	2450048	1832414	1903919
电力、蒸汽、热水的生产和供应业	15349669	11208747	4127956	1857489	797379	1473088
煤气生产和供应业	597948	3080	594868	244463	273969	76436
自来水的生产和供应业	1470036	5130	1463557	348096	761066	354395
(五)建筑业	2004184	387594	1605389	451029	501020	653340
土木工程建筑业	1835776	269643	1558581	428833	485280	644468
线路、管道和设备安装业	145310	116976	27985	10434	12398	5153
建筑物的装修装饰业	23098	975	18823	11762	3342	3719
(六)地质勘查业、水利管理业	2984388	1035256	1938905	767024	505259	666622
地质勘查业	196927	180005	16022	13406	1125	1491
水利管理业	2787461	855251	1922883	753618	504134	665131
(七)交通运输、仓储及邮电通信业	32267552	15454336	16782925	9358390	4280658	3143877
铁路运输业	5777733	5433256	344477	295077	23088	26312
公路运输业	7731026	110194	7609783	4712940	1556747	1340096
管道运输业	56755	31816	24939	23968	173	798
水上运输业	535765	303473	232292	136977	73585	21730
航空运输业	1622198	1130414	491784	117560	181279	192945
交通运输辅助业	5344310	760773	4575725	1561106	1826624	1187995
其他交通运输业	298553	180	297278	172027	71478	53773
仓储业	396804	182145	209525	77888	58932	72705
邮电通信业	10504408	7502085	2997122	2260847	488752	247523
(八)批发和零售贸易、餐饮业	2109937	225338	1871817	365436	570641	935740
食品、饮料、烟草和家庭用品批发商业	731805	115253	609629	107432	188262	313935
能源、材料和机械电子设备批发业	300545	52819	246662	101322	59123	86217
其他批发业	90754	7009	83247	27286	20175	35786
零售业	826924	14886	808069	121009	272765	414295
商业经纪与代理业	57741	8419	49218	3534	4149	41535

国有经济按隶属关系分的行业投资

续2

单位:万元

行业	合计	中央项目	地方项目	省属	地市属	县属
餐饮业	102168	26952	74992	4853	26167	43972
(九) 金融、保险业	1422096	1129630	289912	85133	129070	75709
金融业	1339721	1060918	276329	83673	125201	67455
保险业	82375	68712	13583	1460	3869	8254
(十) 房地产业	13710218	865508	12562429	2683577	5208019	4670833
房地产开发与经营业	13194102	845966	12066571	2526309	5032513	4507749
房地产管理业	504111	19492	484172	157268	168570	158334
房地产代理与经纪业	12005	50	11686	—	6936	4750
(十一) 社会服务业	7989258	228787	7730255	1672188	3820501	2237566
公共服务业	6685392	7298	6662449	1424130	3420336	1817983
居民服务业	63009	367	62570	2124	27081	33365
旅馆业	689682	49040	637202	164815	275360	197027
租赁服务业	12743	4310	8433	3465	530	4438
旅行社	150950	1708	141907	41192	24059	76656
娱乐服务业	92517	860	88967	7896	19961	61110
信息、咨询服务业	32919	3139	29780	23566	4216	1998
计算机应用服务业	13702	8921	4781	600	3831	350
其他社会服务业	248344	153144	94166	4400	45127	44639
(十二) 卫生、体育和社会福利业	1488855	103050	1378152	277704	486266	614182
卫生	1136220	95826	1033704	214606	369667	449431
体育	250424	3541	246883	46601	80809	119473
社会福利保障业	102211	3683	97565	16497	35790	45278
(十三) 教育、文化艺术及广播电影电视业	5345470	906024	4349689	951360	1228083	2170246
教育	4202967	785810	3330822	562592	811661	1956569
文化艺术业	681899	58666	622630	262433	264862	95335
广播电影电视业	460604	61548	396237	126335	151560	118342
(十四) 科学研究和综合技术服务业	711335	481488	229790	104137	84014	41639
科学研究业	449086	376097	72932	51698	18708	2526
综合技术服务业	262249	105391	156858	52439	65306	39113
(十五) 国家机关、政党机关和社会团体	7596700	852923	6687630	863103	2100293	3724234
国家机关	7155676	728715	6373569	798717	1989892	3584960
政党机关	278184	105307	172762	34827	55301	82634
社会团体	159596	18393	138693	29559	54777	54357
基层群众自治组织	3244	508	2606	—	323	2283
(十六) 其他行业	2009230	645808	1346786	344277	521511	480998
其他行业	2009230	645808	1346786	344277	521511	480998

国有经济按建设性质分的行业投资

单位:万元

行业	新建	扩建	改建	单纯建造生活设施	迁建	恢复	单纯购置
全国总计	**45817601**	**44645765**	**18715712**	**4413700**	**1346128**	**231921**	**3813472**
(一) 农、林、牧、渔业	875642	451641	305118	39100	10667	1919	12816
农业	522368	149918	228146	16484	2071	1440	9168
林业	142554	152940	11274	5054	1127	238	370
畜牧业	38654	41357	6232	1203	4380	—	245
渔业	18308	27277	5799	821	597	—	1142
农、林、牧、渔服务业	153758	80149	53667	15538	2492	241	1891
(二) 采掘业	2650805	6746802	1849429	90888	3633	7701	57715
煤炭采选业	1717532	1038748	762586	65935	1198	380	53193
石油和天然气开采业	714369	5355921	903012	592	—	—	—
黑色金属矿采选业	26163	107676	60430	10931	—	6981	564
有色金属矿采选业	58368	126672	73215	7009	420	—	1695
非金属矿采选业	73861	59506	30064	3203	1414	340	461
其他矿采选业	85	80	—	—	—	—	—
木材及竹材采运业	60427	58199	20122	3218	601	—	1802
(三) 制造业	3299324	10689365	5366417	684222	465792	45133	206167
食品加工业	124866	323863	137425	24409	10325	975	14158
食品制造业	38434	131592	44421	9735	5030	657	926
饮料制造业	40189	410876	77542	16462	3568	—	8143
烟草加工业	22464	316898	369271	10938	43201	—	12176
纺织业	59490	189142	260236	51570	23706	861	22513
服装及其他纤维制品制造业	4044	20598	28859	5675	1020	—	2135
皮革、毛皮、羽绒及其制品业	10538	9618	4776	2782	142	—	107
木材加工及竹、藤、棕、草制品业	94128	27003	21268	4714	4218	—	1791
家具制造业	1601	10554	3646	3010	240	—	88
造纸及纸制品业	246418	266915	100395	9420	17714	937	6311
印刷业、记录媒介的复制	19198	60453	40788	12922	3592	—	23148
文教体育用品制造业	645	18501	8099	2369	5710	—	205
石油加工及炼焦业	551920	1150250	843690	14518	16073	—	2450
化学原料及化学制品制造业	877472	2319074	682249	65413	26952	5880	7871
医药制造业	50947	158268	78366	9789	14501	—	1076
化学纤维制造业	61325	221129	42801	4616	4571	—	7535
橡胶制品业	1460	107739	73364	3755	29741	—	344
塑料制品业	62472	78020	28513	2317	2771	65	1478
非金属矿物制品业	317304	593668	233638	45056	25236	1011	5925
黑色金属冶炼及压延加工业	257510	2309620	1189341	34673	3295	—	3011
有色金属冶炼及压延加工业	85544	378849	214159	28244	7085	7054	974
金属制品业	19925	69326	49419	9826	5902	165	8164
普通机械制造业	42809	243922	155106	57137	37845	917	8304

国有经济按建设性质分的行业投资

续 1　　　　单位:万元

行业	新建	扩建	改建	单纯建造生活设施	迁建	恢复	单纯购置
专用设备制造业	21806	204313	132061	49794	32069	1439	8967
交通运输设备制造业	131918	592484	363013	117995	76511	360	17118
电气机械及器材制造业	16141	164596	56832	18106	22467	1162	6929
电子及通信设备制造业	111038	239495	60795	24972	10753	--	28974
仪器仪表及文化、办公用机械制造业	1948	41800	20790	14190	6760	--	2210
其他制造业	25770	30799	45554	29815	24794	23650	3136
(四) 电力、煤气及水的生产和供应业	10458229	5340210	1302804	214744	54088	15413	32165
电力、蒸汽、热水的生产和供应业	9257990	4652914	1166942	193511	34720	11653	31939
煤气生产和供应业	396405	140403	40953	3294	16529	304	60
自来水的生产和供应业	803834	546893	94909	17939	2839	3456	166
(五) 建筑业	839022	474480	375004	196775	5834	1090	111979
土木工程建筑业	766190	446404	358561	165928	4530	1090	93073
线路、管道和设备安装业	65566	20763	15953	26628	404	--	15996
建筑物的装修装饰业	7266	7313	490	4219	900	--	2910
(六) 地质勘查业、水利管理业	1660370	624408	598498	51891	12708	18875	17638
地质勘查业	29608	101140	17055	33194	10090	162	5678
水利管理业	1630762	523268	581443	18697	2618	18713	11960
(七) 交通运输、仓储及邮电通信业	12974087	10310820	5783338	355437	41588	33422	2768860
铁路运输业	2162998	820273	1415297	113376	400	--	1265389
公路运输业	5252730	512409	1663794	34249	11739	435	255670
管道运输业	25774	14733	4427	11713	--	--	108
水上运输业	60318	197845	64610	10025	446	1461	201060
航空运输业	371614	288283	33916	3497	14050	--	910838
交通运输辅助业	2159538	1136791	1925834	48648	7162	30140	36197
其他交通运输业	245366	14209	34272	545	--	--	4161
仓储业	135432	201531	40188	11313	3343	808	4189
邮电通信业	2560317	7124746	601000	122071	4448	578	91248
(八) 批发和零售贸易、餐饮业	826643	762815	299709	158678	29975	18909	13208
食品、饮料、烟草和家庭用品批发商业	272529	255826	99900	72007	18357	7723	5463
能源、材料和机械电子设备批发业	120359	106657	24564	35591	6654	1910	4810
其他批发业	27079	39207	11781	9761	2123	410	393
零售业	312609	341870	123827	35789	2726	8724	1379
商业经纪与代理业	47267	1249	6840	2016	--	--	369

国有经济按建设性质分的行业投资

续2

单位:万元

行业	新建	扩建	改建	单纯建造生活设施	迁建	恢复	单纯购置
餐饮业	46800	18006	32797	3514	115	142	794
(九)金融、保险业	605621	527550	86334	147656	38274	3517	13144
金融业	565703	504915	77756	141612	34233	2911	12591
保险业	39918	22635	8578	6044	4041	606	553
(十)房地产业	883478	134074	321597	432580	4769	55	792
房地产开发与经营业	747103	73616	228224	210930	692	——	664
房地产管理业	130128	59397	89970	220356	4077	55	128
房地产代理与经纪业	6247	1061	3403	1294	——	——	——
(十一)社会服务业	4336160	2255959	1006360	101237	67396	18261	203885
公共服务业	3629780	1923693	829645	74760	51169	14879	161466
居民服务业	19685	20653	8850	3221	10127	230	243
旅馆业	308171	225996	132918	13794	3806	2858	2139
租赁服务业	835	7974	3699	——	——	——	235
旅行社	99655	15748	8295	1986	——	294	24972
娱乐服务业	54165	20419	16807	80	566	——	480
信息、咨询服务业	10419	3988	——	5140	——	——	13372
计算机应用服务业	10751	411	817	290	600	——	833
其他社会服务业	202699	37077	5329	1966	1128	——	145
(十二)卫生、体育和社会福利业	478349	655429	126310	113652	52632	7930	54553
卫生	266300	583947	90487	102037	32864	6305	54280
体育	161820	37217	29338	3241	18042	755	11
社会福利保障业	50229	34265	6485	8374	1726	870	262
(十三)教育、文化艺术及广播电影电视业	1575688	2637915	393142	447184	227063	30725	33753
教育	992540	2237197	336910	407368	196238	19739	12975
文化艺术业	338552	241896	34156	23549	25807	9258	8681
广播电影电视业	244596	158822	22076	16267	5018	1728	12097
(十四)科学研究和综合技术服务业	199149	325286	48963	103640	18401	1740	14156
科学研究业	61139	264305	37622	72174	5732	1036	7078
综合技术服务业	138010	60981	11341	31466	12669	704	7078
(十五)国家机关、政党机关和社会团体	2955138	2347457	745192	1150708	308457	27231	62517
国家机关	2795108	2165410	708399	1105972	295270	26831	58686
政党机关	60729	144023	29067	33777	6807	400	3381
社会团体	98312	37051	6906	10497	6380	——	450
基层群众自治组织	989	973	820	462	——	——	——
(十六)其他行业	1199896	361554	107497	125308	4851	——	210124
其他行业	1199896	361554	107497	125308	4851	——	210124

各地区国有经济按隶属关系分的新增固定资产

单位:万元

地区	合计	中央项目	地方项目	省属	地市属	县属
全国总计	**104205960**	**42942565**	**60845969**	**18607174**	**21113177**	**21125618**
北京	4564332	2376082	2188250	1431073	637340	119837
天津	2081416	745132	1333567	982704	170024	180839
河北	4378176	1094158	3270600	428455	1215973	1626172
山西	2390319	1132628	1254533	476864	440540	337129
内蒙古	1479237	472633	1003784	434849	325459	243476
辽宁	4273265	1929379	2326626	415760	1494579	416287
吉林	1906687	681257	1222349	624675	391776	205898
黑龙江	4338426	2823027	1511288	488428	664773	358087
上海	7370539	2393766	4894143	2567122	—	2327021
江苏	6900278	1960526	4935288	739836	2081026	2114426
浙江	4529723	1091991	3418436	606418	1453938	1358080
安徽	2579602	1015325	1553410	170160	743373	639877
福建	3479367	858405	2611050	928546	942725	739779
江西	2050163	617685	1423198	813107	212148	397943
山东	6263620	2826206	3437414	692538	1299952	1444924
河南	4964965	2234106	2670626	423873	742079	1504674
湖北	3778076	1410908	2329666	204196	1179094	946376
湖南	2575646	1048050	1524600	460368	488815	575417
广东	7756773	1798444	5904453	1040555	3196695	1667203
广西	1946615	374829	1535314	609249	496824	429241
海南	577727	68088	502887	281794	105300	115793
重庆	1465140	246805	1214217	603596	173862	436759
四川	3621925	1352046	2260009	183886	1094403	981720
贵州	1152182	228838	915985	587471	154547	173967
云南	2388099	719921	1660621	661206	311028	688387
西藏	195981	48847	144962	26326	69232	49404
陕西	1726370	602519	1123571	237734	517050	368787
甘肃	1180477	762175	417816	155648	101632	160536
青海	702748	454045	248629	86944	60593	101092
宁夏	740390	423853	316537	175948	51322	89267
新疆	3036898	2068592	963641	339346	297075	327220
不分地区	7810798	7082299	728499	728499	—	—

各地区国有经济按主要行业分的新增固定资产(一)

单位:万元

地　　区	合　计	农、林、牧、渔业	采掘业	制造业	电力、煤气及水的生产和供应业
全国总计	**104205960**	**975046**	**8872598**	**17876565**	**12599988**
北　京	4564332	7976	14474	544593	538947
天　津	2081416	3719	387952	323273	148560
河　北	4378176	52921	175107	973897	453619
山　西	2390319	21112	667494	361822	365806
内蒙古	1479237	13500	137066	288705	133567
辽　宁	4273265	10149	809748	1187593	352049
吉　林	1906687	6926	246429	482495	210025
黑龙江	4338426	75913	1460267	512532	493556
上　海	7370539	19376	5486	1743791	878723
江　苏	6900278	22296	102499	1270982	467048
浙　江	4529723	18455	7836	455613	751219
安　徽	2579602	13598	442508	483466	253974
福　建	3479367	14571	8521	176335	755327
江　西	2050163	11332	92003	464396	393462
山　东	6263620	105076	1019792	937209	1267473
河　南	4964965	26806	649380	1488874	651995
湖　北	3778076	46457	64844	995091	454544
湖　南	2575646	9923	39794	785899	375958
广　东	7756773	26524	30139	711152	811324
广　西	1946615	20577	17192	282922	196484
海　南	577727	51718	11542	70797	25662
重　庆	1465140	4927	35566	190786	171663
四　川	3621925	17801	195750	795973	560131
贵　州	1152182	3775	55120	255915	127454
云　南	2388099	42131	55848	716104	165368
西　藏	195981	13730	7618	4564	24564
陕　西	1726370	10996	240809	291415	291408
甘　肃	1180477	3563	176676	403378	68268
青　海	702748	12097	108871	57453	313009
宁　夏	740390	6166	63750	93918	256156
新　疆	3036898	209020	1059552	525622	122555
不分地区	7810798	71915	482965	—	520090

各地区国有经济按主要行业分的新增固定资产(二)

单位:万元

地　区	建筑业	地质勘查业、水利管理业	交通运输、仓储及邮电通信业	批发和零售贸易、餐饮业	金融、保险业	房地产业
全国总计	**1678225**	**1601698**	**27072202**	**1851758**	**1185266**	**11989139**
北　京	82236	49117	896385	87770	2490	1071484
天　津	105177	28899	383882	24266	6077	347056
河　北	35471	138001	1326340	83946	50726	224070
山　西	156400	29046	367891	28218	31597	115130
内蒙古	13698	6142	434355	33301	26853	92352
辽　宁	65573	8275	660319	50111	46875	592473
吉　林	45021	5193	496780	26139	21911	103816
黑龙江	22942	14807	1013297	33681	44709	254344
上　海	147446	66639	432445	141602	45752	2595487
江　苏	55032	88616	1966682	184836	62881	1107312
浙　江	65449	84600	960496	110898	67504	900063
安　徽	33570	41383	506656	62651	31705	240042
福　建	8272	30447	1497750	59400	56828	398068
江　西	16481	13444	659833	32956	14610	110284
山　东	81543	167574	1045400	131993	54664	518262
河　南	79058	97462	729414	98445	98174	129859
湖　北	73941	54511	761510	46294	123887	242488
湖　南	19262	53928	497977	83261	58677	114740
广　东	126589	156464	2348649	59997	60648	1704010
广　西	19187	17681	803436	55153	30911	92960
海　南	64056	9306	54327	24431	27716	17594
重　庆	49119	4489	431392	16502	10557	181166
四　川	97563	46994	587376	75032	81104	254315
贵　州	4763	5827	480473	37604	9411	40567
云　南	29114	25092	462062	68639	46144	240497
西　藏	1905	13547	29086	8678	10012	6777
陕　西	47385	17894	280586	47243	18061	146455
甘　肃	86915	20731	205211	25405	8257	39487
青　海	6305	10543	90565	12191	2954	16367
宁　夏	923	5685	196844	12024	15612	27265
新　疆	37829	170398	329422	89091	17959	64349
不分地区	—	118963	6135361	—	—	—

各地区国有经济按主要行业分的新增固定资产(三)

单位:万元

地　区	社会服务业	卫生、体育和社会福利业	教育、文化艺术及广播电影电视业	科学研究和综合技术服务业	国家机关、政党机关和社会团体	其他行业
全国总计	**4922093**	**1211854**	**4279157**	**555238**	**5833247**	**1701886**
北　京	271133	51635	321394	249245	308720	66733
天　津	113863	12167	55247	3130	109742	28406
河　北	229386	63406	208310	15002	315064	32910
山　西	80999	13852	61040	5150	73218	11544
内蒙古	86006	24741	77818	6173	98545	6415
辽　宁	150003	42482	122286	10241	158505	6583
吉　林	15867	9398	82679	7711	113050	33247
黑龙江	74522	19399	86629	3337	193219	35272
上　海	646787	121849	200473	21695	117923	185065
江　苏	476978	58753	355405	18193	507176	155589
浙　江	327383	86237	283107	12896	315955	82012
安　徽	143510	17353	95426	9650	187752	16358
福　建	120045	22290	153779	2585	148170	26979
江　西	32097	19695	42776	1677	139273	5844
山　东	140659	92093	246207	11376	416273	28026
河　南	166697	54186	236778	24366	408043	25428
湖　北	133503	74992	208737	14946	318601	163730
湖　南	115035	57787	166308	13808	175179	8110
广　东	550110	108706	443617	11705	478528	128611
广　西	152096	26608	112476	5737	112235	960
海　南	101782	12729	33944	933	69145	2045
重　庆	61819	74023	80481	3352	146918	2380
四　川	259564	44533	214184	58702	243326	89577
贵　州	49989	9128	28748	2757	39853	798
云　南	170759	33127	111000	13219	181595	27400
西　藏	4866	2152	12817	1654	50304	3707
陕　西	72944	17804	82628	11665	114471	34606
甘　肃	6897	9293	42723	3550	76681	3442
青　海	13641	3915	13085	3334	37158	1260
宁　夏	18776	4318	16433	1214	19637	1669
新　疆	134377	23203	82622	6235	158988	5676
不分地区	—	—	—	—	—	481504

各地区国有经济能源工业新增固定资产

单位:万元

地区	能源工业合计	煤炭采选业	石油和天然气开采业	电力、蒸汽、热水的生产和供应业	石油加工及炼焦业	煤气生产和供应业
全国总计	**21165509**	**2912625**	**5375986**	**11008655**	**1647097**	**221146**
北京	741268	9091	—	494268	218376	19533
天津	541456	--	384203	96682	51016	9555
河北	534112	90807	47141	340759	47645	7760
山西	1051448	665884	—	356749	24352	4463
内蒙古	232844	91889	—	128603	11401	951
辽宁	1372200	195008	567667	228472	365443	15610
吉林	418062	5334	207370	179864	4619	20875
黑龙江	2062973	216749	1201476	475273	167657	1818
上海	540348	--	394	486107	15000	38847
江苏	529077	32470	62771	371393	51325	11118
浙江	699717	2335	184	678257	9685	9256
安徽	714307	426183	—	237919	45371	4834
福建	687376	5113	—	654219	27273	771
江西	407547	6594	—	365616	30149	5188
山东	2368338	329844	674043	1241275	114682	8494
河南	1313727	326993	297470	592543	83714	13007
湖北	499177	2609	41088	406888	37402	11190
湖南	429848	29052	—	340314	60152	330
广东	786919	611	20614	674639	73657	17398
广西	191178	5048	202	182011	3917	—
海南	20786	89	—	18295	—	2402
重庆	194167	20348	12514	156786	2851	1668
四川	684728	25343	143939	505033	—	10413
贵州	144614	19163	4974	118792	—	1685
云南	158110	15535	—	141350	700	525
西藏	27914	3706	—	24208	—	--
陕西	491268	97672	122716	264789	3075	3016
甘肃	315714	88593	80218	64389	82514	--
青海	419784	3117	104409	311914	—	344
宁夏	327888	63703	—	253541	10644	--
新疆	1255559	19452	1033918	97617	104477	95
不分地区	1003055	114290	368675	520090	—	--

各地区国有经济交通运输业新增固定资产

单位:万元

地　　区	合　计	铁路运输业	公路运输业	管道运输业	水上运输业	航空运输业	交通运输辅助业	其他交通运输业
全国总计	**18129323**	**6464571**	**5506971**	**25233**	**396161**	**1351345**	**4336217**	**48825**
北　京	352361	252654	16928	—	—	16691	66088	—
天　津	50377	14470	1708	—	—	8898	25301	—
河　北	980469	11253	414001	16360	34506	3071	485629	15649
山　西	267888	27593	171213	—	—	3509	65573	—
内蒙古	309372	150757	122134	—	—	1663	34818	—
辽　宁	297474	137608	29462	3464	956	2963	116723	6298
吉　林	455366	62672	315285	—	—	21800	55609	—
黑龙江	480214	90067	290476	1571	4413	1630	87597	4460
上　海	185241	12939	4165	—	33062	822	134153	100
江　苏	1072626	74207	412375	—	9757	69967	502085	4235
浙　江	642870	64258	198231	—	27205	35203	312560	5413
安　徽	303069	99578	22852	240	403	—	179528	468
福　建	908850	21818	549523	—	20584	1200	312923	2802
江　西	347785	42186	283296	—	3338	2757	16208	—
山　东	568464	38178	143248	920	12066	13680	360372	—
河　南	445429	74412	35873	2175	—	142100	190589	280
湖　北	283181	63540	46746	—	15282	31424	126189	—
湖　南	216544	47171	76955	58	907	—	91348	105
广　东	1406167	104130	433477	—	99635	327890	441035	—
广　西	648103	43605	476419	—	22552	32047	71778	1702
海　南	22394	347	9239	—	—	718	12090	—
重　庆	378564	9784	50455	—	75612	9365	233102	246
四　川	305958	56445	155556	445	2280	8260	82851	121
贵　州	369923	21353	220186	—	505	—	127879	—
云　南	192041	19679	146040	—	2151	5727	15537	2907
西　藏	6053	—	4887	—	—	—	1155	11
陕　西	155271	40008	20715	—	—	9134	85414	—
甘　肃	71080	53921	3304	—	—	3919	9618	318
青　海	49653	8877	8674	—	—	1919	26473	3710
宁　夏	136318	16743	65591	—	—	—	53984	—
新　疆	123657	64961	40958	—	—	5730	12008	—
不分地区	6096561	4739357	736999	—	30947	589258	—	—

各地区国有经济邮电通讯业新增固定资产

单位:万元

地　　区	合　计	邮政业	电信业	邮电业
全国总计	**8714065**	**344745**	**3925312**	**4444008**
北　　京	527890	36005	491885	—
天　　津	307983	26180	206128	75675
河　　北	331752	12273	121182	198297
山　　西	91397	436	53892	37069
内 蒙 古	121503	6599	52159	62745
辽　　宁	361287	17762	134073	209452
吉　　林	33257	3466	7014	22777
黑 龙 江	513820	5622	246577	261621
上　　海	240810	5919	225871	9020
江　　苏	889728	37932	150675	701121
浙　　江	312795	11469	109810	191516
安　　徽	198561	13908	44270	140383
福　　建	583471	29646	380468	173357
江　　西	287433	3320	66147	217966
山　　东	466534	25040	200289	241205
河　　南	270934	13114	118856	138964
湖　　北	475795	5984	208010	261801
湖　　南	270343	3916	172703	93724
广　　东	922691	5773	223247	693671
广　　西	153934	8849	71674	73411
海　　南	31198	127	21105	9966
重　　庆	52643	2524	49163	956
四　　川	274549	14677	130944	128928
贵　　州	108746	7400	67207	34139
云　　南	263769	590	29565	233614
西　　藏	23033	16935	3725	2373
陕　　西	123577	9196	78545	35836
甘　　肃	133633	120	82830	50683
青　　海	40912	1853	26732	12327
宁　　夏	60181	1497	33298	25386
新　　疆	201106	16613	78468	106025
不分地区	38800	—	38800	—

各地区国有经济财务拨款

单位:万元

地区	本年资金来源合计	上年末结余资金	本年资金来源小计	本年各项应付款合计
全国总计	**140941572**	**10415111**	**130526461**	**12823369**
北京	7589567	839876	6749691	179747
天津	2760450	118957	2641493	205389
河北	6569873	270014	6299859	564648
山西	2927560	107164	2820396	385331
内蒙古	1966310	54057	1912253	133251
辽宁	5891723	338778	5552945	752104
吉林	2228894	64985	2163909	224220
黑龙江	5343349	122742	5220607	241588
上海	13416211	1747015	11669196	1036786
江苏	8380877	659291	7721586	1018778
浙江	6540453	629890	5910563	669998
安徽	3081076	215207	2865869	367136
福建	4075212	432394	3642818	496595
江西	2109444	138925	1970519	252100
山东	7998647	506582	7492065	914250
河南	5852118	435510	5416608	526513
湖北	5590026	181753	5408273	488384
湖南	3313094	185358	3127736	431593
广东	11873912	1335378	10538534	1511940
广西	2379288	210251	2169037	299259
海南	843439	105825	737614	86291
重庆	2004590	236594	1767996	138141
四川	5484630	348199	5136431	468071
贵州	1480177	129631	1350546	139932
云南	3647058	284052	3363006	426483
西藏	325722	4183	321539	21705
陕西	2673206	222172	2451034	300045
甘肃	1682076	74883	1607193	134852
青海	742960	25076	717884	42703
宁夏	693216	16344	676872	57409
新疆	3641440	74559	3566881	178779
不分地区	7834974	299466	7535508	129348

各地区国有经济财务拨款资金来源(一)

单位:万元

地　　区	本年财务拨款、贷款合计	国家预算内资金	国内贷款	债　券
全国总计	**130526461**	**6127188**	**30081159**	**814988**
北　　京	6749691	862569	1325192	—
天　　津	2641493	103671	592353	25859
河　　北	6299859	214722	1129475	27560
山　　西	2820396	86277	957242	2330
内 蒙 古	1912253	49534	697569	45476
辽　　宁	5552945	258076	1160059	34014
吉　　林	2163909	57655	452005	103776
黑 龙 江	5220607	95701	1265749	33086
上　　海	11669196	248363	2604425	—
江　　苏	7721586	201582	1439628	69491
浙　　江	5910563	238917	1138237	2324
安　　徽	2865869	210357	731586	2783
福　　建	3642818	94628	766795	30907
江　　西	1970519	78585	620509	20084
山　　东	7492065	258888	1442575	61878
河　　南	5416608	456895	1142667	15952
湖　　北	5408273	660793	1063011	103084
湖　　南	3127736	152590	725244	1195
广　　东	10538534	168014	1570403	56067
广　　西	2169037	81723	336929	3343
海　　南	737614	35896	95571	—
重　　庆	1767996	88576	401174	11637
四　　川	5136431	211842	1465447	31235
贵　　州	1350546	58291	435109	10517
云　　南	3363006	148326	680282	14380
西　　藏	321539	78837	57588	—
陕　　西	2451034	227089	657863	3984
甘　　肃	1607193	85484	447785	8480
青　　海	717884	43179	303209	1478
宁　　夏	676872	40818	244479	—
新　　疆	3566881	254341	631610	31068
不分地区	7535508	274969	3499389	63000

各地区国有经济财务拨款资金来源(二)

单位:万元

地 区	利用外资	外商直接投资	自筹资金	其他资金来源
全国总计	**6631084**	**1623305**	**69028885**	**17843157**
北 京	114604	68471	3094207	1353119
天 津	193300	18853	1517128	209182
河 北	363376	100535	3724211	840515
山 西	31208	9531	1443939	299400
内 蒙 古	14619	3496	799428	305627
辽 宁	217951	27006	3212226	670619
吉 林	152021	1839	1145071	253381
黑 龙 江	176143	74770	3163982	485946
上 海	789354	140587	6600641	1426413
江 苏	351562	140327	4565670	1093653
浙 江	295011	35558	3066279	1169795
安 徽	66464	44437	1500588	354091
福 建	184279	50855	2084439	481770
江 西	45447	12900	939838	266056
山 东	442209	82419	4532708	753807
河 南	411825	62519	2643312	745957
湖 北	82455	20975	2913089	585841
湖 南	134595	22469	1673397	440715
广 东	997933	545793	6196023	1550094
广 西	48193	10951	1387009	311840
海 南	72508	18396	453220	80419
重 庆	175179	32060	826483	264947
四 川	360449	41180	2403340	664118
贵 州	17472	3184	699924	129233
云 南	119130	11093	1943776	457112
西 藏	2140	110	140512	42462
陕 西	112807	16896	1089340	359951
甘 肃	102454	22095	768179	194811
青 海	7428	998	285257	77333
宁 夏	14834	2211	275888	100853
新 疆	88958	791	2321014	239890
不分地区	445176	—	1618767	1634207

各地区国有经济财务拨款中的自筹资金来源(一)

单位:万元

地　　区	自筹资金合计	中央各部门自筹	省自筹	地市自筹
全国总计	**64970182**	**5376866**	**8789778**	**6467247**
北　　京	2814119	577750	243380	113563
天　　津	1409142	45804	161436	59110
河　　北	3634943	174708	652447	313381
山　　西	1416753	82881	349256	147335
内 蒙 古	783133	120995	68621	73093
辽　　宁	3057968	256769	174419	263818
吉　　林	1118366	138016	175349	74975
黑 龙 江	3112216	140449	453259	126942
上　　海	5562020	117711	1055759	—
江　　苏	4224814	194279	651564	653116
浙　　江	2780430	103173	435448	477355
安　　徽	1431978	70641	178197	179371
福　　建	1940151	119363	213860	256891
江　　西	911083	112525	172166	57865
山　　东	4392091	445866	559108	521598
河　　南	2583242	191105	240027	198998
湖　　北	2757873	264037	196262	180521
湖　　南	1612471	76546	224127	126686
广　　东	5615892	86264	368331	1412691
广　　西	1334633	148387	351495	152580
海　　南	448011	72355	60881	35435
重　　庆	775784	79935	59153	73808
四　　川	2299080	178411	254218	272869
贵　　州	682302	102296	151407	53672
云　　南	1901808	108310	379143	231732
西　　藏	140262	66177	20549	11385
陕　　西	995564	153760	157684	166328
甘　　肃	761220	79600	96323	64622
青　　海	282849	76607	23735	9021
宁　　夏	267091	42047	38085	11427
新　　疆	2304126	539822	158791	140500
不分地区	1618767	410277	465298	6559

注：自筹资金来源未包括房地产开发投资中的自筹资金，下同。

各地区国有经济财务拨款中的自筹资金来源(二)

单位:万元

地　　区	县自筹	企、事业单位自有资金	发行股票
全国总计	**5619001**	**38717290**	**389219**
北　　京	24712	1854714	120
天　　津	20152	1122640	—
河　　北	378546	2115861	95581
山　　西	94973	742308	14000
内 蒙 古	53167	467257	75
辽　　宁	94548	2268414	72073
吉　　林	53437	676589	10244
黑 龙 江	64910	2326656	4290
上　　海	840488	3548062	44076
江　　苏	437726	2288129	3187
浙　　江	410019	1354435	5761
安　　徽	118902	884867	9583
福　　建	257542	1092495	442
江　　西	90827	477700	327
山　　东	396710	2468809	6377
河　　南	329674	1623438	85
湖　　北	178819	1938234	47140
湖　　南	189287	995825	4949
广　　东	636968	3111638	6323
广　　西	116919	565252	517
海　　南	22111	257229	22953
重　　庆	110532	452356	627
四　　川	227003	1366579	10030
贵　　州	37918	337009	107
云　　南	209927	972696	293
西　　藏	5318	36833	—
陕　　西	79888	437904	3638
甘　　肃	29805	490870	6421
青　　海	10245	163241	—
宁　　夏	6718	168814	—
新　　疆	89066	1375947	—
不分地区	2144	734489	20000

国有经济分行业财务拨款

单位:万元

行业	本年资金来源合计	上年末结余资金	本年资金来源小计	本年各项应付款合计
全国总计	**140941572**	**10415111**	**130526461**	**12823369**
(一) 农、林、牧、渔业	1704773	40649	1664124	59484
农业	936668	9191	927477	19848
林业	315335	10001	305334	6284
畜牧业	91822	3586	88236	6881
渔业	55222	4628	50594	5751
农、林、牧、渔服务业	305726	13243	292483	20720
(二) 采掘业	11462052	120958	11341094	486353
煤炭采选业	3716648	58558	3658090	182440
石油和天然气开采业	6958693	8992	6949701	122557
黑色金属矿采选业	215260	26225	189035	69243
有色金属矿采选业	296473	17410	279063	21918
非金属矿采选业	127948	9074	118874	87616
其他矿采选业	165	—	165	50
木材及竹材采运业	146865	699	146166	2529
(三) 制造业	22530485	2588897	19941588	1862964
食品加工业	643918	16455	627463	68488
食品制造业	239587	11631	227956	11267
饮料制造业	563133	21009	542124	66477
烟草加工业	842149	69225	772924	29356
纺织业	662723	59032	603691	33042
服装及其他纤维制品制造业	85709	2770	82939	3836
皮革、毛皮、羽绒及其制品业	27783	347	27436	2709
木材加工及竹、藤、棕、草制品业	162901	30998	131903	9731
家具制造业	18124	266	17858	1285
造纸及纸制品业	659369	160137	499232	118353
印刷业、记录媒介的复制	174973	15967	159006	5915
文教体育用品制造业	42851	9694	33157	492
石油加工及炼焦业	2698839	112142	2586697	199728
化学原料及化学制品制造业	4538804	604170	3934634	442038
医药制造业	347400	48610	298790	29437
化学纤维制造业	342534	69279	273255	41743
橡胶制品业	235563	36329	199234	17686
塑料制品业	174071	16475	157596	14584
非金属矿物制品业	1289116	213611	1075505	136750
黑色金属冶炼及压延加工业	3921667	384524	3537143	271354
有色金属冶炼及压延加工业	787457	95693	691764	88143
金属制品业	177066	22587	154479	14249
普通机械制造业	690417	114717	575700	46125

国有经济分行业财务拨款

续 1　　　　　　　　　　　　　　　　　　　　　　　　　　　　　　　　单位:万元

行　　业	本年资金来源合计	上年末结余资金	本年资金来源小计	本年各项应付款合计
专用设备制造业	506883	75735	431148	46190
交通运输设备制造业	1484885	196872	1288013	95841
电气机械及器材制造业	374132	96265	277867	25660
电子及通信设备制造业	529710	75764	453946	18240
仪器仪表及文化、办公用机械制造业	102848	13386	89462	2386
其他制造业	205873	15207	190666	21859
(四) 电力、煤气及水的生产和供应业	17928196	770607	17157589	1367022
电力、蒸汽、热水的生产和供应业	15766585	509174	15257411	1145183
煤气生产和供应业	696329	118884	577445	47917
自来水的生产和供应业	1465282	142549	1322733	173922
(五) 建筑业	2037151	138807	1898344	257108
土木工程建筑业	1866937	136363	1730574	236884
线路、管道和设备安装业	146838	2257	144581	8112
建筑物的装修装饰业	23376	187	23189	12112
(六) 地质勘查业、水利管理业	3022019	140666	2881353	195983
地质勘查业	200594	3957	196637	11223
水利管理业	2821425	136709	2684716	184760
(七) 交通运输、仓储及邮电通信业	32313131	1072449	31240682	2239703
铁路运输业	6025862	188347	5837515	249283
公路运输业	7555232	334527	7220705	733119
管道运输业	40942	—	40942	15828
水上运输业	636900	118148	518752	35661
航空运输业	1519562	31322	1488240	94521
交通运输辅助业	5431417	238731	5192686	608145
其他交通运输业	287671	536	287135	32558
仓储业	426166	24203	401963	45515
邮电通信业	10389379	136635	10252744	425073
(八) 批发和零售贸易、餐饮业	2196721	156091	2040630	213887
食品、饮料、烟草和家庭用品批发商业	771152	39231	731921	62676
能源、材料和机械电子设备批发业	316680	24227	292453	22620
其他批发业	110725	24545	86180	8596
零售业	831396	57866	773530	110698
商业经纪与代理业	57826	939	56887	1965

国有经济分行业财务拨款

续 2　　　　　　　　　　　　　　　　　　　　　　　　　　　　　　　　　　单位:万元

行　　业	本年资金来源合计	上年末结余资金	本年资金来源小计	本年各项应付款合计
餐饮业	108942	9283	99659	7332
(九) 金融、保险业	1523501	153458	1370043	87689
金融业	1430912	150490	1280422	81784
保险业	92589	2968	89621	5905
(十) 房地产业	20657321	3445070	17212251	3273583
房地产开发与经营业	20122200	3409982	16712218	3154243
房地产管理业	519811	32199	487612	118916
房地产代理与经纪业	15310	2889	12421	424
(十一) 社会服务业	7743786	600965	7142821	1007377
公共服务业	6384679	396739	5987940	846472
居民服务业	61336	1159	60177	11083
旅馆业	693445	49442	644003	103571
租赁服务业	18240	2346	15894	829
旅行社	156779	10506	146273	13052
娱乐服务业	95075	4480	90595	12207
信息、咨询服务业	32728	602	32126	732
计算机应用服务业	17153	3801	13352	25
其他社会服务业	284351	131890	152461	19406
(十二) 卫生、体育和社会福利业	1582560	137888	1444672	168658
卫生	1230489	108293	1122196	113280
体育	237182	22468	214714	44316
社会福利保障业	114889	7127	107762	11062
(十三) 教育、文化艺术及广播电影电视业	5477693	372768	5104925	616173
教育	4237089	195386	4041703	486076
文化艺术业	747094	124906	622188	68413
广播电影电视业	493510	52476	441034	61684
(十四) 科学研究和综合技术服务业	805021	67066	737955	43655
科学研究业	519866	39959	479907	21082
综合技术服务业	285155	27107	258048	22573
(十五) 国家机关、政党机关和社会团体	7860341	506317	7354024	811022
国家机关	7393967	463486	6930481	773703
政党机关	294559	24898	269661	18069
社会团体	168293	17835	150458	18850
基层群众自治组织	3522	98	3424	400
(十六) 其他行业	2096821	102455	1994366	132708
其他行业	2096821	102455	1994366	132708

国有经济分行业财务拨款资金来源(一)

单位:万元

行业	本年财务拨款、贷款合计	国家预算内资金	国内贷款	债券
全国总计	**130526461**	**6127188**	**30081159**	**814988**
(一) 农、林、牧、渔业	1664124	234177	330437	—
农业	927477	112046	211656	—
林业	305334	67149	55580	—
畜牧业	88236	7854	26700	—
渔业	50594	1035	7369	—
农、林、牧、渔服务业	292483	46093	29132	—
(二) 采掘业	11341094	213592	3239748	5801
煤炭采选业	3658090	112442	2018990	5000
石油和天然气开采业	6949701	70863	1018707	—
黑色金属矿采选业	189035	4150	27784	—
有色金属矿采选业	279063	644	89173	476
非金属矿采选业	118874	5105	35513	325
其他矿采选业	165	—	40	—
木材及竹材采运业	146166	20388	49541	—
(三) 制造业	19941588	264099	6003383	283650
食品加工业	627463	10289	267095	567
食品制造业	227956	2124	88683	1121
饮料制造业	542124	3892	140632	200
烟草加工业	772924	700	188590	10000
纺织业	603691	6267	205959	151
服装及其他纤维制品制造业	82939	100	12769	200
皮革、毛皮、羽绒及其制品业	27436	80	7488	—
木材加工及竹、藤、棕、草制品业	131903	1111	45139	—
家具制造业	17858	—	8663	—
造纸及纸制品业	499232	10214	177846	2613
印刷业、记录媒介的复制	159006	3158	41129	10
文教体育用品制造业	33157	400	19184	—
石油加工及炼焦业	2586697	8185	631113	54350
化学原料及化学制品制造业	3934634	16772	1609777	169562
医药制造业	298790	5484	113008	450
化学纤维制造业	273255	20	134440	1000
橡胶制品业	199234	500	100418	1000
塑料制品业	157596	1805	54421	—
非金属矿物制品业	1075505	10074	416216	1281
黑色金属冶炼及压延加工业	3537143	5421	529421	34191
有色金属冶炼及压延加工业	691764	13507	195366	2500
金属制品业	154479	1170	66713	430
普通机械制造业	575700	7697	190415	2433

国有经济分行业财务拨款资金来源(一)

续1　　　　　　　　　　　　　　　　　　　　　　　　　单位:万元

行　　业	本年财务拨款、贷款合计	国家预算内资金	国内贷款	债　券
专用设备制造业	431148	2804	134230	—
交通运输设备制造业	1288013	108913	308628	711
电气机械及器材制造业	277867	2579	103661	380
电子及通信设备制造业	453946	9778	151860	500
仪器仪表及文化、办公用机械制造业	89462	780	24943	—
其他制造业	190666	30275	35576	—
(四) 电力、煤气及水的生产和供应业	17157589	897016	6267100	280967
电力、蒸汽、热水的生产和供应业	15257411	833485	5888433	267613
煤气生产和供应业	577445	12676	140844	11358
自来水的生产和供应业	1322733	50855	237823	1996
(五) 建筑业	1898344	88275	312739	2962
土木工程建筑业	1730574	87805	264839	2962
线路、管道和设备安装业	144581	470	47158	—
建筑物的装修装饰业	23189	—	742	—
(六) 地质勘查业、水利管理业	2881353	872831	232198	242
地质勘查业	196637	26989	22950	—
水利管理业	2684716	845842	209248	242
(七) 交通运输、仓储及邮电通信业	31240682	863883	6064394	200596
铁路运输业	5837515	206384	2323758	155502
公路运输业	7220705	231128	1304644	42620
管道运输业	40942	1489	4075	—
水上运输业	518752	17035	162163	1742
航空运输业	1488240	70743	97715	—
交通运输辅助业	5192686	233996	1298888	400
其他交通运输业	287135	642	7692	—
仓储业	401963	66146	101118	—
邮电通信业	10252744	36320	764341	332
(八) 批发和零售贸易、餐饮业	2040630	27843	381821	4034
食品、饮料、烟草和家庭用品批发商业	731921	12336	108368	374
能源、材料和机械电子设备批发业	292453	3935	27833	—
其他批发业	86180	980	9104	—
零售业	773530	6820	179467	3660
商业经纪与代理业	56887	—	13170	—

国有经济分行业财务拨款资金来源(一)

续 2　　单位:万元

行　　业	本年财务拨款、贷款合计	国家预算内资金	国内贷款	债　券
餐饮业	99659	3772	43879	—
(九) 金融、保险业	1370043	33127	26619	—
金融业	1280422	30117	26119	—
保险业	89621	3010	500	—
(十) 房地产业	17212251	109839	4720489	22255
房地产开发与经营业	16712218	107731	4649589	22255
房地产管理业	487612	2003	69802	—
房地产代理与经纪业	12421	105	1098	—
(十一) 社会服务业	7142821	231240	1217567	4967
公共服务业	5987940	182688	957480	2667
居民服务业	60177	4952	12180	—
旅馆业	644003	29240	179653	300
租赁服务业	15894	—	9735	—
旅行社	146273	1832	22282	—
娱乐服务业	90595	4681	19508	—
信息、咨询服务业	32126	4056	1710	—
计算机应用服务业	13352	3233	3000	—
其他社会服务业	152461	558	12019	2000
(十二) 卫生、体育和社会福利业	1444672	153751	83814	80
卫生	1122196	115764	55155	—
体育	214714	26409	26042	—
社会福利保障业	107762	11578	2617	80
(十三) 教育、文化艺术及广播电影电视业	5104925	814816	172473	187
教育	4041703	691846	84224	187
文化艺术业	622188	88800	45687	—
广播电影电视业	441034	34170	42562	—
(十四) 科学研究和综合技术服务业	737955	273912	20927	—
科学研究业	479907	203679	2949	—
综合技术服务业	258048	70233	17978	—
(十五) 国家机关、政党机关和社会团体	7354024	969856	417092	9197
国家机关	6930481	833392	395407	9197
政党机关	269661	127681	9192	—
社会团体	150458	8741	12293	—
基层群众自治组织	3424	42	200	—
(十六) 其他行业	1994366	78931	590358	50
其他行业	1994366	78931	590358	50

国有经济分行业财务拨款资金来源(二)

单位:万元

行　　业	利用外资	外商直接投资	自筹资金	其他资金来源
全　国　总　计	**6631084**	**1623305**	**69028885**	**17843157**
(一) 农、林、牧、渔业	34011	16852	836961	228538
农业	16133	8486	473996	113646
林业	8960	2741	137432	36213
畜牧业	1320	1320	40477	11885
渔业	2082	2082	31531	8577
农、林、牧、渔服务业	5516	2223	153525	58217
(二) 采掘业	542474	65866	7182329	157150
煤炭采选业	224450	672	1216216	80992
石油和天然气开采业	309445	61410	5532127	18559
黑色金属矿采选业	3715	—	144178	9208
有色金属矿采选业	1686	1686	173270	13814
非金属矿采选业	2656	1980	68409	6866
其他矿采选业	—	—	125	—
木材及竹材采运业	522	118	48004	27711
(三) 制造业	1558060	325529	10453186	1379210
食品加工业	21608	12061	275061	52843
食品制造业	2785	2785	109232	24011
饮料制造业	38231	15622	324881	34288
烟草加工业	—	—	549283	24351
纺织业	35270	4590	286320	69724
服装及其他纤维制品制造业	5341	100	61481	3048
皮革、毛皮、羽绒及其制品业	—	—	8538	11330
木材加工及竹、藤、棕、草制品业	29832	4524	35188	20633
家具制造业	129	129	6637	2429
造纸及纸制品业	46984	18697	221469	40106
印刷业、记录媒介的复制	569	569	98649	15491
文教体育用品制造业	—	—	10969	2604
石油加工及炼焦业	254358	—	1358635	280056
化学原料及化学制品制造业	481397	47140	1409155	247971
医药制造业	7714	4832	157046	15088
化学纤维制造业	20013	20013	105781	12001
橡胶制品业	—	—	87736	9580
塑料制品业	23814	21958	69428	8128
非金属矿物制品业	96217	75057	467950	83767
黑色金属冶炼及压延加工业	335681	15752	2577795	54634
有色金属冶炼及压延加工业	12843	5289	413307	54241
金属制品业	6893	4308	67610	11663
普通机械制造业	60840	22241	248186	66129

国有经济分行业财务拨款资金来源(二)

续 1 单位:万元

行业	利用外资	外商直接投资	自筹资金	其他资金来源
专用设备制造业	13581	5342	221896	58637
交通运输设备制造业	48774	39414	742718	78269
电气机械及器材制造业	10245	2853	131291	29711
电子及通信设备制造业	2038	2038	272235	17535
仪器仪表及文化、办公用机械制造业	2903	215	52336	8500
其他制造业	—	—	82373	42442
(四) 电力、煤气及水的生产和供应业	1660336	118636	6247382	1804788
电力、蒸汽、热水的生产和供应业	1441244	73829	5178727	1647909
煤气生产和供应业	56365	5751	291285	64917
自来水的生产和供应业	162727	39056	777370	91962
(五) 建筑业	12155	4026	1243591	238622
土木工程建筑业	11595	3466	1152246	211127
线路、管道和设备安装业	—	—	73278	23675
建筑物的装修装饰业	560	560	18067	3820
(六) 地质勘查业、水利管理业	273164	43369	1136517	366401
地质勘查业	6000	—	114728	25970
水利管理业	267164	43369	1021789	340431
(七) 交通运输、仓储及邮电通信业	1426635	285116	20056324	2628850
铁路运输业	162738	900	1738069	1251064
公路运输业	613930	150703	4537113	491270
管道运输业	—	—	35295	83
水上运输业	5053	—	305891	26868
航空运输业	76748	—	972043	270991
交通运输辅助业	282624	73127	2994263	382515
其他交通运输业	23137	3112	249704	5960
仓储业	64326	—	140535	29838
邮电通信业	198079	57274	9083411	170261
(八) 批发和零售贸易、餐饮业	13460	6177	1205842	407630
食品、饮料、烟草和家庭用品批发商业	11089	4452	437525	162229
能源、材料和机械电子设备批发业	150	150	216823	43712
其他批发业	50	—	53760	22286
零售业	1595	1575	417896	164092
商业经纪与代理业	—	—	41052	2665

国有经济分行业财务拨款资金来源(二)

续 2 单位:万元

行业	利用外资	外商直接投资	自筹资金	其他资金来源
餐饮业	576	—	38786	12646
(九)金融、保险业	410	410	1144509	165378
金融业	230	230	1065151	158805
保险业	180	180	79358	6573
(十)房地产业	241304	189989	5070455	7047909
房地产开发与经营业	238429	187114	4806420	6887794
房地产管理业	2875	2875	258071	154861
房地产代理与经纪业	—	—	5964	5254
(十一)社会服务业	525042	313149	4521565	642440
公共服务业	503781	298510	3838486	502838
居民服务业	—	—	34375	8670
旅馆业	5275	2905	372811	56724
租赁服务业	—	—	5979	180
旅行社	11734	11734	95751	14674
娱乐服务业	1840	—	56297	8269
信息、咨询服务业	2412	—	21897	2051
计算机应用服务业	—	—	6999	120
其他社会服务业	—	—	88970	48914
(十二)卫生、体育和社会福利业	29777	6880	963736	213514
卫生	25763	4007	760174	165340
体育	2705	2505	129535	30023
社会福利保障业	1309	368	74027	18151
(十三)教育、文化艺术及广播电影电视业	118406	78558	3078824	920219
教育	100183	62245	2331277	833986
文化艺术业	15907	14797	429603	42191
广播电影电视业	2316	1516	317944	44042
(十四)科学研究和综合技术服务业	15839	15143	364746	62531
科学研究业	12013	12013	232487	28779
综合技术服务业	3826	3130	132259	33752
(十五)国家机关、政党机关和社会团体	58577	32671	4474757	1424545
国家机关	29927	21784	4291708	1370850
政党机关	—	—	98565	34223
社会团体	28650	10887	83153	17621
基层群众自治组织	—	—	1331	1851
(十六)其他行业	121434	120934	1048161	155432
其他行业	121434	120934	1048161	155432

国有经济分行业财务拨款中的自筹资金来源(一)

单位:万元

行　　业	自筹资金合计	中央各部门自筹	省自筹	地市自筹
全　国　总　计	**64970182**	**5376866**	**8789778**	**6467247**
(一) 农、林、牧、渔业	836961	20466	92024	96388
农业	473996	4097	40640	72023
林业	137432	7740	4287	814
畜牧业	40477	313	2072	2118
渔业	31531	—	328	4485
农、林、牧、渔服务业	153525	8316	44697	16948
(二) 采掘业	7182329	755845	62378	43664
煤炭采选业	1216216	24091	58014	11037
石油和天然气开采业	5532127	721398	30	29974
黑色金属矿采选业	144178	2300	—	90
有色金属矿采选业	173270	5540	840	1196
非金属矿采选业	68409	1726	2585	933
其他矿采选业	125	—	—	—
木材及竹材采运业	48004	790	909	434
(三) 制造业	10453186	297632	289245	164812
食品加工业	275061	810	7788	9328
食品制造业	109232	20	3244	2406
饮料制造业	324881	—	1585	4228
烟草加工业	549283	1500	6894	89
纺织业	286320	—	3392	4705
服装及其他纤维制品制造业	61481	50	150	—
皮革、毛皮、羽绒及其制品业	8538	—	—	—
木材加工及竹、藤、棕、草制品业	35188	480	919	3184
家具制造业	6637	—	—	—
造纸及纸制品业	221469	—	10321	8774
印刷业、记录媒介的复制	98649	11160	1146	1150
文教体育用品制造业	10969	—	—	1929
石油加工及炼焦业	1358635	192647	8251	2609
化学原料及化学制品制造业	1409155	41351	103139	50133
医药制造业	157046	220	8090	637
化学纤维制造业	105781	40	4942	7275
橡胶制品业	87736	500	7217	4345
塑料制品业	69428	530	2430	992
非金属矿物制品业	467950	13824	21974	17832
黑色金属冶炼及压延加工业	2577795	2550	18880	1878
有色金属冶炼及压延加工业	413307	796	8805	6027
金属制品业	67610	2181	600	433
普通机械制造业	248186	2938	12836	6121

国有经济分行业财务拨款中的自筹资金来源(一)

续 1　　单位:万元

行业	自筹资金合计	中央各部门自筹	省自筹	地市自筹
专用设备制造业	221896	1423	4485	2367
交通运输设备制造业	742718	18361	21368	18463
电气机械及器材制造业	131291	1798	2020	2981
电子及通信设备制造业	272235	3383	27819	4574
仪器仪表及文化、办公用机械制造业	52336	270	50	1952
其他制造业	82373	800	900	400
(四) 电力、煤气及水的生产和供应业	6247382	276652	1594404	812259
电力、蒸汽、热水的生产和供应业	5178727	274531	1332169	527303
煤气生产和供应业	291285	260	117280	61442
自来水的生产和供应业	777370	1861	144955	223514
(五) 建筑业	1243591	126770	181627	192785
土木工程建筑业	1152246	116810	171578	179743
线路、管道和设备安装业	73278	9960	1340	13042
建筑物的装修装饰业	18067	—	8709	—
(六) 地质勘查业、水利管理业	1136517	104712	320144	286289
地质勘查业	114728	62283	628	298
水利管理业	1021789	42429	319516	285991
(七) 交通运输、仓储及邮电通信业	20056324	2943135	4476891	1325529
铁路运输业	1738069	1209874	133542	3285
公路运输业	4537113	666715	2320054	562595
管道运输业	35295	24819	825	—
水上运输业	305891	79709	54710	9247
航空运输业	972043	61363	373009	46608
交通运输辅助业	2994263	497297	988738	494205
其他交通运输业	249704	7422	77705	22169
仓储业	140535	8568	19966	5783
邮电通信业	9083411	387368	508342	181637
(八) 批发和零售贸易、餐饮业	1205842	20883	26281	49314
食品、饮料、烟草和家庭用品批发商业	437525	1548	13870	15810
能源、材料和机械电子设备批发业	216823	14569	2954	4203
其他批发业	53760	2118	2170	1032
零售业	417896	2254	7037	26000
商业经纪与代理业	41052	25	—	—

国有经济分行业财务拨款中的自筹资金来源(一)

续 2　　　　　　　　　　　　　　　　　　　　　　　　　　单位:万元

行　　业	自筹资金合计	中央各部门自筹	省自筹	地市自筹
餐饮业	38786	369	250	2269
(九) 金融、保险业	1144509	241955	126919	63589
金融业	1065151	223489	114851	57235
保险业	79358	18466	12068	6354
(十) 房地产业	1011752	923	65834	101756
房地产开发与经营业	747717	513	7712	83307
房地产管理业	258071	410	58122	16349
房地产代理与经纪业	5964	—	—	2100
(十一) 社会服务业	4521565	38584	666967	1659835
公共服务业	3838486	20226	619886	1571815
居民服务业	34375	149	991	6207
旅馆业	372811	17300	32591	70634
租赁服务业	5979	—	—	—
旅行社	95751	770	9591	5278
娱乐服务业	56297	—	49	1718
信息、咨询服务业	21897	139	388	227
计算机应用服务业	6999	—	—	451
其他社会服务业	88970	—	3471	3505
(十二) 卫生、体育和社会福利业	963736	19493	106366	138369
卫生	760174	17169	70645	93618
体育	129535	551	22525	32004
社会福利保障业	74027	1773	13196	12747
(十三) 教育、文化艺术及广播电影电视业	3078824	204369	214945	471934
教育	2331277	126319	153043	367770
文化艺术业	429603	26131	45287	77960
广播电影电视业	317944	51919	16615	26204
(十四) 科学研究和综合技术服务业	364746	84317	20550	21459
科学研究业	232487	69086	7828	3217
综合技术服务业	132259	15231	12722	18242
(十五) 国家机关、政党机关和社会团体	4474757	184308	473750	947069
国家机关	4291708	176092	456819	913689
政党机关	98565	3019	13779	15707
社会团体	83153	4731	3152	17673
基层群众自治组织	1331	466	—	—
(十六) 其他行业	1048161	56822	71453	92196
其他行业	1048161	56822	71453	92196

国有经济分行业财务拨款中的自筹资金来源(二)

单位:万元

行　　业	县自筹	企、事业单位自有资金	发行股票
全　国　总　计	**5619001**	**38717290**	**389219**
(一) 农、林、牧、渔业	113578	514505	142
农业	60097	297139	——
林业	7707	116884	——
畜牧业	7180	28794	92
渔业	3541	23177	——
农、林、牧、渔服务业	35053	48511	50
(二) 采掘业	48895	6271547	262
煤炭采选业	13557	1109517	262
石油和天然气开采业	28725	4752000	——
黑色金属矿采选业	379	141409	——
有色金属矿采选业	2707	162987	——
非金属矿采选业	1977	61188	——
其他矿采选业	——	125	——
木材及竹材采运业	1550	44321	——
(三) 制造业	234088	9467409	274842
食品加工业	16715	240420	151
食品制造业	6108	97454	——
饮料制造业	8128	310940	10981
烟草加工业	2301	538499	——
纺织业	7452	270771	3408
服装及其他纤维制品制造业	643	60638	83
皮革、毛皮、羽绒及其制品业	600	7938	——
木材加工及竹、藤、棕、草制品业	4628	25977	——
家具制造业	475	6162	——
造纸及纸制品业	22811	179563	1000
印刷业、记录媒介的复制	360	84833	——
文教体育用品制造业	220	8820	10
石油加工及炼焦业	16335	1138793	92526
化学原料及化学制品制造业	44571	1169961	55481
医药制造业	7687	140412	20000
化学纤维制造业	7324	86200	——
橡胶制品业	2741	72933	——
塑料制品业	1043	64433	10487
非金属矿物制品业	23766	390554	14362
黑色金属冶炼及压延加工业	1413	2553074	50000
有色金属冶炼及压延加工业	36823	360856	——
金属制品业	1100	63296	62
普通机械制造业	5471	220820	4888

国有经济分行业财务拨款中的自筹资金来源(二)

续 1　　　　单位:万元

行　　业	县自筹	企、事业单位自有资金	发行股票
专用设备制造业	1532	212089	1841
交通运输设备制造业	3486	681040	8009
电气机械及器材制造业	1748	122744	303
电子及通信设备制造业	250	236209	—
仪器仪表及文化、办公用机械制造业	1100	48964	985
其他制造业	7257	73016	265
(四) 电力、煤气及水的生产和供应业	343246	3220821	65010
电力、蒸汽、热水的生产和供应业	271180	2773544	1110
煤气生产和供应业	9112	103191	22753
自来水的生产和供应业	62954	344086	41147
(五) 建筑业	144347	598062	449
土木工程建筑业	140862	543253	449
线路、管道和设备安装业	165	48771	—
建筑物的装修装饰业	3320	6038	—
(六) 地质勘查业、水利管理业	270622	154750	62
地质勘查业	—	51519	26
水利管理业	270622	103231	36
(七) 交通运输、仓储及邮电通信业	1223561	10087208	36443
铁路运输业	7255	384113	4800
公路运输业	479141	508608	21214
管道运输业	492	9159	—
水上运输业	6888	155337	—
航空运输业	56000	435063	—
交通运输辅助业	428564	585459	9764
其他交通运输业	9561	132847	—
仓储业	11960	94258	—
邮电通信业	223700	7782364	665
(八) 批发和零售贸易、餐饮业	87349	1022015	5847
食品、饮料、烟草和家庭用品批发商业	31549	374748	907
能源、材料和机械电子设备批发业	8100	186997	220
其他批发业	1151	47289	—
零售业	37942	344663	4720
商业经纪与代理业	7440	33587	—

国有经济分行业财务拨款中的自筹资金来源(二)

续 2

单位:万元

行业	县自筹	企、事业单位自有资金	发行股票
餐饮业	1167	34731	—
(九) 金融、保险业	20620	691426	258
金融业	20142	649434	258
保险业	478	41992	—
(十) 房地产业	115369	727870	256
房地产开发与经营业	86858	569327	—
房地产管理业	27479	155711	256
房地产代理与经纪业	1032	2832	—
(十一) 社会服务业	968671	1187508	73
公共服务业	870588	755971	15
居民服务业	7293	19735	—
旅馆业	56318	195968	58
租赁服务业	—	5979	—
旅行社	9291	70821	—
娱乐服务业	12810	41720	—
信息、咨询服务业	464	20679	—
计算机应用服务业	115	6433	—
其他社会服务业	11792	70202	—
(十二) 卫生、体育和社会福利业	137475	562033	37
卫生	82420	496322	37
体育	43227	31228	—
社会福利保障业	11828	34483	—
(十三) 教育、文化艺术及广播电影电视业	683089	1504487	3337
教育	628822	1055323	1337
文化艺术业	36045	244180	—
广播电影电视业	18222	204984	2000
(十四) 科学研究和综合技术服务业	9536	228884	30
科学研究业	137	152219	—
综合技术服务业	9399	76665	30
(十五) 国家机关、政党机关和社会团体	1148105	1721525	2051
国家机关	1087233	1657875	1871
政党机关	36431	29629	—
社会团体	24263	33334	—
基层群众自治组织	178	687	180
(十六) 其他行业	70450	757240	120
其他行业	70450	757240	120

各地区国有经济施工和建成投产项目个数

单位:个

地　区	施工项目	新开工	全部建成投产项目	项目建成投产率(%)
全国总计	**129410**	**80663**	**78943**	**61.0**
北　京	2914	1473	1419	48.7
天　津	1802	1287	1233	68.4
河　北	7434	5369	5033	67.7
山　西	3212	1736	1759	54.8
内蒙古	2800	1875	1981	70.8
辽　宁	4111	2783	2726	66.3
吉　林	1998	1432	1346	67.4
黑龙江	3030	2262	1974	65.1
上　海	3183	1464	1671	52.5
江　苏	6768	4878	4896	72.3
浙　江	6358	3502	3771	59.3
安　徽	4853	3100	2920	60.2
福　建	4203	2485	2306	54.9
江　西	3646	2066	1969	54.0
山　东	7355	4893	4288	58.3
河　南	7712	5150	5258	68.2
湖　北	6812	4255	4357	64.0
湖　南	5568	2969	3249	58.4
广　东	6417	3024	2943	45.9
广　西	5184	3244	2983	57.5
海　南	1218	837	808	66.3
重　庆	3345	1330	1716	51.3
四　川	6314	3817	3692	58.5
贵　州	2617	1519	1489	56.9
云　南	5889	3715	3569	60.6
西　藏	1069	962	939	87.8
陕　西	3285	1789	1732	52.7
甘　肃	2679	1603	1553	58.0
青　海	1117	780	678	60.7
宁　夏	993	691	635	63.9
新　疆	5429	4353	4035	74.3
不分地区	95	20	15	15.8

国有经济分行业施工和建成投产项目个数

单位:个

行　　业	施工项目	新开工	全部建成投产项目	项目建成投产率(%)
全　国　总　计	**129410**	**80663**	**78943**	**61.0**
(一) 农、林、牧、渔业	3764	2885	2707	71.9
农业	1740	1467	1395	80.2
林业	582	414	391	67.2
畜牧业	318	245	209	65.7
渔业	122	82	86	70.5
农、林、牧、渔服务业	1002	677	626	62.5
(二) 采掘业	4653	2756	2486	53.4
煤炭采选业	2076	911	968	46.6
石油和天然气开采业	1088	955	700	64.3
黑色金属矿采选业	327	190	195	59.6
有色金属矿采选业	494	276	237	48.0
非金属矿采选业	273	173	153	56.0
其他矿采选业	2	2	1	50.0
木材及竹材采运业	393	249	232	59.0
(三) 制造业	22366	12365	12680	56.7
食品加工业	1507	1079	1074	71.3
食品制造业	525	361	352	67.0
饮料制造业	858	554	559	65.2
烟草加工业	505	262	229	45.3
纺织业	1246	781	863	69.3
服装及其他纤维制品制造业	88	58	54	61.4
皮革、毛皮、羽绒及其制品业	63	44	32	50.8
木材加工及竹、藤、棕、草制品业	202	115	131	64.9
家具制造业	51	36	33	64.7
造纸及纸制品业	588	356	325	55.3
印刷业、记录媒介的复制	324	202	182	56.2
文教体育用品制造业	57	27	24	42.1
石油加工及炼焦业	1120	757	772	68.9
化学原料及化学制品制造业	3096	1871	1865	60.2
医药制造业	1045	313	290	27.8
化学纤维制造业	202	111	127	62.9
橡胶制品业	266	157	167	62.8
塑料制品业	219	149	150	68.5
非金属矿物制品业	1668	947	1009	60.5
黑色金属冶炼及压延加工业	1999	1106	1194	59.7
有色金属冶炼及压延加工业	975	440	482	49.4
金属制品业	377	186	207	54.9
普通机械制造业	1187	507	518	43.6

国有经济分行业施工和建成投产项目个数

续1　　　　　　　　　　　　　　　　　　　　　　　　　　　　　单位:个

行　　业	施工项目	新开工	全部建成投产项目	项目建成投产率(%)
专用设备制造业	1022	506	511	50.0
交通运输设备制造业	1742	820	874	50.2
电气机械及器材制造业	539	236	238	44.2
电子及通信设备制造业	405	176	163	40.2
仪器仪表及文化、办公用机械制造业	207	90	102	49.3
其他制造业	283	118	153	54.1
(四) 电力、煤气及水的生产和供应业	9286	5734	5734	61.7
电力、蒸汽、热水的生产和供应业	7416	4817	4821	65.0
煤气生产和供应业	435	197	162	37.2
自来水的生产和供应业	1435	720	751	52.3
(五) 建筑业	2192	1209	1221	55.7
土木工程建筑业	1996	1111	1124	56.3
线路、管道和设备安装业	166	86	72	43.4
建筑物的装修装饰业	30	12	25	83.3
(六) 地质勘查业、水利管理业	2311	1287	1194	51.7
地质勘查业	303	151	133	43.9
水利管理业	2008	1136	1061	52.8
(七) 交通运输、仓储及邮电通信业	22572	15675	15441	68.4
铁路运输业	3103	1955	1917	61.8
公路运输业	3325	1810	1850	55.6
管道运输业	109	88	97	89.0
水上运输业	226	101	80	35.4
航空运输业	154	86	90	58.4
交通运输辅助业	3927	2559	2689	68.5
其他交通运输业	79	36	32	40.5
仓储业	656	453	416	63.4
邮电通信业	10993	8587	8270	75.2
(八) 批发和零售贸易、餐饮业	6461	4022	4074	63.1
食品、饮料、烟草和家庭用品批发商业	2640	1719	1691	64.1
能源、材料和机械电子设备批发业	871	494	515	59.1
其他批发业	411	240	237	57.7
零售业	2208	1367	1417	64.2
商业经纪与代理业	41	23	15	36.6

国有经济分行业施工和建成投产项目个数

续 2　　　　单位:个

行　　　业	施工项目	新开工	全部建成投产项目	项目建成投产率(%)
餐饮业	290	179	199	68.6
(九) 金融、保险业	3110	1622	1748	56.2
金融业	2818	1422	1602	56.8
保险业	292	200	146	50.0
(十) 房地产业	1284	628	589	45.9
房地产开发与经营业	625	255	243	38.9
房地产管理业	633	359	331	52.3
房地产代理与经纪业	26	14	15	57.7
(十一) 社会服务业	6807	4357	4034	59.3
公共服务业	4951	3319	3036	61.3
居民服务业	258	175	136	52.7
旅馆业	1024	514	556	54.3
租赁服务业	11	4	4	36.4
旅行社	210	146	112	53.3
娱乐服务业	98	56	43	43.9
信息、咨询服务业	35	21	15	42.9
计算机应用服务业	13	7	7	53.8
其他社会服务业	207	115	125	60.4
(十二) 卫生、体育和社会福利业	4612	2657	2506	54.3
卫生	3792	2216	2115	55.8
体育	294	130	122	41.5
社会福利保障业	526	311	269	51.1
(十三) 教育、文化艺术及广播电影电视业	16466	10505	10417	63.3
教育	14780	9674	9622	65.1
文化艺术业	936	422	400	42.7
广播电影电视业	750	409	395	52.7
(十四) 科学研究和综合技术服务业	1330	618	610	45.9
科学研究业	700	268	267	38.1
综合技术服务业	630	350	343	54.4
(十五) 国家机关、政党机关和社会团体	21045	13675	12866	61.1
国家机关	20156	13205	12370	61.4
政党机关	575	312	337	58.6
社会团体	294	141	145	49.3
基层群众自治组织	20	17	14	70.0
(十六) 其他行业	1151	668	636	55.3
其他行业	1151	668	636	55.3

各地区国有经济房屋建筑面积和造价

地　　区	施工房屋面　积(万平方米)	竣工房屋面　积(万平方米)	房屋建筑面积竣工率(%)	竣工房屋价　值(万　元)	竣工房屋造　价(元/平方米)
全国总计	**66129.87**	**31747.34**	**48.0**	**30105882**	**948**
北　京	3791.44	1167.54	30.8	2052362	1758
天　津	1106.98	498.03	45.0	573950	1152
河　北	2906.35	1589.19	54.7	1268788	798
山　西	1459.99	715.75	49.0	577113	806
内蒙古	1115.27	715.68	64.2	588833	823
辽　宁	2632.01	1366.54	51.9	1343799	983
吉　林	978.06	599.29	61.3	565487	944
黑龙江	1699.64	1060.40	62.4	947315	893
上　海	4810.00	1618.94	33.7	2927796	1808
江　苏	3976.93	2188.60	55.0	2106714	963
浙　江	3156.45	1544.87	48.9	1653433	1070
安　徽	1702.97	932.86	54.8	663701	711
福　建	1877.04	830.84	44.3	803483	967
江　西	1399.40	699.03	50.0	487247	697
山　东	3886.80	1901.40	48.9	1620332	852
河　南	3320.82	1716.63	51.7	1219344	710
湖　北	2861.88	1365.09	47.7	1097324	804
湖　南	2250.98	1136.02	50.5	840819	740
广　东	6375.76	2300.09	36.1	2641476	1148
广　西	1653.43	790.45	47.8	565838	716
海　南	590.48	278.06	47.1	275249	990
重　庆	1443.44	758.70	52.6	430122	567
四　川	3207.37	1723.00	53.7	1150830	668
贵　州	893.55	451.95	50.6	288189	638
云　南	1880.32	1019.31	54.2	915256	898
西　藏	108.07	86.01	79.6	92804	1079
陕　西	1659.32	736.87	44.4	582897	791
甘　肃	1006.27	498.84	49.6	370717	743
青　海	312.96	167.08	53.4	133525	799
宁　夏	348.17	207.30	59.5	195353	942
新　疆	1322.07	839.08	63.5	756412	901
不分地区	395.67	243.88	61.6	369374	1515

各地区国有经济住宅建筑面积和造价

地　　区	施工住宅面　积(万平方米)	竣工住宅面　积(万平方米)	住宅建筑面积竣工率(%)	竣工住宅价　值(万元)	竣工住宅造　价(元/平方米)
全国总计	**35096.08**	**18016.73**	**51.3**	**14781585**	**820**
北　　京	2063.81	722.54	35.0	996650	1379
天　　津	727.32	321.85	44.3	306468	952
河　　北	1592.43	812.10	51.0	551203	679
山　　西	880.35	475.96	54.1	331636	697
内 蒙 古	691.01	470.31	68.1	314360	668
辽　　宁	1573.89	937.41	59.6	763521	815
吉　　林	528.02	370.25	70.1	301041	813
黑 龙 江	1055.30	721.20	68.3	566700	786
上　　海	2655.28	1011.46	38.1	1668919	1650
江　　苏	1981.57	1156.00	58.3	935680	809
浙　　江	1416.25	747.77	52.8	706968	945
安　　徽	842.79	469.14	55.7	281558	600
福　　建	864.94	421.10	48.7	354450	842
江　　西	720.88	373.35	51.8	219759	589
山　　东	2015.40	1090.35	54.1	761398	698
河　　南	1577.42	838.24	53.1	488991	583
湖　　北	1493.97	747.97	50.1	497428	665
湖　　南	1087.28	617.51	56.8	382339	619
广　　东	3332.48	1235.78	37.1	1313728	1063
广　　西	741.73	400.51	54.0	254804	636
海　　南	244.96	134.28	54.8	126933	945
重　　庆	827.78	457.45	55.3	239781	524
四　　川	1773.13	1008.74	56.9	559998	555
贵　　州	434.34	226.00	52.0	116288	515
云　　南	954.26	569.24	59.7	432173	759
西　　藏	38.29	32.72	85.5	31168	953
陕　　西	1073.68	507.64	47.3	349068	688
甘　　肃	592.55	313.00	52.8	214463	685
青　　海	204.60	110.26	53.9	84021	762
宁　　夏	192.50	114.45	59.5	73622	643
新　　疆	731.68	489.53	66.9	375098	766
不分地区	186.17	112.66	60.5	181371	1610

国有经济分行业房屋建筑面积和造价

行　　业	施工房屋面　积(万平方米)	竣工房屋面　积(万平方米)	房屋建筑面积竣工率(%)	竣工房屋价　值(万元)	竣工房屋造　价(元/平方米)
全　国　总　计	**66129.87**	**31747.34**	**48.0**	**30105882**	**948**
(一) 农、林、牧、渔业	600.88	417.16	69.4	271934	652
农业	268.86	220.61	82.1	135884	616
林业	75.40	51.72	68.6	34693	671
畜牧业	73.32	44.95	61.3	26791	596
渔业	12.11	5.89	48.6	4618	784
农、林、牧、渔服务业	171.19	93.99	54.9	69948	744
(二) 采掘业	1904.63	1229.82	64.6	1127223	917
煤炭采选业	953.90	597.78	62.7	432293	723
石油和天然气开采业	667.83	476.25	71.3	565473	1187
黑色金属矿采选业	78.12	29.65	38.0	30107	1015
有色金属矿采选业	100.22	56.33	56.2	46957	834
非金属矿采选业	52.70	31.01	58.8	25839	833
其他矿采选业	0.02	0.02	100.0	12	600
木材及竹材采运业	51.82	38.79	74.9	26542	684
(三) 制造业	7146.85	3734.92	52.3	3251680	871
食品加工业	294.00	190.22	64.7	163276	858
食品制造业	110.64	66.24	59.9	56859	858
饮料制造业	238.98	159.46	66.7	114059	715
烟草加工业	297.57	141.27	47.5	120238	851
纺织业	303.38	160.42	52.9	120791	753
服装及其他纤维制品制造业	42.99	26.78	62.3	33820	1263
皮革、毛皮、羽绒及其制品业	28.22	23.34	82.7	16652	713
木材加工及竹、藤、棕、草制品业	89.69	35.67	39.8	24408	684
家具制造业	16.03	8.25	51.5	7266	881
造纸及纸制品业	199.73	90.61	45.4	70207	775
印刷业、记录媒介的复制	102.18	48.36	47.3	47985	992
文教体育用品制造业	26.11	9.25	35.4	8641	934
石油加工及炼焦业	310.61	168.12	54.1	180143	1072
化学原料及化学制品制造业	769.83	398.97	51.8	348310	873
医药制造业	184.32	91.64	49.7	83505	911
化学纤维制造业	49.30	27.97	56.7	28258	1010
橡胶制品业	89.49	52.81	59.0	46548	881
塑料制品业	33.87	20.93	61.8	17826	852
非金属矿物制品业	455.85	266.02	58.4	196787	740
黑色金属冶炼及压延加工业	824.00	417.77	50.7	427920	1024
有色金属冶炼及压延加工业	273.51	142.75	52.2	110775	776
金属制品业	87.41	40.45	46.3	31551	780
普通机械制造业	411.31	205.39	49.9	155828	759

国有经济分行业房屋建筑面积和造价

续1

行　　业	施工房屋面　积(万平方米)	竣工房屋面　积(万平方米)	房屋建筑面积竣工率(%)	竣工房屋价　值(万元)	竣工房屋造　价(元/平方米)
专用设备制造业	357.51	177.97	49.8	133780	752
交通运输设备制造业	826.63	399.44	48.3	403333	1010
电气机械及器材制造业	216.58	97.72	45.1	71821	735
电子及通信设备制造业	172.36	96.03	55.7	102215	1064
仪器仪表及文化、办公用机械制造业	74.77	32.05	42.9	28900	902
其他制造业	259.99	139.02	53.5	99978	719
(四) 电力、煤气及水的生产和供应业	1955.24	952.41	48.7	970038	1019
电力、蒸汽、热水的生产和供应业	1674.54	816.92	48.8	824870	1010
煤气生产和供应业	88.05	33.14	37.6	31162	940
自来水的生产和供应业	192.65	102.35	53.1	114006	1114
(五) 建筑业	1044.75	532.94	51.0	459757	863
土木工程建筑业	919.79	460.64	50.1	390404	848
线路、管道和设备安装业	105.39	56.01	53.1	46615	832
建筑物的装修装饰业	19.56	16.28	83.2	22738	1397
(六) 地质勘查业、水利管理业	370.71	182.58	49.3	157590	863
地质勘查业	193.91	91.51	47.2	93917	1026
水利管理业	176.80	91.07	51.5	63673	699
(七) 交通运输、仓储及邮电通信业	4773.73	2295.00	48.1	2527475	1101
铁路运输业	1302.30	723.30	55.5	657386	909
公路运输业	438.25	188.59	43.0	166776	884
管道运输业	21.29	7.01	32.9	5748	820
水上运输业	124.30	47.62	38.3	59166	1242
航空运输业	143.35	83.25	58.1	151150	1816
交通运输辅助业	551.03	263.59	47.8	280110	1063
其他交通运输业	3.87	1.47	38.0	1039	707
仓储业	230.23	114.91	49.9	103454	900
邮电通信业	1959.11	865.24	44.2	1102646	1274
(八) 批发和零售贸易、餐饮业	2749.55	1397.19	50.8	1290523	924
食品、饮料、烟草和家庭用品批发商业	1065.36	582.40	54.7	493522	847
能源、材料和机械电子设备批发业	366.34	175.98	48.0	160324	911
其他批发业	167.08	77.96	46.7	63836	819
零售业	1012.54	503.18	49.7	505205	1004
商业经纪与代理业	43.60	5.83	13.4	6901	1184

国有经济分行业房屋建筑面积和造价

续 2

行业	施工房屋面积(万平方米)	竣工房屋面积(万平方米)	房屋建筑面积竣工率(%)	竣工房屋价值(万元)	竣工房屋造价(元/平方米)
餐饮业	94.63	51.84	54.8	60735	1172
(九) 金融、保险业	1585.09	728.52	46.0	895151	1229
金融业	1469.78	687.16	46.8	848357	1235
保险业	115.31	41.36	35.9	46794	1131
(十) 房地产业	21336.60	8811.15	41.3	9279382	1053
房地产开发与经营业	20309.16	8309.21	40.9	8818919	1061
房地产管理业	1005.27	490.27	48.8	453377	925
房地产代理与经纪业	22.22	11.67	52.5	7086	607
(十一) 社会服务业	1768.14	711.11	40.2	843424	1186
公共服务业	861.20	364.72	42.4	356253	977
居民服务业	51.53	24.36	47.3	24766	1017
旅馆业	539.06	211.82	39.3	343170	1620
租赁服务业	6.18	0.50	8.1	587	1174
旅行社	89.83	30.45	33.9	36376	1195
娱乐服务业	38.85	12.13	31.2	22749	1875
信息、咨询服务业	16.88	6.63	39.3	10309	1555
计算机应用服务业	3.22	0.63	19.6	450	714
其他社会服务业	161.38	59.87	37.1	48764	814
(十二) 卫生、体育和社会福利业	2038.43	875.39	42.9	845605	966
卫生	1675.40	740.31	44.2	682034	921
体育	189.36	64.38	34.0	98781	1534
社会福利保障业	173.67	70.69	40.7	64790	917
(十三) 教育、文化艺术及广播电影电视业	8076.74	4589.50	56.8	3486803	760
教育	7111.84	4300.98	60.5	3087206	718
文化艺术业	615.30	169.36	27.5	241263	1425
广播电影电视业	349.60	119.16	34.1	158334	1329
(十四) 科学研究和综合技术服务业	726.84	266.84	36.7	328285	1230
科学研究业	499.83	188.28	37.7	248402	1319
综合技术服务业	227.01	78.57	34.6	79883	1017
(十五) 国家机关、政党机关和社会团体	9091.12	4555.42	50.1	3829745	841
国家机关	8649.52	4364.64	50.5	3632464	832
政党机关	275.02	146.43	53.2	152545	1042
社会团体	161.26	40.16	24.9	41907	1044
基层群众自治组织	5.31	4.19	78.9	2829	675
(十六) 其他行业	960.59	467.39	48.7	541267	1158
其他行业	960.59	467.39	48.7	541267	1158

国有经济分行业住宅建筑面积和造价

行　　业	施工住宅面　积(万平方米)	竣工住宅面　积(万平方米)	住宅建筑面积竣工率(%)	竣工住宅价　值(万元)	竣工住宅造　价(元/平方米)
全　国　总　计	**35096.08**	**18016.73**	**51.3**	**14781585**	**820**
(一) 农、林、牧、渔业	261.78	192.18	73.4	104255	542
农业	126.28	104.43	82.7	47985	459
林业	46.24	31.66	68.5	19650	621
畜牧业	7.48	6.35	84.9	4234	667
渔业	4.39	2.26	51.5	1325	586
农、林、牧、渔服务业	77.38	47.48	61.4	31061	654
(二) 采掘业	1231.34	844.79	68.6	694751	822
煤炭采选业	636.94	403.51	63.4	255792	634
石油和天然气开采业	448.51	356.94	79.6	378232	1060
黑色金属矿采选业	38.38	20.36	53.0	16831	827
有色金属矿采选业	60.70	33.68	55.5	24635	731
非金属矿采选业	18.63	9.24	49.6	5575	603
其他矿采选业	—	—	—	—	—
木材及竹材采运业	28.18	21.06	74.7	13686	650
(三) 制造业	3280.23	1826.12	55.7	1306523	715
食品加工业	81.15	57.32	70.6	36052	629
食品制造业	39.33	23.67	60.2	18349	775
饮料制造业	52.03	37.44	72.0	22668	605
烟草加工业	76.71	49.84	65.0	32736	657
纺织业	175.03	89.67	51.2	55242	616
服装及其他纤维制品制造业	15.17	9.05	59.7	8229	909
皮革、毛皮、羽绒及其制品业	7.51	5.11	68.0	3329	651
木材加工及竹、藤、棕、草制品业	16.78	11.90	70.9	8391	705
家具制造业	5.49	1.91	34.8	1680	880
造纸及纸制品业	44.84	25.43	56.7	15406	606
印刷业、记录媒介的复制	51.31	25.81	50.3	23077	894
文教体育用品制造业	8.30	1.93	23.3	1120	580
石油加工及炼焦业	193.77	111.81	57.7	108720	972
化学原料及化学制品制造业	334.75	187.72	56.1	126672	675
医药制造业	40.54	23.25	57.4	14973	644
化学纤维制造业	14.66	6.17	42.1	3707	601
橡胶制品业	26.13	14.03	53.7	8227	586
塑料制品业	7.95	4.40	55.3	2504	569
非金属矿物制品业	156.65	90.79	58.0	57199	630
黑色金属冶炼及压延加工业	451.60	241.99	53.6	192061	794
有色金属冶炼及压延加工业	134.03	87.68	65.4	57077	651
金属制品业	42.35	23.23	54.9	16535	712
普通机械制造业	220.90	112.56	51.0	73707	655

国有经济分行业住宅建筑面积和造价

续 1

行业	施工住宅面积(万平方米)	竣工住宅面积(万平方米)	住宅建筑面积竣工率(%)	竣工住宅价值(万元)	竣工住宅造价(元/平方米)
专用设备制造业	203.85	112.10	55.0	69609	621
交通运输设备制造业	441.36	240.15	54.4	189344	788
电气机械及器材制造业	101.41	52.52	51.8	33993	647
电子及通信设备制造业	78.88	36.38	46.1	30611	841
仪器仪表及文化、办公用机械制造业	49.11	22.68	46.2	17735	782
其他制造业	208.62	119.57	57.3	77570	649
（四）电力、煤气及水的生产和供应业	856.86	498.36	58.2	382728	768
电力、蒸汽、热水的生产和供应业	747.98	432.96	57.9	334204	772
煤气生产和供应业	30.64	14.96	48.8	10543	705
自来水的生产和供应业	78.24	50.44	64.5	37981	753
（五）建筑业	802.32	423.75	52.8	335905	793
土木工程建筑业	707.70	367.72	52.0	292058	794
线路、管道和设备安装业	84.05	46.49	55.3	37607	809
建筑物的装修装饰业	10.57	9.54	90.3	6240	654
（六）地质勘查业、水利管理业	235.65	118.28	50.2	87329	738
地质勘查业	142.96	67.19	47.0	55247	822
水利管理业	92.70	51.09	55.1	32082	628
（七）交通运输、仓储及邮电通信业	1867.32	1064.26	57.0	866401	814
铁路运输业	828.58	482.90	58.3	401202	831
公路运输业	169.31	82.62	48.8	55512	672
管道运输业	15.02	5.14	34.2	4242	825
水上运输业	58.72	26.45	45.0	28214	1067
航空运输业	55.34	28.63	51.7	31233	1091
交通运输辅助业	212.37	115.68	54.5	87708	758
其他交通运输业	0.87	0.64	73.6	384	600
仓储业	48.31	26.12	54.1	17921	686
邮电通信业	478.79	296.08	61.8	239985	811
（八）批发和零售贸易、餐饮业	843.20	497.53	59.0	329858	663
食品、饮料、烟草和家庭用品批发商业	354.16	211.67	59.8	140818	665
能源、材料和机械电子设备批发业	151.37	78.69	52.0	55400	704
其他批发业	66.04	44.43	67.3	31979	720
零售业	241.74	144.36	59.7	90027	624
商业经纪与代理业	4.92	3.48	70.7	2337	672

国有经济分行业住宅建筑面积和造价

续 2

行　　　业	施工住宅面积(万平方米)	竣工住宅面积(万平方米)	住宅建筑面积竣工率(%)	竣工住宅价值(万元)	竣工住宅造价(元/平方米)
餐饮业	24.96	14.90	59.7	9297	624
(九) 金融、保险业	586.14	333.25	56.9	235860	708
金融业	556.21	315.06	56.6	222641	707
保险业	29.94	18.19	60.8	13219	727
(十) 房地产业	15996.98	7116.06	44.5	6814110	958
房地产开发与经营业	15252.80	6726.83	44.1	6463519	961
房地产管理业	729.70	378.69	51.9	344059	909
房地产代理与经纪业	14.48	10.55	72.9	6532	619
(十一) 社会服务业	590.97	284.37	48.1	239301	842
公共服务业	457.95	209.68	45.8	179120	854
居民服务业	10.67	6.41	60.1	3967	619
旅馆业	66.73	34.21	51.3	23713	693
租赁服务业	2.08	0.10	4.8	50	500
旅行社	9.91	4.01	40.5	3337	832
娱乐服务业	1.72	1.04	60.5	771	741
信息、咨询服务业	7.16	4.52	63.1	7631	1688
计算机应用服务业	1.13	0.63	55.8	450	714
其他社会服务业	33.62	23.78	70.7	20262	852
(十二) 卫生、体育和社会福利业	529.98	294.51	55.6	196823	668
卫生	472.67	265.94	56.3	174866	658
体育	12.81	6.15	48.0	4206	684
社会福利保障业	44.49	22.42	50.4	17751	792
(十三) 教育、文化艺术及广播电影电视业	2689.97	1632.31	60.7	1086102	665
教育	2475.89	1530.52	61.8	983185	642
文化艺术业	124.26	47.86	38.5	42406	886
广播电影电视业	89.83	53.93	60.0	60511	1122
(十四) 科学研究和综合技术服务业	383.45	156.68	40.9	140797	899
科学研究业	284.55	112.24	39.4	103772	925
综合技术服务业	98.90	44.43	44.9	37025	833
(十五) 国家机关、政党机关和社会团体	4428.03	2458.84	55.5	1709210	695
国家机关	4244.59	2357.05	55.5	1615555	685
政党机关	146.63	83.56	57.0	79906	956
社会团体	33.27	15.60	46.9	12075	774
基层群众自治组织	3.53	2.62	74.2	1674	639
(十六) 其他行业	511.87	275.45	53.8	251632	914
其他行业	511.87	275.45	53.8	251632	914

集体经济固定资产投资

集体经济固定资产投资主要指标

指　标	1997 年	1996 年	1997 年比 1996 年增减	
			绝对数	±%
一、投资总额(亿元)	**3850.87**	**3651.50**	**199.37**	**5.5**
1.按构成分				
建筑安装工程	2157.46	2851.48	−694.02	−24.3
设备、工具、器具购置	1332.51	540.14	792.37	146.7
其他费用	360.91	259.88	101.03	38.9
2.按三次产业分				
第一产业	102.92	85.03	17.89	21.0
第二产业	2236.01	2229.27	6.74	0.3
第三产业	1511.91	1337.20	174.71	13.1
其中：住宅	424.49	407.23	17.26	4.2
二、全部项目建设规模(亿元)				
计划总投资	8370.79	8001.09	369.70	4.6
实际需要的总投资	8493.63	8173.78	319.85	3.9
自开始建设至本年底累计完成投资	4573.69	4358.06	215.63	4.9
全部建成尚需投资	3919.94	3815.72	104.22	2.7
三、新增固定资产(亿元)	**3722.37**	**3471.19**	**251.18**	**7.2**
四、房屋建筑面积(万平方米)				
施工面积	30537.01	28061.79	2475.22	8.8
竣工面积	22606.47	19087.50	3518.97	18.4
其中：住宅	6276.01	6161.80	114.21	1.9

各地区集体经济固定资产投资

单位：亿元

地区	1997年	1996年	1997年比1996年增减	
			绝对数	±%
全国总计	**3850.87**	**3651.50**	**199.37**	**5.5**
北京	53.37	56.53	−3.16	−5.6
天津	61.77	66.64	−4.87	−7.3
河北	439.52	358.64	80.88	22.6
山西	20.86	18.36	2.50	13.6
内蒙古	12.38	10.35	2.03	19.6
辽宁	97.36	102.49	−5.13	−5.0
吉林	33.17	24.83	8.34	33.6
黑龙江	23.27	32.17	−8.90	−27.7
上海	254.79	239.34	15.45	6.5
江苏	561.68	574.53	−12.85	−2.2
浙江	397.97	403.67	−5.70	−1.4
安徽	141.97	129.47	12.50	9.7
福建	94.27	83.96	10.31	12.3
江西	15.16	14.92	0.24	1.6
山东	528.64	464.65	63.99	13.8
河南	222.67	185.29	37.38	20.2
湖北	106.64	91.76	14.88	16.2
湖南	84.48	78.90	5.58	7.1
广东	322.83	340.03	−17.20	−5.1
广西	54.95	61.41	−6.46	−10.5
海南	5.68	5.35	0.33	6.2
重庆	55.07			
四川	127.97	181.07	−53.10	−29.3
贵州	14.93	14.63	0.30	2.1
云南	51.30	47.36	3.94	8.3
西藏	0.41			
陕西	24.74	21.83	2.91	13.3
甘肃	13.58	12.60	0.98	7.8
青海	4.51	5.01	−0.50	−10.0
宁夏	3.66	3.95	−0.29	−7.3
新疆	21.26	21.79	−0.53	−2.4

各地区集体经济按构成分的固定资产投资

单位：万元

地　区	合　计	建筑安装工程	设备工器具购置	其他费用
全国总计	**38508729**	**21574606**	**13325071**	**3609052**
北　京	533744	370800	133120	29824
天　津	617714	274708	309386	33620
河　北	4395225	2145582	1788229	461414
山　西	208641	159857	41744	7040
内蒙古	123807	90620	22183	11004
辽　宁	973625	587917	266165	119543
吉　林	331663	163699	148818	19146
黑龙江	232742	147747	62423	22572
上　海	2547916	1531405	702400	314111
江　苏	5616830	2552143	2642656	422031
浙　江	3979665	1920630	1725122	333913
安　徽	1419744	821620	453160	144964
福　建	942658	657983	196863	87812
江　西	151613	98310	39446	13857
山　东	5286444	2807459	2113081	365904
河　南	2226709	1291928	656687	278094
湖　北	1066372	642666	314028	109678
湖　南	844779	569097	216430	59252
广　东	3228262	2368576	498153	361533
广　西	549500	326263	159567	63670
海　南	56779	35636	6586	14557
重　庆	550721	327509	175604	47608
四　川	1279700	787797	366208	125695
贵　州	149278	82938	40292	26048
云　南	512983	352727	100525	59731
西　藏	4124	3628	364	132
陕　西	247426	161100	61152	25174
甘　肃	135835	97334	17540	20961
青　海	45077	26537	16951	1589
宁　夏	36552	24882	9065	2605
新　疆	212601	145508	41123	25970

各地区集体经济按主要行业分的固定资产投资(一)

单位：万元

地区	合计	农、林、牧、渔业	采掘业	制造业	电力、煤气及水的生产和供应业
全国总计	**38508729**	**2748707**	**1266021**	**19126110**	**775274**
北京	533744	84047	12708	240708	1926
天津	617714	25814	1183	441727	195
河北	4395225	468672	238290	2083550	63757
山西	208641	7228	23586	67734	2530
内蒙古	123807	11768	2701	23780	
辽宁	973625	85976	30728	389441	4146
吉林	331663	55122	19410	180650	2064
黑龙江	232742	39095	18867	76677	
上海	2547916	35210	33955	1189478	9811
江苏	5616830	161304	97848	3716398	102059
浙江	3979665	207057	57217	2583149	86207
安徽	1419744	123920	68614	572030	23167
福建	942658	109677	8483	272835	57606
江西	151613	4157	12583	62827	6775
山东	5286444	468853	154079	3191683	51884
河南	2226709	218653	191635	994128	41682
湖北	1066372	102918	24711	385330	56638
湖南	844779	82927	62569	320109	10332
广东	3228262	91122	4709	802749	144968
广西	549500	114093	41929	225136	10019
海南	56779	21300	530	7694	332
重庆	550721	19462	41501	272150	7886
四川	1279700	37722	69337	651364	41546
贵州	149278	15176	8708	67996	3014
云南	512983	72206	24196	127996	27379
西藏	4124	429	351	331	
陕西	247426	3358	7273	71733	9389
甘肃	135835	8177	5172	18245	1200
青海	45077	3066	1087	26638	2846
宁夏	36552	2194	499	16117	199
新疆	212601	68004	1562	45727	5717

各地区集体经济按主要行业分的固定资产投资(二)

单位：万元

地区	建筑业	地质勘查业、水利管理业	交通运输、仓储及邮电通信业	批发和零售贸易、餐饮业	金融、保险业	房地产业
全国总计	**1192680**	**416812**	**1383714**	**2212098**	**317201**	**4023353**
北京	10331	385	19829	33443	970	59188
天津	4805		2774	8055	3175	72111
河北	122133	55140	234922	306716	30680	70477
山西	8510	3722	11771	13576	2845	24370
内蒙古	3565		13716	4560	3307	11461
辽宁	22285	991	17146	58861	10400	228940
吉林	3449	169	1100	28790	5742	7484
黑龙江	7760	7376	1680	8492	10286	26356
上海	37833	741	34849	66195	1073	863051
江苏	100652	21900	137523	318612	15936	458115
浙江	100857	46804	89991	114463	35873	317804
安徽	61304	28603	80562	84665	8594	118139
福建	22932	6185	89092	58068	6667	132335
江西	2055	3022	4573	10764	6488	25455
山东	227720	43015	93471	352413	41284	192154
河南	66614	15853	99702	151379	19660	71395
湖北	19774	11948	86071	68522	13258	86156
湖南	57964	11400	27835	82279	20089	33488
广东	139289	90108	215649	125818	28166	805819
广西	16007	6322	14553	36068	4349	40465
海南	2716		6276	4769	996	4541
重庆	51630	3295	16937	18258	2997	63084
四川	34410	9998	24987	101159	16813	196754
贵州	5277	2010	2471	12610	911	22521
云南	38438	15776	24496	56111	9670	4584
西藏				77		
陕西	11438	4576	12669	33615	8675	32822
甘肃	1452	4272	10614	22933	3737	36186
青海	2089		989	4577	457	896
宁夏	2914		1264	2191	327	8439
新疆	6477	23201	6202	24059	3776	8763

各地区集体经济按主要行业分的固定资产投资(三)

单位：万元

地　区	社会服务业	卫生、体育和社会福利业	教育、文化艺术及广播电影电视业	科学研究和综合技术服务业	国家机关、政党机关和社会团体	其他行业
全国总计	**1016169**	**296033**	**1363661**	**42517**	**885182**	**1443197**
北　京	3502	4506	22357	7577	12455	19812
天　津	1777	1793	13477	3120	640	37068
河　北	91928	24076	210917	416	209507	184044
山　西	1329	785	24748		14120	1787
内蒙古	320	5757	29428		10473	2971
辽　宁	43199	3945	26464	2989	20182	27932
吉　林	6930	1467	10477		4404	4405
黑龙江	188	3145	25778	810	3010	3222
上　海	86837	6020	20393	2642	28753	131075
江　苏	153219	37802	109364	1972	65777	118349
浙　江	94138	25280	50825	1008	36957	132035
安　徽	39738	15140	69831	1104	44911	79422
福　建	20360	18380	60484	4056	40979	34519
江　西	515	1691	7864	110	1475	1259
山　东	75609	20153	105248	3010	107607	158261
河　南	63497	15569	128569	3019	40218	105136
湖　北	26948	6073	77564	2265	28153	70043
湖　南	14280	12839	68456	462	11736	28014
广　东	175705	63376	219852	6068	138180	176684
广　西	19598	321	1535	70	7931	11104
海　南	1187	788	825		1947	2878
重　庆	13141	1414	1625		4475	32866
四　川	23116	9087	9296	1130	5628	47353
贵　州	2093	296	1979		1629	2587
云　南	32817	9293	27714	610	20453	21244
西　藏	1579	28	283		685	361
陕　西	12068	5421	23034		6785	4570
甘　肃	6547	955	11329	75	2829	2112
青　海	550	13		4	1061	804
宁　夏	817	212	180		668	531
新　疆	2637	408	3765		11554	749

各地区集体经济房屋建筑面积

单位：万平方米

地区	施工房屋面积	住宅	竣工房屋面积	住宅
全国总计	**30537.01**	**10080.75**	**22606.47**	**6276.02**
北京	516.65	273.63	367.69	207.66
天津	394.99	160.37	231.88	37.70
河北	2221.44	309.07	1992.71	218.88
山西	190.09	76.85	114.10	36.54
内蒙古	211.99	59.12	176.46	36.35
辽宁	769.30	364.37	511.89	189.52
吉林	207.51	37.03	170.22	25.56
黑龙江	238.27	86.32	180.38	61.60
上海	2006.54	1148.54	946.94	406.35
江苏	2736.80	762.49	2178.31	519.79
浙江	2085.29	527.71	1451.21	298.60
安徽	1173.13	355.44	975.00	271.61
福建	897.62	369.00	555.99	200.98
江西	222.06	93.70	130.06	52.94
山东	5346.93	1662.53	4695.58	1464.56
河南	2230.43	319.91	1850.38	231.93
湖北	769.49	207.13	628.94	157.00
湖南	1026.79	309.48	853.69	260.76
广东	3740.03	1665.81	2109.95	790.75
广西	484.09	137.65	378.71	86.24
海南	37.89	13.43	19.34	9.42
重庆	546.24	214.22	357.02	121.53
四川	1209.62	512.21	840.89	340.80
贵州	162.01	57.38	97.01	25.54
云南	416.29	88.39	334.20	71.36
西藏	11.20	3.84	10.38	3.84
陕西	267.19	97.16	159.50	39.68
甘肃	224.44	87.23	137.71	44.96
青海	27.65	8.22	13.62	3.01
宁夏	37.81	21.95	30.87	17.65
新疆	127.21	50.60	105.84	42.91

各地区城镇集体经济投资总规模与完成情况(一)

单位:万元

地区	计划总投资	实际需要总投资	自开始建设至本年底累计完成投资	本年完成投资
全国总计	**22595218**	**23823553**	**15180565**	**7952368**
北京	758039	800048	465491	148643
天津	201941	225478	158663	93832
河北	711400	738365	500697	407590
山西	178166	196550	134490	75353
内蒙古	74815	77468	66063	39460
辽宁	810249	852861	645719	341440
吉林	69171	77152	61886	46194
黑龙江	141839	147645	119263	71734
上海	3686884	3722444	1941020	886354
江苏	1917333	2010809	1516478	1106232
浙江	1540918	1786016	1289256	692146
安徽	407948	414529	265857	178073
福建	659035	713393	426615	216058
江西	155308	159453	110444	80121
山东	1440228	1489461	973150	601452
河南	764995	794801	546480	390833
湖北	504851	551362	387401	292588
湖南	274756	287633	200122	117850
广东	5814911	6133957	3666752	1262131
广西	421081	431109	222137	101609
海南	56747	63075	44452	10921
重庆	355966	378542	199266	106893
四川	651094	700187	528328	311731
贵州	109353	121525	82052	31803
云南	254444	283509	193403	95403
西藏	2321	2174	1949	1949
陕西	260635	278661	154586	70552
甘肃	182517	194274	130847	65441
青海	23269	24342	16379	11088
宁夏	20483	20893	16862	15356
新疆	144521	145837	114457	81538
不分地区	—	—	—	—

各地区城镇集体经济投资总规模与完成情况(二)

单位:万元

地　　区	累计新增固定资产	未完工程累计投资	全部建成尚需投资	未完工程占用率(%)
全国总计	**8736183**	**5664451**	**8642988**	**71.2**
北　京	291270	168891	334557	113.6
天　津	72429	66872	66815	71.3
河　北	364513	120042	237668	29.5
山　西	79532	49773	62060	66.1
内 蒙 古	53653	12111	11405	30.7
辽　宁	348601	234808	207142	68.8
吉　林	44558	17158	15266	37.1
黑 龙 江	71082	47576	28382	66.3
上　海	789465	1009346	1781424	113.9
江　苏	1161499	333493	494331	30.1
浙　江	848864	425138	496760	61.4
安　徽	190284	60901	148672	34.2
福　建	222733	192171	286778	88.9
江　西	63598	32129	49009	40.1
山　东	681763	279940	516311	46.5
河　南	393463	140087	248321	35.8
湖　北	218388	157054	163961	53.7
湖　南	127027	68324	87511	58.0
广　东	1702975	1639463	2467205	129.9
广　西	136272	79054	208972	77.8
海　南	21155	22974	18623	210.4
重　庆	106097	86022	179276	80.5
四　川	321726	179370	171859	57.5
贵　州	50761	27996	39473	88.0
云　南	100723	65932	90106	69.1
西　藏	1949	—	225	—
陕　西	85564	68486	124075	97.1
甘　肃	70018	52804	63427	80.7
青　海	9928	5145	7963	46.4
宁　夏	14723	1807	4031	11.8
新　疆	91570	19584	31380	24.0
不分地区	—	—	—	—

城镇集体经济分行业投资总规模与完成情况(一)

单位:万元

行　　业	计划总投资	实际需要总投资	自开始建设至本年底累计完成投资	本年完成投资
全国总计	**22595218**	**23823553**	**15180565**	**7952368**
(一) 农、林、牧、渔业	214874	218535	159353	79846
农业	124728	124721	96487	30124
林业	5447	5497	4404	3736
畜牧业	38594	39940	27116	22367
渔业	28691	28673	18751	14425
农、林、牧、渔服务业	17414	19704	12595	9194
(二) 采掘业	189182	195668	122634	83988
煤炭采选业	69046	74419	53503	33049
石油和天然气开采业	161	161	161	161
黑色金属矿采选业	4427	4120	4020	3320
有色金属矿采选业	86519	87268	42827	29620
非金属矿采选业	28689	29320	21848	17563
其他矿采选业	140	140	136	136
木材及竹材采运业	200	240	139	139
(三) 制造业	3995686	4099486	3014127	2112973
食品加工业	107234	107903	78012	61802
食品制造业	71440	72778	53823	45462
饮料制造业	60900	62405	51881	40233
烟草加工业	2501	2876	2876	2131
纺织业	391145	399213	315715	232909
服装及其他纤维制品制造业	109573	113210	87987	68674
皮革、毛皮、羽绒及其制品业	63778	74103	53533	35055
木材加工及竹、藤、棕、草制品业	107532	109754	97284	63174
家具制造业	36329	37150	26868	22035
造纸及纸制品业	131523	129608	97922	82675
印刷业、记录媒介的复制	51307	52471	40825	36133
文教体育用品制造业	59569	59182	40801	33500
石油加工及炼焦业	45826	46909	41392	29966
化学原料及化学制品制造业	251315	261237	199497	149462
医药制造业	113791	116353	74107	59965
化学纤维制造业	34698	35849	33059	28516
橡胶制品业	91843	92145	48627	33108
塑料制品业	185828	186086	134282	93552
非金属矿物制品业	326413	330218	266517	160066
黑色金属冶炼及压延加工业	90841	92658	71393	35031
有色金属冶炼及压延加工业	63296	75730	63868	32658
金属制品业	236519	255273	192191	120274
普通机械制造业	242709	247234	173539	116392

城镇集体经济分行业投资总规模与完成情况(一)

续 1　　　　单位:万元

行　　业	计划总投资	实际需要总投资	自开始建设至本年底累计完成投资	本年完成投资
专用设备制造业	204317	206813	140745	108287
交通运输设备制造业	343448	347479	203893	133060
电气机械及器材制造业	258047	263877	202668	144609
电子及通信设备制造业	102203	103552	80174	56159
仪器仪表及文化、办公用机械制造业	36644	37334	23035	13535
其他制造业	175117	180086	117613	74550
(四) 电力、煤气及水的生产和供应业	366274	375373	277625	100564
电力、蒸汽、热水的生产和供应业	182702	190704	122931	55584
煤气生产和供应业	8423	8666	5230	2374
自来水的生产和供应业	175149	176003	149464	42606
(五) 建筑业	337086	345983	281254	203585
土木工程建筑业	305703	314469	251769	175880
线路、管道和设备安装业	27356	27340	26750	25362
建筑物的装修装饰业	4027	4174	2735	2343
(六) 地质勘查业、水利管理业	37136	37494	22425	10803
地质勘查业	—	—	—	—
水利管理业	37136	37494	22425	10803
(七) 交通运输、仓储及邮电通信业	337387	347016	264010	186581
铁路运输业	320	340	200	200
公路运输业	131612	134564	108470	93151
管道运输业	120	120	120	120
水上运输业	25792	26339	23581	21718
航空运输业	270	270	180	180
交通运输辅助业	108889	112134	73636	43694
其他交通运输业	8637	8653	5780	5418
仓储业	59955	62804	50286	20371
邮电通信业	1792	1792	1757	1729
(八) 批发和零售贸易、餐饮业	1051797	1120343	870116	612996
食品、饮料、烟草和家庭用品批发商业	325975	343659	253216	176126
能源、材料和机械电子设备批发业	95264	105408	78439	48706
其他批发业	134332	139244	107476	74269
零售业	443219	476192	387717	280567
商业经纪与代理业	11105	11152	4437	3919

城镇集体经济分行业投资总规模与完成情况(一)

续 2　　　　单位:万元

行　　业	计划总投资	实际需要总投资	自开始建设至本年底累计完成投资	本年完成投资
餐饮业	41902	44688	38831	29409
(九) 金融、保险业	399210	425833	340910	271867
金融业	399030	425653	340810	271767
保险业	180	180	100	100
(十) 房地产业	14262421	15169821	8733021	3599522
房地产开发与经营业	14159633	15066879	8688986	3583056
房地产管理业	102388	102467	43560	15991
房地产代理与经纪业	400	475	475	475
(十一) 社会服务业	436081	455518	332813	185293
公共服务业	141886	152192	119335	77249
居民服务业	8550	8844	8252	8152
旅馆业	117499	121753	104873	45603
租赁服务业	2458	2458	1193	1193
旅行社	44391	44558	12940	7815
娱乐服务业	70657	70945	40601	28174
信息、咨询服务业	3823	3823	1745	1255
计算机应用服务业	4687	6017	3780	1720
其他社会服务业	42130	44928	40094	14132
(十二) 卫生、体育和社会福利业	147010	172108	117658	67787
卫生	99401	106090	72595	57993
体育	2500	20774	20774	904
社会福利保障业	45109	45244	24289	8890
(十三) 教育、文化艺术及广播电影电视业	104776	112820	96183	78119
教育	92401	98392	83934	69755
文化艺术业	10953	12791	11107	7367
广播电影电视业	1422	1637	1142	997
(十四) 科学研究和综合技术服务业	54876	55964	31620	20683
科学研究业	26765	27765	18981	11009
综合技术服务业	28111	28199	12639	9674
(十五) 国家机关、政党机关和社会团体	283056	288181	226908	164930
国家机关	150299	152093	120650	90084
政党机关	17042	17043	10435	8435
社会团体	16343	16503	11854	9062
基层群众自治组织	99372	102542	83969	57349
(十六) 其他行业	378366	403410	289908	172831
其他行业	378366	403410	289908	172831

城镇集体经济分行业投资总规模与完成情况(二)

单位:万元

行　　业	累计新增固定资产	未完工程累计投资	全部建成尚需投资	未完工程占用率(%)
全　国　总　计	**8736183**	**5664451**	**8642988**	**71.2**
(一) 农、林、牧、渔业	81511	28232	59182	35.4
农业	29369	17768	28234	59.0
林业	3711	653	1093	17.5
畜牧业	21763	5264	12824	23.5
渔业	16845	1906	9922	13.2
农、林、牧、渔服务业	9823	2641	7109	28.7
(二) 采掘业	78560	37871	73034	45.1
煤炭采选业	36936	12035	20916	36.4
石油和天然气开采业	161	—	—	—
黑色金属矿采选业	4000	—	100	—
有色金属矿采选业	25300	16411	44441	55.4
非金属矿采选业	11952	9361	7472	53.3
其他矿采选业	136	—	4	—
木材及竹材采运业	75	64	101	46.0
(三) 制造业	2224087	714907	1085359	33.8
食品加工业	62362	12947	29891	20.9
食品制造业	43398	8288	18955	18.2
饮料制造业	42238	6095	10524	15.1
烟草加工业	2876	—	—	—
纺织业	273606	35638	83498	15.3
服装及其他纤维制品制造业	54463	32805	25223	47.8
皮革、毛皮、羽绒及其制品业	36391	13909	20570	39.7
木材加工及竹、藤、棕、草制品业	92053	4030	12470	6.4
家具制造业	19507	6948	10282	31.5
造纸及纸制品业	68308	27621	31686	33.4
印刷业、记录媒介的复制	35918	3997	11646	11.1
文教体育用品制造业	29888	10187	18381	30.4
石油加工及炼焦业	28772	12150	5517	40.5
化学原料及化学制品制造业	156330	37583	61740	25.1
医药制造业	56869	15631	42246	26.1
化学纤维制造业	32570	375	2790	1.3
橡胶制品业	33843	14649	43518	44.2
塑料制品业	97971	34480	51804	36.9
非金属矿物制品业	205124	54978	63701	34.3
黑色金属冶炼及压延加工业	44911	20917	21265	59.7
有色金属冶炼及压延加工业	54836	8764	11862	26.8
金属制品业	136692	48843	63082	40.6
普通机械制造业	123340	45800	73695	39.3

城镇集体经济分行业投资总规模与完成情况(二)

续 1 单位:万元

行　业	累计新增固定资产	未完工程累计投资	全部建成尚需投资	未完工程占用率(%)
专用设备制造业	97049	42831	66068	39.6
交通运输设备制造业	114092	83524	143586	62.8
电气机械及器材制造业	164426	33209	61209	23.0
电子及通信设备制造业	59277	19818	23378	35.3
仪器仪表及文化、办公用机械制造业	13847	8866	14299	65.5
其他制造业	43130	70024	62473	93.9
(四) 电力、煤气及水的生产和供应业	113491	159950	97748	159.1
电力、蒸汽、热水的生产和供应业	83775	35671	67773	64.2
煤气生产和供应业	4028	1202	3436	50.6
自来水的生产和供应业	25688	123077	26539	288.9
(五) 建筑业	226578	45691	64729	22.4
土木工程建筑业	200079	42896	62700	24.4
线路、管道和设备安装业	25115	1444	590	5.7
建筑物的装修装饰业	1384	1351	1439	57.7
(六) 地质勘查业、水利管理业	9218	13202	15069	122.2
地质勘查业	—	—	—	—
水利管理业	9218	13202	15069	122.2
(七) 交通运输、仓储及邮电通信业	192814	63696	83006	34.1
铁路运输业	—	200	140	100.0
公路运输业	86047	21702	26094	23.3
管道运输业	120	—	—	—
水上运输业	18255	5289	2758	24.4
航空运输业	—	180	90	100.0
交通运输辅助业	58091	11766	38498	26.9
其他交通运输业	1806	1029	2873	19.0
仓储业	26763	23505	12518	115.4
邮电通信业	1732	25	35	1.4
(八) 批发和零售贸易、餐饮业	623170	235795	250227	38.5
食品、饮料、烟草和家庭用品批发商业	191439	58319	90443	33.1
能源、材料和机械电子设备批发业	50022	25224	26969	51.8
其他批发业	55322	51623	31768	69.5
零售业	301770	82578	88475	29.4
商业经纪与代理业	2025	2212	6715	56.4

城镇集体经济分行业投资总规模与完成情况(二)

续 2　　　　　　　　　　　　　　　　　　　　　　　　　单位:万元

行　　业	累计新增固定资产	未完工程累计投资	全部建成尚需投资	未完工程占用率(%)
餐饮业	22592	15839	5857	53.9
(九) 金融、保险业	223412	104832	84923	38.6
金融业	223412	104732	84843	38.5
保险业	—	100	80	100.0
(十) 房地产业	4282171	3886194	6436800	108.0
房地产开发与经营业	4250356	3873974	6377893	108.1
房地产管理业	31340	12220	58907	76.4
房地产代理与经纪业	475	—	—	—
(十一) 社会服务业	198514	125583	122705	67.8
公共服务业	64777	49164	32857	63.6
居民服务业	6570	1682	592	20.6
旅馆业	64306	39762	16880	87.2
租赁服务业	608	585	1265	49.0
旅行社	7267	5673	31618	72.6
娱乐服务业	30093	7991	30344	28.4
信息、咨询服务业	493	1252	2078	99.8
计算机应用服务业	2500	1280	2237	74.4
其他社会服务业	21900	18194	4834	128.7
(十二) 卫生、体育和社会福利业	59502	40123	54450	59.2
卫生	55227	16834	33495	29.0
体育	1750	2024	—	223.9
社会福利保障业	2525	21265	20955	239.2
(十三) 教育、文化艺术及广播电影电视业	75748	19498	16637	25.0
教育	70738	12325	14458	17.7
文化艺术业	4734	6348	1684	86.2
广播电影电视业	276	825	495	82.7
(十四) 科学研究和综合技术服务业	24439	5951	24344	28.8
科学研究业	15356	2995	8784	27.2
综合技术服务业	9083	2956	15560	30.6
(十五) 国家机关、政党机关和社会团体	152427	69075	61273	41.9
国家机关	69065	46925	31443	52.1
政党机关	1793	8642	6608	102.5
社会团体	8163	3691	4649	40.7
基层群众自治组织	73406	9817	18573	17.1
(十六) 其他行业	170541	113851	113502	65.9
其他行业	170541	113851	113502	65.9

各地区城镇集体经济固定资产投资额和新增固定资产

单位:万元

地　　区	投资额	新增固定资产	固定资产交付使用率(%)
全国总计	**7952368**	**6667384**	**83.8**
北　京	148643	153574	103.3
天　津	93832	55677	59.3
河　北	407590	331433	81.3
山　西	75353	56608	75.1
内蒙古	39460	46462	117.7
辽　宁	341440	279124	81.7
吉　林	46194	36222	78.4
黑龙江	71734	63344	88.3
上　海	886354	591897	66.8
江　苏	1106232	988797	89.4
浙　江	692146	659721	95.3
安　徽	178073	157492	88.4
福　建	216058	159790	74.0
江　西	80121	58716	73.3
山　东	601452	518159	86.2
河　南	390833	311031	79.6
湖　北	292588	203475	69.5
湖　南	117850	104728	88.9
广　东	1262131	1083078	85.8
广　西	101609	96202	94.7
海　南	10921	5818	53.3
重　庆	106893	80267	75.1
四　川	311731	286682	92.0
贵　州	31803	37722	118.6
云　南	95403	88823	93.1
西　藏	1949	1949	100.0
陕　西	70552	53636	76.0
甘　肃	65441	56732	86.7
青　海	11088	9691	87.4
宁　夏	15356	14519	94.5
新　疆	81538	76015	93.2
不分地区	—	—	—

城镇集体经济分行业投资额和新增固定资产

单位:万元

行业	投资额	新增固定资产	固定资产交付使用率(%)
全国总计	**7952368**	**6667384**	**83.8**
(一) 农、林、牧、渔业	79846	58303	73.0
农业	30124	13199	43.8
林业	3736	2862	76.6
畜牧业	22367	20081	89.8
渔业	14425	15048	104.3
农、林、牧、渔服务业	9194	7113	77.4
(二) 采掘业	83988	61295	73.0
煤炭采选业	33049	26439	80.0
石油和天然气开采业	161	101	62.7
黑色金属矿采选业	3320	3300	99.4
有色金属矿采选业	29620	20815	70.3
非金属矿采选业	17563	10447	59.5
其他矿采选业	136	136	100.0
木材及竹材采运业	139	57	41.0
(三) 制造业	2112973	1852791	87.7
食品加工业	61802	52751	85.4
食品制造业	45462	39104	86.0
饮料制造业	40233	37216	92.5
烟草加工业	2131	2876	135.0
纺织业	232909	224095	96.2
服装及其他纤维制品制造业	68674	50925	74.2
皮革、毛皮、羽绒及其制品业	35055	31603	90.2
木材加工及竹、藤、棕、草制品业	63174	63196	100.0
家具制造业	22035	17561	79.7
造纸及纸制品业	82675	63824	77.2
印刷业、记录媒介的复制	36133	34584	95.7
文教体育用品制造业	33500	22428	66.9
石油加工及炼焦业	29966	26722	89.2
化学原料及化学制品制造业	149462	130112	87.1
医药制造业	59965	53038	88.4
化学纤维制造业	28516	31339	109.9
橡胶制品业	33108	27952	84.4
塑料制品业	93552	84279	90.1
非金属矿物制品业	160066	145755	91.1
黑色金属冶炼及压延加工业	35031	28028	80.0
有色金属冶炼及压延加工业	32658	34170	104.6
金属制品业	120274	113323	94.2
普通机械制造业	116392	104404	89.7

城镇集体经济分行业投资额和新增固定资产

续 1　　　　单位:万元

行　　业	投资额	新增固定资产	固定资产交付使用率(%)
专用设备制造业	108287	90271	83.4
交通运输设备制造业	133060	91323	68.6
电气机械及器材制造业	144609	146457	101.3
电子及通信设备制造业	56159	56405	100.4
仪器仪表及文化、办公用机械制造业	13535	11872	87.7
其他制造业	74550	37178	49.9
(四) 电力、煤气及水的生产和供应业	100564	68372	68.0
电力、蒸汽、热水的生产和供应业	55584	47591	85.6
煤气生产和供应业	2374	3433	144.6
自来水的生产和供应业	42606	17348	40.7
(五) 建筑业	203585	208154	102.2
土木工程建筑业	175880	181785	103.4
线路、管道和设备安装业	25362	25115	99.0
建筑物的装修装饰业	2343	1254	53.5
(六) 地质勘查业、水利管理业	10803	8271	76.6
地质勘查业	—	—	—
水利管理业	10803	8271	76.6
(七) 交通运输、仓储及邮电通信业	186581	141263	75.7
铁路运输业	200	—	—
公路运输业	93151	83255	89.4
管道运输业	120	120	100.0
水上运输业	21718	17890	82.4
航空运输业	180	—	—
交通运输辅助业	43694	19866	45.5
其他交通运输业	5418	1806	33.3
仓储业	20371	16594	81.5
邮电通信业	1729	1732	100.2
(八) 批发和零售贸易、餐饮业	612996	579921	94.6
食品、饮料、烟草和家庭用品批发商业	176126	171306	97.3
能源、材料和机械电子设备批发业	48706	41882	86.0
其他批发业	74269	53184	71.6
零售业	280567	290456	103.5
商业经纪与代理业	3919	1685	43.0

城镇集体经济分行业投资额和新增固定资产

续 2　　　　单位:万元

行　　业	投资额	新增固定资产	固定资产交付使用率(%)
餐饮业	29409	21408	72.8
(九) 金融、保险业	271867	216749	79.7
金融业	271767	216749	79.8
保险业	100	—	—
(十) 房地产业	3599522	2865623	79.6
房地产开发与经营业	3583056	2840213	79.3
房地产管理业	15991	24935	155.9
房地产代理与经纪业	475	475	100.0
(十一) 社会服务业	185293	165343	89.2
公共服务业	77249	57105	73.9
居民服务业	8152	6570	80.6
旅馆业	45603	48440	106.2
租赁服务业	1193	608	51.0
旅行社	7815	7267	93.0
娱乐服务业	28174	20460	72.6
信息、咨询服务业	1255	493	39.3
计算机应用服务业	1720	2500	145.3
其他社会服务业	14132	21900	155.0
(十二) 卫生、体育和社会福利业	67787	57927	85.5
卫生	57993	53652	92.5
体育	904	1750	193.6
社会福利保障业	8890	2525	28.4
(十三) 教育、文化艺术及广播电影电视业	78119	74908	95.9
教育	69755	69918	100.2
文化艺术业	7367	4714	64.0
广播电影电视业	997	276	27.7
(十四) 科学研究和综合技术服务业	20683	22164	107.2
科学研究业	11009	13494	122.6
综合技术服务业	9674	8670	89.6
(十五) 国家机关、政党机关和社会团体	164930	132606	80.4
国家机关	90084	67002	74.4
政党机关	8435	1793	21.3
社会团体	9062	8163	90.1
基层群众自治组织	57349	55648	97.0
(十六) 其他行业	172831	153694	88.9
其他行业	172831	153694	88.9

各地区城镇集体经济按构成分的投资

单位:万元

地　　区	投资额	建筑安装工程	设备工器具购置	其他费用
全国总计	**7952368**	**5438245**	**1411836**	**1102287**
北　　京	148643	127416	6422	14805
天　　津	93832	69088	4827	19917
河　　北	407590	252860	122978	31752
山　　西	75353	58193	12955	4205
内 蒙 古	39460	29173	7616	2671
辽　　宁	341440	239542	40259	61639
吉　　林	46194	29943	12877	3374
黑 龙 江	71734	52749	9503	9482
上　　海	886354	615571	67108	203675
江　　苏	1106232	708079	289662	108491
浙　　江	692146	456739	129747	105660
安　　徽	178073	110243	48244	19586
福　　建	216058	148853	29601	37604
江　　西	80121	52198	17283	10640
山　　东	601452	377582	187049	36821
河　　南	390833	252223	104425	34185
湖　　北	292588	169384	83324	39880
湖　　南	117850	90582	14559	12709
广　　东	1262131	943898	88060	230173
广　　西	101609	74292	18417	8900
海　　南	10921	9849	442	630
重　　庆	106893	83800	10797	12296
四　　川	311731	236635	29016	46080
贵　　州	31803	23897	3121	4785
云　　南	95403	55482	27203	12718
西　　藏	1949	1864	85	—
陕　　西	70552	50717	9253	10582
甘　　肃	65441	51268	3995	10178
青　　海	11088	7693	3103	292
宁　　夏	15356	12635	1351	1370
新　　疆	81538	45797	28554	7187
不分地区	—	—	—	—

各地区城镇集体经济按隶属关系分的投资

单位:万元

地区	合计	中央项目	地方项目	省属	地市属	县属
全国总计	**7952368**	**92607**	**6833851**	**358302**	**1439903**	**5035646**
北京	148643	9213	131575	57914	43919	29742
天津	93832	390	80900	28928	29233	22739
河北	407590	5775	332013	3882	42548	285583
山西	75353	180	67619	6338	13619	47662
内蒙古	39460	730	33704	3348	11536	18820
辽宁	341440	2501	298234	7515	94711	196008
吉林	46194	7856	35980	1633	16611	17736
黑龙江	71734	5164	53682	2970	19027	31685
上海	886354	6318	817542	94463	120	722959
江苏	1106232	660	1059062	26578	142666	889818
浙江	692146	1228	632520	1107	163570	467843
安徽	178073	2474	155971	1545	33224	121202
福建	216058	90	178781	4212	55496	119073
江西	80121	973	61930	4780	16853	40297
山东	601452	26586	526038	5424	128928	391686
河南	390833	532	292038	3286	72132	216620
湖北	292588	5704	166292	506	59967	105819
湖南	117850	236	112862	11318	30150	71394
广东	1262131	2898	1014490	18536	300411	695543
广西	101609	—	75971	4692	33717	37562
海南	10921	—	9844	5209	1101	3534
重庆	106893	158	97730	5567	10343	81820
四川	311731	7105	275694	24211	39439	212044
贵州	31803	330	27437	6134	5248	16055
云南	95403	384	89546	2925	9854	76767
西藏	1949	—	1923	—	—	1923
陕西	70552	2401	52953	2428	14913	35612
甘肃	65441	379	59862	11844	26098	21920
青海	11088	200	10803	643	2795	7365
宁夏	15356	—	15288	74	5570	9644
新疆	81538	2142	65567	10292	16104	39171
不分地区	—	—	—	—	—	—

各地区城镇集体经济按建设性质分的投资

单位:万元

地　　区	新　建	扩　建	改　建	单纯建造生活设施	迁　建	恢　复	单纯购置
全国总计	**1374719**	**1915895**	**713582**	**234325**	**107680**	**8811**	**122259**
北　京	10474	43816	8919	46976	5664	—	603
天　津	15119	3311	2007	—	666	—	618
河　北	159810	87997	61665	17691	3649	—	22000
山　西	14199	23876	8383	4492	—	—	78
内蒙古	7673	10198	3927	3896	310	2325	—
辽　宁	44692	51739	32915	5316	7450	—	1621
吉　林	10154	16485	10570	5665	—	232	354
黑龙江	11701	21960	2679	8272	—	156	610
上　海	128124	19631	10571	477	5075	—	6173
江　苏	113872	408542	170851	14252	19256	429	12942
浙　江	118089	185925	41704	5108	17924	77	15053
安　徽	27504	58711	15233	3294	798	459	3983
福　建	43825	28653	20774	2540	3174	45	1454
江　西	19585	16784	15450	2251	389	—	501
山　东	64483	237080	107660	30681	3020	—	9614
河　南	140777	142892	23687	11579	3944	—	7991
湖　北	29292	118984	39009	10023	6443	60	4521
湖　南	13225	36928	20357	9108	1393	—	3572
广　东	244771	213804	36446	16658	9937	680	8360
广　西	34144	20369	5447	1337	1460	58	1574
海　南	4154	708	34	1484	—	—	—
重　庆	6908	9602	8882	671	12904	13	5442
四　川	42519	41357	35977	5816	2918	40	4275
贵　州	4448	3555	1027	541	101	—	—
云　南	33039	37060	14577	3943	816	703	728
西　藏	979	344	613	13	—	—	—
陕　西	13271	10754	3643	5316	31	3534	1491
甘　肃	5397	13969	2603	6886	—	—	400
青　海	4733	2147	1907	835	113	—	457
宁　夏	1510	2800	494	2073	178	—	—
新　疆	6248	45914	5571	7131	67	—	7844
不分地区	—	—	—	—	—	—	—

各地区城镇集体经济按主要行业分的投资(一)

单位:万元

地区	合计	农、林、牧、渔业	采掘业	制造业	电力、煤气及水的生产和供应业
全国总计	**7952368**	**79846**	**83988**	**2112973**	**100564**
北京	148643	480	—	41611	—
天津	93832	—	—	1362	45
河北	407590	7382	5535	180433	912
山西	75353	1877	8688	22074	460
内蒙古	39460	—	1363	15284	—
辽宁	341440	21722	3043	63095	—
吉林	46194	—	—	24371	—
黑龙江	71734	695	3567	14617	—
上海	886354	—	540	64775	—
江苏	1106232	4451	2814	393302	18510
浙江	692146	1447	155	199514	10822
安徽	178073	254	2977	72403	528
福建	216058	3298	2195	39546	6153
江西	80121	487	3386	29187	3038
山东	601452	1068	25804	297988	1346
河南	390833	14913	8900	164094	8229
湖北	292588	1620	1981	117138	1389
湖南	117850	1443	296	21863	705
广东	1262131	9930	1290	156096	33572
广西	101609	2413	4436	23434	2038
海南	10921	1175	—	751	—
重庆	106893	1126	50	16573	—
四川	311731	1917	2497	37858	5445
贵州	31803	—	—	5615	403
云南	95403	82	3757	42253	6689
西藏	1949	—	57	287	—
陕西	70552	90	—	14441	100
甘肃	65441	120	98	6582	64
青海	11088	853	—	6092	—
宁夏	15356	—	—	3117	—
新疆	81538	1003	559	37217	116
不分地区	—	—	—	—	—

各地区城镇集体经济按主要行业分的投资(二)

单位:万元

地　　区	建筑业	地质勘查业、水利管理业	交通运输、仓储及邮电通信业	批发和零售贸易、餐饮业	金融、保险业	房地产业
全国总计	**203585**	**10803**	**186581**	**612996**	**271867**	**3599522**
北　京	5710	—	5195	21890	200	46480
天　津	3679	—	683	3590	3175	72111
河　北	13060	98	11677	36491	26225	55461
山　西	1975	—	3363	5730	2600	24325
内蒙古	2293	—	—	4147	3307	11461
辽　宁	5005	—	3260	21947	8736	202266
吉　林	2013	—	787	4851	5742	2734
黑龙江	7760	—	—	3490	10286	26356
上　海	257	—	3660	13935	—	786760
江　苏	13621	1018	55895	144718	10515	375983
浙　江	28443	157	12975	41441	35713	309561
安　徽	5386	—	4092	13367	2684	68201
福　建	1034	50	9763	11317	3874	115848
江　西	1700	—	1710	7166	6078	25261
山　东	8899	—	8651	33044	34874	150758
河　南	4064	5339	6166	50288	16492	59963
湖　北	3401	398	5878	25360	12656	84921
湖　南	3992	660	4459	23941	18260	33267
广　东	66450	2573	23664	28059	22593	744772
广　西	1315	421	2866	11318	4349	40465
海　南	120	—	20	2418	996	4541
重　庆	2559	—	7501	6429	2890	62974
四　川	5236	89	4317	42524	15597	181579
贵　州	617	—	96	1112	761	22131
云　南	2459	—	2247	12535	7192	4537
西　藏	—	—	—	—	—	—
陕　西	3823	—	235	8319	8228	32522
甘　肃	521	—	7100	8173	3518	36186
青　海	957	—	237	1454	457	896
宁　夏	2324	—	—	899	327	8439
新　疆	4912	—	84	23043	3542	8763
不分地区	—	—	—	—	—	—

各地区城镇集体经济按主要行业分的投资(三)

单位:万元

地区	社会服务业	卫生、体育和社会福利业	教育、文化艺术及广播电影电视业	科学研究和综合技术服务业	国家机关、政党机关和社会团体	其他行业
全国总计	**185293**	**67787**	**78119**	**20683**	**164930**	**172831**
北京	2732	270	406	6422	4753	12494
天津	1560	108	3112	3120	640	647
河北	12721	2083	3494	—	23511	28507
山西	164	245	1801	—	542	1509
内蒙古	320	—	—	—	—	1285
辽宁	6213	260	3251	1520	502	620
吉林	—	130	1600	—	1820	2146
黑龙江	188	165	—	—	3010	1600
上海	1917	—	—	—	11245	3265
江苏	16035	20440	30922	300	6629	11079
浙江	32560	8518	5877	16	3287	1660
安徽	1697	911	23	—	5327	223
福建	3781	4744	718	500	11001	2236
江西	515	—	—	15	538	1040
山东	20841	1289	835	2268	6739	7048
河南	11466	7801	3518	450	9524	19626
湖北	4406	1062	2089	300	11385	18604
湖南	2622	1928	689	113	2327	1285
广东	42811	8571	17320	4979	51506	47945
广西	4436	115	856	70	1429	1648
海南	—	505	—	—	220	175
重庆	2517	1009	556	—	1729	980
四川	2014	6812	386	200	3615	1645
贵州	—	—	—	—	—	1068
云南	8398	388	277	410	1423	2756
西藏	1579	—	—	—	26	—
陕西	1248	56	164	—	803	523
甘肃	1389	106	160	—	698	726
青海	—	—	—	—	62	80
宁夏	100	100	—	—	50	—
新疆	1063	171	65	—	589	411
不分地区	—	—	—	—	—	—

各地区城镇集体经济按主要工业行业分的投资(一)

单位:万元

地　　区	工业合计	煤炭采选业	石油和天然气开采业	黑色金属矿采选业	有色金属矿采选业	非金属矿采选业	其他矿采选业
全国总计	**2297525**	**33049**	**161**	**3320**	**29620**	**17563**	**136**
北　　京	41611	—	—	—	—	—	—
天　　津	1407	—	—	—	—	—	—
河　　北	186880	1533	—	1102	2764	—	136
山　　西	31222	8688	—	—	—	—	—
内 蒙 古	16647	1165	—	—	180	—	—
辽　　宁	66138	745	—	440	844	1014	—
吉　　林	24371	—	—	—	—	—	—
黑 龙 江	18184	2556	—	—	—	1011	—
上　　海	65315	—	—	—	—	540	—
江　　苏	414626	641	—	—	—	2173	—
浙　　江	210491	—	—	—	—	155	—
安　　徽	75908	2467	—	—	84	426	—
福　　建	47894	487	—	478	—	1230	—
江　　西	35611	170	60	—	2098	1058	—
山　　东	325138	4984	—	100	18856	1864	—
河　　南	181223	7856	—	—	794	250	—
湖　　北	120508	660	—	100	50	1171	—
湖　　南	22864	209	—	—	87	—	—
广　　东	190958	—	—	—	975	315	—
广　　西	29908	—	—	1100	2267	1069	—
海　　南	751	—	—	—	—	—	—
重　　庆	16623	—	—	—	—	50	—
四　　川	45800	357	101	—	26	2013	—
贵　　州	6018	—	—	—	—	—	—
云　　南	52699	51	—	—	418	3224	—
西　　藏	344	—	—	—	—	—	—
陕　　西	14541	—	—	—	—	—	—
甘　　肃	6744	—	—	—	98	—	—
青　　海	6092	—	—	—	—	—	—
宁　　夏	3117	—	—	—	—	—	—
新　　疆	37892	480	—	—	79	—	—
不分地区	—	—	—	—	—	—	—

各地区城镇集体经济按主要工业行业分的投资(二)

单位:万元

地　区	木材及竹材采运业	食品加工业	食品制造业	饮料制造业	烟草加工业	纺织业	服装及其他纤维制品制造业
全国总计	**139**	**61802**	**45462**	**40233**	**2131**	**232909**	**68674**
北　京	—	—	—	1950	—	720	1591
天　津	—	—	—	—	—	—	—
河　北	—	6454	11353	1802	—	11968	3901
山　西	—	—	1170	2553	—	346	100
内蒙古	18	325	1863	345	—	156	165
辽　宁	—	1360	50	540	—	4850	679
吉　林	—	765	1145	130	—	—	4266
黑龙江	—	337	161	1520	—	—	310
上　海	—	85	—	—	—	—	620
江　苏	—	9215	4311	1668	—	59935	10205
浙　江	—	824	2296	1148	—	23195	15915
安　徽	—	820	2609	3137	—	7418	1115
福　建	—	1139	2633	200	—	4253	219
江　西	—	3425	1676	321	—	942	2030
山　东	—	8955	1995	946	—	56645	7388
河　南	—	3276	6606	3007	—	20839	2481
湖　北	—	4781	3470	4901	40	12241	2733
湖　南	—	127	174	754	—	1200	428
广　东	—	2810	1034	—	—	3277	11982
广　西	—	6671	83	6322	—	105	98
海　南	—	—	—	20	—	—	—
重　庆	—	16	145	836	—	610	97
四　川	—	549	247	2369	—	5444	372
贵　州	—	1007	210	200	116	140	—
云　南	64	7345	1828	1659	1975	1202	120
西　藏	57	—	—	—	—	—	—
陕　西	—	53	119	3644	—	1370	375
甘　肃	—	381	—	100	—	834	661
青　海	—	—	94	—	—	215	—
宁　夏	—	—	—	—	—	135	507
新　疆	—	1082	190	161	—	14869	316
不分地区	—	—	—	—	—	—	—

各地区城镇集体经济按主要工业行业分的投资(三)

单位:万元

地　　区	皮革、毛皮、羽绒及其制品业	木材加工及竹、藤、棕、草制品业	家具制造业	造纸及纸制品业	印刷业、记录媒介的复制	文教体育用品制造业	石油加工及炼焦业
全国总计	**35055**	**63174**	**22035**	**82675**	**36133**	**33500**	**29966**
北　京	1604	—	75	—	30	—	—
天　津	—	—	—	—	—	—	—
河　北	3382	789	5476	12990	3809	720	1516
山　西	138	—	181	280	406	176	830
内蒙古	547	3521	—	80	—	—	376
辽　宁	200	257	3326	770	90	50	5314
吉　林	329	200	—	—	69	—	—
黑龙江	—	926	833	1587	130	12	570
上　海	—	33822	—	4335	170	420	—
江　苏	2414	2780	761	4864	8348	1716	9105
浙　江	4138	2713	2979	1162	2206	704	—
安　徽	1450	570	707	975	320	61	—
福　建	30	3483	330	907	514	—	76
江　西	408	257	656	1154	344	484	100
山　东	10757	534	1721	11459	3512	805	8154
河　南	1931	6880	1958	27548	2111	72	1500
湖　北	2712	270	310	1852	720	200	535
湖　南	1054	269	15	747	265	—	—
广　东	489	395	271	3703	5808	27841	—
广　西	50	1528	—	2174	—	172	—
海　南	—	492	—	—	—	—	—
重　庆	150	—	—	1251	44	—	—
四　川	454	237	483	804	761	—	135
贵　州	60	501	—	185	273	—	—
云　南	1533	1615	289	3276	4737	67	—
西　藏	—	—	—	—	—	—	—
陕　西	10	870	690	172	667	—	568
甘　肃	19	—	545	—	—	—	—
青　海	210	—	—	—	246	—	—
宁　夏	116	180	192	150	533	—	—
新　疆	870	85	237	250	20	—	1187
不分地区	—	—	—	—	—	—	—

各地区城镇集体经济按主要工业行业分的投资(四)

单位:万元

地　　区	化学原料及化学制品制造业	医药制造业	化学纤维制造业	橡胶制品业	塑料制品业	非金属矿物制品业	黑色金属冶炼及压延加工业
全国总计	**149462**	**59965**	**28516**	**33108**	**93552**	**160066**	**35031**
北　　京	1722	252	—	15	357	4285	—
天　　津	441	—	—	—	10	—	—
河　　北	13872	2434	300	2712	11563	24014	2948
山　　西	580	1148	—	300	1450	2791	1426
内 蒙 古	883	45	—	—	—	2682	664
辽　　宁	7516	3631	41	132	5154	4719	4017
吉　　林	7790	365	245	565	2249	440	—
黑 龙 江	2092	—	—	—	65	575	450
上　　海	1143	320	—	—	2234	95	220
江　　苏	27003	11740	6115	3405	16539	12820	3621
浙　　江	9290	4202	12260	1641	11969	9349	2460
安　　徽	5119	2868	73	826	2742	13159	452
福　　建	1920	700	—	1064	1934	2294	—
江　　西	1539	1430	—	580	3287	4315	—
山　　东	25199	5648	2984	18487	13988	11642	4664
河　　南	8788	2751	2800	1620	3382	26222	1808
湖　　北	5201	7650	415	725	3328	10762	3371
湖　　南	3452	298	2340	70	59	2002	820
广　　东	4500	11761	—	40	5728	8429	150
广　　西	389	—	—	152	36	2033	—
海　　南	—	—	—	—	—	—	—
重　　庆	580	250	—	—	129	5987	70
四　　川	3574	2210	—	224	893	1172	6613
贵　　州	1794	—	—	228	90	50	—
云　　南	3382	70	143	45	3804	4782	508
西　　藏	—	—	—	—	—	287	—
陕　　西	885	182	—	114	810	—	—
甘　　肃	237	—	—	—	294	250	—
青　　海	753	10	—	—	180	871	704
宁　　夏	—	—	—	163	—	—	—
新　　疆	9818	—	800	—	1278	4039	65
不分地区	—	—	—	—	—	—	—

各地区城镇集体经济按主要工业行业分的投资(五)

单位:万元

地　区	有色金属冶炼及压延加工业	金属制品业	普通机械制造业	专用设备制造业	交通运输设备制造业	电气机械及器材制造业
全国总计	**32658**	**120274**	**116392**	**108287**	**133060**	**144609**
北　京	—	2422	4788	1838	1577	1654
天　津	—	—	—	—	899	—
河　北	2844	17287	11287	3834	5260	6805
山　西	20	3632	449	1530	118	—
内蒙古	1976	295	100	119	710	240
辽　宁	2052	4190	4194	1268	3418	3668
吉　林	—	92	757	55	4601	308
黑龙江	150	494	2013	—	230	862
上　海	—	1915	514	5198	352	13332
江　苏	7072	19981	32218	22504	50739	29227
浙　江	2280	13915	12497	11337	13288	28610
安　徽	246	6329	2706	4507	1721	9970
福　建	—	1801	1400	769	6083	4846
江　西	98	557	1145	1233	1820	100
山　东	3587	9827	22971	25311	7548	21635
河　南	6501	4932	6402	10314	2018	5028
湖　北	44	11567	1913	7730	22670	2054
湖　南	305	1107	785	863	2029	1333
广　东	1550	13046	2820	6131	1192	8278
广　西	350	43	324	1285	957	180
海　南	—	—	—	—	52	187
重　庆	—	699	2036	336	2684	653
四　川	370	1419	2684	359	1710	4217
贵　州	107	523	101	—	—	—
云　南	1384	733	252	180	397	600
西　藏	—	—	—	—	—	—
陕　西	—	738	215	684	829	566
甘　肃	100	1437	200	328	110	80
青　海	1549	468	642	—	—	—
宁　夏	11	486	614	30	—	—
新　疆	62	339	365	544	48	176
不分地区	—	—	—	—	—	—

各地区城镇集体经济按主要工业行业分的投资(六)

单位:万元

地　　区	电子及通信设备制造业	仪器仪表及文化、办公用机械制造业	其他制造业	电力、蒸汽、热水的生产和供应业	煤气生产和供应业	自来水的生产和供应业
全国总计	**56159**	**13535**	**74550**	**55584**	**2374**	**42606**
北　　京	2133	4928	9670	—	—	—
天　　津	—	12	—	45	—	—
河　　北	6243	796	4074	682	—	230
山　　西	—	—	2450	460	—	—
内 蒙 古	—	—	192	—	—	—
辽　　宁	1106	503	—	—	—	—
吉　　林	—	—	—	—	—	—
黑 龙 江	500	400	400	—	—	—
上　　海	—	—	—	—	—	—
江　　苏	26398	923	7675	10798	260	7452
浙　　江	3316	1508	4312	2910	1169	6743
安　　徽	717	336	1450	135	393	—
福　　建	657	895	1399	5101	—	1052
江　　西	190	80	1016	3038	—	—
山　　东	5205	744	5677	873	400	73
河　　南	71	500	2748	8229	—	—
湖　　北	1832	489	2622	986	—	403
湖　　南	649	56	662	275	—	430
广　　东	6318	950	27593	9400	53	24119
广　　西	—	30	452	935	—	1103
海　　南	—	—	—	—	—	—
重　　庆	—	—	—	—	—	—
四　　川	—	103	455	4695	—	750
贵　　州	—	—	30	268	—	135
云　　南	—	212	115	6590	99	—
西　　藏	—	—	—	—	—	—
陕　　西	824	—	56	100	—	—
甘　　肃	—	—	1006	64	—	—
青　　海	—	70	80	—	—	—
宁　　夏	—	—	—	—	—	—
新　　疆	—	—	416	—	—	116
不分地区	—	—	—	—	—	—

各地区城镇集体经济能源工业投资

单位:万元

地　　区	能源工业合计	煤炭采选业	石油和天然气开采业	电力、蒸汽、热水的生产和供应业	石油加工及炼焦业	煤气生产和供应业
全国总计	**121134**	**33049**	**161**	**55584**	**29966**	**2374**
北　京	—	—	—	—	—	—
天　津	45	—	—	45	—	—
河　北	3731	1533	—	682	1516	—
山　西	9978	8688	—	460	830	—
内蒙古	1541	1165	—	—	376	—
辽　宁	6059	745	—	—	5314	—
吉　林	—	—	—	—	—	—
黑龙江	3126	2556	—	—	570	—
上　海	—	—	—	—	—	—
江　苏	20804	641	—	10798	9105	260
浙　江	4079	—	—	2910	—	1169
安　徽	2995	2467	—	135	—	393
福　建	5664	487	—	5101	76	—
江　西	3368	170	60	3038	100	—
山　东	14411	4984	—	873	8154	400
河　南	17585	7856	—	8229	1500	—
湖　北	2181	660	—	986	535	—
湖　南	484	209	—	275	—	—
广　东	9453	—	—	9400	—	53
广　西	935	—	—	935	—	—
海　南	—	—	—	—	—	—
重　庆	—	—	—	—	—	—
四　川	5288	357	101	4695	135	—
贵　州	268	—	—	268	—	—
云　南	6740	51	—	6590	—	99
西　藏	—	—	—	—	—	—
陕　西	668	—	—	100	568	—
甘　肃	64	—	—	64	—	—
青　海	—	—	—	—	—	—
宁　夏	—	—	—	—	—	—
新　疆	1667	480	—	—	1187	—
不分地区	—	—	—	—	—	—

各地区城镇集体经济交通运输业投资

单位:万元

地区	合计	铁路运输业	公路运输业	管道运输业	水上运输业	航空运输业	交通运输辅助业	其他交通运输业
全国总计	**164481**	**200**	**93151**	**120**	**21718**	**180**	**43694**	**5418**
北京	2295	—	2295	—	—	—	—	—
天津	606	—	606	—	—	—	—	—
河北	6671	—	5220	—	—	—	1356	95
山西	3093	—	2997	—	—	—	96	—
内蒙古	—	—	—	—	—	—	—	—
辽宁	3230	—	3230	—	—	—	—	—
吉林	157	—	157	—	—	—	—	—
黑龙江	—	—	—	—	—	—	—	—
上海	3615	—	1495	—	—	—	—	2120
江苏	52545	—	22247	—	4732	—	25566	—
浙江	12017	—	5988	—	4762	—	922	345
安徽	4092	—	3302	—	610	—	180	—
福建	9532	—	4548	—	2000	—	180	2804
江西	647	—	189	—	228	—	230	—
山东	8514	—	8454	—	60	—	—	—
河南	5911	—	3862	120	—	—	1929	—
湖北	5776	—	3020	—	1867	—	889	—
湖南	4377	200	3269	—	648	—	260	—
广东	21807	—	13640	—	785	—	7328	54
广西	2716	—	2441	—	275	—	—	—
海南	—	—	—	—	—	—	—	—
重庆	7501	—	585	—	4713	—	2203	—
四川	4114	—	2430	—	1038	—	646	—
贵州	96	—	96	—	—	—	—	—
云南	2247	—	228	—	—	180	1839	—
西藏	—	—	—	—	—	—	—	—
陕西	235	—	165	—	—	—	70	—
甘肃	2450	—	2450	—	—	—	—	—
青海	237	—	237	—	—	—	—	—
宁夏	—	—	—	—	—	—	—	—
新疆	—	—	—	—	—	—	—	—
不分地区	—	—	—	—	—	—	—	—

各地区城镇集体经济财务拨款

单位:万元

地区	本年资金来源合计	上年末结余资金	本年资金来源小计	本年各项应付款合计
全国总计	**9348518**	**977579**	**8370939**	**1409765**
北京	204587	26563	178024	3936
天津	105986	12807	93179	18069
河北	418052	23862	394190	35125
山西	80540	3711	76829	14170
内蒙古	40680	1140	39540	5745
辽宁	372465	31555	340910	85802
吉林	47758	235	47523	3715
黑龙江	70815	2770	68045	5711
上海	1195097	198293	996804	229475
江苏	1203914	84822	1119092	182895
浙江	901892	99377	802515	111035
安徽	194742	15481	179261	22458
福建	286255	39494	246761	39105
江西	84684	13826	70858	13902
山东	629758	40600	589158	101514
河南	405802	17874	387928	40894
湖北	291908	18593	273315	33548
湖南	122296	7015	115281	19820
广东	1629587	237839	1391748	288473
广西	114743	7658	107085	18097
海南	9802	560	9242	1816
重庆	124793	5455	119338	19071
四川	362865	42770	320095	58141
贵州	59166	18393	40773	7527
云南	111707	9454	102253	7520
西藏	1941	—	1941	8
陕西	81579	6173	75406	14812
甘肃	91160	9716	81444	15696
青海	11086	239	10847	707
宁夏	13348	6	13342	2890
新疆	79510	1298	78212	8088
不分地区	—	—	—	—

各地区城镇集体经济财务拨款资金来源(一)

单位:万元

地区	本年财务拨款、贷款合计	国家预算内资金	国内贷款	债券
全国总计	**8370939**	**33910**	**1698896**	**5282**
北京	178024	77	11035	—
天津	93179	56	27602	—
河北	394190	117	59377	—
山西	76829	497	16526	—
内蒙古	39540	351	10908	—
辽宁	340910	1064	77606	300
吉林	47523	—	10308	—
黑龙江	68045	1075	11496	—
上海	996804	960	207135	305
江苏	1119092	3697	195028	256
浙江	802515	6267	191304	19
安徽	179261	498	52117	389
福建	246761	394	47373	80
江西	70858	—	16634	—
山东	589158	862	143422	900
河南	387928	1127	98265	350
湖北	273315	3326	46256	30
湖南	115281	328	21339	40
广东	1391748	3908	243267	113
广西	107085	797	20303	—
海南	9242	50	1577	—
重庆	119338	5296	27510	1050
四川	320095	1396	58834	1450
贵州	40773	—	9256	—
云南	102253	700	40081	—
西藏	1941	—	757	—
陕西	75406	246	14969	—
甘肃	81444	471	14199	—
青海	10847	130	2515	—
宁夏	13342	110	3510	—
新疆	78212	110	18387	—
不分地区	—	—	—	—

各地区城镇集体经济财务拨款资金来源(二)

单位:万元

地　　区	利用外资	外商直接投资	自筹资金	其他资金来源
全国总计	**212275**	**156492**	**3924345**	**2496231**
北　　京	1920	1920	122441	42551
天　　津	200	200	33634	31687
河　　北	3481	2711	238791	92424
山　　西	—	—	31578	28228
内 蒙 古	—	—	14987	13294
辽　　宁	2131	1631	145147	114662
吉　　林	603	—	22587	14025
黑 龙 江	—	—	31203	24271
上　　海	30646	21999	402060	355698
江　　苏	27527	26277	602010	290574
浙　　江	2088	2088	356654	246183
安　　徽	385	385	79351	46521
福　　建	2460	1560	103656	92798
江　　西	5503	2996	31731	16990
山　　东	5769	2941	312528	125677
河　　南	6078	4468	187735	94373
湖　　北	1180	1180	159640	62883
湖　　南	914	889	51777	40883
广　　东	114741	79048	568472	461247
广　　西	4320	3870	52750	28915
海　　南	—	—	4608	3007
重　　庆	—	—	51754	33728
四　　川	—	—	135999	122416
贵　　州	—	—	16000	15517
云　　南	729	729	47360	13383
西　　藏	—	—	721	463
陕　　西	—	—	31897	28294
甘　　肃	1600	1600	29644	35530
青　　海	—	—	5215	2987
宁　　夏	—	—	6088	3634
新　　疆	—	—	46327	13388
不分地区	—	—	—	—

各地区城镇集体经济财务拨款中的自筹资金来源(一)

单位:万元

地　　区	自筹资金合计	中央各部门自筹	省自筹	地市自筹
全国总计	**2722499**	**8665**	**44543**	**81233**
北　　京	86561	350	2600	485
天　　津	15664	—	380	600
河　　北	221305	4520	841	373
山　　西	27256	180	1486	1266
内 蒙 古	11506	—	8	150
辽　　宁	85015	200	900	3385
吉　　林	21544	—	642	790
黑 龙 江	21188	—	284	1504
上　　海	107496	—	—	—
江　　苏	487624	1055	24573	2145
浙　　江	261485	828	1441	4249
安　　徽	61470	5	172	3301
福　　建	59654	—	1017	1757
江　　西	25488	—	—	1046
山　　东	262123	—	200	753
河　　南	172654	70	300	7064
湖　　北	121396	977	316	785
湖　　南	41395	—	129	581
广　　东	348196	—	2790	46741
广　　西	38074	—	3225	710
海　　南	2458	—	—	—
重　　庆	24206	—	—	10
四　　川	74698	—	200	587
贵　　州	7196	20	80	290
云　　南	46670	—	835	780
西　　藏	721	—	—	—
陕　　西	19974	460	—	40
甘　　肃	18319	—	50	1415
青　　海	5009	—	229	29
宁　　夏	3581	—	107	10
新　　疆	42573	—	1738	387
不分地区	—	—	—	—

各地区城镇集体经济财务拨款中的自筹资金来源(二)

单位:万元

地　　区	县自筹	企、事业单位自有资金	发行股票
全国总计	**182558**	**2405500**	**8539**
北　京	5267	77859	—
天　津	225	14459	—
河　北	11774	203797	123
山　西	3971	20353	—
内蒙古	1211	10137	—
辽　宁	9586	70944	—
吉　林	500	19612	—
黑龙江	1162	18238	—
上　海	3930	103566	1620
江　苏	34340	425511	83
浙　江	18842	236125	2570
安　徽	2430	55562	—
福　建	4932	51948	—
江　西	1337	23105	—
山　东	8915	252255	2364
河　南	11107	154113	13
湖　北	5682	113636	1743
湖　南	3997	36688	—
广　东	38695	259970	—
广　西	1680	32459	—
海　南	50	2408	—
重　庆	794	23402	—
四　川	2043	71868	23
贵　州	1162	5644	—
云　南	1377	43678	—
西　藏	80	641	—
陕　西	5142	14332	—
甘　肃	664	16190	—
青　海	39	4712	—
宁　夏	379	3085	—
新　疆	1245	39203	—
不分地区	—	—	—

城镇集体经济分行业财务拨款

单位:万元

行业	本年资金来源合计	上年末结余资金	本年资金来源小计	本年各项应付款合计
全国总计	**9348518**	**977579**	**8370939**	**1409765**
(一) 农、林、牧、渔业	81324	140	81184	2406
农业	30028	—	30028	931
林业	3706	5	3701	30
畜牧业	23075	50	23025	118
渔业	14175	—	14175	590
农、林、牧、渔服务业	10340	85	10255	737
(二) 采掘业	85427	2247	83180	7143
煤炭采选业	33150	1678	31472	2054
石油和天然气开采业	161	—	161	—
黑色金属矿采选业	3320	—	3320	1100
有色金属矿采选业	29120	524	28596	2512
非金属矿采选业	19401	45	19356	1477
其他矿采选业	136	—	136	—
木材及竹材采运业	139	—	139	—
(三) 制造业	2165521	93917	2071604	154875
食品加工业	65123	2243	62880	5640
食品制造业	46976	451	46525	3355
饮料制造业	38913	2039	36874	2216
烟草加工业	2370	—	2370	—
纺织业	234098	12606	221492	12750
服装及其他纤维制品制造业	69861	1225	68636	2780
皮革、毛皮、羽绒及其制品业	35776	1543	34233	6023
木材加工及竹、藤、棕、草制品业	65301	570	64731	2114
家具制造业	21579	67	21512	1012
造纸及纸制品业	85847	3472	82375	3384
印刷业、记录媒介的复制	36237	600	35637	986
文教体育用品制造业	33645	950	32695	4005
石油加工及炼焦业	30673	2590	28083	27
化学原料及化学制品制造业	154268	2169	152099	15851
医药制造业	65424	8793	56631	5769
化学纤维制造业	28647	3620	25027	1410
橡胶制品业	34816	671	34145	2191
塑料制品业	100866	6064	94802	7185
非金属矿物制品业	160523	7898	152625	9750
黑色金属冶炼及压延加工业	38071	1635	36436	1317
有色金属冶炼及压延加工业	32819	557	32262	2420
金属制品业	124817	3463	121354	7667
普通机械制造业	125643	6101	119542	9169

城镇集体经济分行业财务拨款

续 1　　　　单位:万元

行　　业	本年资金来源合计	上年末结余资金	本年资金来源小计	本年各项应付款合计
专用设备制造业	112400	8836	103564	7450
交通运输设备制造业	131042	2287	128755	7593
电气机械及器材制造业	152244	8074	144170	14041
电子及通信设备制造业	57461	2263	55198	895
仪器仪表及文化、办公用机械制造业	14280	1355	12925	1046
其他制造业	65801	1775	64026	16829
(四) 电力、煤气及水的生产和供应业	97057	1894	95163	12420
电力、蒸汽、热水的生产和供应业	53186	1219	51967	7025
煤气生产和供应业	3163	43	3120	85
自来水的生产和供应业	40708	632	40076	5310
(五) 建筑业	215507	4141	211366	14851
土木工程建筑业	187736	3839	183897	14245
线路、管道和设备安装业	25411	152	25259	377
建筑物的装修装饰业	2360	150	2210	229
(六) 地质勘查业、水利管理业	10934	214	10720	349
地质勘查业	—	—	—	—
水利管理业	10934	214	10720	349
(七) 交通运输、仓储及邮电通信业	170249	2745	167504	30163
铁路运输业	240	—	240	—
公路运输业	92272	1178	91094	11059
管道运输业	120	—	120	—
水上运输业	20555	251	20304	1428
航空运输业	270	—	270	—
交通运输辅助业	30621	968	29653	14568
其他交通运输业	5459	—	5459	639
仓储业	18997	348	18649	2455
邮电通信业	1715	—	1715	14
(八) 批发和零售贸易、餐饮业	622644	21439	601205	66105
食品、饮料、烟草和家庭用品批发商业	183160	5074	178086	11008
能源、材料和机械电子设备批发业	46989	1305	45684	3341
其他批发业	79285	4950	74335	8111
零售业	277742	10054	267688	35269
商业经纪与代理业	4077	40	4037	—

城镇集体经济分行业财务拨款

续 2　　　　单位:万元

行　　业	本年资金来源合计	上年末结余资金	本年资金来源小计	本年各项应付款合计
餐饮业	31391	16	31375	8376
(九) 金融、保险业	290205	14939	275266	16334
金融业	290105	14939	275166	16334
保险业	100	—	100	—
(十) 房地产业	4922840	810031	4112809	1031930
房地产开发与经营业	4906427	808788	4097639	1031110
房地产管理业	16013	1243	14770	420
房地产代理与经纪业	400	—	400	400
(十一) 社会服务业	195988	11221	184767	18779
公共服务业	77655	558	77097	6259
居民服务业	8476	189	8287	239
旅馆业	51642	968	50674	3688
租赁服务业	1448	—	1448	120
旅行社	15312	8320	6992	1192
娱乐服务业	27955	399	27556	2130
信息、咨询服务业	1290	—	1290	—
计算机应用服务业	1840	—	1840	600
其他社会服务业	10370	787	9583	4551
(十二) 卫生、体育和社会福利业	63900	2922	60978	8438
卫生	56583	2836	53747	5674
体育	554	—	554	350
社会福利保障业	6763	86	6677	2414
(十三) 教育、文化艺术及广播电影电视业	77107	2017	75090	6337
教育	68329	1962	66367	5849
文化艺术业	7675	50	7625	444
广播电影电视业	1103	5	1098	44
(十四) 科学研究和综合技术服务业	21764	1454	20310	1074
科学研究业	12073	1100	10973	546
综合技术服务业	9691	354	9337	528
(十五) 国家机关、政党机关和社会团体	159694	2789	156905	26992
国家机关	83313	696	82617	19343
政党机关	8183	—	8183	3200
社会团体	9185	935	8250	118
基层群众自治组织	59013	1158	57855	4331
(十六) 其他行业	168357	5469	162888	11569
其他行业	168357	5469	162888	11569

城镇集体经济分行业财务拨款资金来源(一)

单位:万元

行业	本年财务拨款、贷款合计	国家预算内资金	国内贷款	债券
全国总计	**8370939**	**33910**	**1698896**	**5282**
(一)农、林、牧、渔业	81184	1231	22400	—
农业	30028	380	12184	—
林业	3701	40	765	—
畜牧业	23025	270	5578	—
渔业	14175	—	2288	—
农、林、牧、渔服务业	10255	541	1585	—
(二)采掘业	83180	144	22734	110
煤炭采选业	31472	144	2809	—
石油和天然气开采业	161	—	—	—
黑色金属矿采选业	3320	—	1040	—
有色金属矿采选业	28596	—	10824	—
非金属矿采选业	19356	—	8011	110
其他矿采选业	136	—	—	—
木材及竹材采运业	139	—	50	—
(三)制造业	2071604	7294	551165	3616
食品加工业	62880	90	18937	46
食品制造业	46525	575	11481	350
饮料制造业	36874	15	7308	—
烟草加工业	2370	—	116	—
纺织业	221492	2029	64776	20
服装及其他纤维制品制造业	68636	30	15189	—
皮革、毛皮、羽绒及其制品业	34233	—	11442	—
木材加工及竹、藤、棕、草制品业	64731	261	14487	—
家具制造业	21512	50	3512	120
造纸及纸制品业	82375	613	28968	—
印刷业、记录媒介的复制	35637	—	3416	—
文教体育用品制造业	32695	—	2294	—
石油加工及炼焦业	28083	—	7240	—
化学原料及化学制品制造业	152099	660	45782	—
医药制造业	56631	820	13812	—
化学纤维制造业	25027	—	8512	—
橡胶制品业	34145	465	7897	—
塑料制品业	94802	1200	35292	280
非金属矿物制品业	152625	190	50760	1050
黑色金属冶炼及压延加工业	36436	—	9755	—
有色金属冶炼及压延加工业	32262	—	9089	—
金属制品业	121354	80	34239	—
普通机械制造业	119542	—	28730	732

城镇集体经济分行业财务拨款资金来源(一)

续 1　　　　　　　　　　　　　　　　　　　　　　　　　　　单位:万元

行　　业	本年财务拨款、贷款合计	国家预算内资金	国内贷款	债　券
专用设备制造业	103564	--	18262	—
交通运输设备制造业	128755	10	28312	—
电气机械及器材制造业	144170	--	44153	1018
电子及通信设备制造业	55198	40	13407	—
仪器仪表及文化、办公用机械制造业	12925	100	900	—
其他制造业	64026	66	13097	—
(四) 电力、煤气及水的生产和供应业	95163	242	28076	—
电力、蒸汽、热水的生产和供应业	51967	200	15531	—
煤气生产和供应业	3120	--	1008	—
自来水的生产和供应业	40076	42	11537	—
(五) 建筑业	211366	75	12139	—
土木工程建筑业	183897	75	11722	—
线路、管道和设备安装业	25259	--	350	—
建筑物的装修装饰业	2210	--	67	—
(六) 地质勘查业、水利管理业	10720	820	50	—
地质勘查业	—	--	--	—
水利管理业	10720	820	50	—
(七) 交通运输、仓储及邮电通信业	167504	360	19602	40
铁路运输业	240	--	160	—
公路运输业	91094	217	9012	40
管道运输业	120	--	50	—
水上运输业	20304	40	5239	—
航空运输业	270	--	--	—
交通运输辅助业	29653	103	3619	—
其他交通运输业	5459	--	--	—
仓储业	18649	--	1522	—
邮电通信业	1715	--	--	—
(八) 批发和零售贸易、餐饮业	601205	2459	78515	—
食品、饮料、烟草和家庭用品批发商业	178086	413	20396	—
能源、材料和机械电子设备批发业	45684	100	5376	—
其他批发业	74335	--	6862	—
零售业	267688	1946	35438	—
商业经纪与代理业	4037	--	--	—

城镇集体经济分行业财务拨款资金来源(一)

续2

单位:万元

行业	本年财务拨款、贷款合计	国家预算内资金	国内贷款	债券
餐饮业	31375	—	10443	—
(九) 金融、保险业	275266	376	3854	—
金融业	275166	376	3854	—
保险业	100	—	—	—
(十) 房地产业	4112809	10477	899514	1006
房地产开发与经营业	4097639	10477	899414	1006
房地产管理业	14770	—	—	—
房地产代理与经纪业	400	—	100	—
(十一) 社会服务业	184767	5776	29163	500
公共服务业	77097	5725	9029	—
居民服务业	8287	51	640	—
旅馆业	50674	—	16347	500
租赁服务业	1448	—	—	—
旅行社	6992	—	130	—
娱乐服务业	27556	—	2365	—
信息、咨询服务业	1290	—	52	—
计算机应用服务业	1840	—	—	—
其他社会服务业	9583	—	600	—
(十二) 卫生、体育和社会福利业	60978	782	3322	—
卫生	53747	722	3022	—
体育	554	—	300	—
社会福利保障业	6677	60	—	—
(十三) 教育、文化艺术及广播电影电视业	75090	2499	4518	—
教育	66367	2499	3030	—
文化艺术业	7625	—	1449	—
广播电影电视业	1098	—	39	—
(十四) 科学研究和综合技术服务业	20310	—	1540	—
科学研究业	10973	—	1500	—
综合技术服务业	9337	—	40	—
(十五) 国家机关、政党机关和社会团体	156905	1265	10986	10
国家机关	82617	985	5227	—
政党机关	8183	130	2070	—
社会团体	8250	—	1500	—
基层群众自治组织	57855	150	2189	10
(十六) 其他行业	162888	110	11318	—
其他行业	162888	110	11318	—

城镇集体经济分行业财务拨款资金来源(二)

单位:万元

行业	利用外资	外商直接投资	自筹资金	其他资金来源
全国总计	**212275**	**156492**	**3924345**	**2496231**
(一)农、林、牧、渔业	35	35	49091	8427
农业	—	—	15799	1665
林业	—	—	2220	676
畜牧业	—	—	15598	1579
渔业	35	35	10332	1520
农、林、牧、渔服务业	—	—	5142	2987
(二)采掘业	30	30	50968	9194
煤炭采选业	—	—	24629	3890
石油和天然气开采业	—	—	161	—
黑色金属矿采选业	—	—	2195	85
有色金属矿采选业	30	30	15769	1973
非金属矿采选业	—	—	8046	3189
其他矿采选业	—	—	136	—
木材及竹材采运业	—	—	32	57
(三)制造业	102507	84124	1213328	193694
食品加工业	5160	4960	29472	9175
食品制造业	142	142	29006	4971
饮料制造业	6307	6307	16788	6456
烟草加工业	—	—	304	1950
纺织业	5981	3398	128081	20605
服装及其他纤维制品制造业	4201	4201	41950	7266
皮革、毛皮、羽绒及其制品业	794	794	17721	4276
木材加工及竹、藤、棕、草制品业	8493	12	37285	4205
家具制造业	—	—	14809	3021
造纸及纸制品业	200	200	46558	6036
印刷业、记录媒介的复制	1906	1906	26101	4214
文教体育用品制造业	20717	20551	7929	1755
石油加工及炼焦业	—	—	19164	1679
化学原料及化学制品制造业	570	350	92496	12591
医药制造业	1531	1531	35263	5205
化学纤维制造业	—	—	13978	2537
橡胶制品业	—	—	22379	3404
塑料制品业	2083	1680	44714	11233
非金属矿物制品业	1943	532	82742	15940
黑色金属冶炼及压延加工业	—	—	22333	4348
有色金属冶炼及压延加工业	—	—	21107	2066
金属制品业	4902	4502	71457	10676
普通机械制造业	3471	1361	76776	9833

城镇集体经济分行业财务拨款资金来源(二)

续1 单位:万元

行业	利用外资	外商直接投资	自筹资金	其他资金来源
专用设备制造业	2757	1767	73133	9412
交通运输设备制造业	15956	15956	72527	11950
电气机械及器材制造业	7495	6076	85741	5763
电子及通信设备制造业	5018	5018	32997	3736
仪器仪表及文化、办公用机械制造业	80	80	10719	1126
其他制造业	2800	2800	39798	8265
(四)电力、煤气及水的生产和供应业	3937	270	53322	9586
电力、蒸汽、热水的生产和供应业	3387	70	28406	4443
煤气生产和供应业	—	—	1748	364
自来水的生产和供应业	550	200	23168	4779
(五)建筑业	—	—	136282	62870
土木工程建筑业	—	—	110852	61248
线路、管道和设备安装业	—	—	23522	1387
建筑物的装修装饰业	—	—	1908	235
(六)地质勘查业、水利管理业	—	—	5142	4708
地质勘查业	—	—	—	—
水利管理业	—	—	5142	4708
(七)交通运输、仓储及邮电通信业	520	520	115281	31701
铁路运输业	—	—	26	54
公路运输业	520	520	62172	19133
管道运输业	—	—	70	—
水上运输业	—	—	10133	4892
航空运输业	—	—	—	270
交通运输辅助业	—	—	21170	4761
其他交通运输业	—	—	5459	—
仓储业	—	—	15239	1888
邮电通信业	—	—	1012	703
(八)批发和零售贸易、餐饮业	1986	1426	376280	141965
食品、饮料、烟草和家庭用品批发商业	—	—	112577	44700
能源、材料和机械电子设备批发业	6	6	31086	9116
其他批发业	350	350	52801	14322
零售业	1601	1041	158768	69935
商业经纪与代理业	—	—	3101	936

城镇集体经济分行业财务拨款资金来源(二)

续 2　　　　单位:万元

行　　业	利用外资	外商直接投资	自筹资金	其他资金来源
餐饮业	29	29	17947	2956
(九) 金融、保险业	—	—	224135	46901
金融业	—	—	224035	46901
保险业	—	—	100	—
(十) 房地产业	87776	55992	1290872	182316487
房地产开发与经营业	87776	55992	1279922	1819044
房地产管理业	—	—	10650	4120
房地产代理与经纪业	—	—	300	—
(十一) 社会服务业	3378	2595	105662	40288
公共服务业	1190	490	40979	20174
居民服务业	—	—	5498	2098
旅馆业	643	560	26269	6915
租赁服务业	—	—	1448	—
旅行社	10	10	5077	1775
娱乐服务业	1535	1535	16825	6831
信息、咨询服务业	—	—	1070	168
计算机应用服务业	—	—	1840	—
其他社会服务业	—	—	6656	2327
(十二) 卫生、体育和社会福利业	206	206	42690	13978
卫生	206	206	36913	12884
体育	—	—	154	100
社会福利保障业	—	—	5623	994
(十三) 教育、文化艺术及广播电影电视业	1439	858	44156	22478
教育	1429	848	38999	20410
文化艺术业	—	—	4640	1536
广播电影电视业	10	10	517	532
(十四) 科学研究和综合技术服务业	1556	1556	15171	2043
科学研究业	1556	1556	5937	1980
综合技术服务业	—	—	9234	63
(十五) 国家机关、政党机关和社会团体	3020	2995	95289	46335
国家机关	3020	2995	49617	23768
政党机关	—	—	5371	612
社会团体	—	—	3400	3350
基层群众自治组织	—	—	36901	18605
(十六) 其他行业	5885	5885	106676	38899
其他行业	5885	5885	106676	38899

城镇集体经济分行业财务拨款中的自筹资金来源(一)

单位:万元

行　　业	自筹资金合计	中央各部门自筹	省自筹	地市自筹
全国总计	**2722499**	**8665**	**44543**	**81233**
(一)农、林、牧、渔业	49091	—	688	261
农业	15799	—	61	4
林业	2220	—	160	—
畜牧业	15598	—	24	—
渔业	10332	—	—	—
农、林、牧、渔服务业	5142	—	443	257
(二)采掘业	50968	—	42	646
煤炭采选业	24629	—	42	596
石油和天然气开采业	161	—	—	—
黑色金属矿采选业	2195	—	—	—
有色金属矿采选业	15769	—	—	—
非金属矿采选业	8046	—	—	50
其他矿采选业	136	—	—	—
木材及竹材采运业	32	—	—	—
(三)制造业	1213328	1170	8347	15712
食品加工业	29472	—	305	123
食品制造业	29006	—	550	10
饮料制造业	16788	20	2340	400
烟草加工业	304	—	—	—
纺织业	128081	—	1663	1395
服装及其他纤维制品制造业	41950	—	—	499
皮革、毛皮、羽绒及其制品业	17721	—	—	118
木材加工及竹、藤、棕、草制品业	37285	—	70	—
家具制造业	14809	—	—	108
造纸及纸制品业	46558	—	100	5424
印刷业、记录媒介的复制	26101	—	—	150
文教体育用品制造业	7929	—	—	1060
石油加工及炼焦业	19164	—	100	—
化学原料及化学制品制造业	92496	—	925	1740
医药制造业	35263	—	8	200
化学纤维制造业	13978	—	—	—
橡胶制品业	22379	—	154	—
塑料制品业	44714	—	165	950
非金属矿物制品业	82742	—	1710	70
黑色金属冶炼及压延加工业	22333	150	60	—
有色金属冶炼及压延加工业	21107	—	—	—
金属制品业	71457	—	3	210
普通机械制造业	76776	—	—	1340

城镇集体经济分行业财务拨款中的自筹资金来源(一)

续 1

单位:万元

行业	自筹资金合计	中央各部门自筹	省自筹	地市自筹
专用设备制造业	73133	1000	86	20
交通运输设备制造业	72527	——	——	910
电气机械及器材制造业	85741	——	——	——
电子及通信设备制造业	32997	——	——	300
仪器仪表及文化、办公用机械制造业	10719	——	——	635
其他制造业	39798	——	108	50
(四)电力、煤气及水的生产和供应业	53322	5	950	520
电力、蒸汽、热水的生产和供应业	28406	5	600	——
煤气生产和供应业	1748	——	——	——
自来水的生产和供应业	23168	——	350	520
(五)建筑业	136282	100	112	41156
土木工程建筑业	110852	100	112	41156
线路、管道和设备安装业	23522	——	——	——
建筑物的装修装饰业	1908	——	——	——
(六)地质勘查业、水利管理业	5142	70	210	1276
地质勘查业	——	——	——	——
水利管理业	5142	70	210	1276
(七)交通运输、仓储及邮电通信业	115281	4920	7116	4692
铁路运输业	26	——	——	——
公路运输业	62172	200	2506	1291
管道运输业	70	——	——	——
水上运输业	10133	——	——	1618
航空运输业	——	——	——	——
交通运输辅助业	21170	——	4110	1673
其他交通运输业	5459	——	500	90
仓储业	15239	4720	——	——
邮电通信业	1012	——	——	20
(八)批发和零售贸易、餐饮业	376280	1155	21502	2319
食品、饮料、烟草和家庭用品批发商业	112577	55	68	1499
能源、材料和机械电子设备批发业	31086	800	50	——
其他批发业	52801	——	1685	540
零售业	158768	300	19699	280
商业经纪与代理业	3101	——	——	——

城镇集体经济分行业财务拨款中的自筹资金来源(一)

续 2　　单位:万元

行　　业	自筹资金合计	中央各部门自筹	省自筹	地市自筹
餐饮业	17947	——	——	——
(九) 金融、保险业	224135	1227	1500	5827
金融业	224035	1227	1500	5827
保险业	100	——	——	——
(十) 房地产业	89026	——	——	——
房地产开发与经营业	78076	——	——	——
房地产管理业	10650	——	——	——
房地产代理与经纪业	300	——	——	——
(十一) 社会服务业	105662	——	950	2292
公共服务业	40979	——	670	642
居民服务业	5498	——	——	——
旅馆业	26269	——	——	1190
租赁服务业	1448	——	280	——
旅行社	5077	——	——	——
娱乐服务业	16825	——	——	460
信息、咨询服务业	1070	——	——	——
计算机应用服务业	1840	——	——	——
其他社会服务业	6656	——	——	——
(十二) 卫生、体育和社会福利业	42690	——	331	500
卫生	36913	——	328	458
体育	154	——	——	——
社会福利保障业	5623	——	3	42
(十三) 教育、文化艺术及广播电影电视业	44156	18	1530	2619
教育	38999	18	1530	2559
文化艺术业	4640	——	——	60
广播电影电视业	517	——	——	——
(十四) 科学研究和综合技术服务业	15171	——	——	100
科学研究业	5937	——	——	——
综合技术服务业	9234	——	——	100
(十五) 国家机关、政党机关和社会团体	95289	——	1015	3313
国家机关	49617	——	15	3250
政党机关	5371	——	——	——
社会团体	3400	——	1000	63
基层群众自治组织	36901	——	——	——
(十六) 其他行业	106676	——	250	——
其他行业	106676	——	250	——

城镇集体经济分行业财务拨款中的自筹资金来源(二)

单位:万元

行　　业	县自筹	企、事业单位自有资金	发行股票
全　国　总　计	**182558**	**2405500**	**8539**
(一) 农、林、牧、渔业	11610	36532	3
农业	8826	6908	3
林业	1360	700	—
畜牧业	726	14848	—
渔业	—	10332	—
农、林、牧、渔服务业	698	3744	—
(二) 采掘业	977	49303	—
煤炭采选业	469	23522	—
石油和天然气开采业	—	161	—
黑色金属矿采选业	—	2195	—
有色金属矿采选业	—	15769	—
非金属矿采选业	508	7488	—
其他矿采选业	—	136	—
木材及竹材采运业	—	32	—
(三) 制造业	39016	1149083	8390
食品加工业	1309	27735	1600
食品制造业	1326	27120	—
饮料制造业	700	13328	—
烟草加工业	—	304	—
纺织业	3563	121460	—
服装及其他纤维制品制造业	204	41247	—
皮革、毛皮、羽绒及其制品业	110	17493	—
木材加工及竹、藤、棕、草制品业	253	36962	—
家具制造业	633	14068	—
造纸及纸制品业	475	40559	1764
印刷业、记录媒介的复制	220	25731	500
文教体育用品制造业	642	6227	—
石油加工及炼焦业	400	18664	—
化学原料及化学制品制造业	3629	86202	—
医药制造业	1230	33825	—
化学纤维制造业	80	13898	—
橡胶制品业	803	21422	—
塑料制品业	1628	41971	140
非金属矿物制品业	7696	73266	183
黑色金属冶炼及压延加工业	1590	20533	—
有色金属冶炼及压延加工业	100	21007	—
金属制品业	587	70657	2560
普通机械制造业	586	74850	—

城镇集体经济分行业财务拨款中的自筹资金来源(二)

续 1　　单位:万元

行　业	县自筹	企、事业单位自有资金	发行股票
专用设备制造业	2842	69185	—
交通运输设备制造业	5189	66428	—
电气机械及器材制造业	1194	84547	1620
电子及通信设备制造业	220	32477	—
仪器仪表及文化、办公用机械制造业	129	9955	23
其他制造业	1678	37962	—
(四) 电力、煤气及水的生产和供应业	12567	39280	—
电力、蒸汽、热水的生产和供应业	3895	23906	—
煤气生产和供应业	—	1748	—
自来水的生产和供应业	8672	13626	—
(五) 建筑业	5307	89607	—
土木工程建筑业	3717	65767	—
线路、管道和设备安装业	1520	22002	—
建筑物的装修装饰业	70	1838	—
(六) 地质勘查业、水利管理业	2592	994	—
地质勘查业	—	—	—
水利管理业	2592	994	—
(七) 交通运输、仓储及邮电通信业	21700	76853	13
铁路运输业	—	26	—
公路运输业	12312	45863	13
管道运输业	—	70	—
水上运输业	138	8377	—
航空运输业	—	—	—
交通运输辅助业	3470	11917	—
其他交通运输业	4320	549	—
仓储业	1385	9134	—
邮电通信业	75	917	—
(八) 批发和零售贸易、餐饮业	10372	340932	—
食品、饮料、烟草和家庭用品批发商业	4546	106409	—
能源、材料和机械电子设备批发业	1094	29142	—
其他批发业	1468	49108	—
零售业	2814	135675	—
商业经纪与代理业	—	3101	—

城镇集体经济分行业财务拨款中的自筹资金来源(二)

续 2 单位:万元

行业	县自筹	企、事业单位自有资金	发行股票
餐饮业	450	17497	——
(九) 金融、保险业	14564	201017	133
金融业	14564	200917	133
保险业	——	100	——
(十) 房地产业	4967	84059	——
房地产开发与经营业	1100	76976	——
房地产管理业	3867	6783	——
房地产代理与经纪业	——	300	——
(十一) 社会服务业	18992	83428	——
公共服务业	16413	23254	——
居民服务业	465	5033	——
旅馆业	420	24659	——
租赁服务业	——	1168	——
旅行社	99	4978	——
娱乐服务业	1595	14770	——
信息、咨询服务业	——	1070	——
计算机应用服务业	——	1840	——
其他社会服务业	——	6656	——
(十二) 卫生、体育和社会福利业	8034	33825	——
卫生	4071	32056	——
体育	——	154	——
社会福利保障业	3963	1615	——
(十三) 教育、文化艺术及广播电影电视业	12854	27135	——
教育	11433	23459	——
文化艺术业	1368	3212	——
广播电影电视业	53	464	——
(十四) 科学研究和综合技术服务业	——	15071	——
科学研究业	——	5937	——
综合技术服务业	——	9134	——
(十五) 国家机关、政党机关和社会团体	14509	76452	——
国家机关	7891	38461	——
政党机关	4000	1371	——
社会团体	——	2337	——
基层群众自治组织	2618	34283	——
(十六) 其他行业	4497	101929	——
其他行业	4497	101929	——

各地区城镇集体经济施工和建成投产项目个数

单位:个

地区	施工项目	新开工	全部建成投产项目	项目建成投产率(%)
全国总计	**14007**	**9842**	**9473**	**67.6**
北京	119	62	48	40.3
天津	83	70	69	83.1
河北	1395	1092	1064	76.3
山西	300	219	94	31.3
内蒙古	151	101	101	66.9
辽宁	363	272	226	62.3
吉林	131	109	90	68.7
黑龙江	164	131	120	73.2
上海	88	53	59	67.0
江苏	2115	1669	1699	80.3
浙江	1205	717	719	59.7
安徽	458	345	294	64.2
福建	473	317	252	53.3
江西	281	198	176	62.6
山东	1104	821	718	65.0
河南	935	722	697	74.5
湖北	901	568	735	81.6
湖南	452	288	301	66.6
广东	912	478	473	51.9
广西	321	215	188	58.6
海南	32	21	20	62.5
重庆	243	158	156	64.2
四川	648	443	429	66.2
贵州	74	48	51	68.9
云南	364	212	229	62.9
西藏	10	10	10	100.0
陕西	211	147	123	58.3
甘肃	126	84	79	62.7
青海	58	41	33	56.9
宁夏	45	33	31	68.9
新疆	245	198	189	77.1
不分地区	—	—	—	—

城镇集体经济分行业施工和建成投产项目个数

单位:个

行　　业	施工项目	新开工	全部建成投产项目	项目建成投产率(%)
全　国　总　计	**14007**	**9842**	**9473**	**67.6**
(一) 农、林、牧、渔业	240	182	160	66.7
农业	46	36	26	56.5
林业	14	11	7	50.0
畜牧业	86	65	68	79.1
渔业	29	20	19	65.5
农、林、牧、渔服务业	65	50	40	61.5
(二) 采掘业	423	347	194	45.9
煤炭采选业	266	228	94	35.3
石油和天然气开采业	1	1	1	100.0
黑色金属矿采选业	15	12	14	93.3
有色金属矿采选业	63	39	32	50.8
非金属矿采选业	74	65	52	70.3
其他矿采选业	1	—	—	—
木材及竹材采运业	3	2	1	33.3
(三) 制造业	6252	4433	4471	71.5
食品加工业	194	162	156	80.4
食品制造业	154	123	111	72.1
饮料制造业	119	84	88	73.9
烟草加工业	3	1	3	100.0
纺织业	629	489	490	77.9
服装及其他纤维制品制造业	208	149	130	62.5
皮革、毛皮、羽绒及其制品业	126	92	88	69.8
木材加工及竹、藤、棕、草制品业	149	102	103	69.1
家具制造业	105	78	69	65.7
造纸及纸制品业	335	142	279	83.3
印刷业、记录媒介的复制	127	91	93	73.2
文教体育用品制造业	44	34	28	63.6
石油加工及炼焦业	63	52	56	88.9
化学原料及化学制品制造业	480	360	340	70.8
医药制造业	128	96	74	57.8
化学纤维制造业	34	24	28	82.4
橡胶制品业	97	67	67	69.1
塑料制品业	334	240	234	70.1
非金属矿物制品业	493	373	385	78.1
黑色金属冶炼及压延加工业	102	61	63	61.8
有色金属冶炼及压延加工业	71	48	51	71.8
金属制品业	384	260	278	72.4
普通机械制造业	632	477	450	71.2

城镇集体经济分行业施工和建成投产项目个数

续 1　　　　单位:个

行业	施工项目	新开工	全部建成投产项目	项目建成投产率(%)
专用设备制造业	275	195	167	60.7
交通运输设备制造业	279	178	178	63.8
电气机械及器材制造业	337	222	230	68.2
电子及通信设备制造业	99	62	66	66.7
仪器仪表及文化、办公用机械制造业	62	37	30	48.4
其他制造业	189	134	136	72.0
(四) 电力、煤气及水的生产和供应业	201	111	102	50.7
电力、蒸汽、热水的生产和供应业	104	56	55	52.9
煤气生产和供应业	13	8	7	53.8
自来水的生产和供应业	84	47	40	47.6
(五) 建筑业	646	430	431	66.7
土木工程建筑业	605	403	405	66.9
线路、管道和设备安装业	27	17	20	74.1
建筑物的装修装饰业	14	10	6	42.9
(六) 地质勘查业、水利管理业	23	16	12	52.2
地质勘查业	—	—	—	—
水利管理业	23	16	12	52.2
(七) 交通运输、仓储及邮电通信业	431	284	269	62.4
铁路运输业	1	1	—	—
公路运输业	237	162	153	64.6
管道运输业	—	—	—	—
水上运输业	65	45	42	64.6
航空运输业	1	1	—	—
交通运输辅助业	71	42	40	56.3
其他交通运输业	9	3	3	33.3
仓储业	32	17	18	56.3
邮电通信业	15	13	13	86.7
(八) 批发和零售贸易、餐饮业	2215	1558	1558	70.3
食品、饮料、烟草和家庭用品批发商业	737	528	521	70.7
能源、材料和机械电子设备批发业	176	114	115	65.3
其他批发业	277	182	186	67.1
零售业	937	670	680	72.6
商业经纪与代理业	18	13	6	33.3

城镇集体经济分行业施工和建成投产项目个数

续 2　　　　　　　　　　　　　　　　　　　　　　　　　　　　　　单位:个

行　　业	施工项目	新开工	全部建成投产项目	项目建成投产率(%)
餐饮业	70	51	50	71.4
(九) 金融、保险业	1304	902	796	61.0
金融业	1303	901	796	61.1
保险业	1	1	—	—
(十) 房地产业	108	72	59	54.6
房地产开发与经营业	92	62	48	52.2
房地产管理业	15	9	10	66.7
房地产代理与经纪业	1	1	1	100.0
(十一) 社会服务业	404	257	264	65.3
公共服务业	171	115	103	60.2
居民服务业	35	27	29	82.9
旅馆业	86	47	60	69.8
租赁服务业	4	3	1	25.0
旅行社	15	7	10	66.7
娱乐服务业	39	25	26	66.7
信息、咨询服务业	8	5	3	37.5
计算机应用服务业	4	3	2	50.0
其他社会服务业	42	25	30	71.4
(十二) 卫生、体育和社会福利业	441	308	293	66.4
卫生	422	296	283	67.1
体育	3	2	2	66.7
社会福利保障业	16	10	8	50.0
(十三) 教育、文化艺术及广播电影电视业	371	277	269	72.5
教育	337	255	256	76.0
文化艺术业	25	17	10	40.0
广播电影电视业	9	5	3	33.3
(十四) 科学研究和综合技术服务业	26	18	13	50.0
科学研究业	14	11	6	42.9
综合技术服务业	12	7	7	58.3
(十五) 国家机关、政党机关和社会团体	522	376	345	66.1
国家机关	304	220	194	63.8
政党机关	12	10	9	75.0
社会团体	17	11	10	58.8
基层群众自治组织	189	135	132	69.8
(十六) 其他行业	400	271	237	59.3
其他行业	400	271	237	59.3

各地区城镇集体经济房屋建筑面积和造价

地　　区	施工房屋面　　积(万平方米)	竣工房屋面　　积(万平方米)	房屋建筑面积竣工率(%)	竣工房屋价　　值(万元)	竣工房屋造　　价(元/平方米)
全国总计	**10094.11**	**4927.40**	**48.8**	**4250369**	**863**
北　　京	236.90	114.13	48.2	134252	1176
天　　津	135.78	44.53	32.8	50982	1145
河　　北	350.68	226.26	64.5	167956	742
山　　西	105.50	44.84	42.5	33938	757
内 蒙 古	52.26	35.95	68.8	31400	873
辽　　宁	452.82	218.07	48.2	198445	910
吉　　林	41.48	26.14	63.0	23424	896
黑 龙 江	112.07	59.20	52.8	45453	768
上　　海	1209.00	405.35	33.5	484684	1196
江　　苏	957.80	638.99	66.7	528549	827
浙　　江	821.00	429.05	52.3	390696	911
安　　徽	239.80	123.10	51.3	88582	720
福　　建	299.06	114.77	38.4	105986	924
江　　西	119.30	64.48	54.0	42173	654
山　　东	646.07	345.45	53.5	267922	776
河　　南	389.62	233.01	59.8	152812	656
湖　　北	241.20	143.50	59.5	97194	677
湖　　南	188.28	108.64	57.7	78782	725
广　　东	1994.47	812.85	40.8	807786	994
广　　西	142.81	70.54	49.4	57192	811
海　　南	20.60	3.30	16.0	3003	910
重　　庆	228.96	91.37	39.9	52146	571
四　　川	573.00	314.36	54.9	212098	675
贵　　州	88.55	34.74	39.2	28576	823
云　　南	99.05	51.68	52.2	39250	760
西　　藏	1.23	1.23	100.0	1584	1288
陕　　西	109.12	45.30	41.5	31495	695
甘　　肃	138.59	58.07	41.9	42937	739
青　　海	11.88	5.30	44.6	4049	764
宁　　夏	25.03	19.29	77.1	11584	601
新　　疆	62.18	43.90	70.6	35439	807
不分地区	—	—	—	—	—

各地区城镇集体经济住宅建筑面积和造价

地　　区	施工住宅面　积(万平方米)	竣工住宅面　积(万平方米)	住宅建筑面积竣工率(%)	竣工住宅价　值(万　元)	竣工住宅造　价(元/平方米)
全国总计	**6277.70**	**3012.26**	**48.0**	**2459238**	**816**
北　京	149.35	83.38	55.8	85346	1024
天　津	88.48	21.08	23.8	23017	1092
河　北	168.20	99.80	59.3	69352	695
山　西	63.35	28.99	45.8	19179	662
内蒙古	34.88	24.84	71.2	20259	816
辽　宁	311.32	145.97	46.9	112553	771
吉　林	18.33	12.51	68.2	8916	713
黑龙江	63.55	38.83	61.1	27824	717
上　海	1006.80	339.84	33.8	386402	1137
江　苏	554.54	363.50	65.5	273868	753
浙　江	453.35	237.29	52.3	197012	830
安　徽	143.05	76.30	53.3	48184	632
福　建	197.07	71.87	36.5	62572	871
江　西	77.24	42.26	54.7	24572	581
山　东	351.30	196.07	55.8	135212	690
河　南	154.05	87.39	56.7	52912	605
湖　北	117.26	72.86	62.1	42920	589
湖　南	101.88	62.67	61.5	39833	636
广　东	1321.58	539.13	40.8	537124	996
广　西	86.52	37.69	43.6	29367	779
海　南	5.80	1.98	34.1	1681	849
重　庆	143.04	62.98	44.0	34433	547
四　川	370.41	216.05	58.3	128228	594
贵　州	51.48	19.79	38.4	10942	553
云　南	30.93	16.49	53.3	11559	701
西　藏	0.15	0.15	100.0	88	587
陕　西	73.58	30.39	41.3	20459	673
甘　肃	81.51	39.63	48.6	26077	658
青　海	7.64	2.46	32.2	1661	675
宁　夏	19.21	15.40	80.2	8968	582
新　疆	31.86	24.66	77.4	18718	759
不分地区	—	—	—	—	—

城镇集体经济分行业房屋建筑面积和造价

行业	施工房屋面积（万平方米）	竣工房屋面积（万平方米）	房屋建筑面积竣工率(%)	竣工房屋价值（万元）	竣工房屋造价（元/平方米）
全国总计	**10094.11**	**4927.40**	**48.8**	**4250369**	**863**
（一）农、林、牧、渔业	51.54	33.16	64.3	19104	576
农业	7.74	4.36	56.3	4540	1041
林业	0.37	0.10	27.0	61	610
畜牧业	28.26	21.58	76.4	10060	466
渔业	2.15	1.69	78.6	1631	965
农、林、牧、渔服务业	13.02	5.43	41.7	2812	518
（二）采掘业	26.41	15.80	59.8	12719	805
煤炭采选业	12.51	6.90	55.2	6215	901
石油和天然气开采业	—	—	—	—	—
黑色金属矿采选业	1.74	1.23	70.7	894	727
有色金属矿采选业	5.56	4.02	72.3	3057	760
非金属矿采选业	6.28	3.48	55.4	2461	707
其他矿采选业	0.06	0.06	100.0	35	583
木材及竹材采运业	0.26	0.10	38.5	57	570
（三）制造业	1121.82	710.40	63.3	551195	776
食品加工业	33.92	21.25	62.6	15808	744
食品制造业	29.41	21.37	72.7	14606	683
饮料制造业	14.24	8.94	62.8	5897	660
烟草加工业	1.84	1.84	100.0	1460	793
纺织业	108.42	84.48	77.9	56755	672
服装及其他纤维制品制造业	51.73	35.44	68.5	27289	770
皮革、毛皮、羽绒及其制品业	20.46	13.58	66.4	15130	1114
木材加工及竹、藤、棕、草制品业	22.79	19.76	86.7	15772	798
家具制造业	27.76	13.33	48.0	10839	813
造纸及纸制品业	35.12	24.89	70.9	18007	723
印刷业、记录媒介的复制	21.70	12.18	56.1	9186	754
文教体育用品制造业	33.05	16.81	50.9	19260	1146
石油加工及炼焦业	5.47	4.51	82.4	3952	876
化学原料及化学制品制造业	70.72	46.68	66.0	32912	705
医药制造业	23.62	15.40	65.2	14354	932
化学纤维制造业	4.95	4.20	84.8	3373	803
橡胶制品业	15.91	8.87	55.8	5836	658
塑料制品业	47.74	30.05	62.9	22235	740
非金属矿物制品业	69.49	47.04	67.7	33014	702
黑色金属冶炼及压延加工业	15.00	10.22	68.1	10047	983
有色金属冶炼及压延加工业	11.38	8.76	77.0	6081	694
金属制品业	68.09	43.11	63.3	34648	804
普通机械制造业	72.46	39.14	54.0	34368	878

城镇集体经济分行业房屋建筑面积和造价

续 1

行　　业	施工房屋面　积(万平方米)	竣工房屋面　积(万平方米)	房屋建筑面积竣工率(%)	竣工房屋价　值(万　元)	竣工房屋造　价(元/平方米)
专用设备制造业	61.06	31.26	51.2	28447	910
交通运输设备制造业	74.77	46.65	62.4	33966	728
电气机械及器材制造业	75.45	52.01	68.9	39891	767
电子及通信设备制造业	25.57	15.67	61.3	11774	751
仪器仪表及文化、办公用机械制造业	17.72	6.18	34.9	7092	1148
其他制造业	61.98	26.77	43.2	19196	717
(四) 电力、煤气及水的生产和供应业	39.74	10.02	25.2	8383	837
电力、蒸汽、热水的生产和供应业	32.18	7.46	23.2	6472	868
煤气生产和供应业	0.40	0.40	100.0	274	685
自来水的生产和供应业	7.15	2.16	30.2	1637	758
(五) 建筑业	240.73	151.46	62.9	100134	661
土木工程建筑业	228.19	144.21	63.2	95045	659
线路、管道和设备安装业	7.47	5.69	76.2	4137	727
建筑物的装修装饰业	5.07	1.56	30.8	952	610
(六) 地质勘查业、水利管理业	2.72	1.58	58.1	1320	835
地质勘查业	—	—	—	—	—
水利管理业	2.72	1.58	58.1	1320	835
(七) 交通运输、仓储及邮电通信业	99.22	57.60	58.1	40539	704
铁路运输业	—	—	—	—	—
公路运输业	53.92	32.15	59.6	21836	679
管道运输业	—	—	—	—	—
水上运输业	12.48	10.04	80.4	5217	520
航空运输业	0.27	—	—	—	—
交通运输辅助业	11.53	6.23	54.0	4320	693
其他交通运输业	2.95	0.87	29.5	621	714
仓储业	16.30	6.74	41.3	7516	1115
邮电通信业	1.77	1.57	88.7	1029	655
(八) 批发和零售贸易、餐饮业	778.40	492.01	63.2	412252	838
食品、饮料、烟草和家庭用品批发商业	252.89	156.59	61.9	119744	765
能源、材料和机械电子设备批发业	62.67	38.39	61.3	28909	753
其他批发业	99.16	56.02	56.5	42212	754
零售业	333.25	225.43	67.6	205596	912
商业经纪与代理业	9.80	1.50	15.3	1360	907

城镇集体经济分行业房屋建筑面积和造价

续 2

行业	施工房屋面积(万平方米)	竣工房屋面积(万平方米)	房屋建筑面积竣工率(%)	竣工房屋价值(万元)	竣工房屋造价(元/平方米)
餐饮业	20.63	14.08	68.3	14431	1025
(九) 金融、保险业	398.80	217.14	54.4	181706	837
金融业	398.50	217.14	54.5	181706	837
保险业	0.30	—	—	—	—
(十) 房地产业	6519.65	2748.30	42.2	2485078	904
房地产开发与经营业	6472.08	2719.41	42.0	2459668	904
房地产管理业	46.34	28.15	60.7	24935	886
房地产代理与经纪业	0.74	0.74	100.0	475	642
(十一) 社会服务业	147.87	79.43	53.7	81896	1031
公共服务业	37.78	16.96	44.9	10479	618
居民服务业	4.48	2.51	56.0	2690	1072
旅馆业	48.17	24.06	49.9	30104	1251
租赁服务业	1.48	0.40	27.0	300	750
旅行社	9.39	6.39	68.1	5899	923
娱乐服务业	15.69	11.12	70.9	9460	851
信息、咨询服务业	1.95	0.64	32.8	434	678
计算机应用服务业	2.46	0.86	35.0	2420	2814
其他社会服务业	26.47	16.50	62.3	20110	1219
(十二) 卫生、体育和社会福利业	102.97	65.13	63.3	48166	740
卫生	95.34	60.54	63.5	44529	736
体育	2.20	2.20	100.0	1750	795
社会福利保障业	5.43	2.39	44.0	1887	790
(十三) 教育、文化艺术及广播电影电视业	116.13	84.24	72.5	67805	805
教育	103.32	79.90	77.3	64375	806
文化艺术业	11.40	3.94	34.6	3154	801
广播电影电视业	1.41	0.40	28.4	276	690
(十四) 科学研究和综合技术服务业	18.46	11.41	61.8	17472	1531
科学研究业	8.21	7.34	89.4	12665	1725
综合技术服务业	10.25	4.07	39.7	4807	1181
(十五) 国家机关、政党机关和社会团体	215.06	137.34	63.9	102143	744
国家机关	108.06	72.42	67.0	53191	734
政党机关	13.14	1.74	13.2	1423	818
社会团体	8.51	5.05	59.3	5232	1036
基层群众自治组织	85.35	58.13	68.1	42297	728
(十六) 其他行业	215.08	112.40	52.3	120457	1072
其他行业	215.08	112.40	52.3	120457	1072

城镇集体经济分行业住宅建筑面积和造价

行业	施工住宅面积(万平方米)	竣工住宅面积(万平方米)	住宅建筑面积竣工率(%)	竣工住宅价值(万元)	竣工住宅造价(元/平方米)
全国总计	**6277.70**	**3012.26**	**48.0**	**2459238**	**816**
(一) 农、林、牧、渔业	9.19	4.74	51.6	2372	500
农业	0.99	0.64	64.6	534	834
林业	0.32	0.06	18.8	27	450
畜牧业	0.43	0.27	62.8	108	400
渔业	0.45	0.43	95.6	177	412
农、林、牧、渔服务业	7.01	3.34	47.6	1526	457
(二) 采掘业	11.17	5.10	45.7	3641	714
煤炭采选业	6.32	2.13	33.7	1651	775
石油和天然气开采业	—	—	—	—	—
黑色金属矿采选业	0.18	0.18	100.0	90	500
有色金属矿采选业	1.74	1.23	70.7	732	595
非金属矿采选业	2.77	1.46	52.7	1111	761
其他矿采选业	—	—	—	—	—
木材及竹材采运业	0.16	0.10	62.5	57	570
(三) 制造业	257.19	163.64	63.6	100098	612
食品加工业	2.65	2.23	84.2	1075	482
食品制造业	5.95	4.69	78.8	2935	626
饮料制造业	2.56	1.88	73.4	894	476
烟草加工业	0.47	0.47	100.0	200	426
纺织业	34.69	28.10	81.0	15545	553
服装及其他纤维制品制造业	13.27	8.46	63.8	5722	676
皮革、毛皮、羽绒及其制品业	6.65	5.75	86.5	5157	897
木材加工及竹、藤、棕、草制品业	4.07	2.22	54.5	1415	637
家具制造业	6.55	3.55	54.2	2120	597
造纸及纸制品业	6.41	4.47	69.7	2660	595
印刷业、记录媒介的复制	5.64	4.17	73.9	2632	631
文教体育用品制造业	5.13	3.32	64.7	3253	980
石油加工及炼焦业	2.51	1.91	76.1	1339	701
化学原料及化学制品制造业	16.20	10.83	66.9	5163	477
医药制造业	2.39	0.88	36.8	607	690
化学纤维制造业	0.72	—	—	—	—
橡胶制品业	3.65	3.20	87.7	1900	594
塑料制品业	14.69	8.26	56.2	5205	630
非金属矿物制品业	13.49	8.96	66.4	5325	594
黑色金属冶炼及压延加工业	4.34	2.88	66.4	1472	511
有色金属冶炼及压延加工业	2.22	1.52	68.5	969	638
金属制品业	10.40	7.61	73.2	4347	571
普通机械制造业	20.24	8.80	43.5	5273	599

城镇集体经济分行业住宅建筑面积和造价

续 1

行　　业	施工住宅面积(万平方米)	竣工住宅面积(万平方米)	住宅建筑面积竣工率(%)	竣工住宅价值(万元)	竣工住宅造价(元/平方米)
专用设备制造业	11.89	5.76	48.4	3533	613
交通运输设备制造业	17.14	12.03	70.2	7938	660
电气机械及器材制造业	9.17	6.20	67.6	3920	632
电子及通信设备制造业	7.67	4.52	58.9	2595	574
仪器仪表及文化、办公用机械制造业	4.42	1.33	30.1	1250	940
其他制造业	22.02	9.63	43.7	5654	587
(四) 电力、煤气及水的生产和供应业	6.92	4.70	67.9	2554	543
电力、蒸汽、热水的生产和供应业	6.19	4.18	67.5	2177	521
煤气生产和供应业	0.08	0.08	100.0	65	813
自来水的生产和供应业	0.65	0.43	66.2	312	726
(五) 建筑业	159.61	102.01	63.9	62692	615
土木工程建筑业	153.40	98.83	64.4	60941	617
线路、管道和设备安装业	3.32	2.53	76.2	1470	581
建筑物的装修装饰业	2.90	0.65	22.4	281	432
(六) 地质勘查业、水利管理业	1.29	0.33	25.6	161	488
地质勘查业	—	—	—	—	—
水利管理业	1.29	0.33	25.6	161	488
(七) 交通运输、仓储及邮电通信业	46.58	30.66	65.8	16782	547
铁路运输业	—	—	—	—	—
公路运输业	27.11	18.51	68.3	10150	548
管道运输业	—	—	—	—	—
水上运输业	9.25	7.40	80.0	3949	534
航空运输业	0.27	—	—	—	—
交通运输辅助业	6.32	3.44	54.4	2024	588
其他交通运输业	1.93	—	—	—	—
仓储业	1.01	0.61	60.4	309	507
邮电通信业	0.70	0.70	100.0	350	500
(八) 批发和零售贸易、餐饮业	257.72	169.65	65.8	110693	652
食品、饮料、烟草和家庭用品批发商业	86.36	55.57	64.3	38022	684
能源、材料和机械电子设备批发业	25.53	14.86	58.2	9174	617
其他批发业	41.81	27.37	65.5	17062	623
零售业	98.57	69.42	70.4	45069	649
商业经纪与代理业	3.00	0.30	10.0	232	773

城镇集体经济分行业住宅建筑面积和造价

续 2

行　　业	施工住宅面积(万平方米)	竣工住宅面积(万平方米)	住宅建筑面积竣工率(%)	竣工住宅价值(万元)	竣工住宅造价(元/平方米)
餐饮业	2.44	2.13	87.3	1134	532
(九) 金融、保险业	157.94	96.76	61.3	66462	687
金融业	157.94	96.76	61.3	66462	687
保险业	—	—	—	—	—
(十) 房地产业	5052.97	2262.42	44.8	1955358	864
房地产开发与经营业	5012.87	2235.47	44.6	1932138	864
房地产管理业	39.45	26.30	66.7	22845	869
房地产代理与经纪业	0.65	0.65	100.0	375	577
(十一) 社会服务业	39.42	20.93	53.1	21657	1035
公共服务业	13.64	2.10	15.4	1705	812
居民服务业	0.57	0.07	12.3	43	614
旅馆业	5.92	5.22	88.2	3291	630
租赁服务业	0.30	0.30	100.0	250	833
旅行社	4.41	4.40	99.8	4301	977
娱乐服务业	3.63	1.55	42.7	1373	886
信息、咨询服务业	0.58	0.44	75.9	260	591
计算机应用服务业	—	—	—	—	—
其他社会服务业	10.36	6.86	66.2	10434	1521
(十二) 卫生、体育和社会福利业	16.90	10.57	62.5	5931	561
卫生	16.58	10.45	63.0	5861	561
体育	—	—	—	—	—
社会福利保障业	0.32	0.12	37.5	70	583
(十三) 教育、文化艺术及广播电影电视业	24.24	16.33	67.4	10052	616
教育	19.51	15.20	77.9	9465	623
文化艺术业	4.42	1.05	23.8	549	523
广播电影电视业	0.30	0.07	23.3	38	543
(十四) 科学研究和综合技术服务业	4.45	2.69	60.4	3283	1220
科学研究业	0.21	0.01	4.8	6	600
综合技术服务业	4.24	2.68	63.2	3277	1223
(十五) 国家机关、政党机关和社会团体	111.35	61.83	55.5	43253	700
国家机关	53.07	33.29	62.7	22282	669
政党机关	11.88	0.50	4.2	500	1000
社会团体	5.93	3.50	59.0	4000	1143
基层群众自治组织	40.47	24.54	60.6	16471	671
(十六) 其他行业	120.76	59.90	49.6	54249	906
其他行业	120.76	59.90	49.6	54249	906

各地区农村集体经济按资金来源分的固定资产投资

单位：万元

地　　区	合　　计	国家资金	国内贷款	引进外资	自筹资金	群众集资	其他资金
全国总计	**30556361**	**650610**	**5078989**	**2593889**	**16752749**	**2565353**	**2914771**
北　京	385101	24261	117071	24647	114760	83567	20795
天　津	523882	4714	139127	32425	303334	19501	24781
河　北	3987635	53099	556657	120821	2647861	378490	230707
山　西	133288	1043	24175	609	63991	30392	13078
内蒙古	84347	26748	4007	1908	26494	18861	6329
辽　宁	632185	8168	75110	99065	362157	34315	53370
吉　林	285469	3833	44749	33227	144519	4279	54862
黑龙江	161008	21010	32206	3780	70030	29680	4302
上　海	1661562	32291	159081	562326	740606	26062	141196
江　苏	4510598	29194	574513	592050	2753683	146527	414631
浙　江	3287519	36940	741587	132889	1804184	233123	338796
安　徽	1241671	47282	201326	89500	563020	179116	161427
福　建	726600	47377	82817	89017	342038	103223	62128
江　西	71492	9051	28832	1001	27007	2647	2954
山　东	4684992	40001	972480	240559	2632074	388945	410933
河　南	1835876	32013	315831	100110	916217	240170	231535
湖　北	773784	12551	125550	30098	432279	89625	83681
湖　南	726929	21804	149570	40380	314021	119978	81176
广　东	1966131	43256	186038	279155	1113323	150165	194194
广　西	447891	22628	90878	44275	182624	39386	68100
海　南	45858	1726	1097	173	23976	9096	9790
重　庆	443828	8889	99518	13830	211869	33864	75858
四　川	967969	13601	172271	32152	567848	50906	131191
贵　州	117475	11575	19101	12426	46848	4574	22951
云　南	417580	68853	80078	3322	157965	61698	45664
西　藏	2175	246	99	31	673	941	185
陕　西	176874	8341	37825	12628	78450	27392	12238
甘　肃	70394	7811	10931	620	31141	14435	5456
青　海	33989	134	14935		15610	1420	1890
宁　夏	21196	518	8134	706	8909	1476	1453
新　疆	131063	11652	13395	159	55238	41499	9120

各地区农村集体经济生产性固定资产投资中用于农业的投资

单位：万元

地　　区	合　　计	其中:1.生产房屋及建筑　　物	2.役畜及畜产品	3.大中型铁木农具	4.农牧渔业机械	5.农田水利业基本建设
全国总计	**3058808**	**450248**	**74172**	**61351**	**373157**	**1401592**
北　　京	59920	34765	810	5210	10284	5728
天　　津	25813	1940	277	2991	10022	10513
河　　北	534723	124848	40757	610	64858	232534
山　　西	17058	1950	205	120	2177	11909
内 蒙 古	27098	3940	2219	97	3344	12698
辽　　宁	37231	6067	1523	562	4416	23603
吉　　林	11054	131	65		101	5371
黑 龙 江	26986	3043	88	3485	11149	9220
上　　海	39680	11938	357	2429	2788	16733
江　　苏	226592	36731	1411	9600	19283	86153
浙　　江	223725	40238	638	3828	55551	84085
安　　徽	75500	2607	1602	90	3814	56259
福　　建	34034	3944	461	498	8013	11825
江　　西	23214	3047	275	37	1580	17062
山　　东	885134	59006	13887	22439	142398	240452
河　　南	73133	18376	1429	209	4904	39951
湖　　北	94977	6757	3228	4447	1791	76095
湖　　南	124618	7683	143	329	7933	107308
广　　东	169754	52725	2289	1293	4114	104023
广　　西	1100	300			100	100
海　　南	25157	332	9	31	33	4269
重　　庆	25881	4989	1100	87	2639	12646
四　　川	69600	6000	461	500	4200	51600
贵　　州	7227	1009	672		73	5122
云　　南	121499	2076	86	534	1525	113875
西　　藏						
陕　　西	24886	5793	41		747	12989
甘　　肃	17328	1244	1	315	432	13964
青　　海	1129	124			973	
宁　　夏	7673	1785		16	333	3915
新　　疆	47084	6860	138	1595	3582	31590

各地区农村集体经济按构成分的固定资产投资

单位：万元

地区	合计	建筑安装工程	设备工器具购置	其他费用	比重(以合计数为100)		
					建筑安装工程	设备工器具购置	其他费用
全国总计	**30556361**	**16136361**	**11913235**	**2506765**	**52.8**	**39.0**	**8.2**
北京	385101	243384	126698	15019	63.2	32.9	3.9
天津	523882	205620	304559	13703	39.2	58.1	2.7
河北	3987635	1892722	1665251	429662	47.5	41.8	10.7
山西	133288	101664	28789	2835	76.3	21.6	2.1
内蒙古	84347	61447	14567	8333	72.9	17.3	9.8
辽宁	632185	348375	225906	57904	55.1	35.7	9.2
吉林	285469	133756	135941	15772	46.9	47.6	5.5
黑龙江	161008	94998	52920	13090	59.0	32.9	8.1
上海	1661562	915834	635292	110436	55.1	38.2	6.7
江苏	4510598	1844064	2352994	313540	40.9	52.2	6.9
浙江	3287519	1463891	1595375	228253	44.5	48.5	7.0
安徽	1241671	711377	404916	125378	57.3	32.6	10.1
福建	726600	509130	167262	50208	70.1	23.0	6.9
江西	71492	46112	22163	3217	64.5	31.0	4.5
山东	4684992	2429877	1926032	329083	51.9	41.1	7.0
河南	1835876	1039705	552262	243909	56.6	30.1	13.3
湖北	773784	473282	230704	69798	61.2	29.8	9.0
湖南	726929	478515	201871	46543	65.8	27.8	6.4
广东	1966131	1424678	410093	131360	72.5	20.9	6.6
广西	447891	251971	141150	54770	56.3	31.5	12.2
海南	45858	25787	6144	13927	56.2	13.4	30.4
重庆	443828	243709	164807	35312	54.9	37.1	8.0
四川	967969	551162	337192	79615	56.9	34.8	8.3
贵州	117475	59041	37171	21263	50.3	31.6	18.1
云南	417580	297245	73322	47013	71.2	17.6	11.2
西藏	2175	1764	279	132	81.1	12.8	6.1
陕西	176874	110383	51899	14592	62.4	29.3	8.3
甘肃	70394	46066	13545	10783	65.4	19.2	15.4
青海	33989	18844	13848	1297	55.4	40.7	3.9
宁夏	21196	12247	7714	1235	57.8	36.4	5.8
新疆	131063	99711	12569	18783	76.1	9.6	14.3

各地区农村集体经济按行业分的固定资产投资(一)

单位：万元

地区	合计	农、林、牧、渔业	采掘业	制造业	电力、煤气及水的生产和供应业
全国总计	**30556361**	**2668861**	**1182033**	**17013137**	**674710**
北京	385101	83567	12708	199097	1926
天津	523882	25814	1183	440365	150
河北	3987635	461290	232755	1903117	62845
山西	133288	5351	14898	45660	2070
内蒙古	84347	11768	1338	8496	
辽宁	632185	64254	27685	326346	4146
吉林	285469	55122	19410	156279	2064
黑龙江	161008	38400	15300	62060	
上海	1661562	35210	33415	1124703	9811
江苏	4510598	156853	95034	3323096	83549
浙江	3287519	205610	57062	2383635	75385
安徽	1241671	123666	65637	499627	22639
福建	726600	106379	6288	233289	51453
江西	71492	3670	9197	33640	3737
山东	4684992	467785	128275	2893695	50538
河南	1835876	203740	182735	830034	33453
湖北	773784	101298	22730	268192	55249
湖南	726929	81484	62273	298246	9627
广东	1966131	81192	3419	646653	111396
广西	447891	111680	37493	201702	7981
海南	45858	20125	530	6943	332
重庆	443828	18336	41451	255577	7886
四川	967969	35805	66840	613506	36101
贵州	117475	15176	8708	62381	2611
云南	417580	72124	20439	85743	20690
西藏	2175	429	294	44	
陕西	176874	3268	7273	57292	9289
甘肃	70394	8057	5074	11663	1136
青海	33989	2213	1087	20546	2846
宁夏	21196	2194	499	13000	199
新疆	131063	67001	1003	8510	5601

各地区农村集体经济按行业分的固定资产投资(二)

单位：万元

地区	建筑业	地质勘查业、水利管理业	交通运输、仓储及邮电通信业	批发和零售贸易、餐饮业	金融、保险业	房地产业
全国总计	**989095**	**406009**	**1197133**	**1599102**	**45334**	**423831**
北京	4621	385	14634	11553	770	12708
天津	1126		2091	4465		
河北	109073	55042	223245	270225	4455	15016
山西	6535	3722	8408	7846	245	45
内蒙古	1272		13716	413		
辽宁	17280	991	13886	36914	1664	26674
吉林	1436	169	313	23939		4750
黑龙江		7376	1680	5002		
上海	37576	741	31189	52260	1073	76291
江苏	87031	20882	81628	173894	5421	82132
浙江	72414	46647	77016	73022	160	8243
安徽	55918	28603	76470	71298	5910	49938
福建	21898	6135	79329	46751	2793	16487
江西	355	3022	2863	3598	410	194
山东	218821	43015	84820	319369	6410	41396
河南	62550	10514	93536	101091	3168	11432
湖北	16373	11550	80193	43162	602	1235
湖南	53972	10740	23376	58338	1829	221
广东	72839	87535	191985	97759	5573	61047
广西	14692	5901	11687	24750		
海南	2596		6256	2351		
重庆	49071	3295	9436	11829	107	110
四川	29174	9909	20670	58635	1216	15175
贵州	4660	2010	2375	11498	150	390
云南	35979	15776	22249	43576	2478	47
西藏				77		
陕西	7615	4576	12434	25296	447	300
甘肃	931	4272	3514	14760	219	
青海	1132		752	3123		
宁夏	590		1264	1292		
新疆	1565	23201	6118	1016	234	

各地区农村集体经济按行业分的固定资产投资(三)

单位：万元

地　　区	社会服务业	卫生、体育和社会福利业	教育、文化艺术及广播电影电视业	科学研究和综合技术服务业	国家机关、政党机关和社会团体	其他行业
全国总计	**830876**	**228246**	**1285542**	**21834**	**720252**	**1270366**
北　　京	770	4236	21951	1155	7702	7318
天　　津	217	1685	10365			36421
河　　北	79207	21993	207423	416	185996	155537
山　　西	1165	540	22947		13578	278
内 蒙 古		5757	29428		10473	1686
辽　　宁	36986	3685	23213	1469	19680	27312
吉　　林	6930	1337	8877		2584	2259
黑 龙 江		2980	25778	810		1622
上　　海	84920	6020	20393	2642	17508	127810
江　　苏	137184	17362	78442	1672	59148	107270
浙　　江	61578	16762	44948	992	33670	130375
安　　徽	38041	14229	69808	1104	39584	79199
福　　建	16579	13636	59766	3556	29978	32283
江　　西		1691	7864	95	937	219
山　　东	54768	18864	104413	742	100868	151213
河　　南	52031	7768	125051	2569	30694	85510
湖　　北	22542	5011	75475	1965	16768	51439
湖　　南	11658	10911	67767	349	9409	26729
广　　东	132894	54805	202532	1089	86674	128739
广　　西	15162	206	679		6502	9456
海　　南	1187	283	825		1727	2703
重　　庆	10624	405	1069		2746	31886
四　　川	21102	2275	8910	930	2013	45708
贵　　州	2093	296	1979		1629	1519
云　　南	24419	8905	27437	200	19030	18488
西　　藏		28	283		659	361
陕　　西	10820	5365	22870		5982	4047
甘　　肃	5158	849	11169	75	2131	1386
青　　海	550	13		4	999	724
宁　　夏	717	112	180		618	531
新　　疆	1574	237	3700		10965	338

各地区农村集体经济房屋建筑面积

单位：万平方米

地　　区	施工房屋面积	竣工房屋面积	住宅	房屋建筑面积竣工率(%)
全国总计	**20442.90**	**17679.07**	**3263.76**	**86.5**
北　京	279.75	253.56	124.28	90.6
天　津	259.21	187.35	16.62	72.3
河　北	1870.76	1766.45	119.08	94.4
山　西	84.59	69.26	7.55	81.9
内蒙古	159.73	140.51	11.51	88.0
辽　宁	316.48	293.82	43.55	92.8
吉　林	166.03	144.08	13.05	86.8
黑龙江	126.20	121.18	22.77	96.0
上　海	797.54	541.59	66.51	67.9
江　苏	1779.00	1539.32	156.29	86.5
浙　江	1264.29	1022.16	61.31	80.8
安　徽	933.33	851.90	195.31	91.3
福　建	598.56	441.22	129.11	73.7
江　西	102.76	65.58	10.68	63.8
山　东	4700.86	4350.13	1268.49	92.5
河　南	1840.81	1617.37	144.54	87.9
湖　北	528.29	485.44	84.14	91.9
湖　南	838.51	745.05	198.09	88.9
广　东	1745.56	1297.10	251.62	74.3
广　西	341.28	308.17	48.55	90.3
海　南	17.29	16.04	7.44	92.8
重　庆	317.28	265.65	58.55	83.7
四　川	636.62	526.53	124.75	82.7
贵　州	73.46	62.27	5.75	84.8
云　南	317.24	282.52	54.87	89.1
西　藏	9.97	9.15	3.69	91.8
陕　西	158.07	114.20	9.29	72.2
甘　肃	85.85	79.64	5.33	92.8
青　海	15.77	8.32	0.55	52.8
宁　夏	12.78	11.58	2.25	90.6
新　疆	65.03	61.94	18.25	95.2

各地区农村集体经济住宅建筑面积和造价

地　　区	施工面积（万平方米）	竣工面积（万平方米）	竣工价值（万　元）	竣工造价（元/ 平方米）
全国总计	**3803.05**	**3263.76**	**1603642**	**491**
北　京	124.28	124.28	96275	775
天　津	71.89	16.62	39480	2375
河　北	140.87	119.08	82362	692
山　西	13.50	7.55	5647	748
内蒙古	24.24	11.51	2226	193
辽　宁	53.05	43.55	37259	856
吉　林	18.70	13.05	10489	804
黑龙江	22.77	22.77	14600	641
上　海	141.74	66.51	72787	1094
江　苏	207.95	156.29	122775	786
浙　江	74.36	61.31	43613	711
安　徽	212.39	195.31	90470	463
福　建	171.93	129.11	63476	492
江　西	16.46	10.68	5850	548
山　东	1311.23	1268.49	340793	269
河　南	165.86	144.54	68889	477
湖　北	89.87	84.14	47388	563
湖　南	207.60	198.09	95215	481
广　东	344.23	251.62	199907	794
广　西	51.13	48.55	22772	469
海　南	7.63	7.44	4035	542
重　庆	71.18	58.55	35810	612
四　川	141.80	124.75	49498	397
贵　州	5.90	5.75	1317	229
云　南	57.46	54.87	29475	537
西　藏	3.69	3.69	805	218
陕　西	23.58	9.29	4499	484
甘　肃	5.72	5.33	5795	1087
青　海	0.58	0.55	320	582
宁　夏	2.74	2.25	1748	777
新　疆	18.74	18.25	8067	442

联营经济固定资产投资

各地区联营经济投资总规模与完成情况(一)

单位:万元

地　　区	计划总投资	实际需要总投资	自开始建设至本年底累计完成投资	本年完成投资
全国总计	**6083458**	**6524521**	**2981646**	**1231248**
北　京	76824	85624	34242	14273
天　津	47513	151652	24893	20400
河　北	26333	28665	18348	11175
山　西	35111	36452	13648	7882
内蒙古	4151	4151	3102	1696
辽　宁	17988	20129	17768	11746
吉　林	64211	68211	38330	12717
黑龙江	27686	27686	15117	6117
上　海	2402824	2496569	1105846	370730
江　苏	151685	165306	133661	57250
浙　江	449233	482525	262910	114477
安　徽	42543	42710	21509	7153
福　建	330580	373611	188270	77466
江　西	28108	28250	18481	8752
山　东	129354	137938	108890	32272
河　南	11112	11162	8920	6971
湖　北	213179	229185	173633	132445
湖　南	22460	22639	13274	8889
广　东	1556198	1638801	508901	186569
广　西	39485	39951	23408	11794
海　南	99465	113965	48104	34926
重　庆	49271	49863	15177	11428
四　川	63815	68045	44789	16414
贵　州	9122	9412	4914	4229
云　南	71716	71709	29730	18515
西　藏	724	702	702	582
陕　西	86063	92548	85320	31352
甘　肃	6439	6568	2070	2070
青　海	6211	6279	5177	3593
宁　夏	1665	1824	1626	386
新　疆	12389	12389	10886	6979
不分地区	—	—	—	—

各地区联营经济投资总规模与完成情况(二)

单位:万元

地　　区	累计新增固定资产	未完工程累计投资	全部建成尚需投资	未完工程占用率(%)
全国总计	**1293499**	**1526176**	**3542875**	**124.0**
北　京	7641	26601	51382	186.4
天　津	1398	23468	126759	115.0
河　北	16276	1523	10317	13.6
山　西	1925	11669	22804	148.0
内蒙古	152	2950	1049	173.9
辽　宁	10620	7148	2361	60.9
吉　林	872	14793	29881	116.3
黑龙江	5420	8897	12569	145.4
上　海	511360	521449	1390723	140.7
江　苏	85778	45332	31645	79.2
浙　江	143144	114692	219615	100.2
安　徽	4162	17347	21201	242.5
福　建	81276	101391	185341	130.9
江　西	6393	10124	9769	115.7
山　东	49125	49542	29048	153.5
河　南	6582	2110	2242	30.3
湖　北	111821	61435	55552	46.4
湖　南	4770	8494	9365	95.6
广　东	163588	317151	1129900	170.0
广　西	14839	7679	16543	65.1
海　南	8705	30707	65861	87.9
重　庆	7554	6834	34686	59.8
四　川	17658	27131	23256	165.3
贵　州	1904	3010	4498	71.2
云　南	10277	19325	41979	104.4
西　藏	702	—	—	—
陕　西	1522	83798	7228	267.3
甘　肃	1430	640	4498	30.9
青　海	4949	80	1102	2.2
宁　夏	1459	167	198	43.3
新　疆	10197	689	1503	9.9
不分地区	—	—	—	—

联营经济分行业投资总规模与完成情况(一)

单位:万元

行　　业	计划总投资	实际需要总投资	自开始建设至本年底累计完成投资	本年完成投资
全　国　总　计	**6083458**	**6524521**	**2981646**	**1231248**
(一) 农、林、牧、渔业	60377	61819	12300	9808
农业	51330	51330	5976	5976
林业	5521	5521	1719	1400
畜牧业	2322	3602	3453	2071
渔业	1090	1095	881	90
农、林、牧、渔服务业	114	271	271	271
(二) 采掘业	21437	24054	16991	11414
煤炭采选业	6459	8313	6084	2024
石油和天然气开采业	—	—	—	—
黑色金属矿采选业	2684	2379	1788	1668
有色金属矿采选业	8499	9567	7205	5808
非金属矿采选业	3745	3745	1864	1864
其他矿采选业	50	50	50	50
木材及竹材采运业	—	—	—	—
(三) 制造业	451451	455752	323961	218455
食品加工业	22932	23451	19746	12179
食品制造业	3171	2771	2321	2321
饮料制造业	5699	5889	4819	4819
烟草加工业	3924	3924	3924	137
纺织业	25095	25163	17304	11896
服装及其他纤维制品制造业	2950	2950	2950	2950
皮革、毛皮、羽绒及其制品业	3434	3454	2999	2999
木材加工及竹、藤、棕、草制品业	8779	8779	7809	6769
家具制造业	186	186	186	186
造纸及纸制品业	5049	5799	4699	3883
印刷业、记录媒介的复制	1138	1138	1138	1038
文教体育用品制造业	700	700	700	280
石油加工及炼焦业	876	876	876	876
化学原料及化学制品制造业	32208	33872	27891	17441
医药制造业	16373	16868	11273	8365
化学纤维制造业	711	711	711	711
橡胶制品业	14013	14001	6130	1289
塑料制品业	47079	46888	42776	32690
非金属矿物制品业	54923	55275	28469	18537
黑色金属冶炼及压延加工业	6764	6764	5833	5833
有色金属冶炼及压延加工业	12723	13056	9041	7677
金属制品业	13819	14684	9661	6536
普通机械制造业	7822	7822	5758	4883

联营经济分行业投资总规模与完成情况(一)

续 1　　单位:万元

行　业	计划总投资	实际需要总投资	自开始建设至本年底累计完成投资	本年完成投资
专用设备制造业	79430	79436	44460	17103
交通运输设备制造业	14790	14790	11330	7180
电气机械及器材制造业	16558	16933	14062	12207
电子及通信设备制造业	45957	45234	35261	25876
仪器仪表及文化、办公用机械制造业	230	230	230	230
其他制造业	4118	4108	1604	1564
(四) 电力、煤气及水的生产和供应业	938763	945288	157325	59974
电力、蒸汽、热水的生产和供应业	935723	942248	155685	59224
煤气生产和供应业	2070	2070	810	350
自来水的生产和供应业	970	970	830	400
(五) 建筑业	29375	29382	25665	17497
土木工程建筑业	28555	28562	24845	16677
线路、管道和设备安装业	820	820	820	820
建筑物的装修装饰业	—	—	—	—
(六) 地质勘查业、水利管理业	107660	107660	3052	3052
地质勘查业	—	—	—	—
水利管理业	107660	107660	3052	3052
(七) 交通运输、仓储及邮电通信业	255773	264553	214946	114838
铁路运输业	—	—	—	—
公路运输业	103905	106869	82845	39823
管道运输业	77400	81134	76534	27346
水上运输业	2443	2443	2443	2443
航空运输业	—	—	—	—
交通运输辅助业	16611	16693	8784	3946
其他交通运输业	—	—	—	—
仓储业	18950	20950	8876	5816
邮电通信业	36464	36464	35464	35464
(八) 批发和零售贸易、餐饮业	128690	139760	120590	54425
食品、饮料、烟草和家庭用品批发商业	24557	26013	23424	6707
能源、材料和机械电子设备批发业	23706	26776	19486	4842
其他批发业	6810	6958	4743	2173
零售业	47463	49488	48556	18712
商业经纪与代理业	850	850	500	500

联营经济分行业投资总规模与完成情况(一)

续 2　　　　　　　　　　　　　　　　　　　　　　　　　　　　单位:万元

行业	计划总投资	实际需要总投资	自开始建设至本年底累计完成投资	本年完成投资
餐饮业	25304	29675	23881	21491
(九) 金融、保险业	12800	12900	6202	5070
金融业	12800	12900	6202	5070
保险业	—	—	—	—
(十) 房地产业	3818324	4215895	1942744	659711
房地产开发与经营业	3806812	4204383	1936127	654506
房地产管理业	11512	11512	6617	5205
房地产代理与经纪业	—	—	—	—
(十一) 社会服务业	212115	215953	114849	57114
公共服务业	25030	25140	19525	14142
居民服务业	5410	5429	4999	2090
旅馆业	141893	145602	68231	25001
租赁服务业	—	—	—	—
旅行社	29330	29330	12837	11801
娱乐服务业	6730	6730	6730	1553
信息、咨询服务业	—	—	—	—
计算机应用服务业	—	—	—	—
其他社会服务业	3722	3722	2527	2527
(十二) 卫生、体育和社会福利业	70	70	70	50
卫生	70	70	70	50
体育	—	—	—	—
社会福利保障业	—	—	—	—
(十三) 教育、文化艺术及广播电影电视业	22479	24350	18101	8474
教育	18769	20640	15145	5736
文化艺术业	3600	3600	2900	2720
广播电影电视业	110	110	56	18
(十四) 科学研究和综合技术服务业	12350	12650	11578	2849
科学研究业	9200	9500	9055	950
综合技术服务业	3150	3150	2523	1899
(十五) 国家机关、政党机关和社会团体	7059	7183	6193	5620
国家机关	4915	5012	4492	3969
政党机关	—	—	—	—
社会团体	367	367	197	197
基层群众自治组织	1777	1804	1504	1454
(十六) 其他行业	4735	7252	7079	2897
其他行业	4735	7252	7079	2897

联营经济分行业投资总规模与完成情况(二)

单位:万元

行　　业	累计新增固定资产	未完工程累计投资	全部建成尚需投资	未完工程占用率(%)
全　国　总　计	**1293499**	**1526176**	**3542875**	**124.0**
(一) 农、林、牧、渔业	8874	2575	49519	26.3
农业	4986	990	45354	16.6
林业	—	1220	3802	87.1
畜牧业	3302	151	149	7.3
渔业	315	214	214	237.8
农、林、牧、渔服务业	271	—	—	—
(二) 采掘业	11853	5084	7063	44.5
煤炭采选业	4004	2026	2229	100.1
石油和天然气开采业	—	—	—	—
黑色金属矿采选业	1499	289	591	17.3
有色金属矿采选业	4720	2485	2362	42.8
非金属矿采选业	1580	284	1881	15.2
其他矿采选业	50	—	—	—
木材及竹材采运业	—	—	—	—
(三) 制造业	175927	141289	131791	64.7
食品加工业	11534	7400	3705	60.8
食品制造业	1271	250	450	10.8
饮料制造业	3159	1660	1070	34.4
烟草加工业	3924	—	—	—
纺织业	9306	7998	7859	67.2
服装及其他纤维制品制造业	2950	—	—	—
皮革、毛皮、羽绒及其制品业	2936	63	455	2.1
木材加工及竹、藤、棕、草制品业	5659	2150	970	31.8
家具制造业	186	—	—	—
造纸及纸制品业	2778	957	1100	24.6
印刷业、记录媒介的复制	1138	—	—	—
文教体育用品制造业	700	—	—	—
石油加工及炼焦业	876	—	—	—
化学原料及化学制品制造业	24281	3512	5981	20.1
医药制造业	8586	2687	5595	32.1
化学纤维制造业	711	—	—	—
橡胶制品业	5445	685	7871	53.1
塑料制品业	13088	29688	4112	90.8
非金属矿物制品业	13320	15074	26806	81.3
黑色金属冶炼及压延加工业	3784	—	931	—
有色金属冶炼及压延加工业	6944	2080	4015	27.1
金属制品业	6918	1954	5023	29.9
普通机械制造业	5324	434	2064	8.9

联营经济分行业投资总规模与完成情况(二)

续 1　　　　　　　　　　　　　　　　　　　　　　　　　单位:万元

行　　　业	累计新增固定资产	未完工程累计投资	全部建成尚需投资	未完工程占用率(%)
专用设备制造业	2876	41326	34976	241.6
交通运输设备制造业	9990	1290	3460	18.0
电气机械及器材制造业	12130	1605	2871	13.1
电子及通信设备制造业	15795	18960	9973	73.3
仪器仪表及文化、办公用机械制造业	190	40	—	17.4
其他制造业	128	1476	2504	94.4
(四) 电力、煤气及水的生产和供应业	55506	77587	787963	129.4
电力、蒸汽、热水的生产和供应业	54876	76577	786563	129.3
煤气生产和供应业	—	810	1260	231.4
自来水的生产和供应业	630	200	140	50.0
(五) 建筑业	10895	11270	3717	64.4
土木工程建筑业	10075	11270	3717	67.6
线路、管道和设备安装业	820	—	—	—
建筑物的装修装饰业	—	—	—	—
(六) 地质勘查业、水利管理业	73	2979	104608	97.6
地质勘查业	—	—	—	—
水利管理业	73	2979	104608	97.6
(七) 交通运输、仓储及邮电通信业	87238	127708	49607	111.2
铁路运输业	—	—	—	—
公路运输业	43199	39646	24024	99.6
管道运输业	71	76463	4600	279.6
水上运输业	2443	—	—	—
航空运输业	—	—	—	—
交通运输辅助业	2800	5984	7909	151.6
其他交通运输业	—	—	—	—
仓储业	3261	5615	12074	96.5
邮电通信业	35464	—	1000	—
(八) 批发和零售贸易、餐饮业	55291	64489	19170	118.5
食品、饮料、烟草和家庭用品批发商业	4615	18799	2589	280.3
能源、材料和机械电子设备批发业	19486	—	7290	—
其他批发业	2581	2162	2215	99.5
零售业	5928	42628	932	227.8
商业经纪与代理业	—	500	350	100.0

联营经济分行业投资总规模与完成情况(二)

续 2　　　　单位:万元

行　　业	累计新增固定资产	未完工程累计投资	全部建成尚需投资	未完工程占用率(%)
餐饮业	22681	400	5794	1.9
(九) 金融、保险业	—	6202	6698	122.3
金融业	—	6202	6698	122.3
保险业	—	—	—	—
(十) 房地产业	796769	1028931	2273151	156.0
房地产开发与经营业	796769	1022314	2268256	156.2
房地产管理业	—	6617	4895	127.1
房地产代理与经纪业	—	—	—	—
(十一) 社会服务业	81866	28411	101104	49.7
公共服务业	10845	6040	5615	42.7
居民服务业	925	4074	430	194.9
旅馆业	60570	7661	77371	30.6
租赁服务业	—	—	—	—
旅行社	4728	8109	16493	68.7
娱乐服务业	4798	—	—	—
信息、咨询服务业	—	—	—	—
计算机应用服务业	—	—	—	—
其他社会服务业	—	2527	1195	100.0
(十二) 卫生、体育和社会福利业	70	—	—	—
卫生	70	—	—	—
体育	—	—	—	—
社会福利保障业	—	—	—	—
(十三) 教育、文化艺术及广播电影电视业	3037	14901	6249	175.8
教育	3037	11945	5495	208.2
文化艺术业	—	2900	700	106.6
广播电影电视业	—	56	54	311.1
(十四) 科学研究和综合技术服务业	1493	10085	1072	354.0
科学研究业	—	9055	445	953.2
综合技术服务业	1493	1030	627	54.2
(十五) 国家机关、政党机关和社会团体	4349	1844	990	32.8
国家机关	3445	1047	520	26.4
政党机关	—	—	—	—
社会团体	—	197	170	100.0
基层群众自治组织	904	600	300	41.3
(十六) 其他行业	258	2821	173	97.4
其他行业	258	2821	173	97.4

各地区联营经济投资额和新增固定资产

单位:万元

地　区	投资额	新增固定资产	固定资产交付使用率(%)
全国总计	**1231248**	**881333**	**71.6**
北　京	14273	5961	41.8
天　津	20400	1398	6.9
河　北	11175	12913	115.6
山　西	7882	798	10.1
内蒙古	1696	110	6.5
辽　宁	11746	10048	85.5
吉　林	12717	872	6.9
黑龙江	6117	5420	88.6
上　海	370730	342588	92.4
江　苏	57250	56986	99.5
浙　江	114477	91675	80.1
安　徽	7153	3200	44.7
福　建	77466	38860	50.2
江　西	8752	6307	72.1
山　东	32272	45612	141.3
河　南	6971	6433	92.3
湖　北	132445	100841	76.1
湖　南	8889	3427	38.6
广　东	186569	86190	46.2
广　西	11794	9585	81.3
海　南	34926	7885	22.6
重　庆	11428	7244	63.4
四　川	16414	9720	59.2
贵　州	4229	1649	39.0
云　南	18515	10077	54.4
西　藏	582	702	120.6
陕　西	31352	1451	4.6
甘　肃	2070	1430	69.1
青　海	3593	4816	134.0
宁　夏	386	1164	301.6
新　疆	6979	5971	85.6
不分地区	—	—	—

联营经济分行业投资额和新增固定资产

单位:万元

行　　业	投资额	新增固定资产	固定资产交付使用率(%)
全　国　总　计	**1231248**	**881333**	**71.6**
(一) 农、林、牧、渔业	9808	8832	90.0
农业	5976	4986	83.4
林业	1400	—	—
畜牧业	2071	3260	157.4
渔业	90	315	350.0
农、林、牧、渔服务业	271	271	100.0
(二) 采掘业	11414	8564	75.0
煤炭采选业	2024	961	47.5
石油和天然气开采业	—	—	—
黑色金属矿采选业	1668	1499	89.9
有色金属矿采选业	5808	4474	77.0
非金属矿采选业	1864	1580	84.8
其他矿采选业	50	50	100.0
木材及竹材采运业	—	—	—
(三) 制造业	218455	147537	67.5
食品加工业	12179	9312	76.5
食品制造业	2321	1271	54.8
饮料制造业	4819	3159	65.6
烟草加工业	137	3924	2864.2
纺织业	11896	6398	53.8
服装及其他纤维制品制造业	2950	2950	100.0
皮革、毛皮、羽绒及其制品业	2999	2936	97.9
木材加工及竹、藤、棕、草制品业	6769	4348	64.2
家具制造业	186	186	100.0
造纸及纸制品业	3883	2768	71.3
印刷业、记录媒介的复制	1038	1138	109.6
文教体育用品制造业	280	700	250.0
石油加工及炼焦业	876	876	100.0
化学原料及化学制品制造业	17441	16098	92.3
医药制造业	8365	5796	69.3
化学纤维制造业	711	711	100.0
橡胶制品业	1289	2864	222.2
塑料制品业	32690	13088	40.0
非金属矿物制品业	18537	11345	61.2
黑色金属冶炼及压延加工业	5833	3784	64.9
有色金属冶炼及压延加工业	7677	6944	90.5
金属制品业	6536	5458	83.5
普通机械制造业	4883	5322	109.0

联营经济分行业投资额和新增固定资产

续 1　　　　单位:万元

行　　业	投资额	新增固定资产	固定资产交付使用率(%)
专用设备制造业	17103	2876	16.8
交通运输设备制造业	7180	9990	139.1
电气机械及器材制造业	12207	10986	90.0
电子及通信设备制造业	25876	11991	46.3
仪器仪表及文化、办公用机械制造业	230	190	82.6
其他制造业	1564	128	8.2
(四) 电力、煤气及水的生产和供应业	59974	23138	38.6
电力、蒸汽、热水的生产和供应业	59224	22508	38.0
煤气生产和供应业	350	—	—
自来水的生产和供应业	400	630	157.5
(五) 建筑业	17497	8000	45.7
土木工程建筑业	16677	7180	43.1
线路、管道和设备安装业	820	820	100.0
建筑物的装修装饰业	—	—	—
(六) 地质勘查业、水利管理业	3052	73	2.4
地质勘查业	—	—	—
水利管理业	3052	73	2.4
(七) 交通运输、仓储及邮电通信业	114838	69647	60.6
铁路运输业	—	—	—
公路运输业	39823	27319	68.6
管道运输业	27346	—	—
水上运输业	2443	2443	100.0
航空运输业	—	—	—
交通运输辅助业	3946	2660	67.4
其他交通运输业	—	—	—
仓储业	5816	1761	30.3
邮电通信业	35464	35464	100.0
(八) 批发和零售贸易、餐饮业	54425	41670	76.6
食品、饮料、烟草和家庭用品批发商业	6707	4615	68.8
能源、材料和机械电子设备批发业	4842	7926	163.7
其他批发业	2173	520	23.9
零售业	18712	5928	31.7
商业经纪与代理业	500	—	—

联营经济分行业投资额和新增固定资产

续 2　　　　单位:万元

行　　业	投资额	新增固定资产	固定资产交付使用率(%)
餐饮业	21491	22681	105.5
(九) 金融、保险业	5070	—	—
金融业	5070	—	—
保险业	—	—	—
(十) 房地产业	659711	527084	79.9
房地产开发与经营业	654506	527084	80.5
房地产管理业	5205	—	—
房地产代理与经纪业	—	—	—
(十一) 社会服务业	57114	38231	66.9
公共服务业	14142	7302	51.6
居民服务业	2090	397	19.0
旅馆业	25001	25884	103.5
租赁服务业	—	—	—
旅行社	11801	4578	38.8
娱乐服务业	1553	70	4.5
信息、咨询服务业	—	—	—
计算机应用服务业	—	—	—
其他社会服务业	2527	—	—
(十二) 卫生、体育和社会福利业	50	70	140.0
卫生	50	70	140.0
体育	—	—	—
社会福利保障业	—	—	—
(十三) 教育、文化艺术及广播电影电视业	8474	2813	33.2
教育	5736	2813	49.0
文化艺术业	2720	—	—
广播电影电视业	18	—	—
(十四) 科学研究和综合技术服务业	2849	1493	52.4
科学研究业	950	—	—
综合技术服务业	1899	1493	78.6
(十五) 国家机关、政党机关和社会团体	5620	3929	69.9
国家机关	3969	3025	76.2
政党机关	—	—	—
社会团体	197	—	—
基层群众自治组织	1454	904	62.2
(十六) 其他行业	2897	252	8.7
其他行业	2897	252	8.7

各地区联营经济按构成分的投资

单位:万元

地　区	投资额	建筑安装工程	设备工器具购置	其他费用
全国总计	**1231248**	**726762**	**231701**	**272785**
北　京	14273	8912	45	5316
天　津	20400	8587	613	11200
河　北	11175	4312	4216	2647
山　西	7882	1139	6641	102
内蒙古	1696	1696	—	—
辽　宁	11746	5494	4385	1867
吉　林	12717	7720	4272	725
黑龙江	6117	4719	1191	207
上　海	370730	204795	31311	134624
江　苏	57250	33919	15743	7588
浙　江	114477	68328	18989	27160
安　徽	7153	5155	239	1759
福　建	77466	52018	15682	9766
江　西	8752	5210	2901	641
山　东	32272	23580	3898	4794
河　南	6971	4266	1990	715
湖　北	132445	48791	62673	20981
湖　南	8889	8045	379	465
广　东	186569	143697	17086	25786
广　西	11794	6252	2729	2813
海　南	34926	16365	16523	2038
重　庆	11428	8365	1189	1874
四　川	16414	11366	3982	1066
贵　州	4229	2557	1364	308
云　南	18515	13558	4017	940
西　藏	582	351	231	—
陕　西	31352	20741	3706	6905
甘　肃	2070	1307	572	191
青　海	3593	2670	646	277
宁　夏	386	191	195	—
新　疆	6979	2656	4293	30
不分地区	—	—	—	—

各地区联营经济按建设性质分的投资

单位:万元

地　区	新　建	扩　建	改　建	单纯建造生活设施	迁　建	恢　复	单纯购置
全国总计	**344909**	**119198**	**81308**	**4390**	**1698**	—	**33280**
北　京	2888	4757	—	—	300	—	—
天　津	5413	—	405	—	—	—	—
河　北	4183	3186	1846	—	—	—	1410
山　西	6610	350	783	—	—	—	—
内蒙古	1626	70	—	—	—	—	—
辽　宁	2577	389	—	—	—	—	3570
吉　林	3425	800	—	—	—	—	72
黑龙江	1285	1137	905	—	—	—	—
上　海	24283	1983	15545	—	—	—	114
江　苏	7715	12325	7528	62	100	—	625
浙　江	44437	7000	221	—	473	—	254
安　徽	1976	369	65	—	—	—	—
福　建	18777	7356	948	—	—	—	3441
江　西	4786	2059	180	—	—	—	—
山　东	11425	2506	2903	169	—	—	—
河　南	4583	1560	680	—	—	—	—
湖　北	14554	42568	17555	2280	—	—	22735
湖　南	5649	1067	598	—	—	—	—
广　东	72096	16113	25758	260	128	—	—
广　西	4760	1320	1220	—	197	—	—
海　南	30895	1140	980	800	—	—	—
重　庆	8418	1687	—	—	—	—	—
四　川	9923	1496	186	—	—	—	482
贵　州	1218	1231	750	—	500	—	—
云　南	13645	3533	1048	—	—	—	—
西　藏	351	—	—	—	—	—	231
陕　西	30026	—	89	—	—	—	—
甘　肃	2070	—	—	—	—	—	—
青　海	1229	1430	115	819	—	—	—
宁　夏	—	219	—	—	—	—	—
新　疆	4086	1547	1000	—	—	—	346
不分地区	—	—	—	—	—	—	—

各地区联营经济按主要行业分的投资(一)

单位:万元

地 区	合 计	农、林、牧、渔业	采掘业	制造业	电力、煤气及水的生产和供应业
全国总计	**1231248**	**9808**	**11414**	**218455**	**59974**
北 京	14273	—	—	6044	—
天 津	20400	—	—	405	—
河 北	11175	180	75	5500	—
山 西	7882	—	783	6780	180
内 蒙 古	1696	40	—	—	—
辽 宁	11746	—	1519	949	—
吉 林	12717	—	—	800	3425
黑 龙 江	6117	—	185	2832	—
上 海	370730	4606	—	19114	—
江 苏	57250	1400	50	22620	827
浙 江	114477	—	—	25008	8177
安 徽	7153	—	—	992	—
福 建	77466	400	1771	12090	6657
江 西	8752	161	329	4355	1200
山 东	32272	—	110	2997	—
河 南	6971	260	120	4556	—
湖 北	132445	500	2506	37895	558
湖 南	8889	—	—	1207	350
广 东	186569	213	1054	10933	24476
广 西	11794	1220	1340	3142	—
海 南	34926	828	427	21138	—
重 庆	11428	—	—	5827	407
四 川	16414	—	—	3496	7328
贵 州	4229	—	—	2999	—
云 南	18515	—	—	6577	6389
西 藏	582	—	379	28	—
陕 西	31352	—	—	94	—
甘 肃	2070	—	—	1468	—
青 海	3593	—	—	2247	—
宁 夏	386	—	—	219	—
新 疆	6979	—	766	6143	—
不分地区	—	—	—	—	—

各地区联营经济按主要行业分的投资(二)

单位:万元

地区	建筑业	地质勘查业、水利管理业	交通运输、仓储及邮电通信业	批发和零售贸易、餐饮业	金融、保险业	房地产业
全国总计	**17497**	**3052**	**114838**	**54425**	**5070**	**659711**
北京	1901	—	—	—	—	6328
天津	—	—	4470	943	—	14582
河北	—	—	—	1860	—	550
山西	—	—	—	—	—	139
内蒙古	—	—	1438	70	—	148
辽宁	438	—	—	—	—	5210
吉林	—	—	72	—	—	8420
黑龙江	—	—	—	260	—	2790
上海	—	—	1312	—	—	332397
江苏	—	—	300	1650	—	29201
浙江	5587	2512	526	801	5070	62092
安徽	—	—	—	1318	—	4798
福建	2542	—	3863	1728	—	46944
江西	—	—	—	—	—	1727
山东	820	—	560	4006	—	15269
河南	—	—	—	1287	—	148
湖北	160	—	48096	3659	—	35753
湖南	—	—	—	10	—	6780
广东	2280	—	26685	32633	—	72414
广西	—	540	—	875	—	4297
海南	3500	—	—	80	—	1491
重庆	—	—	—	431	—	1323
四川	177	—	170	276	—	4687
贵州	—	—	—	700	—	530
云南	—	—	—	1126	—	289
西藏	92	—	—	—	—	—
陕西	—	—	27346	40	—	1237
甘肃	—	—	—	602	—	—
青海	—	—	—	—	—	—
宁夏	—	—	—	—	—	167
新疆	—	—	—	70	—	—
不分地区	—	—	—	—	—	—

各地区联营经济按主要行业分的投资(三)

单位:万元

地　区	社会服务业	卫生、体育和社会福利业	教育、文化艺术及广播电影电视业	科学研究和综合技术服务业	国家机关、政党机关和社会团体	其他行业
全国总计	**57114**	**50**	**8474**	**2849**	**5620**	**2897**
北　京	—	—	—	—	—	—
天　津	—	—	—	—	—	—
河　北	2540	—	470	—	—	—
山　西	—	—	—	—	—	—
内蒙古	—	—	—	—	—	—
辽　宁	3630	—	—	—	—	—
吉　林	—	—	—	—	—	—
黑龙江	—	50	—	—	—	—
上　海	13301	—	—	—	—	—
江　苏	240	—	—	900	—	62
浙　江	3221	—	533	950	—	—
安　徽	—	—	—	—	45	—
福　建	911	—	320	—	200	40
江　西	—	—	880	—	100	—
山　东	6960	—	—	—	1550	—
河　南	—	—	—	—	600	—
湖　北	2718	—	—	—	600	—
湖　南	94	—	107	—	341	—
广　东	11670	—	3247	530	434	—
广　西	8	—	175	—	197	—
海　南	3950	—	—	—	717	2795
重　庆	3294	—	—	—	146	—
四　川	10	—	—	—	270	—
贵　州	—	—	—	—	—	—
云　南	3665	—	—	469	—	—
西　藏	83	—	—	—	—	—
陕　西	—	—	2635	—	—	—
甘　肃	—	—	—	—	—	—
青　海	819	—	107	—	420	—
宁　夏	—	—	—	—	—	—
新　疆	—	—	—	—	—	—
不分地区	—	—	—	—	—	—

各地区联营经济按主要工业行业分的投资(一)

单位:万元

地区	工业合计	煤炭采选业	石油和天然气开采业	黑色金属矿采选业	有色金属矿采选业	非金属矿采选业	其他矿采选业
全国总计	**289843**	**2024**	—	**1668**	**5808**	**1864**	**50**
北京	6044	—	—	—	—	—	—
天津	405	—	—	—	—	—	—
河北	5575	75	—	—	—	—	—
山西	7743	783	—	—	—	—	—
内蒙古	—	—	—	—	—	—	—
辽宁	2468	—	—	—	1519	—	—
吉林	4225	—	—	—	—	—	—
黑龙江	3017	185	—	—	—	—	—
上海	19114	—	—	—	—	—	—
江苏	23497	—	—	—	—	—	50
浙江	33185	—	—	—	—	—	—
安徽	992	—	—	—	—	—	—
福建	20518	—	—	—	1571	200	—
江西	5884	110	—	—	24	195	—
山东	3107	110	—	—	—	—	—
河南	4676	120	—	—	—	—	—
湖北	40959	506	—	1000	—	1000	—
湖南	1557	—	—	—	—	—	—
广东	36463	135	—	—	450	469	—
广西	4482	—	—	—	1340	—	—
海南	21565	—	—	—	427	—	—
重庆	6234	—	—	—	—	—	—
四川	10824	—	—	—	—	—	—
贵州	2999	—	—	—	—	—	—
云南	12966	—	—	—	—	—	—
西藏	407	—	—	379	—	—	—
陕西	94	—	—	—	—	—	—
甘肃	1468	—	—	—	—	—	—
青海	2247	—	—	—	—	—	—
宁夏	219	—	—	—	—	—	—
新疆	6909	—	—	289	477	—	—
不分地区	—	—	—	—	—	—	—

各地区联营经济按主要工业行业分的投资(二)

单位:万元

地　　区	木材及竹材采运业	食品加工业	食品制造业	饮料制造业	烟草加工业	纺织业	服装及其他纤维制品制造业
全国总计	—	**12179**	**2321**	**4819**	**137**	**11896**	**2950**
北　　京	—	—	—	—	—	4757	—
天　　津	—	—	—	—	—	—	—
河　　北	—	406	—	—	—	52	—
山　　西	—	—	—	—	—	—	—
内 蒙 古	—	—	—	—	—	—	—
辽　　宁	—	—	—	—	—	—	—
吉　　林	—	—	—	—	—	—	—
黑 龙 江	—	110	—	—	—	—	—
上　　海	—	800	—	—	137	46	—
江　　苏	—	257	—	—	—	179	2950
浙　　江	—	—	—	—	—	820	—
安　　徽	—	643	—	—	—	—	—
福　　建	—	2253	—	450	—	—	—
江　　西	—	462	—	—	—	—	—
山　　东	—	—	—	50	—	—	—
河　　南	—	741	—	—	—	—	—
湖　　北	—	2660	870	2330	—	150	—
湖　　南	—	180	—	—	—	—	—
广　　东	—	1462	—	130	—	229	—
广　　西	—	—	350	—	—	—	—
海　　南	—	—	851	—	—	—	—
重　　庆	—	—	—	—	—	—	—
四　　川	—	90	250	1800	—	—	—
贵　　州	—	350	—	—	—	—	—
云　　南	—	1765	—	—	—	—	—
西　　藏	—	—	—	—	—	—	—
陕　　西	—	—	—	—	—	—	—
甘　　肃	—	—	—	—	—	—	—
青　　海	—	—	—	—	—	—	—
宁　　夏	—	—	—	—	—	—	—
新　　疆	—	—	—	59	—	5663	—
不分地区	—	—	—	—	—	—	—

各地区联营经济按主要工业行业分的投资(三)

单位:万元

地区	皮革、毛皮、羽绒及其制品业	木材加工及竹、藤、棕、草制品业	家具制造业	造纸及纸制品业	印刷业、记录媒介的复制	文教体育用品制造业	石油加工及炼焦业
全国总计	**2999**	**6769**	**186**	**3883**	**1038**	**280**	**876**
北京	—	—	—	—	—	—	—
天津	—	—	—	—	—	—	—
河北	—	—	—	—	—	—	—
山西	—	—	—	—	—	—	—
内蒙古	—	—	—	—	—	—	—
辽宁	—	—	—	—	—	—	—
吉林	—	—	—	—	—	—	—
黑龙江	—	100	—	—	—	—	811
上海	—	800	—	—	—	—	—
江苏	192	410	—	80	—	—	—
浙江	63	—	—	551	—	80	—
安徽	—	—	—	—	—	—	—
福建	78	20	—	80	—	—	—
江西	—	780	—	270	318	—	—
山东	—	265	—	—	—	—	—
河南	—	—	—	—	—	—	—
湖北	2666	1974	—	660	420	200	—
湖南	—	—	—	—	300	—	—
广东	—	270	186	1053	—	—	—
广西	—	—	—	560	—	—	—
海南	—	2100	—	629	—	—	—
重庆	—	—	—	—	—	—	—
四川	—	—	—	—	—	—	—
贵州	—	—	—	—	—	—	—
云南	—	—	—	—	—	—	—
西藏	—	—	—	—	—	—	—
陕西	—	—	—	—	—	—	—
甘肃	—	—	—	—	—	—	—
青海	—	50	—	—	—	—	65
宁夏	—	—	—	—	—	—	—
新疆	—	—	—	—	—	—	—
不分地区	—	—	—	—	—	—	—

各地区联营经济按主要工业行业分的投资(四)

单位:万元

地　区	化学原料及化学制品制造业	医药制造业	化学纤维制造业	橡胶制品业	塑料制品业	非金属矿物制品业	黑色金属冶炼及压延加工业
全国总计	**17441**	**8365**	**711**	**1289**	**32690**	**18537**	**5833**
北　京	—	—	—	—	—	—	—
天　津	—	—	—	—	—	—	—
河　北	—	—	—	—	422	250	—
山　西	350	—	—	—	—	6430	—
内蒙古	—	—	—	—	—	—	—
辽　宁	—	129	—	—	—	—	—
吉　林	—	—	—	—	—	—	—
黑龙江	—	1000	—	—	—	—	—
上　海	—	—	711	—	—	—	2946
江　苏	260	—	—	1089	3209	—	—
浙　江	899	—	—	78	22162	310	—
安　徽	35	—	—	—	—	44	—
福　建	—	1621	—	—	1594	2126	100
江　西	330	750	—	—	—	—	—
山　东	—	200	—	—	780	860	—
河　南	950	—	—	—	—	621	—
湖　北	6184	2968	—	50	4518	3370	200
湖　南	—	—	—	—	—	431	200
广　东	6744	260	—	—	—	—	—
广　西	—	182	—	—	—	—	—
海　南	—	—	—	—	—	1290	—
重　庆	—	850	—	—	—	50	—
四　川	—	200	—	—	—	—	—
贵　州	1470	—	—	—	—	609	—
云　南	—	205	—	72	—	740	—
西　藏	—	—	—	—	—	—	—
陕　西	—	—	—	—	5	—	89
甘　肃	—	—	—	—	—	600	868
青　海	—	—	—	—	—	672	1430
宁　夏	219	—	—	—	—	—	—
新　疆	—	—	—	—	—	134	—
不分地区	—	—	—	—	—	—	—

各地区联营经济按主要工业行业分的投资(五)

单位:万元

地区	有色金属冶炼及压延加工业	金属制品业	普通机械制造业	专用设备制造业	交通运输设备制造业	电气机械及器材制造业
全国总计	**7677**	**6536**	**4883**	**17103**	**7180**	**12207**
北京	—	300	—	—	—	—
天津	405	—	—	—	—	—
河北	—	1131	—	1483	—	—
山西	—	—	—	—	—	—
内蒙古	—	—	—	—	—	—
辽宁	50	—	420	—	140	210
吉林	—	—	800	—	—	—
黑龙江	—	150	—	—	—	—
上海	—	—	—	12842	—	450
江苏	—	1385	2314	—	3180	3099
浙江	—	—	—	45	—	—
安徽	—	—	—	—	270	—
福建	—	254	690	—	60	102
江西	—	—	200	70	350	—
山东	293	—	289	—	200	—
河南	—	108	50	1648	—	438
湖北	862	1180	50	550	1980	4053
湖南	—	—	70	—	—	26
广东	400	—	—	—	—	199
广西	2000	—	—	50	—	—
海南	—	—	—	—	1000	—
重庆	—	1297	—	—	—	3630
四川	—	131	—	—	—	—
贵州	—	570	—	—	—	—
云南	3667	—	—	128	—	—
西藏	—	—	—	—	—	—
陕西	—	—	—	—	—	—
甘肃	—	—	—	—	—	—
青海	—	30	—	—	—	—
宁夏	—	—	—	—	—	—
新疆	—	—	—	287	—	—
不分地区	—	—	—	—	—	—

各地区联营经济按主要工业行业分的投资(六)

单位:万元

地区	电子及通信设备制造业	仪器仪表及文化、办公用机械制造业	其他制造业	电力、蒸汽、热水的生产和供应业	煤气生产和供应业	自来水的生产和供应业
全国总计	**25876**	**230**	**1564**	**59224**	**350**	**400**
北京	987	—	—	—	—	—
天津	—	—	—	—	—	—
河北	1526	230	—	—	—	—
山西	—	—	—	180	—	—
内蒙古	—	—	—	—	—	—
辽宁	—	—	—	—	—	—
吉林	—	—	—	3425	—	—
黑龙江	661	—	—	—	—	—
上海	382	—	—	—	—	—
江苏	4016	—	—	827	—	—
浙江	—	—	—	8177	—	—
安徽	—	—	—	—	—	—
福建	2011	—	651	6457	—	200
江西	—	—	825	1200	—	—
山东	—	—	60	—	—	—
河南	—	—	—	—	—	—
湖北	—	—	—	558	—	—
湖南	—	—	—	—	350	—
广东	—	—	—	24476	—	—
广西	—	—	—	—	—	—
海南	15268	—	—	—	—	—
重庆	—	—	—	207	—	200
四川	1025	—	—	7328	—	—
贵州	—	—	—	—	—	—
云南	—	—	—	6389	—	—
西藏	—	—	28	—	—	—
陕西	—	—	—	—	—	—
甘肃	—	—	—	—	—	—
青海	—	—	—	—	—	—
宁夏	—	—	—	—	—	—
新疆	—	—	—	—	—	—
不分地区	—	—	—	—	—	—

各地区联营经济农业、轻工业、重工业投资

单位:万元

地　　区	合　计	农　业	轻工业	重工业
全国总计	**299651**	**9808**	**82443**	**207400**
北　　京	6044	—	5057	987
天　　津	405	—	—	405
河　　北	5755	180	901	4674
山　　西	7743	—	—	7743
内 蒙 古	40	40	—	—
辽　　宁	2468	—	129	2339
吉　　林	4225	—	—	4225
黑 龙 江	3017	—	1260	1757
上　　海	23720	4606	1694	17420
江　　苏	24897	1400	12274	11223
浙　　江	33185	—	2202	30983
安　　徽	992	—	678	314
福　　建	20918	400	7201	13317
江　　西	6045	161	3735	2149
山　　东	3107	—	1890	1217
河　　南	4936	260	849	3827
湖　　北	41459	500	23224	17735
湖　　南	1557	—	480	1077
广　　东	36676	213	3370	33093
广　　西	5702	1220	1092	3390
海　　南	22393	828	3580	17985
重　　庆	6234	—	2347	3887
四　　川	10824	—	2340	8484
贵　　州	2999	—	350	2649
云　　南	12966	—	1970	10996
西　　藏	407	—	28	379
陕　　西	94	—	5	89
甘　　肃	1468	—	—	1468
青　　海	2247	—	65	2182
宁　　夏	219	—	—	219
新　　疆	6909	—	5722	1187
不分地区	—	—	—	—

各地区联营经济能源工业投资

单位:万元

地区	能源工业合计	煤炭采选业	石油和天然气开采业	电力、蒸汽、热水的生产和供应业	石油加工及炼焦业	煤气生产和供应业
全国总计	**62474**	**2024**	—	**59224**	**876**	**350**
北京	—	—	—	—	—	—
天津	—	—	—	—	—	—
河北	75	75	—	—	—	—
山西	963	783	—	180	—	—
内蒙古	—	—	—	—	—	—
辽宁	—	—	—	—	—	—
吉林	3425	—	—	3425	—	—
黑龙江	996	185	—	—	811	—
上海	—	—	—	—	—	—
江苏	827	—	—	827	—	—
浙江	8177	—	—	8177	—	—
安徽	—	—	—	—	—	—
福建	6457	—	—	6457	—	—
江西	1310	110	—	1200	—	—
山东	110	110	—	—	—	—
河南	120	120	—	—	—	—
湖北	1064	506	—	558	—	—
湖南	350	—	—	—	—	350
广东	24611	135	—	24476	—	—
广西	—	—	—	—	—	—
海南	—	—	—	—	—	—
重庆	207	—	—	207	—	—
四川	7328	—	—	7328	—	—
贵州	—	—	—	—	—	—
云南	6389	—	—	6389	—	—
西藏	—	—	—	—	—	—
陕西	—	—	—	—	—	—
甘肃	—	—	—	—	—	—
青海	65	—	—	—	65	—
宁夏	—	—	—	—	—	—
新疆	—	—	—	—	—	—
不分地区	—	—	—	—	—	—

各地区联营经济交通运输业投资

单位:万元

地　区	合　计	铁路运输业	公路运输业	管道运输业	水上运输业	航空运输业	交通运输辅助业	其他交通运输业
全国总计	**73558**	—	**39823**	**27346**	**2443**	—	**3946**	—
北　京	—	—	—	—	—	—	—	—
天　津	4470	—	4470	—	—	—	—	—
河　北	—	—	—	—	—	—	—	—
山　西	—	—	—	—	—	—	—	—
内蒙古	1438	—	—	—	—	—	1438	—
辽　宁	—	—	—	—	—	—	—	—
吉　林	72	—	72	—	—	—	—	—
黑龙江	—	—	—	—	—	—	—	—
上　海	1312	—	1312	—	—	—	—	—
江　苏	300	—	207	—	93	—	—	—
浙　江	526	—	526	—	—	—	—	—
安　徽	—	—	—	—	—	—	—	—
福　建	2102	—	318	—	—	—	1784	—
江　西	—	—	—	—	—	—	—	—
山　东	560	—	—	—	—	—	560	—
河　南	—	—	—	—	—	—	—	—
湖　北	10432	—	7918	—	2350	—	164	—
湖　南	—	—	—	—	—	—	—	—
广　东	25000	—	25000	—	—	—	—	—
广　西	—	—	—	—	—	—	—	—
海　南	—	—	—	—	—	—	—	—
重　庆	—	—	—	—	—	—	—	—
四　川	—	—	—	—	—	—	—	—
贵　州	—	—	—	—	—	—	—	—
云　南	—	—	—	—	—	—	—	—
西　藏	—	—	—	—	—	—	—	—
陕　西	27346	—	—	27346	—	—	—	—
甘　肃	—	—	—	—	—	—	—	—
青　海	—	—	—	—	—	—	—	—
宁　夏	—	—	—	—	—	—	—	—
新　疆	—	—	—	—	—	—	—	—
不分地区	—	—	—	—	—	—	—	—

联营经济按构成分的行业投资

单位:万元

行　　业	投资额	建筑安装工程	设备工器具购置	其他费用
全　国　总　计	**1231248**	**726762**	**231701**	**272785**
(一) 农、林、牧、渔业	9808	2664	2552	4592
农业	5976	606	2478	2892
林业	1400	—	—	1400
畜牧业	2071	1771	—	300
渔业	90	90	—	—
农、林、牧、渔服务业	271	197	74	—
(二) 采掘业	11414	6462	3247	1705
煤炭采选业	2024	984	505	535
石油和天然气开采业	—	—	—	—
黑色金属矿采选业	1668	1527	141	—
有色金属矿采选业	5808	3032	1775	1001
非金属矿采选业	1864	869	826	169
其他矿采选业	50	50	—	—
木材及竹材采运业	—	—	—	—
(三) 制造业	218455	76175	116822	25458
食品加工业	12179	6105	5093	981
食品制造业	2321	548	1773	—
饮料制造业	4819	974	3524	321
烟草加工业	137	66	71	—
纺织业	11896	3665	4704	3527
服装及其他纤维制品制造业	2950	247	2559	144
皮革、毛皮、羽绒及其制品业	2999	1131	1366	502
木材加工及竹、藤、棕、草制品业	6769	2492	3860	417
家具制造业	186	80	106	—
造纸及纸制品业	3883	2030	1814	39
印刷业、记录媒介的复制	1038	508	530	—
文教体育用品制造业	280	98	82	100
石油加工及炼焦业	876	285	400	191
化学原料及化学制品制造业	17441	5158	10916	1367
医药制造业	8365	3006	4584	775
化学纤维制造业	711	371	340	—
橡胶制品业	1289	395	859	35
塑料制品业	32690	6184	22435	4071
非金属矿物制品业	18537	4924	12333	1280
黑色金属冶炼及压延加工业	5833	3478	1957	398
有色金属冶炼及压延加工业	7677	2372	4152	1153
金属制品业	6536	2468	3983	85
普通机械制造业	4883	3440	1163	280

联营经济按构成分的行业投资

续1 单位:万元

行　　业	投资额	建筑安装工程	设备工器具购置	其他费用
专用设备制造业	17103	10391	1437	5275
交通运输设备制造业	7180	5505	967	708
电气机械及器材制造业	12207	4887	5055	2265
电子及通信设备制造业	25876	4275	20487	1114
仪器仪表及文化、办公用机械制造业	230	180	20	30
其他制造业	1564	912	252	400
(四) 电力、煤气及水的生产和供应业	59974	47566	7041	5367
电力、蒸汽、热水的生产和供应业	59224	46995	6902	5327
煤气生产和供应业	350	310	—	40
自来水的生产和供应业	400	261	139	—
(五) 建筑业	17497	13897	3000	600
土木工程建筑业	16677	13077	3000	600
线路、管道和设备安装业	820	820	—	—
建筑物的装修装饰业	—	—	—	—
(六) 地质勘查业、水利管理业	3052	240	373	2439
地质勘查业	—	—	—	—
水利管理业	3052	240	373	2439
(七) 交通运输、仓储及邮电通信业	114838	57104	43616	14118
铁路运输业	—	—	—	—
公路运输业	39823	26612	9148	4063
管道运输业	27346	16989	3570	6787
水上运输业	2443	—	2443	—
航空运输业	—	—	—	—
交通运输辅助业	3946	3561	260	125
其他交通运输业	—	—	—	—
仓储业	5816	4642	731	443
邮电通信业	35464	5300	27464	2700
(八) 批发和零售贸易、餐饮业	54425	36344	10091	7990
食品、饮料、烟草和家庭用品批发商业	6707	4825	1583	299
能源、材料和机械电子设备批发业	4842	2597	895	1350
其他批发业	2173	2123	—	50
零售业	18712	13590	988	4134
商业经纪与代理业	500	210	—	290

联营经济按构成分的行业投资

续 2 单位:万元

行　　业	投资额	建筑安装工程	设备工器具购置	其他费用
餐饮业	21491	12999	6625	1867
(九) 金融、保险业	5070	4570	500	—
金融业	5070	4570	500	—
保险业	—	—	—	—
(十) 房地产业	659711	429487	26589	203635
房地产开发与经营业	654506	424282	26589	203635
房地产管理业	5205	5205	—	—
房地产代理与经纪业	—	—	—	—
(十一) 社会服务业	57114	35041	15880	6193
公共服务业	14142	10256	3850	36
居民服务业	2090	1556	186	348
旅馆业	25001	10671	11350	2980
租赁服务业	—	—	—	—
旅行社	11801	9118	444	2239
娱乐服务业	1553	1503	50	—
信息、咨询服务业	—	—	—	—
计算机应用服务业	—	—	—	—
其他社会服务业	2527	1937	—	590
(十二) 卫生、体育和社会福利业	50	50	—	—
卫生	50	50	—	—
体育	—	—	—	—
社会福利保障业	—	—	—	—
(十三) 教育、文化艺术及广播电影电视业	8474	6910	1353	211
教育	5736	4172	1353	211
文化艺术业	2720	2720	—	—
广播电影电视业	18	18	—	—
(十四) 科学研究和综合技术服务业	2849	2328	371	150
科学研究业	950	950	—	—
综合技术服务业	1899	1378	371	150
(十五) 国家机关、政党机关和社会团体	5620	5033	260	327
国家机关	3969	3732	227	10
政党机关	—	—	—	—
社会团体	197	80	—	117
基层群众自治组织	1454	1221	33	200
(十六) 其他行业	2897	2891	6	—
其他行业	2897	2891	6	—

联营经济按隶属关系分的行业投资

单位:万元

行　　业	合　计	中央项目	地方项目	省　属	地市属	县　属
全　国　总　计	**1231248**	**37002**	**965215**	**183737**	**299395**	**482083**
(一) 农、林、牧、渔业	9808	—	9209	4386	2013	2810
农业	5976	—	5976	4386	400	1190
林业	1400	—	1400	—	—	1400
畜牧业	2071	—	1620	—	1400	220
渔业	90	—	—	—	—	—
农、林、牧、渔服务业	271	—	213	—	213	—
(二) 采掘业	11414	—	7827	—	177	7650
煤炭采选业	2024	—	1649	—	110	1539
石油和天然气开采业	—	—	—	—	—	—
黑色金属矿采选业	1668	—	668	—	67	601
有色金属矿采选业	5808	—	4041	—	—	4041
非金属矿采选业	1864	—	1469	—	—	1469
其他矿采选业	50	—	—	—	—	—
木材及竹材采运业	—	—	—	—	—	—
(三) 制造业	218455	1820	154119	25133	54143	74843
食品加工业	12179	—	9003	643	2253	6107
食品制造业	2321	—	851	—	—	851
饮料制造业	4819	—	2010	30	—	1980
烟草加工业	137	137	—	—	—	—
纺织业	11896	—	11712	4803	—	6909
服装及其他纤维制品制造业	2950	—	2950	—	—	2950
皮革、毛皮、羽绒及其制品业	2999	—	533	—	192	341
木材加工及竹、藤、棕、草制品业	6769	—	2524	800	—	1724
家具制造业	186	—	—	—	—	—
造纸及纸制品业	3883	—	3133	—	80	3053
印刷业、记录媒介的复制	1038	—	718	—	—	718
文教体育用品制造业	280	—	280	—	—	280
石油加工及炼焦业	876	—	65	—	—	65
化学原料及化学制品制造业	17441	—	15741	—	10678	5063
医药制造业	8365	200	6760	—	1758	5002
化学纤维制造业	711	—	711	711	—	—
橡胶制品业	1289	—	1211	72	1089	50
塑料制品业	32690	—	28172	—	22231	5941
非金属矿物制品业	18537	—	6313	—	—	6313
黑色金属冶炼及压延加工业	5833	—	5733	2946	—	2787
有色金属冶炼及压延加工业	7677	—	7227	405	2867	3955
金属制品业	6536	—	6428	570	1360	4498
普通机械制造业	4883	—	4783	—	850	3933

联营经济按隶属关系分的行业投资

续1　　　　　　　　　　　　　　　　　　　　　　　　　　　　单位:万元

行业	合计	中央项目	地方项目	省属	地市属	县属
专用设备制造业	17103	1483	14717	12716	100	1901
交通运输设备制造业	7180	—	4000	—	60	3940
电气机械及器材制造业	12207	—	7864	450	4133	3281
电子及通信设备制造业	25876	—	8886	987	6202	1697
仪器仪表及文化、办公用机械制造业	230	—	230	—	230	—
其他制造业	1564	—	1564	—	60	1504
(四) 电力、煤气及水的生产和供应业	59974	—	55275	2887	24157	28231
电力、蒸汽、热水的生产和供应业	59224	—	54725	2887	23807	28031
煤气生产和供应业	350	—	350	—	350	—
自来水的生产和供应业	400	—	200	—	—	200
(五) 建筑业	17497	—	13947	—	7763	6184
土木工程建筑业	16677	—	13127	—	6943	6184
线路、管道和设备安装业	820	—	820	—	820	—
建筑物的装修装饰业	—	—	—	—	—	—
(六) 地质勘查业、水利管理业	3052	—	3052	—	3052	—
地质勘查业	—	—	—	—	—	—
水利管理业	3052	—	3052	—	3052	—
(七) 交通运输、仓储及邮电通信业	114838	11464	68536	60212	6783	1541
铁路运输业	—	—	—	—	—	—
公路运输业	39823	—	32423	29782	1470	1171
管道运输业	27346	—	27346	27346	—	—
水上运输业	2443	—	2443	—	2443	—
航空运输业	—	—	—	—	—	—
交通运输辅助业	3946	—	2508	1784	724	—
其他交通运输业	—	—	—	—	—	—
仓储业	5816	—	3816	1300	2146	370
邮电通信业	35464	11464	—	—	—	—
(八) 批发和零售贸易、餐饮业	54425	—	46330	2836	24090	19404
食品、饮料、烟草和家庭用品批发商业	6707	—	6276	2836	276	3164
能源、材料和机械电子设备批发业	4842	—	1762	—	977	785
其他批发业	2173	—	992	—	122	870
零售业	18712	—	15379	—	13591	1788
商业经纪与代理业	500	—	500	—	500	—

联营经济按隶属关系分的行业投资

续2　　　　单位:万元

行　　业	合　计	中央项目	地方项目	省　属	地市属	县　属
餐饮业	21491	—	21421	—	8624	12797
(九) 金融、保险业	5070	—	5070	—	450	4620
金融业	5070	—	5070	—	450	4620
保险业	—	—	—	—	—	—
(十) 房地产业	659711	23718	539122	70598	154295	314229
房地产开发与经营业	654506	23718	533917	70598	154295	314229
房地产管理业	5205	—	5205	—	5205	—
房地产代理与经纪业	—	—	—	—	—	—
(十一) 社会服务业	57114	—	50890	16131	17188	17571
公共服务业	14142	—	14142	—	6480	7662
居民服务业	2090	—	2090	—	1540	550
旅馆业	25001	—	21877	15901	2568	3408
租赁服务业	—	—	—	—	—	—
旅行社	11801	—	8701	230	6600	1871
娱乐服务业	1553	—	1553	—	—	1553
信息、咨询服务业	—	—	—	—	—	—
计算机应用服务业	—	—	—	—	—	—
其他社会服务业	2527	—	2527	—	—	2527
(十二) 卫生、体育和社会福利业	50	—	50	—	—	50
卫生	50	—	50	—	—	50
体育	—	—	—	—	—	—
社会福利保障业	—	—	—	—	—	—
(十三) 教育、文化艺术及广播电影电视业	8474	—	5486	135	4284	1067
教育	5736	—	5266	135	4284	847
文化艺术业	2720	—	220	—	—	220
广播电影电视业	18	—	—	—	—	—
(十四) 科学研究和综合技术服务业	2849	—	2319	1419	900	—
科学研究业	950	—	950	950	—	—
综合技术服务业	1899	—	1369	469	900	—
(十五) 国家机关、政党机关和社会团体	5620	—	3921	—	100	3821
国家机关	3969	—	3124	—	100	3024
政党机关	—	—	—	—	—	—
社会团体	197	—	197	—	—	197
基层群众自治组织	1454	—	600	—	—	600
(十六) 其他行业	2897	—	62	—	—	62
其他行业	2897	—	62	—	—	62

联营经济按建设性质分的行业投资

单位:万元

行　　业	新　建	扩　建	改　建	单纯建造生活设施	迁　建	恢　复	单纯购置
全　国　总　计	**344909**	**119198**	**81308**	**4390**	**1698**	—	**33280**
(一) 农、林、牧、渔业	6785	1303	1720	—	—	—	—
农业	4786	690	500	—	—	—	—
林业	—	180	1220	—	—	—	—
畜牧业	1851	220	—	—	—	—	—
渔业	90	—	—	—	—	—	—
农、林、牧、渔服务业	58	213	—	—	—	—	—
(二) 采掘业	6023	3787	1508	—	—	—	96
煤炭采选业	550	616	858	—	—	—	—
石油和天然气开采业	—	—	—	—	—	—	—
黑色金属矿采选业	572	1000	—	—	—	—	96
有色金属矿采选业	3537	1821	450	—	—	—	—
非金属矿采选业	1364	300	200	—	—	—	—
其他矿采选业	—	50	—	—	—	—	—
木材及竹材采运业	—	—	—	—	—	—	—
(三) 制造业	98857	62198	48743	3509	1028	—	4120
食品加工业	7395	3849	210	—	—	—	725
食品制造业	401	800	870	—	—	—	250
饮料制造业	2330	430	—	2000	—	—	59
烟草加工业	—	—	137	—	—	—	—
纺织业	3763	6711	1370	—	—	—	52
服装及其他纤维制品制造业	—	—	2950	—	—	—	—
皮革、毛皮、羽绒及其制品业	278	2466	255	—	—	—	—
木材加工及竹、藤、棕、草制品业	2755	1712	2302	—	—	—	—
家具制造业	186	—	—	—	—	—	—
造纸及纸制品业	2029	641	1053	—	—	—	160
印刷业、记录媒介的复制	318	350	300	—	—	—	70
文教体育用品制造业	—	200	80	—	—	—	—
石油加工及炼焦业	—	811	65	—	—	—	—
化学原料及化学制品制造业	4431	11096	1456	—	—	—	458
医药制造业	5008	137	2960	260	—	—	—
化学纤维制造业	—	711	—	—	—	—	—
橡胶制品业	—	1089	200	—	—	—	—
塑料制品业	22167	6277	4174	—	—	—	72
非金属矿物制品业	10575	2444	4218	800	500	—	—
黑色金属冶炼及压延加工业	2065	1630	2138	—	—	—	—
有色金属冶炼及压延加工业	4062	3210	405	—	—	—	—
金属制品业	2673	3162	401	—	300	—	—
普通机械制造业	3330	1010	274	169	—	—	100

联营经济按建设性质分的行业投资

续1 单位:万元

行业	新建	扩建	改建	单纯建造生活设施	迁建	恢复	单纯购置
专用设备制造业	786	1507	14423	—	—	—	387
交通运输设备制造业	1320	5580	—	280	—	—	—
电气机械及器材制造业	4139	1539	6299	—	128	—	102
电子及通信设备制造业	17877	4011	2203	—	100	—	1685
仪器仪表及文化、办公用机械制造业	230	—	—	—	—	—	—
其他制造业	739	825	—	—	—	—	—
(四) 电力、煤气及水的生产和供应业	56494	3480	—	—	—	—	—
电力、蒸汽、热水的生产和供应业	55744	3480	—	—	—	—	—
煤气生产和供应业	350	—	—	—	—	—	—
自来水的生产和供应业	400	—	—	—	—	—	—
(五) 建筑业	9124	5323	60	—	—	—	2990
土木工程建筑业	8304	5323	60	—	—	—	2990
线路、管道和设备安装业	820	—	—	—	—	—	—
建筑物的装修装饰业	—	—	—	—	—	—	—
(六) 地质勘查业、水利管理业	3052	—	—	—	—	—	—
地质勘查业	—	—	—	—	—	—	—
水利管理业	3052	—	—	—	—	—	—
(七) 交通运输、仓储及邮电通信业	41366	27191	24000	—	—	—	22281
铁路运输业	—	—	—	—	—	—	—
公路运输业	7449	—	24000	—	—	—	8374
管道运输业	27346	—	—	—	—	—	—
水上运输业	—	—	—	—	—	—	2443
航空运输业	—	—	—	—	—	—	—
交通运输辅助业	3386	560	—	—	—	—	—
其他交通运输业	—	—	—	—	—	—	—
仓储业	3185	2631	—	—	—	—	—
邮电通信业	—	24000	—	—	—	—	11464
(八) 批发和零售贸易、餐饮业	43066	7125	4234	—	—	—	—
食品、饮料、烟草和家庭用品批发商业	2750	2071	1886	—	—	—	—
能源、材料和机械电子设备批发业	4762	—	80	—	—	—	—
其他批发业	2173	—	—	—	—	—	—
零售业	14844	2300	1568	—	—	—	—
商业经纪与代理业	500	—	—	—	—	—	—

联营经济按建设性质分的行业投资

续 2　　　　　　　　　　　　　　　　　　　　　　　　　　单位:万元

行业	新建	扩建	改建	单纯建造生活设施	迁建	恢复	单纯购置
餐饮业	18037	2754	700	—	—	—	—
(九) 金融、保险业	5070	—	—	—	—	—	—
金融业	5070	—	—	—	—	—	—
保险业	—	—	—	—	—	—	—
(十) 房地产业	13111	135	—	—	—	—	—
房地产开发与经营业	7906	135	—	—	—	—	—
房地产管理业	5205	—	—	—	—	—	—
房地产代理与经纪业	—	—	—	—	—	—	—
(十一) 社会服务业	43607	8154	741	819	—	—	3793
公共服务业	2582	7850	—	—	—	—	3710
居民服务业	1813	194	—	—	—	—	83
旅馆业	23331	110	741	819	—	—	—
租赁服务业	—	—	—	—	—	—	—
旅行社	11801	—	—	—	—	—	—
娱乐服务业	1553	—	—	—	—	—	—
信息、咨询服务业	—	—	—	—	—	—	—
计算机应用服务业	—	—	—	—	—	—	—
其他社会服务业	2527	—	—	—	—	—	—
(十二) 卫生、体育和社会福利业	—	50	—	—	—	—	—
卫生	—	50	—	—	—	—	—
体育	—	—	—	—	—	—	—
社会福利保障业	—	—	—	—	—	—	—
(十三) 教育、文化艺术及广播电影电视业	7834	167	—	—	473	—	—
教育	5096	167	—	—	473	—	—
文化艺术业	2720	—	—	—	—	—	—
广播电影电视业	18	—	—	—	—	—	—
(十四) 科学研究和综合技术服务业	2849	—	—	—	—	—	—
科学研究业	950	—	—	—	—	—	—
综合技术服务业	1899	—	—	—	—	—	—
(十五) 国家机关、政党机关和社会团体	4836	285	302	—	197	—	—
国家机关	3382	285	302	—	—	—	—
政党机关	—	—	—	—	—	—	—
社会团体	—	—	—	—	197	—	—
基层群众自治组织	1454	—	—	—	—	—	—
(十六) 其他行业	2835	—	—	62	—	—	—
其他行业	2835	—	—	62	—	—	—

各地区联营经济财务拨款

单位:万元

地区	本年资金来源合计	上年末结余资金	本年资金来源小计	本年各项应付款合计
全国总计	**1752539**	**232146**	**1520393**	**317973**
北京	16032	8279	7753	—
天津	48585	6769	41816	2581
河北	12292	691	11601	838
山西	8102	888	7214	—
内蒙古	1190	248	942	875
辽宁	12136	5	12131	2538
吉林	9297	—	9297	3800
黑龙江	5231	6	5225	5248
上海	615205	110895	504310	146809
江苏	74414	12681	61733	11244
浙江	199750	24524	175226	21732
安徽	8730	792	7938	2430
福建	100409	17323	83086	10844
江西	11213	2290	8923	400
山东	40493	1387	39106	11606
河南	6968	130	6838	606
湖北	129127	7804	121323	5721
湖南	10062	169	9893	802
广东	229176	25336	203840	65692
广西	18886	870	18016	5142
海南	47323	1499	45824	2824
重庆	11981	612	11369	716
四川	23890	3508	20382	1126
贵州	4684	357	4327	180
云南	48116	934	47182	2673
西藏	582	—	582	—
陕西	46243	260	45983	10626
甘肃	2070	—	2070	—
青海	3540	428	3112	107
宁夏	374	80	294	127
新疆	6438	3381	3057	686
不分地区	—	—	—	—

各地区联营经济财务拨款资金来源(一)

单位:万元

地　　区	本年财务拨款、贷款合计	国家预算内资金	国内贷款	债　券
全国总计	**1520393**	**11061**	**479474**	**5970**
北　　京	7753	—	—	—
天　　津	41816	—	9415	—
河　　北	11601	—	450	—
山　　西	7214	—	—	—
内 蒙 古	942	—	700	—
辽　　宁	12131	—	1679	—
吉　　林	9297	1000	492	—
黑 龙 江	5225	5	1139	—
上　　海	504310	1000	209312	—
江　　苏	61733	—	14564	—
浙　　江	175226	3146	40393	5000
安　　徽	7938	—	1356	—
福　　建	83086	106	23848	—
江　　西	8923	—	3500	—
山　　东	39106	1310	6988	—
河　　南	6838	—	420	—
湖　　北	121323	—	24499	970
湖　　南	9893	150	610	—
广　　东	203840	10	73133	—
广　　西	18016	76	3638	—
海　　南	45824	165	28691	—
重　　庆	11369	115	1975	—
四　　川	20382	—	6452	—
贵　　州	4327	—	420	—
云　　南	47182	3695	5091	—
西　　藏	582	283	83	—
陕　　西	45983	—	17675	—
甘　　肃	2070	—	350	—
青　　海	3112	—	460	—
宁　　夏	294	—	200	—
新　　疆	3057	—	1941	—
不分地区	—	—	—	—

各地区联营经济财务拨款资金来源(二)

单位:万元

地　区	利用外资	外商直接投资	自筹资金	其他资金来源
全国总计	**74322**	**38027**	**551843**	**397723**
北　京	—	—	6567	1186
天　津	—	—	3993	28408
河　北	327	74	10190	634
山　西	—	—	450	6764
内蒙古	—	—	150	92
辽　宁	2621	2621	5498	2333
吉　林	1933	1933	5872	—
黑龙江	—	—	2706	1375
上　海	4278	4278	175350	114370
江　苏	2457	2457	27723	16989
浙　江	12142	3842	46375	68170
安　徽	40	40	4086	2456
福　建	260	260	31046	27826
江　西	140	90	3376	1907
山　东	—	—	13240	17568
河　南	—	—	5242	1176
湖　北	400	400	70645	24809
湖　南	—	—	2968	6165
广　东	21633	20333	59208	49856
广　西	—	—	7134	7168
海　南	—	—	13642	3326
重　庆	—	—	7859	1420
四　川	—	—	7616	6314
贵　州	1014	814	2104	789
云　南	—	—	34675	3721
西　藏	—	—	176	40
陕　西	26192	—	771	1345
甘　肃	600	600	518	602
青　海	285	285	1947	420
宁　夏	—	—	24	70
新　疆	—	—	692	424
不分地区	—	—	—	—

各地区联营经济财务拨款中的自筹资金来源(一)

单位:万元

地　　区	自筹资金合计	中央各部门自筹	省自筹	地市自筹
全国总计	**288801**	**380**	**13759**	**13113**
北　　京	5754	—	—	—
天　　津	3003	300	—	—
河　　北	10190	—	—	—
山　　西	450	—	—	—
内 蒙 古	150	—	—	—
辽　　宁	2298	—	170	—
吉　　林	872	—	—	—
黑 龙 江	1831	—	—	—
上　　海	17068	—	150	—
江　　苏	13870	—	—	—
浙　　江	28354	—	—	6517
安　　徽	986	—	—	—
福　　建	18690	—	1698	142
江　　西	2801	—	—	—
山　　东	9639	—	1000	3600
河　　南	5242	—	—	—
湖　　北	63294	—	1550	114
湖　　南	1683	—	—	—
广　　东	32370	—	9035	2470
广　　西	4443	—	146	200
海　　南	13342	80	—	—
重　　庆	7759	—	—	60
四　　川	4791	—	—	—
贵　　州	1864	—	—	—
云　　南	34635	—	—	—
西　　藏	176	—	—	—
陕　　西	89	—	—	—
甘　　肃	518	—	—	—
青　　海	1947	—	10	10
宁　　夏	—	—	—	—
新　　疆	692	—	—	—
不分地区	—	—	—	—

各地区联营经济财务拨款中的自筹资金来源(二)

单位:万元

地　区	县自筹	企、事业单位自有资金	发行股票
全国总计	**16996**	**244553**	—
北　京	—	5754	—
天　津	2340	363	—
河　北	560	9630	—
山　西	—	450	—
内蒙古	100	50	—
辽　宁	—	2128	—
吉　林	—	872	—
黑龙江	656	1175	—
上　海	50	16868	—
江　苏	510	13360	—
浙　江	2210	19627	—
安　徽	—	986	—
福　建	1593	15257	—
江　西	370	2431	—
山　东	2000	3039	—
河　南	59	5183	—
湖　北	1873	59757	—
湖　南	50	1633	—
广　东	2597	18268	—
广　西	310	3787	—
海　南	201	13061	—
重　庆	250	7449	—
四　川	801	3990	—
贵　州	220	1644	—
云　南	—	34635	—
西　藏	—	176	—
陕　西	—	89	—
甘　肃	—	518	—
青　海	246	1681	—
宁　夏	—	—	—
新　疆	—	692	—
不分地区	—	—	—

联营经济分行业财务拨款

单位:万元

行业	本年资金来源合计	上年末结余资金	本年资金来源小计	本年各项应付款合计
全国总计	**1752539**	**232146**	**1520393**	**317973**
(一) 农、林、牧、渔业	9348	—	9348	513
农业	5463	—	5463	513
林业	1473	—	1473	—
畜牧业	2051	—	2051	—
渔业	90	—	90	—
农、林、牧、渔服务业	271	—	271	—
(二) 采掘业	11214	783	10431	418
煤炭采选业	2024	783	1241	75
石油和天然气开采业	—	—	—	—
黑色金属矿采选业	1720	—	1720	80
有色金属矿采选业	5706	—	5706	113
非金属矿采选业	1714	—	1714	150
其他矿采选业	50	—	50	—
木材及竹材采运业	—	—	—	—
(三) 制造业	243786	17771	226015	18836
食品加工业	17433	2630	14803	1426
食品制造业	2321	—	2321	—
饮料制造业	5819	—	5819	—
烟草加工业	137	—	137	—
纺织业	12156	4099	8057	445
服装及其他纤维制品制造业	2950	—	2950	—
皮革、毛皮、羽绒及其制品业	2959	—	2959	40
木材加工及竹、藤、棕、草制品业	6469	—	6469	300
家具制造业	186	—	186	—
造纸及纸制品业	4142	—	4142	889
印刷业、记录媒介的复制	1038	—	1038	—
文教体育用品制造业	280	—	280	—
石油加工及炼焦业	876	—	876	—
化学原料及化学制品制造业	17164	4807	12357	612
医药制造业	8386	515	7871	381
化学纤维制造业	711	—	711	711
橡胶制品业	1468	—	1468	141
塑料制品业	36768	—	36768	6201
非金属矿物制品业	17820	41	17779	844
黑色金属冶炼及压延加工业	6764	—	6764	—
有色金属冶炼及压延加工业	6703	1237	5466	1518
金属制品业	7509	—	7509	80
普通机械制造业	4822	15	4807	104

联营经济分行业财务拨款

续 1　　　　单位:万元

行　　业	本年资金来源合计	上年末结余资金	本年资金来源小计	本年各项应付款合计
专用设备制造业	18195	442	17753	3138
交通运输设备制造业	7275	1700	5575	95
电气机械及器材制造业	12302	1000	11302	1283
电子及通信设备制造业	39339	1280	38059	588
仪器仪表及文化、办公用机械制造业	230	—	230	—
其他制造业	1564	5	1559	40
(四) 电力、煤气及水的生产和供应业	88881	14589	74292	12995
电力、蒸汽、热水的生产和供应业	87681	14589	73092	12645
煤气生产和供应业	800	—	800	350
自来水的生产和供应业	400	—	400	—
(五) 建筑业	18729	2990	15739	1476
土木工程建筑业	18079	2990	15089	1306
线路、管道和设备安装业	650	—	650	170
建筑物的装修装饰业	—	—	—	—
(六) 地质勘查业、水利管理业	19252	—	19252	1033
地质勘查业	—	—	—	—
水利管理业	19252	—	19252	1033
(七) 交通运输、仓储及邮电通信业	128927	426	128501	36404
铁路运输业	—	—	—	—
公路运输业	40082	66	40016	24000
管道运输业	42167	—	42167	10369
水上运输业	2443	—	2443	—
航空运输业	—	—	—	—
交通运输辅助业	2901	360	2541	1435
其他交通运输业	—	—	—	—
仓储业	5870	—	5870	600
邮电通信业	35464	—	35464	—
(八) 批发和零售贸易、餐饮业	68417	1968	66449	7622
食品、饮料、烟草和家庭用品批发商业	8615	943	7672	461
能源、材料和机械电子设备批发业	4947	—	4947	855
其他批发业	2091	—	2091	—
零售业	30873	1025	29848	6151
商业经纪与代理业	530	—	530	—

联营经济分行业财务拨款

续 2 单位:万元

行业	本年资金来源合计	上年末结余资金	本年资金来源小计	本年各项应付款合计
餐饮业	21361	—	21361	155
(九) 金融、保险业	5070	10	5060	—
金融业	5070	10	5060	—
保险业	—	—	—	—
(十) 房地产业	1079888	191627	888261	232328
房地产开发与经营业	1074384	191518	882866	232102
房地产管理业	5504	109	5395	226
房地产代理与经纪业	—	—	—	—
(十一) 社会服务业	61251	1786	59465	3165
公共服务业	14836	—	14836	165
居民服务业	1792	5	1787	699
旅馆业	26088	1620	24468	2301
租赁服务业	—	—	—	—
旅行社	14455	161	14294	—
娱乐服务业	1553	—	1553	—
信息、咨询服务业	—	—	—	—
计算机应用服务业	—	—	—	—
其他社会服务业	2527	—	2527	—
(十二) 卫生、体育和社会福利业	50	—	50	—
卫生	50	—	50	—
体育	—	—	—	—
社会福利保障业	—	—	—	—
(十三) 教育、文化艺术及广播电影电视业	7267	54	7213	1463
教育	4529	24	4505	1413
文化艺术业	2720	20	2700	50
广播电影电视业	18	10	8	—
(十四) 科学研究和综合技术服务业	3119	—	3119	—
科学研究业	950	—	950	—
综合技术服务业	2169	—	2169	—
(十五) 国家机关、政党机关和社会团体	5265	—	5265	898
国家机关	3714	—	3714	798
政党机关	—	—	—	—
社会团体	197	—	197	—
基层群众自治组织	1354	—	1354	100
(十六) 其他行业	2075	142	1933	822
其他行业	2075	142	1933	822

联营经济分行业财务拨款资金来源(一)

单位:万元

行业	本年财务拨款、贷款合计	国家预算内资金	国内贷款	债券
全国总计	**1520393**	**11061**	**479474**	**5970**
(一)农、林、牧、渔业	9348	400	2820	—
农业	5463	400	2550	—
林业	1473	—	—	—
畜牧业	2051	—	260	—
渔业	90	—	10	—
农、林、牧、渔服务业	271	—	—	—
(二)采掘业	10431	393	2204	—
煤炭采选业	1241	110	—	—
石油和天然气开采业	—	—	—	—
黑色金属矿采选业	1720	283	341	—
有色金属矿采选业	5706	—	1728	—
非金属矿采选业	1714	—	135	—
其他矿采选业	50	—	—	—
木材及竹材采运业	—	—	—	—
(三)制造业	226015	3811	73479	970
食品加工业	14803	3695	2822	—
食品制造业	2321	—	345	—
饮料制造业	5819	—	470	—
烟草加工业	137	—	—	—
纺织业	8057	—	2250	—
服装及其他纤维制品制造业	2950	—	2100	—
皮革、毛皮、羽绒及其制品业	2959	—	540	—
木材加工及竹、藤、棕、草制品业	6469	—	1377	—
家具制造业	186	—	—	—
造纸及纸制品业	4142	—	280	—
印刷业、记录媒介的复制	1038	—	275	—
文教体育用品制造业	280	—	80	—
石油加工及炼焦业	876	—	500	—
化学原料及化学制品制造业	12357	—	3583	—
医药制造业	7871	—	2230	—
化学纤维制造业	711	—	—	—
橡胶制品业	1468	—	473	—
塑料制品业	36768	—	6237	970
非金属矿物制品业	17779	20	3880	—
黑色金属冶炼及压延加工业	6764	—	3450	—
有色金属冶炼及压延加工业	5466	—	680	—
金属制品业	7509	—	2707	—
普通机械制造业	4807	70	344	—

联营经济分行业财务拨款资金来源(一)

续1　　单位:万元

行　　业	本年财务拨款、贷款合计	国家预算内资金	国内贷款	债　券
专用设备制造业	17753	26	3980	—
交通运输设备制造业	5575	—	1363	—
电气机械及器材制造业	11302	—	2366	—
电子及通信设备制造业	38059	—	30302	—
仪器仪表及文化、办公用机械制造业	230	—	—	—
其他制造业	1559	—	845	—
(四) 电力、煤气及水的生产和供应业	74292	1207	15235	—
电力、蒸汽、热水的生产和供应业	73092	1092	15185	—
煤气生产和供应业	800	—	—	—
自来水的生产和供应业	400	115	50	—
(五) 建筑业	15739	—	300	—
土木工程建筑业	15089	—	—	—
线路、管道和设备安装业	650	—	300	—
建筑物的装修装饰业	—	—	—	—
(六) 地质勘查业、水利管理业	19252	76	224	5000
地质勘查业	—	—	—	—
水利管理业	19252	76	224	5000
(七) 交通运输、仓储及邮电通信业	128501	—	25853	—
铁路运输业	—	—	—	—
公路运输业	40016	—	3793	—
管道运输业	42167	—	15000	—
水上运输业	2443	—	100	—
航空运输业	—	—	—	—
交通运输辅助业	2541	—	700	—
其他交通运输业	—	—	—	—
仓储业	5870	—	2000	—
邮电通信业	35464	—	4260	—
(八) 批发和零售贸易、餐饮业	66449	280	36325	—
食品、饮料、烟草和家庭用品批发商业	7672	80	4477	—
能源、材料和机械电子设备批发业	4947	—	1120	—
其他批发业	2091	—	—	—
零售业	29848	200	23960	—
商业经纪与代理业	530	—	—	—

联营经济分行业财务拨款资金来源(一)

续2　　　　　　　　　　　　　　　　　　　　　　　　　　单位:万元

行　　业	本年财务拨款、贷款合计	国家预算内资金	国内贷款	债　券
餐饮业	21361	—	6768	—
(九) 金融、保险业	5060	—	—	—
金融业	5060	—	—	—
保险业	—	—	—	—
(十) 房地产业	888261	3744	304319	—
房地产开发与经营业	882866	3744	304319	—
房地产管理业	5395	—	—	—
房地产代理与经纪业	—	—	—	—
(十一) 社会服务业	59465	—	16066	—
公共服务业	14836	—	740	—
居民服务业	1787	—	587	—
旅馆业	24468	—	13739	—
租赁服务业	—	—	—	—
旅行社	14294	—	1000	—
娱乐服务业	1553	—	—	—
信息、咨询服务业	—	—	—	—
计算机应用服务业	—	—	—	—
其他社会服务业	2527	—	—	—
(十二) 卫生、体育和社会福利业	50	5	—	—
卫生	50	5	—	—
体育	—	—	—	—
社会福利保障业	—	—	—	—
(十三) 教育、文化艺术及广播电影电视业	7213	—	2649	—
教育	4505	—	149	—
文化艺术业	2700	—	2500	—
广播电影电视业	8	—	—	—
(十四) 科学研究和综合技术服务业	3119	—	—	—
科学研究业	950	—	—	—
综合技术服务业	2169	—	—	—
(十五) 国家机关、政党机关和社会团体	5265	1145	—	—
国家机关	3714	1145	—	—
政党机关	—	—	—	—
社会团体	197	—	—	—
基层群众自治组织	1354	—	—	—
(十六) 其他行业	1933	—	—	—
其他行业	1933	—	—	—

联营经济分行业财务拨款资金来源(二)

单位:万元

行业	利用外资	外商直接投资	自筹资金	其他资金来源
全国总计	**74322**	**38027**	**551843**	**397723**
(一) 农、林、牧、渔业	381	128	3269	2478
农业	128	128	1605	780
林业	253	—	320	900
畜牧业	—	—	1051	740
渔业	—	—	80	—
农、林、牧、渔服务业	—	—	213	58
(二) 采掘业	—	—	4246	3588
煤炭采选业	—	—	889	242
石油和天然气开采业	—	—	—	—
黑色金属矿采选业	—	—	896	200
有色金属矿采选业	—	—	1734	2244
非金属矿采选业	—	—	677	902
其他矿采选业	—	—	50	—
木材及竹材采运业	—	—	—	—
(三) 制造业	17298	8748	99989	30468
食品加工业	—	—	5176	3110
食品制造业	—	—	1976	—
饮料制造业	260	260	1629	3460
烟草加工业	—	—	137	—
纺织业	—	—	4888	919
服装及其他纤维制品制造业	—	—	850	—
皮革、毛皮、羽绒及其制品业	—	—	2033	386
木材加工及竹、藤、棕、草制品业	400	400	4322	370
家具制造业	—	—	—	186
造纸及纸制品业	90	90	2839	933
印刷业、记录媒介的复制	50	—	573	140
文教体育用品制造业	—	—	200	—
石油加工及炼焦业	—	—	376	—
化学原料及化学制品制造业	—	—	7444	1330
医药制造业	—	—	2294	3347
化学纤维制造业	—	—	711	—
橡胶制品业	—	—	995	—
塑料制品业	12142	3842	14308	3111
非金属矿物制品业	1085	885	5259	7535
黑色金属冶炼及压延加工业	—	—	3214	100
有色金属冶炼及压延加工业	—	—	3988	798
金属制品业	814	814	2918	1070
普通机械制造业	—	—	3750	643

联营经济分行业财务拨款资金来源(二)

续 1　　　　　　　　　　　　　　　　　　　　　　　　　　　　单位:万元

行业	利用外资	外商直接投资	自筹资金	其他资金来源
专用设备制造业	—	—	13358	389
交通运输设备制造业	—	—	2912	1300
电气机械及器材制造业	706	706	7303	927
电子及通信设备制造业	1751	1751	5592	414
仪器仪表及文化、办公用机械制造业	—	—	230	—
其他制造业	—	—	714	—
(四) 电力、煤气及水的生产和供应业	1933	1933	50689	5228
电力、蒸汽、热水的生产和供应业	1933	1933	49654	5228
煤气生产和供应业	—	—	800	—
自来水的生产和供应业	—	—	235	—
(五) 建筑业	—	—	9501	5938
土木工程建筑业	—	—	9501	5588
线路、管道和设备安装业	—	—	—	350
建筑物的装修装饰业	—	—	—	—
(六) 地质勘查业、水利管理业	—	—	6295	7657
地质勘查业	—	—	—	—
水利管理业	—	—	6295	7657
(七) 交通运输、仓储及邮电通信业	40292	14100	51679	10677
铁路运输业	—	—	—	—
公路运输业	14100	14100	18543	3580
管道运输业	26192	—	—	975
水上运输业	—	—	2343	—
航空运输业	—	—	—	—
交通运输辅助业	—	—	1809	32
其他交通运输业	—	—	—	—
仓储业	—	—	2150	1720
邮电通信业	—	—	26834	4370
(八) 批发和零售贸易、餐饮业	—	—	13597	16247
食品、饮料、烟草和家庭用品批发商业	—	—	2035	1080
能源、材料和机械电子设备批发业	—	—	3027	800
其他批发业	—	—	1080	1011
零售业	—	—	4083	1605
商业经纪与代理业	—	—	—	530

联营经济分行业财务拨款资金来源(二)

续 2　　单位:万元

行　　业	利用外资	外商直接投资	自筹资金	其他资金来源
餐饮业	—	—	3372	11221
(九) 金融、保险业	—	—	5060	—
金融业	—	—	5060	—
保险业	—	—	—	—
(十) 房地产业	5490	4190	269337	305371
房地产开发与经营业	5490	4190	269337	299976
房地产管理业	—	—	—	5395
房地产代理与经纪业	—	—	—	—
(十一) 社会服务业	8928	8928	29050	5421
公共服务业	7371	7371	4808	1917
居民服务业	—	—	1144	56
旅馆业	74	74	9237	1418
租赁服务业	—	—	—	—
旅行社	—	—	12734	560
娱乐服务业	1483	1483	—	70
信息、咨询服务业	—	—	—	—
计算机应用服务业	—	—	—	—
其他社会服务业	—	—	1127	1400
(十二) 卫生、体育和社会福利业	—	—	45	—
卫生	—	—	45	—
体育	—	—	—	—
社会福利保障业	—	—	—	—
(十三) 教育、文化艺术及广播电影电视业	—	—	3404	1160
教育	—	—	3396	960
文化艺术业	—	—	—	200
广播电影电视业	—	—	8	—
(十四) 科学研究和综合技术服务业	—	—	3119	—
科学研究业	—	—	950	—
综合技术服务业	—	—	2169	—
(十五) 国家机关、政党机关和社会团体	—	—	2563	1557
国家机关	—	—	1432	1137
政党机关	—	—	—	—
社会团体	—	—	197	—
基层群众自治组织	—	—	934	420
(十六) 其他行业	—	—	—	1933
其他行业	—	—	—	1933

联营经济分行业财务拨款中的自筹资金来源(一)

单位:万元

行　　业	自筹资金合计	中央各部门自筹	省自筹	地市自筹
全　国　总　计	**288801**	**380**	**13759**	**13113**
(一) 农、林、牧、渔业	3269	—	150	—
农业	1605	—	—	—
林业	320	—	—	—
畜牧业	1051	—	150	—
渔业	80	—	—	—
农、林、牧、渔服务业	213	—	—	—
(二) 采掘业	4246	—	170	7
煤炭采选业	889	—	—	—
石油和天然气开采业	—	—	—	—
黑色金属矿采选业	896	—	—	—
有色金属矿采选业	1734	—	170	7
非金属矿采选业	677	—	—	—
其他矿采选业	50	—	—	—
木材及竹材采运业	—	—	—	—
(三) 制造业	99989	—	10	10
食品加工业	5176	—	—	—
食品制造业	1976	—	—	—
饮料制造业	1629	—	—	—
烟草加工业	137	—	—	—
纺织业	4888	—	—	—
服装及其他纤维制品制造业	850	—	—	—
皮革、毛皮、羽绒及其制品业	2033	—	—	—
木材加工及竹、藤、棕、草制品业	4322	—	—	—
家具制造业	—	—	—	—
造纸及纸制品业	2839	—	—	—
印刷业、记录媒介的复制	573	—	—	—
文教体育用品制造业	200	—	—	—
石油加工及炼焦业	376	—	10	10
化学原料及化学制品制造业	7444	—	—	—
医药制造业	2294	—	—	—
化学纤维制造业	711	—	—	—
橡胶制品业	995	—	—	—
塑料制品业	14308	—	—	—
非金属矿物制品业	5259	—	—	—
黑色金属冶炼及压延加工业	3214	—	—	—
有色金属冶炼及压延加工业	3988	—	—	—
金属制品业	2918	—	—	—
普通机械制造业	3750	—	—	—

联营经济分行业财务拨款中的自筹资金来源(一)

续 1　　　　单位:万元

行　　业	自筹资金合计	中央各部门自筹	省自筹	地市自筹
专用设备制造业	13358	—	—	—
交通运输设备制造业	2912	—	—	—
电气机械及器材制造业	7303	—	—	—
电子及通信设备制造业	5592	—	—	—
仪器仪表及文化、办公用机械制造业	230	—	—	—
其他制造业	714	—	—	—
(四) 电力、煤气及水的生产和供应业	50689	—	1203	602
电力、蒸汽、热水的生产和供应业	49654	—	1203	602
煤气生产和供应业	800	—	—	—
自来水的生产和供应业	235	—	—	—
(五) 建筑业	9501	—	—	2220
土木工程建筑业	9501	—	—	2220
线路、管道和设备安装业	—	—	—	—
建筑物的装修装饰业	—	—	—	—
(六) 地质勘查业、水利管理业	6295	—	—	6250
地质勘查业	—	—	—	—
水利管理业	6295	—	—	6250
(七) 交通运输、仓储及邮电通信业	51679	300	8950	114
铁路运输业	—	—	—	—
公路运输业	18543	300	7900	—
管道运输业	—	—	—	—
水上运输业	2343	—	—	—
航空运输业	—	—	—	—
交通运输辅助业	1809	—	1050	114
其他交通运输业	—	—	—	—
仓储业	2150	—	—	—
邮电通信业	26834	—	—	—
(八) 批发和零售贸易、餐饮业	13597	—	146	60
食品、饮料、烟草和家庭用品批发商业	2035	—	—	60
能源、材料和机械电子设备批发业	3027	—	146	—
其他批发业	1080	—	—	—
零售业	4083	—	—	—
商业经纪与代理业	—	—	—	—

联营经济分行业财务拨款中的自筹资金来源(一)

续2　　　　单位:万元

行　　业	自筹资金合计	中央各部门自筹	省自筹	地市自筹
餐饮业	3372	—	—	—
(九) 金融、保险业	5060	—	—	—
金融业	5060	—	—	—
保险业	—	—	—	—
(十) 房地产业	6295	—	—	—
房地产开发与经营业	6295	—	—	—
房地产管理业	—	—	—	—
房地产代理与经纪业	—	—	—	—
(十一) 社会服务业	29050	80	2730	3600
公共服务业	4808	—	—	—
居民服务业	1144	—	—	—
旅馆业	9237	80	—	—
租赁服务业	—	—	—	—
旅行社	12734	—	2730	3600
娱乐服务业	—	—	—	—
信息、咨询服务业	—	—	—	—
计算机应用服务业	—	—	—	—
其他社会服务业	1127	—	—	—
(十二) 卫生、体育和社会福利业	45	—	—	—
卫生	45	—	—	—
体育	—	—	—	—
社会福利保障业	—	—	—	—
(十三) 教育、文化艺术及广播电影电视业	3404	—	—	—
教育	3396	—	—	—
文化艺术业	—	—	—	—
广播电影电视业	8	—	—	—
(十四) 科学研究和综合技术服务业	3119	—	400	250
科学研究业	950	—	—	—
综合技术服务业	2169	—	400	250
(十五) 国家机关、政党机关和社会团体	2563	—	—	—
国家机关	1432	—	—	—
政党机关	—	—	—	—
社会团体	197	—	—	—
基层群众自治组织	934	—	—	—
(十六) 其他行业	—	—	—	—
其他行业	—	—	—	—

联营经济分行业财务拨款中的自筹资金来源(二)

单位:万元

行业	县自筹	企、事业单位自有资金	发行股票
全国总计	**16996**	**244553**	—
(一) 农、林、牧、渔业	760	2359	—
农业	310	1295	—
林业	—	320	—
畜牧业	450	451	—
渔业	—	80	—
农、林、牧、渔服务业	—	213	—
(二) 采掘业	292	3777	—
煤炭采选业	—	889	—
石油和天然气开采业	—	—	—
黑色金属矿采选业	—	896	—
有色金属矿采选业	292	1265	—
非金属矿采选业	—	677	—
其他矿采选业	—	50	—
木材及竹材采运业	—	—	—
(三) 制造业	3571	96398	—
食品加工业	911	4265	—
食品制造业	51	1925	—
饮料制造业	—	1629	—
烟草加工业	—	137	—
纺织业	—	4888	—
服装及其他纤维制品制造业	—	850	—
皮革、毛皮、羽绒及其制品业	—	2033	—
木材加工及竹、藤、棕、草制品业	—	4322	—
家具制造业	—	—	—
造纸及纸制品业	180	2659	—
印刷业、记录媒介的复制	—	573	—
文教体育用品制造业	—	200	—
石油加工及炼焦业	341	15	—
化学原料及化学制品制造业	250	7194	—
医药制造业	31	2263	—
化学纤维制造业	—	711	—
橡胶制品业	—	995	—
塑料制品业	—	14308	—
非金属矿物制品业	331	4928	—
黑色金属冶炼及压延加工业	—	3214	—
有色金属冶炼及压延加工业	—	3988	—
金属制品业	580	2338	—
普通机械制造业	—	3750	—

联营经济分行业财务拨款中的自筹资金来源(二)

续1　　　　单位:万元

行　业	县自筹	企、事业单位自有资金	发行股票
专用设备制造业	—	13358	—
交通运输设备制造业	10	2902	—
电气机械及器材制造业	—	7303	—
电子及通信设备制造业	886	4706	—
仪器仪表及文化、办公用机械制造业	—	230	—
其他制造业	—	714	—
(四) 电力、煤气及水的生产和供应业	3885	44999	—
电力、蒸汽、热水的生产和供应业	3685	44164	—
煤气生产和供应业	—	800	—
自来水的生产和供应业	200	35	—
(五) 建筑业	101	7180	—
土木工程建筑业	101	7180	—
线路、管道和设备安装业	—	—	—
建筑物的装修装饰业	—	—	—
(六) 地质勘查业、水利管理业	—	45	—
地质勘查业	—	—	—
水利管理业	—	45	—
(七) 交通运输、仓储及邮电通信业	3481	38834	—
铁路运输业	—	—	—
公路运输业	2961	7382	—
管道运输业	—	—	—
水上运输业	—	2343	—
航空运输业	—	—	—
交通运输辅助业	520	125	—
其他交通运输业	—	—	—
仓储业	—	2150	—
邮电通信业	—	26834	—
(八) 批发和零售贸易、餐饮业	109	13282	—
食品、饮料、烟草和家庭用品批发商业	—	1975	—
能源、材料和机械电子设备批发业	109	2772	—
其他批发业	—	1080	—
零售业	—	4083	—
商业经纪与代理业	—	—	—

联营经济分行业财务拨款中的自筹资金来源(二)

续 2　　　　单位:万元

行　　业	县自筹	企、事业单位自有资金	发行股票
餐饮业	—	3372	—
(九) 金融、保险业	—	5060	—
金融业	—	5060	—
保险业	—	—	—
(十) 房地产业	—	6295	—
房地产开发与经营业	—	6295	—
房地产管理业	—	—	—
房地产代理与经纪业	—	—	—
(十一) 社会服务业	4367	18273	—
公共服务业	—	4808	—
居民服务业	—	1144	—
旅馆业	1727	7430	—
租赁服务业	—	—	—
旅行社	2000	4404	—
娱乐服务业	—	—	—
信息、咨询服务业	—	—	—
计算机应用服务业	—	—	—
其他社会服务业	640	487	—
(十二) 卫生、体育和社会福利业	45	—	—
卫生	45	—	—
体育	—	—	—
社会福利保障业	—	—	—
(十三) 教育、文化艺术及广播电影电视业	135	3269	—
教育	135	3261	—
文化艺术业	—	—	—
广播电影电视业	—	8	—
(十四) 科学研究和综合技术服务业	150	2319	—
科学研究业	—	950	—
综合技术服务业	150	1369	—
(十五) 国家机关、政党机关和社会团体	100	2463	—
国家机关	100	1332	—
政党机关	—	—	—
社会团体	—	197	—
基层群众自治组织	—	934	—
(十六) 其他行业	—	—	—
其他行业	—	—	—

各地区联营经济施工和建成投产项目个数

单位:个

地　　区	施工项目	新开工	全部建成投产项目	项目建成投产率(%)
全国总计	**588**	**316**	**353**	**60.0**
北　京	5	2	1	20.0
天　津	5	2	2	40.0
河　北	16	9	12	75.0
山　西	4	1	1	25.0
内蒙古	4	1	2	50.0
辽　宁	10	8	5	50.0
吉　林	2	1	1	50.0
黑龙江	12	11	7	58.3
上　海	19	9	12	63.2
江　苏	39	24	30	76.9
浙　江	31	14	15	48.4
安　徽	8	5	2	25.0
福　建	40	22	27	67.5
江　西	24	17	15	62.5
山　东	21	10	10	47.6
河　南	26	22	22	84.6
湖　北	113	54	91	80.5
湖　南	20	7	14	70.0
广　东	61	28	25	41.0
广　西	14	7	8	57.1
海　南	25	16	12	48.0
重　庆	11	5	3	27.3
四　川	18	11	6	33.3
贵　州	10	4	5	50.0
云　南	20	11	9	45.0
西　藏	3	2	3	100.0
陕　西	6	1	1	16.7
甘　肃	3	3	1	33.3
青　海	10	6	5	50.0
宁　夏	1	—	1	100.0
新　疆	7	3	5	71.4
不分地区	—	—	—	—

联营经济分行业施工和建成投产项目个数

单位:个

行业	施工项目	新开工	全部建成投产项目	项目建成投产率(%)
全国总计	**588**	**316**	**353**	**60.0**
(一) 农、林、牧、渔业	17	11	8	47.1
农业	6	5	1	16.7
林业	2	1	—	—
畜牧业	5	3	4	80.0
渔业	2	—	1	50.0
农、林、牧、渔服务业	2	2	2	100.0
(二) 采掘业	31	21	22	71.0
煤炭采选业	12	10	8	66.7
石油和天然气开采业	—	—	—	—
黑色金属矿采选业	3	1	2	66.7
有色金属矿采选业	9	4	7	77.8
非金属矿采选业	6	5	4	66.7
其他矿采选业	1	1	1	100.0
木材及竹材采运业	—	—	—	—
(三) 制造业	300	181	210	70.0
食品加工业	22	15	18	81.8
食品制造业	5	4	4	80.0
饮料制造业	8	8	6	75.0
烟草加工业	1	1	1	100.0
纺织业	12	5	9	75.0
服装及其他纤维制品制造业	1	1	1	100.0
皮革、毛皮、羽绒及其制品业	7	5	5	71.4
木材加工及竹、藤、棕、草制品业	12	8	9	75.0
家具制造业	1	1	1	100.0
造纸及纸制品业	8	4	5	62.5
印刷业、记录媒介的复制	5	3	5	100.0
文教体育用品制造业	2	—	1	50.0
石油加工及炼焦业	2	2	1	50.0
化学原料及化学制品制造业	30	22	21	70.0
医药制造业	13	8	5	38.5
化学纤维制造业	1	—	1	100.0
橡胶制品业	6	2	4	66.7
塑料制品业	20	11	18	90.0
非金属矿物制品业	36	16	25	69.4
黑色金属冶炼及压延加工业	8	7	6	75.0
有色金属冶炼及压延加工业	11	6	6	54.5
金属制品业	15	10	9	60.0
普通机械制造业	12	9	8	66.7

联营经济分行业施工和建成投产项目个数

续 1 单位:个

行　　业	施工项目	新开工	全部建成投产项目	项目建成投产率(%)
专用设备制造业	13	10	8	61.5
交通运输设备制造业	10	5	7	70.0
电气机械及器材制造业	19	8	16	84.2
电子及通信设备制造业	15	7	8	53.3
仪器仪表及文化、办公用机械制造业	1	—	—	—
其他制造业	4	3	2	50.0
(四) 电力、煤气及水的生产和供应业	37	16	9	24.3
电力、蒸汽、热水的生产和供应业	34	15	8	23.5
煤气生产和供应业	1	—	—	—
自来水的生产和供应业	2	1	1	50.0
(五) 建筑业	12	4	8	66.7
土木工程建筑业	11	3	7	63.6
线路、管道和设备安装业	1	1	1	100.0
建筑物的装修装饰业	—	—	—	—
(六) 地质勘查业、水利管理业	2	2	—	—
地质勘查业	—	—	—	—
水利管理业	2	2	—	—
(七) 交通运输、仓储及邮电通信业	30	4	16	53.3
铁路运输业	—	—	—	—
公路运输业	7	1	2	28.6
管道运输业	1	—	—	—
水上运输业	—	—	—	—
航空运输业	—	—	—	—
交通运输辅助业	4	—	—	—
其他交通运输业	—	—	—	—
仓储业	6	3	2	33.3
邮电通信业	12	—	12	100.0
(八) 批发和零售贸易、餐饮业	59	29	37	62.7
食品、饮料、烟草和家庭用品批发商业	15	9	7	46.7
能源、材料和机械电子设备批发业	10	4	7	70.0
其他批发业	5	—	1	20.0
零售业	16	11	12	75.0
商业经纪与代理业	1	1	—	—

联营经济分行业施工和建成投产项目个数

续 2　　　　单位:个

行业	施工项目	新开工	全部建成投产项目	项目建成投产率(%)
餐饮业	12	4	10	83.3
(九) 金融、保险业	2	—	—	—
金融业	2	—	—	—
保险业	—	—	—	—
(十) 房地产业	12	7	7	58.3
房地产开发与经营业	11	7	7	63.6
房地产管理业	1	—	—	—
房地产代理与经纪业	—	—	—	—
(十一) 社会服务业	48	23	20	41.7
公共服务业	8	4	4	50.0
居民服务业	5	1	3	60.0
旅馆业	18	7	10	55.6
租赁服务业	—	—	—	—
旅行社	9	5	2	22.2
娱乐服务业	2	—	1	50.0
信息、咨询服务业	—	—	—	—
计算机应用服务业	—	—	—	—
其他社会服务业	6	6	—	—
(十二) 卫生、体育和社会福利业	1	—	1	100.0
卫生	1	—	1	100.0
体育	—	—	—	—
社会福利保障业	—	—	—	—
(十三) 教育、文化艺术及广播电影电视业	13	4	4	30.8
教育	10	2	4	40.0
文化艺术业	2	1	—	—
广播电影电视业	1	1	—	—
(十四) 科学研究和综合技术服务业	5	3	1	20.0
科学研究业	1	—	—	—
综合技术服务业	4	3	1	25.0
(十五) 国家机关、政党机关和社会团体	16	11	8	50.0
国家机关	11	7	5	45.5
政党机关	—	—	—	—
社会团体	1	1	—	—
基层群众自治组织	4	3	3	75.0
(十六) 其他行业	3	—	2	66.7
其他行业	3	—	2	66.7

各地区联营经济房屋建筑面积和造价

地区	施工房屋面积(万平方米)	竣工房屋面积(万平方米)	房屋建筑面积竣工率(%)	竣工房屋价值(万元)	竣工房屋造价(元/平方米)
全国总计	**1051.05**	**360.65**	**34.3**	**512500**	**1421**
北京	14.32	2.68	18.7	5921	2209
天津	15.04	0.51	3.4	455	892
河北	9.38	5.45	58.1	5708	1047
山西	5.25	0.25	4.8	198	792
内蒙古	1.68	0.11	6.5	108	982
辽宁	10.45	6.53	62.5	5565	852
吉林	3.47	0.35	10.1	450	1286
黑龙江	14.12	6.24	44.2	4224	677
上海	383.67	123.38	32.2	266618	2161
江苏	48.91	24.03	49.1	25093	1044
浙江	109.41	60.04	54.9	71415	1189
安徽	12.02	3.44	28.6	2133	620
福建	65.31	12.68	19.4	12276	968
江西	12.77	1.67	13.1	1153	690
山东	44.94	28.19	62.7	26155	928
河南	4.42	3.30	74.7	1955	592
湖北	40.68	10.87	26.7	12477	1148
湖南	8.02	3.61	45.0	2442	676
广东	165.02	30.11	18.2	37249	1237
广西	10.14	5.63	55.5	5278	937
海南	13.06	3.67	28.1	2836	773
重庆	12.71	7.89	62.1	3662	464
四川	11.97	5.90	49.3	5116	867
贵州	5.10	1.07	21.0	806	753
云南	11.62	5.46	47.0	6614	1211
西藏	0.17	0.17	100.0	351	2065
陕西	10.04	1.33	13.2	1237	930
甘肃	1.43	0.88	61.5	985	1119
青海	3.43	3.43	100.0	2597	757
宁夏	0.33	—	—	—	—
新疆	2.17	1.82	83.9	1423	782
不分地区	—	—	—	—	—

各地区联营经济住宅建筑面积和造价

地　　区	施工住宅面　　积(万平方米)	竣工住宅面　　积(万平方米)	住宅建筑面积竣工率(%)	竣工住宅价　　值(万元)	竣工住宅造　　价(元/平方米)
全国总计	**631.54**	**235.80**	**37.3**	**333105**	**1413**
北　　京	3.17	1.85	58.4	4292	2320
天　　津	11.79	0.40	3.4	360	900
河　　北	2.42	2.42	100.0	2950	1219
山　　西	0.25	0.25	100.0	198	792
内 蒙 古	0.31	0.01	3.2	2	200
辽　　宁	6.07	5.38	88.6	4795	891
吉　　林	—	—	—	—	—
黑 龙 江	6.61	5.52	83.5	3755	680
上　　海	308.60	101.54	32.9	202495	1994
江　　苏	22.56	10.70	47.4	9456	884
浙　　江	67.37	41.43	61.5	42939	1036
安　　徽	9.10	2.36	25.9	1330	564
福　　建	35.44	8.50	24.0	8989	1058
江　　西	7.79	0.01	0.1	3	300
山　　东	21.25	16.03	75.4	11876	741
河　　南	0.52	0.52	100.0	256	492
湖　　北	15.56	3.23	20.8	3174	983
湖　　南	3.81	2.03	53.3	1118	551
广　　东	78.31	18.73	23.9	22698	1212
广　　西	7.70	3.94	51.2	4045	1027
海　　南	3.19	1.29	40.4	1062	823
重　　庆	3.46	0.71	20.5	192	270
四　　川	7.77	4.26	54.8	3373	792
贵　　州	2.29	0.47	20.5	255	543
云　　南	1.26	0.45	35.7	274	609
西　　藏	0.08	0.08	100.0	113	1413
陕　　西	2.45	1.30	53.1	1207	928
甘　　肃	—	—	—	—	—
青　　海	2.00	2.00	100.0	1631	816
宁　　夏	—	—	—	—	—
新　　疆	0.41	0.41	100.0	267	651
不分地区	—	—	—	—	—

联营经济分行业房屋建筑面积和造价

行　　业	施工房屋面积(万平方米)	竣工房屋面积(万平方米)	房屋建筑面积竣工率(%)	竣工房屋价值(万元)	竣工房屋造价(元/平方米)
全国总计	**1051.05**	**360.65**	**34.3**	**512500**	**1421**
(一) 农、林、牧、渔业	3.45	3.07	89.0	3512	1144
农业	0.40	0.20	50.0	200	1000
林业	—	—	—	—	—
畜牧业	2.86	2.68	93.7	3041	1135
渔业	—	—	—	—	—
农、林、牧、渔服务业	0.19	0.19	100.0	271	1426
(二) 采掘业	2.12	1.77	83.5	1237	699
煤炭采选业	0.28	0.22	78.6	105	477
石油和天然气开采业	—	—	—	—	—
黑色金属矿采选业	0.10	0.10	100.0	283	2830
有色金属矿采选业	1.13	0.89	78.8	538	604
非金属矿采选业	0.56	0.51	91.1	261	512
其他矿采选业	0.05	0.05	100.0	50	1000
木材及竹材采运业	—	—	—	—	—
(三) 制造业	59.44	34.81	58.6	25240	725
食品加工业	4.47	1.57	35.1	1341	854
食品制造业	0.28	0.28	100.0	401	1432
饮料制造业	0.30	0.30	100.0	212	707
烟草加工业	—	—	—	—	—
纺织业	6.34	1.82	28.7	1372	754
服装及其他纤维制品制造业	0.31	0.31	100.0	234	755
皮革、毛皮、羽绒及其制品业	0.48	0.43	89.6	333	774
木材加工及竹、藤、棕、草制品业	1.93	1.91	99.0	1263	661
家具制造业	—	—	—	—	—
造纸及纸制品业	1.51	1.06	70.2	775	731
印刷业、记录媒介的复制	0.38	0.38	100.0	355	934
文教体育用品制造业	0.33	0.33	100.0	243	736
石油加工及炼焦业	0.04	0.04	100.0	30	750
化学原料及化学制品制造业	2.25	1.37	60.9	1161	847
医药制造业	3.52	1.48	42.0	1159	783
化学纤维制造业	0.23	0.23	100.0	371	1613
橡胶制品业	0.68	0.09	13.2	78	867
塑料制品业	3.82	3.65	95.5	3249	890
非金属矿物制品业	10.58	4.34	41.0	2876	663
黑色金属冶炼及压延加工业	1.50	0.70	46.7	795	1136
有色金属冶炼及压延加工业	2.02	1.69	83.7	1301	770
金属制品业	2.69	1.32	49.1	703	533
普通机械制造业	2.66	2.12	79.7	1736	819

联营经济分行业房屋建筑面积和造价

续 1

行业	施工房屋面积(万平方米)	竣工房屋面积(万平方米)	房屋建筑面积竣工率(%)	竣工房屋价值(万元)	竣工房屋造价(元/平方米)
专用设备制造业	1.05	0.55	52.4	492	895
交通运输设备制造业	2.35	0.96	40.9	670	698
电气机械及器材制造业	6.93	6.92	99.9	3526	510
电子及通信设备制造业	1.94	0.31	16.0	246	794
仪器仪表及文化、办公用机械制造业	0.38	0.38	100.0	190	500
其他制造业	0.47	0.26	55.3	128	492
(四) 电力、煤气及水的生产和供应业	4.75	1.12	23.6	701	626
电力、蒸汽、热水的生产和供应业	4.73	1.12	23.7	701	626
煤气生产和供应业	—	—	—	—	—
自来水的生产和供应业	0.01	—	—	—	—
(五) 建筑业	5.26	4.24	80.6	6665	1572
土木工程建筑业	5.26	4.24	80.6	6665	1572
线路、管道和设备安装业	—	—	—	—	—
建筑物的装修装饰业	—	—	—	—	—
(六) 地质勘查业、水利管理业	—	—	—	—	—
地质勘查业	—	—	—	—	—
水利管理业	—	—	—	—	—
(七) 交通运输、仓储及邮电通信业	14.80	2.48	16.8	5162	2081
铁路运输业	—	—	—	—	—
公路运输业	3.81	1.87	49.1	4512	2413
管道运输业	4.39	—	—	—	—
水上运输业	—	—	—	—	—
航空运输业	—	—	—	—	—
交通运输辅助业	1.91	0.50	26.2	450	900
其他交通运输业	—	—	—	—	—
仓储业	4.68	0.11	2.4	200	1818
邮电通信业	—	—	—	—	—
(八) 批发和零售贸易、餐饮业	50.93	16.45	32.3	14250	866
食品、饮料、烟草和家庭用品批发商业	13.79	3.00	21.8	2235	745
能源、材料和机械电子设备批发业	5.42	1.49	27.5	1300	872
其他批发业	6.12	0.68	11.1	520	765
零售业	18.39	4.89	26.6	4171	853
商业经纪与代理业	0.47	—	—	—	—

联营经济分行业房屋建筑面积和造价

续 2

行　　业	施工房屋面　积(万平方米)	竣工房屋面　积(万平方米)	房屋建筑面积竣工率(%)	竣工房屋价　值(万元)	竣工房屋造　价(元/平方米)
餐饮业	6.74	6.39	94.8	6024	943
(九) 金融、保险业	3.60	—	—	—	—
金融业	3.60	—	—	—	—
保险业	—	—	—	—	—
(十) 房地产业	849.54	279.74	32.9	437529	1564
房地产开发与经营业	846.88	279.74	33.0	437529	1564
房地产管理业	2.67	—	—	—	—
房地产代理与经纪业	—	—	—	—	—
(十一) 社会服务业	32.92	9.39	28.5	12303	1310
公共服务业	11.43	2.24	19.6	2028	905
居民服务业	0.78	0.04	5.1	56	1400
旅馆业	13.90	5.81	41.8	9451	1627
租赁服务业	—	—	—	—	—
旅行社	3.10	1.30	41.9	768	591
娱乐服务业	1.96	—	—	—	—
信息、咨询服务业	—	—	—	—	—
计算机应用服务业	—	—	—	—	—
其他社会服务业	1.77	—	—	—	—
(十二) 卫生、体育和社会福利业	0.12	0.12	100.0	70	583
卫生	0.12	0.12	100.0	70	583
体育	—	—	—	—	—
社会福利保障业	—	—	—	—	—
(十三) 教育、文化艺术及广播电影电视业	10.84	1.82	16.8	1157	636
教育	8.39	1.82	21.7	1157	636
文化艺术业	2.39	—	—	—	—
广播电影电视业	0.06	—	—	—	—
(十四) 科学研究和综合技术服务业	5.00	0.28	5.6	633	2261
科学研究业	3.10	—	—	—	—
综合技术服务业	1.90	0.28	14.7	633	2261
(十五) 国家机关、政党机关和社会团体	6.05	4.94	81.7	3789	767
国家机关	4.29	3.40	79.3	2935	863
政党机关	—	—	—	—	—
社会团体	0.10	—	—	—	—
基层群众自治组织	1.66	1.54	92.8	854	555
(十六) 其他行业	2.24	0.44	19.6	252	573
其他行业	2.24	0.44	19.6	252	573

联营经济分行业住宅建筑面积和造价

行　　业	施工住宅面　积(万平方米)	竣工住宅面　积(万平方米)	住宅建筑面积竣工率(%)	竣工住宅价　值(万元)	竣工住宅造　价(元/平方米)
全国总计	**631.54**	**235.80**	**37.3**	**333105**	**1413**
(一) 农、林、牧、渔业	0.03	0.03	100.0	32	1067
农业	—	—	—	—	—
林业	—	—	—	—	—
畜牧业	0.01	0.01	100.0	2	200
渔业	—	—	—	—	—
农、林、牧、渔服务业	0.02	0.02	100.0	30	1500
(二) 采掘业	0.39	0.39	100.0	359	921
煤炭采选业	—	—	—	—	—
石油和天然气开采业	—	—	—	—	—
黑色金属矿采选业	0.05	0.05	100.0	83	1660
有色金属矿采选业	0.34	0.34	100.0	276	812
非金属矿采选业	—	—	—	—	—
其他矿采选业	—	—	—	—	—
木材及竹材采运业	—	—	—	—	—
(三) 制造业	7.69	4.07	52.9	2516	618
食品加工业	0.26	—	—	—	—
食品制造业	0.02	0.02	100.0	21	1050
饮料制造业	—	—	—	—	—
烟草加工业	—	—	—	—	—
纺织业	1.78	0.66	37.1	363	550
服装及其他纤维制品制造业	—	—	—	—	—
皮革、毛皮、羽绒及其制品业	—	—	—	—	—
木材加工及竹、藤、棕、草制品业	0.12	0.10	83.3	50	500
家具制造业	—	—	—	—	—
造纸及纸制品业	—	—	—	—	—
印刷业、记录媒介的复制	—	—	—	—	—
文教体育用品制造业	—	—	—	—	—
石油加工及炼焦业	—	—	—	—	—
化学原料及化学制品制造业	0.05	0.04	80.0	23	575
医药制造业	0.35	0.35	100.0	260	743
化学纤维制造业	—	—	—	—	—
橡胶制品业	—	—	—	—	—
塑料制品业	0.50	0.50	100.0	328	656
非金属矿物制品业	0.33	0.31	93.9	196	632
黑色金属冶炼及压延加工业	0.10	0.10	100.0	95	950
有色金属冶炼及压延加工业	0.10	0.10	100.0	54	540
金属制品业	0.47	0.32	68.1	68	213
普通机械制造业	1.11	0.71	64.0	494	696

联营经济分行业住宅建筑面积和造价

续1

行　　业	施工住宅面积(万平方米)	竣工住宅面积(万平方米)	住宅建筑面积竣工率(%)	竣工住宅价值(万元)	竣工住宅造价(元/平方米)
专用设备制造业	0.41	—	—	—	—
交通运输设备制造业	1.35	0.25	18.5	200	800
电气机械及器材制造业	0.37	0.29	78.4	124	428
电子及通信设备制造业	0.36	0.30	83.3	240	800
仪器仪表及文化、办公用机械制造业	—	—	—	—	—
其他制造业	—	—	—	—	—
(四) 电力、煤气及水的生产和供应业	0.96	0.59	61.5	337	571
电力、蒸汽、热水的生产和供应业	0.96	0.59	61.5	337	571
煤气生产和供应业	—	—	—	—	—
自来水的生产和供应业	—	—	—	—	—
(五) 建筑业	3.22	3.09	96.0	4838	1566
土木工程建筑业	3.22	3.09	96.0	4838	1566
线路、管道和设备安装业	—	—	—	—	—
建筑物的装修装饰业	—	—	—	—	—
(六) 地质勘查业、水利管理业	—	—	—	—	—
地质勘查业	—	—	—	—	—
水利管理业	—	—	—	—	—
(七) 交通运输、仓储及邮电通信业	1.19	0.04	3.4	110	2750
铁路运输业	—	—	—	—	—
公路运输业	—	—	—	—	—
管道运输业	1.15	—	—	—	—
水上运输业	—	—	—	—	—
航空运输业	—	—	—	—	—
交通运输辅助业	—	—	—	—	—
其他交通运输业	—	—	—	—	—
仓储业	0.04	0.04	100.0	110	2750
邮电通信业	—	—	—	—	—
(八) 批发和零售贸易、餐饮业	4.64	2.94	63.4	2178	741
食品、饮料、烟草和家庭用品批发商业	0.13	0.06	46.2	47	783
能源、材料和机械电子设备批发业	0.07	0.07	100.0	116	1657
其他批发业	2.19	0.56	25.6	480	857
零售业	0.62	0.62	100.0	350	565
商业经纪与代理业	—	—	—	—	—

联营经济分行业住宅建筑面积和造价

续 2

行　　　业	施工住宅面积(万平方米)	竣工住宅面积(万平方米)	住宅建筑面积竣工率(%)	竣工住宅价值(万元)	竣工住宅造价(元/平方米)
餐饮业	1.64	1.64	100.0	1185	723
(九) 金融、保险业	—	—	—	—	—
金融业	—	—	—	—	—
保险业	—	—	—	—	—
(十) 房地产业	607.96	219.86	36.2	319409	1453
房地产开发与经营业	607.19	219.86	36.2	319409	1453
房地产管理业	0.77	—	—	—	—
房地产代理与经纪业	—	—	—	—	—
(十一) 社会服务业	1.61	1.53	95.0	1346	880
公共服务业	—	—	—	—	—
居民服务业	0.02	0.02	100.0	24	1200
旅馆业	1.41	1.41	100.0	1252	888
租赁服务业	—	—	—	—	—
旅行社	0.18	0.10	55.6	70	700
娱乐服务业	—	—	—	—	—
信息、咨询服务业	—	—	—	—	—
计算机应用服务业	—	—	—	—	—
其他社会服务业	—	—	—	—	—
(十二) 卫生、体育和社会福利业	—	—	—	—	—
卫生	—	—	—	—	—
体育	—	—	—	—	—
社会福利保障业	—	—	—	—	—
(十三) 教育、文化艺术及广播电影电视业	0.63	0.63	100.0	469	744
教育	0.63	0.63	100.0	469	744
文化艺术业	—	—	—	—	—
广播电影电视业	—	—	—	—	—
(十四) 科学研究和综合技术服务业	0.44	—	—	—	—
科学研究业	—	—	—	—	—
综合技术服务业	0.44	—	—	—	—
(十五) 国家机关、政党机关和社会团体	2.42	2.27	93.8	1259	555
国家机关	1.91	1.91	100.0	1059	554
政党机关	—	—	—	—	—
社会团体	—	—	—	—	—
基层群众自治组织	0.51	0.36	70.6	200	556
(十六) 其他行业	0.36	0.36	100.0	252	700
其他行业	0.36	0.36	100.0	252	700

股份制经济固定资产投资

各地区股份制经济投资总规模与完成情况(一)

单位:万元

地　　区	计划总投资	实际需要总投资	自开始建设至本年底累计完成投资	本年完成投资
全国总计	**58563279**	**61189616**	**28979928**	**13872150**
北　　京	2382772	2502374	987094	357745
天　　津	1028417	1061202	570140	258461
河　　北	2140659	2463152	1458441	622640
山　　西	327431	378091	225541	113581
内 蒙 古	471373	473582	368853	201065
辽　　宁	2244363	2377776	1574206	783289
吉　　林	841963	863352	349796	195421
黑 龙 江	497263	489574	341719	130147
上　　海	2933181	3055368	1750991	763848
江　　苏	3209257	3325490	1586769	890146
浙　　江	8079827	8264870	3142874	1673827
安　　徽	2703349	2848392	1278391	626610
福　　建	1806115	1832944	669019	371533
江　　西	747714	754602	195792	113881
山　　东	1677473	1748728	1191804	669073
河　　南	2088799	2268559	1318392	720180
湖　　北	3769537	3846780	1550978	727571
湖　　南	927345	955069	380609	193030
广　　东	5549609	6078484	3262234	1264640
广　　西	1266425	1301459	521212	196968
海　　南	1040471	1078575	589992	313133
重　　庆	1836647	1936255	822070	354040
四　　川	3807922	3968049	2008725	911385
贵　　州	1234853	1250510	468052	170550
云　　南	2336211	2385468	1010710	478194
西　　藏	110920	110917	27087	14063
陕　　西	1157055	1186984	511814	311967
甘　　肃	1086565	1095410	376584	178263
青　　海	169124	172785	56944	49760
宁　　夏	71246	73346	50725	35882
新　　疆	703793	725869	247972	126912
不分地区	315600	315600	84398	54345

各地区股份制经济投资总规模与完成情况(二)

单位:万元

地 区	累计新增固定资产	未完工程累计投资	全部建成尚需投资	未完工程占用率(%)
全国总计	**13585307**	**14146397**	**32209688**	**102.0**
北 京	498701	481552	1515280	134.6
天 津	137620	313321	491062	121.2
河 北	962337	394733	1004711	63.4
山 西	144289	71575	152550	63.0
内 蒙 古	79626	287087	104729	142.8
辽 宁	599867	954146	803570	121.8
吉 林	217880	119709	513556	61.3
黑 龙 江	194324	143570	147855	110.3
上 海	712601	931422	1304377	121.9
江 苏	727031	831355	1738721	93.4
浙 江	1641380	1385164	5121996	82.8
安 徽	641357	507484	1570001	81.0
福 建	272249	372492	1163925	100.3
江 西	99741	82979	558810	72.9
山 东	717638	448280	556924	67.0
河 南	310357	966757	950167	134.2
湖 北	762229	680604	2295802	93.5
湖 南	165979	178218	574460	92.3
广 东	1745692	1378844	2816250	109.0
广 西	227671	272118	780247	138.2
海 南	203270	347755	488583	111.1
重 庆	335985	471584	1114185	133.2
四 川	1078285	877099	1959324	96.2
贵 州	216828	206803	782458	121.3
云 南	305961	688820	1374758	144.0
西 藏	26117	970	83830	6.9
陕 西	87100	424174	675170	136.0
甘 肃	242515	132460	718826	74.3
青 海	27573	24645	115841	49.5
宁 夏	42130	8595	22621	24.0
新 疆	160745	77913	477897	61.4
不分地区	229	84169	231202	154.9

股份制经济分行业投资总规模与完成情况(一)

单位:万元

行　　业	计划总投资	实际需要总投资	自开始建设至本年底累计完成投资	本年完成投资
全国总计	**58563279**	**61189616**	**28979928**	**13872150**
(一) 农、林、牧、渔业	378006	379210	91006	68262
农业	135271	135473	20052	16810
林业	—	—	—	—
畜牧业	87772	88036	51263	35908
渔业	148606	149039	16290	13343
农、林、牧、渔服务业	6357	6662	3401	2201
(二) 采掘业	1093820	1117466	683515	229169
煤炭采选业	906905	921659	560754	152273
石油和天然气开采业	26012	25651	23264	9659
黑色金属矿采选业	13325	13622	8710	6048
有色金属矿采选业	124674	133696	72153	50699
非金属矿采选业	19757	19649	16877	8949
其他矿采选业	50	50	40	40
木材及竹材采运业	3097	3139	1717	1501
(三) 制造业	12753792	13101131	7563420	3942887
食品加工业	355389	357190	247905	154583
食品制造业	117738	120043	85667	59509
饮料制造业	288230	305992	219068	159005
烟草加工业	30851	31129	15152	15152
纺织业	247684	247310	195467	130699
服装及其他纤维制品制造业	75566	75749	49876	41705
皮革、毛皮、羽绒及其制品业	68413	66636	43340	40609
木材加工及竹、藤、棕、草制品业	48560	48808	42062	30257
家具制造业	17944	25343	22059	16007
造纸及纸制品业	370734	385453	270807	143966
印刷业、记录媒介的复制	70704	70848	38315	28974
文教体育用品制造业	18139	18563	15141	12416
石油加工及炼焦业	1610868	1614182	395069	228074
化学原料及化学制品制造业	2601111	2609204	1426446	673291
医药制造业	488520	504827	334792	173803
化学纤维制造业	611308	619917	410430	144762
橡胶制品业	316648	326261	161504	103262
塑料制品业	167574	172265	129280	64199
非金属矿物制品业	947795	1004444	729267	308709
黑色金属冶炼及压延加工业	983464	1078563	808043	314685
有色金属冶炼及压延加工业	176876	193140	152909	73112
金属制品业	89253	100200	79027	51869
普通机械制造业	690957	704185	367366	198462

股份制经济分行业投资总规模与完成情况(一)

续 1 单位:万元

行业	计划总投资	实际需要总投资	自开始建设至本年底累计完成投资	本年完成投资
专用设备制造业	252919	279739	188715	80339
交通运输设备制造业	625232	648848	425024	196664
电气机械及器材制造业	659343	681111	299360	190152
电子及通信设备制造业	717055	706362	346075	254829
仪器仪表及文化、办公用机械制造业	59351	59079	32957	24601
其他制造业	45566	45740	32297	29192
(四) 电力、煤气及水的生产和供应业	15679911	16160132	5912162	2821139
电力、蒸汽、热水的生产和供应业	15538526	16010760	5814410	2773867
煤气生产和供应业	60630	63508	27597	9991
自来水的生产和供应业	80755	85864	70155	37281
(五) 建筑业	191892	207220	115885	64948
土木工程建筑业	182387	195665	109471	58934
线路、管道和设备安装业	1685	1685	1014	1014
建筑物的装修装饰业	7820	9870	5400	5000
(六) 地质勘查业、水利管理业	436320	436320	56593	48973
地质勘查业	500	500	305	305
水利管理业	435820	435820	56288	48668
(七) 交通运输、仓储及邮电通信业	5053518	5085499	1627383	1030969
铁路运输业	1696441	1698941	291265	161636
公路运输业	1347635	1357598	440005	268634
管道运输业	650	650	260	260
水上运输业	62629	63331	20577	10035
航空运输业	311247	312690	182905	104120
交通运输辅助业	1109769	1121453	356447	181586
其他交通运输业	32139	36239	30439	23851
仓储业	67718	68210	34112	17014
邮电通信业	425290	426387	271373	263833
(八) 批发和零售贸易、餐饮业	2093532	2325002	1601677	622668
食品、饮料、烟草和家庭用品批发商业	392540	439654	346378	129838
能源、材料和机械电子设备批发业	307670	312992	170175	67573
其他批发业	107981	107635	88255	30881
零售业	1229373	1402847	959029	373119
商业经纪与代理业	15858	15858	12892	5666

股份制经济分行业投资总规模与完成情况(一)

续 2

单位:万元

行　　业	计划总投资	实际需要总投资	自开始建设至本年底累计完成投资	本年完成投资
餐饮业	40110	46016	24948	15591
(九) 金融、保险业	262248	286655	133865	59640
金融业	254260	278736	129006	56108
保险业	7988	7919	4859	3532
(十) 房地产业	18793754	20183606	10179709	4439528
房地产开发与经营业	18780281	20168933	10167064	4432495
房地产管理业	13419	14619	12591	6979
房地产代理与经纪业	54	54	54	54
(十一) 社会服务业	1336989	1408324	837205	433964
公共服务业	386331	395368	217394	145142
居民服务业	6986	7066	5147	5015
旅馆业	382037	428503	347571	181103
租赁服务业	14854	14854	11741	4242
旅行社	349244	355840	87913	34841
娱乐服务业	97763	104622	77305	48803
信息、咨询服务业	760	760	420	420
计算机应用服务业	7950	7950	1700	1700
其他社会服务业	91064	93361	88014	12698
(十二) 卫生、体育和社会福利业	21866	22603	13962	11560
卫生	1986	2000	890	878
体育	12300	13000	11573	9383
社会福利保障业	7580	7603	1499	1299
(十三) 教育、文化艺术及广播电影电视业	73844	82071	62511	34721
教育	65639	73796	56885	32352
文化艺术业	519	519	519	519
广播电影电视业	7686	7756	5107	1850
(十四) 科学研究和综合技术服务业	163760	164061	12294	10031
科学研究业	1210	1511	1030	740
综合技术服务业	162550	162550	11264	9291
(十五) 国家机关、政党机关和社会团体	15552	15732	11431	11034
国家机关	14642	14672	10521	10129
政党机关	—	—	—	—
社会团体	600	700	550	550
基层群众自治组织	310	360	360	355
(十六) 其他行业	214475	214584	77310	42657
其他行业	214475	214584	77310	42657

股份制经济分行业投资总规模与完成情况(二)

单位:万元

行　　业	累计新增固定资产	未完工程累计投资	全部建成尚需投资	未完工程占用率(%)
全国总计	**13585307**	**14146397**	**32209688**	**102.0**
(一) 农、林、牧、渔业	51669	36078	288204	52.9
农业	12279	6264	115421	37.3
林业	—	—	—	—
畜牧业	23842	27421	36773	76.4
渔业	12361	2179	132749	16.3
农、林、牧、渔服务业	3187	214	3261	9.7
(二) 采掘业	313287	213909	433951	93.3
煤炭采选业	255175	152966	360905	100.5
石油和天然气开采业	22363	845	2387	8.7
黑色金属矿采选业	7992	618	4912	10.2
有色金属矿采选业	11181	57519	61543	113.5
非金属矿采选业	15987	833	2772	9.3
其他矿采选业	—	—	10	—
木材及竹材采运业	589	1128	1422	75.1
(三) 制造业	4484653	2742203	5537711	69.5
食品加工业	200681	45102	109285	29.2
食品制造业	71314	13057	34376	21.9
饮料制造业	150785	44088	86924	27.7
烟草加工业	14235	917	15977	6.1
纺织业	161957	25841	51843	19.8
服装及其他纤维制品制造业	32612	15774	25873	37.8
皮革、毛皮、羽绒及其制品业	31238	11912	23296	29.3
木材加工及竹、藤、棕、草制品业	24455	17411	6746	57.5
家具制造业	15103	6506	3284	40.6
造纸及纸制品业	120355	141831	114646	98.5
印刷业、记录媒介的复制	21103	16873	32533	58.2
文教体育用品制造业	11458	3612	3422	29.1
石油加工及炼焦业	168645	226378	1219113	99.3
化学原料及化学制品制造业	750854	641784	1182758	95.3
医药制造业	128570	137395	170035	79.1
化学纤维制造业	273455	135222	209487	93.4
橡胶制品业	132727	28048	164757	27.2
塑料制品业	108123	20821	42985	32.4
非金属矿物制品业	379864	322363	275177	104.4
黑色金属冶炼及压延加工业	461272	325366	270520	103.4
有色金属冶炼及压延加工业	127852	12176	40231	16.7
金属制品业	37920	20949	21173	40.4
普通机械制造业	214014	119995	336819	60.5

股份制经济分行业投资总规模与完成情况(二)

续 1　　　　　　　　　　　　　　　　　　　　　　单位:万元

行　　业	累计新增固定资产	未完工程累计投资	全部建成尚需投资	未完工程占用率(%)
专用设备制造业	103997	78241	91024	97.4
交通运输设备制造业	268921	154486	223824	78.6
电气机械及器材制造业	188543	107346	381751	56.5
电子及通信设备制造业	233849	56987	360287	22.4
仪器仪表及文化、办公用机械制造业	27616	2657	26122	10.8
其他制造业	23135	9065	13443	31.1
(四) 电力、煤气及水的生产和供应业	2377175	3428712	10247970	121.5
电力、蒸汽、热水的生产和供应业	2313827	3398031	10196350	122.5
煤气生产和供应业	11988	15609	35911	156.2
自来水的生产和供应业	51360	15072	15709	40.4
(五) 建筑业	34750	67395	91335	103.8
土木工程建筑业	33620	62111	86194	105.4
线路、管道和设备安装业	380	634	671	62.5
建筑物的装修装饰业	750	4650	4470	93.0
(六) 地质勘查业、水利管理业	912	55681	379727	113.7
地质勘查业	—	305	195	100.0
水利管理业	912	55376	379532	113.8
(七) 交通运输、仓储及邮电通信业	609913	940561	3458116	91.2
铁路运输业	22731	243962	1407676	150.9
公路运输业	68019	371986	917593	138.5
管道运输业	—	260	390	100.0
水上运输业	10133	7944	42754	79.2
航空运输业	65727	117178	129785	112.5
交通运输辅助业	208526	146838	765006	80.9
其他交通运输业	27239	—	5800	—
仓储业	22505	11313	34098	66.5
邮电通信业	185033	41080	155014	15.6
(八) 批发和零售贸易、餐饮业	618564	901195	723325	144.7
食品、饮料、烟草和家庭用品批发商业	138604	201661	93276	155.3
能源、材料和机械电子设备批发业	33990	84285	142817	124.7
其他批发业	28064	58265	19380	188.7
零售业	404684	536103	443818	143.7
商业经纪与代理业	6100	6792	2966	119.9

股份制经济分行业投资总规模与完成情况(二)

续 2　　　　　　　　　　　　　　　　　　　　　　　　　　　　单位:万元

行　　业	累计新增固定资产	未完工程累计投资	全部建成尚需投资	未完工程占用率(%)
餐饮业	7122	14089	21068	90.4
(九) 金融、保险业	50557	71857	152790	120.5
金融业	47653	69902	149730	124.6
保险业	2904	1955	3060	55.4
(十) 房地产业	4476892	5262683	10003897	118.5
房地产开发与经营业	4473738	5253192	10001869	11.9
房地产管理业	3100	9491	2028	136.0
房地产代理与经纪业	54	—	—	—
(十一) 社会服务业	479332	337418	571119	77.8
公共服务业	137013	79072	177974	54.5
居民服务业	3494	1436	1919	28.6
旅馆业	189730	141821	80932	78.3
租赁服务业	1816	9925	3113	234.0
旅行社	33017	54306	267927	155.9
娱乐服务业	32771	42459	27317	87.0
信息、咨询服务业	—	420	340	100.0
计算机应用服务业	—	1700	6250	100.0
其他社会服务业	81491	6279	5347	49.4
(十二) 卫生、体育和社会福利业	2637	11325	8641	98.0
卫生	430	460	1110	52.4
体育	1704	9869	1427	105.2
社会福利保障业	503	996	6104	76.7
(十三) 教育、文化艺术及广播电影电视业	25654	35657	19560	102.7
教育	23954	31731	16911	98.1
文化艺术业	519	—	—	—
广播电影电视业	1181	3926	2649	212.2
(十四) 科学研究和综合技术服务业	2415	9879	151767	98.5
科学研究业	—	1030	481	139.2
综合技术服务业	2415	8849	151286	95.2
(十五) 国家机关、政党机关和社会团体	10183	1248	4301	11.3
国家机关	9273	1248	4151	12.3
政党机关	—	—	—	—
社会团体	550	—	150	—
基层群众自治组织	360	—	—	—
(十六) 其他行业	46714	30596	137274	71.7
其他行业	46714	30596	137274	71.7

各地区股份制经济固定资产投资额和新增固定资产

单位:万元

地　　区	投资额	新增固定资产	固定资产交付使用率(%)
全国总计	**13872150**	**9040568**	**65.2**
北　　京	357745	291714	81.5
天　　津	258461	98527	38.1
河　　北	622640	355626	57.1
山　　西	113581	108196	95.3
内 蒙 古	201065	72357	36.0
辽　　宁	783289	438536	56.0
吉　　林	195421	155876	79.8
黑 龙 江	130147	102550	78.8
上　　海	763848	598261	78.3
江　　苏	890146	580786	65.2
浙　　江	1673827	1242920	74.3
安　　徽	626610	327548	52.3
福　　建	371533	242298	65.2
江　　西	113881	66466	58.4
山　　东	669073	453297	67.8
河　　南	720180	244491	33.9
湖　　北	727571	518152	71.2
湖　　南	193030	94610	49.0
广　　东	1264640	1108322	87.6
广　　西	196968	98171	49.8
海　　南	313133	184820	59.0
重　　庆	354040	243878	68.9
四　　川	911385	695238	76.3
贵　　州	170550	90867	53.3
云　　南	478194	152282	31.8
西　　藏	14063	12193	86.7
陕　　西	311967	42477	13.6
甘　　肃	178263	228108	128.0
青　　海	49760	25013	50.3
宁　　夏	35882	37265	103.9
新　　疆	126912	129548	102.1
不分地区	54345	175	0.3

股份制经济分行业投资额和新增固定资产

单位:万元

行　　业	投资额	新增固定资产	固定资产交付使用率(%)
全　国　总　计	**13872150**	**9040568**	**65.2**
(一) 农、林、牧、渔业	68262	45597	66.8
农业	16810	10343	61.5
林业	—	—	—
畜牧业	35908	23102	64.3
渔业	13343	8965	67.2
农、林、牧、渔服务业	2201	3187	144.8
(二) 采掘业	229169	98040	42.8
煤炭采选业	152273	63786	41.9
石油和天然气开采业	9659	10080	104.4
黑色金属矿采选业	6048	5663	93.6
有色金属矿采选业	50699	8145	16.1
非金属矿采选业	8949	9777	109.3
其他矿采选业	40	—	—
木材及竹材采运业	1501	589	39.2
(三) 制造业	3942887	3268377	82.9
食品加工业	154583	159436	103.1
食品制造业	59509	67378	113.2
饮料制造业	159005	134657	84.7
烟草加工业	15152	14235	93.9
纺织业	130699	121607	93.0
服装及其他纤维制品制造业	41705	29176	70.0
皮革、毛皮、羽绒及其制品业	40609	30309	74.6
木材加工及竹、藤、棕、草制品业	30257	23420	77.4
家具制造业	16007	15103	94.4
造纸及纸制品业	143966	96484	67.0
印刷业、记录媒介的复制	28974	15428	53.2
文教体育用品制造业	12416	10199	82.1
石油加工及炼焦业	228074	160436	70.3
化学原料及化学制品制造业	673291	585560	87.0
医药制造业	173803	97378	56.0
化学纤维制造业	144762	87915	60.7
橡胶制品业	103262	127226	123.2
塑料制品业	64199	55636	86.7
非金属矿物制品业	308709	296679	96.1
黑色金属冶炼及压延加工业	314685	256323	81.5
有色金属冶炼及压延加工业	73112	87191	119.3
金属制品业	51869	29272	56.4
普通机械制造业	198462	150218	75.7

股份制经济分行业投资额和新增固定资产

续 1　　单位:万元

行　　业	投资额	新增固定资产	固定资产交付使用率(%)
专用设备制造业	80339	68933	85.8
交通运输设备制造业	196664	156919	79.8
电气机械及器材制造业	190152	147440	77.5
电子及通信设备制造业	254829	195505	76.7
仪器仪表及文化、办公用机械制造业	24601	25239	102.6
其他制造业	29192	23075	79.0
(四) 电力、煤气及水的生产和供应业	2821139	1066211	37.8
电力、蒸汽、热水的生产和供应业	2773867	1007187	36.3
煤气生产和供应业	9991	8838	88.5
自来水的生产和供应业	37281	50186	134.6
(五) 建筑业	64948	21491	33.1
土木工程建筑业	58934	20658	35.1
线路、管道和设备安装业	1014	380	37.5
建筑物的装修装饰业	5000	453	9.1
(六) 地质勘查业、水利管理业	48973	572	1.2
地质勘查业	305	—	—
水利管理业	48668	572	1.2
(七) 交通运输、仓储及邮电通信业	1030969	451445	43.8
铁路运输业	161636	9286	5.7
公路运输业	268634	65334	24.3
管道运输业	260	—	—
水上运输业	10035	7536	75.1
航空运输业	104120	36612	35.2
交通运输辅助业	181586	105084	57.9
其他交通运输业	23851	20839	87.4
仓储业	17014	21721	127.7
邮电通信业	263833	185033	70.1
(八) 批发和零售贸易、餐饮业	622668	508290	81.6
食品、饮料、烟草和家庭用品批发商业	129838	95088	73.2
能源、材料和机械电子设备批发业	67573	32290	47.8
其他批发业	30881	17557	56.9
零售业	373119	352062	94.4
商业经纪与代理业	5666	4640	81.9

股份制经济分行业投资额和新增固定资产

续 2　　　　　　　　　　　　　　　　　　　　　　　　　　　　单位:万元

行　　业	投资额	新增固定资产	固定资产交付使用率(%)
餐饮业	15591	6653	42.7
(九) 金融、保险业	59640	40542	68.0
金融业	56108	38235	68.1
保险业	3532	2307	65.3
(十) 房地产业	4439528	3049588	68.7
房地产开发与经营业	4432495	3048234	68.8
房地产管理业	6979	1300	18.6
房地产代理与经纪业	54	54	100.0
(十一) 社会服务业	433964	422001	97.2
公共服务业	145142	93554	64.5
居民服务业	5015	3494	69.7
旅馆业	181103	183565	101.4
租赁服务业	4242	1816	42.8
旅行社	34841	27724	79.6
娱乐服务业	48803	30357	62.2
信息、咨询服务业	420	—	—
计算机应用服务业	1700	—	—
其他社会服务业	12698	81491	641.8
(十二) 卫生、体育和社会福利业	11560	2637	22.8
卫生	878	430	49.0
体育	9383	1704	18.2
社会福利保障业	1299	503	38.7
(十三) 教育、文化艺术及广播电影电视业	34721	21954	63.2
教育	32352	20254	62.6
文化艺术业	519	519	100.0
广播电影电视业	1850	1181	63.8
(十四) 科学研究和综合技术服务业	10031	850	8.5
科学研究业	740	—	—
综合技术服务业	9291	850	9.1
(十五) 国家机关、政党机关和社会团体	11034	10183	92.3
国家机关	10129	9273	91.5
政党机关	—	—	—
社会团体	550	550	100.0
基层群众自治组织	355	360	101.4
(十六) 其他行业	42657	32790	76.9
其他行业	42657	32790	76.9

各地区股份制经济按构成分的投资

单位:万元

地区	投资额	建筑安装工程	设备工器具购置	其他费用
全国总计	**13872150**	**6901395**	**3992399**	**2978356**
北京	357745	219635	13498	124612
天津	258461	127105	60816	70540
河北	622640	259512	240178	122950
山西	113581	56185	46433	10963
内蒙古	201065	99720	78810	22535
辽宁	783289	338805	313773	130711
吉林	195421	128200	38191	29030
黑龙江	130147	74751	33530	21866
上海	763848	279199	318965	165684
江苏	890146	449764	264334	176048
浙江	1673827	850940	451637	371250
安徽	626610	288717	238294	99599
福建	371533	200768	85412	85353
江西	113881	53489	42323	18069
山东	669073	290009	275030	104034
河南	720180	277192	323679	119309
湖北	727571	337159	233989	156423
湖南	193030	105562	52399	35069
广东	1264640	723357	174152	367131
广西	196968	118756	38748	39464
海南	313133	166901	93870	52362
重庆	354040	199968	51529	102543
四川	911385	517773	149656	243956
贵州	170550	93237	40963	36350
云南	478194	230936	122381	124877
西藏	14063	13722	341	—
陕西	311967	153905	116730	41332
甘肃	178263	92561	31049	54653
青海	49760	22732	20507	6521
宁夏	35882	20062	11787	4033
新疆	126912	84751	29395	12766
不分地区	54345	26022	—	28323

各地区股份制经济按隶属关系分的投资

单位:万元

地 区	合 计	中央项目	地方项目	省 属	地市属	县 属
全国总计	**13872150**	**2340685**	**9196123**	**2416597**	**4450237**	**2329289**
北 京	357745	41394	270529	193965	61902	14662
天 津	258461	10936	163512	139352	22600	1560
河 北	622640	210112	360480	93593	182922	83965
山 西	113581	7050	75424	30070	29791	15563
内蒙古	201065	111810	54797	8573	29693	16531
辽 宁	783289	225057	476091	101534	308001	66556
吉 林	195421	8930	172330	28863	118105	25362
黑龙江	130147	9152	104187	35952	37649	30586
上 海	763848	241452	468735	376221	—	92514
江 苏	890146	139148	702942	112487	342817	247638
浙 江	1673827	397547	1049992	84281	588546	377165
安 徽	626610	39651	449632	70802	316403	62427
福 建	371533	300	352228	63134	163493	125601
江 西	113881	9917	94253	28104	41521	24628
山 东	669073	101583	501969	61246	270311	170412
河 南	720180	77822	438364	227341	100411	110612
湖 北	727571	171398	371625	20180	147538	203907
湖 南	193030	147	149298	12623	122458	14217
广 东	1264640	47272	1065366	38215	851083	176068
广 西	196968	3170	167430	60554	83836	23040
海 南	313133	5340	202645	163001	38449	1195
重 庆	354040	4622	307455	148021	72890	86544
四 川	911385	88705	612195	81396	304222	226577
贵 州	170550	62413	77860	31003	37761	9096
云 南	478194	8317	210035	94311	63096	52628
西 藏	14063	—	970	970	—	—
陕 西	311967	133086	107812	42890	33703	31219
甘 肃	178263	102303	55435	12317	34321	8797
青 海	49760	10825	37637	21728	8604	7305
宁 夏	35882	—	34222	12698	14897	6627
新 疆	126912	16881	60673	21172	23214	16287
不分地区	54345	54345	—	—	—	—

各地区股份制经济按建设性质分的投资

单位:万元

地区	新建	扩建	改建	单纯建造生活设施	迁建	恢复	单纯购置
全国总计	**4063546**	**3791044**	**1196351**	**89828**	**131151**	**28869**	**166206**
北京	10503	8421	5389	270	—	7357	1816
天津	43881	58017	10304	—	—	—	22
河北	144591	279282	123341	5095	280	—	1300
山西	49736	21817	32603	3911	—	—	—
内蒙古	24839	132775	17644	719	—	6186	766
辽宁	243657	195200	84532	1105	12850	—	5846
吉林	31811	39132	35613	1452	840	—	1784
黑龙江	13653	42985	11201	4119	—	—	51
上海	35803	299687	188493	—	7942	—	28978
江苏	230865	335997	43773	375	972	—	5037
浙江	519842	404026	58045	1967	7417	68	7607
安徽	173595	236314	119691	2267	1268	—	2816
福建	116296	60283	25105	1537	2258	—	1738
江西	17926	50029	13709	180	—	—	—
山东	57463	408213	63259	12029	619	—	22462
河南	322114	292069	29478	6458	188	—	3878
湖北	261514	222968	84606	8525	4368	195	6127
湖南	98206	29900	9572	1195	—	—	2839
广东	197356	204510	25955	4608	5466	—	22836
广西	93935	37095	6696	2361	—	—	2999
海南	134842	54133	789	2483	63970	—	38183
重庆	66524	42393	36701	3780	4654	—	3047
四川	343437	127937	84165	15612	4803	450	3742
贵州	21410	73458	18032	175	12462	—	85
云南	369430	19805	37409	2479	—	1637	112
西藏	117	970	—	—	—	12976	—
陕西	227777	22791	9273	2202	—	—	800
甘肃	108741	15753	2522	2617	—	—	505
青海	10882	23190	11862	558	—	—	55
宁夏	4664	14508	1577	854	794	—	—
新疆	33791	37386	5012	895	—	—	775
不分地区	54345	—	—	—	—	—	—

各地区股份制经济按主要行业分的投资(一)

单位:万元

地　　区	合计	农、林、牧、渔业	采掘业	制造业	电力、煤气及水的生产和供应业
全国总计	**13872150**	**68262**	**229169**	**3942887**	**2821139**
北　　京	357745	—	—	8997	5189
天　　津	258461	—	—	60137	—
河　　北	622640	9070	4062	304087	183292
山　　西	113581	—	2703	73641	5078
内 蒙 古	201065	1703	8126	46086	110549
辽　　宁	783289	—	—	149344	235094
吉　　林	195421	1265	4650	58627	12929
黑 龙 江	130147	700	260	58938	130
上　　海	763848	—	—	442211	2757
江　　苏	890146	3278	780	197434	177500
浙　　江	1673827	2008	422	268878	304325
安　　徽	626610	5546	75157	292746	84838
福　　建	371533	12309	1966	108481	56109
江　　西	113881	868	531	62925	10295
山　　东	669073	5506	14435	340304	127663
河　　南	720180	8128	1806	190229	392326
湖　　北	727571	1578	2478	320608	189026
湖　　南	193030	104	—	72703	40587
广　　东	1264640	2973	1980	188946	133850
广　　西	196968	998	4576	74971	19741
海　　南	313133	7490	—	43394	8097
重　　庆	354040	—	1331	80044	21066
四　　川	911385	3062	6947	267012	150438
贵　　州	170550	53	62413	48856	2059
云　　南	478194	1293	13122	57001	233520
西　　藏	14063	—	—	—	—
陕　　西	311967	200	19304	25845	192187
甘　　肃	178263	80	1489	9248	105534
青　　海	49760	—	40	32936	10154
宁　　夏	35882	—	—	14023	—
新　　疆	126912	50	591	44235	6806
不分地区	54345	—	—	—	—

各地区股份制经济按主要行业分的投资(二)

单位:万元

地区	建筑业	地质勘查业、水利管理业	交通运输、仓储及邮电通信业	批发和零售贸易、餐饮业	金融、保险业	房地产业
全国总计	**64948**	**48973**	**1030969**	**622668**	**59640**	**4439528**
北京	—	—	599	8564	—	324189
天津	—	—	10886	30994	10207	146237
河北	277	—	10066	20710	141	69941
山西	1009	—	270	25086	190	5514
内蒙古	1288	—	1092	13767	—	18136
辽宁	2323	—	97936	26498	1006	240458
吉林	4720	—	2314	5378	—	84789
黑龙江	70	—	4959	320	2320	58450
上海	2799	—	17189	24164	8089	202946
江苏	118	—	122644	65717	1200	273477
浙江	7505	48096	209189	101056	1882	679840
安徽	870	—	36972	28901	510	91542
福建	—	—	9510	7136	193	165575
江西	248	—	3450	1842	—	32037
山东	2619	—	23076	32913	6983	106233
河南	3971	—	12478	20821	3689	69095
湖北	580	—	9964	23613	942	140028
湖南	—	—	2137	17970	3392	51318
广东	15556	—	61336	25040	5458	808414
广西	490	305	18244	14416	180	53930
海南	424	—	154975	26257	5340	20479
重庆	331	—	19447	3802	—	196941
四川	16832	—	83313	25977	1112	341430
贵州	175	—	8246	2900	—	44928
云南	432	—	55310	13882	5200	47399
西藏	—	—	—	—	—	—
陕西	—	—	—	22774	—	49124
甘肃	1437	—	655	10783	—	48627
青海	—	—	220	1161	1606	3213
宁夏	—	572	—	6385	—	13485
新疆	874	—	147	13841	—	51753
不分地区	—	—	54345	—	—	—

各地区股份制经济按主要行业分的投资(三)

单位:万元

地　　区	社会服务业	卫生、体育和社会福利业	教育、文化艺术及广播电影电视业	科学研究和综合技术服务业	国家机关、政党机关和社会团体	其他行业
全国总计	**433964**	**11560**	**34721**	**10031**	**11034**	**42657**
北　京	1816	7357	—	1034	—	—
天　津	—	—	—	—	—	—
河　北	19168	180	290	1356	—	—
山　西	90	—	—	—	—	—
内蒙古	168	150	—	—	—	—
辽　宁	28946	330	216	—	—	1138
吉　林	18397	—	—	997	355	1000
黑龙江	4000	—	—	—	—	—
上　海	45651	—	8634	—	—	9408
江　苏	37278	126	4200	6394	—	—
浙　江	40643	844	8995	—	—	144
安　徽	7466	1182	—	—	880	—
福　建	7404	—	2850	—	—	—
江　西	1685	—	—	—	—	—
山　东	6742	—	2206	—	—	393
河　南	13210	370	1462	—	—	2595
湖　北	26025	—	3000	—	8979	750
湖　南	4771	—	—	—	—	48
广　东	7420	666	1600	250	550	10601
广　西	9017	—	—	—	—	100
海　南	45679	—	—	—	—	998
重　庆	30081	355	61	—	—	581
四　川	13167	—	1207	—	270	618
贵　州	920	—	—	—	—	—
云　南	49955	—	—	—	—	1080
西　藏	970	—	—	—	—	13093
陕　西	2533	—	—	—	—	—
甘　肃	410	—	—	—	—	—
青　海	430	—	—	—	—	—
宁　夏	1417	—	—	—	—	—
新　疆	8505	—	—	—	—	110
不分地区	—	—	—	—	—	—

各地区股份制经济按主要工业行业分的投资(一)

单位:万元

地　区	工业合计	煤炭采选业	石油和天然气开采业	黑色金属矿采选业	有色金属矿采选业	非金属矿采选业	其他矿采选业
全国总计	**6993195**	**152273**	**9659**	**6048**	**50699**	**8949**	**40**
北　京	14186	—	—	—	—	—	—
天　津	60137	—	—	—	—	—	—
河　北	491441	10	—	1127	1685	1240	—
山　西	81422	—	—	—	2123	580	—
内蒙古	164761	6510	—	400	—	1216	—
辽　宁	384438	—	—	—	—	—	—
吉　林	76206	—	4650	—	—	—	—
黑龙江	59328	—	—	—	260	—	—
上　海	444968	—	—	—	—	—	—
江　苏	375714	—	—	—	—	780	—
浙　江	573625	—	—	103	—	319	—
安　徽	452741	75157	—	—	—	—	—
福　建	166556	—	—	368	—	97	—
江　西	73751	81	—	—	450	—	—
山　东	482402	322	—	—	13849	264	—
河　南	584361	771	—	—	1035	—	—
湖　北	512112	205	—	1020	253	1000	—
湖　南	113290	—	—	—	—	—	—
广　东	324776	—	—	—	150	1830	—
广　西	99288	—	—	—	3898	678	—
海　南	51491	—	—	—	—	—	—
重　庆	102441	567	764	—	—	—	—
四　川	424397	1004	4117	10	1021	795	—
贵　州	113328	62413	—	—	—	—	—
云　南	303643	4815	—	2860	5447	—	—
西　藏	—	—	—	—	—	—	—
陕　西	237336	330	—	—	18974	—	—
甘　肃	116271	—	—	—	1339	150	—
青　海	43130	—	—	—	—	—	40
宁　夏	14023	—	—	—	—	—	—
新　疆	51632	88	128	160	215	—	—
不分地区	—	—	—	—	—	—	—

各地区股份制经济按主要工业行业分的投资(二)

单位:万元

地区	木材及竹材采运业	食品加工业	食品制造业	饮料制造业	烟草加工业	纺织业	服装及其他纤维制品制造业
全国总计	**1501**	**154583**	**59509**	**159005**	**15152**	**130699**	**41705**
北京	—	—	—	—	—	—	814
天津	—	—	74	—	—	—	—
河北	—	1130	7195	13725	—	1470	1775
山西	—	113	3421	5044	—	1870	—
内蒙古	—	5350	4196	906	—	7503	290
辽宁	—	1430	60	2884	—	843	2345
吉林	—	2640	4998	1899	—	200	650
黑龙江	—	910	974	3630	—	1073	—
上海	—	—	—	—	—	1967	—
江苏	—	37976	1047	178	—	4919	1582
浙江	—	3245	2287	11438	—	12949	8590
安徽	—	2444	2638	1699	—	4396	180
福建	1501	618	498	15117	—	4469	1368
江西	—	—	504	120	—	2558	—
山东	—	1491	1349	14386	—	23207	4740
河南	—	20850	6340	4695	—	10764	2850
湖北	—	15861	4263	12534	—	25882	11582
湖南	—	3764	530	3414	—	—	200
广东	—	9818	5943	15303	—	10779	2000
广西	—	9438	1603	5771	—	—	—
海南	—	11479	—	9200	—	140	343
重庆	—	242	1274	365	—	906	—
四川	—	4541	678	12867	13725	5084	1586
贵州	—	2566	1060	37	917	—	—
云南	—	15514	809	12066	510	809	—
西藏	—	—	—	—	—	—	—
陕西	—	—	155	7992	—	—	438
甘肃	—	—	520	111	—	—	34
青海	—	199	—	—	—	—	338
宁夏	—	328	4680	160	—	—	—
新疆	—	2636	2413	3464	—	8911	—
不分地区	—	—	—	—	—	—	—

各地区股份制经济按主要工业行业分的投资(三)

单位:万元

地区	皮革、毛皮、羽绒及其制品业	木材加工及竹、藤、棕、草制品业	家具制造业	造纸及纸制品业	印刷业、记录媒介的复制	文教体育用品制造业	石油加工及炼焦业
全国总计	**40609**	**30257**	**16007**	**143966**	**28974**	**12416**	**228074**
北京	—	—	—	—	3325	—	—
天津	—	—	—	—	5262	—	—
河北	309	394	430	2260	465	150	45122
山西	—	—	28	3714	—	—	677
内蒙古	5129	4360	—	552	340	—	3638
辽宁	—	1100	—	16619	—	—	—
吉林	—	853	—	1582	666	—	—
黑龙江	—	2658	230	14965	1539	—	—
上海	—	—	—	—	—	1373	85179
江苏	—	—	—	80	750	918	1550
浙江	29878	535	1245	3565	2690	3706	81499
安徽	160	3836	—	7098	220	—	—
福建	—	50	350	1246	480	—	—
江西	—	3764	—	—	—	—	—
山东	1427	—	3083	48145	3101	230	5790
河南	165	—	426	12675	2431	—	1043
湖北	805	1766	7475	2936	2794	4871	2315
湖南	400	5462	—	—	80	400	—
广东	680	2300	—	390	320	768	—
广西	249	—	—	651	35	—	—
海南	—	500	—	—	809	—	—
重庆	—	—	—	—	465	—	—
四川	1327	1430	2046	19128	1316	—	427
贵州	—	—	—	—	80	—	—
云南	—	960	—	3435	733	—	—
西藏	—	—	—	—	—	—	—
陕西	80	—	—	2675	1073	—	834
甘肃	—	—	50	—	—	—	—
青海	—	—	—	—	—	—	—
宁夏	—	—	280	2250	—	—	—
新疆	—	289	364	—	—	—	—
不分地区	—	—	—	—	—	—	—

各地区股份制经济按主要工业行业分的投资(四)

单位:万元

地区	化学原料及化学制品制造业	医药制造业	化学纤维制造业	橡胶制品业	塑料制品业	非金属矿物制品业	黑色金属冶炼及压延加工业
全国总计	**673291**	**173803**	**144762**	**103262**	**64199**	**308709**	**314685**
北京	—	—	—	—	—	—	—
天津	50043	22	—	—	2455	—	—
河北	38196	29841	—	1830	8550	39851	52129
山西	16095	1771	4120	—	—	11131	490
内蒙古	4001	2100	—	270	680	3583	643
辽宁	32605	1022	2455	418	1301	6615	17202
吉林	829	9673	3759	—	3010	1278	800
黑龙江	2987	1086	—	3196	438	1293	8432
上海	155114	805	32967	54461	1540	—	1812
江苏	20956	12120	30532	—	1008	2023	600
浙江	27727	10655	1841	3370	3625	16645	10
安徽	10374	4349	4020	7943	9195	9155	167338
福建	10402	3327	380	45	596	22332	—
江西	1293	9083	10805	—	—	1431	2999
山东	37042	38590	2079	1153	841	15862	1293
河南	15092	7484	363	3437	1872	44419	5318
湖北	54562	5599	370	—	12061	53913	6528
湖南	6110	1722	33446	—	3022	8276	—
广东	3241	5115	6289	3000	1337	5426	21469
广西	44872	1798	—	—	—	3565	—
海南	—	4217	557	11538	250	361	4000
重庆	19388	1345	—	—	1340	9563	11058
四川	79735	19359	10379	—	6698	19172	9039
贵州	11334	1290	—	12501	430	13439	1520
云南	2649	174	—	100	188	8165	12
西藏	—	—	—	—	—	—	—
陕西	943	—	—	—	400	348	297
甘肃	4682	—	—	—	—	1628	—
青海	21368	258	400	—	163	—	1696
宁夏	—	514	—	—	—	1255	—
新疆	1651	484	—	—	3199	7980	—
不分地区	—	—	—	—	—	—	—

各地区股份制经济按主要工业行业分的投资(五)

单位:万元

地区	有色金属冶炼及压延加工业	金属制品业	普通机械制造业	专用设备制造业	交通运输设备制造业	电气机械及器材制造业
全国总计	**73112**	**51869**	**198462**	**80339**	**196664**	**190152**
北京	—	—	474	—	—	1266
天津	—	—	—	—	—	2281
河北	6018	8216	6903	9509	6702	3484
山西	9769	8350	773	6220	—	55
内蒙古	1041	120	350	769	—	265
辽宁	1749	2139	28661	3303	12702	10457
吉林	—	300	2403	765	4836	—
黑龙江	100	460	755	138	80	798
上海	—	—	55501	3606	26934	7278
江苏	280	540	19315	15000	16967	13544
浙江	1130	3049	14788	3353	6676	11743
安徽	1886	1863	5309	1231	3555	27478
福建	—	659	3816	5333	555	24690
江西	—	4993	192	1206	16016	1784
山东	1254	3873	14459	6554	35498	30523
河南	2523	4399	1930	3759	20680	9308
湖北	19795	7738	10485	12433	13783	8172
湖南	503	—	278	360	1056	—
广东	—	1010	11208	402	4386	3637
广西	458	—	1146	2506	—	80
海南	—	—	—	—	—	—
重庆	4193	—	344	30	23004	195
四川	760	1687	12276	2085	2049	21383
贵州	—	210	—	—	—	—
云南	8777	335	260	—	698	511
西藏	—	—	—	—	—	—
陕西	930	—	250	1777	—	4030
甘肃	1415	728	80	—	—	—
青海	6564	—	1950	—	—	—
宁夏	—	—	4556	—	—	—
新疆	3967	1200	—	—	487	7190
不分地区	—	—	—	—	—	—

各地区股份制经济按主要工业行业分的投资(六)

单位:万元

地　　区	电子及通信设备制造业	仪器仪表及文化、办公用机械制造业	其他制造业	电力、蒸汽、热水的生产和供应业	煤气生产和供应业	自来水的生产和供应业
全国总计	**254829**	**24601**	**29192**	**2773867**	**9991**	**37281**
北　　京	3118	—	—	5189	—	—
天　　津	—	—	—	—	—	—
河　　北	18383	50	—	180092	3200	—
山　　西	—	—	—	5078	—	—
内 蒙 古	—	—	—	110549	—	—
辽　　宁	3434	—	—	234854	—	240
吉　　林	17359	100	27	12929	—	—
黑 龙 江	10811	705	1680	—	130	—
上　　海	10423	3251	—	—	—	2757
江　　苏	13968	81	1500	176898	602	—
浙　　江	1825	814	—	293437	1166	9722
安　　徽	16309	—	70	83299	73	1466
福　　建	9800	—	2350	55649	280	180
江　　西	—	—	6177	10295	—	—
山　　东	41283	1726	1325	127663	—	—
河　　南	1477	5294	635	391364	—	962
湖　　北	10781	4849	6455	184581	1092	3353
湖　　南	50	1100	2530	37717	—	2870
广　　东	66894	3477	3754	126622	620	6608
广　　西	2799	—	—	16541	—	3200
海　　南	—	—	—	5478	1367	1252
重　　庆	4112	—	2220	17291	585	3190
四　　川	17026	1036	173	149571	505	362
贵　　州	3472	—	—	2059	—	—
云　　南	—	—	296	232030	371	1119
西　　藏	—	—	—	—	—	—
陕　　西	1505	2118	—	192187	—	—
甘　　肃	—	—	—	105534	—	—
青　　海	—	—	—	10154	—	—
宁　　夏	—	—	—	—	—	—
新　　疆	—	—	—	6806	—	—
不分地区	—	—	—	—	—	—

各地区股份制经济农业、轻工业、重工业投资

单位:万元

地区	合计	农业	轻工业	重工业
全国总计	**7061457**	**68262**	**1356425**	**5636770**
北京	14186	—	4139	10047
天津	60137	—	5822	54315
河北	500511	9070	69347	422094
山西	81422	—	28031	53391
内蒙古	166464	1703	28501	136260
辽宁	384438	—	43046	341392
吉林	77471	1265	31206	45000
黑龙江	60028	700	30160	29168
上海	444968	—	45175	399793
江苏	378992	3278	101827	273887
浙江	575633	2008	115788	457837
安徽	458287	5546	39719	413022
福建	178865	12309	32239	134317
江西	74619	868	23818	49933
山东	487908	5506	169450	312952
河南	592489	8128	76252	508109
湖北	513690	1578	114638	397474
湖南	113394	104	51000	62290
广东	327749	2973	78838	245938
广西	100286	998	28315	70973
海南	58981	7490	28747	22744
重庆	102441	—	10304	92137
四川	427459	3062	107564	316833
贵州	113381	53	6250	107078
云南	304936	1293	36321	267322
西藏	—	—	—	—
陕西	237536	200	13841	223495
甘肃	116351	80	1513	114758
青海	43130	—	5447	37683
宁夏	14023	—	8212	5811
新疆	51682	50	20915	30717
不分地区	—	—	—	—

各地区股份制经济能源工业投资

单位:万元

地　　区	能源工业合计	煤炭采选业	石油和天然气开采业	电力、蒸汽、热水的生产和供应业	石油加工及炼焦业	煤气生产和供应业
全国总计	**3173864**	**152273**	**9659**	**2773867**	**228074**	**9991**
北　京	5189	—	—	5189	—	—
天　津	—	—	—	—	—	—
河　北	228424	10	—	180092	45122	3200
山　西	5755	—	—	5078	677	—
内蒙古	120697	6510	—	110549	3638	—
辽　宁	234854	—	—	234854	—	—
吉　林	17579	—	4650	12929	—	—
黑龙江	130	—	—	—	—	130
上　海	85179	—	—	—	85179	—
江　苏	179050	—	—	176898	1550	602
浙　江	376102	—	—	293437	81499	1166
安　徽	158529	75157	—	83299	—	73
福　建	55929	—	—	55649	—	280
江　西	10376	81	—	10295	—	—
山　东	133775	322	—	127663	5790	—
河　南	393178	771	—	391364	1043	—
湖　北	188193	205	—	184581	2315	1092
湖　南	37717	—	—	37717	—	—
广　东	127242	—	—	126622	—	620
广　西	16541	—	—	16541	—	—
海　南	6845	—	—	5478	—	1367
重　庆	19207	567	764	17291	—	585
四　川	155624	1004	4117	149571	427	505
贵　州	64472	62413	—	2059	—	—
云　南	237216	4815	—	232030	—	371
西　藏	—	—	—	—	—	—
陕　西	193351	330	—	192187	834	—
甘　肃	105534	—	—	105534	—	—
青　海	10154	—	—	10154	—	—
宁　夏	—	—	—	—	—	—
新　疆	7022	88	128	6806	—	—
不分地区	—	—	—	—	—	—

各地区股份制经济交通运输业投资

单位:万元

地　区	合　计	铁路运输业	公路运输业	管道运输业	水上运输业	航空运输业	交通运输辅助业	其他交通运输业
全国总计	**750122**	**161636**	**268634**	**260**	**10035**	**104120**	**181586**	**23851**
北　京	—	—	—	—	—	—	—	—
天　津	—	—	—	—	—	—	—	—
河　北	9626	—	2614	—	—	—	7012	—
山　西	270	—	270	—	—	—	—	—
内蒙古	1092	—	1092	—	—	—	—	—
辽　宁	8487	—	—	—	—	—	8487	—
吉　林	2314	2142	172	—	—	—	—	—
黑龙江	4959	—	—	—	—	—	—	4959
上　海	15937	—	157	—	1710	—	14070	—
江　苏	120613	10684	105455	—	1228	3246	—	—
浙　江	46776	—	31821	260	803	—	10560	3332
安　徽	36912	35600	100	—	—	1017	195	—
福　建	9510	600	3278	—	—	—	5632	—
江　西	3450	3450	—	—	—	—	—	—
山　东	21176	180	—	—	—	—	20996	—
河　南	8518	7288	1230	—	—	—	—	—
湖　北	9148	—	2879	—	64	—	3845	2360
湖　南	2137	100	1447	—	590	—	—	—
广　东	61336	27178	2783	—	380	3452	27543	—
广　西	11264	125	—	—	—	—	11139	—
海　南	154975	11783	6523	—	—	96405	40264	—
重　庆	19447	—	3214	—	4032	—	11001	1200
四　川	83252	629	59062	—	1214	—	20347	2000
贵　州	8246	7532	700	—	14	—	—	—
云　南	55310	—	44815	—	—	—	495	10000
西　藏	—	—	—	—	—	—	—	—
陕　西	—	—	—	—	—	—	—	—
甘　肃	655	—	655	—	—	—	—	—
青　海	220	—	220	—	—	—	—	—
宁　夏	—	—	—	—	—	—	—	—
新　疆	147	—	147	—	—	—	—	—
不分地区	54345	54345	—	—	—	—	—	—

各地区股份制经济邮电通讯业投资

单位:万元

地区	合计	邮政业	电信业	邮电业
全国总计	**263833**	**60**	**187707**	**76066**
北京	219	—	219	—
天津	10886	—	10886	—
河北	—	—	—	—
山西	—	—	—	—
内蒙古	—	—	—	—
辽宁	89449	—	18949	70500
吉林	—	—	—	—
黑龙江	—	—	—	—
上海	—	—	—	—
江苏	1956	—	370	1586
浙江	161263	—	157283	3980
安徽	60	60	—	—
福建	—	—	—	—
江西	—	—	—	—
山东	—	—	—	—
河南	—	—	—	—
湖北	—	—	—	—
湖南	—	—	—	—
广东	—	—	—	—
广西	—	—	—	—
海南	—	—	—	—
重庆	—	—	—	—
四川	—	—	—	—
贵州	—	—	—	—
云南	—	—	—	—
西藏	—	—	—	—
陕西	—	—	—	—
甘肃	—	—	—	—
青海	—	—	—	—
宁夏	—	—	—	—
新疆	—	—	—	—
不分地区	—	—	—	—

股份制经济按构成分的行业投资

单位:万元

行　　业	投资额	建筑安装工程	设备工器具购置	其他费用
全国总计	**13872150**	**6901395**	**3992399**	**2978356**
(一) 农、林、牧、渔业	68262	41732	9060	17470
农业	16810	10665	589	5556
林业	—	—	—	—
畜牧业	35908	25303	4797	5808
渔业	13343	4390	3054	5899
农、林、牧、渔服务业	2201	1374	620	207
(二) 采掘业	229169	122228	56225	50716
煤炭采选业	152273	77558	35161	39554
石油和天然气开采业	9659	8457	806	396
黑色金属矿采选业	6048	2835	2565	648
有色金属矿采选业	50699	28044	13023	9632
非金属矿采选业	8949	5031	3447	471
其他矿采选业	40	40	—	—
木材及竹材采运业	1501	263	1223	15
(三) 制造业	3942887	1376741	2042749	523397
食品加工业	154583	62040	80605	11938
食品制造业	59509	22026	31803	5680
饮料制造业	159005	51041	93831	14133
烟草加工业	15152	6887	7526	739
纺织业	130699	28437	93950	8312
服装及其他纤维制品制造业	41705	18122	18897	4686
皮革、毛皮、羽绒及其制品业	40609	20823	16722	3064
木材加工及竹、藤、棕、草制品业	30257	11935	16589	1733
家具制造业	16007	10041	4552	1414
造纸及纸制品业	143966	44382	81878	17706
印刷业、记录媒介的复制	28974	8798	19412	764
文教体育用品制造业	12416	6345	4227	1844
石油加工及炼焦业	228074	83342	93991	50741
化学原料及化学制品制造业	673291	243572	279409	150310
医药制造业	173803	78161	75599	20043
化学纤维制造业	144762	29071	104752	10939
橡胶制品业	103262	20028	69921	13313
塑料制品业	64199	17552	36029	10618
非金属矿物制品业	308709	134462	133312	40935
黑色金属冶炼及压延加工业	314685	110798	167858	36029
有色金属冶炼及压延加工业	73112	41103	27695	4314
金属制品业	51869	19314	26563	5992
普通机械制造业	198462	51976	112964	33522

股份制经济按构成分的行业投资

续 1　　单位:万元

行　　业	投资额	建筑安装工程	设备工器具购置	其他费用
专用设备制造业	80339	25255	47328	7756
交通运输设备制造业	196664	76496	107682	12486
电气机械及器材制造业	190152	64175	113500	12477
电子及通信设备制造业	254829	64786	156507	33536
仪器仪表及文化、办公用机械制造业	24601	13031	8750	2820
其他制造业	29192	12742	10897	5553
(四) 电力、煤气及水的生产和供应业	2821139	1003032	1173549	644558
电力、蒸汽、热水的生产和供应业	2773867	971585	1163310	638972
煤气生产和供应业	9991	6027	2192	1772
自来水的生产和供应业	37281	25420	8047	3814
(五) 建筑业	64948	52392	4496	8060
土木工程建筑业	58934	47062	4457	7415
线路、管道和设备安装业	1014	829	——	185
建筑物的装修装饰业	5000	4501	39	460
(六) 地质勘查业、水利管理业	48973	25023	58	23892
地质勘查业	305	200	——	105
水利管理业	48668	24823	58	23787
(七) 交通运输、仓储及邮电通信业	1030969	517437	348073	165459
铁路运输业	161636	102708	6764	52164
公路运输业	268634	202959	16831	48844
管道运输业	260	260	——	——
水上运输业	10035	4813	5215	7
航空运输业	104120	31288	53911	18921
交通运输辅助业	181586	114574	38918	28094
其他交通运输业	23851	10329	7723	5799
仓储业	17014	12743	303	3968
邮电通信业	263833	37763	218408	7662
(八) 批发和零售贸易、餐饮业	622668	388400	98378	135890
食品、饮料、烟草和家庭用品批发商业	129838	74222	22798	32818
能源、材料和机械电子设备批发业	67573	40552	16287	10734
其他批发业	30881	25687	3178	2016
零售业	373119	232368	52937	87814
商业经纪与代理业	5666	4387	360	919

股份制经济按构成分的行业投资

续 2 单位:万元

行　　业	投资额	建筑安装工程	设备工器具购置	其他费用
餐饮业	15591	11184	2818	1589
(九) 金融、保险业	59640	42069	12505	5066
金融业	56108	39298	11879	4931
保险业	3532	2771	626	135
(十) 房地产业	4439528	2990600	116247	1332681
房地产开发与经营业	4432495	2985367	116247	1330881
房地产管理业	6979	5179	—	1800
房地产代理与经纪业	54	54	—	—
(十一) 社会服务业	433964	257927	113992	62045
公共服务业	145142	55290	55008	34844
居民服务业	5015	4181	544	290
旅馆业	181103	123212	40196	17695
租赁服务业	4242	2426	1816	—
旅行社	34841	29549	3284	2008
娱乐服务业	48803	32850	11443	4510
信息、咨询服务业	420	390	—	30
计算机应用服务业	1700	80	1200	420
其他社会服务业	12698	9949	501	2248
(十二) 卫生、体育和社会福利业	11560	7909	2001	1650
卫生	878	838	—	40
体育	9383	5772	2001	1610
社会福利保障业	1299	1299	—	—
(十三) 教育、文化艺术及广播电影电视业	34721	30076	2419	2226
教育	32352	27945	2245	2162
文化艺术业	519	349	154	16
广播电影电视业	1850	1782	20	48
(十四) 科学研究和综合技术服务业	10031	6832	60	3139
科学研究业	740	666	—	74
综合技术服务业	9291	6166	60	3065
(十五) 国家机关、政党机关和社会团体	11034	3400	7323	311
国家机关	10129	2502	7323	304
政党机关	—	—	—	—
社会团体	550	550	—	—
基层群众自治组织	355	348	—	7
(十六) 其他行业	42657	35597	5264	1796
其他行业	42657	35597	5264	1796

股份制经济按建设性质分的行业投资

单位:万元

行　　业	新　建	扩　建	改　建	单纯建造生活设施	迁　建	恢　复	单纯购置
全　国　总　计	**4063546**	**3791044**	**1196351**	**89828**	**131151**	**28869**	**166206**
(一) 农、林、牧、渔业	53980	13090	—	200	—	—	992
农业	15783	1027	—	—	—	—	—
林业	—	—	—	—	—	—	—
畜牧业	26211	9497	—	200	—	—	—
渔业	11062	1289	—	—	—	—	992
农、林、牧、渔服务业	924	1277	—	—	—	—	—
(二) 采掘业	122006	84107	20816	893	—	719	628
煤炭采选业	79136	57770	15088	279	—	—	—
石油和天然气开采业	4325	2968	1893	345	—	—	128
黑色金属矿采选业	57	3721	1551	—	—	719	—
有色金属矿采选业	34310	15827	293	269	—	—	—
非金属矿采选业	4138	2320	1991	—	—	—	500
其他矿采选业	40	—	—	—	—	—	—
木材及竹材采运业	—	1501	—	—	—	—	—
(三) 制造业	837517	2061470	875795	53958	62744	3183	48220
食品加工业	92386	39809	18868	1808	452	—	1260
食品制造业	24054	24045	10053	359	—	300	698
饮料制造业	43248	92173	11825	4948	4151	535	2125
烟草加工业	14235	—	917	—	—	—	—
纺织业	22749	60133	35253	2636	430	—	9498
服装及其他纤维制品制造业	12695	19696	7416	338	713	—	847
皮革、毛皮、羽绒及其制品业	9710	19037	8529	—	291	—	3042
木材加工及竹、藤、棕、草制品业	13446	14353	2158	—	—	—	300
家具制造业	10345	4412	510	50	560	—	130
造纸及纸制品业	23122	98842	18965	2544	—	373	120
印刷业、记录媒介的复制	8092	9871	7801	345	909	—	1956
文教体育用品制造业	4015	6760	1373	—	—	—	268
石油加工及炼焦业	45064	138965	43995	50	—	—	—
化学原料及化学制品制造业	148642	412617	86223	6445	17250	300	1814
医药制造业	44608	96630	28272	1109	2595	—	589
化学纤维制造业	43231	51614	42433	675	2230	—	4579
橡胶制品业	12948	69294	14200	150	6355	270	45
塑料制品业	17526	33955	9014	662	1979	—	1063
非金属矿物制品业	75357	119783	87131	9674	14382	504	1878
黑色金属冶炼及压延加工业	15442	133944	162919	1873	140	—	367
有色金属冶炼及压延加工业	24045	38488	9715	864	—	—	—
金属制品业	26312	17441	5377	2150	—	—	589
普通机械制造业	22149	45167	120885	7116	1223	—	1922

股份制经济按建设性质分的行业投资

续1

单位:万元

行业	新建	扩建	改建	单纯建造生活设施	迁建	恢复	单纯购置
专用设备制造业	3116	54803	17988	1578	421	769	1664
交通运输设备制造业	17232	128730	46739	586	2130	—	1247
电气机械及器材制造业	27400	121531	32684	1625	6533	132	247
电子及通信设备制造业	15453	193836	35311	1031	—	—	9198
仪器仪表及文化、办公用机械制造业	8940	6030	8529	858	—	—	244
其他制造业	11955	9511	712	4484	—	—	2530
(四)电力、煤气及水的生产和供应业	1799699	946438	67893	3545	—	3136	428
电力、蒸汽、热水的生产和供应业	1766871	934296	66186	3545	—	2541	428
煤气生产和供应业	8017	1522	452	—	—	—	—
自来水的生产和供应业	24811	10620	1255	—	—	595	—
(五)建筑业	14721	20497	21128	5754	358	—	2490
土木工程建筑业	11889	18159	21033	5005	358	—	2490
线路、管道和设备安装业	170	—	95	749	—	—	—
建筑物的装修装饰业	2662	2338	—	—	—	—	—
(六)地质勘查业、水利管理业	48973	—	—	—	—	—	—
地质勘查业	305	—	—	—	—	—	—
水利管理业	48668	—	—	—	—	—	—
(七)交通运输、仓储及邮电通信业	517910	334675	42402	3672	65149	250	66911
铁路运输业	155736	3100	2000	800	—	—	—
公路运输业	227917	5807	19279	2472	1928	250	10981
管道运输业	260	—	—	—	—	—	—
水上运输业	1664	3499	1840	400	—	—	2632
航空运输业	2930	4891	—	—	63161	—	33138
交通运输辅助业	66570	75805	19283	—	—	—	19928
其他交通运输业	23851	—	—	—	—	—	—
仓储业	16556	458	—	—	—	—	—
邮电通信业	22426	241115	—	—	60	—	232
(八)批发和零售贸易、餐饮业	282542	247379	82551	6145	2585	630	836
食品、饮料、烟草和家庭用品批发商业	66833	56426	5269	910	—	100	300
能源、材料和机械电子设备批发业	54449	6352	5827	644	—	—	301
其他批发业	22878	6056	840	1000	107	—	—
零售业	126378	171805	68266	3533	2372	530	235
商业经纪与代理业	2393	3273	—	—	—	—	—

股份制经济按建设性质分的行业投资

续2　　　　单位:万元

行　业	新 建	扩 建	改 建	单纯建造生活设施	迁 建	恢 复	单纯购置
餐饮业	9611	3467	2349	58	106	—	—
(九) 金融、保险业	31607	12609	4961	3268	115	—	7080
金融业	30397	11513	4961	2754	—	—	6483
保险业	1210	1096	—	514	115	—	597
(十) 房地产业	16799	6032	1641	9901	—	—	—
房地产开发与经营业	13120	2878	1441	9901	—	—	—
房地产管理业	3679	3100	200	—	—	—	—
房地产代理与经纪业	—	54	—	—	—	—	—
(十一) 社会服务业	275259	52232	66793	525	—	618	38537
公共服务业	72074	3788	32459	300	—	—	36521
居民服务业	1590	116	2941	—	—	168	200
旅馆业	115857	36448	28573	225	—	—	—
租赁服务业	2426	—	—	—	—	—	1816
旅行社	24810	10031	—	—	—	—	—
娱乐服务业	45618	1115	1620	—	—	450	—
信息、咨询服务业	—	420	—	—	—	—	—
计算机应用服务业	1700	—	—	—	—	—	—
其他社会服务业	11184	314	1200	—	—	—	—
(十二) 卫生、体育和社会福利业	3601	602	—	—	—	7357	—
卫生	606	272	—	—	—	—	—
体育	2026	—	—	—	—	7357	—
社会福利保障业	969	330	—	—	—	—	—
(十三) 教育、文化艺术及广播电影电视业	31538	2304	595	—	200	—	84
教育	30283	1869	—	—	200	—	—
文化艺术业	—	435	—	—	—	—	84
广播电影电视业	1255	—	595	—	—	—	—
(十四) 科学研究和综合技术服务业	10031	—	—	—	—	—	—
科学研究业	740	—	—	—	—	—	—
综合技术服务业	9291	—	—	—	—	—	—
(十五) 国家机关、政党机关和社会团体	2141	8603	20	270	—	—	—
国家机关	1236	8603	20	270	—	—	—
政党机关	—	—	—	—	—	—	—
社会团体	550	—	—	—	—	—	—
基层群众自治组织	355	—	—	—	—	—	—
(十六) 其他行业	15222	1006	11756	1697	—	12976	—
其他行业	15222	1006	11756	1697	—	12976	—

各地区股份制经济财务拨款

单位:万元

地　　区	本年资金来源合计	上年末结余资金	本年资金来源小计	本年各项应付款合计
全国总计	**16915557**	**2107672**	**14807885**	**1949661**
北　京	644845	163183	481662	9901
天　津	328322	51216	277106	29163
河　北	623677	75057	548620	116488
山　西	120643	11745	108898	20326
内蒙古	202565	4326	198239	10242
辽　宁	940079	117489	822590	117983
吉　林	174817	9781	165036	38139
黑龙江	136566	16993	119573	10820
上　海	1080767	177736	903031	77918
江　苏	1045964	187589	858375	79473
浙　江	2164298	258505	1905793	255482
安　徽	661440	33300	628140	68344
福　建	520297	84351	435946	58489
江　西	125221	26767	98454	23203
山　东	707458	49874	657584	76035
河　南	816825	81725	735100	52167
湖　北	806009	54788	751221	146829
湖　南	176078	8843	167235	54829
广　东	1733266	293564	1439702	279675
广　西	317352	77992	239360	29718
海　南	376822	41091	335731	17775
重　庆	515165	79312	435853	59121
四　川	1133463	108851	1024612	131651
贵　州	202478	32999	169479	25500
云　南	558337	16853	541484	45767
西　藏	16810	293	16517	12976
陕　西	323036	19106	303930	35289
甘　肃	196045	11144	184901	35131
青　海	53124	5149	47975	2414
宁　夏	40655	2029	38626	4143
新　疆	126833	6021	120812	16625
不分地区	46300	—	46300	8045

各地区股份制经济财务拨款资金来源(一)

单位:万元

地　区	本年财务拨款、贷款合计	国家预算内资金	国内贷款	债　券
全国总计	**14807885**	**57102**	**4128202**	**46315**
北　京	481662	—	142903	—
天　津	277106	—	86241	—
河　北	548620	3688	104829	3610
山　西	108898	1100	16041	—
内蒙古	198239	70	73121	—
辽　宁	822590	5579	112556	400
吉　林	165036	732	42221	—
黑龙江	119573	157	24965	—
上　海	903031	—	336438	—
江　苏	858375	5810	235847	450
浙　江	1905793	600	364289	3830
安　徽	628140	3454	183771	200
福　建	435946	2764	141831	—
江　西	98454	305	34983	—
山　东	657584	700	120352	10333
河　南	735100	350	228682	2000
湖　北	751221	2522	262030	3136
湖　南	167235	—	56725	—
广　东	1439702	—	308158	—
广　西	239360	5000	85533	—
海　南	335731	6080	78966	—
重　庆	435853	4150	150476	2000
四　川	1024612	6482	327418	9736
贵　州	169479	247	76022	2000
云　南	541484	6522	227425	8620
西　藏	16517	—	300	—
陕　西	303930	340	116182	—
甘　肃	184901	250	118562	—
青　海	47975	—	11109	—
宁　夏	38626	200	11659	—
新　疆	120812	—	38567	—
不分地区	46300	—	10000	—

各地区股份制经济财务拨款资金来源(二)

单位:万元

地　区	利用外资	外商直接投资	自筹资金	其他资金来源
全国总计	**1271010**	**378518**	**6644449**	**2660807**
北　京	8495	900	118413	211851
天　津	6578	190	143376	40911
河　北	47427	7764	346335	42731
山　西	4216	716	74129	13412
内蒙古	5300	300	102582	17166
辽　宁	216077	1400	341162	146816
吉　林	379	259	85306	36398
黑龙江	3102	3102	67237	24112
上　海	66720	26983	356573	143300
江　苏	107964	6927	374179	134125
浙　江	174457	159878	863459	499158
安　徽	32956	7098	338945	68814
福　建	23955	21425	179900	87496
江　西	760	760	44384	18022
山　东	47311	14104	411168	67720
河　南	138167	6218	321211	44690
湖　北	37532	3070	331521	114480
湖　南	13399	2292	67785	29326
广　东	124999	73694	690081	316464
广　西	18735	11353	85055	45037
海　南	139788	11827	99610	11287
重　庆	3914	14	175485	99828
四　川	15442	8575	453052	212482
贵　州	651	295	73232	17327
云　南	4694	—	188193	106030
西　藏	1685	—	14500	32
陕　西	20933	4000	133660	32815
甘　肃	—	—	40750	25339
青　海	5049	5049	27681	4136
宁　夏	—	—	14094	12673
新　疆	325	325	57891	24029
不分地区	—	—	23500	12800

各地区股份制经济财务拨款中的自筹资金来源(一)

单位:万元

地　　区	自筹资金合计	中央各部门自筹	省自筹	地市自筹
全国总计	**4923219**	**290030**	**532000**	**298719**
北　　京	17871	—	—	—
天　　津	51794	—	—	—
河　　北	321794	67996	59590	600
山　　西	73229	250	1560	1442
内 蒙 古	97480	3200	59321	710
辽　　宁	274676	72292	300	4764
吉　　林	58704	—	5115	9784
黑 龙 江	43676	2348	2115	1632
上　　海	248874	576	—	—
江　　苏	287014	4610	9863	31844
浙　　江	630754	49055	38060	60038
安　　徽	307911	12950	7706	42371
福　　建	124027	600	20410	11634
江　　西	36597	1700	500	209
山　　东	370651	—	42760	18436
河　　南	297467	13700	108858	23719
湖　　北	266178	16000	2460	7496
湖　　南	52372	—	2820	2895
广　　东	288359	—	4294	26486
广　　西	67743	1800	5200	215
海　　南	93882	4000	—	140
重　　庆	86974	120	160	10061
四　　川	339476	3755	19518	22121
贵　　州	55185	5400	8295	1210
云　　南	178367	8155	34778	18368
西　　藏	14500	—	—	—
陕　　西	117540	21523	61323	55
甘　　肃	14906	—	—	—
青　　海	25191	—	3112	2109
宁　　夏	11505	—	65	—
新　　疆	45022	—	10317	380
不分地区	23500	—	23500	—

各地区股份制经济财务拨款中的自筹资金来源(二)

单位:万元

地区	县自筹	企、事业单位自有资金	发行股票
全国总计	**103755**	**3698715**	**506995**
北京	—	17871	4387
天津	—	51794	16479
河北	2068	191540	12200
山西	153	69824	2710
内蒙古	813	33436	15849
辽宁	—	197320	1365
吉林	683	43122	4315
黑龙江	684	36897	—
上海	—	248298	35639
江苏	2185	238512	20668
浙江	18725	464876	34772
安徽	3937	240947	62799
福建	5945	85438	11279
江西	1187	33001	5106
山东	7057	302398	74856
河南	692	150498	18845
湖北	20456	219766	30230
湖南	966	45691	1950
广东	10518	247061	66411
广西	748	59780	7552
海南	—	89742	—
重庆	1471	75162	—
四川	21117	272965	43517
贵州	100	40180	9684
云南	2433	114633	3730
西藏	—	14500	—
陕西	180	34459	5438
甘肃	—	14906	—
青海	1041	18929	—
宁夏	120	11320	9806
新疆	476	33849	7408
不分地区	—	—	—

股份制经济分行业财务拨款

单位:万元

行业	本年资金来源合计	上年末结余资金	本年资金来源小计	本年各项应付款合计
全国总计	**16915557**	**2107672**	**14807885**	**1949661**
(一)农、林、牧、渔业	67809	889	66920	8392
农业	18318	232	18086	2109
林业	—	—	—	—
畜牧业	34089	656	33433	5317
渔业	13196	—	13196	840
农、林、牧、渔服务业	2206	1	2205	126
(二)采掘业	233007	4059	228948	10004
煤炭采选业	152172	63	152109	5287
石油和天然气开采业	8459	—	8459	2888
黑色金属矿采选业	7124	416	6708	118
有色金属矿采选业	52595	3580	49015	777
非金属矿采选业	11494	—	11494	556
其他矿采选业	40	—	40	—
木材及竹材采运业	1123	—	1123	378
(三)制造业	4474141	507613	3966528	334866
食品加工业	161100	33551	127549	8557
食品制造业	57781	5397	52384	6560
饮料制造业	169789	7372	162417	18260
烟草加工业	20835	—	20835	—
纺织业	136535	10143	126392	7323
服装及其他纤维制品制造业	40335	4122	36213	5471
皮革、毛皮、羽绒及其制品业	48994	2823	46171	4446
木材加工及竹、藤、棕、草制品业	29526	579	28947	820
家具制造业	15748	35	15713	953
造纸及纸制品业	161454	24191	137263	18182
印刷业、记录媒介的复制	50386	9659	40727	984
文教体育用品制造业	11674	850	10824	1010
石油加工及炼焦业	235733	6392	229341	13489
化学原料及化学制品制造业	778948	134883	644065	53572
医药制造业	196052	17360	178692	9781
化学纤维制造业	141465	8270	133195	23223
橡胶制品业	117806	22883	94923	522
塑料制品业	68260	5148	63112	1711
非金属矿物制品业	409019	64804	344215	43809
黑色金属冶炼及压延加工业	301759	7021	294738	36351
有色金属冶炼及压延加工业	97883	6552	91331	8149
金属制品业	50545	2820	47725	8153
普通机械制造业	267049	46063	220986	17022

股份制经济分行业财务拨款

续 1　　　　　　　　　　　　　　　　　　　　　　　　　　　　单位:万元

行　业	本年资金来源合计	上年末结余资金	本年资金来源小计	本年各项应付款合计
专用设备制造业	89888	8982	80906	5229
交通运输设备制造业	223185	35430	187755	12320
电气机械及器材制造业	216610	18869	197741	12652
电子及通信设备制造业	319315	17728	301587	12629
仪器仪表及文化、办公用机械制造业	27006	4286	22720	740
其他制造业	29461	1400	28061	2948
(四) 电力、煤气及水的生产和供应业	2941867	152218	2789649	204771
电力、蒸汽、热水的生产和供应业	2895477	150014	2745463	195774
煤气生产和供应业	13124	404	12720	405
自来水的生产和供应业	33266	1800	31466	8592
(五) 建筑业	60996	2192	58804	19382
土木工程建筑业	56021	2013	54008	17278
线路、管道和设备安装业	1300	55	1245	63
建筑物的装修装饰业	3675	124	3551	2041
(六) 地质勘查业、水利管理业	46692	3623	43069	2281
地质勘查业	305	—	305	—
水利管理业	46387	3623	42764	2281
(七) 交通运输、仓储及邮电通信业	1251728	145803	1105925	65139
铁路运输业	176054	2696	173358	14328
公路运输业	411800	118675	293125	13085
管道运输业	257	—	257	75
水上运输业	11693	74	11619	2199
航空运输业	135987	10789	125198	7382
交通运输辅助业	209257	12688	196569	19598
其他交通运输业	21787	—	21787	4417
仓储业	18453	716	17737	1365
邮电通信业	266440	165	266275	2690
(八) 批发和零售贸易、餐饮业	650058	56846	593212	67495
食品、饮料、烟草和家庭用品批发商业	136747	11764	124983	16067
能源、材料和机械电子设备批发业	60149	4297	55852	3019
其他批发业	36767	1150	35617	3662
零售业	392958	39055	353903	43977
商业经纪与代理业	6466	300	6166	—

股份制经济分行业财务拨款

续 2

单位:万元

行　　　业	本年资金来源合计	上年末结余资金	本年资金来源小计	本年各项应付款合计
餐饮业	16971	280	16691	770
(九) 金融、保险业	66446	13672	52774	3430
金融业	62820	13451	49369	3410
保险业	3626	221	3405	20
(十) 房地产业	6566198	1194415	5371783	1154199
房地产开发与经营业	6558865	1193567	5365298	1154184
房地产管理业	7279	848	6431	15
房地产代理与经纪业	54	—	54	—
(十一) 社会服务业	448561	22621	425940	55578
公共服务业	149991	7699	142292	21576
居民服务业	5059	193	4866	—
旅馆业	186257	12245	174012	13141
租赁服务业	6154	—	6154	130
旅行社	32822	984	31838	3540
娱乐服务业	50357	480	49877	13419
信息、咨询服务业	332	—	332	88
计算机应用服务业	1670	—	1670	230
其他社会服务业	15919	1020	14899	3454
(十二) 卫生、体育和社会福利业	11600	858	10742	1161
卫生	838	18	820	190
体育	9383	810	8573	821
社会福利保障业	1379	30	1349	150
(十三) 教育、文化艺术及广播电影电视业	31683	1360	30323	8200
教育	29971	1289	28682	7531
文化艺术业	519	—	519	—
广播电影电视业	1193	71	1122	669
(十四) 科学研究和综合技术服务业	9886	244	9642	333
科学研究业	650	—	650	90
综合技术服务业	9236	244	8992	243
(十五) 国家机关、政党机关和社会团体	11092	97	10995	50
国家机关	10232	—	10232	—
政党机关	—	—	—	—
社会团体	500	97	403	50
基层群众自治组织	360	—	360	—
(十六) 其他行业	43793	1162	42631	14380
其他行业	43793	1162	42631	14380

股份制经济分行业财务拨款资金来源(一)

单位:万元

行　　业	本年财务拨款、贷款合计	国家预算内资金	国内贷款	债　券
全　国　总　计	**14807885**	**57102**	**4128202**	**46315**
(一) 农、林、牧、渔业	66920	694	19488	363
农业	18086	414	3418	30
林业	—	—	—	—
畜牧业	33433	—	9093	333
渔业	13196	280	6460	—
农、林、牧、渔服务业	2205	—	517	—
(二) 采掘业	228948	—	133301	—
煤炭采选业	152109	—	109881	—
石油和天然气开采业	8459	—	2136	—
黑色金属矿采选业	6708	—	1960	—
有色金属矿采选业	49015	—	14846	—
非金属矿采选业	11494	—	4478	—
其他矿采选业	40	—	—	—
木材及竹材采运业	1123	—	—	—
(三) 制造业	3966528	24753	1206326	8636
食品加工业	127549	90	43962	1000
食品制造业	52384	380	18059	—
饮料制造业	162417	962	52267	—
烟草加工业	20835	—	6250	—
纺织业	126392	—	40740	—
服装及其他纤维制品制造业	36213	—	10459	—
皮革、毛皮、羽绒及其制品业	46171	—	7885	—
木材加工及竹、藤、棕、草制品业	28947	1020	14444	—
家具制造业	15713	—	2417	—
造纸及纸制品业	137263	340	31240	—
印刷业、记录媒介的复制	40727	—	18919	—
文教体育用品制造业	10824	—	3615	—
石油加工及炼焦业	229341	—	72546	—
化学原料及化学制品制造业	644065	8238	261178	3636
医药制造业	178692	806	59064	—
化学纤维制造业	133195	—	43126	—
橡胶制品业	94923	—	60826	—
塑料制品业	63112	220	15546	—
非金属矿物制品业	344215	930	102420	—
黑色金属冶炼及压延加工业	294738	1800	65863	—
有色金属冶炼及压延加工业	91331	2030	17532	4000
金属制品业	47725	30	4887	—
普通机械制造业	220986	150	59162	—

股份制经济分行业财务拨款资金来源(一)

续 1　　　　　　　　　　　　　　　　　　　　　　　　　　　　单位:万元

行　　业	本年财务拨款、贷款合计	国家预算内资金	国内贷款	债　券
专用设备制造业	80906	——	24860	—
交通运输设备制造业	187755	1757	33976	—
电气机械及器材制造业	197741	6000	75281	—
电子及通信设备制造业	301587	——	49798	—
仪器仪表及文化、办公用机械制造业	22720	——	6432	—
其他制造业	28061	——	3572	—
(四) 电力、煤气及水的生产和供应业	2789649	4342	841734	16100
电力、蒸汽、热水的生产和供应业	2745463	3829	829436	16100
煤气生产和供应业	12720	——	1531	—
自来水的生产和供应业	31466	513	10767	—
(五) 建筑业	58804	1949	7975	—
土木工程建筑业	54008	1949	6355	—
线路、管道和设备安装业	1245	——	——	—
建筑物的装修装饰业	3551	——	1620	—
(六) 地质勘查业、水利管理业	43069	200	200	—
地质勘查业	305	——	——	—
水利管理业	42764	200	200	—
(七) 交通运输、仓储及邮电通信业	1105925	8702	192949	—
铁路运输业	173358	200	42420	—
公路运输业	293125	270	85978	—
管道运输业	257	——	78	—
水上运输业	11619	150	4425	—
航空运输业	125198	5500	27000	—
交通运输辅助业	196569	2512	15803	—
其他交通运输业	21787	——	10330	—
仓储业	17737	70	2801	—
邮电通信业	266275	——	4114	—
(八) 批发和零售贸易、餐饮业	593212	2988	137695	1700
食品、饮料、烟草和家庭用品批发商业	124983	808	14389	500
能源、材料和机械电子设备批发业	55852	——	6602	1000
其他批发业	35617	——	18625	—
零售业	353903	2160	89755	200
商业经纪与代理业	6166	——	——	—

股份制经济分行业财务拨款资金来源(一)

续 2　　　　单位:万元

行　　业	本年财务拨款、贷款合计	国家预算内资金	国内贷款	债　券
餐饮业	16691	20	8324	—
(九) 金融、保险业	52774	—	6005	—
金融业	49369	—	5945	—
保险业	3405	—	60	—
(十) 房地产业	5371783	5712	1418537	10386
房地产开发与经营业	5365298	5712	1415837	10386
房地产管理业	6431	—	2700	—
房地产代理与经纪业	54	—	—	—
(十一) 社会服务业	425940	1730	148679	9130
公共服务业	142292	40	75769	4500
居民服务业	4866	—	130	—
旅馆业	174012	1690	51985	4630
租赁服务业	6154	—	1300	—
旅行社	31838	—	2523	—
娱乐服务业	49877	—	14770	—
信息、咨询服务业	332	—	100	—
计算机应用服务业	1670	—	—	—
其他社会服务业	14899	—	2102	—
(十二) 卫生、体育和社会福利业	10742	—	250	—
卫生	820	—	—	—
体育	8573	—	—	—
社会福利保障业	1349	—	250	—
(十三) 教育、文化艺术及广播电影电视业	30323	—	5812	—
教育	28682	—	5712	—
文化艺术业	519	—	—	—
广播电影电视业	1122	—	100	—
(十四) 科学研究和综合技术服务业	9642	6032	760	—
科学研究业	650	—	—	—
综合技术服务业	8992	6032	760	—
(十五) 国家机关、政党机关和社会团体	10995	—	1000	—
国家机关	10232	—	1000	—
政党机关	—	—	—	—
社会团体	403	—	—	—
基层群众自治组织	360	—	—	—
(十六) 其他行业	42631	—	7491	—
其他行业	42631	—	7491	—

股份制经济分行业财务拨款资金来源(二)

单位:万元

行业	利用外资	外商直接投资	自筹资金	其他资金来源
全国总计	**1271010**	**378518**	**6644449**	**2660807**
(一) 农、林、牧、渔业	6577	4955	36752	3046
农业	1922	1500	11285	1017
林业	—	—	—	—
畜牧业	4655	3455	17403	1949
渔业	—	—	6396	60
农、林、牧、渔服务业	—	—	1668	20
(二) 采掘业	17653	166	68825	9169
煤炭采选业	—	—	38608	3620
石油和天然气开采业	—	—	6247	76
黑色金属矿采选业	554	—	3965	229
有色金属矿采选业	16933	—	12720	4516
非金属矿采选业	166	166	6122	728
其他矿采选业	—	—	40	—
木材及竹材采运业	—	—	1123	—
(三) 制造业	294837	82511	2211154	220822
食品加工业	7194	3988	65888	9415
食品制造业	1114	1114	27876	4955
饮料制造业	10784	360	90724	7680
烟草加工业	—	—	14585	—
纺织业	4110	1140	60738	20804
服装及其他纤维制品制造业	2717	2717	19538	3499
皮革、毛皮、羽绒及其制品业	5000	—	23982	9304
木材加工及竹、藤、棕、草制品业	194	194	10827	2462
家具制造业	200	200	8342	4754
造纸及纸制品业	10054	3473	86702	8927
印刷业、记录媒介的复制	743	—	18252	2813
文教体育用品制造业	—	—	6029	1180
石油加工及炼焦业	45125	1822	110535	1135
化学原料及化学制品制造业	40593	5161	273240	57180
医药制造业	15287	6560	99633	3902
化学纤维制造业	10687	2244	72655	6727
橡胶制品业	—	—	32492	1605
塑料制品业	7439	180	37058	2849
非金属矿物制品业	40097	4375	180073	20695
黑色金属冶炼及压延加工业	26850	1850	196917	3308
有色金属冶炼及压延加工业	1956	300	63840	1973
金属制品业	840	840	37044	4924
普通机械制造业	38234	25285	117804	5636

股份制经济分行业财务拨款资金来源(二)

续 1　　单位:万元

行　　业	利用外资	外商直接投资	自筹资金	其他资金来源
专用设备制造业	4071	4041	47646	4329
交通运输设备制造业	1300	1300	144912	5810
电气机械及器材制造业	6657	6657	105361	4442
电子及通信设备制造业	8880	8620	231519	11390
仪器仪表及文化、办公用机械制造业	—	—	13853	2435
其他制造业	4711	90	13089	6689
(四) 电力、煤气及水的生产和供应业	670797	187019	1129109	127567
电力、蒸汽、热水的生产和供应业	668175	185109	1103202	124721
煤气生产和供应业	—	—	10149	1040
自来水的生产和供应业	2622	1910	15758	1806
(五) 建筑业	687	567	36376	11817
土木工程建筑业	687	567	34901	10116
线路、管道和设备安装业	—	—	165	1080
建筑物的装修装饰业	—	—	1310	621
(六) 地质勘查业、水利管理业	—	—	42669	—
地质勘查业	—	—	305	—
水利管理业	—	—	42364	—
(七) 交通运输、仓储及邮电通信业	153873	14841	682038	68363
铁路运输业	—	—	110558	20180
公路运输业	15796	2018	175414	15667
管道运输业	—	—	80	99
水上运输业	450	—	6169	425
航空运输业	88193	—	4505	—
交通运输辅助业	47264	10653	122989	8001
其他交通运输业	2170	2170	8548	739
仓储业	—	—	13524	1342
邮电通信业	—	—	240251	21910
(八) 批发和零售贸易、餐饮业	26857	7312	366480	57492
食品、饮料、烟草和家庭用品批发商业	4000	4000	91751	13535
能源、材料和机械电子设备批发业	—	—	42346	5904
其他批发业	—	—	14555	2437
零售业	22857	3312	204497	34434
商业经纪与代理业	—	—	5536	630

股份制经济分行业财务拨款资金来源(二)

续 2　　　　单位:万元

行业	利用外资	外商直接投资	自筹资金	其他资金来源
餐饮业	—	—	7795	552
(九) 金融、保险业	—	—	41686	5083
金融业	—	—	38945	4479
保险业	—	—	2741	604
(十) 房地产业	82576	67448	1736751	2117821
房地产开发与经营业	82576	67448	1733230	2117557
房地产管理业	—	—	3467	264
房地产代理与经纪业	—	—	54	—
(十一) 社会服务业	14995	13226	225147	26259
公共服务业	2022	1992	58526	1435
居民服务业	—	—	4206	530
旅馆业	10697	9564	93679	11331
租赁服务业	—	—	4854	—
旅行社	300	300	28082	933
娱乐服务业	1370	1370	23826	9911
信息、咨询服务业	—	—	—	232
计算机应用服务业	—	—	1670	—
其他社会服务业	606	—	10304	1887
(十二) 卫生、体育和社会福利业	70	70	2146	8276
卫生	70	70	203	547
体育	—	—	844	7729
社会福利保障业	—	—	1099	—
(十三) 教育、文化艺术及广播电影电视业	—	—	21866	2645
教育	—	—	20813	2157
文化艺术业	—	—	519	—
广播电影电视业	—	—	534	488
(十四) 科学研究和综合技术服务业	—	—	2850	—
科学研究业	—	—	650	—
综合技术服务业	—	—	2200	—
(十五) 国家机关、政党机关和社会团体	403	403	8972	620
国家机关	—	—	8612	620
政党机关	—	—	—	—
社会团体	403	403	—	—
基层群众自治组织	—	—	360	—
(十六) 其他行业	1685	—	31628	1827
其他行业	1685	—	31628	1827

股份制经济分行业财务拨款中的自筹资金来源(一)

单位:万元

行　　业	自筹资金合计	中央各部门自筹	省自筹	地市自筹
全　国　总　计	**4923219**	**290030**	**532000**	**298719**
(一) 农、林、牧、渔业	36752	—	2110	598
农业	11285	—	—	—
林业	—	—	—	—
畜牧业	17403	—	2110	400
渔业	6396	—	—	20
农、林、牧、渔服务业	1668	—	—	178
(二) 采掘业	68825	—	2540	853
煤炭采选业	38608	—	310	28
石油和天然气开采业	6247	—	—	650
黑色金属矿采选业	3965	—	—	—
有色金属矿采选业	12720	—	1430	175
非金属矿采选业	6122	—	800	—
其他矿采选业	40	—	—	—
木材及竹材采运业	1123	—	—	—
(三) 制造业	2211154	1444	38884	34039
食品加工业	65888	430	450	2815
食品制造业	27876	—	45	—
饮料制造业	90724	—	—	100
烟草加工业	14585	—	140	—
纺织业	60738	250	60	705
服装及其他纤维制品制造业	19538	—	120	—
皮革、毛皮、羽绒及其制品业	23982	—	560	—
木材加工及竹、藤、棕、草制品业	10827	—	738	1010
家具制造业	8342	—	—	—
造纸及纸制品业	86702	—	—	1894
印刷业、记录媒介的复制	18252	—	540	265
文教体育用品制造业	6029	—	—	—
石油加工及炼焦业	110535	176	—	—
化学原料及化学制品制造业	273240	88	9185	4786
医药制造业	99633	500	3178	840
化学纤维制造业	72655	—	2600	910
橡胶制品业	32492	—	—	3000
塑料制品业	37058	—	45	520
非金属矿物制品业	180073	—	12800	9722
黑色金属冶炼及压延加工业	196917	—	190	1629
有色金属冶炼及压延加工业	63840	—	400	1975
金属制品业	37044	—	—	—
普通机械制造业	117804	—	4170	658

股份制经济分行业财务拨款中的自筹资金来源(一)

续1　　　　单位:万元

行　　业	自筹资金合计	中央各部门自筹	省自筹	地市自筹
专用设备制造业	47646	—	—	—
交通运输设备制造业	144912	—	150	—
电气机械及器材制造业	105361	—	—	3000
电子及通信设备制造业	231519	—	3503	210
仪器仪表及文化、办公用机械制造业	13853	—	10	—
其他制造业	13089	—	—	—
(四) 电力、煤气及水的生产和供应业	1129109	233764	398634	113294
电力、蒸汽、热水的生产和供应业	1103202	233764	398534	106816
煤气生产和供应业	10149	—	—	180
自来水的生产和供应业	15758	—	100	6298
(五) 建筑业	36376	350	1206	8074
土木工程建筑业	34901	350	1206	8008
线路、管道和设备安装业	165	—	—	—
建筑物的装修装饰业	1310	—	—	66
(六) 地质勘查业、水利管理业	42669	—	17182	25182
地质勘查业	305	—	—	—
水利管理业	42364	—	17182	25182
(七) 交通运输、仓储及邮电通信业	682038	46044	64610	66727
铁路运输业	110558	19350	37072	20348
公路运输业	175414	8000	23713	37044
管道运输业	80	—	—	—
水上运输业	6169	—	300	—
航空运输业	4505	—	—	596
交通运输辅助业	122989	10800	2930	8739
其他交通运输业	8548	—	300	—
仓储业	13524	—	—	—
邮电通信业	240251	7894	295	—
(八) 批发和零售贸易、餐饮业	366480	3600	2404	4422
食品、饮料、烟草和家庭用品批发商业	91751	3345	1490	785
能源、材料和机械电子设备批发业	42346	—	14	508
其他批发业	14555	—	—	—
零售业	204497	255	900	2929
商业经纪与代理业	5536	—	—	—

股份制经济分行业财务拨款中的自筹资金来源(一)

续 2 单位:万元

行　　业	自筹资金合计	中央各部门自筹	省自筹	地市自筹
餐饮业	7795	—	—	200
(九) 金融、保险业	41686	4428	2080	762
金融业	38945	4320	1500	697
保险业	2741	108	580	65
(十) 房地产业	15521	—	—	3050
房地产开发与经营业	12000	—	—	3050
房地产管理业	3467	—	—	—
房地产代理与经纪业	54	—	—	—
(十一) 社会服务业	225147	—	2350	40718
公共服务业	58526	—	—	8649
居民服务业	4206	—	—	—
旅馆业	93679	—	950	24505
租赁服务业	4854	—	—	—
旅行社	28082	—	1400	400
娱乐服务业	23826	—	—	165
信息、咨询服务业	—	—	—	—
计算机应用服务业	1670	—	—	—
其他社会服务业	10304	—	—	6999
(十二) 卫生、体育和社会福利业	2146	—	—	—
卫生	203	—	—	—
体育	844	—	—	—
社会福利保障业	1099	—	—	—
(十三) 教育、文化艺术及广播电影电视业	21866	—	—	—
教育	20813	—	—	—
文化艺术业	519	—	—	—
广播电影电视业	534	—	—	—
(十四) 科学研究和综合技术服务业	2850	—	—	—
科学研究业	650	—	—	—
综合技术服务业	2200	—	—	—
(十五) 国家机关、政党机关和社会团体	8972	—	—	—
国家机关	8612	—	—	—
政党机关	—	—	—	—
社会团体	—	—	—	—
基层群众自治组织	360	—	—	—
(十六) 其他行业	31628	400	—	1000
其他行业	31628	400	—	1000

股份制经济分行业财务拨款中的自筹资金来源(二)

单位:万元

行　　业	县自筹	企、事业单位自有资金	发行股票
全 国 总 计	**103755**	**3698715**	**506995**
(一) 农、林、牧、渔业	105	33939	—
农业	20	11265	—
林业	—	—	—
畜牧业	—	14893	—
渔业	—	6376	—
农、林、牧、渔服务业	85	1405	—
(二) 采掘业	2307	63125	103
煤炭采选业	74	38196	—
石油和天然气开采业	—	5597	—
黑色金属矿采选业	370	3595	—
有色金属矿采选业	93	11022	—
非金属矿采选业	1730	3592	103
其他矿采选业	40	—	—
木材及竹材采运业	—	1123	—
(三) 制造业	43865	2092922	377256
食品加工业	924	61269	18720
食品制造业	1221	26610	3714
饮料制造业	1430	89194	4500
烟草加工业	120	14325	—
纺织业	938	58785	6779
服装及其他纤维制品制造业	225	19193	1350
皮革、毛皮、羽绒及其制品业	40	23382	805
木材加工及竹、藤、棕、草制品业	1096	7983	—
家具制造业	10	8332	—
造纸及纸制品业	2642	82166	14600
印刷业、记录媒介的复制	546	16901	—
文教体育用品制造业	250	5779	200
石油加工及炼焦业	—	110359	—
化学原料及化学制品制造业	6616	252565	27453
医药制造业	300	94815	1615
化学纤维制造业	300	68845	200
橡胶制品业	100	29392	3453
塑料制品业	258	36235	5476
非金属矿物制品业	13054	144497	10039
黑色金属冶炼及压延加工业	50	195048	68471
有色金属冶炼及压延加工业	2500	58965	330
金属制品业	600	36444	4166
普通机械制造业	3675	109301	34173

股份制经济分行业财务拨款中的自筹资金来源(二)

续 1　　　　单位:万元

行　　业	县自筹	企、事业单位自有资金	发行股票
专用设备制造业	400	47246	6922
交通运输设备制造业	2017	142745	37804
电气机械及器材制造业	4392	97969	6415
电子及通信设备制造业	—	227806	120071
仪器仪表及文化、办公用机械制造业	100	13743	—
其他制造业	61	13028	—
(四) 电力、煤气及水的生产和供应业	36526	346891	19575
电力、蒸汽、热水的生产和供应业	35923	328165	16568
煤气生产和供应业	—	9969	—
自来水的生产和供应业	603	8757	3007
(五) 建筑业	11301	15445	—
土木工程建筑业	11301	14036	—
线路、管道和设备安装业	—	165	—
建筑物的装修装饰业	—	1244	—
(六) 地质勘查业、水利管理业	—	305	—
地质勘查业	—	305	—
水利管理业	—	—	—
(七) 交通运输、仓储及邮电通信业	5535	499122	12510
铁路运输业	—	33788	4500
公路运输业	2297	104360	—
管道运输业	—	80	—
水上运输业	769	5100	—
航空运输业	—	3909	—
交通运输辅助业	1969	98551	7552
其他交通运输业	500	7748	—
仓储业	—	13524	458
邮电通信业	—	232062	—
(八) 批发和零售贸易、餐饮业	1009	355045	79913
食品、饮料、烟草和家庭用品批发商业	730	85401	26416
能源、材料和机械电子设备批发业	88	41736	2400
其他批发业	—	14555	—
零售业	191	200222	51097
商业经纪与代理业	—	5536	—

股份制经济分行业财务拨款中的自筹资金来源(二)

续 2　　　　单位:万元

行　　业	县自筹	企、事业单位自有资金	发行股票
餐饮业	—	7595	—
(九) 金融、保险业	—	34416	—
金融业	—	32428	—
保险业	—	1988	—
(十) 房地产业	—	12471	—
房地产开发与经营业	—	8950	—
房地产管理业	—	3467	—
房地产代理与经纪业	—	54	—
(十一) 社会服务业	2519	179560	16888
公共服务业	301	49576	8800
居民服务业	—	4206	—
旅馆业	—	68224	5088
租赁服务业	—	4854	—
旅行社	1358	24924	3000
娱乐服务业	—	23661	—
信息、咨询服务业	—	—	—
计算机应用服务业	—	1670	—
其他社会服务业	860	2445	—
(十二) 卫生、体育和社会福利业	—	2146	—
卫生	—	203	—
体育	—	844	—
社会福利保障业	—	1099	—
(十三) 教育、文化艺术及广播电影电视业	408	21458	—
教育	408	20405	—
文化艺术业	—	519	—
广播电影电视业	—	534	—
(十四) 科学研究和综合技术服务业	—	2850	—
科学研究业	—	650	—
综合技术服务业	—	2200	—
(十五) 国家机关、政党机关和社会团体	—	8972	750
国家机关	—	8612	750
政党机关	—	—	—
社会团体	—	—	—
基层群众自治组织	—	360	—
(十六) 其他行业	180	30048	—
其他行业	180	30048	—

各地区股份制经济施工和建成投产项目个数

单位:个

地　区	施工项目	新开工	全部建成投产项目	项目建成投产率(%)
全国总计	**6458**	**3878**	**3568**	**55.2**
北　京	42	29	20	47.6
天　津	33	12	15	45.5
河　北	389	262	219	56.3
山　西	87	56	53	60.9
内蒙古	108	72	76	70.4
辽　宁	312	208	95	30.4
吉　林	120	83	61	50.8
黑龙江	91	56	58	63.7
上　海	219	100	92	42.0
江　苏	288	183	172	59.7
浙　江	618	370	348	56.3
安　徽	820	612	638	77.8
福　建	183	96	86	47.0
江　西	85	38	50	58.8
山　东	428	269	231	54.0
河　南	337	195	207	61.4
湖　北	487	284	334	68.6
湖　南	110	60	50	45.5
广　东	254	112	91	35.8
广　西	133	64	52	39.1
海　南	92	53	42	45.7
重　庆	215	95	88	40.9
四　川	461	221	220	47.7
贵　州	88	48	24	27.3
云　南	165	97	71	43.0
西　藏	3	2	1	33.3
陕　西	123	95	69	56.1
甘　肃	48	28	22	45.8
青　海	30	20	20	66.7
宁　夏	21	15	14	66.7
新　疆	67	43	49	73.1
不分地区	1	—	—	—

股份制经济分行业施工和建成投产项目个数

单位:个

行业	施工项目	新开工	全部建成投产项目	项目建成投产率(%)
全国总计	**6458**	**3878**	**3568**	**55.2**
(一) 农、林、牧、渔业	90	66	41	45.6
农业	36	26	16	44.4
林业	—	—	—	—
畜牧业	32	25	14	43.8
渔业	17	12	9	52.9
农、林、牧、渔服务业	5	3	2	40.0
(二) 采掘业	147	88	62	42.2
煤炭采选业	57	32	15	26.3
石油和天然气开采业	9	4	7	77.8
黑色金属矿采选业	16	12	12	75.0
有色金属矿采选业	40	23	10	25.0
非金属矿采选业	20	16	16	80.0
其他矿采选业	1	1	—	—
木材及竹材采运业	4	—	2	50.0
(三) 制造业	4445	2747	2679	60.3
食品加工业	155	111	102	65.8
食品制造业	117	75	83	70.9
饮料制造业	184	131	113	61.4
烟草加工业	3	3	2	66.7
纺织业	172	105	111	64.5
服装及其他纤维制品制造业	65	43	35	53.8
皮革、毛皮、羽绒及其制品业	85	55	59	69.4
木材加工及竹、藤、棕、草制品业	44	25	29	65.9
家具制造业	45	36	34	75.6
造纸及纸制品业	125	82	83	66.4
印刷业、记录媒介的复制	53	31	30	56.6
文教体育用品制造业	20	10	11	55.0
石油加工及炼焦业	176	118	118	67.0
化学原料及化学制品制造业	583	345	319	54.7
医药制造业	184	90	87	47.3
化学纤维制造业	84	50	39	46.4
橡胶制品业	48	27	24	50.0
塑料制品业	99	66	69	69.7
非金属矿物制品业	368	225	207	56.3
黑色金属冶炼及压延加工业	672	503	554	82.4
有色金属冶炼及压延加工业	66	37	43	65.2
金属制品业	79	54	43	54.4
普通机械制造业	231	124	103	44.6

股份制经济分行业施工和建成投产项目个数

续 1　　　　单位:个

行　　业	施工项目	新开工	全部建成投产项目	项目建成投产率(%)
专用设备制造业	146	83	75	51.4
交通运输设备制造业	233	124	98	42.1
电气机械及器材制造业	206	102	100	48.5
电子及通信设备制造业	132	61	65	49.2
仪器仪表及文化、办公用机械制造业	33	15	18	54.5
其他制造业	37	16	25	67.6
(四) 电力、煤气及水的生产和供应业	430	248	198	46.0
电力、蒸汽、热水的生产和供应业	366	222	172	47.0
煤气生产和供应业	21	11	8	38.1
自来水的生产和供应业	43	15	18	41.9
(五) 建筑业	103	65	46	44.7
土木工程建筑业	91	55	43	47.3
线路、管道和设备安装业	5	4	2	40.0
建筑物的装修装饰业	7	6	1	14.3
(六) 地质勘查业、水利管理业	3	2	—	—
地质勘查业	1	1	—	—
水利管理业	2	1	—	—
(七) 交通运输、仓储及邮电通信业	301	191	71	23.6
铁路运输业	22	11	3	13.6
公路运输业	50	25	19	38.0
管道运输业	1	1	—	—
水上运输业	21	5	11	52.4
航空运输业	13	8	10	76.9
交通运输辅助业	65	29	11	16.9
其他交通运输业	6	3	3	50.0
仓储业	16	11	11	68.8
邮电通信业	107	98	3	2.8
(八) 批发和零售贸易、餐饮业	531	273	283	53.3
食品、饮料、烟草和家庭用品批发商业	115	59	59	51.3
能源、材料和机械电子设备批发业	90	58	47	52.2
其他批发业	32	12	13	40.6
零售业	259	120	147	56.8
商业经纪与代理业	6	3	4	66.7

股份制经济分行业施工和建成投产项目个数

续 2　　　　　　　　　　　　　　　　　　　　　　　　　　单位:个

行　　业	施工项目	新开工	全部建成投产项目	项目建成投产率(%)
餐饮业	29	21	13	44.8
(九) 金融、保险业	48	22	23	47.9
金融业	36	14	17	47.2
保险业	12	8	6	50.0
(十) 房地产业	48	23	21	43.8
房地产开发与经营业	43	19	19	44.2
房地产管理业	4	3	1	25.0
房地产代理与经纪业	1	1	1	100.0
(十一) 社会服务业	209	96	99	47.4
公共服务业	34	12	14	41.2
居民服务业	7	5	3	42.9
旅馆业	93	45	56	60.2
租赁服务业	2	1	—	—
旅行社	21	8	7	33.3
娱乐服务业	34	15	11	32.4
信息、咨询服务业	1	1	—	—
计算机应用服务业	2	2	—	—
其他社会服务业	15	7	8	53.3
(十二) 卫生、体育和社会福利业	12	6	5	41.7
卫生	6	3	4	66.7
体育	3	1	—	—
社会福利保障业	3	2	1	33.3
(十三) 教育、文化艺术及广播电影电视业	31	19	16	51.6
教育	25	17	12	48.0
文化艺术业	2	1	2	100.0
广播电影电视业	4	1	2	50.0
(十四) 科学研究和综合技术服务业	8	6	—	—
科学研究业	2	1	—	—
综合技术服务业	6	5	—	—
(十五) 国家机关、政党机关和社会团体	12	7	5	41.7
国家机关	10	7	4	40.0
政党机关	—	—	—	—
社会团体	1	—	—	—
基层群众自治组织	1	—	1	100.0
(十六) 其他行业	40	19	19	47.5
其他行业	40	19	19	47.5

各地区股份制经济房屋建筑面积和造价

地　　区	施工房屋面　积(万平方米)	竣工房屋面　积(万平方米)	房屋建筑面积竣工率(%)	竣工房屋价　值(万元)	竣工房屋造　价(元/平方米)
全国总计	**8787.45**	**3258.62**	**37.1**	**3592510**	**1102**
北　　京	344.06	92.84	27.0	166485	1793
天　　津	284.84	56.78	19.9	69439	1223
河　　北	256.15	93.14	36.4	101579	1091
山　　西	62.83	42.32	67.4	44132	1043
内 蒙 古	97.23	49.60	51.0	41076	828
辽　　宁	400.27	156.31	39.1	174207	1114
吉　　林	171.36	88.57	51.7	73887	834
黑 龙 江	121.35	48.47	39.9	50523	1042
上　　海	311.45	78.41	25.2	254402	3245
江　　苏	419.73	193.57	46.1	223969	1157
浙　　江	1236.41	556.49	45.0	583710	1049
安　　徽	302.45	117.71	38.9	81539	693
福　　建	286.81	117.21	40.9	120780	1030
江　　西	87.07	23.13	26.6	16305	705
山　　东	295.45	117.58	39.8	108003	919
河　　南	285.64	132.69	46.5	91050	686
湖　　北	376.75	173.64	46.1	180761	1041
湖　　南	156.17	56.00	35.9	48809	872
广　　东	1168.57	313.96	26.9	476436	1518
广　　西	183.57	65.09	35.5	51031	784
海　　南	105.36	39.94	37.9	73908	1850
重　　庆	433.07	111.98	25.9	94669	845
四　　川	725.35	265.69	36.6	208960	786
贵　　州	143.17	54.33	37.9	45351	835
云　　南	150.14	58.00	38.6	57342	989
西　　藏	8.59	7.35	85.6	5221	710
陕　　西	112.09	29.14	26.0	23892	820
甘　　肃	100.27	28.65	28.6	25938	905
青　　海	17.41	10.25	58.9	8263	806
宁　　夏	37.96	25.61	67.5	19077	745
新　　疆	105.89	54.15	51.1	71766	1325
不分地区	—	—	—	—	—

各地区股份制经济住宅建筑面积和造价

地　　区	施工住宅面　积(万平方米)	竣工住宅面　积(万平方米)	住宅建筑面积竣工率(%)	竣工住宅价　值(万元)	竣工住宅造　价(元/平方米)
全国总计	**4790.44**	**1958.61**	**40.9**	**1866199**	**953**
北　　京	247.42	64.60	26.1	96200	1489
天　　津	146.96	44.54	30.3	46338	1040
河　　北	106.86	43.67	40.9	36148	828
山　　西	26.20	20.23	77.2	12695	628
内 蒙 古	48.41	27.77	57.4	17333	624
辽　　宁	239.43	109.63	45.8	98822	901
吉　　林	77.62	60.46	77.9	43572	721
黑 龙 江	69.74	29.06	41.7	25692	884
上　　海	143.02	33.59	23.5	108296	3224
江　　苏	226.54	105.23	46.5	90567	861
浙　　江	718.20	375.01	52.2	363912	970
安　　徽	157.23	69.45	44.2	41011	591
福　　建	167.06	66.17	39.6	57649	871
江　　西	54.34	14.40	26.5	8873	616
山　　东	121.82	50.23	41.2	38579	768
河　　南	126.39	58.63	46.4	34826	594
湖　　北	196.95	92.63	47.0	86965	939
湖　　南	87.93	34.46	39.2	28132	816
广　　东	730.16	210.99	28.9	309734	1468
广　　西	101.35	48.32	47.7	31523	652
海　　南	21.43	15.46	72.1	28725	1858
重　　庆	237.85	76.68	32.2	56149	732
四　　川	411.87	166.64	40.5	102532	615
贵　　州	78.96	32.58	41.3	19321	593
云　　南	59.78	25.03	41.9	18893	755
西　　藏	0.11	0.11	100.0	90	818
陕　　西	56.89	20.49	36.0	15441	754
甘　　肃	52.30	15.79	30.2	11180	708
青　　海	9.37	7.85	83.8	5326	678
宁　　夏	25.78	16.27	63.1	9675	595
新　　疆	42.49	22.66	53.3	22000	971
不分地区	—	—	—	—	—

股份制经济分行业房屋建筑面积和造价

行　　　业	施工房屋面　　积(万平方米)	竣工房屋面　　积(万平方米)	房屋建筑面积竣工率(%)	竣工房屋价　　值(万　元)	竣工房屋造　　价(元/平方米)
全　国　总　计	**8787.45**	**3258.62**	**37.1**	**3592510**	**1102**
(一) 农、林、牧、渔业	38.83	29.88	77.0	20274	679
农业	3.38	1.86	55.0	2969	1596
林业	—	—	—	—	—
畜牧业	30.37	25.54	84.1	13991	548
渔业	2.91	0.58	19.9	349	602
农、林、牧、渔服务业	2.16	1.91	88.4	2965	1552
(二) 采掘业	44.77	29.15	65.1	21541	739
煤炭采选业	35.36	23.11	65.4	15771	682
石油和天然气开采业	0.49	0.49	100.0	543	1108
黑色金属矿采选业	1.40	1.40	100.0	1634	1167
有色金属矿采选业	3.89	1.85	47.6	1579	854
非金属矿采选业	3.42	2.09	61.1	1938	927
其他矿采选业	—	—	—	—	—
木材及竹材采运业	0.21	0.21	100.0	76	362
(三) 制造业	1200.18	612.03	51.0	559171	914
食品加工业	60.04	46.60	77.6	37514	805
食品制造业	23.43	17.23	73.5	15727	913
饮料制造业	48.04	30.10	62.7	31036	1031
烟草加工业	4.01	2.24	55.9	4237	1892
纺织业	38.67	27.30	70.6	18687	685
服装及其他纤维制品制造业	27.65	14.26	51.6	10571	741
皮革、毛皮、羽绒及其制品业	29.46	16.39	55.6	11495	701
木材加工及竹、藤、棕、草制品业	9.74	7.61	78.1	4691	616
家具制造业	12.58	8.02	63.8	7104	886
造纸及纸制品业	39.70	17.63	44.4	14523	824
印刷业、记录媒介的复制	12.76	5.18	40.6	3387	654
文教体育用品制造业	5.53	1.93	34.9	1750	907
石油加工及炼焦业	11.27	4.44	39.4	5055	1139
化学原料及化学制品制造业	148.13	73.25	49.4	60410	825
医药制造业	113.91	24.13	21.2	31634	1311
化学纤维制造业	17.13	5.98	34.9	4389	734
橡胶制品业	11.83	5.78	48.9	4989	863
塑料制品业	20.02	13.65	68.2	11098	813
非金属矿物制品业	115.50	63.21	54.7	59783	946
黑色金属冶炼及压延加工业	57.90	26.12	45.1	17305	663
有色金属冶炼及压延加工业	19.17	12.36	64.5	12291	994
金属制品业	21.46	10.72	50.0	9265	864
普通机械制造业	79.57	40.02	50.3	33151	828

股份制经济分行业房屋建筑面积和造价

续 1

行　　业	施工房屋面积(万平方米)	竣工房屋面积(万平方米)	房屋建筑面积竣工率(%)	竣工房屋价值(万元)	竣工房屋造价(元/平方米)
专用设备制造业	44.52	18.17	40.8	14481	797
交通运输设备制造业	85.10	40.76	47.9	52991	1300
电气机械及器材制造业	69.80	35.71	51.2	34379	963
电子及通信设备制造业	41.54	25.59	61.6	31161	1218
仪器仪表及文化、办公用机械制造业	10.90	8.78	80.6	8743	996
其他制造业	20.86	8.85	42.4	7324	828
(四) 电力、煤气及水的生产和供应业	166.43	59.34	35.7	66833	1126
电力、蒸汽、热水的生产和供应业	157.16	57.52	36.6	65202	1134
煤气生产和供应业	0.58	0.30	51.7	360	1200
自来水的生产和供应业	8.69	1.53	17.6	1271	831
(五) 建筑业	35.93	9.85	27.4	6061	615
土木工程建筑业	26.47	8.59	32.5	5336	621
线路、管道和设备安装业	2.58	0.68	26.4	345	507
建筑物的装修装饰业	6.88	0.58	8.4	380	655
(六) 地质勘查业、水利管理业	1.96	0.04	2.0	31	775
地质勘查业	—	—	—	—	—
水利管理业	1.96	0.04	2.0	31	775
(七) 交通运输、仓储及邮电通信业	76.77	27.77	36.2	35112	1264
铁路运输业	12.16	1.01	8.3	441	437
公路运输业	20.37	9.76	47.9	11500	1178
管道运输业	—	—	—	—	—
水上运输业	8.62	3.20	37.1	1942	607
航空运输业	11.75	0.78	6.6	924	1185
交通运输辅助业	13.98	4.97	35.6	5140	1034
其他交通运输业	0.45	0.45	100.0	918	2040
仓储业	7.94	7.28	91.7	13732	1886
邮电通信业	1.50	0.31	20.7	515	1661
(八) 批发和零售贸易、餐饮业	550.66	208.40	37.8	311678	1496
食品、饮料、烟草和家庭用品批发商业	125.30	54.07	43.2	60385	1117
能源、材料和机械电子设备批发业	69.82	19.46	27.9	14310	735
其他批发业	39.14	8.40	21.5	7737	921
零售业	293.69	122.89	41.8	221775	1805
商业经纪与代理业	5.77	1.17	20.3	4040	3453

股份制经济分行业房屋建筑面积和造价

续 2

行　　业	施工房屋面积(万平方米)	竣工房屋面积(万平方米)	房屋建筑面积竣工率(%)	竣工房屋价值(万元)	竣工房屋造价(元/平方米)
餐饮业	16.93	2.40	14.2	3431	1430
(九) 金融、保险业	60.77	16.89	27.8	25512	1510
金融业	54.34	13.89	25.6	23205	1671
保险业	6.43	3.01	46.8	2307	766
(十) 房地产业	6344.63	2151.48	33.9	2398372	1115
房地产开发与经营业	6339.64	2149.29	33.9	2397018	1115
房地产管理业	4.97	2.17	43.7	1300	599
房地产代理与经纪业	0.02	0.02	100.0	54	2700
(十一) 社会服务业	165.54	79.73	48.2	115694	1451
公共服务业	25.75	12.87	50.0	14340	1114
居民服务业	7.62	5.10	66.9	2600	510
旅馆业	84.52	42.37	50.1	75879	1791
租赁服务业	4.97	—	—	—	—
旅行社	8.00	2.67	33.4	3230	1210
娱乐服务业	20.93	8.97	42.9	13122	1463
信息、咨询服务业	0.94	—	—	—	—
计算机应用服务业	0.49	—	—	—	—
其他社会服务业	12.32	7.75	62.9	6523	842
(十二) 卫生、体育和社会福利业	5.20	1.26	24.2	1125	893
卫生	1.26	0.49	38.9	360	735
体育	1.99	0.33	16.6	262	794
社会福利保障业	1.94	0.44	22.7	503	1143
(十三) 教育、文化艺术及广播电影电视业	45.23	14.99	33.1	15848	1057
教育	41.15	13.70	33.3	14348	1047
文化艺术业	0.48	0.48	100.0	319	665
广播电影电视业	3.59	0.81	22.6	1181	1458
(十四) 科学研究和综合技术服务业	2.82	0.29	10.3	555	1914
科学研究业	1.78	—	—	—	—
综合技术服务业	1.04	0.29	27.9	555	1914
(十五) 国家机关、政党机关和社会团体	3.99	2.82	70.7	2149	762
国家机关	2.67	1.51	56.6	1370	907
政党机关	—	—	—	—	—
社会团体	0.82	0.81	98.8	419	517
基层群众自治组织	0.50	0.50	100.0	360	720
(十六) 其他行业	43.76	14.68	33.5	12554	855
其他行业	43.76	14.68	33.5	12554	855

股份制经济分行业住宅建筑面积和造价

行　　业	施工住宅面　积(万平方米)	竣工住宅面　积(万平方米)	住宅建筑面积竣工率(%)	竣工住宅价　值(万元)	竣工住宅造　价(元/平方米)
全 国 总 计	**4790.44**	**1958.61**	**40.9**	**1866199**	**953**
(一) 农、林、牧、渔业	2.84	0.92	32.4	681	740
农业	0.34	0.30	88.2	272	907
林业	—	—	—	—	—
畜牧业	1.52	0.29	19.1	213	734
渔业	0.75	0.11	14.7	74	673
农、林、牧、渔服务业	0.23	0.23	100.0	122	530
(二) 采掘业	23.18	14.51	62.6	7244	499
煤炭采选业	19.64	12.61	64.2	6050	480
石油和天然气开采业	0.35	0.35	100.0	419	1197
黑色金属矿采选业	0.54	0.54	100.0	303	561
有色金属矿采选业	1.23	0.76	61.8	314	413
非金属矿采选业	1.43	0.26	18.2	158	608
其他矿采选业	—	—	—	—	—
木材及竹材采运业	—	—	—	—	—
(三) 制造业	265.42	145.90	55.0	99559	682
食品加工业	9.24	8.58	92.9	5060	590
食品制造业	5.13	4.75	92.6	3064	645
饮料制造业	9.04	5.25	58.1	3298	628
烟草加工业	—	—	—	—	—
纺织业	9.27	6.51	70.2	3606	554
服装及其他纤维制品制造业	3.39	2.23	65.8	1441	646
皮革、毛皮、羽绒及其制品业	2.21	0.93	42.1	1213	1304
木材加工及竹、藤、棕、草制品业	0.57	0.35	61.4	160	457
家具制造业	1.35	0.41	30.4	335	817
造纸及纸制品业	10.38	3.36	32.4	1511	450
印刷业、记录媒介的复制	3.88	1.93	49.7	1181	612
文教体育用品制造业	—	—	—	—	—
石油加工及炼焦业	2.17	2.17	100.0	2360	1088
化学原料及化学制品制造业	41.15	23.13	56.2	15559	673
医药制造业	7.55	1.58	20.9	1078	682
化学纤维制造业	1.86	1.14	61.3	615	539
橡胶制品业	1.68	0.67	39.9	270	403
塑料制品业	4.12	1.91	46.4	948	496
非金属矿物制品业	36.21	19.60	54.1	13802	704
黑色金属冶炼及压延加工业	22.40	17.52	78.2	10317	589
有色金属冶炼及压延加工业	6.17	2.74	44.4	1795	655
金属制品业	5.27	3.08	58.4	3105	1008
普通机械制造业	27.67	10.78	39.0	6711	623

股份制经济分行业住宅建筑面积和造价

续 1

行业	施工住宅面积(万平方米)	竣工住宅面积(万平方米)	住宅建筑面积竣工率(%)	竣工住宅价值(万元)	竣工住宅造价(元/平方米)
专用设备制造业	9.67	6.52	67.4	4288	658
交通运输设备制造业	9.53	2.99	31.4	2006	671
电气机械及器材制造业	9.57	5.52	57.7	3160	572
电子及通信设备制造业	9.81	7.42	75.6	9076	1223
仪器仪表及文化、办公用机械制造业	2.72	2.72	100.0	1493	549
其他制造业	13.40	2.11	15.7	2107	999
(四) 电力、煤气及水的生产和供应业	47.89	28.62	59.8	22899	800
电力、蒸汽、热水的生产和供应业	46.62	28.08	60.2	22455	800
煤气生产和供应业	0.21	—	—	—	—
自来水的生产和供应业	1.06	0.53	50.0	444	838
(五) 建筑业	19.30	6.45	33.4	3553	551
土木工程建筑业	15.96	5.87	36.8	3303	563
线路、管道和设备安装业	2.47	0.58	23.5	250	431
建筑物的装修装饰业	0.87	—	—	—	—
(六) 地质勘查业、水利管理业	—	—	—	—	—
地质勘查业	—	—	—	—	—
水利管理业	—	—	—	—	—
(七) 交通运输、仓储及邮电通信业	15.92	11.02	69.2	11448	1039
铁路运输业	1.19	—	—	—	—
公路运输业	9.52	6.71	70.5	8376	1248
管道运输业	—	—	—	—	—
水上运输业	2.39	2.39	100.0	1312	549
航空运输业	0.41	0.41	100.0	389	949
交通运输辅助业	2.25	1.35	60.0	1291	956
其他交通运输业	0.17	0.17	100.0	80	471
仓储业	—	—	—	—	—
邮电通信业	—	—	—	—	—
(八) 批发和零售贸易、餐饮业	54.26	31.79	58.6	23081	726
食品、饮料、烟草和家庭用品批发商业	13.89	10.77	77.5	4610	428
能源、材料和机械电子设备批发业	8.43	4.84	57.4	2438	504
其他批发业	8.17	3.25	39.8	3265	1005
零售业	22.66	12.92	57.0	12768	988
商业经纪与代理业	—	—	—	—	—

股份制经济分行业住宅建筑面积和造价

续 2

行 业	施工住宅面 积(万平方米)	竣工住宅面 积(万平方米)	住宅建筑面积竣工率(%)	竣工住宅价 值(万 元)	竣工住宅造 价(元/ 平方米)
餐饮业	1.11	—	—	—	—
(九) 金融、保险业	13.59	6.57	48.3	4304	655
金融业	11.02	4.68	42.5	2868	613
保险业	2.57	1.89	73.5	1436	760
(十) 房地产业	4303.68	1689.58	39.3	1675160	991
房地产开发与经营业	4303.68	1689.58	39.3	1675160	991
房地产管理业	—	—	—	—	—
房地产代理与经纪业	—	—	—	—	—
(十一) 社会服务业	28.91	15.72	54.4	12928	822
公共服务业	20.36	9.03	44.4	6279	695
居民服务业	0.50	0.50	100.0	300	600
旅馆业	2.30	1.70	73.9	1688	993
租赁服务业	—	—	—	—	—
旅行社	0.78	0.78	100.0	586	751
娱乐服务业	1.06	1.00	94.3	1453	1453
信息、咨询服务业	0.81	—	—	—	—
计算机应用服务业	—	—	—	—	—
其他社会服务业	3.09	2.71	87.7	2622	968
(十二) 卫生、体育和社会福利业	0.16	—	—	—	—
卫生	0.16	—	—	—	—
体育	—	—	—	—	—
社会福利保障业	—	—	—	—	—
(十三) 教育、文化艺术及广播电影电视业	8.28	4.00	48.3	3346	837
教育	8.09	4.00	49.4	3346	837
文化艺术业	—	—	—	—	—
广播电影电视业	0.18	—	—	—	—
(十四) 科学研究和综合技术服务业	0.50	—	—	—	—
科学研究业	0.50	—	—	—	—
综合技术服务业	—	—	—	—	—
(十五) 国家机关、政党机关和社会团体	1.09	0.91	83.5	427	469
国家机关	0.68	0.51	75.0	220	431
政党机关	—	—	—	—	—
社会团体	0.41	0.40	97.6	207	518
基层群众自治组织	—	—	—	—	—
(十六) 其他行业	5.41	2.63	48.6	1569	597
其他行业	5.41	2.63	48.6	1569	597

外商投资经济固定资产投资

各地区外商投资经济投资总规模与完成情况（一）

单位:万元

地　区	计划总投资	实际需要总投资	自开始建设至本年底累计完成投资	本年完成投资
全国总计	**89111099**	**93103357**	**47553283**	**19559400**
北　京	8518691	9305909	4951969	1607078
天　津	2753162	2955085	1554198	1014010
河　北	2748601	2855741	1385737	783073
山　西	1684118	1705827	340054	190686
内蒙古	44985	46392	32356	25213
辽　宁	4450818	4636188	2672179	989679
吉　林	1946470	2009908	1418002	434637
黑龙江	571084	587609	464559	225143
上　海	13031426	13510626	6991812	2605027
江　苏	10112416	10264660	5037803	2887844
浙　江	3790656	3965885	2918586	1190616
安　徽	1856319	1877145	896975	371636
福　建	4777107	5146262	2555078	1012832
江　西	293402	314969	136379	71659
山　东	3801555	3950046	2255374	1067752
河　南	1237219	1361647	834925	353535
湖　北	3439087	3533529	2006437	746575
湖　南	1287509	1333740	522494	233285
广　东	12016741	12597892	6174462	2438568
广　西	2372663	2417569	906826	280928
海　南	4175137	4188196	1138680	205110
重　庆	727734	817188	359526	154602
四　川	1028402	1193995	835325	300704
贵　州	371459	390776	169107	79611
云　南	557979	577601	344096	116147
西　藏	—	—	—	—
陕　西	440526	476222	193901	51625
甘　肃	540098	543521	388811	90319
青　海	468549	468649	13716	7842
宁　夏	10569	10939	6532	5789
新　疆	56617	59641	47384	17875
不分地区	—	—	—	—

各地区外商投资经济投资总规模与完成情况（二）

单位:万元

地　　区	累计新增固定资产	未完工程累计投资	全部建成尚需投资	未完工程占用率(%)
全国总计	**20764743**	**23905590**	**45550074**	**122.2**
北　京	1395888	3432920	4353940	213.6
天　津	657487	666901	1400887	65.8
河　北	756762	602318	1470004	76.9
山　西	43894	290202	1365773	152.2
内蒙古	28413	3654	14036	14.5
辽　宁	1033742	1603448	1964009	162.0
吉　林	1047800	332329	591906	76.5
黑龙江	219689	243676	123050	108.2
上　海	1768756	4352612	6518814	167.1
江　苏	2082787	2834919	5226857	98.2
浙　江	1506369	1332264	1047299	111.9
安　徽	512088	363506	980170	97.8
福　建	1329201	1165796	2591184	115.1
江　西	70454	41084	178590	57.3
山　东	1229247	996317	1694672	93.3
河　南	459973	352428	526722	99.7
湖　北	909706	811366	1527092	108.7
湖　南	214938	281327	811246	120.6
广　东	3787766	2078893	6423430	85.3
广　西	308974	523365	1510743	186.3
海　南	405119	290789	3049516	141.8
重　庆	125286	208156	457662	134.6
四　川	283328	529579	358670	176.1
贵　州	53925	112713	221669	141.6
云　南	138912	201137	233505	173.2
西　藏	—	—	—	—
陕　西	69894	124007	282321	240.2
甘　肃	292529	95747	154710	106.0
青　海	2468	9624	454933	122.7
宁　夏	4125	2407	4407	41.6
新　疆	25223	22106	12257	123.7
不分地区	—	—	—	—

外商投资经济分行业投资总规模与完成情况（一）

单位:万元

行　业	计划总投资	实际需要总投资	自开始建设至本年底累计完成投资	本年完成投资
全　国　总　计	**89111099**	**93103357**	**47553283**	**19559400**
(一) 农、林、牧、渔业	179786	179684	95330	57066
农业	53425	53319	35262	12353
林业	39209	39209	16364	7306
畜牧业	43321	43363	25769	22894
渔业	17051	17013	11367	7945
农、林、牧、渔服务业	26780	26780	6568	6568
(二) 采掘业	63188	64748	22700	9284
煤炭采选业	69	69	69	69
石油和天然气开采业	—	—	—	—
黑色金属矿采选业	650	650	650	650
有色金属矿采选业	2113	2113	1693	696
非金属矿采选业	18756	20316	15423	5719
其他矿采选业	—	—	—	—
木材及竹材采运业	41600	41600	4865	2150
(三) 制造业	34387416	34733356	19168581	9756881
食品加工业	606110	622209	498122	327597
食品制造业	733074	776611	466714	288630
饮料制造业	1295245	1358708	956385	570246
烟草加工业	11069	11069	11069	2860
纺织业	795092	795736	578960	407570
服装及其他纤维制品制造业	171663	160171	133867	66296
皮革、毛皮、羽绒及其制品业	82206	82256	51093	45300
木材加工及竹、藤、棕、草制品业	537206	549415	376618	185031
家具制造业	52636	54611	36563	27992
造纸及纸制品业	2854713	2893697	889913	520600
印刷业、记录媒介的复制	168386	171724	126008	85935
文教体育用品制造业	68202	68302	51226	45107
石油加工及炼焦业	2207252	2208018	906453	128281
化学原料及化学制品制造业	2155605	2183096	1071251	586198
医药制造业	1017927	1035449	534863	347528
化学纤维制造业	944521	969752	476679	325877
橡胶制品业	939356	939615	596418	221085
塑料制品业	391263	395768	280120	194716
非金属矿物制品业	2283959	2338530	1756571	731647
黑色金属冶炼及压延加工业	597502	600596	280456	169550
有色金属冶炼及压延加工业	547164	516690	446419	157647
金属制品业	569330	575662	408863	258291
普通机械制造业	1636133	1650347	804933	451109

外商投资经济分行业投资总规模与完成情况（一）

续 1　　　　　　　　　　　　　　　　　　　　　　　　　　　　　　单位:万元

行　　业	计划总投资	实际需要总投资	自开始建设至本年底累计完成投资	本年完成投资
专用设备制造业	594641	591634	466587	304032
交通运输设备制造业	6744314	6858300	3731112	1422078
电气机械及器材制造业	1334611	1323338	1025677	568662
电子及通信设备制造业	4760162	4680717	2046418	1202877
仪器仪表及文化、办公用机械制造业	151522	154045	102976	66119
其他制造业	136552	137290	56247	48020
（四）电力、煤气及水的生产和供应业	11810628	12132278	4354704	1822615
电力、蒸汽、热水的生产和供应业	11441321	11737963	4101603	1704145
煤气生产和供应业	261300	261837	135122	75154
自来水的生产和供应业	108007	132478	117979	43316
（五）建筑业	165984	177014	101538	44536
土木工程建筑业	156884	167992	93226	43335
线路、管道和设备安装业	860	1500	860	260
建筑物的装修装饰业	8240	7522	7452	941
（六）地质勘查业、水利管理业	—	—	—	—
地质勘查业	—	—	—	—
水利管理业	—	—	—	—
（七）交通运输、仓储及邮电通信业	3911743	4116906	2382651	964867
铁路运输业	341962	387486	334029	72123
公路运输业	1442623	1477679	1002037	298323
管道运输业	—	—	—	—
水上运输业	31308	30312	25454	25454
航空运输业	124500	124500	67894	18796
交通运输辅助业	1560115	1679069	713661	433414
其他交通运输业	50628	50628	23629	10894
仓储业	249566	252896	169112	69280
邮电通信业	111041	114336	46835	36583
（八）批发和零售贸易、餐饮业	1265484	1490039	899550	437477
食品、饮料、烟草和家庭用品批发商业	49911	55589	49071	17076
能源、材料和机械电子设备批发业	84323	101890	75152	62909
其他批发业	74532	74563	39742	15731
零售业	777221	965617	628394	298572
商业经纪与代理业	26053	26053	12488	5746

外商投资经济分行业投资总规模与完成情况（一）

续 2　　　　单位:万元

行　　业	计划总投资	实际需要总投资	自开始建设至本年底累计完成投资	本年完成投资
餐饮业	253444	266327	94703	37443
（九）金融、保险业	89695	97373	59203	24026
金融业	89695	97373	59203	24026
保险业	—	—	—	—
（十）房地产业	32311916	34862106	17433953	5195966
房地产开发与经营业	32275260	34821450	17401171	5171599
房地产管理业	36656	40656	32782	24367
房地产代理与经纪业	—	—	—	—
（十一）社会服务业	3869940	4155156	2477774	983582
公共服务业	484844	483539	408011	121548
居民服务业	52590	52590	31047	20465
旅馆业	2251356	2443776	1346906	503431
租赁服务业	155639	215434	144533	46876
旅行社	159039	173885	68366	26357
娱乐服务业	677192	696652	450861	239754
信息、咨询服务业	4830	4830	1613	1613
计算机应用服务业	16150	16150	4134	2237
其他社会服务业	68300	68300	22303	21301
（十二）卫生、体育和社会福利业	501981	532696	249328	106294
卫生	12130	12130	1989	555
体育	389851	420566	219339	77739
社会福利保障业	100000	100000	28000	28000
（十三）教育、文化艺术及广播电影电视业	183630	186587	111656	70040
教育	45796	45959	27303	14250
文化艺术业	90284	93078	58694	48487
广播电影电视业	47550	47550	25659	7303
（十四）科学研究和综合技术服务业	18097	24460	12087	3612
科学研究业	6397	6460	6327	3336
综合技术服务业	11700	18000	5760	276
（十五）国家机关、政党机关和社会团体	119739	120082	18527	11945
国家机关	119739	120082	18527	11945
政党机关	—	—	—	—
社会团体	—	—	—	—
基层群众自治组织	—	—	—	—
（十六）其他行业	231872	230872	165701	71209
其他行业	231872	230872	165701	71209

外商投资经济分行业投资总规模与完成情况（二）

单位:万元

行　　业	累计新增固定资产	未完工程累计投资	全部建成尚需投资	未完工程占用率(%)
全　国　总　计	**20764743**	**23905590**	**45550074**	**122.2**
(一) 农、林、牧、渔业	61602	31062	84354	54.4
农业	17468	15412	18057	124.8
林业	15432	775	22845	10.6
畜牧业	19083	6596	17594	28.8
渔业	9141	2189	5646	27.6
农、林、牧、渔服务业	478	6090	20212	92.7
(二) 采掘业	12896	8592	42048	92.5
煤炭采选业	69	—	—	—
石油和天然气开采业	—	—	—	—
黑色金属矿采选业	650	—	—	—
有色金属矿采选业	913	780	420	112.1
非金属矿采选业	10915	3296	4893	57.6
其他矿采选业	—	—	—	—
木材及竹材采运业	349	4516	36735	210.0
(三) 制造业	11597733	6457265	15564775	66.2
食品加工业	314698	180022	124087	55.0
食品制造业	262881	160126	309897	55.5
饮料制造业	722575	226889	402323	39.8
烟草加工业	11069	—	—	—
纺织业	357512	213488	216776	52.4
服装及其他纤维制品制造业	102129	29634	26304	44.7
皮革、毛皮、羽绒及其制品业	43180	3670	31163	8.1
木材加工及竹、藤、棕、草制品业	204326	154759	172797	83.6
家具制造业	25315	8617	18048	30.8
造纸及纸制品业	474045	408274	2003784	78.4
印刷业、记录媒介的复制	75135	46974	45716	54.7
文教体育用品制造业	38782	6874	17076	15.2
石油加工及炼焦业	658232	247443	1301565	192.9
化学原料及化学制品制造业	500505	546232	1111845	93.2
医药制造业	206303	266563	500586	76.7
化学纤维制造业	164854	311176	493073	95.5
橡胶制品业	279664	300750	343197	136.0
塑料制品业	183707	85593	115648	44.0
非金属矿物制品业	1181466	556601	581959	76.1
黑色金属冶炼及压延加工业	83434	195230	320140	115.1
有色金属冶炼及压延加工业	258359	157050	100271	99.6
金属制品业	296944	103766	166799	40.2
普通机械制造业	478037	251671	845414	55.8

外商投资经济分行业投资总规模与完成情况（二）

续 1　　　　单位:万元

行　　业	累计新增固定资产	未完工程累计投资	全部建成尚需投资	未完工程占用率(%)
专用设备制造业	169469	291288	125047	95.8
交通运输设备制造业	2250631	919886	3127188	64.7
电气机械及器材制造业	748462	205227	297661	36.1
电子及通信设备制造业	1401375	534509	2634299	44.4
仪器仪表及文化、办公用机械制造业	81208	13714	51069	20.7
其他制造业	23436	31239	81043	65.1
(四) 电力、煤气及水的生产和供应业	1840901	2488039	7777574	136.5
电力、蒸汽、热水的生产和供应业	1719246	2356593	7636360	138.3
煤气生产和供应业	78970	56152	126715	74.7
自来水的生产和供应业	42685	75294	14499	173.8
(五) 建筑业	92159	8835	75476	19.8
土木工程建筑业	84941	8285	74766	19.1
线路、管道和设备安装业	860	—	640	—
建筑物的装修装饰业	6358	550	70	58.4
(六) 地质勘查业、水利管理业	—	—	—	—
地质勘查业	—	—	—	—
水利管理业	—	—	—	—
(七) 交通运输、仓储及邮电通信业	1454122	778591	1734255	80.7
铁路运输业	86895	247134	53457	342.7
公路运输业	756988	115951	475642	38.9
管道运输业	—	—	—	—
水上运输业	24030	1424	4858	5.6
航空运输业	—	67894	56606	361.2
交通运输辅助业	423483	273418	965408	63.1
其他交通运输业	—	23629	26999	216.9
仓储业	128840	36192	83784	52.2
邮电通信业	33886	12949	67501	35.4
(八) 批发和零售贸易、餐饮业	198579	695141	590489	158.9
食品、饮料、烟草和家庭用品批发商业	29114	19957	6518	116.9
能源、材料和机械电子设备批发业	52836	22260	26738	35.4
其他批发业	3038	36704	34821	233.3
零售业	85768	536852	337223	179.8
商业经纪与代理业	1053	11435	13565	199.0

外商投资经济分行业投资总规模与完成情况（二）

续 2

单位:万元

行　业	累计新增固定资产	未完工程累计投资	全部建成尚需投资	未完工程占用率(%)
餐饮业	26770	67933	171624	181.4
（九）金融、保险业	2125	57078	38170	237.6
金融业	2125	57078	38170	237.6
保险业	—	—	—	—
（十）房地产业	4859102	11114116	17428153	213.9
房地产开发与经营业	4859102	11101666	17420279	214.7
房地产管理业	—	12450	7874	51.1
房地产代理与经纪业	—	—	—	—
（十一）社会服务业	560105	1851796	1677382	188.3
公共服务业	17997	386134	75528	317.7
居民服务业	19036	12011	21543	58.7
旅馆业	301606	1027088	1096870	204.0
租赁服务业	30178	114355	70901	244.0
旅行社	34591	22028	105519	83.6
娱乐服务业	153438	266408	245791	111.1
信息、咨询服务业	—	1613	3217	100.0
计算机应用服务业	1754	1361	12016	60.8
其他社会服务业	1505	20798	45997	97.6
（十二）卫生、体育和社会福利业	57037	139986	283368	131.7
卫生	1146	393	10141	70.8
体育	52891	139593	201227	179.6
社会福利保障业	3000	—	72000	—
（十三）教育、文化艺术及广播电影电视业	22090	89566	74931	127.9
教育	20090	7213	18656	50.6
文化艺术业	2000	56694	34384	116.9
广播电影电视业	—	25659	21891	351.3
（十四）科学研究和综合技术服务业	1416	10671	12373	295.4
科学研究业	1416	4911	133	147.2
综合技术服务业	—	5760	12240	2087.0
（十五）国家机关、政党机关和社会团体	943	13084	101555	109.5
国家机关	943	13084	101555	109.5
政党机关	—	—	—	—
社会团体	—	—	—	—
基层群众自治组织	—	—	—	—
（十六）其他行业	3933	161768	65171	227.2
其他行业	3933	161768	65171	227.2

各地区外商投资经济固定资产投资额和新增固定资产

单位:万元

地　　区	投资额	新增固定资产	固定资产交付使用率(%)
全国总计	**19559400**	**13869189**	**70.9**
北　　京	1607078	1044083	65.0
天　　津	1014010	356559	35.2
河　　北	783073	528605	67.5
山　　西	190686	22418	11.8
内 蒙 古	25213	27691	109.8
辽　　宁	989679	881065	89.0
吉　　林	434637	758236	174.5
黑 龙 江	225143	126799	56.3
上　　海	2605027	1283756	49.3
江　　苏	2887844	1457347	50.5
浙　　江	1190616	1095744	92.0
安　　徽	371636	404923	109.0
福　　建	1012832	844202	83.4
江　　西	71659	58019	81.0
山　　东	1067752	963643	90.2
河　　南	353535	303816	85.9
湖　　北	746575	532871	71.4
湖　　南	233285	142178	60.9
广　　东	2438568	1990418	81.6
广　　西	280928	130539	46.5
海　　南	205110	257311	125.5
重　　庆	154602	108036	69.9
四　　川	300704	236009	78.5
贵　　州	79611	33580	42.2
云　　南	116147	101440	87.3
西　　藏	—	—	—
陕　　西	51625	19179	37.2
甘　　肃	90319	144069	159.5
青　　海	7842	1828	23.3
宁　　夏	5789	4125	71.3
新　　疆	17875	10700	59.9
不分地区	—	—	—

外商投资经济分行业投资额和新增固定资产

单位:万元

行　　业	投资额	新增固定资产	固定资产交付使用率(%)
全　国　总　计	**19559400**	**13869189**	**70.9**
(一) 农、林、牧、渔业	57066	37951	66.5
农业	12353	4015	32.5
林业	7306	7374	100.9
畜牧业	22894	16999	74.3
渔业	7945	9085	114.3
农、林、牧、渔服务业	6568	478	7.3
(二) 采掘业	9284	6041	65.1
煤炭采选业	69	69	100.0
石油和天然气开采业	—	—	—
黑色金属矿采选业	650	650	100.0
有色金属矿采选业	696	913	131.2
非金属矿采选业	5719	4309	75.3
其他矿采选业	—	—	—
木材及竹材采运业	2150	100	4.7
(三) 制造业	9756881	7988497	81.9
食品加工业	327597	232223	70.9
食品制造业	288630	215485	74.7
饮料制造业	570246	496165	87.0
烟草加工业	2860	11069	387.0
纺织业	407570	299557	73.5
服装及其他纤维制品制造业	66296	76916	116.0
皮革、毛皮、羽绒及其制品业	45300	39516	87.2
木材加工及竹、藤、棕、草制品业	185031	154534	83.5
家具制造业	27992	23438	83.7
造纸及纸制品业	520600	332165	63.8
印刷业、记录媒介的复制	85935	55256	64.3
文教体育用品制造业	45107	38782	86.0
石油加工及炼焦业	128281	596952	465.3
化学原料及化学制品制造业	586198	383243	65.4
医药制造业	347528	135745	39.1
化学纤维制造业	325877	53842	16.5
橡胶制品业	221085	153578	69.5
塑料制品业	194716	160458	82.4
非金属矿物制品业	731647	983400	134.4
黑色金属冶炼及压延加工业	169550	54333	32.0
有色金属冶炼及压延加工业	157647	229414	145.5
金属制品业	258291	242527	93.9
普通机械制造业	451109	257450	57.1

外商投资经济分行业投资额和新增固定资产

续 1　　　　　　　　　　　　　　　　　　　　　　　　单位:万元

行　　业	投资额	新增固定资产	固定资产交付使用率(%)
专用设备制造业	304032	107394	35.3
交通运输设备制造业	1422078	1295179	91.1
电气机械及器材制造业	568662	535530	94.2
电子及通信设备制造业	1202877	740189	61.5
仪器仪表及文化、办公用机械制造业	66119	63308	95.7
其他制造业	48020	20849	43.4
(四) 电力、煤气及水的生产和供应业	1822615	791236	43.4
电力、蒸汽、热水的生产和供应业	1704145	692699	40.6
煤气生产和供应业	75154	63594	84.6
自来水的生产和供应业	43316	34943	80.7
(五) 建筑业	44536	73123	164.2
土木工程建筑业	43335	68562	158.2
线路、管道和设备安装业	260	600	230.8
建筑物的装修装饰业	941	3961	420.9
(六) 地质勘查业、水利管理业	—	—	—
地质勘查业	—	—	—
水利管理业	—	—	—
(七) 交通运输、仓储及邮电通信业	964867	800821	83.0
铁路运输业	72123	2690	3.7
公路运输业	298323	319976	107.3
管道运输业	—	—	—
水上运输业	25454	24004	94.3
航空运输业	18796	—	—
交通运输辅助业	433414	324577	74.9
其他交通运输业	10894	—	—
仓储业	69280	108109	156.0
邮电通信业	36583	21465	58.7
(八) 批发和零售贸易、餐饮业	437477	177139	40.5
食品、饮料、烟草和家庭用品批发商业	17076	25310	148.2
能源、材料和机械电子设备批发业	62909	43832	69.7
其他批发业	15731	2838	18.0
零售业	298572	79669	26.7

外商投资经济分行业投资额和新增固定资产

续 2　　　　　　　　　　　　　　　　　　　　　　　　　　　　单位:万元

行　　业	投资额	新增固定资产	固定资产交付使用率(%)
餐饮业	37443	24437	65.3
(九) 金融、保险业	24026	2125	8.8
金融业	24026	2125	8.8
保险业	—	—	—
(十) 房地产业	5195966	3517052	67.7
房地产开发与经营业	5171599	3517052	68.0
房地产管理业	24367	—	—
房地产代理与经纪业	—	—	—
(十一) 社会服务业	983582	429209	43.6
公共服务业	121548	16752	13.8
居民服务业	20465	16550	80.9
旅馆业	503431	221639	44.0
租赁服务业	46876	245	0.5
旅行社	26357	34341	130.3
娱乐服务业	239754	136666	57.0
信息、咨询服务业	1613	—	—
计算机应用服务业	2237	1691	75.6
其他社会服务业	21301	1325	6.2
(十二) 卫生、体育和社会福利业	106294	19577	18.4
卫生	555	17	3.1
体育	77739	16560	21.3
社会福利保障业	28000	3000	10.7
(十三) 教育、文化艺术及广播电影电视业	70040	20477	29.2
教育	14250	18477	129.7
文化艺术业	48487	2000	4.1
广播电影电视业	7303	—	—
(十四) 科学研究和综合技术服务业	3612	1286	35.6
科学研究业	3336	1286	38.5
综合技术服务业	276	—	—
(十五) 国家机关、政党机关和社会团体	11945	750	6.3
国家机关	11945	750	6.3
政党机关	—	—	—
社会团体	—	—	—
基层群众自治组织	—	—	—
(十六) 其他行业	71209	3905	5.5
其他行业	71209	3905	5.5

各地区外商投资经济按构成分的投资

单位:万元

地区	投资额	建筑安装工程	设备工器具购置	其他费用
全国总计	**19559400**	**9431210**	**6906272**	**3221918**
北京	1607078	856218	444237	306623
天津	1014010	440034	491401	82575
河北	783073	356837	316774	109462
山西	190686	78234	72782	39670
内蒙古	25213	9926	14124	1163
辽宁	989679	492958	327196	169525
吉林	434637	182670	198629	53338
黑龙江	225143	87399	122446	15298
上海	2605027	1118600	758857	727570
江苏	2887844	1263059	1309600	315185
浙江	1190616	501297	422159	267160
安徽	371636	199052	105715	66869
福建	1012832	515509	337446	159877
江西	71659	41511	22840	7308
山东	1067752	444167	462165	161420
河南	353535	203881	119613	30041
湖北	746575	322438	321062	103075
湖南	233285	122721	80788	29776
广东	2438568	1416084	625019	397465
广西	280928	152667	88689	39572
海南	205110	116277	59321	29512
重庆	154602	90859	43113	20630
四川	300704	170519	96344	33841
贵州	79611	60743	9517	9351
云南	116147	78800	24289	13058
西藏	—	—	—	—
陕西	51625	35627	4194	11804
甘肃	90319	58924	14217	17178
青海	7842	2575	2512	2755
宁夏	5789	3019	2662	108
新疆	17875	8605	8561	709
不分地区	—	—	—	—

各地区外商投资经济按建设性质分的投资

单位:万元

地　区	新　建	扩　建	改　建	单纯建造生活设施	迁　建	恢　复	单纯购置
全国总计	**9605905**	**3775479**	**850650**	**20545**	**139726**	—	**154962**
北　京	527901	237168	4596	2297	—	—	71
天　津	502847	301965	82472	—	19743	—	910
河　北	563375	105492	25324	507	1000	—	16162
山　西	134628	23347	16061	—	6762	—	200
内蒙古	9254	11124	3227	268	—	—	340
辽　宁	477780	248912	35601	2520	—	—	21556
吉　林	142301	192727	54125	—	—	—	292
黑龙江	110799	71376	3444	1026	—	—	—
上　海	926835	262083	246554	—	8312	—	400
江　苏	1730633	699971	71195	1641	74796	—	13565
浙　江	730211	251990	19571	292	5704	—	16889
安　徽	237006	65027	4970	—	10	—	5392
福　建	486425	149242	15224	1625	—	—	9979
江　西	14177	22537	3525	—	—	—	—
山　东	598730	208285	98007	2246	—	—	9922
河　南	212712	27876	17912	343	—	—	1611
湖　北	343367	118675	44996	227	670	—	5889
湖　南	109000	21929	51978	134	—	—	127
广　东	1234015	522195	30685	2596	14460	—	47103
广　西	139719	69955	722	667	600	—	89
海　南	148014	24993	890	—	—	—	1404
重　庆	31240	45326	—	22	—	—	163
四　川	75787	25862	9368	—	3984	—	—
贵　州	38787	2837	1240	—	—	—	—
云　南	59266	4377	1644	180	—	—	2013
西　藏	—	—	—	—	—	—	—
陕　西	5286	708	565	2582	3685	—	—
甘　肃	4143	54876	1699	950	—	—	—
青　海	5982	1240	—	—	—	—	—
宁　夏	363	1638	1750	215	—	—	—
新　疆	5322	1746	3305	207	—	—	885
不分地区	—	—	—	—	—	—	—

各地区外商投资经济按主要行业分的投资（一）

单位:万元

地　　区	合　计	农、林、牧、渔业	采掘业	制造业	电力、煤气及水的生产和供应业
全国总计	**19559400**	**57066**	**9284**	**9756881**	**1822615**
北　京	1607078	—	—	390065	173602
天　津	1014010	—	—	773475	—
河　北	783073	8422	170	406397	209647
山　西	190686	—	1137	43704	130775
内蒙古	25213	3309	—	20474	—
辽　宁	989679	6302	2815	382696	163848
吉　林	434637	—	—	374120	—
黑龙江	225143	—	—	160622	—
上　海	2605027	700	—	1101368	—
江　苏	2887844	2158	2050	2079996	249199
浙　江	1190616	271	—	588615	156361
安　徽	371636	1590	1000	204773	103682
福　建	1012832	6194	498	495374	105557
江　西	71659	1110	100	30011	—
山　东	1067752	2771	630	663791	117458
河　南	353535	—	69	122451	119443
湖　北	746575	5419	650	459981	2411
湖　南	233285	—	—	93653	7710
广　东	2438568	10024	—	935982	176655
广　西	280928	3501	165	114476	16123
海　南	205110	4907	—	89513	—
重　庆	154602	—	—	55028	10580
四　川	300704	208	—	87598	10200
贵　州	79611	—	—	15684	—
云　南	116147	—	—	31249	13577
西　藏	—	—	—	—	—
陕　西	51625	180	—	9796	2411
甘　肃	90319	—	—	5099	53376
青　海	7842	—	—	7222	—
宁　夏	5789	—	—	3966	—
新　疆	17875	—	—	9702	—
不分地区	—	—	—	—	—

各地区外商投资经济按主要行业分的投资（二）

单位:万元

地区	建筑业	地质勘查业、水利管理业	交通运输、仓储及邮电通信业	批发和零售贸易、餐饮业	金融、保险业	房地产业
全国总计	**44536**	—	**964867**	**437477**	**24026**	**5195966**
北京	—	—	58	47555	—	835045
天津	—	—	113700	—	—	126405
河北	2666	—	22793	9020	—	74313
山西	—	—	—	3976	—	9688
内蒙古	—	—	—	—	—	1000
辽宁	—	—	744	107662	—	203647
吉林	274	—	—	6182	—	45192
黑龙江	—	—	—	1963	—	38498
上海	3453	—	21549	95077	—	1284537
江苏	256	—	80857	16713	—	298033
浙江	—	—	141237	8818	—	165959
安徽	260	—	—	—	—	59231
福建	3699	—	21042	2840	—	350337
江西	—	—	1100	1000	—	32020
山东	2699	—	12108	49573	21858	159557
河南	—	—	187	320	—	93443
湖北	531	—	—	520	35	235051
湖南	—	—	2974	14830	2133	50117
广东	20800	—	513376	28340	—	594448
广西	—	—	31897	26962	—	69676
海南	—	—	—	5404	—	42824
重庆	9898	—	1245	—	—	77851
四川	—	—	—	4391	—	187377
贵州	—	—	—	2400	—	36747
云南	—	—	—	488	—	48667
西藏	—	—	—	—	—	—
陕西	—	—	—	250	—	38799
甘肃	—	—	—	3193	—	28651
青海	—	—	—	—	—	620
宁夏	—	—	—	—	—	1823
新疆	—	—	—	—	—	6410
不分地区	—	—	—	—	—	—

各地区外商投资经济按主要行业分的投资（三）

单位:万元

地　　区	社会服务业	卫生、体育和社会福利业	教育、文化艺术及广播电影电视业	科学研究和综合技术服务业	国家机关、政党机关和社会团体	其他行业
全国总计	**983582**	**106294**	**70040**	**3612**	**11945**	**71209**
北　京	155858	2496	1192	276	—	931
天　津	430	—	—	—	—	—
河　北	29549	15880	4216	—	—	—
山　西	1406	—	—	—	—	—
内蒙古	430	—	—	—	—	—
辽　宁	119297	2118	—	—	550	—
吉　林	2550	—	6319	—	—	—
黑龙江	23605	—	455	—	—	—
上　海	8378	19175	10005	—	—	60785
江　苏	158444	138	—	—	—	—
浙　江	120062	—	3516	—	4500	1277
安　徽	1100	—	—	—	—	—
福　建	19728	721	530	—	—	6312
江　西	5570	—	—	—	—	748
山　东	31049	3040	—	3218	—	—
河　南	15622	—	2000	—	—	—
湖　北	41377	—	600	—	—	—
湖　南	29065	—	32685	118	—	—
广　东	87973	62709	410	—	6895	956
广　西	17911	17	—	—	—	200
海　南	57907	—	4555	—	—	—
重　庆	—	—	—	—	—	—
四　川	10930	—	—	—	—	—
贵　州	24780	—	—	—	—	—
云　南	19251	—	2915	—	—	—
西　藏	—	—	—	—	—	—
陕　西	—	—	189	—	—	—
甘　肃	—	—	—	—	—	—
青　海	—	—	—	—	—	—
宁　夏	—	—	—	—	—	—
新　疆	1310	—	453	—	—	—
不分地区	—	—	—	—	—	—

各地区外商投资经济按主要工业行业分的投资（一）

单位:万元

地　　区	工业合计	煤炭采选业	石油和天然气开采业	黑色金属矿采选业	有色金属矿采选业	非金属矿采选业	其他矿采选业
全国总计	**11588780**	**69**	—	**650**	**696**	**5719**	—
北　京	563667	—	—	—	—	—	—
天　津	773475	—	—	—	—	—	—
河　北	616214	—	—	—	100	70	—
山　西	175616	—	—	—	—	1137	—
内蒙古	20474	—	—	—	—	—	—
辽　宁	549359	—	—	—	—	2815	—
吉　林	374120	—	—	—	—	—	—
黑龙江	160622	—	—	—	—	—	—
上　海	1101368	—	—	—	—	—	—
江　苏	2331245	—	—	—	—	—	—
浙　江	744976	—	—	—	—	—	—
安　徽	309455	—	—	—	—	1000	—
福　建	601429	—	—	—	196	302	—
江　西	30111	—	—	—	—	—	—
山　东	781879	—	—	—	400	230	—
河　南	241963	69	—	—	—	—	—
湖　北	463042	—	—	650	—	—	—
湖　南	101363	—	—	—	—	—	—
广　东	1112637	—	—	—	—	—	—
广　西	130764	—	—	—	—	165	—
海　南	89513	—	—	—	—	—	—
重　庆	65608	—	—	—	—	—	—
四　川	97798	—	—	—	—	—	—
贵　州	15684	—	—	—	—	—	—
云　南	44826	—	—	—	—	—	—
西　藏	—	—	—	—	—	—	—
陕　西	12207	—	—	—	—	—	—
甘　肃	58475	—	—	—	—	—	—
青　海	7222	—	—	—	—	—	—
宁　夏	3966	—	—	—	—	—	—
新　疆	9702	—	—	—	—	—	—
不分地区	—	—	—	—	—	—	—

各地区外商投资经济按主要工业行业分的投资（二）

单位:万元

地区	木材及竹材采运业	食品加工业	食品制造业	饮料制造业	烟草加工业	纺织业	服装及其他纤维制品制造业
全国总计	**2150**	**327597**	**288630**	**570246**	**2860**	**407570**	**66296**
北　京	—	16540	14743	15153	—	—	—
天　津	—	8992	10507	6021	—	6531	—
河　北	—	10713	23493	79603	—	8731	2596
山　西	—	400	—	—	—	2400	600
内蒙古	—	1141	2150	—	—	2761	105
辽　宁	—	19095	9842	15438	—	11611	2712
吉　林	—	34528	27152	14744	—	35569	—
黑龙江	—	24684	14389	26221	—	5599	1800
上　海	—	300	24842	56513	—	43	8034
江　苏	2050	21037	16449	100878	—	125987	9309
浙　江	—	26648	6634	49059	—	28019	1104
安　徽	—	7830	—	12154	—	799	270
福　建	—	18394	8771	11768	81	66688	4867
江　西	100	2285	890	484	—	—	190
山　东	—	40962	25699	19771	2779	39725	5207
河　南	—	5688	2895	1012	—	4099	3825
湖　北	—	17965	13058	54360	—	4545	5635
湖　南	—	2200	2942	9723	—	—	—
广　东	—	38198	71564	36999	—	46519	20042
广　西	—	10165	3340	31048	—	190	—
海　南	—	12052	—	22684	—	10885	—
重　庆	—	143	350	—	—	—	—
四　川	—	1111	5917	6100	—	3225	—
贵　州	—	125	—	—	—	—	—
云　南	—	835	—	443	—	—	—
西　藏	—	—	—	—	—	—	—
陕　西	—	—	2673	—	—	132	—
甘　肃	—	1500	330	70	—	—	—
青　海	—	—	—	—	—	—	—
宁　夏	—	—	—	—	—	—	—
新　疆	—	4066	—	—	—	3512	—
不分地区	—	—	—	—	—	—	—

各地区外商投资经济按主要工业行业分的投资（三）

单位:万元

地区	皮革、毛皮、羽绒及其制品业	木材加工及竹、藤、棕、草制品业	家具制造业	造纸及纸制品业	印刷业、记录媒介的复制	文教体育用品制造业	石油加工及炼焦业
全国总计	**45300**	**185031**	**27992**	**520600**	**85935**	**45107**	**128281**
北京	270	2560	220	2112	—	—	—
天津	—	3968	—	—	7868	—	866
河北	2317	4957	1747	8568	3430	4220	1266
山西	—	—	—	—	6762	—	907
内蒙古	271	—	168	—	—	—	—
辽宁	1780	7450	4413	560	—	—	33881
吉林	—	65266	192	2460	35	—	—
黑龙江	171	12235	1880	—	—	100	—
上海	—	—	4410	12884	8012	—	—
江苏	2507	10385	—	240693	267	24640	575
浙江	2092	—	946	131057	7811	9164	52138
安徽	295	—	—	1644	2016	—	224
福建	6341	2456	1919	27116	1817	400	18642
江西	—	427	—	—	2059	—	—
山东	14773	1196	400	55294	50	483	4445
河南	5236	4380	2236	—	5350	—	—
湖北	820	27408	—	4751	5384	—	—
湖南	—	69	8655	7208	2526	—	—
广东	7307	20675	—	24603	23800	5620	5053
广西	868	4954	—	543	2731	—	4600
海南	252	—	—	—	—	—	4892
重庆	—	—	—	—	—	—	792
四川	—	10927	—	—	2744	—	—
贵州	—	—	—	92	—	—	—
云南	—	5128	—	750	3172	—	—
西藏	—	—	—	—	—	—	—
陕西	—	—	—	265	101	480	—
甘肃	—	—	—	—	—	—	—
青海	—	—	—	—	—	—	—
宁夏	—	—	363	—	—	—	—
新疆	—	590	443	—	—	—	—
不分地区	—	—	—	—	—	—	—

各地区外商投资经济按主要工业行业分的投资（四）

单位:万元

地　　区	化学原料及化学制品制造业	医药制造业	化学纤维制造业	橡胶制品业	塑料制品业	非金属矿物制品业	黑色金属冶炼及压延加工业
全国总计	**586198**	**347528**	**325877**	**221085**	**194716**	**731647**	**169550**
北　　京	4217	28077	—	—	2749	35948	—
天　　津	82961	53098	—	16410	9709	25376	—
河　　北	10039	48870	—	991	4914	86452	20618
山　　西	1055	180	—	1600	500	1292	—
内 蒙 古	930	—	—	—	—	10512	—
辽　　宁	7007	3843	535	28820	14601	18133	818
吉　　林	16534	6212	60875	2644	622	2405	—
黑 龙 江	1381	1099	—	—	309	1806	—
上　　海	79984	63421	—	—	35823	76785	8277
江　　苏	125373	43549	134682	16204	23058	96924	48804
浙　　江	59245	—	440	19476	12021	27328	68819
安　　徽	17637	9480	—	45435	6948	9431	—
福　　建	10229	1899	39686	73572	8494	29502	8089
江　　西	1193	1945	—	—	—	2854	—
山　　东	36924	27695	66076	2474	14514	69322	80
河　　南	18625	9064	—	—	1451	22947	—
湖　　北	11618	8658	2056	—	16136	12829	—
湖　　南	1219	142	—	—	2530	257	—
广　　东	74247	27570	21527	8695	22338	141332	8804
广　　西	5403	1898	—	—	4632	15472	—
海　　南	890	910	—	1187	—	832	—
重　　庆	4481	—	—	—	20	25880	—
四　　川	—	2863	—	—	4392	12618	—
贵　　州	9105	—	—	1612	—	—	—
云　　南	543	3748	—	—	8513	100	4617
西　　藏	—	—	—	—	—	—	—
陕　　西	—	1911	—	—	—	3685	—
甘　　肃	—	1396	—	—	—	—	—
青　　海	5358	—	—	—	—	1240	624
宁　　夏	—	—	—	1965	—	—	—
新　　疆	—	—	—	—	442	385	—
不分地区	—	—	—	—	—	—	—

各地区外商投资经济按主要工业行业分的投资（五）

单位:万元

地　区	有色金属冶炼及压延加工业	金属制品业	普通机械制造业	专用设备制造业	交通运输设备制造业	电气机械及器材制造业
全国总计	**157647**	**258291**	**451109**	**304032**	**1422078**	**568662**
北　京	645	18823	24273	713	62890	17723
天　津	1732	4751	94388	—	63627	61313
河　北	14071	25253	11972	11425	7358	1517
山　西	14978	—	—	—	13030	—
内蒙古	2300	—	—	—	44	—
辽　宁	2647	40464	46738	2393	3277	47480
吉　林	—	1000	500	—	97379	4972
黑龙江	—	2215	—	513	—	1044
上　海	2125	6821	38402	11773	332141	167431
江　苏	26750	62011	126751	231422	244533	100331
浙　江	4685	16951	5215	—	25233	28828
安　徽	43927	—	—	7597	17396	17971
福　建	4928	9082	56535	2251	16727	20456
江　西	7659	488	—	—	690	1460
山　东	—	6638	12613	10454	161542	19683
河　南	15515	—	1363	3192	5861	8345
湖　北	—	1703	2424	1050	257892	9215
湖　南	2000	—	—	—	1190	2466
广　东	4370	27017	21169	10634	67468	48178
广　西	1353	864	4740	10615	6784	2400
海　南	—	33337	—	—	83	1509
重　庆	—	—	—	—	23362	—
四　川	6709	—	1369	—	13351	117
贵　州	—	873	1019	—	40	2490
云　南	—	—	—	—	—	3400
西　藏	—	—	—	—	—	—
陕　西	—	—	—	—	—	249
甘　肃	1253	—	—	—	—	—
青　海	—	—	—	—	—	—
宁　夏	—	—	1638	—	—	—
新　疆	—	—	—	—	180	84
不分地区	—	—	—	—	—	—

各地区外商投资经济按主要工业行业分的投资（六）

单位:万元

地区	电子及通信设备制造业	仪器仪表及文化、办公用机械制造业	其他制造业	电力、蒸汽、热水的生产和供应业	煤气生产和供应业	自来水的生产和供应业
全国总计	**1202877**	**66119**	**48020**	**1704145**	**75154**	**43316**
北京	139243	—	3166	173602	—	—
天津	308375	6982	—	—	—	—
河北	9604	—	1672	209647	—	—
山西	—	—	—	130775	—	—
内蒙古	92	—	—	—	—	—
辽宁	46240	—	12918	163848	—	—
吉林	630	—	401	—	—	—
黑龙江	64498	—	678	—	—	—
上海	150265	13082	—	—	—	—
江苏	205160	36342	5375	201835	18992	28372
浙江	2020	1865	1817	142806	169	13386
安徽	1780	1161	778	99842	3840	—
福建	32755	844	11065	101034	3765	758
江西	7027	—	360	—	—	—
山东	22579	249	2164	113458	4000	—
河南	907	—	460	119443	—	—
湖北	741	—	1733	2411	—	—
湖南	50326	—	200	7710	—	—
广东	144017	3866	4370	131467	44388	800
广西	1313	—	563	16123	—	—
海南	—	—	—	—	—	—
重庆	—	—	—	10580	—	—
四川	15305	850	—	10200	—	—
贵州	—	328	—	—	—	—
云南	—	—	—	13577	—	—
西藏	—	—	—	—	—	—
陕西	—	—	300	2411	—	—
甘肃	—	550	—	53376	—	—
青海	—	—	—	—	—	—
宁夏	—	—	—	—	—	—
新疆	—	—	—	—	—	—
不分地区	—	—	—	—	—	—

各地区外商投资经济农业、轻工业、重工业投资

单位:万元

地　　区	合　计	农　业	轻工业	重工业
全国总计	**11645846**	**57066**	**3930453**	**7658327**
北　　京	563667	—	121322	442345
天　　津	773475	—	157272	616203
河　　北	624636	8422	221535	394679
山　　西	175616	—	11697	163919
内 蒙 古	23783	3309	8739	11735
辽　　宁	555661	6302	165168	384191
吉　　林	374120	—	222512	151608
黑 龙 江	160622	—	79732	80890
上　　海	1102068	700	273225	828143
江　　苏	2333403	2158	850007	1481238
浙　　江	745247	271	312266	432710
安　　徽	311045	1590	42089	267366
福　　建	607623	6194	236539	364890
江　　西	31221	1110	8816	21295
山　　东	784650	2771	347074	434805
河　　南	241963	—	42737	199226
湖　　北	468461	5419	134046	328996
湖　　南	101363	—	33651	67712
广　　东	1122661	10024	446410	666227
广　　西	134265	3501	57942	72822
海　　南	94420	4907	82197	7316
重　　庆	65608	—	13560	52048
四　　川	98006	208	27377	70421
贵　　州	15684	—	2112	13572
云　　南	44826	—	9619	35207
西　　藏	—	—	—	—
陕　　西	12387	180	9547	2660
甘　　肃	58475	—	3846	54629
青　　海	7222	—	—	7222
宁　　夏	3966	—	363	3603
新　　疆	9702	—	9053	649
不分地区	—	—	—	—

各地区外商投资经济能源工业投资

单位:万元

地　区	能源工业合计	煤炭采选业	石油和天然气开采业	电力、蒸汽、热水的生产和供应业	石油加工及炼焦业	煤气生产和供应业
全国总计	**1907649**	**69**	—	**1704145**	**128281**	**75154**
北　京	173602	—	—	173602	—	—
天　津	866	—	—	—	866	—
河　北	210913	—	—	209647	1266	—
山　西	131682	—	—	130775	907	—
内蒙古	—	—	—	—	—	—
辽　宁	197729	—	—	163848	33881	—
吉　林	—	—	—	—	—	—
黑龙江	—	—	—	—	—	—
上　海	—	—	—	—	—	—
江　苏	221402	—	—	201835	575	18992
浙　江	195113	—	—	142806	52138	169
安　徽	103906	—	—	99842	224	3840
福　建	123441	—	—	101034	18642	3765
江　西	—	—	—	—	—	—
山　东	121903	—	—	113458	4445	4000
河　南	119512	69	—	119443	—	—
湖　北	2411	—	—	2411	—	—
湖　南	7710	—	—	7710	—	—
广　东	180908	—	—	131467	5053	44388
广　西	20723	—	—	16123	4600	—
海　南	4892	—	—	—	4892	—
重　庆	11372	—	—	10580	792	—
四　川	10200	—	—	10200	—	—
贵　州	—	—	—	—	—	—
云　南	13577	—	—	13577	—	—
西　藏	—	—	—	—	—	—
陕　西	2411	—	—	2411	—	—
甘　肃	53376	—	—	53376	—	—
青　海	—	—	—	—	—	—
宁　夏	—	—	—	—	—	—
新　疆	—	—	—	—	—	—
不分地区	—	—	—	—	—	—

各地区外商投资经济交通运输业投资

单位:万元

地　区	合　计	铁　路运输业	公　路运输业	管　道运输业	水　上运输业	航　空运输业	交通运输辅助业	其他交通运输业
全国总计	**859004**	**72123**	**298323**	—	**25454**	**18796**	**433414**	**10894**
北　京	—	—	—	—	—	—	—	—
天　津	90189	—	—	—	—	—	90189	—
河　北	14793	—	14793	—	—	—	—	—
山　西	—	—	—	—	—	—	—	—
内蒙古	—	—	—	—	—	—	—	—
辽　宁	—	—	—	—	—	—	—	—
吉　林	—	—	—	—	—	—	—	—
黑龙江	—	—	—	—	—	—	—	—
上　海	19096	—	—	—	—	18796	300	—
江　苏	63023	—	—	—	25454	—	36569	1000
浙　江	128139	69768	27018	—	—	—	21459	9894
安　徽	—	—	—	—	—	—	—	—
福　建	20468	—	—	—	—	—	20468	—
江　西	1100	—	—	—	—	—	1100	—
山　东	3515	—	3515	—	—	—	—	—
河　南	187	—	187	—	—	—	—	—
湖　北	—	—	—	—	—	—	—	—
湖　南	375	—	375	—	—	—	—	—
广　东	487777	2355	251002	—	—	—	234420	—
广　西	29097	—	188	—	—	—	28909	—
海　南	—	—	—	—	—	—	—	—
重　庆	1245	—	1245	—	—	—	—	—
四　川	—	—	—	—	—	—	—	—
贵　州	—	—	—	—	—	—	—	—
云　南	—	—	—	—	—	—	—	—
西　藏	—	—	—	—	—	—	—	—
陕　西	—	—	—	—	—	—	—	—
甘　肃	—	—	—	—	—	—	—	—
青　海	—	—	—	—	—	—	—	—
宁　夏	—	—	—	—	—	—	—	—
新　疆	—	—	—	—	—	—	—	—
不分地区	—	—	—	—	—	—	—	—

各地区外商投资经济邮电通讯业投资

单位:万元

地　　区	合　计	邮政业	电信业	邮电业
全国总计	**36583**	—	**27868**	**8715**
北　　京	—	—	—	—
天　　津	—	—	—	—
河　　北	—	—	—	—
山　　西	—	—	—	—
内 蒙 古	—	—	—	—
辽　　宁	—	—	—	—
吉　　林	—	—	—	—
黑 龙 江	—	—	—	—
上　　海	—	—	—	—
江　　苏	8715	—	—	8715
浙　　江	—	—	—	—
安　　徽	—	—	—	—
福　　建	—	—	—	—
江　　西	—	—	—	—
山　　东	—	—	—	—
河　　南	—	—	—	—
湖　　北	—	—	—	—
湖　　南	2269	—	2269	—
广　　东	25599	—	25599	—
广　　西	—	—	—	—
海　　南	—	—	—	—
重　　庆	—	—	—	—
四　　川	—	—	—	—
贵　　州	—	—	—	—
云　　南	—	—	—	—
西　　藏	—	—	—	—
陕　　西	—	—	—	—
甘　　肃	—	—	—	—
青　　海	—	—	—	—
宁　　夏	—	—	—	—
新　　疆	—	—	—	—
不分地区	—	—	—	—

外商投资经济按构成分的行业投资

单位:万元

行　　业	投资额	建筑安装工程	设备工器具购置	其他费用
全国总计	**19559400**	**9431210**	**6906272**	**3221918**
(一) 农、林、牧、渔业	57066	20938	17957	18171
农业	12353	5313	3601	3439
林业	7306	2155	1235	3916
畜牧业	22894	8000	9158	5736
渔业	7945	3622	3483	840
农、林、牧、渔服务业	6568	1848	480	4240
(二) 采掘业	9284	3871	4031	1382
煤炭采选业	69	69	—	—
石油和天然气开采业	—	—	—	—
黑色金属矿采选业	650	150	500	—
有色金属矿采选业	696	604	87	5
非金属矿采选业	5719	2715	1627	1377
其他矿采选业	—	—	—	—
木材及竹材采运业	2150	333	1817	—
(三) 制造业	9756881	3224735	5415704	1116442
食品加工业	327597	150069	145592	31936
食品制造业	288630	142904	124485	21241
饮料制造业	570246	221709	323962	24575
烟草加工业	2860	978	1879	3
纺织业	407570	116770	270528	20272
服装及其他纤维制品制造业	66296	34116	27514	4666
皮革、毛皮、羽绒及其制品业	45300	15543	27382	2375
木材加工及竹、藤、棕、草制品业	185031	66385	106317	12329
家具制造业	27992	11247	14215	2530
造纸及纸制品业	520600	146857	255995	117748
印刷业、记录媒介的复制	85935	21477	58688	5770
文教体育用品制造业	45107	24659	20238	210
石油加工及炼焦业	128281	57152	55642	15487
化学原料及化学制品制造业	586198	221133	267495	97570
医药制造业	347528	158748	146505	42275
化学纤维制造业	325877	87904	198190	39783
橡胶制品业	221085	84448	114665	21972
塑料制品业	194716	53090	117639	23987
非金属矿物制品业	731647	270600	325708	135339
黑色金属冶炼及压延加工业	169550	45966	95936	27648
有色金属冶炼及压延加工业	157647	58432	82664	16551
金属制品业	258291	81031	163642	13618
普通机械制造业	451109	144734	269382	36993

外商投资经济按构成分的行业投资

续 1　　　　单位:万元

行　　业	投资额	建筑安装工程	设备工器具购置	其他费用
专用设备制造业	304032	87492	204180	12360
交通运输设备制造业	1422078	378679	803625	239774
电气机械及器材制造业	568662	165204	356338	47120
电子及通信设备制造业	1202877	326465	783340	93072
仪器仪表及文化、办公用机械制造业	66119	26342	34840	4937
其他制造业	48020	24601	19118	4301
(四) 电力、煤气及水的生产和供应业	1822615	766765	740162	315688
电力、蒸汽、热水的生产和供应业	1704145	692274	712430	299441
煤气生产和供应业	75154	32299	27383	15472
自来水的生产和供应业	43316	42192	349	775
(五) 建筑业	44536	27821	7634	9081
土木工程建筑业	43335	26846	7533	8956
线路、管道和设备安装业	260	260	—	—
建筑物的装修装饰业	941	715	101	125
(六) 地质勘查业、水利管理业	—	—	—	—
地质勘查业	—	—	—	—
水利管理业	—	—	—	—
(七) 交通运输、仓储及邮电通信业	964867	741527	90261	133079
铁路运输业	72123	47935	2471	21717
公路运输业	298323	256928	8430	32965
管道运输业	—	—	—	—
水上运输业	25454	13345	11918	191
航空运输业	18796	12378	840	5578
交通运输辅助业	433414	346563	24806	62045
其他交通运输业	10894	8240	1000	1654
仓储业	69280	46058	14451	8771
邮电通信业	36583	10080	26345	158
(八) 批发和零售贸易、餐饮业	437477	245748	91295	100434
食品、饮料、烟草和家庭用品批发商业	17076	11880	5120	76
能源、材料和机械电子设备批发业	62909	20048	30576	12285
其他批发业	15731	11214	168	4349
零售业	298572	169587	47770	81215
商业经纪与代理业	5746	5746	—	—

外商投资经济按构成分的行业投资

续 2　　　　单位:万元

行业	投资额	建筑安装工程	设备工器具购置	其他费用
餐饮业	37443	27273	7661	2509
(九) 金融、保险业	24026	20600	1042	2384
金融业	24026	20600	1042	2384
保险业	—	—	—	—
(十) 房地产业	5195966	3522705	370926	1302335
房地产开发与经营业	5171599	3499273	369991	1302335
房地产管理业	24367	23432	935	—
房地产代理与经纪业	—	—	—	—
(十一) 社会服务业	983582	675974	136344	171264
公共服务业	121548	113239	2091	6218
居民服务业	20465	18776	111	1578
旅馆业	503431	335262	75162	93007
租赁服务业	46876	27946	6795	12135
旅行社	26357	20949	2199	3209
娱乐服务业	239754	144796	49040	45918
信息、咨询服务业	1613	—	150	1463
计算机应用服务业	2237	695	535	1007
其他社会服务业	21301	14311	261	6729
(十二) 卫生、体育和社会福利业	106294	67009	6956	32329
卫生	555	457	98	—
体育	77739	41752	3658	32329
社会福利保障业	28000	24800	3200	—
(十三) 教育、文化艺术及广播电影电视业	70040	53751	8305	7984
教育	14250	11836	394	2020
文化艺术业	48487	36878	6795	4814
广播电影电视业	7303	5037	1116	1150
(十四) 科学研究和综合技术服务业	3612	2291	1051	270
科学研究业	3336	2285	1051	—
综合技术服务业	276	6	—	270
(十五) 国家机关、政党机关和社会团体	11945	11919	—	26
国家机关	11945	11919	—	26
政党机关	—	—	—	—
社会团体	—	—	—	—
基层群众自治组织	—	—	—	—
(十六) 其他行业	71209	45556	14604	11049
其他行业	71209	45556	14604	11049

外商投资经济按建设性质分的行业投资

单位:万元

行　　业	新　建	扩　建	改　建	单纯建造生活设施	迁　建	恢　复	单纯购置
全　国　总　计	**9605905**	**3775479**	**850650**	**20545**	**139726**	**—**	**154962**
(一) 农、林、牧、渔业	45472	10332	962	—	300	—	—
农业	8207	3392	754	—	—	—	—
林业	6112	986	208	—	—	—	—
畜牧业	18611	4283	—	—	—	—	—
渔业	6274	1671	—	—	—	—	—
农、林、牧、渔服务业	6268	—	—	—	300	—	—
(二) 采掘业	4468	3746	1070	—	—	—	—
煤炭采选业	—	69	—	—	—	—	—
石油和天然气开采业	—	—	—	—	—	—	—
黑色金属矿采选业	—	—	650	—	—	—	—
有色金属矿采选业	696	—	—	—	—	—	—
非金属矿采选业	3772	1527	420	—	—	—	—
其他矿采选业	—	—	—	—	—	—	—
木材及竹材采运业	—	2150	—	—	—	—	—
(三) 制造业	5979114	2819252	679318	11879	139426	—	127892
食品加工业	215272	98595	11661	449	—	—	1620
食品制造业	182938	84693	19865	134	—	—	1000
饮料制造业	266658	275311	19886	1019	5082	—	2290
烟草加工业	—	2779	—	—	—	—	81
纺织业	264057	98220	38054	1010	240	—	5989
服装及其他纤维制品制造业	44339	11806	2404	265	3150	—	4332
皮革、毛皮、羽绒及其制品业	23161	13342	6718	183	—	—	1896
木材加工及竹、藤、棕、草制品业	92350	50657	41659	—	—	—	365
家具制造业	18724	7230	—	150	—	—	1888
造纸及纸制品业	280732	222029	15913	10	10	—	1906
印刷业、记录媒介的复制	56612	7137	3803	131	14774	—	3478
文教体育用品制造业	32534	7293	5180	100	—	—	—
石油加工及炼焦业	126981	907	—	—	—	—	393
化学原料及化学制品制造业	396558	129641	49024	369	7371	—	3235
医药制造业	260023	57057	27192	87	—	—	3169
化学纤维制造业	231610	93609	658	—	—	—	—
橡胶制品业	156970	33061	27877	215	850	—	2112
塑料制品业	120263	46912	17444	—	3984	—	6113
非金属矿物制品业	476249	195153	52254	1945	3986	—	2060
黑色金属冶炼及压延加工业	163956	80	5236	278	—	—	—
有色金属冶炼及压延加工业	77488	40741	29766	950	8155	—	547
金属制品业	172488	63078	13700	—	—	—	9025
普通机械制造业	248717	167862	25653	2520	2056	—	4301

外商投资经济按建设性质分的行业投资

续 1　　　　单位:万元

行业	新建	扩建	改建	单纯建造生活设施	迁建	恢复	单纯购置
专用设备制造业	93335	205398	4943	—	140	—	216
交通运输设备制造业	830986	375187	121008	760	89628	—	4509
电气机械及器材制造业	236994	218625	66039	—	—	—	47004
电子及通信设备制造业	849116	271507	63970	1304	—	—	16980
仪器仪表及文化、办公用机械制造业	25669	32331	7267	—	—	—	852
其他制造业	34334	9011	2144	—	—	—	2531
(四) 电力、煤气及水的生产和供应业	1343035	451866	24108	3606	—	—	—
电力、蒸汽、热水的生产和供应业	1228856	447575	24108	3606	—	—	—
煤气生产和供应业	70863	4291	—	—	—	—	—
自来水的生产和供应业	43316	—	—	—	—	—	—
(五) 建筑业	40650	722	300	40	—	—	2824
土木工程建筑业	40113	58	300	40	—	—	2824
线路、管道和设备安装业	—	260	—	—	—	—	—
建筑物的装修装饰业	537	404	—	—	—	—	—
(六) 地质勘查业、水利管理业	—	—	—	—	—	—	—
地质勘查业	—	—	—	—	—	—	—
水利管理业	—	—	—	—	—	—	—
(七) 交通运输、仓储及邮电通信业	633205	269585	39209	2488	—	—	20380
铁路运输业	70218	1905	—	—	—	—	—
公路运输业	235966	45174	10875	—	—	—	6308
管道运输业	—	—	—	—	—	—	—
水上运输业	13562	—	11892	—	—	—	—
航空运输业	18796	—	—	—	—	—	—
交通运输辅助业	192425	212662	14799	—	—	—	13528
其他交通运输业	10894	—	—	—	—	—	—
仓储业	60841	7301	1138	—	—	—	—
邮电通信业	30503	2543	505	2488	—	—	544
(八) 批发和零售贸易、餐饮业	335836	43048	56402	635	—	—	1556
食品、饮料、烟草和家庭用品批发商业	10410	6081	—	585	—	—	—
能源、材料和机械电子设备批发业	62282	—	—	—	—	—	627
其他批发业	15457	—	220	—	—	—	54
零售业	208922	36349	53301	—	—	—	—
商业经纪与代理业	3801	—	1945	—	—	—	—

外商投资经济按建设性质分的行业投资

续 2　　　　　　　　　　　　　　　　　　　　　　　　　　单位:万元

行　业	新　建	扩　建	改　建	单纯建造生活设施	迁　建	恢　复	单纯购置
餐饮业	34964	618	936	50	—	—	875
(九) 金融、保险业	21858	2168	—	—	—	—	—
金融业	21858	2168	—	—	—	—	—
保险业	—	—	—	—	—	—	—
(十) 房地产业	156730	22703	4400	—	—	—	—
房地产开发与经营业	153630	1436	4400	—	—	—	—
房地产管理业	3100	21267	—	—	—	—	—
房地产代理与经纪业	—	—	—	—	—	—	—
(十一) 社会服务业	797146	137680	44631	1897	—	—	2228
公共服务业	111142	78	10328	—	—	—	—
居民服务业	20265	200	—	—	—	—	—
旅馆业	403078	84255	15534	434	—	—	130
租赁服务业	46876	—	—	—	—	—	—
旅行社	11592	12212	553	—	—	—	2000
娱乐服务业	194479	26961	18216	—	—	—	98
信息、咨询服务业	150	—	—	1463	—	—	—
计算机应用服务业	2237	—	—	—	—	—	—
其他社会服务业	7327	13974	—	—	—	—	—
(十二) 卫生、体育和社会福利业	103004	3040	250	—	—	—	—
卫生	555	—	—	—	—	—	—
体育	74449	3040	250	—	—	—	—
社会福利保障业	28000	—	—	—	—	—	—
(十三) 教育、文化艺术及广播电影电视业	59451	10589	—	—	—	—	—
教育	7476	6774	—	—	—	—	—
文化艺术业	44672	3815	—	—	—	—	—
广播电影电视业	7303	—	—	—	—	—	—
(十四) 科学研究和综合技术服务业	3612	—	—	—	—	—	—
科学研究业	3336	—	—	—	—	—	—
综合技术服务业	276	—	—	—	—	—	—
(十五) 国家机关、政党机关和社会团体	11945	—	—	—	—	—	—
国家机关	11945	—	—	—	—	—	—
政党机关	—	—	—	—	—	—	—
社会团体	—	—	—	—	—	—	—
基层群众自治组织	—	—	—	—	—	—	—
(十六) 其他行业	70379	748	—	—	—	—	82
其他行业	70379	748	—	—	—	—	82

各地区外商投资经济财务拨款

单位:万元

地区	本年资金来源合计	上年末结余资金	本年资金来源小计	本年各项应付款合计
全国总计	**24879449**	**4364324**	**20515125**	**2091858**
北京	2299169	585603	1713566	34278
天津	1249060	212539	1036521	38121
河北	828206	119294	708912	75462
山西	226302	1221	225081	17709
内蒙古	27469	595	26874	643
辽宁	1270630	230506	1040124	108459
吉林	497534	76508	421026	68857
黑龙江	236158	12554	223604	18557
上海	3786439	953135	2833304	226558
江苏	3376917	396140	2980777	134594
浙江	1503693	250121	1253572	145337
安徽	687185	94262	592923	29591
福建	1260420	166767	1093653	238685
江西	70533	5089	65444	16111
山东	1300659	230391	1070268	120217
河南	373114	59387	313727	46697
湖北	882999	208778	674221	90545
湖南	298498	105546	192952	12211
广东	3022351	365668	2656683	355367
广西	355181	81910	273271	59045
海南	234321	30563	203758	20057
重庆	195240	44004	151236	43982
四川	373010	55041	317969	52173
贵州	120729	25899	94830	33334
云南	174482	26044	148438	40205
西藏	—	—	—	—
陕西	99981	16569	83412	33217
甘肃	90353	8794	81559	30564
青海	8585	291	8294	284
宁夏	11968	487	11481	443
新疆	18263	618	17645	555
不分地区	—	—	—	—

各地区外商投资经济财务拨款资金来源（一）

单位:万元

地　区	本年财务拨款、贷款合计	国家预算内资金	国内贷款	债　券
全国总计	**20515125**	**76920**	**2962492**	**16464**
北　京	1713566	—	253405	—
天　津	1036521	—	137823	—
河　北	708912	662	106403	947
山　西	225081	50	40005	—
内蒙古	26874	120	7696	—
辽　宁	1040124	1950	159326	4200
吉　林	421026	500	83606	800
黑龙江	223604	3480	72460	—
上　海	2833304	1500	407594	—
江　苏	2980777	33263	212709	3761
浙　江	1253572	—	267417	2683
安　徽	592923	12400	59813	—
福　建	1093653	8103	172141	—
江　西	65444	11	12517	—
山　东	1070268	300	155429	—
河　南	313727	1000	95104	—
湖　北	674221	741	92284	573
湖　南	192952	130	35256	—
广　东	2656683	1497	246860	500
广　西	273271	1200	64944	—
海　南	203758	—	21890	—
重　庆	151236	8000	41041	—
四　川	317969	375	83528	3000
贵　州	94830	—	19340	—
云　南	148438	—	37181	—
西　藏	—	—	—	—
陕　西	83412	—	31748	—
甘　肃	81559	190	35196	—
青　海	8294	1358	330	—
宁　夏	11481	—	5580	—
新　疆	17645	90	3866	—
不分地区	—	—	—	—

各地区外商投资经济财务拨款资金来源（二）

单位:万元

地　　区	利用外资	外商直接投资	自筹资金	其他资金来源
全国总计	**10924602**	**8140296**	**4510694**	**2023953**
北　　京	780568	611638	401637	277956
天　　津	769674	707283	109847	19177
河　　北	333068	230335	232609	35223
山　　西	108424	99744	38373	38229
内 蒙 古	10662	10662	5146	3250
辽　　宁	553669	422420	248394	72585
吉　　林	194327	163809	130874	10919
黑 龙 江	66173	16189	69647	11844
上　　海	1545029	936776	716419	162762
江　　苏	2232164	1497650	318355	180525
浙　　江	482006	381059	295062	206404
安　　徽	387124	327118	106591	26995
福　　建	568867	443482	149926	194616
江　　西	21564	21360	23491	7861
山　　东	573432	455751	271837	69270
河　　南	102343	66680	75753	39527
湖　　北	279335	160096	205807	95481
湖　　南	88274	50275	50705	18587
广　　东	1410539	1185166	696258	301029
广　　西	94886	68247	81014	31227
海　　南	120812	116342	50158	10898
重　　庆	39985	35717	33342	28868
四　　川	71676	58071	86235	73155
贵　　州	34447	33075	18117	22926
云　　南	33924	23996	38794	38539
西　　藏	—	—	—	—
陕　　西	12312	10577	16779	22573
甘　　肃	4779	4779	26559	14835
青　　海	1330	1330	1224	4052
宁　　夏	75	75	3780	2046
新　　疆	3134	594	7961	2594
不分地区	—	—	—	—

各地区外商投资经济财务拨款中的自筹资金来源（一）

单位:万元

地　　区	自筹资金合计	中央各部门自筹	省自筹	地市自筹
全国总计	**3444032**	**131151**	**202191**	**174275**
北　京	270635	33481	61082	—
天　津	83614	9741	—	—
河　北	220361	—	—	3402
山　西	37680	9443	14270	—
内蒙古	4376	—	1768	70
辽　宁	180016	—	7200	12606
吉　林	111216	—	4714	1242
黑龙江	54046	—	1500	—
上　海	568511	400	3129	—
江　苏	275130	2900	17823	250
浙　江	261926	2800	14103	15790
安　徽	88562	22432	20771	13811
福　建	97248	20000	407	1480
江　西	11292	—	—	3124
山　东	253702	2955	6555	3052
河　南	57919	1523	2445	2445
湖　北	105650	—	—	4205
湖　南	34575	—	7180	—
广　东	492398	23100	14371	103481
广　西	69768	—	8516	6717
海　南	33489	—	—	—
重　庆	23549	2376	—	—
四　川	41940	—	—	—
贵　州	5784	—	215	100
云　南	25873	—	—	2400
西　藏	—	—	—	—
陕　西	4458	—	—	100
甘　肃	20423	—	15700	—
青　海	940	—	—	—
宁　夏	2738	—	—	—
新　疆	6213	—	442	—
不分地区	—	—	—	—

各地区外商投资经济财务拨款中的自筹资金来源（二）

单位:万元

地　　区	县自筹	企、事业单位自有资金	发行股票
全国总计	**72154**	**2864261**	**27219**
北　　京	80	175992	—
天　　津	—	73873	—
河　　北	18872	198087	—
山　　西	100	13867	—
内 蒙 古	20	2518	—
辽　　宁	155	160055	—
吉　　林	190	105070	—
黑 龙 江	—	52546	—
上　　海	3484	561498	26164
江　　苏	4612	249545	—
浙　　江	5832	223401	171
安　　徽	1471	30077	—
福　　建	5812	69549	—
江　　西	124	8044	—
山　　东	2712	238428	31
河　　南	170	51336	—
湖　　北	8362	93083	853
湖　　南	337	27058	—
广　　东	7153	344293	—
广　　西	10083	44452	—
海　　南	—	33489	—
重　　庆	654	20519	—
四　　川	971	40969	—
贵　　州	450	5019	—
云　　南	360	23113	—
西　　藏	—	—	—
陕　　西	150	4208	—
甘　　肃	—	4723	—
青　　海	—	940	—
宁　　夏	—	2738	—
新　　疆	—	5771	—
不分地区	—	—	—

外商投资经济分行业财务拨款

单位:万元

行　　业	本年资金来源合计	上年末结余资金	本年资金来源小计	本年各项应付款合计
全国总计	**24879449**	**4364324**	**20515125**	**2091858**
(一) 农、林、牧、渔业	57218	844	56374	5751
农业	13093	191	12902	730
林业	7306	—	7306	—
畜牧业	22426	300	22126	3820
渔业	8204	5	8199	527
农、林、牧、渔服务业	6189	348	5841	674
(二) 采掘业	9637	100	9537	580
煤炭采选业	69	—	69	—
石油和天然气开采业	—	—	—	—
黑色金属矿采选业	650	—	650	—
有色金属矿采选业	707	100	607	351
非金属矿采选业	6061	—	6061	129
其他矿采选业	—	—	—	—
木材及竹材采运业	2150	—	2150	100
(三) 制造业	11791033	1788691	10002342	544913
食品加工业	337410	38119	299291	43342
食品制造业	301607	31946	269661	24668
饮料制造业	632272	99101	533171	21507
烟草加工业	2860	1341	1519	—
纺织业	464847	87541	377306	16994
服装及其他纤维制品制造业	73657	4631	69026	5859
皮革、毛皮、羽绒及其制品业	45860	2211	43649	3463
木材加工及竹、藤、棕、草制品业	193639	11545	182094	15088
家具制造业	29067	3915	25152	327
造纸及纸制品业	597620	22823	574797	5720
印刷业、记录媒介的复制	87433	5333	82100	2862
文教体育用品制造业	47341	136	47205	738
石油加工及炼焦业	194187	49005	145182	34256
化学原料及化学制品制造业	736486	126659	609827	23032
医药制造业	411071	74876	336195	19576
化学纤维制造业	396274	26595	369679	30418
橡胶制品业	401973	30292	371681	3764
塑料制品业	206216	25501	180715	16560
非金属矿物制品业	864317	209366	654951	56664
黑色金属冶炼及压延加工业	245000	5122	239878	2595
有色金属冶炼及压延加工业	207179	39802	167377	14513
金属制品业	286603	43341	243262	10310
普通机械制造业	614983	126267	488716	7053

外商投资经济分行业财务拨款

续 1　　　　单位:万元

行　　业	本年资金来源合计	上年末结余资金	本年资金来源小计	本年各项应付款合计
专用设备制造业	318332	13453	304879	7596
交通运输设备制造业	1566740	292606	1274134	94614
电气机械及器材制造业	621712	121269	500443	34632
电子及通信设备制造业	1755503	265249	1490254	37791
仪器仪表及文化、办公用机械制造业	84786	21443	63343	878
其他制造业	66058	9203	56855	10093
(四) 电力、煤气及水的生产和供应业	2058624	245604	1813020	181383
电力、蒸汽、热水的生产和供应业	1911120	228804	1682316	168984
煤气生产和供应业	107425	14526	92899	4328
自来水的生产和供应业	40079	2274	37805	8071
(五) 建筑业	47094	2320	44774	12731
土木工程建筑业	45646	2152	43494	12608
线路、管道和设备安装业	260	—	260	—
建筑物的装修装饰业	1188	168	1020	123
(六) 地质勘查业、水利管理业	—	—	—	—
地质勘查业	—	—	—	—
水利管理业	—	—	—	—
(七) 交通运输、仓储及邮电通信业	1142960	58403	1084557	123552
铁路运输业	70888	—	70888	4554
公路运输业	348187	19345	328842	103901
管道运输业	—	—	—	—
水上运输业	25454	1892	23562	—
航空运输业	29285	7225	22060	—
交通运输辅助业	541638	13759	527879	11067
其他交通运输业	20166	2440	17726	437
仓储业	67024	13742	53282	3593
邮电通信业	40318	—	40318	—
(八) 批发和零售贸易、餐饮业	500782	120648	380134	30367
食品、饮料、烟草和家庭用品批发商业	15195	1802	13393	4147
能源、材料和机械电子设备批发业	53610	3084	50526	4178
其他批发业	14878	—	14878	1123
零售业	368475	112101	256374	13988
商业经纪与代理业	5751	—	5751	—

外商投资经济分行业财务拨款

续 2 单位:万元

行业	本年资金来源合计	上年末结余资金	本年资金来源小计	本年各项应付款合计
餐饮业	42873	3661	39212	6931
(九) 金融、保险业	29446	13285	16161	105
金融业	29446	13285	16161	105
保险业	—	—	—	—
(十) 房地产业	7800400	1894265	5906135	1055188
房地产开发与经营业	7779170	1894265	5884905	1055188
房地产管理业	21230	—	21230	—
房地产代理与经纪业	—	—	—	—
(十一) 社会服务业	1184057	222993	961064	118350
公共服务业	143766	24193	119573	10069
居民服务业	20327	341	19986	—
旅馆业	591379	100561	490818	34707
租赁服务业	97583	23470	74113	13
旅行社	31856	5055	26801	5370
娱乐服务业	273455	69217	204238	68079
信息、咨询服务业	1150	—	1150	—
计算机应用服务业	2211	156	2055	112
其他社会服务业	22330	—	22330	—
(十二) 卫生、体育和社会福利业	108658	3126	105532	13935
卫生	1301	160	1141	116
体育	79357	2966	76391	13819
社会福利保障业	28000	—	28000	—
(十三) 教育、文化艺术及广播电影电视业	61580	10709	50871	1112
教育	14067	—	14067	702
文化艺术业	39876	7397	32479	410
广播电影电视业	7637	3312	4325	—
(十四) 科学研究和综合技术服务业	6679	290	6389	521
科学研究业	2815	126	2689	521
综合技术服务业	3864	164	3700	—
(十五) 国家机关、政党机关和社会团体	10837	17	10820	1150
国家机关	10837	17	10820	1150
政党机关	—	—	—	—
社会团体	—	—	—	—
基层群众自治组织	—	—	—	—
(十六) 其他行业	70444	3029	67415	2220
其他行业	70444	3029	67415	2220

外商投资经济分行业财务拨款资金来源（一）

单位:万元

行业	本年财务拨款、贷款合计	国家预算内资金	国内贷款	债券
全国总计	**20515125**	**76920**	**2962492**	**16464**
(一) 农、林、牧、渔业	56374	—	10129	—
农业	12902	—	3400	—
林业	7306	—	1553	—
畜牧业	22126	—	4540	—
渔业	8199	—	636	—
农、林、牧、渔服务业	5841	—	—	—
(二) 采掘业	9537	—	542	—
煤炭采选业	69	—	—	—
石油和天然气开采业	—	—	—	—
黑色金属矿采选业	650	—	—	—
有色金属矿采选业	607	—	70	—
非金属矿采选业	6061	—	472	—
其他矿采选业	—	—	—	—
木材及竹材采运业	2150	—	—	—
(三) 制造业	10002342	31747	1161590	3094
食品加工业	299291	—	43838	—
食品制造业	269661	190	29563	300
饮料制造业	533171	12400	18638	420
烟草加工业	1519	—	—	—
纺织业	377306	—	61789	—
服装及其他纤维制品制造业	69026	—	14428	427
皮革、毛皮、羽绒及其制品业	43649	—	11281	—
木材加工及竹、藤、棕、草制品业	182094	3840	27698	—
家具制造业	25152	—	1900	—
造纸及纸制品业	574797	—	31251	—
印刷业、记录媒介的复制	82100	1000	14991	—
文教体育用品制造业	47205	—	1970	—
石油加工及炼焦业	145182	—	92004	—
化学原料及化学制品制造业	609827	4666	61863	500
医药制造业	336195	500	57335	—
化学纤维制造业	369679	—	60419	—
橡胶制品业	371681	—	6852	—
塑料制品业	180715	421	34365	—
非金属矿物制品业	654951	8035	110329	500
黑色金属冶炼及压延加工业	239878	—	12263	—
有色金属冶炼及压延加工业	167377	375	19056	—
金属制品业	243262	—	18630	947
普通机械制造业	488716	—	37882	—

外商投资经济分行业财务拨款资金来源（一）

续1　　　　　　　　　　　　　　　　　　　　　　　　单位:万元

行　　业	本年财务拨款、贷款合计	国家预算内资金	国内贷款	债　券
专用设备制造业	304879	—	12975	—
交通运输设备制造业	1274134	320	125102	—
电气机械及器材制造业	500443	—	85467	—
电子及通信设备制造业	1490254	—	155236	—
仪器仪表及文化、办公用机械制造业	63343	—	6893	—
其他制造业	56855	—	7572	—
(四) 电力、煤气及水的生产和供应业	1813020	37640	233866	—
电力、蒸汽、热水的生产和供应业	1682316	36640	229599	—
煤气生产和供应业	92899	1000	4217	—
自来水的生产和供应业	37805	—	50	—
(五) 建筑业	44774	150	6966	—
土木工程建筑业	43494	150	6320	—
线路、管道和设备安装业	260	—	40	—
建筑物的装修装饰业	1020	—	606	—
(六) 地质勘查业、水利管理业	—	—	—	—
地质勘查业	—	—	—	—
水利管理业	—	—	—	—
(七) 交通运输、仓储及邮电通信业	1084557	1300	197327	—
铁路运输业	70888	—	53000	—
公路运输业	328842	100	40400	—
管道运输业	—	—	—	—
水上运输业	23562	—	—	—
航空运输业	22060	—	22060	—
交通运输辅助业	527879	1200	73269	—
其他交通运输业	17726	—	4000	—
仓储业	53282	—	4598	—
邮电通信业	40318	—	—	—
(八) 批发和零售贸易、餐饮业	380134	—	77535	—
食品、饮料、烟草和家庭用品批发商业	13393	—	5334	—
能源、材料和机械电子设备批发业	50526	—	29785	—
其他批发业	14878	—	200	—
零售业	256374	—	40440	—
商业经纪与代理业	5751	—	1500	—

外商投资经济分行业财务拨款资金来源（一）

续2　　　　　　　　　　　　　　　　　　　　　　　　　　　单位:万元

行　　业	本年财务拨款、贷款合计	国家预算内资金	国内贷款	债　券
餐饮业	39212	—	276	—
(九) 金融、保险业	16161	—	11042	—
金融业	16161	—	11042	—
保险业	—	—	—	—
(十) 房地产业	5906135	4363	1034228	10607
房地产开发与经营业	5884905	4363	1019586	10607
房地产管理业	21230	—	14642	—
房地产代理与经纪业	—	—	—	—
(十一) 社会服务业	961064	220	208127	2763
公共服务业	119573	130	24598	—
居民服务业	19986	—	100	—
旅馆业	490818	90	151341	2263
租赁服务业	74113	—	—	—
旅行社	26801	—	600	500
娱乐服务业	204238	—	31238	—
信息、咨询服务业	1150	—	—	—
计算机应用服务业	2055	—	250	—
其他社会服务业	22330	—	—	—
(十二) 卫生、体育和社会福利业	105532	—	6210	—
卫生	1141	—	—	—
体育	76391	—	6210	—
社会福利保障业	28000	—	—	—
(十三) 教育、文化艺术及广播电影电视业	50871	1500	14260	—
教育	14067	1500	670	—
文化艺术业	32479	—	13590	—
广播电影电视业	4325	—	—	—
(十四) 科学研究和综合技术服务业	6389	—	—	—
科学研究业	2689	—	—	—
综合技术服务业	3700	—	—	—
(十五) 国家机关、政党机关和社会团体	10820	—	—	—
国家机关	10820	—	—	—
政党机关	—	—	—	—
社会团体	—	—	—	—
基层群众自治组织	—	—	—	—
(十六) 其他行业	67415	—	670	—
其他行业	67415	—	670	—

外商投资经济分行业财务拨款资金来源（二）

单位:万元

行　　业	利用外资	外商直接投资	自筹资金	其他资金来源
全　国　总　计	**10924602**	**8140296**	**4510694**	**2023953**
(一) 农、林、牧、渔业	34873	33789	10576	796
农业	8206	8206	1020	276
林业	4974	3890	779	—
畜牧业	11222	11222	6364	—
渔业	5805	5805	1238	520
农、林、牧、渔服务业	4666	4666	1175	—
(二) 采掘业	6167	6164	2828	—
煤炭采选业	—	—	69	—
石油和天然气开采业	—	—	—	—
黑色金属矿采选业	650	650	—	—
有色金属矿采选业	113	113	424	—
非金属矿采选业	3254	3251	2335	—
其他矿采选业	—	—	—	—
木材及竹材采运业	2150	2150	—	—
(三) 制造业	6329394	5101616	2269949	206568
食品加工业	162841	134327	85299	7313
食品制造业	167285	130320	47153	25170
饮料制造业	333829	282714	141441	26443
烟草加工业	1340	—	179	—
纺织业	246314	206477	64553	4650
服装及其他纤维制品制造业	35192	26408	15633	3346
皮革、毛皮、羽绒及其制品业	23407	23143	7785	1176
木材加工及竹、藤、棕、草制品业	112006	91790	34424	4126
家具制造业	18226	15592	4807	219
造纸及纸制品业	498380	396292	38115	7051
印刷业、记录媒介的复制	41834	40869	23249	1026
文教体育用品制造业	42975	23635	2060	200
石油加工及炼焦业	42800	42400	10128	250
化学原料及化学制品制造业	410617	359521	124381	7800
医药制造业	203616	185566	68201	6543
化学纤维制造业	281543	234735	22217	5500
橡胶制品业	344661	334441	19115	1053
塑料制品业	94519	83330	50381	1029
非金属矿物制品业	366707	313408	158442	10938
黑色金属冶炼及压延加工业	132659	119905	87723	7233
有色金属冶炼及压延加工业	112342	53865	33404	2200
金属制品业	171202	130718	39970	12513
普通机械制造业	375825	306149	73667	1342

外商投资经济分行业财务拨款资金来源（二）

续1　　　　　　　　　　　　　　　　　　　　　　　　　　　　　单位:万元

行　　业	利用外资	外商直接投资	自筹资金	其他资金来源
专用设备制造业	203894	76716	68143	19867
交通运输设备制造业	616178	412044	496192	36342
电气机械及器材制造业	267685	225691	138666	8625
电子及通信设备制造业	934975	766846	397491	2552
仪器仪表及文化、办公用机械制造业	45766	44847	9764	920
其他制造业	40776	39867	7366	1141
(四) 电力、煤气及水的生产和供应业	927054	541389	528930	85530
电力、蒸汽、热水的生产和供应业	815687	512925	515228	85162
煤气生产和供应业	78018	28464	9580	84
自来水的生产和供应业	33349	—	4122	284
(五) 建筑业	20959	18791	15599	1100
土木工程建筑业	20545	18377	15379	1100
线路、管道和设备安装业	—	—	220	—
建筑物的装修装饰业	414	414	—	—
(六) 地质勘查业、水利管理业	—	—	—	—
地质勘查业	—	—	—	—
水利管理业	—	—	—	—
(七) 交通运输、仓储及邮电通信业	582473	498945	247760	55697
铁路运输业	—	—	15936	1952
公路运输业	171559	168992	96692	20091
管道运输业	—	—	—	—
水上运输业	21187	21187	2375	—
航空运输业	—	—	—	—
交通运输辅助业	323857	269514	96610	32943
其他交通运输业	10263	2074	3463	—
仓储业	40414	34435	7559	711
邮电通信业	15193	2743	25125	—
(八) 批发和零售贸易、餐饮业	198732	144176	93303	10564
食品、饮料、烟草和家庭用品批发商业	1872	1872	5110	1077
能源、材料和机械电子设备批发业	10806	6796	9935	—
其他批发业	11880	11880	1892	906
零售业	153860	107962	56707	5367
商业经纪与代理业	450	450	3621	180

外商投资经济分行业财务拨款资金来源（二）

续2　　　　单位:万元

行　　业	利用外资	外商直接投资	自筹资金	其他资金来源
餐饮业	19864	15216	16038	3034
（九）金融、保险业	1245	1245	2974	900
金融业	1245	1245	2974	900
保险业	—	—	—	—
（十）房地产业	2138401	1321251	1104349	1614187
房地产开发与经营业	2136466	1320316	1099696	1614187
房地产管理业	1935	935	4653	—
房地产代理与经纪业	—	—	—	—
（十一）社会服务业	521018	350670	193021	35915
公共服务业	88451	18178	6394	—
居民服务业	19821	19821	65	—
旅馆业	197267	138008	113396	26461
租赁服务业	66308	66308	7805	—
旅行社	19103	19103	6448	150
娱乐服务业	126490	85674	37206	9304
信息、咨询服务业	150	150	1000	—
计算机应用服务业	498	498	1307	—
其他社会服务业	2930	2930	19400	—
（十二）卫生、体育和社会福利业	66826	31311	29758	2738
卫生	1124	124	17	—
体育	65702	31187	1741	2738
社会福利保障业	—	—	28000	—
（十三）教育、文化艺术及广播电影电视业	23937	21244	8136	3038
教育	7593	7593	4054	250
文化艺术业	16108	13415	—	2781
广播电影电视业	236	236	4082	7
（十四）科学研究和综合技术服务业	6389	5559	—	—
科学研究业	2689	1859	—	—
综合技术服务业	3700	3700	—	—
（十五）国家机关、政党机关和社会团体	2800	2800	1100	6920
国家机关	2800	2800	1100	6920
政党机关	—	—	—	—
社会团体	—	—	—	—
基层群众自治组织	—	—	—	—
（十六）其他行业	64334	61346	2411	—
其他行业	64334	61346	2411	—

外商投资经济分行业财务拨款中的自筹资金来源(一)

单位:万元

行　　业	自筹资金合计	中央各部门自筹	省自筹	地市自筹
全　国　总　计	**3444032**	**131151**	**202191**	**174275**
(一) 农、林、牧、渔业	10576	—	1823	—
农业	1020	—	—	—
林业	779	—	55	—
畜牧业	6364	—	1768	—
渔业	1238	—	—	—
农、林、牧、渔服务业	1175	—	—	—
(二) 采掘业	2828	—	1545	—
煤炭采选业	69	—	—	—
石油和天然气开采业	—	—	—	—
黑色金属矿采选业	—	—	—	—
有色金属矿采选业	424	—	—	—
非金属矿采选业	2335	—	1545	—
其他矿采选业	—	—	—	—
木材及竹材采运业	—	—	—	—
(三) 制造业	2269949	9566	22778	33983
食品加工业	85299	—	—	30
食品制造业	47153	—	—	1895
饮料制造业	141441	—	—	—
烟草加工业	179	—	—	—
纺织业	64553	—	1500	7000
服装及其他纤维制品制造业	15633	—	—	200
皮革、毛皮、羽绒及其制品业	7785	—	—	—
木材加工及竹、藤、棕、草制品业	34424	—	442	1425
家具制造业	4807	—	82	—
造纸及纸制品业	38115	—	—	200
印刷业、记录媒介的复制	23249	—	—	300
文教体育用品制造业	2060	—	—	—
石油加工及炼焦业	10128	—	—	—
化学原料及化学制品制造业	124381	—	—	7780
医药制造业	68201	—	—	200
化学纤维制造业	22217	—	4714	—
橡胶制品业	19115	—	—	1400
塑料制品业	50381	—	200	115
非金属矿物制品业	158442	123	920	1605
黑色金属冶炼及压延加工业	87723	—	—	—
有色金属冶炼及压延加工业	33404	—	—	3000
金属制品业	39970	—	—	—
普通机械制造业	73667	—	215	108

外商投资经济分行业财务拨款中的自筹资金来源(一)

续1　　　　单位:万元

行　　业	自筹资金合计	中央各部门自筹	省自筹	地市自筹
专用设备制造业	68143	—	—	250
交通运输设备制造业	496192	9443	7525	3249
电气机械及器材制造业	138666	—	—	5097
电子及通信设备制造业	397491	—	7180	60
仪器仪表及文化、办公用机械制造业	9764	—	—	—
其他制造业	7366	—	—	69
(四) 电力、煤气及水的生产和供应业	528930	99013	144029	28176
电力、蒸汽、热水的生产和供应业	515228	99013	143979	24104
煤气生产和供应业	9580	—	—	—
自来水的生产和供应业	4122	—	50	4072
(五) 建筑业	15599	2376	—	11500
土木工程建筑业	15379	2376	—	11500
线路、管道和设备安装业	220	—	—	—
建筑物的装修装饰业	—	—	—	—
(六) 地质勘查业、水利管理业	—	—	—	—
地质勘查业	—	—	—	—
水利管理业	—	—	—	—
(七) 交通运输、仓储及邮电通信业	247760	12541	21346	73516
铁路运输业	15936	—	14103	930
公路运输业	96692	2800	3042	61686
管道运输业	—	—	—	—
水上运输业	2375	—	—	—
航空运输业	—	—	—	—
交通运输辅助业	96610	9741	4201	7637
其他交通运输业	3463	—	—	3263
仓储业	7559	—	—	—
邮电通信业	25125	—	—	—
(八) 批发和零售贸易、餐饮业	93303	1500	550	800
食品、饮料、烟草和家庭用品批发商业	5110	—	—	—
能源、材料和机械电子设备批发业	9935	—	—	—
其他批发业	1892	—	—	—
零售业	56707	1500	—	—
商业经纪与代理业	3621	—	—	—

外商投资经济分行业财务拨款中的自筹资金来源(一)

续 2　　　　单位:万元

行　　业	自筹资金合计	中央各部门自筹	省自筹	地市自筹
餐饮业	16038	—	550	800
(九) 金融、保险业	2974	1455	—	—
金融业	2974	1455	—	—
保险业	—	—	—	—
(十) 房地产业	37687	—	3129	—
房地产开发与经营业	33034	—	3129	—
房地产管理业	4653	—	—	—
房地产代理与经纪业	—	—	—	—
(十一) 社会服务业	193021	2900	6991	25600
公共服务业	6394	—	—	3000
居民服务业	65	—	—	—
旅馆业	113396	2900	3471	—
租赁服务业	7805	—	—	—
旅行社	6448	—	3520	—
娱乐服务业	37206	—	—	22600
信息、咨询服务业	1000	—	—	—
计算机应用服务业	1307	—	—	—
其他社会服务业	19400	—	—	—
(十二) 卫生、体育和社会福利业	29758	—	—	—
卫生	17	—	—	—
体育	1741	—	—	—
社会福利保障业	28000	—	—	—
(十三) 教育、文化艺术及广播电影电视业	8136	1800	—	—
教育	4054	1800	—	—
文化艺术业	—	—	—	—
广播电影电视业	4082	—	—	—
(十四) 科学研究和综合技术服务业	—	—	—	—
科学研究业	—	—	—	—
综合技术服务业	—	—	—	—
(十五) 国家机关、政党机关和社会团体	1100	—	—	700
国家机关	1100	—	—	700
政党机关	—	—	—	—
社会团体	—	—	—	—
基层群众自治组织	—	—	—	—
(十六) 其他行业	2411	—	—	—
其他行业	2411	—	—	—

外商投资经济分行业财务拨款中的自筹资金来源(二)

单位:万元

行业	县自筹	企、事业单位自有资金	发行股票
全国总计	**72154**	**2864261**	**27219**
(一) 农、林、牧、渔业	387	8366	553
农业	——	1020	——
林业	387	337	——
畜牧业	——	4596	——
渔业	——	1238	553
农、林、牧、渔服务业	——	1175	——
(二) 采掘业	123	1160	——
煤炭采选业	——	69	——
石油和天然气开采业	——	——	——
黑色金属矿采选业	——	——	——
有色金属矿采选业	123	301	——
非金属矿采选业	——	790	——
其他矿采选业	——	——	——
木材及竹材采运业	——	——	——
(三) 制造业	26082	2177540	26495
食品加工业	1570	83699	——
食品制造业	1095	44163	——
饮料制造业	——	141441	——
烟草加工业	——	179	——
纺织业	4404	51649	——
服装及其他纤维制品制造业	664	14769	——
皮革、毛皮、羽绒及其制品业	——	7785	——
木材加工及竹、藤、棕、草制品业	2396	30161	——
家具制造业	80	4645	——
造纸及纸制品业	1809	36106	——
印刷业、记录媒介的复制	235	22714	——
文教体育用品制造业	——	2060	——
石油加工及炼焦业	——	10128	——
化学原料及化学制品制造业	1354	115247	——
医药制造业	675	67326	——
化学纤维制造业	——	17503	——
橡胶制品业	125	17590	——
塑料制品业	535	49531	——
非金属矿物制品业	1254	154540	331
黑色金属冶炼及压延加工业	——	87723	——
有色金属冶炼及压延加工业	——	30404	——
金属制品业	550	39420	——
普通机械制造业	680	72664	——

外商投资经济分行业财务拨款中的自筹资金来源(二)

续 1

单位:万元

行业	县自筹	企、事业单位自有资金	发行股票
专用设备制造业	100	67793	—
交通运输设备制造业	5435	470540	—
电气机械及器材制造业	71	133498	26164
电子及通信设备制造业	2860	387391	—
仪器仪表及文化、办公用机械制造业	—	9764	—
其他制造业	190	7107	—
(四) 电力、煤气及水的生产和供应业	28219	229493	—
电力、蒸汽、热水的生产和供应业	28219	219913	—
煤气生产和供应业	—	9580	—
自来水的生产和供应业	—	—	—
(五) 建筑业	156	1567	—
土木工程建筑业	156	1347	—
线路、管道和设备安装业	—	220	—
建筑物的装修装饰业	—	—	—
(六) 地质勘查业、水利管理业	—	—	—
地质勘查业	—	—	—
水利管理业	—	—	—
(七) 交通运输、仓储及邮电通信业	12618	127739	—
铁路运输业	—	903	—
公路运输业	—	29164	—
管道运输业	—	—	—
水上运输业	2375	—	—
航空运输业	—	—	—
交通运输辅助业	10143	64888	—
其他交通运输业	—	200	—
仓储业	100	7459	—
邮电通信业	—	25125	—
(八) 批发和零售贸易、餐饮业	1560	88893	—
食品、饮料、烟草和家庭用品批发商业	—	5110	—
能源、材料和机械电子设备批发业	100	9835	—
其他批发业	260	1632	—
零售业	1200	54007	—
商业经纪与代理业	—	3621	—

外商投资经济分行业财务拨款中的自筹资金来源(二)

续 2　　　　单位:万元

行　　业	县自筹	企、事业单位自有资金	发行股票
餐饮业	—	14688	—
(九) 金融、保险业	—	1519	—
金融业	—	1519	—
保险业	—	—	—
(十) 房地产业	—	34558	—
房地产开发与经营业	—	29905	—
房地产管理业	—	4653	—
房地产代理与经纪业	—	—	—
(十一) 社会服务业	309	157221	171
公共服务业	2	3392	—
居民服务业	—	65	—
旅馆业	—	107025	171
租赁服务业	—	7805	—
旅行社	—	2928	—
娱乐服务业	307	14299	—
信息、咨询服务业	—	1000	—
计算机应用服务业	—	1307	—
其他社会服务业	—	19400	—
(十二) 卫生、体育和社会福利业	—	29758	—
卫生	—	17	—
体育	—	1741	—
社会福利保障业	—	28000	—
(十三) 教育、文化艺术及广播电影电视业	2700	3636	—
教育	—	2254	—
文化艺术业	—	—	—
广播电影电视业	2700	1382	—
(十四) 科学研究和综合技术服务业	—	—	—
科学研究业	—	—	—
综合技术服务业	—	—	—
(十五) 国家机关、政党机关和社会团体	—	400	—
国家机关	—	400	—
政党机关	—	—	—
社会团体	—	—	—
基层群众自治组织	—	—	—
(十六) 其他行业	—	2411	—
其他行业	—	2411	—

各地区外商投资经济施工和建成投产项目个数

单位:个

地　　区	施工项目	新开工	全部建成投产项目	项目建成投产率(%)
全国总计	**3809**	**1757**	**1821**	**47.8**
北　　京	127	54	53	41.7
天　　津	95	32	46	48.4
河　　北	259	140	149	57.5
山　　西	48	10	24	50.0
内 蒙 古	30	19	21	70.0
辽　　宁	153	70	76	49.7
吉　　林	146	62	51	34.9
黑 龙 江	59	41	31	52.5
上　　海	252	62	119	47.2
江　　苏	469	263	235	50.1
浙　　江	224	92	112	50.0
安　　徽	74	34	26	35.1
福　　建	309	149	156	50.5
江　　西	54	33	31	57.4
山　　东	417	254	234	56.1
河　　南	124	63	73	58.9
湖　　北	142	70	78	54.9
湖　　南	68	22	28	41.2
广　　东	441	157	161	36.5
广　　西	108	42	41	38.0
海　　南	45	20	17	37.8
重　　庆	14	3	7	50.0
四　　川	51	19	21	41.2
贵　　州	17	5	3	17.6
云　　南	33	13	7	21.2
西　　藏	—	—	—	—
陕　　西	17	9	5	29.4
甘　　肃	12	4	4	33.3
青　　海	2	1	1	50.0
宁　　夏	6	4	3	50.0
新　　疆	13	10	8	61.5
不分地区	—	—	—	—

外商投资经济分行业施工和建成投产项目个数

单位:个

行业	施工项目	新开工	全部建成投产项目	项目建成投产率(%)
全国总计	**3809**	**1757**	**1821**	**47.8**
(一) 农、林、牧、渔业	87	39	32	36.8
农业	33	17	14	42.4
林业	25	3	3	12.0
畜牧业	16	11	8	50.0
渔业	9	4	5	55.6
农、林、牧、渔服务业	4	4	2	50.0
(二) 采掘业	26	16	17	65.4
煤炭采选业	1	1	—	—
石油和天然气开采业	—	—	—	—
黑色金属矿采选业	1	1	1	100.0
有色金属矿采选业	3	1	1	33.3
非金属矿采选业	19	12	14	73.7
其他矿采选业	—	—	—	—
木材及竹材采运业	2	1	1	50.0
(三) 制造业	2898	1393	1490	51.4
食品加工业	163	92	97	59.5
食品制造业	137	71	68	49.6
饮料制造业	146	77	95	65.1
烟草加工业	1	—	1	100.0
纺织业	169	100	99	58.6
服装及其他纤维制品制造业	81	46	49	60.5
皮革、毛皮、羽绒及其制品业	55	43	40	72.7
木材加工及竹、藤、棕、草制品业	105	59	47	44.8
家具制造业	20	9	14	70.0
造纸及纸制品业	80	47	36	45.0
印刷业、记录媒介的复制	46	26	23	50.0
文教体育用品制造业	19	13	11	57.9
石油加工及炼焦业	18	8	10	55.6
化学原料及化学制品制造业	218	111	93	42.7
医药制造业	130	43	52	40.0
化学纤维制造业	39	22	22	56.4
橡胶制品业	51	25	21	41.2
塑料制品业	110	66	64	58.2
非金属矿物制品业	203	88	108	53.2
黑色金属冶炼及压延加工业	40	22	22	55.0
有色金属冶炼及压延加工业	66	12	32	48.5
金属制品业	108	59	62	57.4
普通机械制造业	140	47	73	52.1

外商投资经济分行业施工和建成投产项目个数

续1

单位:个

行　　业	施工项目	新开工	全部建成投产项目	项目建成投产率(%)
专用设备制造业	66	29	34	51.5
交通运输设备制造业	236	69	108	45.8
电气机械及器材制造业	184	85	85	46.2
电子及通信设备制造业	186	70	79	42.5
仪器仪表及文化、办公用机械制造业	32	15	17	53.1
其他制造业	49	39	28	57.1
(四) 电力、煤气及水的生产和供应业	210	115	89	42.4
电力、蒸汽、热水的生产和供应业	192	111	83	43.2
煤气生产和供应业	14	4	4	28.6
自来水的生产和供应业	4	—	2	50.0
(五) 建筑业	17	9	7	41.2
土木工程建筑业	14	8	6	42.9
线路、管道和设备安装业	1	—	—	—
建筑物的装修装饰业	2	1	1	50.0
(六) 地质勘查业、水利管理业	—	—	—	—
地质勘查业	—	—	—	—
水利管理业	—	—	—	—
(七) 交通运输、仓储及邮电通信业	112	48	55	49.1
铁路运输业	4	—	—	—
公路运输业	19	7	8	42.1
管道运输业	—	—	—	—
水上运输业	4	2	2	50.0
航空运输业	1	—	—	—
交通运输辅助业	32	12	14	43.8
其他交通运输业	2	—	—	—
仓储业	36	16	23	63.9
邮电通信业	14	11	8	57.1
(八) 批发和零售贸易、餐饮业	94	19	26	27.7
食品、饮料、烟草和家庭用品批发商业	14	2	6	42.9
能源、材料和机械电子设备批发业	7	2	4	57.1
其他批发业	7	1	1	14.3
零售业	38	8	9	23.7
商业经纪与代理业	4	—	1	25.0

外商投资经济分行业施工和建成投产项目个数

续2 单位:个

行　　业	施工项目	新开工	全部建成投产项目	项目建成投产率(%)
餐饮业	24	6	5	20.8
(九) 金融、保险业	7	—	1	14.3
金融业	7	—	1	14.3
保险业	—	—	—	—
(十) 房地产业	43	13	9	20.9
房地产开发与经营业	40	12	9	22.5
房地产管理业	3	1	—	—
房地产代理与经纪业	—	—	—	—
(十一) 社会服务业	258	86	82	31.8
公共服务业	21	8	3	14.3
居民服务业	7	3	3	42.9
旅馆业	147	44	46	31.3
租赁服务业	3	—	—	—
旅行社	16	7	9	56.3
娱乐服务业	57	20	21	36.8
信息、咨询服务业	1	1	—	—
计算机应用服务业	2	1	—	—
其他社会服务业	4	2	—	—
(十二) 卫生、体育和社会福利业	20	7	4	20.0
卫生	3	—	—	—
体育	14	4	4	28.6
社会福利保障业	3	3	—	—
(十三) 教育、文化艺术及广播电影电视业	21	8	5	23.8
教育	9	6	4	44.4
文化艺术业	8	2	1	12.5
广播电影电视业	4	—	—	—
(十四) 科学研究和综合技术服务业	3	—	1	33.3
科学研究业	2	—	1	50.0
综合技术服务业	1	—	—	—
(十五) 国家机关、政党机关和社会团体	5	1	1	20.0
国家机关	5	1	1	20.0
政党机关	—	—	—	—
社会团体	—	—	—	—
基层群众自治组织	—	—	—	—
(十六) 其他行业	8	3	2	25.0
其他行业	8	3	2	25.0

各地区外商投资经济房屋建筑面积和造价

地　　区	施工房屋面　　积(万平方米)	竣工房屋面　　积(万平方米)	房屋建筑面积竣工率(%)	竣工房屋价　　值(万元)	竣工房屋造　　价(元/平方米)
全国总计	**8503.88**	**2503.18**	**29.4**	**3923737**	**1568**
北　京	684.04	121.03	17.7	383943	3172
天　津	192.91	38.29	19.8	76859	2007
河　北	257.25	102.52	39.9	138955	1355
山　西	45.11	12.81	28.4	13226	1032
内蒙古	13.18	8.59	65.2	6917	805
辽　宁	513.06	110.42	21.5	140940	1276
吉　林	124.19	65.68	52.9	76150	1159
黑龙江	99.44	30.99	31.2	34725	1121
上　海	896.74	160.66	17.9	484565	3016
江　苏	721.07	266.27	36.9	340144	1277
浙　江	469.70	155.98	33.2	226856	1454
安　徽	173.63	77.96	44.9	73567	944
福　建	794.80	221.26	27.8	317094	1433
江　西	109.54	31.47	28.7	30380	965
山　东	365.67	138.11	37.8	216091	1565
河　南	245.58	84.84	34.5	130300	1536
湖　北	430.91	142.31	33.0	123594	868
湖　南	157.47	48.78	31.0	54600	1119
广　东	1013.29	347.47	34.3	629985	1813
广　西	208.34	57.58	27.6	79047	1373
海　南	88.32	30.93	35.0	42644	1379
重　庆	205.87	42.99	20.9	36102	840
四　川	277.96	82.97	29.8	123792	1492
贵　州	104.65	37.35	35.7	24029	643
云　南	92.15	37.69	40.9	67190	1783
西　藏	—	—	—	—	—
陕　西	111.57	19.03	17.1	15047	791
甘　肃	77.30	24.33	31.5	32169	1322
青　海	0.70	—	—	—	—
宁　夏	10.55	2.78	26.4	1635	588
新　疆	18.91	2.08	11.0	3191	1534
不分地区	—	—	—	—	—

各地区外商投资经济住宅建筑面积和造价

地　　区	施工住宅面　积(万平方米)	竣工住宅面　积(万平方米)	住宅建筑面积竣工率(%)	竣工住宅价　值(万元)	竣工住宅造　价(元/平方米)
全国总计	**2966.68**	**1026.37**	**34.6**	**1430544**	**1394**
北　京	218.28	53.30	24.4	161790	3035
天　津	67.15	11.73	17.5	21249	1812
河　北	85.54	19.85	23.2	19588	987
山　西	16.60	6.27	37.8	3971	633
内蒙古	3.49	1.68	48.1	839	499
辽　宁	176.71	65.72	37.2	68147	1037
吉　林	26.52	17.73	66.9	15003	846
黑龙江	24.70	6.13	24.8	5111	834
上　海	236.43	41.71	17.6	159140	3815
江　苏	147.35	75.62	51.3	67011	886
浙　江	142.75	66.64	46.7	97443	1462
安　徽	55.48	26.48	47.7	17043	644
福　建	353.02	106.55	30.2	151189	1419
江　西	49.08	16.58	33.8	14023	846
山　东	119.25	43.14	36.2	42865	994
河　南	107.96	32.59	30.2	25523	783
湖　北	146.94	41.70	28.4	56313	1350
湖　南	60.58	24.68	40.7	27307	1106
广　东	467.55	173.77	37.2	291566	1678
广　西	75.54	22.80	30.2	19842	870
海　南	23.28	10.53	45.2	19826	1883
重　庆	87.68	35.58	40.6	28093	790
四　川	92.58	44.86	48.5	30183	673
贵　州	48.35	25.87	53.5	19230	743
云　南	27.84	19.85	71.3	35443	1786
西　藏	—	—	—	—	—
陕　西	51.85	16.91	32.6	12376	732
甘　肃	40.85	15.44	37.8	18877	1223
青　海	0.70	—	—	—	—
宁　夏	8.89	2.39	26.9	1377	576
新　疆	3.68	0.29	7.9	176	607
不分地区	—	—	—	—	—

外商投资经济分行业房屋建筑面积和造价

行　　　业	施工房屋面　积(万平方米)	竣工房屋面　积(万平方米)	房屋建筑面积竣工率(%)	竣工房屋价　值(万元)	竣工房屋造　价(元/平方米)
全　国　总　计	**8503.88**	**2503.18**	**29.4**	**3923737**	**1568**
(一)农、林、牧、渔业	18.33	11.84	64.6	7092	599
农业	1.81	1.28	70.7	1028	803
林业	0.10	0.10	100.0	54	540
畜牧业	12.80	9.64	75.3	5454	566
渔业	0.91	0.54	59.3	308	570
农、林、牧、渔服务业	2.72	0.27	9.9	248	919
(二)采掘业	3.73	2.23	59.8	1365	612
煤炭采选业	—	—	—	—	—
石油和天然气开采业	—	—	—	—	—
黑色金属矿采选业	—	—	—	—	—
有色金属矿采选业	1.30	0.80	61.5	184	230
非金属矿采选业	2.43	1.43	58.8	1181	826
其他矿采选业	—	—	—	—	—
木材及竹材采运业	—	—	—	—	—
(三)制造业	1849.78	898.77	48.6	1049797	1168
食品加工业	96.24	61.39	63.8	67925	1106
食品制造业	80.47	43.33	53.8	46194	1066
饮料制造业	92.25	54.65	59.2	70408	1288
烟草加工业	0.45	0.45	100.0	655	1456
纺织业	92.82	56.80	61.2	65989	1162
服装及其他纤维制品制造业	39.64	27.44	69.2	39346	1434
皮革、毛皮、羽绒及其制品业	20.34	15.78	77.6	8215	521
木材加工及竹、藤、棕、草制品业	40.71	19.92	48.9	16362	821
家具制造业	11.87	8.19	69.0	8453	1032
造纸及纸制品业	145.03	19.61	13.5	22200	1132
印刷业、记录媒介的复制	23.73	8.06	34.0	9319	1156
文教体育用品制造业	20.63	16.23	78.7	20575	1268
石油加工及炼焦业	10.95	1.95	17.8	2257	1157
化学原料及化学制品制造业	105.15	47.74	45.4	57414	1203
医药制造业	75.59	34.97	46.3	53724	1536
化学纤维制造业	35.71	10.74	30.1	18075	1683
橡胶制品业	61.29	18.02	29.4	17518	972
塑料制品业	27.39	16.03	58.5	20542	1281
非金属矿物制品业	143.57	71.16	49.6	83430	1172
黑色金属冶炼及压延加工业	17.41	4.34	24.9	5253	1210
有色金属冶炼及压延加工业	40.34	19.23	47.7	21770	1132
金属制品业	56.16	34.95	62.2	44326	1268
普通机械制造业	61.06	31.73	52.0	44518	1403

外商投资经济分行业房屋建筑面积和造价

续 1

行业	施工房屋面积(万平方米)	竣工房屋面积(万平方米)	房屋建筑面积竣工率(%)	竣工房屋价值(万元)	竣工房屋造价(元/平方米)
专用设备制造业	40.57	19.00	46.8	25901	1363
交通运输设备制造业	244.62	128.65	52.6	99696	775
电气机械及器材制造业	100.64	60.59	60.2	88327	1458
电子及通信设备制造业	133.92	58.02	43.3	83430	1438
仪器仪表及文化、办公用机械制造业	11.48	5.11	44.5	4412	863
其他制造业	19.75	4.69	23.7	3563	760
(四) 电力、煤气及水的生产和供应业	108.62	23.84	21.9	30621	1284
电力、蒸汽、热水的生产和供应业	105.00	21.22	20.2	27723	1306
煤气生产和供应业	2.71	2.53	93.4	2655	1049
自来水的生产和供应业	0.92	0.10	10.9	243	2430
(五) 建筑业	12.55	9.50	75.7	22772	2397
土木工程建筑业	10.40	7.34	70.6	18211	2481
线路、管道和设备安装业	0.50	0.50	100.0	600	1200
建筑物的装修装饰业	1.66	1.66	100.0	3961	2386
(六) 地质勘查业、水利管理业	—	—	—	—	—
地质勘查业	—	—	—	—	—
水利管理业	—	—	—	—	—
(七) 交通运输、仓储及邮电通信业	44.53	17.39	39.1	25954	1492
铁路运输业	5.80	1.07	18.4	1178	1101
公路运输业	4.32	1.76	40.7	2422	1376
管道运输业	—	—	—	—	—
水上运输业	2.50	2.50	100.0	2631	1052
航空运输业	12.01	—	—	—	—
交通运输辅助业	3.36	3.20	95.2	3086	964
其他交通运输业	—	—	—	—	—
仓储业	13.19	8.85	67.1	16637	1880
邮电通信业	3.35	—	—	—	—
(八) 批发和零售贸易、餐饮业	236.39	41.56	17.6	105829	2546
食品、饮料、烟草和家庭用品批发商业	22.29	11.90	53.4	21038	1768
能源、材料和机械电子设备批发业	12.43	4.73	38.1	5901	1248
其他批发业	14.69	1.74	11.8	2479	1425
零售业	145.52	16.89	11.6	56763	3361
商业经纪与代理业	7.79	0.40	5.1	700	1750

外商投资经济分行业房屋建筑面积和造价

续 2

行　　业	施工房屋面　积(万平方米)	竣工房屋面　积(万平方米)	房屋建筑面积竣工率(%)	竣工房屋价　值(万元)	竣工房屋造　价(元/平方米)
餐饮业	33.67	5.91	17.6	18948	3206
(九) 金融、保险业	9.25	0.51	5.5	379	743
金融业	9.25	0.51	5.5	379	743
保险业	—	—	—	—	—
(十) 房地产业	5730.15	1423.89	24.8	2552579	1793
房地产开发与经营业	5729.05	1423.89	24.9	2552579	1793
房地产管理业	1.10	—	—	—	—
房地产代理与经纪业	—	—	—	—	—
(十一) 社会服务业	399.90	60.59	15.2	106796	1763
公共服务业	6.78	0.02	0.3	40	2000
居民服务业	1.66	0.22	13.3	110	500
旅馆业	287.69	35.03	12.2	68406	1953
租赁服务业	14.10	—	—	—	—
旅行社	19.86	4.58	23.1	14785	3228
娱乐服务业	50.24	20.43	40.7	22910	1121
信息、咨询服务业	—	—	—	—	—
计算机应用服务业	2.16	0.14	6.5	115	821
其他社会服务业	17.42	0.18	1.0	430	2389
(十二) 卫生、体育和社会福利业	24.80	7.17	28.9	11791	1644
卫生	—	—	—	—	—
体育	23.80	6.17	25.9	8791	1425
社会福利保障业	1.00	1.00	100.0	3000	3000
(十三) 教育、文化艺术及广播电影电视业	29.48	3.81	12.9	4766	1251
教育	8.61	2.86	33.2	3366	1177
文化艺术业	13.70	0.95	6.9	1400	1474
广播电影电视业	7.18	—	—	—	—
(十四) 科学研究和综合技术服务业	4.55	0.40	8.8	235	588
科学研究业	1.19	0.40	33.6	235	588
综合技术服务业	3.36	—	—	—	—
(十五) 国家机关、政党机关和社会团体	0.34	0.34	100.0	750	2206
国家机关	0.34	0.34	100.0	750	2206
政党机关	—	—	—	—	—
社会团体	—	—	—	—	—
基层群众自治组织	—	—	—	—	—
(十六) 其他行业	31.48	1.34	4.3	3011	2247
其他行业	31.48	1.34	4.3	3011	2247

外商投资经济分行业住宅建筑面积和造价

行　　业	施工住宅面积(万平方米)	竣工住宅面积(万平方米)	住宅建筑面积竣工率(%)	竣工住宅价值(万元)	竣工住宅造价(元/平方米)
全国总计	**2966.68**	**1026.37**	**34.6**	**1430544**	**1394**
(一)农、林、牧、渔业	0.41	0.28	68.3	134	479
农业	0.16	0.11	68.8	55	500
林业	—	—	—	—	—
畜牧业	0.11	0.07	63.6	21	300
渔业	0.13	0.11	84.6	58	527
农、林、牧、渔服务业	—	—	—	—	—
(二)采掘业	—	—	—	—	—
煤炭采选业	—	—	—	—	—
石油和天然气开采业	—	—	—	—	—
黑色金属矿采选业	—	—	—	—	—
有色金属矿采选业	—	—	—	—	—
非金属矿采选业	—	—	—	—	—
其他矿采选业	—	—	—	—	—
木材及竹材采运业	—	—	—	—	—
(三)制造业	98.53	49.20	49.9	40342	820
食品加工业	5.39	4.28	79.4	2884	674
食品制造业	1.49	0.71	47.7	470	662
饮料制造业	4.60	2.59	56.3	2903	1121
烟草加工业	—	—	—	—	—
纺织业	11.81	6.89	58.3	5694	826
服装及其他纤维制品制造业	3.28	1.63	49.7	2085	1279
皮革、毛皮、羽绒及其制品业	0.90	0.69	76.7	369	535
木材加工及竹、藤、棕、草制品业	1.66	0.66	39.8	609	923
家具制造业	0.33	0.33	100.0	217	658
造纸及纸制品业	2.16	2.13	98.6	1290	606
印刷业、记录媒介的复制	1.81	0.93	51.4	586	630
文教体育用品制造业	2.50	1.80	72.0	1385	769
石油加工及炼焦业	5.78	0.06	1.0	38	633
化学原料及化学制品制造业	4.34	3.74	86.2	2354	629
医药制造业	4.67	0.35	7.5	330	943
化学纤维制造业	0.52	0.05	9.6	25	500
橡胶制品业	4.41	0.12	2.7	103	858
塑料制品业	1.73	0.94	54.3	878	934
非金属矿物制品业	6.65	4.80	72.2	3966	826
黑色金属冶炼及压延加工业	1.73	0.28	16.2	167	596
有色金属冶炼及压延加工业	2.59	0.65	25.1	480	738
金属制品业	4.07	2.18	53.6	3027	1389
普通机械制造业	2.93	1.26	43.0	875	694

外商投资经济分行业住宅建筑面积和造价

续 1

行业	施工住宅面积(万平方米)	竣工住宅面积(万平方米)	住宅建筑面积竣工率(%)	竣工住宅价值(万元)	竣工住宅造价(元/平方米)
专用设备制造业	1.95	1.19	61.0	1203	1011
交通运输设备制造业	6.17	3.30	53.5	2876	872
电气机械及器材制造业	4.74	3.54	74.7	2996	846
电子及通信设备制造业	8.89	3.67	41.3	2151	586
仪器仪表及文化、办公用机械制造业	0.80	—	—	—	—
其他制造业	0.65	0.43	66.2	381	886
(四) 电力、煤气及水的生产和供应业	20.46	10.08	49.3	7720	766
电力、蒸汽、热水的生产和供应业	20.26	9.89	48.8	7457	754
煤气生产和供应业	0.12	0.12	100.0	92	767
自来水的生产和供应业	0.07	0.07	100.0	171	2443
(五) 建筑业	0.11	0.04	36.4	100	2500
土木工程建筑业	0.11	0.04	36.4	100	2500
线路、管道和设备安装业	—	—	—	—	—
建筑物的装修装饰业	—	—	—	—	—
(六) 地质勘查业、水利管理业	—	—	—	—	—
地质勘查业	—	—	—	—	—
水利管理业	—	—	—	—	—
(七) 交通运输、仓储及邮电通信业	4.83	3.20	66.3	3194	998
铁路运输业	1.05	1.05	100.0	1151	1096
公路运输业	0.34	0.34	100.0	224	659
管道运输业	—	—	—	—	—
水上运输业	0.78	0.78	100.0	780	1000
航空运输业	—	—	—	—	—
交通运输辅助业	0.80	0.80	100.0	889	1111
其他交通运输业	—	—	—	—	—
仓储业	0.23	0.23	100.0	150	652
邮电通信业	1.64	—	—	—	—
(八) 批发和零售贸易、餐饮业	5.11	1.45	28.4	2241	1546
食品、饮料、烟草和家庭用品批发商业	0.88	0.88	100.0	1680	1909
能源、材料和机械电子设备批发业	0.23	0.20	87.0	100	500
其他批发业	—	—	—	—	—
零售业	1.67	0.37	22.2	461	1246
商业经纪与代理业	1.00	—	—	—	—

外商投资经济分行业住宅建筑面积和造价

续 2

行业	施工住宅面积(万平方米)	竣工住宅面积(万平方米)	住宅建筑面积竣工率(%)	竣工住宅价值(万元)	竣工住宅造价(元/平方米)
餐饮业	1.34	—	—	—	—
(九)金融、保险业	0.08	0.08	100.0	51	638
金融业	0.08	0.08	100.0	51	638
保险业	—	—	—	—	—
(十)房地产业	2817.78	953.27	33.8	1360383	1427
房地产开发与经营业	2817.78	953.27	33.8	1360383	1427
房地产管理业	—	—	—	—	—
房地产代理与经纪业	—	—	—	—	—
(十一)社会服务业	15.02	4.89	32.6	10798	2208
公共服务业	—	—	—	—	—
居民服务业	—	—	—	—	—
旅馆业	10.89	1.81	16.6	2864	1582
租赁服务业	—	—	—	—	—
旅行社	1.69	1.69	100.0	7079	4189
娱乐服务业	1.58	1.37	86.7	843	615
信息、咨询服务业	—	—	—	—	—
计算机应用服务业	0.07	0.01	14.3	12	1200
其他社会服务业	0.79	—	—	—	—
(十二)卫生、体育和社会福利业	3.00	3.00	100.0	4000	1333
卫生	—	—	—	—	—
体育	2.00	2.00	100.0	1000	500
社会福利保障业	1.00	1.00	100.0	3000	3000
(十三)教育、文化艺术及广播电影电视业	1.35	0.89	65.9	1581	1776
教育	0.89	0.89	100.0	1581	1776
文化艺术业	0.46	—	—	—	—
广播电影电视业	—	—	—	—	—
(十四)科学研究和综合技术服务业	—	—	—	—	—
科学研究业	—	—	—	—	—
综合技术服务业	—	—	—	—	—
(十五)国家机关、政党机关和社会团体	—	—	—	—	—
国家机关	—	—	—	—	—
政党机关	—	—	—	—	—
社会团体	—	—	—	—	—
基层群众自治组织	—	—	—	—	—
(十六)其他行业	—	—	—	—	—
其他行业	—	—	—	—	—

港澳台投资经济固定资产投资

各地区港澳台投资经济投资总规模与完成情况（一）

单位:万元

地　　区	计划总投资	实际需要总投资	自开始建设至本年底累计完成投资	本年完成投资
全国总计	**49308971**	**53354815**	**27264344**	**9371408**
北　　京	6370249	7515297	3345052	977700
天　　津	660258	626449	466909	124946
河　　北	642990	701461	539621	114310
山　　西	36182	37177	30874	9531
内 蒙 古	2374	2245	2245	1600
辽　　宁	1808715	1933935	1116824	477596
吉　　林	84258	96771	60441	20720
黑 龙 江	319539	330146	204049	74241
上　　海	6237952	6565446	4141092	1069965
江　　苏	2276069	2385780	1543778	713429
浙　　江	1835882	1945427	832734	279370
安　　徽	184479	187435	90772	34221
福　　建	6696235	7100516	2983815	1188204
江　　西	171727	180593	110685	53749
山　　东	1282413	1392501	733067	238574
河　　南	970169	1050870	479173	212469
湖　　北	2760138	2926283	1437030	547822
湖　　南	361535	378471	242768	83738
广　　东	14206209	15358563	7482080	2650924
广　　西	369022	380446	226551	73783
海　　南	355128	382138	220666	64931
重　　庆	1091495	1222893	551679	175033
四　　川	150538	153667	87101	50933
贵　　州	29830	35770	16210	6280
云　　南	214597	228195	145480	62917
西　　藏	—	—	—	—
陕　　西	32114	33814	27685	10031
甘　　肃	85086	117236	71885	24790
青　　海	23770	24008	23781	3145
宁　　夏	15978	17337	14950	7424
新　　疆	34040	43945	35347	19032
不分地区	—	—	—	—

各地区港澳台投资经济投资总规模与完成情况（二）

单位:万元

地　　区	累计新增固定资产	未完工程累计投资	全部建成尚需投资	未完工程占用率(%)
全国总计	**10355060**	**15473966**	**26090471**	**165.1**
北　　京	732549	2580274	4170245	263.9
天　　津	116281	199444	159540	159.6
河　　北	421162	112520	161840	98.4
山　　西	23741	6732	6303	70.6
内 蒙 古	2245	—	—	—
辽　　宁	332679	781707	817111	163.7
吉　　林	24932	32509	36330	156.9
黑 龙 江	76177	119972	126097	161.6
上　　海	1258646	2162036	2424354	202.1
江　　苏	765338	771833	842002	108.2
浙　　江	397251	408767	1112693	146.3
安　　徽	33813	51276	96663	149.8
福　　建	1473678	1472997	4116701	124.0
江　　西	41452	61072	69908	113.6
山　　东	309033	415238	659434	174.0
河　　南	198530	278457	571697	131.1
湖　　北	483913	943095	1489253	172.2
湖　　南	73993	137076	135703	163.7
广　　东	3083440	4071796	7876483	153.6
广　　西	93915	110133	153895	149.3
海　　南	11093	205573	161472	316.6
重　　庆	231299	310438	671214	177.4
四　　川	24626	62255	66566	122.2
贵　　州	3472	12738	19560	202.8
云　　南	43039	91608	82715	145.6
西　　藏	—	—	—	—
陕　　西	7018	20667	6129	206.0
甘　　肃	54165	17255	45351	69.6
青　　海	1050	22731	227	722.8
宁　　夏	11575	3375	2387	45.5
新　　疆	24955	10392	8598	54.6
不分地区	—	—	—	—

港澳台投资经济分行业投资总规模与完成情况（一）

单位:万元

行　业	计划总投资	实际需要总投资	自开始建设至本年底累计完成投资	本年完成投资
全国总计	**49308971**	**53354815**	**27264344**	**9371408**
(一) 农、林、牧、渔业	66912	66912	45323	27406
农业	11348	11348	4731	3662
林业	500	500	500	500
畜牧业	41175	41175	26603	13618
渔业	13510	13510	13110	9247
农、林、牧、渔服务业	379	379	379	379
(二) 采掘业	9896	9964	8337	4567
煤炭采选业	—	—	—	—
石油和天然气开采业	—	—	—	—
黑色金属矿采选业	1600	2070	1780	1430
有色金属矿采选业	—	—	—	—
非金属矿采选业	7796	7394	6182	3087
其他矿采选业	—	—	—	—
木材及竹材采运业	500	500	375	50
(三) 制造业	8200931	8317132	4420220	2668059
食品加工业	137514	131686	102052	57989
食品制造业	213554	223893	180106	117263
饮料制造业	287642	288877	264318	200348
烟草加工业	205	205	205	205
纺织业	477139	481951	207945	139518
服装及其他纤维制品制造业	68485	69591	59263	37902
皮革、毛皮、羽绒及其制品业	66981	68001	49586	39482
木材加工及竹、藤、棕、草制品业	141347	141618	109935	77074
家具制造业	33280	33308	20540	16439
造纸及纸制品业	365908	368178	216344	135283
印刷业、记录媒介的复制	45055	48772	41431	30651
文教体育用品制造业	31608	32903	25783	16184
石油加工及炼焦业	832500	832500	91870	2871
化学原料及化学制品制造业	496697	504690	249212	160655
医药制造业	70138	71368	43395	31057
化学纤维制造业	521514	525259	300054	166016
橡胶制品业	145894	145888	75636	14441
塑料制品业	243281	246794	161494	104052
非金属矿物制品业	482473	492367	362484	174064
黑色金属冶炼及压延加工业	765995	791634	236621	120646
有色金属冶炼及压延加工业	264194	281277	226742	74095
金属制品业	190636	198776	140457	84333
普通机械制造业	170875	178920	109190	88246

港澳台投资经济分行业投资总规模与完成情况（一）

续 1

单位:万元

行业	计划总投资	实际需要总投资	自开始建设至本年底累计完成投资	本年完成投资
专用设备制造业	31516	31498	15567	8515
交通运输设备制造业	636252	639560	300510	170069
电气机械及器材制造业	189400	192147	147942	89354
电子及通信设备制造业	1192219	1193946	605453	466833
仪器仪表及文化、办公用机械制造业	24920	24926	16322	11114
其他制造业	73709	76599	59763	33360
(四) 电力、煤气及水的生产和供应业	3519590	3551399	1482583	437782
电力、蒸汽、热水的生产和供应业	3421364	3451028	1425435	400644
煤气生产和供应业	37185	39330	14280	5474
自来水的生产和供应业	61041	61041	42868	31664
(五) 建筑业	259544	259609	207881	15686
土木工程建筑业	258965	259030	207472	15443
线路、管道和设备安装业	—	—	—	—
建筑物的装修装饰业	579	579	409	243
(六) 地质勘查业、水利管理业	—	—	—	—
地质勘查业	—	—	—	—
水利管理业	—	—	—	—
(七) 交通运输、仓储及邮电通信业	846942	873137	550565	184712
铁路运输业	—	—	—	—
公路运输业	175103	175103	46375	22966
管道运输业	145665	145665	145665	10130
水上运输业	37000	37000	19991	1566
航空运输业	—	—	—	—
交通运输辅助业	321745	337247	209691	93447
其他交通运输业	—	—	—	—
仓储业	167429	178122	128843	56603
邮电通信业	—	—	—	—
(八) 批发和零售贸易、餐饮业	602337	748864	465882	161869
食品、饮料、烟草和家庭用品批发商业	29098	29098	6635	5771
能源、材料和机械电子设备批发业	14868	15702	3047	2925
其他批发业	4153	4153	3650	3523
零售业	482984	622041	404249	135798
商业经纪与代理业	20371	22343	18267	768

港澳台投资经济分行业投资总规模与完成情况（一）

续 2　　　　　　　　　　　　　　　　　　　　　　　　　　　　　单位:万元

行　　业	计划总投资	实际需要总投资	自开始建设至本年底累计完成投资	本年完成投资
餐饮业	50863	55527	30034	13084
（九）金融、保险业	163600	166200	104724	41794
金融业	163600	166200	104724	41794
保险业	—	—	—	—
（十）房地产业	33461943	37075962	18650964	5265057
房地产开发与经营业	33389943	37009562	18629562	5262628
房地产管理业	72000	66400	23749	2429
房地产代理与经纪业	—	—	—	—
（十一）社会服务业	2082137	2185405	1276269	535515
公共服务业	1015997	1026988	593306	259777
居民服务业	3939	3939	3633	1476
旅馆业	627971	677905	390731	139196
租赁服务业	—	—	—	—
旅行社	32660	35263	25949	21258
娱乐服务业	397290	437030	259730	110888
信息、咨询服务业	80	80	80	80
计算机应用服务业	—	—	—	—
其他社会服务业	4200	4200	2840	2840
（十二）卫生、体育和社会福利业	8899	8899	4740	4385
卫生	769	769	542	187
体育	8130	8130	4198	4198
社会福利保障业	—	—	—	—
（十三）教育、文化艺术及广播电影电视业	49107	50480	24800	16483
教育	19694	19694	6426	6265
文化艺术业	—	—	—	—
广播电影电视业	29413	30786	18374	10218
（十四）科学研究和综合技术服务业	3360	3360	1900	1900
科学研究业	—	—	—	—
综合技术服务业	3360	3360	1900	1900
（十五）国家机关、政党机关和社会团体	3176	3176	718	611
国家机关	2876	2876	568	461
政党机关	—	—	—	—
社会团体	300	300	150	150
基层群众自治组织	—	—	—	—
（十六）其他行业	30597	34316	19438	5582
其他行业	30597	34316	19438	5582

港澳台投资经济分行业投资总规模与完成情况（二）

单位:万元

行　　业	累计新增固定资产	未完工程累计投资	全部建成尚需投资	未完工程占用率(%)
全　国　总　计	**10355060**	**15473966**	**26090471**	**165.1**
(一) 农、林、牧、渔业	37138	8185	21589	29.9
农业	3920	811	6617	22.1
林业	500	—	—	—
畜牧业	22829	3774	14572	27.7
渔业	9510	3600	400	38.9
农、林、牧、渔服务业	379	—	—	—
(二) 采掘业	5202	3135	1627	68.6
煤炭采选业	—	—	—	—
石油和天然气开采业	—	—	—	—
黑色金属矿采选业	750	1030	290	72.0
有色金属矿采选业	—	—	—	—
非金属矿采选业	4452	1730	1212	56.0
其他矿采选业	—	—	—	—
木材及竹材采运业	—	375	125	750.0
(三) 制造业	2802487	1539235	3896912	57.7
食品加工业	62196	39767	29634	68.6
食品制造业	155631	22324	43787	19.0
饮料制造业	205503	54529	24559	27.2
烟草加工业	205	—	—	—
纺织业	165944	38188	274006	27.4
服装及其他纤维制品制造业	48297	7697	10328	20.3
皮革、毛皮、羽绒及其制品业	47976	1588	18415	4.0
木材加工及竹、藤、棕、草制品业	48149	47146	31683	61.2
家具制造业	15726	4812	12768	29.3
造纸及纸制品业	91602	123042	151834	91.0
印刷业、记录媒介的复制	35215	5963	7341	19.5
文教体育用品制造业	18599	5967	7120	36.9
石油加工及炼焦业	2500	89370	740630	3112.9
化学原料及化学制品制造业	154251	94111	255478	58.6
医药制造业	12075	30020	27973	96.7
化学纤维制造业	116108	183946	225205	110.8
橡胶制品业	54819	20817	70252	144.2
塑料制品业	100717	52611	85300	50.6
非金属矿物制品业	261409	96938	129883	55.7
黑色金属冶炼及压延加工业	42536	194085	555013	160.9
有色金属冶炼及压延加工业	170743	54074	54535	73.0
金属制品业	108415	19737	58319	23.4
普通机械制造业	45451	63609	69730	72.1

港澳台投资经济分行业投资总规模与完成情况（二）

续1　　　　　　　　　　　　　　　　　　　　　　　　　　　单位:万元

行　　业	累计新增固定资产	未完工程累计投资	全部建成尚需投资	未完工程占用率(%)
专用设备制造业	7912	7655	15931	89.9
交通运输设备制造业	199026	89055	339050	52.4
电气机械及器材制造业	102868	42655	44205	47.7
电子及通信设备制造业	481457	122751	588493	26.3
仪器仪表及文化、办公用机械制造业	13137	3185	8604	28.7
其他制造业	34020	23593	16836	70.7
(四) 电力、煤气及水的生产和供应业	602253	869006	2068816	198.5
电力、蒸汽、热水的生产和供应业	562785	851326	2025593	212.5
煤气生产和供应业	12456	1824	25050	33.3
自来水的生产和供应业	27012	15856	18173	50.1
(五) 建筑业	73743	133841	51728	853.3
土木工程建筑业	73570	133779	51558	866.3
线路、管道和设备安装业	—	—	—	—
建筑物的装修装饰业	173	62	170	25.5
(六) 地质勘查业、水利管理业	—	—	—	—
地质勘查业	—	—	—	—
水利管理业	—	—	—	—
(七) 交通运输、仓储及邮电通信业	394595	139737	322572	75.7
铁路运输业	—	—	—	—
公路运输业	267	37999	128728	165.5
管道运输业	145665	—	—	—
水上运输业	16351	3640	17009	232.4
航空运输业	—	—	—	—
交通运输辅助业	142738	58829	127556	63.0
其他交通运输业	—	—	—	—
仓储业	89574	39269	49279	69.4
邮电通信业	—	—	—	—
(八) 批发和零售贸易、餐饮业	115984	348960	282982	215.6
食品、饮料、烟草和家庭用品批发商业	1940	4695	22463	81.4
能源、材料和机械电子设备批发业	1484	1463	12655	50.0
其他批发业	2111	701	503	19.9
零售业	70888	333361	217792	245.5
商业经纪与代理业	13743	4524	4076	589.1

港澳台投资经济分行业投资总规模与完成情况（二）

续 2　　　　单位:万元

行　　业	累计新增固定资产	未完工程累计投资	全部建成尚需投资	未完工程占用率(%)
餐饮业	25818	4216	25493	32.2
(九) 金融、保险业	—	90604	61476	216.8
金融业	—	90604	61476	216.8
保险业	—	—	—	—
(十) 房地产业	5595062	11848639	1842499868	225.0
房地产开发与经营业	5595062	11825160	18382347	224.7
房地产管理业	—	23479	42651	966.6
房地产代理与经纪业	—	—	—	—
(十一) 社会服务业	717749	451985	909136	84.4
公共服务业	458110	44960	433682	17.3
居民服务业	2951	682	306	46.2
旅馆业	112208	262274	287174	188.4
租赁服务业	—	—	—	—
旅行社	21051	4898	9314	23.0
娱乐服务业	123349	136331	177300	122.9
信息、咨询服务业	80	—	—	—
计算机应用服务业	—	—	—	—
其他社会服务业	—	2840	1360	100.0
(十二) 卫生、体育和社会福利业	454	4286	4159	97.7
卫生	454	88	227	47.1
体育	—	4198	3932	100.0
社会福利保障业	—	—	—	—
(十三) 教育、文化艺术及广播电影电视业	4768	19922	25680	120.9
教育	4768	1548	13268	24.7
文化艺术业	—	—	—	—
广播电影电视业	—	18374	12412	179.8
(十四) 科学研究和综合技术服务业	—	1900	1460	100.0
科学研究业	—	—	—	—
综合技术服务业	—	1900	1460	100.0
(十五) 国家机关、政党机关和社会团体	328	390	2458	63.8
国家机关	328	240	2308	52.1
政党机关	—	—	—	—
社会团体	—	150	150	100.0
基层群众自治组织	—	—	—	—
(十六) 其他行业	5297	14141	14878	253.3
其他行业	5297	14141	14878	253.3

各地区港澳台投资经济固定资产投资额和新增固定资产

单位:万元

地 区	投资额	新增固定资产	固定资产交付使用率(%)
全国总计	**9371408**	**6677370**	**71.3**
北 京	977700	309206	31.6
天 津	124946	45910	36.7
河 北	114310	76480	66.9
山 西	9531	13808	144.9
内 蒙 古	1600	2101	131.3
辽 宁	477596	302240	63.3
吉 林	20720	16101	77.7
黑 龙 江	74241	76137	102.6
上 海	1069965	1052624	98.4
江 苏	713429	623134	87.3
浙 江	279370	277505	99.3
安 徽	34221	18350	53.6
福 建	1188204	823495	69.3
江 西	53749	32564	60.6
山 东	238574	173241	72.6
河 南	212469	142759	67.2
湖 北	547822	342077	62.4
湖 南	83738	58202	69.5
广 东	2650924	1917127	72.3
广 西	73783	51532	69.8
海 南	64931	10532	16.2
重 庆	175033	205225	117.2
四 川	50933	24309	47.7
贵 州	6280	685	10.9
云 南	62917	33494	53.2
西 藏	—	—	—
陕 西	10031	5813	58.0
甘 肃	24790	11588	46.7
青 海	3145	57	1.8
宁 夏	7424	7794	105.0
新 疆	19032	23280	122.3
不分地区	—	—	—

港澳台投资经济分行业投资额和新增固定资产

单位:万元

行业	投资额	新增固定资产	固定资产交付使用率(%)
全国总计	**9371408**	**6677370**	**71.3**
(一) 农、林、牧、渔业	27406	24541	89.5
农业	3662	3920	107.0
林业	500	500	100.0
畜牧业	13618	10232	75.1
渔业	9247	9510	102.8
农、林、牧、渔服务业	379	379	100.0
(二) 采掘业	4567	2494	54.6
煤炭采选业	—	—	—
石油和天然气开采业	—	—	—
黑色金属矿采选业	1430	400	28.0
有色金属矿采选业	—	—	—
非金属矿采选业	3087	2094	67.8
其他矿采选业	—	—	—
木材及竹材采运业	50	—	—
(三) 制造业	2668059	2238283	83.9
食品加工业	57989	60141	103.7
食品制造业	117263	128661	109.7
饮料制造业	200348	199140	99.4
烟草加工业	205	205	100.0
纺织业	139518	97682	70.0
服装及其他纤维制品制造业	37902	36575	96.5
皮革、毛皮、羽绒及其制品业	39482	47746	120.9
木材加工及竹、藤、棕、草制品业	77074	38823	50.4
家具制造业	16439	11793	71.7
造纸及纸制品业	135283	65978	48.8
印刷业、记录媒介的复制	30651	26099	85.1
文教体育用品制造业	16184	12878	79.6
石油加工及炼焦业	2871	2455	85.5
化学原料及化学制品制造业	160655	109514	68.2
医药制造业	31057	10226	32.9
化学纤维制造业	166016	109847	66.2
橡胶制品业	14441	12895	89.3
塑料制品业	104052	74540	71.6
非金属矿物制品业	174064	255574	146.8
黑色金属冶炼及压延加工业	120646	29235	24.2
有色金属冶炼及压延加工业	74095	99419	134.2
金属制品业	84333	92721	109.9
普通机械制造业	88246	40039	45.4

港澳台投资经济分行业投资额和新增固定资产

续 1　　　　单位:万元

行　　业	投资额	新增固定资产	固定资产交付使用率(%)
专用设备制造业	8515	4850	57.0
交通运输设备制造业	170069	157970	92.9
电气机械及器材制造业	89354	68302	76.4
电子及通信设备制造业	466833	410908	88.0
仪器仪表及文化、办公用机械制造业	11114	8815	79.3
其他制造业	33360	25252	75.7
(四) 电力、煤气及水的生产和供应业	437782	110217	25.2
电力、蒸汽、热水的生产和供应业	400644	79619	19.9
煤气生产和供应业	5474	5864	107.1
自来水的生产和供应业	31664	24734	78.1
(五) 建筑业	15686	8561	54.6
土木工程建筑业	15443	8388	54.3
线路、管道和设备安装业	—	—	—
建筑物的装修装饰业	243	173	71.2
(六) 地质勘查业、水利管理业	—	—	—
地质勘查业	—	—	—
水利管理业	—	—	—
(七) 交通运输、仓储及邮电通信业	184712	293336	158.8
铁路运输业	—	—	—
公路运输业	22966	267	1.2
管道运输业	10130	145665	1438.0
水上运输业	1566	—	—
航空运输业	—	—	—
交通运输辅助业	93447	74724	80.0
其他交通运输业	—	—	—
仓储业	56603	72680	128.4
邮电通信业	—	—	—
(八) 批发和零售贸易、餐饮业	161869	54788	33.8
食品、饮料、烟草和家庭用品批发商业	5771	1940	33.6
能源、材料和机械电子设备批发业	2925	1444	49.4
其他批发业	3523	1111	31.5
零售业	135798	18683	13.8
商业经纪与代理业	768	13743	1789.5

港澳台投资经济分行业投资额和新增固定资产

续2　　　　　　　　　　　　　　　　　　　　　　　　　　　　单位:万元

行　　业	投资额	新增固定资产	固定资产交付使用率(%)
餐饮业	13084	17867	136.6
(九) 金融、保险业	41794	—	—
金融业	41794	—	—
保险业	—	—	—
(十) 房地产业	5265057	3376242	64.1
房地产开发与经营业	5262628	3376242	64.2
房地产管理业	2429	—	—
房地产代理与经纪业	—	—	—
(十一) 社会服务业	535515	558416	104.3
公共服务业	259777	314934	121.2
居民服务业	1476	2939	199.1
旅馆业	139196	111635	80.2
租赁服务业	—	—	—
旅行社	21258	14623	68.8
娱乐服务业	110888	114285	103.1
信息、咨询服务业	80	—	—
计算机应用服务业	—	—	—
其他社会服务业	2840	—	—
(十二) 卫生、体育和社会福利业	4385	99	2.3
卫生	187	99	52.9
体育	4198	—	—
社会福利保障业	—	—	—
(十三) 教育、文化艺术及广播电影电视业	16483	4768	28.9
教育	6265	4768	76.1
文化艺术业	—	—	—
广播电影电视业	10218	—	—
(十四) 科学研究和综合技术服务业	1900	—	—
科学研究业	—	—	—
综合技术服务业	1900	—	—
(十五) 国家机关、政党机关和社会团体	611	328	53.7
国家机关	461	328	71.1
政党机关	—	—	—
社会团体	150	—	—
基层群众自治组织	—	—	—
(十六) 其他行业	5582	5297	94.9
其他行业	5582	5297	94.9

各地区港澳台投资经济按构成分的投资

单位:万元

地　区	投资额	建筑安装工程	设备工器具购置	其他费用
全国总计	**9371408**	**5101704**	**2349583**	**1920121**
北　京	977700	537862	122748	317090
天　津	124946	106266	2942	15738
河　北	114310	61038	29122	24150
山　西	9531	8471	813	247
内蒙古	1600	1274	76	250
辽　宁	477596	297202	85898	94496
吉　林	20720	8731	10413	1576
黑龙江	74241	45895	21804	6542
上　海	1069965	580191	99505	390269
江　苏	713429	323676	311804	77949
浙　江	279370	157014	98144	24212
安　徽	34221	19985	6932	7304
福　建	1188204	563342	478298	146564
江　西	53749	34616	9604	9529
山　东	238574	108657	65508	64409
河　南	212469	114698	69230	28541
湖　北	547822	297225	103792	146805
湖　南	83738	49749	26096	7893
广　东	2650924	1487544	677644	485736
广　西	73783	40721	12288	20774
海　南	64931	42795	10315	11821
重　庆	175033	122073	30873	22087
四　川	50933	20853	27288	2792
贵　州	6280	4621	559	1100
云　南	62917	26039	29855	7023
西　藏	—	—	—	—
陕　西	10031	4076	2254	3701
甘　肃	24790	23259	800	731
青　海	3145	1859	1122	164
宁　夏	7424	2465	4352	607
新　疆	19032	9507	9504	21
不分地区	—	—	—	—

各地区港澳台投资经济按隶属关系分的投资

单位:万元

地区	合计	中央项目	地方项目	省属	地市属	县属
全国总计	**9371408**	**295565**	**6012916**	**1332219**	**2557169**	**2123528**
北京	977700	50047	922267	656438	265079	750
天津	124946	—	36977	32644	2114	2219
河北	114310	19997	50311	—	11582	38729
山西	9531	—	5095	2655	413	2027
内蒙古	1600	—	17	—	17	—
辽宁	477596	30109	230511	3600	166358	60553
吉林	20720	—	18272	2000	3391	12881
黑龙江	74241	2000	39350	1432	34877	3041
上海	1069965	141476	806290	132020	—	674270
江苏	713429	1654	487282	29572	198544	259166
浙江	279370	—	66764	—	40924	25840
安徽	34221	—	14662	4064	8250	2348
福建	1188204	18972	757236	75565	328818	352853
江西	53749	3150	19689	7887	6259	5543
山东	238574	35	160355	32288	73318	54749
河南	212469	—	101749	46328	43392	12029
湖北	547822	100	148610	18472	109755	20383
湖南	83738	—	26320	11965	7444	6911
广东	2650924	20737	1902420	209804	1164761	527855
广西	73783	7203	45590	1203	33144	11243
海南	64931	—	31428	8449	14479	8500
重庆	175033	26	76030	34656	9411	31963
四川	50933	—	5001	1560	1417	2024
贵州	6280	—	1325	1325	—	—
云南	62917	—	37227	4849	28935	3443
西藏	—	—	—	—	—	—
陕西	10031	—	9099	2989	2930	3180
甘肃	24790	—	783	—	—	783
青海	3145	—	3145	3088	57	—
宁夏	7424	—	7380	5880	1500	—
新疆	19032	59	1731	1486	—	245
不分地区	—	—	—	—	—	—

各地区港澳台投资经济按建设性质分的投资

单位:万元

地区	新建	扩建	改建	单纯建造生活设施	迁建	恢复	单纯购置
全国总计	**2917148**	**812488**	**343748**	**6901**	**4788**	**471**	**79091**
北京	139155	106	4517	2277	—	—	—
天津	2429	178	887	—	—	—	49
河北	90727	6068	6623	25	2000	—	1922
山西	1930	1687	413	—	—	—	—
内蒙古	234	—	—	—	8	471	17
辽宁	263530	25739	2548	—	—	—	60
吉林	1498	11867	110	—	—	—	—
黑龙江	10929	16056	3259	—	—	—	—
上海	76069	2550	10811	—	—	—	1931
江苏	325800	113693	17495	260	300	—	712
浙江	146381	28177	5437	320	—	—	613
安徽	13856	1202	469	—	—	—	296
福建	594725	165719	3072	1328	2110	—	38602
江西	7313	4740	4090	—	—	—	470
山东	43203	39580	38832	338	—	—	2029
河南	37406	31724	6100	895	—	—	250
湖北	126385	44619	12755	190	370	—	797
湖南	30001	17265	2860	—	—	—	—
广东	848253	247350	219091	986	—	—	28628
广西	30194	4121	330	—	—	—	—
海南	52249	798	—	—	—	—	2226
重庆	2596	6813	125	—	—	—	26
四川	25889	16982	1196	86	—	—	—
贵州	1325	—	—	—	—	—	—
云南	32948	8887	2581	—	—	—	—
西藏	—	—	—	—	—	—	—
陕西	—	2930	—	—	—	—	—
甘肃	—	—	—	—	—	—	—
青海	3000	—	88	57	—	—	—
宁夏	1531	4313	—	—	—	—	—
新疆	7592	9324	59	139	—	—	463
不分地区	—	—	—	—	—	—	—

各地区港澳台投资经济按主要行业分的投资（一）

单位:万元

地　　区	合　计	农、林、牧、渔业	采掘业	制造业	电力、煤气及水的生产和供应业
全国总计	**9371408**	**27406**	**4567**	**2668059**	**437782**
北　　京	977700	—	—	26863	—
天　　津	124946	—	—	1114	—
河　　北	114310	—	—	54545	19556
山　　西	9531	—	1030	973	1627
内 蒙 古	1600	234	—	196	—
辽　　宁	477596	—	—	67608	1495
吉　　林	20720	—	—	13155	—
黑 龙 江	74241	—	—	8432	—
上　　海	1069965	—	—	54757	—
江　　苏	713429	4731	—	416784	2193
浙　　江	279370	523	255	123069	18204
安　　徽	34221	—	—	12665	—
福　　建	1188204	4597	—	578782	128297
江　　西	53749	400	—	11010	—
山　　东	238574	379	2674	88480	10252
河　　南	212469	—	—	62840	6130
湖　　北	547822	—	400	145563	21300
湖　　南	83738	1743	—	43304	1729
广　　东	2650924	13486	158	840884	226999
广　　西	73783	500	—	16110	—
海　　南	64931	424	—	13945	—
重　　庆	175033	—	—	8527	—
四　　川	50933	—	—	42218	—
贵　　州	6280	—	—	—	—
云　　南	62917	389	50	14558	—
西　　藏	—	—	—	—	—
陕　　西	10031	—	—	2930	—
甘　　肃	24790	—	—	—	—
青　　海	3145	—	—	3057	—
宁　　夏	7424	—	—	5844	—
新　　疆	19032	—	—	9846	—
不分地区	—	—	—	—	—

各地区港澳台投资经济按主要行业分的投资（二）

单位:万元

地　　区	建筑业	地质勘查业、水利管理业	交通运输、仓储及邮电通信业	批发和零售贸易、餐饮业	金融、保险业	房地产业
全国总计	**15686**	—	**184712**	**161869**	**41794**	**5265057**
北　京	—	—	—	75632	24559	831645
天　津	—	—	—	—	—	123832
河　北	—	—	—	15187	—	6945
山　西	—	—	—	400	—	5501
内蒙古	—	—	—	—	—	870
辽　宁	—	—	—	24876	10800	188698
吉　林	—	—	—	—	—	7245
黑龙江	285	—	—	13586	—	43997
上　海	—	—	2912	768	—	1001743
江　苏	—	—	23690	400	—	255169
浙　江	—	—	1846	1338	—	100680
安　徽	—	—	—	—	—	18398
福　建	—	—	41424	7636	—	385767
江　西	—	—	—	110	—	39496
山　东	202	—	—	5257	—	116694
河　南	—	—	—	—	—	136748
湖　北	—	—	8840	480	—	363306
湖　南	—	—	—	—	—	33612
广　东	15199	—	97895	14624	6435	1317968
广　西	—	—	8105	—	—	39138
海　南	—	—	—	—	—	9831
重　庆	—	—	—	—	—	165473
四　川	—	—	—	—	—	6780
贵　州	—	—	—	1325	—	4955
云　南	—	—	—	250	—	18501
西　藏	—	—	—	—	—	—
陕　西	—	—	—	—	—	7101
甘　肃	—	—	—	—	—	24790
青　海	—	—	—	—	—	—
宁　夏	—	—	—	—	—	1580
新　疆	—	—	—	—	—	8594
不分地区	—	—	—	—	—	—

各地区港澳台投资经济按主要行业分的投资（三）

单位:万元

地　区	社会服务业	卫生、体育和社会福利业	教育、文化艺术及广播电影电视业	科学研究和综合技术服务务业	国家机关、政党机关和社会团体	其他行业
全国总计	**535515**	**4385**	**16483**	**1900**	**611**	**5582**
北　京	19001	—	—	—	—	—
天　津	—	—	—	—	—	—
河　北	17637	—	—	—	—	440
山　西	—	—	—	—	—	—
内蒙古	300	—	—	—	—	—
辽　宁	184119	—	—	—	—	—
吉　林	320	—	—	—	—	—
黑龙江	7941	—	—	—	—	—
上　海	9785	—	—	—	—	—
江　苏	6640	—	800	—	—	3022
浙　江	33370	—	85	—	—	—
安　徽	3158	—	—	—	—	—
福　建	40911	—	—	—	590	200
江　西	2733	—	—	—	—	—
山　东	14495	—	—	—	—	141
河　南	6088	—	663	—	—	—
湖　北	3135	4198	—	—	—	600
湖　南	3350	—	—	—	—	—
广　东	106156	99	8500	1900	21	600
广　西	9930	—	—	—	—	—
海　南	36231	—	4500	—	—	—
重　庆	1033	—	—	—	—	—
四　川	—	—	1935	—	—	—
贵　州	—	—	—	—	—	—
云　南	28590	—	—	—	—	579
西　藏	—	—	—	—	—	—
陕　西	—	—	—	—	—	—
甘　肃	—	—	—	—	—	—
青　海	—	88	—	—	—	—
宁　夏	—	—	—	—	—	—
新　疆	592	—	—	—	—	—
不分地区	—	—	—	—	—	—

各地区港澳台投资经济按主要工业行业分的投资（一）

单位:万元

地区	工业合计	煤炭采选业	石油和天然气开采业	黑色金属矿采选业	有色金属矿采选业	非金属矿采选业	其他矿采选业
全国总计	**3110408**	—	—	**1430**	—	**3087**	—
北京	26863	—	—	—	—	—	—
天津	1114	—	—	—	—	—	—
河北	74101	—	—	—	—	—	—
山西	3630	—	—	1030	—	—	—
内蒙古	196	—	—	—	—	—	—
辽宁	69103	—	—	—	—	—	—
吉林	13155	—	—	—	—	—	—
黑龙江	8432	—	—	—	—	—	—
上海	54757	—	—	—	—	—	—
江苏	418977	—	—	—	—	—	—
浙江	141528	—	—	—	—	255	—
安徽	12665	—	—	—	—	—	—
福建	707079	—	—	—	—	—	—
江西	11010	—	—	—	—	—	—
山东	101406	—	—	—	—	2674	—
河南	68970	—	—	—	—	—	—
湖北	167263	—	—	400	—	—	—
湖南	45033	—	—	—	—	—	—
广东	1068041	—	—	—	—	158	—
广西	16110	—	—	—	—	—	—
海南	13945	—	—	—	—	—	—
重庆	8527	—	—	—	—	—	—
四川	42218	—	—	—	—	—	—
贵州	—	—	—	—	—	—	—
云南	14608	—	—	—	—	—	—
西藏	—	—	—	—	—	—	—
陕西	2930	—	—	—	—	—	—
甘肃	—	—	—	—	—	—	—
青海	3057	—	—	—	—	—	—
宁夏	5844	—	—	—	—	—	—
新疆	9846	—	—	—	—	—	—
不分地区	—	—	—	—	—	—	—

各地区港澳台投资经济按主要工业行业分的投资（二）

单位:万元

地区	木材及竹材采运业	食品加工业	食品制造业	饮料制造业	烟草加工业	纺织业	服装及其他纤维制品制造业
全国总计	**50**	**57989**	**117263**	**200348**	**205**	**139518**	**37902**
北京	—	—	18381	—	—	—	—
天津	—	—	700	—	—	178	—
河北	—	3966	2352	145	—	2623	50
山西	—	—	—	—	—	—	—
内蒙古	—	—	—	—	—	17	—
辽宁	—	1615	14616	15201	—	—	626
吉林	—	—	—	—	—	—	—
黑龙江	—	—	800	2010	—	—	—
上海	—	—	—	—	—	792	2485
江苏	—	4573	7884	—	—	18048	1988
浙江	—	6750	—	—	—	34979	718
安徽	—	786	96	—	—	401	—
福建	—	15399	13112	31472	—	18300	12795
江西	—	—	—	340	—	670	200
山东	—	2481	4869	1284	—	6746	30
河南	—	3483	230	4953	205	501	—
湖北	—	1075	19422	32313	—	822	3460
湖南	—	851	7210	—	—	200	—
广东	—	14956	24171	111117	—	44842	14923
广西	—	254	—	—	—	192	—
海南	—	1800	2226	500	—	824	—
重庆	—	—	138	769	—	—	570
四川	—	—	1056	—	—	—	—
贵州	—	—	—	—	—	—	—
云南	50	—	—	244	—	—	—
西藏	—	—	—	—	—	—	—
陕西	—	—	—	—	—	—	—
甘肃	—	—	—	—	—	—	—
青海	—	—	—	—	—	—	57
宁夏	—	—	—	—	—	—	—
新疆	—	—	—	—	—	9383	—
不分地区	—	—	—	—	—	—	—

各地区港澳台投资经济按主要工业行业分的投资（三）

单位:万元

地　区	皮革、毛皮、羽绒及其制品业	木材加工及竹、藤、棕、草制品业	家具制造业	造纸及纸制品业	印刷业、记录媒介的复制	文教体育用品制造业	石油加工及炼焦业
全国总计	**39482**	**77074**	**16439**	**135283**	**30651**	**16184**	**2871**
北　京	—	—	2277	—	—	—	—
天　津	—	—	—	—	—	—	—
河　北	338	12116	180	180	184	120	—
山　西	—	—	—	—	—	—	500
内蒙古	—	—	—	—	—	—	—
辽　宁	—	—	1216	—	—	—	—
吉　林	—	12561	—	—	—	—	—
黑龙江	—	1534	2000	—	—	—	—
上　海	—	—	—	—	1471	199	—
江　苏	4218	21681	—	—	—	—	—
浙　江	3044	—	368	260	—	—	2371
安　徽	—	—	—	960	—	250	—
福　建	1286	3202	6696	3675	4902	5838	—
江　西	—	300	800	—	—	700	—
山　东	2892	—	220	8108	—	149	—
河　南	—	4460	—	2629	6125	—	—
湖　北	2755	—	858	5450	727	1915	—
湖　南	—	—	—	—	—	—	—
广　东	21975	19435	223	96337	6163	7013	—
广　西	—	—	—	2052	—	—	—
海　南	—	—	—	—	—	—	—
重　庆	—	—	—	—	2093	—	—
四　川	—	680	—	15632	350	—	—
贵　州	—	—	—	—	—	—	—
云　南	—	1105	—	—	8636	—	—
西　藏	—	—	—	—	—	—	—
陕　西	2930	—	—	—	—	—	—
甘　肃	—	—	—	—	—	—	—
青　海	—	—	—	—	—	—	—
宁　夏	44	—	1531	—	—	—	—
新　疆	—	—	70	—	—	—	—
不分地区	—	—	—	—	—	—	—

各地区港澳台投资经济按主要工业行业分的投资（四）

单位:万元

地　　区	化学原料及化学制品制造业	医药制造业	化学纤维制造业	橡胶制品业	塑料制品业	非金属矿物制品业	黑色金属冶炼及压延加工业
全国总计	**160655**	**31057**	**166016**	**14441**	**104052**	**174064**	**120646**
北　京	838	770	—	—	896	—	—
天　津	—	—	—	14	—	35	—
河　北	366	137	1038	—	934	2631	2550
山　西	—	—	—	—	413	—	60
内蒙古	—	—	—	—	—	—	—
辽　宁	70	—	—	—	108	—	—
吉　林	484	—	—	—	—	—	—
黑龙江	1432	—	—	—	656	—	—
上　海	6270	934	33733	—	102	1880	430
江　苏	43838	—	7994	415	33772	93100	59000
浙　江	—	132	2462	—	579	13927	295
安　徽	—	—	—	—	7938	1077	—
福　建	66368	—	61372	1953	16474	12785	1125
江　西	50	1160	—	500	—	1270	—
山　东	—	11450	5040	50	2319	9852	—
河　南	610	423	—	—	2700	840	—
湖　北	1740	185	54377	—	3445	2912	—
湖　南	—	850	—	—	1350	2850	—
广　东	26394	13836	—	11423	31892	20137	57100
广　西	200	980	—	86	—	1800	—
海　南	395	—	—	—	—	8200	—
重　庆	2900	—	—	—	26	86	—
四　川	460	200	—	—	50	682	86
贵　州	—	—	—	—	—	—	—
云　南	3971	—	—	—	5	—	—
西　藏	—	—	—	—	—	—	—
陕　西	—	—	—	—	—	—	—
甘　肃	—	—	—	—	—	—	—
青　海	—	—	—	—	—	—	—
宁　夏	4269	—	—	—	—	—	—
新　疆	—	—	—	—	393	—	—
不分地区	—	—	—	—	—	—	—

各地区港澳台投资经济按主要工业行业分的投资（五）

单位:万元

地　　区	有色金属冶炼及压延加工业	金属制品业	普通机械制造业	专用设备制造业	交通运输设备制造业	电气机械及器材制造业
全国总计	**74095**	**84333**	**88246**	**8515**	**170069**	**89354**
北　京	—	150	200	—	—	—
天　津	—	—	—	—	130	—
河　北	—	1468	3426	963	15902	1652
山　西	—	—	—	—	—	—
内蒙古	—	—	179	—	—	—
辽　宁	7405	—	—	14	24069	2034
吉　林	—	—	110	—	—	—
黑龙江	—	—	—	—	—	—
上　海	—	—	—	—	—	595
江　苏	9083	2817	31256	1552	29149	16075
浙　江	1	6632	41188	—	2092	2299
安　徽	—	74	—	345	738	—
福　建	31533	39996	8278	2010	31329	20099
江　西	1560	150	—	—	2130	100
山　东	—	491	357	—	21995	5691
河　南	1800	1176	—	180	850	—
湖　北	6792	205	460	800	2904	—
湖　南	—	—	—	—	29993	—
广　东	5718	27374	847	2054	8788	18987
广　西	7203	3000	—	—	—	343
海　南	—	—	—	—	—	—
重　庆	—	—	1945	—	—	—
四　川	—	800	—	—	—	21479
贵　州	—	—	—	—	—	—
云　南	—	—	—	597	—	—
西　藏	—	—	—	—	—	—
陕　西	—	—	—	—	—	—
甘　肃	—	—	—	—	—	—
青　海	3000	—	—	—	—	—
宁　夏	—	—	—	—	—	—
新　疆	—	—	—	—	—	—
不分地区	—	—	—	—	—	—

各地区港澳台投资经济按主要工业行业分的投资（六）

单位:万元

地区	电子及通信设备制造业	仪器仪表及文化、办公用机械制造业	其他制造业	电力、蒸汽、热水的生产和供应业	煤气生产和供应业	自来水的生产和供应业
全国总计	**466833**	**11114**	**33360**	**400644**	**5474**	**31664**
北京	3351	—	—	—	—	—
天津	57	—	—	—	—	—
河北	1174	—	50	16336	3220	—
山西	—	—	—	—	1627	—
内蒙古	—	—	—	—	—	—
辽宁	—	634	—	1495	—	—
吉林	—	—	—	—	—	—
黑龙江	—	—	—	—	—	—
上海	5866	—	—	—	—	—
江苏	23498	1300	5543	2193	—	—
浙江	4468	207	297	18204	—	—
安徽	—	—	—	—	—	—
福建	149140	6173	13470	125821	268	2208
江西	1080	—	—	—	—	—
山东	2816	—	1640	10252	—	—
河南	31575	—	100	5850	280	—
湖北	100	—	2846	21300	—	—
湖南	—	—	—	1729	—	—
广东	243708	2800	8671	197464	79	29456
广西	—	—	—	—	—	—
海南	—	—	—	—	—	—
重庆	—	—	—	—	—	—
四川	—	—	743	—	—	—
贵州	—	—	—	—	—	—
云南	—	—	—	—	—	—
西藏	—	—	—	—	—	—
陕西	—	—	—	—	—	—
甘肃	—	—	—	—	—	—
青海	—	—	—	—	—	—
宁夏	—	—	—	—	—	—
新疆	—	—	—	—	—	—
不分地区	—	—	—	—	—	—

各地区港澳台投资经济农业、轻工业、重工业投资

单位:万元

地 区	合 计	农 业	轻工业	重工业
全国总计	**3137814**	**27406**	**1483294**	**1627114**
北 京	26863	—	22474	4389
天 津	1114	—	927	187
河 北	74101	—	25483	48618
山 西	3630	—	413	3217
内 蒙 古	430	234	17	179
辽 宁	69103	—	34086	35017
吉 林	13155	—	—	13155
黑 龙 江	8432	—	6600	1832
上 海	54757	—	45831	8926
江 苏	423708	4731	87322	331655
浙 江	142051	523	56391	85137
安 徽	12665	—	2493	10172
福 建	711676	4597	264451	442628
江 西	11410	400	5560	5450
山 东	101785	379	46669	54737
河 南	68970	—	24755	44215
湖 北	167263	—	129260	38003
湖 南	46776	1743	9111	35922
广 东	1081527	13486	651734	416307
广 西	16610	500	6678	9432
海 南	14369	424	5745	8200
重 庆	8527	—	6470	2057
四 川	42218	—	19291	22927
贵 州	—	—	—	—
云 南	14997	389	12856	1752
西 藏	—	—	—	—
陕 西	2930	—	2930	—
甘 肃	—	—	—	—
青 海	3057	—	57	3000
宁 夏	5844	—	5844	—
新 疆	9846	—	9846	—
不分地区	—	—	—	—

各地区港澳台投资经济能源工业投资

单位:万元

地区	能源工业合计	煤炭采选业	石油和天然气开采业	电力、蒸汽、热水的生产和供应业	石油加工及炼焦业	煤气生产和供应业
全国总计	**408989**	—	—	**400644**	**2871**	**5474**
北京	—	—	—	—	—	—
天津	—	—	—	—	—	—
河北	19556	—	—	16336	—	3220
山西	2127	—	—	—	500	1627
内蒙古	—	—	—	—	—	—
辽宁	1495	—	—	1495	—	—
吉林	—	—	—	—	—	—
黑龙江	—	—	—	—	—	—
上海	—	—	—	—	—	—
江苏	2193	—	—	2193	—	—
浙江	20575	—	—	18204	2371	—
安徽	—	—	—	—	—	—
福建	126089	—	—	125821	—	268
江西	—	—	—	—	—	—
山东	10252	—	—	10252	—	—
河南	6130	—	—	5850	—	280
湖北	21300	—	—	21300	—	—
湖南	1729	—	—	1729	—	—
广东	197543	—	—	197464	—	79
广西	—	—	—	—	—	—
海南	—	—	—	—	—	—
重庆	—	—	—	—	—	—
四川	—	—	—	—	—	—
贵州	—	—	—	—	—	—
云南	—	—	—	—	—	—
西藏	—	—	—	—	—	—
陕西	—	—	—	—	—	—
甘肃	—	—	—	—	—	—
青海	—	—	—	—	—	—
宁夏	—	—	—	—	—	—
新疆	—	—	—	—	—	—
不分地区	—	—	—	—	—	—

各地区港澳台投资经济交通运输业投资

单位:万元

地　区	合　计	铁路运输业	公路运输业	管道运输业	水上运输业	航空运输业	交通运输辅助业	其他交通运输业
全国总计	**128109**	—	**22966**	**10130**	**1566**	—	**93447**	—
北　京	—	—	—	—	—	—	—	—
天　津	—	—	—	—	—	—	—	—
河　北	—	—	—	—	—	—	—	—
山　西	—	—	—	—	—	—	—	—
内蒙古	—	—	—	—	—	—	—	—
辽　宁	—	—	—	—	—	—	—	—
吉　林	—	—	—	—	—	—	—	—
黑龙江	—	—	—	—	—	—	—	—
上　海	—	—	—	—	—	—	—	—
江　苏	267	—	267	—	—	—	—	—
浙　江	1497	—	—	—	—	—	1497	—
安　徽	—	—	—	—	—	—	—	—
福　建	37131	—	1847	—	1266	—	34018	—
江　西	—	—	—	—	—	—	—	—
山　东	—	—	—	—	—	—	—	—
河　南	—	—	—	—	—	—	—	—
湖　北	8840	—	—	—	—	—	8840	—
湖　南	—	—	—	—	—	—	—	—
广　东	72269	—	16771	10130	300	—	45068	—
广　西	8105	—	4081	—	—	—	4024	—
海　南	—	—	—	—	—	—	—	—
重　庆	—	—	—	—	—	—	—	—
四　川	—	—	—	—	—	—	—	—
贵　州	—	—	—	—	—	—	—	—
云　南	—	—	—	—	—	—	—	—
西　藏	—	—	—	—	—	—	—	—
陕　西	—	—	—	—	—	—	—	—
甘　肃	—	—	—	—	—	—	—	—
青　海	—	—	—	—	—	—	—	—
宁　夏	—	—	—	—	—	—	—	—
新　疆	—	—	—	—	—	—	—	—
不分地区	—	—	—	—	—	—	—	—

港澳台投资经济按构成分的行业投资

单位:万元

行　　　业	投资额	建筑安装工程	设备工器具购置	其他费用
全　国　总　计	**9371408**	**5101704**	**2349583**	**1920121**
(一) 农、林、牧、渔业	27406	11124	12784	3498
农业	3662	1210	2210	242
林业	500	—	—	500
畜牧业	13618	7891	3352	2375
渔业	9247	2023	6843	381
农、林、牧、渔服务业	379	—	379	—
(二) 采掘业	4567	2668	1770	129
煤炭采选业	—	—	—	—
石油和天然气开采业	—	—	—	—
黑色金属矿采选业	1430	1430	—	—
有色金属矿采选业	—	—	—	—
非金属矿采选业	3087	1188	1770	129
其他矿采选业	—	—	—	—
木材及竹材采运业	50	50	—	—
(三) 制造业	2668059	773518	1694107	200434
食品加工业	57989	34188	19032	4769
食品制造业	117263	45198	63135	8930
饮料制造业	200348	81134	107288	11926
烟草加工业	205	143	62	—
纺织业	139518	32965	97386	9167
服装及其他纤维制品制造业	37902	16491	17570	3841
皮革、毛皮、羽绒及其制品业	39482	8760	28259	2463
木材加工及竹、藤、棕、草制品业	77074	25155	44633	7286
家具制造业	16439	6033	8136	2270
造纸及纸制品业	135283	33536	93215	8532
印刷业、记录媒介的复制	30651	10245	18983	1423
文教体育用品制造业	16184	9505	5508	1171
石油加工及炼焦业	2871	2491	—	380
化学原料及化学制品制造业	160655	32330	116491	11834
医药制造业	31057	12321	11781	6955
化学纤维制造业	166016	23024	117591	25401
橡胶制品业	14441	2311	12130	—
塑料制品业	104052	38358	60694	5000
非金属矿物制品业	174064	45247	115572	13245
黑色金属冶炼及压延加工业	120646	24721	75197	20728
有色金属冶炼及压延加工业	74095	18431	48044	7620
金属制品业	84333	27016	49148	8169
普通机械制造业	88246	26269	59660	2317

港澳台投资经济按构成分的行业投资

续1 单位:万元

行业	投资额	建筑安装工程	设备工器具购置	其他费用
专用设备制造业	8515	3763	3620	1132
交通运输设备制造业	170069	55860	102047	12162
电气机械及器材制造业	89354	29141	56230	3983
电子及通信设备制造业	466833	109262	342873	14698
仪器仪表及文化、办公用机械制造业	11114	6473	3481	1160
其他制造业	33360	13147	16341	3872
(四)电力、煤气及水的生产和供应业	437782	294973	65323	77486
电力、蒸汽、热水的生产和供应业	400644	266854	57653	76137
煤气生产和供应业	5474	4402	710	362
自来水的生产和供应业	31664	23717	6960	987
(五)建筑业	15686	15213	42	431
土木工程建筑业	15443	15101	42	300
线路、管道和设备安装业	—	—	—	—
建筑物的装修装饰业	243	112	—	131
(六)地质勘查业、水利管理业	—	—	—	—
地质勘查业	—	—	—	—
水利管理业	—	—	—	—
(七)交通运输、仓储及邮电通信业	184712	117806	45714	21192
铁路运输业	—	—	—	—
公路运输业	22966	19347	200	3419
管道运输业	10130	10130	—	—
水上运输业	1566	1202	4	360
航空运输业	—	—	—	—
交通运输辅助业	93447	53983	28756	10708
其他交通运输业	—	—	—	—
仓储业	56603	33144	16754	6705
邮电通信业	—	—	—	—
(八)批发和零售贸易、餐饮业	161869	93358	35448	33063
食品、饮料、烟草和家庭用品批发商业	5771	3830	1941	—
能源、材料和机械电子设备批发业	2925	2044	394	487
其他批发业	3523	2663	111	749
零售业	135798	74491	30865	30442
商业经纪与代理业	768	656	—	112

港澳台投资经济按构成分的行业投资

续 2　　　　单位:万元

行　　业	投资额	建筑安装工程	设备工器具购置	其他费用
餐饮业	13084	9674	2137	1273
(九) 金融、保险业	41794	32957	4779	4058
金融业	41794	32957	4779	4058
保险业	—	—	—	—
(十) 房地产业	5265057	3366916	413158	1484983
房地产开发与经营业	5262628	3364487	413158	1484983
房地产管理业	2429	2429	—	—
房地产代理与经纪业	—	—	—	—
(十一) 社会服务业	535515	373048	73487	88980
公共服务业	259777	202000	8763	49014
居民服务业	1476	1476	—	—
旅馆业	139196	93058	31790	14348
租赁服务业	—	—	—	—
旅行社	21258	8052	10552	2654
娱乐服务业	110888	66022	22302	22564
信息、咨询服务业	80	—	80	—
计算机应用服务业	—	—	—	—
其他社会服务业	2840	2440	—	400
(十二) 卫生、体育和社会福利业	4385	187	—	4198
卫生	187	187	—	—
体育	4198	—	—	4198
社会福利保障业	—	—	—	—
(十三) 教育、文化艺术及广播电影电视业	16483	12930	2929	624
教育	6265	4606	1359	300
文化艺术业	—	—	—	—
广播电影电视业	10218	8324	1570	324
(十四) 科学研究和综合技术服务业	1900	1200	—	700
科学研究业	—	—	—	—
综合技术服务业	1900	1200	—	700
(十五) 国家机关、政党机关和社会团体	611	552	29	30
国家机关	461	402	29	30
政党机关	—	—	—	—
社会团体	150	150	—	—
基层群众自治组织	—	—	—	—
(十六) 其他行业	5582	5254	13	315
其他行业	5582	5254	13	315

各地区港澳台投资经济财务拨款

单位:万元

地　　区	本年资金来源合计	上年末结余资金	本年资金来源小计	本年各项应付款合计
全国总计	**12534276**	**2118730**	**10415546**	**1726195**
北　京	1231877	207022	1024855	118749
天　津	124676	25070	99606	27884
河　北	121899	11687	110212	6130
山　西	16119	4777	11342	1674
内蒙古	1600	—	1600	—
辽　宁	550766	133262	417504	114008
吉　林	26614	118	26496	386
黑龙江	78839	4623	74216	5586
上　海	1496660	252296	1244364	202971
江　苏	847585	135824	711761	114427
浙　江	407260	53973	353287	55775
安　徽	45223	6593	38630	4644
福　建	1633276	231577	1401699	183114
江　西	49923	11175	38748	14802
山　东	318316	54510	263806	61113
河　南	251497	24439	227058	29171
湖　北	614935	145366	469569	137555
湖　南	104974	32606	72368	10707
广　东	3829379	679887	3149492	410891
广　西	99338	21383	77955	21187
海　南	65913	4130	61783	10670
重　庆	360936	50954	309982	155522
四　川	64265	2103	62162	9174
贵　州	22844	8647	14197	3476
云　南	105684	12828	92856	9971
西　藏	—	—	—	—
陕　西	7602	1095	6507	2796
甘　肃	27767	1986	25781	3330
青　海	3312	—	3312	—
宁　夏	6072	546	5526	1636
新　疆	19125	253	18872	8846
不分地区	—	—	—	—

各地区港澳台投资经济财务拨款资金来源（一）

单位:万元

地　　区	本年财务拨款、贷款合计	国家预算内资金	国内贷款	债　券
全国总计	**10415546**	**875**	**1614011**	**7239**
北　　京	1024855	—	210308	—
天　　津	99606	—	19383	—
河　　北	110212	—	39321	—
山　　西	11342	—	1488	—
内 蒙 古	1600	—	—	—
辽　　宁	417504	—	66284	—
吉　　林	26496	—	3525	132
黑 龙 江	74216	—	24044	—
上　　海	1244364	—	252869	—
江　　苏	711761	—	76436	415
浙　　江	353287	—	49216	2200
安　　徽	38630	—	12863	—
福　　建	1401699	120	209272	—
江　　西	38748	755	6398	—
山　　东	263806	—	37651	—
河　　南	227058	—	82810	500
湖　　北	469569	—	76070	—
湖　　南	72368	—	11546	—
广　　东	3149492	—	270233	1612
广　　西	77955	—	13807	—
海　　南	61783	—	19853	—
重　　庆	309982	—	58382	2380
四　　川	62162	—	11029	—
贵　　州	14197	—	4262	—
云　　南	92856	—	34747	—
西　　藏	—	—	—	—
陕　　西	6507	—	1860	—
甘　　肃	25781	—	11608	—
青　　海	3312	—	3000	—
宁　　夏	5526	—	3556	—
新　　疆	18872	—	2190	—
不分地区	—	—	—	—

各地区港澳台投资经济财务拨款资金来源（二）

单位:万元

地　　区	利用外资	外商直接投资	自筹资金	其他资金来源
全国总计	**5099093**	**3882476**	**1707651**	**1986677**
北　　京	486505	429027	82551	245491
天　　津	43914	31489	21180	15129
河　　北	35781	33231	26780	8330
山　　西	3948	3948	1650	4256
内 蒙 古	234	234	1195	171
辽　　宁	246146	194653	71469	33605
吉　　林	12958	12958	9881	—
黑 龙 江	17583	15091	25946	6643
上　　海	558098	355428	123943	309454
江　　苏	384455	305854	117077	133378
浙　　江	148885	128555	83568	69418
安　　徽	10567	9517	7944	7256
福　　建	883637	704715	157840	150830
江　　西	17773	13993	5214	8608
山　　东	117729	84384	67891	40535
河　　南	33060	24682	73822	36866
湖　　北	79146	66894	129778	184575
湖　　南	26206	25861	18729	15887
广　　东	1820445	1295993	576157	481045
广　　西	28089	25428	12225	23834
海　　南	24209	16536	14969	2752
重　　庆	68378	62141	15979	164863
四　　川	19789	14443	25550	5794
贵　　州	4256	4256	4558	1121
云　　南	14413	10276	16219	27477
西　　藏	—	—	—	—
陕　　西	—	—	3290	1357
甘　　肃	800	800	6974	6399
青　　海	—	—	57	255
宁　　夏	162	162	1258	550
新　　疆	11927	11927	3957	798
不分地区	—	—	—	—

各地区港澳台投资经济财务拨款中的自筹资金来源（一）

单位:万元

地　区	自筹资金合计	中央各部门自筹	省自筹	地市自筹
全国总计	**756020**	**15000**	**49366**	**14128**
北　京	22812	15000	—	—
天　津	165	—	—	—
河　北	26287	—	4128	30
山　西	898	—	—	400
内蒙古	325	—	—	—
辽　宁	25693	—	—	12000
吉　林	1534	—	—	—
黑龙江	2592	—	—	100
上　海	33445	—	—	—
江　苏	63586	—	—	—
浙　江	48319	—	—	—
安　徽	2407	—	—	—
福　建	101461	—	3409	238
江　西	3225	—	—	—
山　东	32518	—	—	70
河　南	25233	—	—	120
湖　北	42578	—	5046	300
湖　南	8430	—	—	—
广　东	255215	—	32977	370
广　西	4526	—	1080	500
海　南	14737	—	660	—
重　庆	1843	—	566	—
四　川	20736	—	—	—
贵　州	1325	—	—	—
云　南	9368	—	1500	—
西　藏	—	—	—	—
陕　西	1870	—	—	—
甘　肃	—	—	—	—
青　海	57	—	—	—
宁　夏	1178	—	—	—
新　疆	3657	—	—	—
不分地区	—	—	—	—

各地区港澳台投资经济财务拨款中的自筹资金来源（二）

单位:万元

地　　区	县自筹	企、事业单位自有资金	发行股票
全国总计	**19315**	**658211**	—
北　　京	—	7812	—
天　　津	—	165	—
河　　北	20	22109	—
山　　西	—	498	—
内 蒙 古	—	325	—
辽　　宁	—	13693	—
吉　　林	—	1534	—
黑 龙 江	—	2492	—
上　　海	—	33445	—
江　　苏	195	63391	—
浙　　江	4564	43755	—
安　　徽	400	2007	—
福　　建	5720	92094	—
江　　西	—	3225	—
山　　东	912	31536	—
河　　南	—	25113	—
湖　　北	420	36812	—
湖　　南	—	8430	—
广　　东	7084	214784	—
广　　西	—	2946	—
海　　南	—	14077	—
重　　庆	—	1277	—
四　　川	—	20736	—
贵　　州	—	1325	—
云　　南	—	7868	—
西　　藏	—	—	—
陕　　西	—	1870	—
甘　　肃	—	—	—
青　　海	—	57	—
宁　　夏	—	1178	—
新　　疆	—	3657	—
不分地区	—	—	—

港澳台投资经济分行业财务拨款

单位:万元

行业	本年资金来源合计	上年末结余资金	本年资金来源小计	本年各项应付款合计
全国总计	**12534276**	**2118730**	**10415546**	**1726195**
(一) 农、林、牧、渔业	27975	—	27975	1155
农业	3502	—	3502	975
林业	500	—	500	—
畜牧业	14477	—	14477	—
渔业	9117	—	9117	180
农、林、牧、渔服务业	379	—	379	—
(二) 采掘业	4513	1	4512	54
煤炭采选业	—	—	—	—
石油和天然气开采业	—	—	—	—
黑色金属矿采选业	1430	—	1430	—
有色金属矿采选业	—	—	—	—
非金属矿采选业	3033	1	3032	54
其他矿采选业	—	—	—	—
木材及竹材采运业	50	—	50	—
(三) 制造业	3065943	392031	2673912	288040
食品加工业	72235	4630	67605	1942
食品制造业	209797	89370	120427	3140
饮料制造业	216654	47714	168940	67729
烟草加工业	205	—	205	—
纺织业	147093	4970	142123	21484
服装及其他纤维制品制造业	39926	1513	38413	1911
皮革、毛皮、羽绒及其制品业	56619	821	55798	522
木材加工及竹、藤、棕、草制品业	80034	12026	68008	1923
家具制造业	15852	1210	14642	796
造纸及纸制品业	130189	2509	127680	6687
印刷业、记录媒介的复制	25419	473	24946	4535
文教体育用品制造业	16809	25	16784	87
石油加工及炼焦业	3358	275	3083	—
化学原料及化学制品制造业	159431	22415	137016	15604
医药制造业	32572	2717	29855	2963
化学纤维制造业	177873	28782	149091	46501
橡胶制品业	28986	3112	25874	3473
塑料制品业	126335	9497	116838	28694
非金属矿物制品业	187939	27331	160608	9939
黑色金属冶炼及压延加工业	185783	5889	179894	2062
有色金属冶炼及压延加工业	90584	44719	45865	18403
金属制品业	106327	11917	94410	18426
普通机械制造业	96875	975	95900	1016

港澳台投资经济分行业财务拨款

续 1　　　　　　　　　　　　　　　　　　　　　　　　　　　　　　单位:万元

行　　业	本年资金来源合计	上年末结余资金	本年资金来源小计	本年各项应付款合计
专用设备制造业	10895	1313	9582	346
交通运输设备制造业	200144	43267	156877	15294
电气机械及器材制造业	97114	2188	94926	2411
电子及通信设备制造业	503757	17522	486235	7692
仪器仪表及文化、办公用机械制造业	10995	2230	8765	898
其他制造业	36143	2621	33522	3562
(四) 电力、煤气及水的生产和供应业	622156	25669	596487	28413
电力、蒸汽、热水的生产和供应业	581162	23608	557554	19853
煤气生产和供应业	7762	2054	5708	316
自来水的生产和供应业	33232	7	33225	8244
(五) 建筑业	14319	1	14318	2016
土木工程建筑业	14076	—	14076	2010
线路、管道和设备安装业	—	—	—	—
建筑物的装修装饰业	243	1	242	6
(六) 地质勘查业、水利管理业	—	—	—	—
地质勘查业	—	—	—	—
水利管理业	—	—	—	—
(七) 交通运输、仓储及邮电通信业	245449	55891	189558	78841
铁路运输业	—	—	—	—
公路运输业	20941	—	20941	6010
管道运输业	12200	—	12200	57602
水上运输业	2352	1052	1300	1435
航空运输业	—	—	—	—
交通运输辅助业	129067	19397	109670	9864
其他交通运输业	—	—	—	—
仓储业	80889	35442	45447	3930
邮电通信业	—	—	—	—
(八) 批发和零售贸易、餐饮业	203415	31621	171794	19436
食品、饮料、烟草和家庭用品批发商业	6603	—	6603	30
能源、材料和机械电子设备批发业	3081	—	3081	10
其他批发业	3523	—	3523	1000
零售业	170957	30793	140164	18208
商业经纪与代理业	2547	25	2522	—

港澳台投资经济分行业财务拨款

续 2　　　　　　　　　　　　　　　　　　　　　　　　　　　　单位:万元

行　　业	本年资金来源合计	上年末结余资金	本年资金来源小计	本年各项应付款合计
餐饮业	16704	803	15901	188
(九) 金融、保险业	65454	16919	48535	—
金融业	65454	16919	48535	—
保险业	—	—	—	—
(十) 房地产业	7613659	1516767	6096892	1241355
房地产开发与经营业	7605310	1514145	6091165	1240015
房地产管理业	8349	2622	5727	1340
房地产代理与经纪业	—	—	—	—
(十一) 社会服务业	639624	77477	562147	61747
公共服务业	362879	64499	298380	29329
居民服务业	2269	2049	220	185
旅馆业	129462	6533	122929	18580
租赁服务业	—	—	—	—
旅行社	22706	2047	20659	3350
娱乐服务业	119388	2349	117039	10303
信息、咨询服务业	80	—	80	—
计算机应用服务业	—	—	—	—
其他社会服务业	2840	—	2840	—
(十二) 卫生、体育和社会福利业	4861	1518	3343	408
卫生	354	—	354	99
体育	4507	1518	2989	309
社会福利保障业	—	—	—	—
(十三) 教育、文化艺术及广播电影电视业	18956	771	18185	1801
教育	6700	130	6570	501
文化艺术业	—	—	—	—
广播电影电视业	12256	641	11615	1300
(十四) 科学研究和综合技术服务业	2000	—	2000	1900
科学研究业	—	—	—	—
综合技术服务业	2000	—	2000	1900
(十五) 国家机关、政党机关和社会团体	671	—	671	128
国家机关	521	—	521	128
政党机关	—	—	—	—
社会团体	150	—	150	—
基层群众自治组织	—	—	—	—
(十六) 其他行业	5281	64	5217	901
其他行业	5281	64	5217	901

港澳台投资经济分行业财务拨款资金来源（一）

单位:万元

行业	本年财务拨款、贷款合计	国家预算内资金	国内贷款	债券
全国总计	**10415546**	**875**	**1614011**	**7239**
(一) 农、林、牧、渔业	27975	—	120	—
农业	3502	—	—	—
林业	500	—	—	—
畜牧业	14477	—	—	—
渔业	9117	—	120	—
农、林、牧、渔服务业	379	—	—	—
(二) 采掘业	4512	—	—	—
煤炭采选业	—	—	—	—
石油和天然气开采业	—	—	—	—
黑色金属矿采选业	1430	—	—	—
有色金属矿采选业	—	—	—	—
非金属矿采选业	3032	—	—	—
其他矿采选业	—	—	—	—
木材及竹材采运业	50	—	—	—
(三) 制造业	2673912	875	337236	3812
食品加工业	67605	—	4536	—
食品制造业	120427	—	4488	—
饮料制造业	168940	—	5897	—
烟草加工业	205	—	—	—
纺织业	142123	120	13322	—
服装及其他纤维制品制造业	38413	—	3325	—
皮革、毛皮、羽绒及其制品业	55798	—	4150	—
木材加工及竹、藤、棕、草制品业	68008	—	2370	—
家具制造业	14642	—	1206	—
造纸及纸制品业	127680	—	31734	1612
印刷业、记录媒介的复制	24946	—	2266	—
文教体育用品制造业	16784	—	923	—
石油加工及炼焦业	3083	—	—	—
化学原料及化学制品制造业	137016	—	51423	—
医药制造业	29855	—	4340	—
化学纤维制造业	149091	—	22807	—
橡胶制品业	25874	—	2032	—
塑料制品业	116838	—	24846	—
非金属矿物制品业	160608	—	8813	2200
黑色金属冶炼及压延加工业	179894	—	20845	—
有色金属冶炼及压延加工业	45865	755	20007	—
金属制品业	94410	—	2665	—
普通机械制造业	95900	—	4510	—

港澳台投资经济分行业财务拨款资金来源（一）

续 1　　　　单位:万元

行　　业	本年财务拨款、贷款合计	国家预算内资金	国内贷款	债　券
专用设备制造业	9582	—	970	—
交通运输设备制造业	156877	—	23676	—
电气机械及器材制造业	94926	—	9564	—
电子及通信设备制造业	486235	—	63755	—
仪器仪表及文化、办公用机械制造业	8765	—	1615	—
其他制造业	33522	—	1151	—
（四）电力、煤气及水的生产和供应业	596487	—	60434	—
电力、蒸汽、热水的生产和供应业	557554	—	45929	—
煤气生产和供应业	5708	—	101	—
自来水的生产和供应业	33225	—	14404	—
（五）建筑业	14318	—	70	—
土木工程建筑业	14076	—	—	—
线路、管道和设备安装业	—	—	—	—
建筑物的装修装饰业	242	—	70	—
（六）地质勘查业、水利管理业	—	—	—	—
地质勘查业	—	—	—	—
水利管理业	—	—	—	—
（七）交通运输、仓储及邮电通信业	189558	—	22920	—
铁路运输业	—	—	—	—
公路运输业	20941	—	331	—
管道运输业	12200	—	—	—
水上运输业	1300	—	—	—
航空运输业	—	—	—	—
交通运输辅助业	109670	—	21539	—
其他交通运输业	—	—	—	—
仓储业	45447	—	1050	—
邮电通信业	—	—	—	—
（八）批发和零售贸易、餐饮业	171794	—	37105	—
食品、饮料、烟草和家庭用品批发商业	6603	—	285	—
能源、材料和机械电子设备批发业	3081	—	—	—
其他批发业	3523	—	—	—
零售业	140164	—	33320	—
商业经纪与代理业	2522	—	—	—

港澳台投资经济分行业财务拨款资金来源（一）

续 2　　单位:万元

行业	本年财务拨款、贷款合计	国家预算内资金	国内贷款	债券
餐饮业	15901	—	3500	—
（九）金融、保险业	48535	—	8100	—
金融业	48535	—	8100	—
保险业	—	—	—	—
（十）房地产业	6096892	—	1055055	3472
房地产开发与经营业	6061165	—	1055055	3427
房地产管理业	5727	—	—	—
房地产代理与经纪业	—	—	—	—
（十一）社会服务业	562147	—	89331	—
公共服务业	298380	—	24268	—
居民服务业	220	—	—	—
旅馆业	122929	—	24649	—
租赁服务业	—	—	—	—
旅行社	20659	—	8100	—
娱乐服务业	117039	—	32314	—
信息、咨询服务业	80	—	—	—
计算机应用服务业	—	—	—	—
其他社会服务业	2840	—	—	—
（十二）卫生、体育和社会福利业	3343	—	—	—
卫生	354	—	—	—
体育	2989	—	—	—
社会福利保障业	—	—	—	—
（十三）教育、文化艺术及广播电影电视业	18185	—	3640	—
教育	6570	—	2000	—
文化艺术业	—	—	—	—
广播电影电视业	11615	—	1640	—
（十四）科学研究和综合技术服务业	2000	—	—	—
科学研究业	—	—	—	—
综合技术服务业	2000	—	—	—
（十五）国家机关、政党机关和社会团体	671	—	—	—
国家机关	521	—	—	—
政党机关	—	—	—	—
社会团体	150	—	—	—
基层群众自治组织	—	—	—	—
（十六）其他行业	5217	—	—	—
其他行业	5217	—	—	—

港澳台投资经济分行业财务拨款资金来源（二）

单位:万元

行业	利用外资	外商直接投资	自筹资金	其他资金来源
全国总计	**5099093**	**3882476**	**1707651**	**1986677**
(一) 农、林、牧、渔业	25772	25772	320	1763
农业	3309	3309	—	193
林业	—	—	—	500
畜牧业	13116	13116	291	1070
渔业	8968	8968	29	—
农、林、牧、渔服务业	379	379	—	—
(二) 采掘业	2713	2313	1549	250
煤炭采选业	—	—	—	—
石油和天然气开采业	—	—	—	—
黑色金属矿采选业	1430	1030	—	—
有色金属矿采选业	—	—	—	—
非金属矿采选业	1283	1283	1549	200
其他矿采选业	—	—	—	—
木材及竹材采运业	—	—	—	50
(三) 制造业	1796823	1296860	473359	61807
食品加工业	51312	49812	10687	1070
食品制造业	82818	82133	29577	3544
饮料制造业	113423	111919	48192	1428
烟草加工业	85	85	120	—
纺织业	102666	99454	21796	4219
服装及其他纤维制品制造业	27658	25958	5590	1840
皮革、毛皮、羽绒及其制品业	46840	43162	4653	155
木材加工及竹、藤、棕、草制品业	39916	39545	23652	2070
家具制造业	7887	6391	5549	—
造纸及纸制品业	63094	23496	28497	2743
印刷业、记录媒介的复制	11924	9997	9002	1754
文教体育用品制造业	13722	13722	1439	700
石油加工及炼焦业	2858	2858	225	—
化学原料及化学制品制造业	66641	44279	15814	3138
医药制造业	20889	19427	3543	1083
化学纤维制造业	91162	78358	34936	186
橡胶制品业	23715	14716	127	—
塑料制品业	75157	44593	13102	3733
非金属矿物制品业	137103	135425	12182	310
黑色金属冶炼及压延加工业	86819	63347	71776	454
有色金属冶炼及压延加工业	9971	9971	11199	3933
金属制品业	79969	51541	8143	3633
普通机械制造业	82500	76703	3066	5824

港澳台投资经济分行业财务拨款资金来源（二）

续 1　　　　单位:万元

行　　业	利用外资	外商直接投资	自筹资金	其他资金来源
专用设备制造业	5651	5651	2878	83
交通运输设备制造业	96192	63699	24259	12750
电气机械及器材制造业	36459	28559	46588	2315
电子及通信设备制造业	393557	125524	26337	2586
仪器仪表及文化、办公用机械制造业	4369	4369	2781	—
其他制造业	22466	22166	7649	2256
(四) 电力、煤气及水的生产和供应业	438721	320183	68070	29262
电力、蒸汽、热水的生产和供应业	422797	314601	60009	28819
煤气生产和供应业	2094	2094	3070	443
自来水的生产和供应业	13830	3488	4991	—
(五) 建筑业	13116	13116	284	848
土木工程建筑业	13116	13116	112	848
线路、管道和设备安装业	—	—	—	—
建筑物的装修装饰业	—	—	172	—
(六) 地质勘查业、水利管理业	—	—	—	—
地质勘查业	—	—	—	—
水利管理业	—	—	—	—
(七) 交通运输、仓储及邮电通信业	115361	94237	38930	12347
铁路运输业	—	—	—	—
公路运输业	6011	6011	10887	3712
管道运输业	12200	12200	—	—
水上运输业	450	450	—	850
航空运输业	—	—	—	—
交通运输辅助业	61899	51357	19894	6338
其他交通运输业	—	—	—	—
仓储业	34801	24219	8149	1447
邮电通信业	—	—	—	—
(八) 批发和零售贸易、餐饮业	66029	19754	17618	51042
食品、饮料、烟草和家庭用品批发商业	6255	6255	63	—
能源、材料和机械电子设备批发业	2011	2011	1070	—
其他批发业	561	561	2124	838
零售业	49122	2847	7699	50023
商业经纪与代理业	—	—	2341	181

港澳台投资经济分行业财务拨款资金来源（二）

续 2 单位:万元

行业	利用外资	外商直接投资	自筹资金	其他资金来源
餐饮业	8080	8080	4321	—
(九) 金融、保险业	22554	22554	17881	—
金融业	22554	22554	17881	—
保险业	—	—	—	—
(十) 房地产业	2247769	1823845	978328	1812313
房地产开发与经营业	2242042	1818118	978328	1812313
房地产管理业	5727	5727	—	—
房地产代理与经纪业	—	—	—	—
(十一) 社会服务业	360133	256240	104836	7847
公共服务业	224568	139377	48428	1116
居民服务业	219	219	—	1
旅馆业	56917	50943	39428	1935
租赁服务业	—	—	—	—
旅行社	6152	6152	6257	150
娱乐服务业	69837	57109	10243	4645
信息、咨询服务业	—	—	80	—
计算机应用服务业	—	—	—	—
其他社会服务业	2440	2440	400	—
(十二) 卫生、体育和社会福利业	99	99	2836	408
卫生	99	99	—	255
体育	—	—	2836	153
社会福利保障业	—	—	—	—
(十三) 教育、文化艺术及广播电影电视业	6442	3942	63	8040
教育	4507	2007	63	—
文化艺术业	—	—	—	—
广播电影电视业	1935	1935	—	8040
(十四) 科学研究和综合技术服务业	2000	2000	—	—
科学研究业	—	—	—	—
综合技术服务业	2000	2000	—	—
(十五) 国家机关、政党机关和社会团体	521	521	—	150
国家机关	521	521	—	—
政党机关	—	—	—	—
社会团体	—	—	—	150
基层群众自治组织	—	—	—	—
(十六) 其他行业	1040	1040	3577	600
其他行业	1040	1040	3577	600

港澳台投资经济分行业财务拨款中的自筹资金来源(一)

单位:万元

行业	自筹资金合计	中央各部门自筹	省自筹	地市自筹
全国总计	**756020**	**15000**	**49366**	**14128**
(一) 农、林、牧、渔业	320	—	—	—
农业	—	—	—	—
林业	—	—	—	—
畜牧业	291	—	—	—
渔业	29	—	—	—
农、林、牧、渔服务业	—	—	—	—
(二) 采掘业	1549	—	—	—
煤炭采选业	—	—	—	—
石油和天然气开采业	—	—	—	—
黑色金属矿采选业	—	—	—	—
有色金属矿采选业	—	—	—	—
非金属矿采选业	1549	—	—	—
其他矿采选业	—	—	—	—
木材及竹材采运业	—	—	—	—
(三) 制造业	473359	—	5612	1590
食品加工业	10687	—	—	—
食品制造业	29577	—	—	—
饮料制造业	48192	—	—	—
烟草加工业	120	—	—	120
纺织业	21796	—	—	—
服装及其他纤维制品制造业	5590	—	—	—
皮革、毛皮、羽绒及其制品业	4653	—	—	—
木材加工及竹、藤、棕、草制品业	23652	—	—	—
家具制造业	5549	—	—	—
造纸及纸制品业	28497	—	—	50
印刷业、记录媒介的复制	9002	—	566	—
文教体育用品制造业	1439	—	—	300
石油加工及炼焦业	225	—	—	—
化学原料及化学制品制造业	15814	—	—	—
医药制造业	3543	—	—	—
化学纤维制造业	34936	—	5046	—
橡胶制品业	127	—	—	—
塑料制品业	13102	—	—	520
非金属矿物制品业	12182	—	—	500
黑色金属冶炼及压延加工业	71776	—	—	—
有色金属冶炼及压延加工业	11199	—	—	—
金属制品业	8143	—	—	70
普通机械制造业	3066	—	—	—

港澳台投资经济分行业财务拨款中的自筹资金来源(一)

续 1

单位:万元

行　　业	自筹资金合计	中央各部门自筹	省自筹	地市自筹
专用设备制造业	2878	—	—	—
交通运输设备制造业	24259	—	—	—
电气机械及器材制造业	46588	—	—	—
电子及通信设备制造业	26337	—	—	—
仪器仪表及文化、办公用机械制造业	2781	—	—	—
其他制造业	7649	—	—	30
(四) 电力、煤气及水的生产和供应业	68070	—	39614	338
电力、蒸汽、热水的生产和供应业	60009	—	39614	338
煤气生产和供应业	3070	—	—	—
自来水的生产和供应业	4991	—	—	—
(五) 建筑业	284	—	—	—
土木工程建筑业	112	—	—	—
线路、管道和设备安装业	—	—	—	—
建筑物的装修装饰业	172	—	—	—
(六) 地质勘查业、水利管理业	—	—	—	—
地质勘查业	—	—	—	—
水利管理业	—	—	—	—
(七) 交通运输、仓储及邮电通信业	38930	—	1980	200
铁路运输业	—	—	—	—
公路运输业	10887	—	1980	200
管道运输业	—	—	—	—
水上运输业	—	—	—	—
航空运输业	—	—	—	—
交通运输辅助业	19894	—	—	—
其他交通运输业	—	—	—	—
仓储业	8149	—	—	—
邮电通信业	—	—	—	—
(八) 批发和零售贸易、餐饮业	17618	—	—	—
食品、饮料、烟草和家庭用品批发商业	63	—	—	—
能源、材料和机械电子设备批发业	1070	—	—	—
其他批发业	2124	—	—	—
零售业	7699	—	—	—
商业经纪与代理业	2341	—	—	—

港澳台投资经济分行业财务拨款中的自筹资金来源(一)

续 2　　　　单位:万元

行　　业	自筹资金合计	中央各部门自筹	省自筹	地市自筹
餐饮业	4321	—	—	—
(九) 金融、保险业	17881	15000	—	—
金融业	17881	15000	—	—
保险业	—	—	—	—
(十) 房地产业	26697	—	—	—
房地产开发与经营业	26697	—	—	—
房地产管理业	—	—	—	—
房地产代理与经纪业	—	—	—	—
(十一) 社会服务业	104836	—	2160	12000
公共服务业	48428	—	—	12000
居民服务业	—	—	—	—
旅馆业	39428	—	2160	—
租赁服务业	—	—	—	—
旅行社	6257	—	—	—
娱乐服务业	10243	—	—	—
信息、咨询服务业	80	—	—	—
计算机应用服务业	—	—	—	—
其他社会服务业	400	—	—	—
(十二) 卫生、体育和社会福利业	2836	—	—	—
卫生	—	—	—	—
体育	2836	—	—	—
社会福利保障业	—	—	—	—
(十三) 教育、文化艺术及广播电影电视业	63	—	—	—
教育	63	—	—	—
文化艺术业	—	—	—	—
广播电影电视业	—	—	—	—
(十四) 科学研究和综合技术服务业	—	—	—	—
科学研究业	—	—	—	—
综合技术服务业	—	—	—	—
(十五) 国家机关、政党机关和社会团体	—	—	—	—
国家机关	—	—	—	—
政党机关	—	—	—	—
社会团体	—	—	—	—
基层群众自治组织	—	—	—	—
(十六) 其他行业	3577	—	—	—
其他行业	3577	—	—	—

港澳台投资经济分行业财务拨款中的自筹资金来源(二)

单位:万元

行业	县自筹	企、事业单位自有资金	发行股票
全国总计	**19315**	**658211**	—
(一) 农、林、牧、渔业	—	320	—
农业	—	—	—
林业	—	—	—
畜牧业	—	291	—
渔业	—	29	—
农、林、牧、渔服务业	—	—	—
(二) 采掘业	—	1549	—
煤炭采选业	—	—	—
石油和天然气开采业	—	—	—
黑色金属矿采选业	—	—	—
有色金属矿采选业	—	—	—
非金属矿采选业	—	1549	—
其他矿采选业	—	—	—
木材及竹材采运业	—	—	—
(三) 制造业	11466	454691	—
食品加工业	60	10627	—
食品制造业	412	29165	—
饮料制造业	—	48192	—
烟草加工业	—	—	—
纺织业	195	21601	—
服装及其他纤维制品制造业	—	5590	—
皮革、毛皮、羽绒及其制品业	420	4233	—
木材加工及竹、藤、棕、草制品业	—	23652	—
家具制造业	—	5549	—
造纸及纸制品业	420	28027	—
印刷业、记录媒介的复制	—	8436	—
文教体育用品制造业	—	1139	—
石油加工及炼焦业	—	225	—
化学原料及化学制品制造业	2600	13214	—
医药制造业	—	3543	—
化学纤维制造业	—	29890	—
橡胶制品业	—	127	—
塑料制品业	50	12532	—
非金属矿物制品业	—	11682	—
黑色金属冶炼及压延加工业	—	71776	—
有色金属冶炼及压延加工业	—	11199	—
金属制品业	—	8073	—
普通机械制造业	—	3066	—

港澳台投资经济分行业财务拨款中的自筹资金来源(二)

续 1　　　　单位:万元

行　　业	县自筹	企、事业单位自有资金	发行股票
专用设备制造业	—	2878	—
交通运输设备制造业	5600	18659	—
电气机械及器材制造业	—	46588	—
电子及通信设备制造业	—	26337	—
仪器仪表及文化、办公用机械制造业	—	2781	—
其他制造业	1709	5910	—
(四) 电力、煤气及水的生产和供应业	90	28028	—
电力、蒸汽、热水的生产和供应业	90	19967	—
煤气生产和供应业	—	3070	—
自来水的生产和供应业	—	4991	—
(五) 建筑业	82	202	—
土木工程建筑业	82	30	—
线路、管道和设备安装业	—	—	—
建筑物的装修装饰业	—	172	—
(六) 地质勘查业、水利管理业	—	—	—
地质勘查业	—	—	—
水利管理业	—	—	—
(七) 交通运输、仓储及邮电通信业	2500	34250	—
铁路运输业	—	—	—
公路运输业	2500	6207	—
管道运输业	—	—	—
水上运输业	—	—	—
航空运输业	—	—	—
交通运输辅助业	—	19894	—
其他交通运输业	—	—	—
仓储业	—	8149	—
邮电通信业	—	—	—
(八) 批发和零售贸易、餐饮业	—	17618	—
食品、饮料、烟草和家庭用品批发商业	—	63	—
能源、材料和机械电子设备批发业	—	1070	—
其他批发业	—	2124	—
零售业	—	7699	—
商业经纪与代理业	—	2341	—

港澳台投资经济分行业财务拨款中的自筹资金来源(二)

续 2

单位:万元

行　　业	县自筹	企、事业单位自有资金	发行股票
餐饮业	—	4321	—
(九) 金融、保险业	—	2881	—
金融业	—	2881	—
保险业	—	—	—
(十) 房地产业	—	26697	—
房地产开发与经营业	—	26697	—
房地产管理业	—	—	—
房地产代理与经纪业	—	—	—
(十一) 社会服务业	5114	85562	—
公共服务业	—	36428	—
居民服务业	—	—	—
旅馆业	150	37118	—
租赁服务业	—	—	—
旅行社	—	6257	—
娱乐服务业	4564	5679	—
信息、咨询服务业	—	80	—
计算机应用服务业	—	—	—
其他社会服务业	400	—	—
(十二) 卫生、体育和社会福利业	—	2836	—
卫生	—	—	—
体育	—	2836	—
社会福利保障业	—	—	—
(十三) 教育、文化艺术及广播电影电视业	63	—	—
教育	63	—	—
文化艺术业	—	—	—
广播电影电视业	—	—	—
(十四) 科学研究和综合技术服务业	—	—	—
科学研究业	—	—	—
综合技术服务业	—	—	—
(十五) 国家机关、政党机关和社会团体	—	—	—
国家机关	—	—	—
政党机关	—	—	—
社会团体	—	—	—
基层群众自治组织	—	—	—
(十六) 其他行业	—	3577	—
其他行业	—	3577	—

港澳台投资经济施工和建成投产项目个数

单位:个

地　区	施工项目	新开工	全部建成投产项目	项目建成投产率(%)
全国总计	**1518**	**844**	**794**	**52.3**
北　京	20	8	7	35.0
天　津	5	3	4	80.0
河　北	73	44	40	54.8
山　西	7	3	4	57.1
内蒙古	5	3	5	100.0
辽　宁	31	13	14	45.2
吉　林	5	4	1	20.0
黑龙江	16	11	9	56.3
上　海	37	7	19	51.4
江　苏	124	82	92	74.2
浙　江	81	32	41	50.6
安　徽	22	14	6	27.3
福　建	336	216	191	56.8
江　西	29	21	11	37.9
山　东	101	73	59	58.4
河　南	41	26	28	68.3
湖　北	78	54	58	74.4
湖　南	42	29	17	40.5
广　东	353	152	147	41.6
广　西	24	7	5	20.8
海　南	23	7	7	30.4
重　庆	9	5	7	77.8
四　川	17	12	5	29.4
贵　州	1	—	—	—
云　南	23	12	9	39.1
西　藏	—	—	—	—
陕　西	1	—	1	100.0
甘　肃	—	—	—	—
青　海	3	1	1	33.3
宁　夏	6	3	3	50.0
新　疆	5	2	3	60.0
不分地区	—	—	—	—

港澳台投资经济分行业施工和建成投产项目个数

单位:个

行业	施工项目	新开工	全部建成投产项目	项目建成投产率(%)
全国总计	**1518**	**844**	**794**	**52.3**
(一) 农、林、牧、渔业	23	16	17	73.9
农业	8	7	6	75.0
林业	1	1	1	100.0
畜牧业	7	3	4	57.1
渔业	7	5	6	85.7
农、林、牧、渔服务业	—	—	—	—
(二) 采掘业	8	2	4	50.0
煤炭采选业	—	—	—	—
石油和天然气开采业	—	—	—	—
黑色金属矿采选业	2	1	1	50.0
有色金属矿采选业	—	—	—	—
非金属矿采选业	5	1	3	60.0
其他矿采选业	—	—	—	—
木材及竹材采运业	1	—	—	—
(三) 制造业	1158	693	671	57.9
食品加工业	47	32	23	48.9
食品制造业	62	37	46	74.2
饮料制造业	60	42	44	73.3
烟草加工业	1	1	1	100.0
纺织业	93	66	58	62.4
服装及其他纤维制品制造业	64	41	45	70.3
皮革、毛皮、羽绒及其制品业	19	13	14	73.7
木材加工及竹、藤、棕、草制品业	37	23	13	35.1
家具制造业	26	14	17	65.4
造纸及纸制品业	39	17	21	53.8
印刷业、记录媒介的复制	23	15	18	78.3
文教体育用品制造业	21	13	10	47.6
石油加工及炼焦业	2	—	1	50.0
化学原料及化学制品制造业	63	38	37	58.7
医药制造业	26	12	6	23.1
化学纤维制造业	16	10	9	56.3
橡胶制品业	14	3	4	28.6
塑料制品业	69	48	41	59.4
非金属矿物制品业	67	41	34	50.7
黑色金属冶炼及压延加工业	14	2	6	42.9
有色金属冶炼及压延加工业	36	14	26	72.2
金属制品业	56	37	38	67.9
普通机械制造业	29	15	12	41.4

港澳台投资经济分行业施工和建成投产项目个数

续 1　　单位:个

行　　业	施工项目	新开工	全部建成投产项目	项目建成投产率(%)
专用设备制造业	18	7	9	50.0
交通运输设备制造业	60	30	24	40.0
电气机械及器材制造业	70	47	45	64.3
电子及通信设备制造业	78	45	40	51.3
仪器仪表及文化、办公用机械制造业	12	7	8	66.7
其他制造业	36	23	21	58.3
(四) 电力、煤气及水的生产和供应业	36	13	6	16.7
电力、蒸汽、热水的生产和供应业	27	9	4	14.8
煤气生产和供应业	4	2	1	25.0
自来水的生产和供应业	5	2	1	20.0
(五) 建筑业	13	8	5	38.5
土木工程建筑业	11	7	4	36.4
线路、管道和设备安装业	—	—	—	—
建筑物的装修装饰业	2	1	1	50.0
(六) 地质勘查业、水利管理业	—	—	—	—
地质勘查业	—	—	—	—
水利管理业	—	—	—	—
(七) 交通运输、仓储及邮电通信业	51	11	19	37.3
铁路运输业	—	—	—	—
公路运输业	10	7	1	10.0
管道运输业	1	—	1	100.0
水上运输业	2	—	—	—
航空运输业	—	—	—	—
交通运输辅助业	17	1	7	41.2
其他交通运输业	—	—	—	—
仓储业	21	3	10	47.6
邮电通信业	—	—	—	—
(八) 批发和零售贸易、餐饮业	49	20	19	38.8
食品、饮料、烟草和家庭用品批发商业	3	2	—	—
能源、材料和机械电子设备批发业	8	7	3	37.5
其他批发业	3	1	1	33.3
零售业	14	2	3	21.4
商业经纪与代理业	6	—	3	50.0

港澳台投资经济分行业施工和建成投产项目个数

续 2　　　　　　　　　　　　　　　　　　　　　　　　单位:个

行　　业	施工项目	新开工	全部建成投产项目	项目建成投产率(%)
餐饮业	15	8	9	60.0
(九) 金融、保险业	3	—	—	—
金融业	3	—	—	—
保险业	—	—	—	—
(十) 房地产业	32	15	7	21.9
房地产开发与经营业	31	15	7	22.6
房地产管理业	1	—	—	—
房地产代理与经纪业	—	—	—	—
(十一) 社会服务业	122	52	40	32.8
公共服务业	22	9	6	27.3
居民服务业	2	—	1	50.0
旅馆业	48	14	12	25.0
租赁服务业	—	—	—	—
旅行社	7	4	1	14.3
娱乐服务业	41	23	20	48.8
信息、咨询服务业	—	—	—	—
计算机应用服务业	—	—	—	—
其他社会服务业	2	2	—	—
(十二) 卫生、体育和社会福利业	2	1	1	50.0
卫生	2	1	1	50.0
体育	—	—	—	—
社会福利保障业	—	—	—	—
(十三) 教育、文化艺术及广播电影电视业	8	4	2	25.0
教育	6	4	2	33.3
文化艺术业	—	—	—	—
广播电影电视业	2	—	—	—
(十四) 科学研究和综合技术服务业	1	1	—	—
科学研究业	—	—	—	—
综合技术服务业	1	1	—	—
(十五) 国家机关、政党机关和社会团体	3	2	1	33.3
国家机关	2	1	1	50.0
政党机关	—	—	—	—
社会团体	1	1	—	—
基层群众自治组织	—	—	—	—
(十六) 其他行业	9	6	2	22.2
其他行业	9	6	2	22.2

各地区港澳台投资经济房屋建筑面积和造价

地　　区	施工房屋面　积(万平方米)	竣工房屋面　积(万平方米)	房屋建筑面积竣工率(%)	竣工房屋价　值(万元)	竣工房屋造　价(元/平方米)
全国总计	**7091.28**	**1551.84**	**21.9**	**2687592**	**1732**
北　　京	603.68	53.04	8.8	176396	3326
天　　津	108.49	16.34	15.1	34550	2114
河　　北	36.26	19.77	54.5	17480	884
山　　西	15.39	7.24	47.0	5640	779
内 蒙 古	2.56	2.56	100.0	1892	739
辽　　宁	268.57	31.09	11.6	39150	1259
吉　　林	39.51	6.94	17.6	4921	709
黑 龙 江	75.98	21.06	27.7	67073	3185
上　　海	554.80	107.55	19.4	616413	5731
江　　苏	397.08	146.34	36.9	185595	1268
浙　　江	207.65	89.05	42.9	155824	1750
安　　徽	47.44	10.33	21.8	7449	721
福　　建	911.93	194.31	21.3	254147	1308
江　　西	84.68	25.82	30.5	20757	804
山　　东	279.77	43.66	15.6	57406	1315
河　　南	208.48	45.05	21.6	47678	1058
湖　　北	462.96	127.72	27.6	152623	1195
湖　　南	105.49	25.79	24.4	27063	1049
广　　东	1883.64	378.91	20.1	597552	1577
广　　西	83.10	39.19	47.2	32602	832
海　　南	63.22	4.52	7.1	3710	821
重　　庆	520.00	107.96	20.8	122392	1134
四　　川	36.61	16.28	44.5	17369	1067
贵　　州	10.72	1.22	11.4	685	561
云　　南	34.58	8.69	25.1	12411	1428
西　　藏	—	—	—	—	—
陕　　西	9.07	2.44	26.9	3233	1325
甘　　肃	23.61	11.62	49.2	9667	832
青　　海	1.09	—	—	—	—
宁　　夏	2.10	1.87	89.0	2140	1144
新　　疆	12.81	5.53	43.2	13774	2491
不分地区	—	—	—	—	—

各地区港澳台投资经济住宅建筑面积和造价

地区	施工住宅面积(万平方米)	竣工住宅面积(万平方米)	住宅建筑面积竣工率(%)	竣工住宅价值(万元)	竣工住宅造价(元/平方米)
全国总计	**2780.31**	**801.87**	**28.8**	**1105495**	**1379**
北京	114.28	29.70	26.0	99239	3341
天津	43.19	12.90	29.9	26048	2019
河北	7.82	4.44	56.8	4264	960
山西	13.35	6.16	46.1	4433	720
内蒙古	0.25	0.25	100.0	171	684
辽宁	77.36	20.57	26.6	20045	974
吉林	22.22	4.08	18.4	2856	700
黑龙江	21.49	5.43	25.3	4743	873
上海	136.12	25.61	18.8	99183	3873
江苏	170.64	58.39	34.2	75994	1301
浙江	91.46	47.39	51.8	74264	1567
安徽	24.81	5.57	22.5	3578	642
福建	332.83	94.68	28.4	121776	1286
江西	55.64	16.39	29.5	12543	765
山东	111.52	22.80	20.4	23423	1027
河南	96.35	30.22	31.4	26600	880
湖北	227.48	75.91	33.4	75720	997
湖南	52.11	14.16	27.2	10310	728
广东	852.08	187.48	22.0	284173	1516
广西	52.65	29.27	55.6	21513	735
海南	22.49	0.48	2.1	360	750
重庆	204.28	81.50	39.9	86244	1058
四川	16.75	9.94	59.3	8765	882
贵州	2.36	1.22	51.7	685	561
云南	7.29	5.32	73.0	7853	1476
西藏	—	—	—	—	—
陕西	2.53	0.90	35.6	1031	1146
甘肃	16.57	9.79	59.1	8317	850
青海	0.48	—	—	—	—
宁夏	0.26	0.03	11.5	15	500
新疆	3.65	1.29	35.3	1349	1046
不分地区	—	—	—	—	—

港澳台投资经济分行业房屋建筑面积和造价

行业	施工房屋面积(万平方米)	竣工房屋面积(万平方米)	房屋建筑面积竣工率(%)	竣工房屋价值(万元)	竣工房屋造价(元/平方米)
全国总计	**7091.28**	**1551.84**	**21.9**	**2687592**	**1732**
(一) 农、林、牧、渔业	3.01	2.49	82.7	2935	1179
农业	0.98	0.75	76.5	1575	2100
林业	—	—	—	—	—
畜牧业	1.78	1.48	83.1	1216	822
渔业	0.25	0.25	100.0	144	576
农、林、牧、渔服务业	—	—	—	—	—
(二) 采掘业	0.37	0.37	100.0	270	730
煤炭采选业	—	—	—	—	—
石油和天然气开采业	—	—	—	—	—
黑色金属矿采选业	—	—	—	—	—
有色金属矿采选业	—	—	—	—	—
非金属矿采选业	0.37	0.37	100.0	270	730
其他矿采选业	—	—	—	—	—
木材及竹材采运业	—	—	—	—	—
(三) 制造业	747.87	287.08	38.4	316854	1104
食品加工业	21.90	11.85	54.1	16749	1413
食品制造业	31.62	22.84	72.2	26589	1164
饮料制造业	25.64	13.97	54.5	22272	1594
烟草加工业	0.05	0.05	100.0	135	2700
纺织业	31.49	18.53	58.8	17313	934
服装及其他纤维制品制造业	27.04	17.98	66.5	14819	824
皮革、毛皮、羽绒及其制品业	13.35	12.03	90.1	11644	968
木材加工及竹、藤、棕、草制品业	19.46	12.79	65.7	9175	717
家具制造业	9.48	2.80	29.5	2179	778
造纸及纸制品业	32.90	12.26	37.3	18393	1500
印刷业、记录媒介的复制	6.06	5.10	84.2	4000	784
文教体育用品制造业	12.35	5.44	44.0	5397	992
石油加工及炼焦业	0.35	0.09	25.7	45	500
化学原料及化学制品制造业	19.39	9.77	50.4	8790	900
医药制造业	10.32	2.07	20.1	3460	1671
化学纤维制造业	43.27	14.25	32.9	19995	1403
橡胶制品业	6.00	0.54	9.0	560	1037
塑料制品业	47.25	25.37	53.7	28366	1118
非金属矿物制品业	27.68	4.35	15.7	3663	842
黑色金属冶炼及压延加工业	5.18	0.67	12.9	521	778
有色金属冶炼及压延加工业	8.61	3.56	41.3	6409	1800
金属制品业	20.42	13.35	65.4	13471	1009
普通机械制造业	28.27	16.80	59.4	12604	750

港澳台投资经济分行业房屋建筑面积和造价

续1

行 业	施工房屋面积(万平方米)	竣工房屋面积(万平方米)	房屋建筑面积竣工率(%)	竣工房屋价值(万元)	竣工房屋造价(元/平方米)
专用设备制造业	3.89	2.19	56.3	1742	795
交通运输设备制造业	194.86	24.40	12.5	31328	1284
电气机械及器材制造业	20.29	8.33	41.1	8568	1029
电子及通信设备制造业	62.03	14.02	22.6	16476	1175
仪器仪表及文化、办公用机械制造业	5.09	3.97	78.0	4916	1238
其他制造业	13.62	7.72	56.7	7275	942
(四) 电力、煤气及水的生产和供应业	110.45	15.33	13.9	15012	979
电力、蒸汽、热水的生产和供应业	106.65	13.05	12.2	7291	559
煤气生产和供应业	0.07	0.07	100.0	32	457
自来水的生产和供应业	3.73	2.20	59.0	7689	3495
(五) 建筑业	2.04	0.49	24.0	390	796
土木工程建筑业	1.98	0.43	21.7	358	833
线路、管道和设备安装业	—	—	—	—	—
建筑物的装修装饰业	0.06	0.06	100.0	32	533
(六) 地质勘查业、水利管理业	—	—	—	—	—
地质勘查业	—	—	—	—	—
水利管理业	—	—	—	—	—
(七) 交通运输、仓储及邮电通信业	39.66	11.79	29.7	25154	2134
铁路运输业	—	—	—	—	—
公路运输业	—	—	—	—	—
管道运输业	—	—	—	—	—
水上运输业	7.90	—	—	—	—
航空运输业	—	—	—	—	—
交通运输辅助业	1.90	0.42	22.1	444	1057
其他交通运输业	—	—	—	—	—
仓储业	29.86	11.37	38.1	24710	2173
邮电通信业	—	—	—	—	—
(八) 批发和零售贸易、餐饮业	93.74	9.75	10.4	22360	2293
食品、饮料、烟草和家庭用品批发商业	1.75	—	—	—	—
能源、材料和机械电子设备批发业	2.86	0.56	19.6	943	1684
其他批发业	0.55	0.30	54.5	1000	3333
零售业	61.36	0.36	0.6	335	931
商业经纪与代理业	9.53	5.20	54.6	10737	2065

港澳台投资经济分行业房屋建筑面积和造价

续 2

行业	施工房屋面积(万平方米)	竣工房屋面积(万平方米)	房屋建筑面积竣工率(%)	竣工房屋价值(万元)	竣工房屋造价(元/平方米)
餐饮业	17.70	3.33	18.8	9345	2806
(九) 金融、保险业	24.94	—	—	—	—
金融业	24.94	—	—	—	—
保险业	—	—	—	—	—
(十) 房地产业	5904.37	1184.44	20.1	2226221	1880
房地产开发与经营业	5904.37	1184.44	20.1	2226221	1880
房地产管理业	—	—	—	—	—
房地产代理与经纪业	—	—	—	—	—
(十一) 社会服务业	139.25	33.47	24.0	71901	2148
公共服务业	7.13	1.71	24.0	4213	2464
居民服务业	0.56	0.52	92.9	852	1638
旅馆业	102.62	16.69	16.3	37273	2233
租赁服务业	—	—	—	—	—
旅行社	0.93	0.12	12.9	75	625
娱乐服务业	27.01	14.43	53.4	29488	2044
信息、咨询服务业	—	—	—	—	—
计算机应用服务业	—	—	—	—	—
其他社会服务业	0.99	—	—	—	—
(十二) 卫生、体育和社会福利业	1.08	0.25	23.1	99	396
卫生	1.08	0.25	23.1	99	396
体育	—	—	—	—	—
社会福利保障业	—	—	—	—	—
(十三) 教育、文化艺术及广播电影电视业	14.58	4.40	30.2	3268	743
教育	6.69	4.40	65.8	3268	743
文化艺术业	—	—	—	—	—
广播电影电视业	7.89	—	—	—	—
(十四) 科学研究和综合技术服务业	1.50	—	—	—	—
科学研究业	—	—	—	—	—
综合技术服务业	1.50	—	—	—	—
(十五) 国家机关、政党机关和社会团体	0.63	0.18	28.6	128	711
国家机关	0.18	0.18	100.0	128	711
政党机关	—	—	—	—	—
社会团体	0.45	—	—	—	—
基层群众自治组织	—	—	—	—	—
(十六) 其他行业	7.77	1.79	23.0	3000	1676
其他行业	7.77	1.79	23.0	3000	1676

港澳台投资经济分行业住宅建筑面积和造价

行　　业	施工住宅面　　积(万平方米)	竣工住宅面　　积(万平方米)	住宅建筑面积竣工率(%)	竣工住宅价　　值(万元)	竣工住宅造　　价(元/平方米)
全　国　总　计	**2780.31**	**801.87**	**28.8**	**1105495**	**1379**
(一) 农、林、牧、渔业	0.11	0.08	72.7	47	588
农业	0.03	—	—	—	—
林业	—	—	—	—	—
畜牧业	—	—	—	—	—
渔业	0.08	0.08	100.0	47	588
农、林、牧、渔服务业	—	—	—	—	—
(二) 采掘业	—	—	—	—	—
煤炭采选业	—	—	—	—	—
石油和天然气开采业	—	—	—	—	—
黑色金属矿采选业	—	—	—	—	—
有色金属矿采选业	—	—	—	—	—
非金属矿采选业	—	—	—	—	—
其他矿采选业	—	—	—	—	—
木材及竹材采运业	—	—	—	—	—
(三) 制造业	44.30	22.46	50.7	18212	811
食品加工业	1.05	0.51	48.6	510	1000
食品制造业	0.98	0.98	100.0	893	911
饮料制造业	2.04	1.06	52.0	1091	1029
烟草加工业	0.05	0.05	100.0	135	2700
纺织业	1.94	1.17	60.3	822	703
服装及其他纤维制品制造业	3.08	2.57	83.4	1398	544
皮革、毛皮、羽绒及其制品业	2.05	1.70	82.9	1413	831
木材加工及竹、藤、棕、草制品业	0.90	0.20	22.2	260	1300
家具制造业	3.51	0.16	4.6	99	619
造纸及纸制品业	2.48	0.73	29.4	355	486
印刷业、记录媒介的复制	0.88	0.65	73.9	474	729
文教体育用品制造业	0.16	0.03	18.8	10	333
石油加工及炼焦业	—	—	—	—	—
化学原料及化学制品制造业	0.71	0.40	56.3	244	610
医药制造业	0.21	0.19	90.5	190	1000
化学纤维制造业	0.57	0.57	100.0	480	842
橡胶制品业	—	—	—	—	—
塑料制品业	1.38	0.29	21.0	243	838
非金属矿物制品业	2.23	0.24	10.8	202	842
黑色金属冶炼及压延加工业	0.26	0.26	100.0	137	527
有色金属冶炼及压延加工业	0.82	0.82	100.0	599	730
金属制品业	1.48	0.84	56.8	519	618
普通机械制造业	1.11	0.91	82.0	616	677

港澳台投资经济分行业住宅建筑面积和造价

续 1

行业	施工住宅面积(万平方米)	竣工住宅面积(万平方米)	住宅建筑面积竣工率(%)	竣工住宅价值(万元)	竣工住宅造价(元/平方米)
专用设备制造业	0.15	—	—	—	—
交通运输设备制造业	7.70	3.60	46.8	3473	965
电气机械及器材制造业	1.46	1.02	69.9	652	639
电子及通信设备制造业	6.63	3.08	46.5	3116	1012
仪器仪表及文化、办公用机械制造业	—	—	—	—	—
其他制造业	0.45	0.45	100.0	281	624
(四) 电力、煤气及水的生产和供应业	2.08	0.34	16.3	296	871
电力、蒸汽、热水的生产和供应业	1.47	0.23	15.6	146	635
煤气生产和供应业	—	—	—	—	—
自来水的生产和供应业	0.61	0.11	18.0	150	1364
(五) 建筑业	1.30	0.30	23.1	240	800
土木工程建筑业	1.30	0.30	23.1	240	800
线路、管道和设备安装业	—	—	—	—	—
建筑物的装修装饰业	—	—	—	—	—
(六) 地质勘查业、水利管理业	—	—	—	—	—
地质勘查业	—	—	—	—	—
水利管理业	—	—	—	—	—
(七) 交通运输、仓储及邮电通信业	4.91	0.23	4.7	250	1087
铁路运输业	—	—	—	—	—
公路运输业	—	—	—	—	—
管道运输业	—	—	—	—	—
水上运输业	4.68	—	—	—	—
航空运输业	—	—	—	—	—
交通运输辅助业	—	—	—	—	—
其他交通运输业	—	—	—	—	—
仓储业	0.23	0.23	100.0	250	1087
邮电通信业	—	—	—	—	—
(八) 批发和零售贸易、餐饮业	0.01	0.01	100.0	5	500
食品、饮料、烟草和家庭用品批发商业	—	—	—	—	—
能源、材料和机械电子设备批发业	—	—	—	—	—
其他批发业	—	—	—	—	—
零售业	0.01	0.01	100.0	5	500
商业经纪与代理业	—	—	—	—	—

港澳台投资经济分行业住宅建筑面积和造价

续 2

行　　　业	施工住宅面　积(万平方米)	竣工住宅面　积(万平方米)	住宅建筑面积竣工率(%)	竣工住宅价　值(万元)	竣工住宅造　价(元/平方米)
餐饮业	—	—	—	—	—
(九) 金融、保险业	—	—	—	—	—
金融业	—	—	—	—	—
保险业	—	—	—	—	—
(十) 房地产业	2728.56	776.66	28.5	1084705	1397
房地产开发与经营业	2728.56	776.66	28.5	1084705	1397
房地产管理业	—	—	—	—	—
房地产代理与经纪业	—	—	—	—	—
(十一) 社会服务业	5.38	1.39	25.8	1440	1036
公共服务业	—	—	—	—	—
居民服务业	—	—	—	—	—
旅馆业	0.94	0.50	53.2	890	1780
租赁服务业	—	—	—	—	—
旅行社	0.17	0.12	70.6	75	625
娱乐服务业	4.27	0.77	18.0	475	617
信息、咨询服务业	—	—	—	—	—
计算机应用服务业	—	—	—	—	—
其他社会服务业	—	—	—	—	—
(十二) 卫生、体育和社会福利业	0.48	—	—	—	—
卫生	0.48	—	—	—	—
体育	—	—	—	—	—
社会福利保障业	—	—	—	—	—
(十三) 教育、文化艺术及广播电影电视业	1.26	0.40	31.7	300	750
教育	0.45	0.40	88.9	300	750
文化艺术业	—	—	—	—	—
广播电影电视业	0.82	—	—	—	—
(十四) 科学研究和综合技术服务业	1.25	—	—	—	—
科学研究业	—	—	—	—	—
综合技术服务业	1.25	—	—	—	—
(十五) 国家机关、政党机关和社会团体	—	—	—	—	—
国家机关	—	—	—	—	—
政党机关	—	—	—	—	—
社会团体	—	—	—	—	—
基层群众自治组织	—	—	—	—	—
(十六) 其他行业	0.67	—	—	—	—
其他行业	0.67	—	—	—	—

个体经济固定资产投资

各地区按资金来源分的农村个人固定资产投资

单位：万元

地区	合计	自有资金	银行、信用社贷款	借款	其他
全国总计	**26911592**	**21585420**	**1380191**	**3628600**	**317381**
北京	369307	288619	5469	68347	6872
天津	106289	99651		6638	
河北	1456134	1295374	53444	93395	13921
山西	317673	211596	18077	76881	11119
内蒙古	390141	314438	55242	17255	3206
辽宁	686895	505895	138803	41317	880
吉林	245995	219490	1120	25385	
黑龙江	526784	406844	20879	82898	16163
上海	205546	205546			
江苏	3298821	2601839	142748	553932	302
浙江	2389116	1662187	40593	655636	30700
安徽	1195094	935697	38921	203612	16864
福建	865486	716395	21798	111056	16237
江西	718775	488158	108382	113393	8842
山东	1986775	1544996	149044	274023	18712
河南	2440840	2119819	75165	217797	28059
湖北	901388	738283	35069	92648	35388
湖南	1457479	1206901	73056	170544	6978
广东	2081172	1777977	34795	248041	20359
广西	914200	787100	23400	98800	4900
海南	57127	57127			
重庆	564772	418836	46606	92502	6828
四川	1228200	931100	93200	182000	21900
贵州	331798	288257	16607	22740	4194
云南	661431	588040	42494	30433	464
西藏					
陕西	761772	561578	88270	108585	3339
甘肃	267553	188816	29278	13572	35887
青海	36965	34653	238	2026	48
宁夏	98106	83756	7493	6857	
新疆	349958	306452	20000	18287	5219

各地区按构成分的农村个人固定资产投资

单位：万元

地区	合计	建筑安装工程	设备工器具购置	其他费用	比重(以合计数为100) 建筑安装工程	设备工器具购置	其他费用
全国总计	**26911592**	**23741513**	**2201330**	**968749**	**88.2**	**8.2**	**3.6**
北京	369307	336437	28807	4063	91.1	7.8	1.1
天津	106289	105438		851	99.2		0.8
河北	1456134	1211504	214053	30577	83.2	14.7	2.1
山西	317673	244926	51463	21284	77.1	16.2	6.7
内蒙古	390141	324207	33941	31993	83.1	8.7	8.2
辽宁	686895	572871	51516	62508	83.4	7.5	9.1
吉林	245995	174410	47722	23863	70.9	19.4	9.7
黑龙江	526784	370856	121687	34241	70.4	23.1	6.5
上海	205546	205546			100.0		
江苏	3298821	3229547	59379	9895	97.9	1.8	0.3
浙江	2389116	2317443	69284	2389	97.0	2.9	0.1
安徽	1195094	1050488	96802	47804	87.9	8.1	4.0
福建	865486	767686	85683	12117	88.7	9.9	1.4
江西	718775	677086	23720	17969	94.2	3.3	2.5
山东	1986775	1762270	190729	33776	88.7	9.6	1.7
河南	2440840	2143060	222116	75664	87.8	9.1	3.1
湖北	901388	826573	35155	39660	91.7	3.9	4.4
湖南	1457479	1257804	131173	68502	86.3	9.0	4.7
广东	2081172	1856406	174819	49947	89.2	8.4	2.4
广西	914200	667365	153586	93249	73.0	16.8	10.2
海南	57127	51471	1656	4000	90.1	2.9	7.0
重庆	564772	514508	22591	27673	91.1	4.0	4.9
四川	1228200	1118891	49128	60181	91.1	4.0	4.9
贵州	331798	237237	47778	46783	71.5	14.4	14.1
云南	661431	537082	52252	72097	81.2	7.9	10.9
西藏							
陕西	761772	610941	111219	39612	80.2	14.6	5.2
甘肃	267553	213774	40132	13647	79.9	15.0	5.1
青海	36965	32567	4029	369	88.1	10.9	1.0
宁夏	98106	54350	35416	8340	55.4	36.1	8.5
新疆	349958	268769	45494	35695	76.8	13.0	10.2

各地区农村个人生产性固定资产投资中用于农业的投资

单位：万元

地区	合计	其中:1.生产房屋及建筑物	2.役畜及畜产品	3.大中型铁木农具	4.农牧渔业机械	5.农田水利业基本建设
全国总计	**4616307**	**1028899**	**905825**	**312516**	**1635278**	**249355**
北京	38785	6162	1278	1045	23286	6689
天津	40393	27633	2412	1305	7232	
河北	268480	21408	24589	24575	157252	4696
山西	42307	2648	8375	711	25871	512
内蒙古	165409	55058	21702	5834	79022	3312
辽宁	83118	3834	19853	7826	47705	125
吉林	110576	19354	34829	10333	30643	
黑龙江	193809	1308	26892	17707	145821	2082
上海	4373	3405	403		566	
江苏	332357	96808	49115	27489	152698	5835
浙江	169739	75833	15416	36075	21861	5818
安徽	316100	66619	42227	12829	14490	35610
福建	63355	26335	17055	3654	6493	
江西	135013	53190	39988	8326	15201	12674
山东	592010	71531	120220	8466	220178	39823
河南	570034	82917	63500	23610	291846	71569
湖北	122484	47012	23488	3538	42141	3990
湖南	185025	49255	70720	12353	52696	
广东	143796	44096	45516	8163	25091	16329
广西	108700	20600	54800	5400	23600	
海南	3460		564	118	1609	1169
重庆	76084	33776	18148	5774	4070	7327
四川	244600	117500	46700	17400	37000	15300
贵州	100859	48273	40229	1786	2556	1598
云南	116415	21935	38070	4861	29358	4920
西藏						
陕西	111244	7475	19308	4188	66104	165
甘肃	78871	9197	11560	7658	42813	4370
青海	15876	1100	4680	1233	5277	
宁夏	22672	6825	4046	486	10921	
新疆	160363	7812	40142	49773	51877	5442

各地区农村个人分行业生产性固定资产投资

单位：万元

地　区	农、林、牧渔、水利业	工　业	建筑业	交通运输、邮电通讯业	批零贸易餐饮业	社会服务业	其他行业
全国总计	**4616307**	**499924**	**37913**	**1560113**	**94768**	**78792**	**20023775**
北　京	38785	325		57151	1288		271758
天　津	40393	1426	1898	6530			56042
河　北	268480	25363	2214	110555	2026		1047496
山　西	42307	4252	6496	43210	3748	3302	214358
内蒙古	165409	4586	48	22869	641	481	196107
辽　宁	83118	1130		41207		53025	508415
吉　林	110576	7768		15898	1669		110084
黑龙江	193809	800		55289	357		276529
上　海	4373			15357			185816
江　苏	332357	54246	13935	87620	52008	2055	2756600
浙　江	169739	125851		186570	1933		1905023
安　徽	316100	10338	1285	29578			837793
福　建	63355	23327		33836	316		744652
江　西	135013	7475	176	27312		3753	545046
山　东	592010	20242	9910	130000	1522		1233091
河　南	570034	21732	1271	96615	479		1750709
湖　北	122484	34451	251	29935	2382	3352	708533
湖　南	185025	35077		57264	1645		1178468
广　东	143796	6433		110679	3749	1690	1814825
广　西	108700	24600		69000			711900
海　南	3460	162		3162			50343
重　庆	76084	26480		29692	1971	7760	422785
四　川	244600	18200		57900	3000	1700	902800
贵　州	100859	15806		14353			200780
云　南	116415	13076		90072	649		441219
西　藏							
陕　西	111244	12665	55	35703	15385	1674	585046
甘　肃	78871	290		55127			133265
青　海	15876	839		5755			14495
宁　夏	22672	889	374	26100			48071
新　疆	160363	2095		15774			171726

各地区农村个人施工、竣工房屋建筑面积和造价

地区	施工房屋面积(万平方米)	竣工房屋面积(万平方米)	竣工住宅面积(万平方米)	竣工住宅价值(万元)	竣工住宅造价(元/平方米)	竣工房屋面积占施工面积比重(%)
全国总计	**89308.83**	**85887.87**	**77287.04**	**18906526**	**245**	**96.2**
北京	294.00	286.00	272.00	197196	725	97.3
天津	304.30	304.30	187.50	53318	284	100.0
河北	4510.25	4195.80	3837.69	955723	249	93.0
山西	845.00	822.00	799.00	198265	248	97.3
内蒙古	1344.00	1344.00	1018.00	174965	172	100.0
辽宁	857.00	857.00	727.00	467514	643	100.0
吉林	640.31	590.59	435.83	101406	233	92.2
黑龙江	886.18	826.10	719.36	267301	372	93.2
上海	478.40	478.40	469.73	184446	393	100.0
江苏	8967.00	8712.00	8240.00	2733696	332	97.2
浙江	6182.53	5817.14	4841.80	1830436	378	94.1
安徽	4814.00	4542.00	4238.00	789183	186	94.3
福建	2287.74	1977.74	1929.44	659722	342	86.4
江西	3410.93	3161.60	2730.33	534793	196	92.7
山东	6677.00	6514.00	5985.00	1231684	206	97.6
河南	8933.20	8882.40	8404.70	1689509	201	99.4
湖北	4775.00	4661.00	3830.00	693704	181	97.6
湖南	5325.00	5325.00	5003.24	1152741	230	100.0
广东	6051.99	5930.98	5569.38	1642013	295	98.0
广西	3881.00	3420.00	3278.00	706000	215	88.1
海南	191.77	191.77	176.65	50343	285	100.0
重庆	2635.20	2635.20	2309.20	384376	166	100.0
四川	6669.15	6488.86	5580.41	822400	147	97.3
贵州	1340.26	1247.95	905.04	151153	167	93.1
云南	2242.00	2079.00	1525.00	394630	259	92.7
西藏						
陕西	2475.96	2429.37	2336.43	516293	221	98.1
甘肃	997.08	947.11	827.37	105889	128	95.0
青海	149.00	148.00	131.00	14354	110	99.3
宁夏	335.77	335.77	278.66	46386	166	100.0
新疆	807.81	736.79	701.28	157087	224	91.2

	城镇工矿区个数(个)	建房户数(户)	竣工房屋建筑面积(万平方米)	住宅
全国总计	**21218**	**1338976**	**17570.24**	**15165.03**
其中：农业户建房		860803	10504.00	9353.11
1. 市	490	209352	2549.71	2255.56
其中：农业户建房		90955	1103.67	1005.45
2. 县	1703	325784	4961.39	4282.18
其中：农业户建房		143035	1934.54	1746.63
3. 镇	18610	786882	9873.51	8470.36
其中：农业户建房		621292	7395.19	6541.03
4. 工矿区	415	16958	185.64	156.93
其中：农业户建房		5521	70.60	59.99
北京	14	3351	34.71	32.85
天津	67	15946	125.79	117.55
河北	800	85283	966.97	820.80
山西	439	23224	253.37	236.96
内蒙古	261	20150	170.72	149.16
辽宁	292	25753	222.64	188.54
吉林	498	31318	266.99	242.09
黑龙江	165	36600	310.81	268.46
上海	23	2421	21.37	21.36
江苏	721	81338	989.72	878.23
浙江	846	96363	1979.97	1723.08
安徽	496	87367	764.71	584.62
福建	485	63028	1209.02	1083.27
江西	551	31421	663.77	571.83
山东	1192	116912	1159.14	896.28
河南	576	128082	1486.46	1264.91
湖北	8330	59522	1035.77	859.76
湖南	1014	64157	1200.39	1037.08
广东	291	43578	729.90	669.78
广西	716	118521	1594.19	1512.45
海南	162	5943	101.57	94.87
重庆	429	24236	397.14	333.61
四川	1467	83458	794.69	637.26
贵州	311	17092	207.72	187.71
云南	229	19851	257.23	213.97
西藏	80	1762	33.36	28.77
陕西	432	20674	300.35	269.91
甘肃	122	11411	79.07	63.53
青海	47	4182	39.92	32.20
宁夏	39	2551	29.55	20.48
新疆	123	13481	143.23	123.66

区 个 人 建 房

竣工房屋价值(万元)	住宅	竣工房屋造价(元/平方米)	住宅	平均每户建房面积(平方米)	平均每户建房投资(元)
7041112	**5938633**	**401**	**392**	**131**	**52586**
3838852	3425466	365	366	122	44596
1198363	1007429	470	447	122	57242
441745	396634	400	394	121	48567
2119603	1785108	427	417	152	65062
758807	685046	392	392	135	53050
3651500	3088437	370	365	125	46405
2615628	2325438	354	356	119	42100
71646	57659	386	367	109	42249
22672	18348	321	306	128	41065
18519	17397	534	530	104	55264
63877	59375	508	505	79	40058
423528	351385	438	428	113	49661
102224	93624	403	395	109	44017
68924	58880	404	395	85	34205
152892	108616	687	576	86	59369
118978	102352	446	423	85	37990
161080	128030	518	477	85	44011
10937	10937	512	512	88	45176
428152	364340	433	415	122	52639
920368	793320	465	460	205	95511
271144	200897	355	344	88	31035
531057	442719	439	409	192	84257
173803	149153	262	261	211	55314
430865	356063	372	397	99	36854
551933	459322	371	363	116	43092
365513	304989	353	355	174	61408
494251	414776	412	400	187	77038
397673	356220	545	532	167	91255
534703	504032	335	333	135	45115
63647	59540	627	628	171	107096
116920	88893	294	266	164	48242
248038	194990	312	306	95	29720
55274	49014	266	261	122	32339
107449	81241	418	380	130	54128
8864	8375	266	291	189	50306
116064	99228	386	368	145	56140
20752	16521	262	260	69	18186
13060	8805	327	273	95	31229
13849	8458	469	413	116	54289
56774	47141	396	381	106	42114

城镇和工矿区农业户建房

地区	建房户数（户）	竣工房屋建筑面积（万平方米）	住宅	竣工房屋价值（万元）	住宅
全国总计	**860803**	**10504.00**	**9353.11**	**3838852**	**3425466**
北京	2255	12.87	12.79	9705	9641
天津	6350	62.60	55.18	29682	25775
河北	67506	727.04	630.68	308350	264485
山西	12785	135.83	128.27	50802	48057
内蒙古	7040	59.14	53.11	20554	18076
辽宁	5247	41.96	39.61	14518	13441
吉林	12812	111.98	106.30	39328	36876
黑龙江	12259	82.88	77.68	43340	40132
上海	1313	13.92	13.92	7611	7611
江苏	57171	660.55	605.37	263938	239192
浙江	76575	1565.85	1404.77	716124	644491
安徽	52051	449.71	345.63	150178	117571
福建	46358	800.43	765.81	320168	303763
江西	20166	386.15	351.51	90723	82773
山东	99605	925.54	727.85	328647	278094
河南	76645	850.57	739.14	269202	230727
湖北	33478	513.90	446.25	163293	146062
湖南	43202	712.70	666.31	228217	208926
广东	14244	206.80	192.98	101100	94800
广西	86081	955.35	923.31	290316	279516
海南	3202	48.88	45.61	29260	27777
重庆	6975	79.53	66.53	25956	18817
四川	60902	468.87	393.86	139662	113373
贵州	10734	127.33	114.69	28330	26073
云南	12910	138.50	126.09	48984	45186
西藏	886	14.18	10.53	2256	1879
陕西	14530	217.31	196.62	82609	71960
甘肃	9231	55.33	46.06	10897	9762
青海	3249	27.14	23.29	6848	5773
宁夏	1288	11.96	10.50	4061	3512
新疆	3753	39.20	32.86	14193	11345

城市个人建房

地区	城市个数(个)	建房户数(户)	竣工房屋建筑面积(万平方米)	住宅	竣工房屋价值(万元)	住宅
全国总计	**490**	**209352**	**2549.71**	**2255.56**	**1198363**	**1007429**
北京		1765	10.79	10.77	7332	7313
天津	1	2446	15.01	15.01	7359	7357
河北	27	8932	100.77	90.91	52305	47439
山西	31	4349	47.09	45.86	20865	20082
内蒙古	17	4846	29.96	28.87	11937	11266
辽宁	16	9821	76.26	70.59	62118	47104
吉林	27	9099	67.22	60.18	34153	29000
黑龙江	30	11673	110.51	88.04	63132	48027
上海	1	1015	5.01	5.01	2164	2164
江苏	13	16010	139.70	136.59	51133	49484
浙江	23	13816	287.73	243.04	149410	121472
安徽	11	6765	68.75	56.51	24627	18592
福建	20	4671	130.47	78.20	78049	36067
江西	16	1974	36.21	33.51	13607	12639
山东	42	21874	222.33	193.35	94575	81743
河南	28	23707	255.08	232.60	103213	94459
湖北	35	10971	183.88	166.16	69102	60219
湖南	27	8510	159.97	145.93	69927	61291
广东	14	7184	136.37	122.82	91196	80639
广西	18	9922	173.14	166.67	72487	69963
海南	3	488	6.81	6.58	3711	3510
重庆	6	4110	44.80	42.09	20664	16809
四川	22	10730	47.62	42.41	14589	12907
贵州	13	1836	30.11	29.00	9553	9170
云南	7	487	8.33	7.40	3610	3101
西藏	6	145	2.88	2.88	800	800
陕西	8	4769	70.77	68.34	28290	27459
甘肃	5	262	3.36	2.02	1025	408
青海	3	933	15.02	11.91	7453	4466
宁夏	3	108	5.04	0.23	3605	115
新疆	17	6134	58.72	52.08	26372	22364

城市农业户建房

地区	建房户数(户)	竣工房屋建筑面积(万平方米)	住宅	竣工房屋价值(万元)	住宅
全国总计	**90955**	**1103.67**	**1005.45**	**441745**	**396634**
北京	920	6.83	6.83	4650	4650
天津	40	0.09	0.09	44	44
河北	3822	50.12	46.17	23660	22603
山西	1224	13.56	13.13	5413	5263
内蒙古	1121	6.84	6.52	2018	1959
辽宁	946	6.67	5.28	1643	1350
吉林	1462	12.25	11.14	4821	4269
黑龙江	2203	17.27	17.27	11552	11552
上海	146	0.39	0.39	155	155
江苏	10451	105.58	102.79	35937	34821
浙江	8128	213.08	182.81	103604	84371
安徽	3888	27.70	27.68	7647	7639
福建	1709	23.04	22.07	10620	10388
江西	1122	15.59	14.91	4900	4589
山东	16762	158.53	142.12	65603	58416
河南	8301	104.47	91.13	33476	29179
湖北	4068	71.10	64.54	25601	23324
湖南	4485	81.25	71.38	30694	26685
广东	1052	19.93	17.36	11102	9572
广西	3216	52.95	51.52	17411	16937
海南					
重庆	65	0.60	0.51	325	260
四川	9273	20.96	19.52	5716	5211
贵州	1167	15.15	14.62	4076	3987
云南	151	1.66	1.35	729	573
西藏	30	1.22	1.22	131	131
陕西	2924	51.76	50.68	20734	20462
甘肃	117	1.24	0.99	190	157
青海	474	7.14	7.14	2559	2554
宁夏	3	0.08	0.07	29	26
新疆	1685	16.62	14.22	6705	5507

县城个人建房

地区	县城个数(个)	建房户数(户)	竣工房屋建筑面积(万平方米)	住宅	竣工房屋价值(万元)	住宅
全国总计	**1703**	**325784**	**4961.39**	**4282.18**	**2119603**	**1785108**
北京	9	1153	17.30	16.60	6552	5997
天津	5	5790	41.90	41.52	20327	20193
河北	95	18034	217.29	179.51	100280	79962
山西	74	7299	77.88	70.22	36679	31962
内蒙古	63	9074	85.29	69.88	33587	27212
辽宁	56	11093	94.43	77.40	60798	42863
吉林	22	8561	72.72	63.10	38354	30312
黑龙江	40	9239	100.15	86.31	50780	39797
上海	6	70	0.70	0.70	340	340
江苏	64	19702	243.46	217.53	112846	92630
浙江	41	13983	264.82	233.94	131151	116450
安徽	66	18574	204.27	147.49	85724	59693
福建	52	13850	285.34	260.66	139109	117878
江西	89	11310	277.43	237.32	82845	69902
山东	64	19285	221.91	165.09	93598	75961
河南	90	33991	431.55	374.99	175455	150600
湖北	51	11013	267.25	216.41	100544	81014
湖南	78	16133	365.15	318.66	155000	133837
广东	103	21576	401.21	379.01	212813	194248
广西	79	21360	409.86	385.46	155564	145323
海南	14	1527	35.85	32.84	27844	25835
重庆	31	6908	152.85	123.30	44331	31189
四川	111	11345	214.70	169.73	71424	58028
贵州	64	5740	76.72	70.29	22421	20039
云南	97	9809	158.36	135.69	69408	55893
西藏	30	1152	23.02	20.11	6867	6561
陕西	75	6945	100.54	90.03	40079	35335
甘肃	43	3423	29.03	23.52	11203	8648
青海	26	1939	17.61	13.53	3922	2836
宁夏	15	1433	18.11	14.84	8776	7223
新疆	50	4473	54.69	46.50	20982	17347

县城农业户建房

地　区	建房户数（户）	竣工房屋建筑面积（万平方米）	住　宅	竣工房屋价值（万元）	住　宅
全国总计	**143035**	**1934.54**	**1746.63**	**758807**	**685046**
北　京	1026	5.00	5.00	4279	4279
天　津	1216	12.20	11.82	4866	4732
河　北	9651	110.19	92.95	49104	41372
山　西	2732	28.16	25.69	12021	11400
内蒙古	2945	25.78	21.55	9533	7989
辽　宁	2238	17.88	17.62	6181	5915
吉　林	994	7.95	7.18	3828	3316
黑龙江	3909	29.35	27.58	15037	14676
上　海	7	0.10	0.10	38	38
江　苏	11080	120.67	115.83	49613	46844
浙　江	9173	159.62	145.59	78201	72755
安　徽	7412	76.65	62.75	30041	23931
福　建	5902	105.71	97.33	44421	40318
江　西	5477	121.79	113.49	34159	31751
山　东	13651	135.67	114.41	58943	49579
河　南	11758	142.63	124.39	53528	45366
湖　北	6396	108.41	93.22	39647	35481
湖　南	7171	157.50	148.26	56236	52901
广　东	5771	101.55	97.51	49414	48035
广　西	8412	130.35	127.00	40691	39061
海　南	677	13.46	12.95	10190	10109
重　庆	1366	18.69	17.10	5762	4177
四　川	5932	91.22	74.37	28470	24002
贵　州	3028	32.83	30.80	7751	7416
云　南	5747	76.29	71.71	30610	28826
西　藏	574	8.57	6.37	1441	1219
陕　西	4195	54.64	48.55	22086	18736
甘　肃	2047	14.01	12.85	4500	4174
青　海	1564	13.29	9.93	2739	1844
宁　夏	324	6.18	5.67	2876	2625
新　疆	660	8.20	7.06	2601	2179

集镇个人建房

地区	镇个数(个)	建房户数(户)	竣工房屋建筑面积(万平方米)	住宅	竣工房屋价值(万元)	住宅
全国总计	**18610**	**786882**	**9873.51**	**8470.36**	**3651500**	**3088437**
北京	5	433	6.62	5.48	4635	4087
天津	61	7710	68.87	61.02	36191	31825
河北	672	58146	647.69	549.16	270390	223431
山西	275	8994	94.78	87.66	34422	31531
内蒙古	161	5674	48.50	44.69	18691	16894
辽宁	211	4593	50.23	38.83	28893	17566
吉林	442	13399	125.14	116.95	45720	42305
黑龙江	85	12845	94.97	89.76	44170	37686
上海	16	1336	15.65	15.64	8433	8433
江苏	643	45476	606.15	523.70	263671	221724
浙江	780	68327	1422.26	1246.10	637600	555398
安徽	404	61054	482.81	373.84	157914	120320
福建	413	44507	793.20	744.42	313899	288774
江西	421	17839	340.27	294.47	74419	64317
山东	1032	74212	695.11	523.46	236483	194021
河南	420	66923	761.77	622.38	256896	200262
湖北	8227	36707	569.37	463.43	190153	159313
湖南	856	38333	658.93	557.50	263377	214434
广东	171	14761	191.75	167.51	93450	81172
广西	612	87171	1010.39	959.52	306270	288364
海南	145	3928	58.92	55.46	32092	30195
重庆	389	13023	197.68	166.59	51092	40169
四川	1319	61255	530.59	423.55	161491	123622
贵州	217	9153	95.79	83.75	21518	18490
云南	102	9428	88.63	69.37	33587	21606
西藏	43	462	7.33	5.66	1187	1004
陕西	332	8722	126.00	109.40	46487	35600
甘肃	71	7568	44.90	36.25	7957	6908
青海	18	1310	7.30	6.76	1685	1503
宁夏	18	980	6.03	5.20	1303	1033
新疆	49	2613	25.88	22.85	7424	6450

集镇农业户建房

地区	建房户数（户）	竣工房屋建筑面积（万平方米）	住宅	竣工房屋价值（万元）	住宅
全国总计	**621292**	**7395.19**	**6541.03**	**2615628**	**2325438**
北京	309	1.04	0.96	776	712
天津	5094	50.30	43.28	24772	20999
河北	53870	565.54	490.38	235046	199970
山西	8091	85.49	81.15	30133	28324
内蒙古	2869	25.57	24.21	8713	7887
辽宁	2027	17.13	16.43	6596	6078
吉林	10306	91.31	87.51	30508	29120
黑龙江	6147	36.26	32.83	16751	13904
上海	1160	13.44	13.44	7418	7418
江苏	35590	434.10	386.54	178277	157416
浙江	59274	1193.14	1076.36	534319	487365
安徽	40373	343.02	253.89	111513	85184
福建	38747	671.68	646.41	265127	253057
江西	13538	248.11	222.52	51487	46276
山东	68064	616.75	460.78	200101	167450
河南	55761	593.13	514.39	179150	153976
湖北	22392	323.72	278.45	95211	84612
湖南	30904	464.71	438.02	138592	126801
广东	7384	84.97	77.85	40449	37099
广西	74433	771.82	744.57	232145	223449
海南	2525	35.42	32.65	19070	17668
重庆	5525	60.13	48.85	19836	14360
四川	45603	355.22	298.71	105069	83830
贵州	6248	75.52	65.83	15296	13663
云南	7000	60.10	52.71	17409	15599
西藏	279	4.28	2.82	674	519
陕西	7319	109.37	96.04	39242	32252
甘肃	7067	40.08	32.22	6207	5431
青海	1211	6.72	6.23	1550	1375
宁夏	936	5.45	4.64	1053	801
新疆	1246	11.67	10.36	3138	2843

工 矿 区 个 人 建 房

地区	工矿区个数(个)	建房户数(户)	竣工房屋建筑面积(万平方米)	住宅	竣工房屋价值(万元)	住宅
全国总计	**415**	**16958**	**185.64**	**156.93**	**71646**	**57659**
北京						
天津						
河北	6	171	1.22	1.22	553	553
山西	59	2582	33.63	33.22	10258	10049
内蒙古	20	556	6.98	5.73	4709	3508
辽宁	9	246	1.72	1.72	1083	1083
吉林	7	259	1.90	1.86	751	735
黑龙江	10	2843	5.18	4.35	2998	2520
上海						
江苏	1	150	0.41	0.41	502	502
浙江	2	237	5.16		2207	
安徽	15	974	8.89	6.78	2879	2292
福建						
江西	25	298	9.86	6.52	2932	2295
山东	54	1541	19.80	14.39	6209	4338
河南	38	3461	38.06	34.94	16369	14001
湖北	17	831	15.27	13.75	5714	4443
湖南	53	1181	16.34	14.99	5947	5214
广东	3	57	0.57	0.45	214	161
广西	7	68	0.80	0.80	382	382
海南						
重庆	3	195	1.80	1.64	833	726
四川	15	128	1.79	1.58	534	433
贵州	17	363	5.11	4.67	1782	1315
云南	23	127	1.90	1.50	844	641
西藏	1	3	0.12	0.12	10	10
陕西	17	238	3.04	2.13	1208	834
甘肃	3	158	1.77	1.73	567	557
青海						
宁夏	3	30	0.36	0.21	165	87
新疆	7	261	3.96	2.22	1996	980

工矿区农业户建房

地区	建房户数(户)	竣工房屋建筑面积(万平方米)	住宅	竣工房屋价值(万元)	住宅
全国总计	**5521**	**70.60**	**59.99**	**22672**	**18348**
北京					
天津					
河北	163	1.18	1.18	540	540
山西	738	8.61	8.29	3235	3070
内蒙古	105	0.94	0.83	290	241
辽宁	36	0.28	0.28	98	98
吉林	50	0.48	0.48	171	171
黑龙江					
上海					
江苏	50	0.21	0.21	111	111
浙江					
安徽	378	2.33	1.31	977	817
福建					
江西	29	0.66	0.59	177	157
山东	1128	14.59	10.53	4000	2649
河南	825	10.33	9.23	3048	2206
湖北	622	10.68	10.03	2834	2645
湖南	642	9.24	8.65	2695	2539
广东	37	0.36	0.26	135	94
广西	20	0.23	0.23	69	69
海南					
重庆	19	0.11	0.07	33	20
四川	94	1.48	1.26	407	330
贵州	291	3.82	3.45	1207	1007
云南	12	0.45	0.31	236	188
西藏	3	0.12	0.12	10	10
陕西	92	1.54	1.36	547	510
甘肃					
青海					
宁夏	25	0.26	0.12	103	60
新疆	162	2.70	1.20	1749	816

下　　　篇

基本建设固定资产投资

基本建设投资主要指标

指　　标	1997 年	1996 年	1997 年比 1996 年增减	
			绝对数	±%
一、投资总额(亿元)	**9917.02**	**8570.79**	**1346.23**	**15.7**
1.按构成分				
建筑安装工程	6215.22	5310.07	905.15	17.0
设备、工具、器具购置	2060.60	1857.29	223.31	12.0
其他费用	1641.20	1403.43	237.77	16.9
2.按建设性质分				
新　建	5513.98	4590.02	923.96	20.1
扩　建	3030.69	2782.24	248.45	8.9
改　建	611.36	516.57	94.79	18.3
单纯建造生活设施	396.51	338.16	58.35	17.3
迁　建	109.39	87.24	22.15	25.4
恢　复	15.05	10.89	4.16	38.2
单纯购置	240.05	245.67	−5.62	−2.3
3.按隶属关系分				
中央项目	3858.22	3376.28	481.94	14.3
地方项目	5641.21	4853.23	787.98	16.2
省　属	1874.61	1529.22	345.39	22.6
地市属	1993.73	1801.78	191.95	10.7
县　属	1772.87	1522.23	250.64	16.5
其　他	417.60	341.28	76.32	22.4
4.按大中小型分				
大中型	4042.57	3613.26	429.31	11.9
小　型	5634.41	4053.07	1581.34	39.0
5.按投资总规模分				18.7
500 万元以下	736.30	640.43	95.87	15.0
500 万元～1000 万元	385.60	342.79	42.81	12.5
1000 万元～3000 万元	793.98	717.87	76.11	10.6
3000 万元～5000 万元	474.75	415.63	59.12	14.2
5000 万元～1 亿元	658.96	639.55	19.41	3.0
1 亿元～5 亿元	1694.15	1465.21	228.94	15.6
5 亿元～10 亿元	765.07	736.53	28.54	3.9
10 亿元以上	4408.21	3612.78	795.43	22.0
二、新增固定资产(亿元)	**7443.15**	**6129.65**	**1313.50**	**21.4**
三、建设项目(个)				
施工项目	84480	77954	6526	8.4
其中:大中型项目	1240	1266	−26	−2.1
全部建成投产项目	48102	42008	6094	14.5
其中:大中型项目	184	200	−16	−8.0
四、房屋建筑面积(万平方米)				
施工面积	44206.26	42786.07	1420.19	3.3
其中：住宅	18065.42	16974.08	1091.34	6.4
竣工面积	21439.12	20544.84	894.28	4.4
其中：住宅	10091.49	9589.37	502.12	5.2

各地区基本建设投资效果主要指标

地　区	项目建成投产率(%)	建设周期(年)	固定资产交付使用率(%)	未完工程占用率(%)	房屋建筑面积竣工率(%)
全国总计	**56.9**	**4.5**	**75.1**	**107.9**	**48.5**
北　京	30.3	4.9	70.5	144.8	27.9
天　津	58.9	3.7	51.9	70.6	47.1
河　北	65.1	3.4	61.2	65.6	56.1
山　西	47.8	4.6	77.7	99.9	47.4
内蒙古	67.6	4.4	63.7	134.5	65.2
辽　宁	56.4	3.9	64.6	120.8	46.5
吉　林	63.3	4.4	103.9	98.2	61.0
黑龙江	59.4	2.8	78.7	62.9	60.5
上　海	39.7	4.9	53.3	149.8	30.8
江　苏	65.4	3.2	77.2	82.3	55.0
浙　江	55.6	4.4	74.7	99.6	47.9
安　徽	51.3	4.6	85.7	85.6	53.2
福　建	49.7	4.2	92.1	102.2	42.9
江　西	56.1	4.0	110.2	69.5	51.3
山　东	53.0	3.8	88.6	83.2	46.7
河　南	67.5	4.2	79.7	104.0	53.6
湖　北	61.0	5.2	63.7	138.0	54.1
湖　南	56.7	4.2	62.5	108.5	48.9
广　东	42.2	5.3	72.0	138.7	40.3
广　西	55.6	5.2	78.5	103.8	46.6
海　南	59.0	6.0	71.2	110.6	43.8
重　庆	54.0	6.7	81.6	105.4	54.0
四　川	55.4	4.3	70.3	134.3	52.0
贵　州	54.8	4.8	69.7	119.9	51.8
云　南	56.5	3.9	53.8	106.5	50.1
西　藏	87.3	3.0	60.5	71.3	77.9
陕　西	48.5	4.1	58.0	151.3	42.9
甘　肃	55.6	4.0	76.1	138.4	47.9
青　海	59.1	5.0	103.2	68.0	56.2
宁　夏	63.9	4.3	119.3	65.2	60.9
新　疆	67.0	6.1	83.2	94.0	59.9
不分地区	13.3	6.4	104.2	82.9	62.0

国民经济行业基本建设投资效果主要指标

行　业	项目建成投产率(%)	建设周期(年)	固定资产交付使用率(%)	未完工程占用率(%)	房屋建筑面积竣工率(%)
全　国　总　计	**56.9**	**4.5**	**75.1**	**107.9**	**48.5**
(一) 农、林、牧、渔业	63.4	5.3	53.6	53.7	65.7
农业	67.0	3.8	53.6	67.9	76.9
林业	65.4	12.9	30.7	19.4	66.7
畜牧业	58.4	2.3	70.7	55.8	68.1
渔业	60.8	4.3	59.8	52.7	45.1
农、林、牧、渔服务业	60.9	2.9	68.3	51.7	54.4
(二) 采掘业	38.1	6.4	74.0	115.2	63.3
煤炭采选业	30.3	9.0	71.6	181.1	63.8
石油和天然气开采业	36.2	4.2	77.2	48.9	68.1
黑色金属矿采选业	39.4	10.6	42.1	581.3	35.0
有色金属矿采选业	46.4	4.2	58.8	138.5	56.3
非金属矿采选业	45.7	6.9	83.3	129.8	58.4
其他矿采选业	—	1.1	68.0	—	—
木材及竹材采运业	50.3	10.9	77.9	36.1	73.6
(三) 制造业	52.3	4.9	91.9	121.3	48.3
食品加工业	64.6	2.1	78.7	63.5	61.5
食品制造业	58.9	2.8	88.2	49.8	56.7
饮料制造业	61.9	2.1	99.9	25.9	63.2
烟草加工业	55.1	2.2	104.1	62.8	52.2
纺织业	60.0	2.5	76.3	57.5	48.9
服装及其他纤维制品制造业	63.7	2.9	105.1	96.8	56.5
皮革、毛皮、羽绒及其制品业	53.4	2.5	138.9	19.8	80.9
木材加工及竹、藤、棕、草制品业	53.1	3.2	77.7	104.6	37.2
家具制造业	54.8	2.8	88.5	39.5	51.1
造纸及纸制品业	47.3	5.3	70.9	137.6	25.6
印刷业、记录媒介的复制	48.2	2.3	64.7	66.4	46.4
文教体育用品制造业	50.0	1.7	99.3	22.7	65.5
石油加工及炼焦业	42.3	6.2	94.7	123.1	50.4
化学原料及化学制品制造业	52.2	7.1	106.3	201.6	48.6
医药制造业	46.9	3.1	92.9	88.2	51.0
化学纤维制造业	36.5	3.7	27.4	112.0	42.7
橡胶制品业	43.3	4.0	16.7	174.0	36.8
塑料制品业	58.2	2.4	60.6	59.6	59.6
非金属矿物制品业	56.4	3.2	126.6	99.1	55.7
黑色金属冶炼及压延加工业	41.7	6.9	106.6	207.7	42.2
有色金属冶炼及压延加工业	53.0	5.3	129.5	101.8	52.8
金属制品业	51.4	2.5	94.3	51.3	56.0
普通机械制造业	52.9	3.3	71.1	55.4	48.7

国民经济行业基本建设投资效果主要指标

续 1

行业	项目建成投产率(%)	建设周期(年)	固定资产交付使用率(%)	未完工程占用率(%)	房屋建筑面积竣工率(%)
专用设备制造业	52.6	2.2	42.1	104.2	50.3
交通运输设备制造业	38.8	5.4	102.8	77.3	43.4
电气机械及器材制造业	48.5	3.1	101.8	59.5	49.5
电子及通信设备制造业	40.9	4.5	70.8	49.5	41.3
仪器仪表及文化、办公用机械制造业	53.3	2.8	79.6	65.5	42.9
其他制造业	41.4	3.2	61.7	114.0	47.9
(四) 电力、煤气及水的生产和供应业	47.1	5.8	62.3	133.3	44.4
电力、蒸汽、热水的生产和供应业	48.2	5.9	60.8	132.6	43.9
煤气生产和供应业	30.9	5.6	35.0	173.7	42.7
自来水的生产和供应业	47.7	4.6	94.7	125.1	50.2
(五) 建筑业	53.5	2.9	83.4	86.7	50.2
土木工程建筑业	54.0	2.9	81.3	91.3	49.4
线路、管道和设备安装业	41.2	2.5	101.6	46.2	54.7
建筑物的装修装饰业	69.7	2.0	111.4	28.2	62.9
(六) 地质勘查业、水利管理业	47.9	6.7	52.7	151.2	48.1
地质勘查业	40.1	3.3	91.9	50.1	46.9
水利管理业	49.2	6.9	49.9	158.5	49.5
(七) 交通运输、仓储及邮电通信业	55.4	4.2	82.3	95.1	45.9
铁路运输业	38.6	5.4	111.6	131.0	54.6
公路运输业	51.1	4.5	69.3	100.0	43.6
管道运输业	68.4	4.0	202.5	149.0	24.0
水上运输业	28.0	5.0	55.8	115.9	34.5
航空运输业	42.0	2.5	76.3	60.3	50.2
交通运输辅助业	58.4	4.4	75.7	88.1	47.6
其他交通运输业	38.8	5.9	20.0	108.3	44.4
仓储业	57.2	4.4	79.5	69.5	47.9
邮电通信业	59.8	2.2	82.7	54.7	43.5
(八) 批发和零售贸易、餐饮业	60.6	3.1	82.9	105.5	47.2
食品、饮料、烟草和家庭用品批发商业	60.8	2.8	87.1	87.5	53.0
能源、材料和机械电子设备批发业	58.7	3.0	84.6	95.7	47.5
其他批发业	55.6	3.5	70.2	157.4	40.2
零售业	62.3	3.1	79.5	115.5	44.8
商业经纪与代理业	42.0	5.2	70.1	173.1	20.7

国民经济行业基本建设投资效果主要指标

续2

行　　业	项目建成投产率(%)	建设周期(年)	固定资产交付使用率(%)	未完工程占用率(%)	房屋建筑面积竣工率(%)
餐饮业	62.0	3.8	99.0	78.5	42.5
(九) 金融、保险业	57.3	2.7	80.0	111.0	43.7
金融业	58.1	2.7	80.1	110.0	44.4
保险业	50.2	3.2	77.2	127.8	35.6
(十) 房地产业	43.1	6.7	68.8	107.8	40.0
房地产开发与经营业	35.2	8.2	58.1	122.3	34.4
房地产管理业	51.6	2.8	95.2	72.2	47.8
房地产代理与经纪业	61.5	4.8	70.9	96.1	54.9
(十一) 社会服务业	53.0	3.7	58.4	123.8	34.9
公共服务业	55.4	3.8	55.0	124.2	41.2
居民服务业	50.2	2.2	69.0	63.2	42.2
旅馆业	49.3	3.5	76.7	129.0	31.3
租赁服务业	30.8	4.6	1.6	245.8	2.0
旅行社	45.5	4.3	52.3	98.3	28.1
娱乐服务业	40.1	3.3	60.6	102.9	24.5
信息、咨询服务业	42.9	2.3	58.9	114.2	37.5
计算机应用服务业	50.0	3.6	34.4	51.6	38.9
其他社会服务业	57.6	3.5	63.5	130.2	35.3
(十二) 卫生、体育和社会福利业	53.2	3.0	75.4	90.1	42.2
卫生	54.8	2.6	84.8	76.7	43.7
体育	40.3	4.1	49.9	148.3	31.1
社会福利保障业	49.6	3.2	61.3	57.2	41.1
(十三) 教育、文化艺术及广播电影电视业	62.9	2.8	79.0	69.3	56.2
教育	64.7	2.6	84.7	49.4	60.0
文化艺术业	42.4	3.4	55.4	140.0	27.3
广播电影电视业	51.0	3.3	63.1	143.8	31.8
(十四) 科学研究和综合技术服务业	41.4	3.9	73.3	111.7	35.5
科学研究业	33.9	3.9	90.5	106.3	36.5
综合技术服务业	49.5	3.9	44.5	120.7	33.2
(十五) 国家机关、政党机关和社会团体	60.3	2.4	75.9	66.7	49.9
国家机关	60.6	2.4	76.8	64.7	50.3
政党机关	57.7	2.3	79.4	71.6	52.8
社会团体	47.1	3.7	32.8	143.9	24.7
基层群众自治组织	62.5	1.6	92.3	24.0	83.0
(十六) 其他行业	53.8	2.8	80.7	66.4	45.6
其他行业	53.8	2.8	80.7	66.4	45.6

各地区按投资规模分的基本建设投资总规模(一)

单位:万元

地　　区	500万元以下	500～1000万元	1000～3000万元	3000～5000万元
全国总计	**10410875**	**6477244**	**16492703**	**11682976**
北　京	74202	113272	519864	523029
天　津	54555	55719	150003	119765
河　北	702672	428178	847794	435343
山　西	253866	157186	394306	275869
内蒙古	287253	153491	234632	180930
辽　宁	231324	227177	472271	333477
吉　林	155917	142284	221355	161909
黑龙江	268247	235186	383969	250384
上　海	52968	89891	505657	462132
江　苏	447224	294917	914276	660462
浙　江	534527	385902	1320394	864519
安　徽	350768	174556	521141	391880
福　建	395552	247370	603194	452980
江　西	321848	140515	346202	224993
山　东	668409	392434	1044128	781610
河　南	700490	400992	1056171	732599
湖　北	632574	332193	805724	608702
湖　南	561640	284738	700978	410597
广　东	414780	474921	1461102	1146647
广　西	478540	230762	470101	354215
海　南	126903	111379	316575	213153
重　庆	177858	142070	357361	282572
四　川	599719	391464	856624	573182
贵　州	214159	72287	230551	143744
云　南	461970	227740	539944	336059
西　藏	92469	28634	63847	37198
陕　西	295106	174921	380856	301415
甘　肃	225861	87660	201083	126725
青　海	139657	66083	108129	63929
宁　夏	94969	29947	122412	54220
新　疆	394848	183375	342059	178737
不分地区	—	—	—	—

各地区按投资规模分的基本建设投资总规模(二)

单位:万元

地　　区	5000万元 ~1亿元	1亿元~ 5 亿 元	5亿元~ 10 亿 元	10亿元 及以上
全国总计	**19727659**	**62307791**	**34542705**	**288916458**
北　　京	1157318	4406979	1621117	9892551
天　　津	221911	1040474	694574	5160517
河　　北	855186	2106579	1174277	9711689
山　　西	416059	1302658	622927	5630470
内 蒙 古	215523	695110	311601	4825106
辽　　宁	565079	2532756	1513896	9717412
吉　　林	285304	908241	447115	5454775
黑 龙 江	301807	1247514	992977	5970608
上　　海	1108276	5163782	3286202	26361611
江　　苏	1177866	3307097	2126252	9412911
浙　　江	1483821	4402733	1351600	11868680
安　　徽	500588	1484484	1257107	5164801
福　　建	718709	2320386	1295759	5397780
江　　西	252588	647577	596235	2636884
山　　东	1342901	3762955	2180130	9130297
河　　南	942458	2209051	1495309	11196941
湖　　北	959164	2611545	1066185	15643082
湖　　南	904078	2010554	788438	4374876
广　　东	2050100	7537366	4108030	29718375
广　　西	498888	1544445	749001	5242344
海　　南	289691	1521828	603440	4485284
重　　庆	306898	897191	677759	5265405
四　　川	943666	2575031	1832100	10684637
贵　　州	207743	377816	253451	3145328
云　　南	709672	1799450	900935	3739171
西　　藏	91315	157784	150694	294878
陕　　西	428294	1113338	737941	3782612
甘　　肃	233696	781934	357223	2825142
青　　海	83752	404974	136600	1932725
宁　　夏	129726	222160	53000	1315248
新　　疆	335782	925525	367693	12821043
不分地区	9800	288474	793137	46113275

各地区按隶属关系分的基本建设投资总规模

单位:万元

地区	合计	中央项目	地方项目			
				省属	地市属	县属
全国总计	**450558411**	**211558754**	**220320768**	**93642676**	**79427949**	**47250143**
北京	18308332	10177929	7884723	6778232	983829	122662
天津	7497518	3850070	3172573	2928262	103595	140716
河北	16261718	7263397	8535562	2873463	2909698	2752401
山西	9053341	5418825	3469402	1645755	1117289	706358
内蒙古	6903646	4494733	2376451	1249816	763681	362954
辽宁	15593392	7717885	7171660	2352845	4281181	537634
吉林	7776900	4647182	2952109	1018870	1459666	473573
黑龙江	9650692	5289207	4356218	1853717	1933226	569275
上海	37030519	11815598	24310864	17256215	—	7054649
江苏	18341005	6134864	10000209	2522321	4886617	2591271
浙江	22212176	9136973	11831312	2057093	6346673	3427546
安徽	9845325	4077150	4955268	952292	3254089	748887
福建	11431730	2528849	8610613	3003779	3280812	2326022
江西	5166842	1991889	3139742	1741628	658185	739929
山东	19302864	6750758	10686587	3487658	4682468	2516461
河南	18734011	9314947	8475609	2844037	2567582	3063990
湖北	22659169	14774797	7457409	1651406	3837908	1968095
湖南	10035899	3464289	6076399	2178216	2362808	1535375
广东	46911321	9716559	35628180	10425602	19593439	5609139
广西	9568296	1141710	7715343	3486017	3279844	949482
海南	7668253	248257	4938618	1931407	2562791	444420
重庆	8107114	2709764	5331169	2370508	737247	2223414
四川	18456423	8849914	9261508	3257524	3521736	2482248
贵州	4645079	1953964	2373486	1603162	313610	456714
云南	8714941	1453404	5853078	3233081	1104220	1515777
西藏	916819	385976	414578	212198	136822	65558
陕西	7214483	3666387	3454080	1574837	1199258	679985
甘肃	4839324	3002455	1829441	817952	664014	347475
青海	2935849	2182283	751053	417885	171600	161568
宁夏	2021682	809293	1212389	1020504	73869	118016
新疆	15549062	11326433	4153462	2954721	640192	558549
不分地区	47204686	45263013	1941673	1941673	—	—

各地区按建设性质分的基本建设投资总规模

单位:万元

地区	新建	扩建	改建	单纯建造生活设施	迁建	恢复	单纯购置
全国总计	**297158864**	**118373419**	**19604381**	**8565412**	**3734136**	**431623**	**2690576**
北京	6869151	9829104	198026	1259318	136545	10000	6188
天津	4942395	2339738	178569	24026	12473	32	285
河北	10679972	4518534	335008	549029	96369	72649	10157
山西	5228031	3139383	319987	328541	29667	4370	3362
内蒙古	3781929	2574032	278455	160587	12389	95313	941
辽宁	8795313	5583171	675586	312562	199784	18443	8533
吉林	3862830	3473270	209837	213785	14986	834	1358
黑龙江	5342402	3693135	301192	282295	9449	4520	17699
上海	26370817	9609133	528538	268077	232457	—	21497
江苏	9678655	7095405	1203209	187737	168260	340	7399
浙江	14722135	5930928	1058781	172295	293645	4948	29444
安徽	7103021	2205028	302527	186908	34531	5133	8177
福建	8582084	2319416	317865	158960	31176	1225	21004
江西	3187181	1560341	287504	96587	30327	1110	3792
山东	10286787	7791246	581436	439220	180665	1150	22360
河南	13126199	4462465	441470	403870	234730	27866	37411
湖北	16310738	5171560	533026	260613	300922	7543	74767
湖南	6235784	2577624	701424	312595	191458	3124	13890
广东	33877297	10173210	1764634	881275	153456	9939	51510
广西	7611668	1337988	418397	156634	18707	10510	14392
海南	6625123	565203	16623	139163	263577	8241	50323
重庆	4368628	2932975	442718	65026	288384	8619	764
四川	13026989	3774183	897833	331237	330566	6692	88923
贵州	3173880	1122277	111966	134485	90551	322	11598
云南	6440140	1283564	639243	177068	169660	4620	646
西藏	548523	68131	164967	10298	4884	111474	8542
陕西	5325280	1079532	316577	391237	95294	3690	2873
甘肃	2738814	1734946	119454	176765	63651	4780	914
青海	1959730	715576	161418	92636	1800	591	4098
宁夏	1199052	729839	21820	51725	17283	—	1963
新疆	12056197	1794381	1315162	340858	26490	3545	12429
不分地区	33102119	7188101	4761129	—	—	—	2153337

各地区基本建设投资额和新增固定资产

单位:万元

地　区	投资额	新增固定资产	固定资产交付使用率(%)
全国总计	**99170229**	**74431500**	**75.1**
北　京	3743212	2640074	70.5
天　津	2034251	1056035	51.9
河　北	4793916	2932610	61.2
山　西	1973622	1532642	77.7
内蒙古	1573877	1001913	63.7
辽　宁	3973384	2567280	64.6
吉　林	1774921	1843316	103.9
黑龙江	3443314	2710010	78.7
上　海	7619965	4058137	53.3
江　苏	5675234	4383934	77.2
浙　江	5096077	3806521	74.7
安　徽	2140787	1834862	85.7
福　建	2741755	2525141	92.1
江　西	1302557	1434935	110.2
山　东	5135719	4551680	88.6
河　南	4433488	3532850	79.7
湖　北	4355907	2775880	63.7
湖　南	2370417	1482460	62.5
广　东	8910716	6419314	72.0
广　西	1829651	1435474	78.5
海　南	1269002	903478	71.2
重　庆	1208667	986843	81.6
四　川	4285810	3014622	70.3
贵　州	958246	667644	69.7
云　南	2257828	1214175	53.8
西　藏	302713	183151	60.5
陕　西	1739374	1009611	58.0
甘　肃	1217378	925916	76.1
青　海	583991	602803	103.2
宁　夏	472764	564219	119.3
新　疆	2559573	2128903	83.2
不分地区	7392113	7705067	104.2

国民经济行业基本建设投资额和新增固定资产

单位:万元

行业	投资额	新增固定资产	固定资产交付使用率(%)
全国总计	**99170229**	**74431500**	**75.1**
(一) 农、林、牧、渔业	1538767	825338	53.6
农业	753871	403760	53.6
林业	299371	91789	30.7
畜牧业	130690	92432	70.7
渔业	60044	35880	59.8
农、林、牧、渔服务业	294791	201477	68.3
(二) 采掘业	6485703	4801394	74.0
煤炭采选业	2660289	1903655	71.6
石油和天然气开采业	3381783	2611478	77.2
黑色金属矿采选业	109398	46041	42.1
有色金属矿采选业	137281	80760	58.8
非金属矿采选业	111310	92754	83.3
其他矿采选业	125	85	68.0
木材及竹材采运业	85517	66621	77.9
(三) 制造业	15320511	14076128	91.9
食品加工业	474901	373687	78.7
食品制造业	268639	237012	88.2
饮料制造业	466774	466183	99.9
烟草加工业	109986	114453	104.1
纺织业	250237	190896	76.3
服装及其他纤维制品制造业	65097	68393	105.1
皮革、毛皮、羽绒及其制品业	59462	82596	138.9
木材加工及竹、藤、棕、草制品业	172431	134012	77.7
家具制造业	19436	17204	88.5
造纸及纸制品业	659271	467522	70.9
印刷业、记录媒介的复制	131325	84982	64.7
文教体育用品制造业	16686	16577	99.3
石油加工及炼焦业	1516135	1435738	94.7
化学原料及化学制品制造业	2567391	2728636	106.3
医药制造业	310978	288965	92.9
化学纤维制造业	578222	158170	27.4
橡胶制品业	177002	29552	16.7
塑料制品业	151292	91657	60.6
非金属矿物制品业	1000022	1266175	126.6
黑色金属冶炼及压延加工业	1975542	2105863	106.6
有色金属冶炼及压延加工业	312498	404726	129.5
金属制品业	187329	176723	94.3
普通机械制造业	348994	248131	71.1

国民经济行业基本建设投资额和新增固定资产

续 1　　　　单位:万元

行　　业	投资额	新增固定资产	固定资产交付使用率(%)
专用设备制造业	384994	162231	42.1
交通运输设备制造业	1423081	1463398	102.8
电气机械及器材制造业	246052	250406	101.8
电子及通信设备制造业	1223965	866126	70.8
仪器仪表及文化、办公用机械制造业	47976	38212	79.6
其他制造业	174793	107902	61.7
(四) 电力、煤气及水的生产和供应业	19388870	12072228	62.3
电力、蒸汽、热水的生产和供应业	17573362	10689285	60.8
煤气生产和供应业	562513	196798	35.0
自来水的生产和供应业	1252995	1186145	94.7
(五) 建筑业	1509539	1258704	83.4
土木工程建筑业	1366260	1110799	81.3
线路、管道和设备安装业	119947	121920	101.6
建筑物的装修装饰业	23332	25985	111.4
(六) 地质勘查业、水利管理业	2774202	1462826	52.7
地质勘查业	185873	170884	91.9
水利管理业	2588329	1291942	49.9
(七) 交通运输、仓储及邮电通信业	21974451	18095835	82.3
铁路运输业	4959636	5536544	111.6
公路运输业	6681980	4633177	69.3
管道运输业	75223	152363	202.5
水上运输业	398738	222325	55.8
航空运输业	1358998	1037284	76.3
交通运输辅助业	4277655	3237575	75.7
其他交通运输业	319149	63839	20.0
仓储业	467507	371695	79.5
邮电通信业	3435565	2841033	82.7
(八) 批发和零售贸易、餐饮业	2649970	2196976	82.9
食品、饮料、烟草和家庭用品批发商业	779564	679269	87.1
能源、材料和机械电子设备批发业	308443	261042	84.6
其他批发业	121535	85283	70.2
零售业	1254196	996937	79.5
商业经纪与代理业	34155	23926	70.1

国民经济行业基本建设投资额和新增固定资产

续 2　　　　单位:万元

行业	投资额	新增固定资产	固定资产交付使用率(%)
餐饮业	152077	150519	99.0
(九) 金融、保险业	1427885	1141708	80.0
金融业	1349660	1081306	80.1
保险业	78225	60402	77.2
(十) 房地产业	1464707	1007734	68.8
房地产开发与经营业	1035835	602275	58.1
房地产管理业	417819	397620	95.2
房地产代理与经纪业	11053	7839	70.9
(十一) 社会服务业	8203573	4794264	58.4
公共服务业	6024956	3316691	55.0
居民服务业	80317	55411	69.0
旅馆业	1208959	927358	76.7
租赁服务业	58100	912	1.6
旅行社	188807	98757	52.3
娱乐服务业	325789	197493	60.6
信息、咨询服务业	22719	13373	58.9
计算机应用服务业	7954	2735	34.4
其他社会服务业	285972	181534	63.5
(十二) 卫生、体育和社会福利业	1485060	1119467	75.4
卫生	1043092	884232	84.8
体育	313474	156415	49.9
社会福利保障业	128494	78820	61.3
(十三) 教育、文化艺术及广播电影电视业	5292075	4181053	79.0
教育	4152427	3515159	84.7
文化艺术业	691355	382891	55.4
广播电影电视业	448293	283003	63.1
(十四) 科学研究和综合技术服务业	681741	499991	73.3
科学研究业	427382	386732	90.5
综合技术服务业	254359	113259	44.5
(十五) 国家机关、政党机关和社会团体	7159921	5433866	75.9
国家机关	6727882	5163734	76.8
政党机关	266419	211427	79.4
社会团体	158201	51854	32.8
基层群众自治组织	7419	6851	92.3
(十六) 其他行业	1813254	1463988	80.7
其他行业	1813254	1463988	80.7

各地区按投资规模分的基本建设投资(一)

单位:万元

地　　区	500万元以　下	500～1000万元	1000～3000万元	3000～5000万元
全国总计	**7363041**	**3855965**	**7939788**	**4747493**
北　京	48372	60584	203321	165259
天　津	39564	35663	83987	59916
河　北	547137	304032	532064	225854
山　西	155089	77317	161844	67853
内蒙古	209666	97604	128444	71360
辽　宁	170323	139177	262921	166026
吉　林	122785	97304	132086	67017
黑龙江	200926	169689	241914	145541
上　海	34433	47711	223038	195535
江　苏	351127	200060	541826	372337
浙　江	358548	206310	587655	346907
安　徽	239584	108679	261901	133727
福　建	252931	128788	265891	156439
江　西	220172	81962	147714	68149
山　东	481991	241650	530088	356600
河　南	551597	267823	557143	317349
湖　北	462779	194054	397774	239514
湖　南	372959	134785	250467	132941
广　东	278058	270700	653162	511507
广　西	317360	129378	203384	116115
海　南	100162	74560	165757	75508
重　庆	120114	81196	148692	102689
四　川	407364	212361	401254	229708
贵　州	131818	32436	88344	32508
云　南	318837	123041	220507	115206
西　藏	81868	18700	25556	16519
陕　西	183291	87551	148257	90005
甘　肃	146718	44797	76814	27278
青　海	89675	40641	54488	30015
宁　夏	69315	17521	48863	25338
新　疆	298478	129891	194632	86773
不分地区	—	—	—	—

各地区按投资规模分的基本建设投资(二)

单位:万元

地　　区	5000万元～1亿元	1亿元～5亿元	5亿元～10亿元	10亿元及以上
全国总计	**6589649**	**16941463**	**7650716**	**44082114**
北　京	341053	1155768	329860	1438995
天　津	122388	397235	175784	1119714
河　北	390005	587774	286268	1920782
山　西	148772	308083	124471	930193
内蒙古	74601	182214	55791	754197
辽　宁	179424	632836	432559	1990118
吉　林	90318	253329	65962	946120
黑龙江	152892	371103	203043	1958206
上　海	370259	1272866	684252	4791871
江　苏	488132	1232090	646362	1843300
浙　江	498484	1177207	378071	1542895
安　徽	186210	391503	192521	626662
福　建	248731	612944	151337	924694
江　西	79030	159516	201554	344460
山　东	512048	1063097	465951	1484294
河　南	291778	593070	392908	1461820
湖　北	281986	569995	278825	1930980
湖　南	214661	437981	213340	613283
广　东	639793	2150241	801652	3605603
广　西	135284	324143	90338	513649
海　南	113998	457986	108591	172440
重　庆	87630	170992	73291	424063
四　川	294368	693487	325412	1721856
贵　州	37438	92756	49165	493781
云　南	208962	474730	242022	554523
西　藏	36859	64335	37900	20976
陕　西	95401	358396	187833	588640
甘　肃	59419	215534	45591	601227
青　海	20051	83040	37006	229075
宁　夏	49067	75656	13600	173404
新　疆	138620	266867	103737	1340575
不分地区	1987	114689	255719	7019718

各地区按构成分的基本建设投资

单位:万元

地　　区	投资额	建筑安装工程	设备工器具购置	其他费用
全国总计	**99170229**	**62152219**	**20606030**	**16411980**
北　京	3743212	2338565	708094	696553
天　津	2034251	1156652	563393	314206
河　北	4793916	3244188	928911	620817
山　西	1973622	1287011	375530	311081
内蒙古	1573877	936618	309693	327566
辽　宁	3973384	2539547	744548	689289
吉　林	1774921	1087228	367342	320351
黑龙江	3443314	2441567	628287	373460
上　海	7619965	4064843	1385906	2169216
江　苏	5675234	3642356	1301915	730963
浙　江	5096077	3028833	1094908	972336
安　徽	2140787	1403673	388925	348189
福　建	2741755	1856726	457970	427059
江　西	1302557	876493	285209	140855
山　东	5135719	3237968	1229760	667991
河　南	4433488	2796590	964669	672229
湖　北	4355907	2469323	829984	1056600
湖　南	2370417	1782223	333678	254516
广　东	8910716	5577173	2016106	1317437
广　西	1829651	1367332	245550	216769
海　南	1269002	783195	284660	201147
重　庆	1208667	777883	247416	183368
四　川	4285810	2727937	646620	911253
贵　州	958246	595282	183409	179555
云　南	2257828	1574963	283448	399417
西　藏	302713	259721	15935	27057
陕　西	1739374	1186278	345905	207191
甘　肃	1217378	697938	259723	259717
青　海	583991	415507	72821	95663
宁　夏	472764	296791	101452	74521
新　疆	2559573	1857733	427821	274019
不分地区	7392113	3844082	2576442	971589

各地区按隶属关系分的基本建设投资

单位:万元

地区	合计	中央项目	地方项目			
				省属	地市属	县属
全国总计	**99170229**	**38582245**	**56412046**	**18746066**	**19937260**	**17728720**
北京	3743212	2233708	1445368	1121265	270812	53291
天津	2034251	827000	979286	881529	50726	47031
河北	4793916	1469662	3152803	805366	1006783	1340654
山西	1973622	1030703	900010	387397	271183	241430
内蒙古	1573877	851321	704065	229365	271471	203229
辽宁	3973384	1573836	2089691	540573	1245446	303672
吉林	1774921	815826	926651	354828	355899	215924
黑龙江	3443314	1947429	1492858	605314	554826	332718
上海	7619965	2380563	5016299	3233224	—	1783075
江苏	5675234	1613047	3711157	641270	1692906	1376981
浙江	5096077	1361484	3615939	573284	1762541	1280114
安徽	2140787	672709	1301370	198807	702877	399686
福建	2741755	469041	2164655	683246	764171	717238
江西	1302557	316676	973934	470871	192564	310499
山东	5135719	1462226	3282942	907789	1257575	1117578
河南	4433488	1364325	2781782	574604	845111	1362067
湖北	4355907	2212743	1970991	303390	824830	842771
湖南	2370417	853337	1474210	425352	544564	504294
广东	8910716	1319339	7021113	1322393	4173448	1525272
广西	1829651	257558	1474029	560405	491082	422542
海南	1269002	127900	825416	475430	207194	142792
重庆	1208667	336475	850023	273260	112278	464485
四川	4285810	1794285	2385884	471855	915588	998441
贵州	958246	367057	575233	302363	88654	184216
云南	2257828	294341	1757807	783177	371024	603606
西藏	302713	94583	191182	69027	75318	46837
陕西	1739374	725714	959130	301533	363196	294401
甘肃	1217378	761740	452800	135545	168451	148804
青海	583991	330216	251472	106475	64548	80449
宁夏	472764	221357	251407	143384	43135	64888
新疆	2559573	1433454	1103016	534222	249059	319735
不分地区	7392113	7062590	329523	329523	—	—

各地区按建设性质分的基本建设投资

单位:万元

地　区	新　建	扩　建	改　建	单纯建造生活设施	迁　建	恢　复	单纯购置
全国总计	**55139751**	**30306870**	**6113593**	**3965148**	**1093855**	**150485**	**2400527**
北　京	1250778	2080242	44128	295146	61291	7357	4270
天　津	1063241	817917	127161	15648	9967	32	285
河　北	3120177	1152531	252669	220007	28445	9930	10157
山　西	991169	658510	151607	152652	15358	964	3362
内蒙古	680922	612075	107935	104718	3321	63965	941
辽　宁	2245391	1237089	232427	195414	49436	6223	7404
吉　林	682598	827055	97355	161018	4813	724	1358
黑龙江	1447514	1671036	117118	187638	4467	3379	12162
上　海	5146233	2118039	194871	92329	53355	—	15138
江　苏	2479153	2441121	563030	120287	64351	340	6952
浙　江	3134730	1404921	334162	78021	119635	1840	22768
安　徽	1186506	677591	176172	78777	10422	3673	7646
福　建	1856478	656180	130228	61407	16710	92	20660
江　西	813710	319689	95859	58126	10968	413	3792
山　东	2133682	2430152	211899	276857	61169	1150	20810
河　南	2590291	1300058	240355	226178	50098	3518	22990
湖　北	2496404	1291162	235823	160103	92719	6299	73397
湖　南	1236510	678055	201291	188267	51337	1111	13846
广　东	5916411	2155045	526986	216204	61643	2699	31728
广　西	1165016	410748	152235	77496	8520	1432	14204
海　南	845568	234411	9575	49214	71834	8134	50266
重　庆	532834	439262	145578	27576	60492	2161	764
四　川	2608725	895462	433768	185122	72715	2076	87942
贵　州	595715	231610	54310	63425	11363	135	1688
云　南	1507427	395246	191378	107163	52571	3432	611
西　藏	189199	38595	45000	9569	1311	14550	4489
陕　西	1112162	326482	103997	174851	20694	699	489
甘　肃	542510	537278	39248	85365	9916	2280	781
青　海	327088	157130	37981	57694	300	561	3237
宁　夏	234554	190348	12825	30067	3772	—	1198
新　疆	1368801	569075	389241	208809	10862	1316	11469
不分地区	3638254	1352755	457381	—	—	—	1943723

各地区按建设阶段分的基本建设投资

单位:万元

地区	合计	筹建	本年正式施工	本年收尾	全部停缓建	单纯购置
全国总计	**99170229**	**1375316**	**93649731**	**1715538**	**29117**	**2400527**
北京	3743212	32063	3626504	80375	—	4270
天津	2034251	10089	1935072	88402	403	285
河北	4793916	25353	4576559	179673	2174	10157
山西	1973622	3319	1952545	14211	185	3362
内蒙古	1573877	—	1536340	36596	—	941
辽宁	3973384	4825	3944384	13985	2786	7404
吉林	1774921	1194	1772259	—	110	1358
黑龙江	3443314	41326	3386897	1849	1080	12162
上海	7619965	296850	7307977	—	—	15138
江苏	5675234	222	5646229	21211	620	6952
浙江	5096077	247016	4763778	56742	5773	22768
安徽	2140787	133865	1879620	118096	1560	7646
福建	2741755	31013	2562862	126594	626	20660
江西	1302557	18381	1260863	18871	650	3792
山东	5135719	10278	5058844	45559	228	20810
河南	4433488	36784	4308708	63243	1763	22990
湖北	4355907	35774	4174745	69980	2011	73397
湖南	2370417	40083	2276375	39871	242	13846
广东	8910716	78626	8557108	241092	2162	31728
广西	1829651	9585	1747019	58200	643	14204
海南	1269002	4389	1210842	3293	212	50266
重庆	1208667	1930	1203528	2145	300	764
四川	4285810	18846	4111504	65896	1622	87942
贵州	958246	944	904351	49528	1735	1688
云南	2257828	9588	2209681	36880	1068	611
西藏	302713	—	296869	1355	—	4489
陕西	1739374	6904	1731151	830	—	489
甘肃	1217378	36368	1175186	4183	860	781
青海	583991	18209	560252	1989	304	3237
宁夏	472764	5529	465061	976	—	1198
新疆	2559573	142895	2404844	365	—	11469
不分地区	7392113	73068	5101774	273548	—	1943723

各地区按主要行业分的基本建设投资(一)

单位:万元

地 区	合 计	农、林、牧、渔业	采掘业	制造业	电力、煤气及水的生产和供应业
全国总计	**99170229**	**1538767**	**6485703**	**15320511**	**19388870**
北 京	3743212	7274	4954	540144	616794
天 津	2034251	2030	264035	660588	367536
河 北	4793916	73528	166641	892653	1051556
山 西	1973622	13913	420497	175468	503398
内蒙古	1573877	17926	443463	158510	357100
辽 宁	3973384	70098	329221	560840	894721
吉 林	1774921	18874	51927	722909	365792
黑龙江	3443314	88393	951396	433081	680522
上 海	7619965	22423	184108	2029238	804155
江 苏	5675234	21790	109101	1151208	1005994
浙 江	5096077	18846	6152	688117	1323416
安 徽	2140787	19330	303561	393030	369822
福 建	2741755	33742	8289	403039	485530
江 西	1302557	14825	13833	127460	251039
山 东	5135719	64600	539915	979864	1011569
河 南	4433488	40136	394073	668158	1011357
湖 北	4355907	52385	43260	782718	1518012
湖 南	2370417	20860	14896	215727	569986
广 东	8910716	47182	111152	1401574	1474826
广 西	1829651	32559	27894	233361	205969
海 南	1269002	60605	6757	256590	53267
重 庆	1208667	11031	9886	166547	260250
四 川	4285810	24721	88530	395516	1492745
贵 州	958246	4199	143066	172403	237072
云 南	2257828	43915	55126	222838	418003
西 藏	302713	17245	4961	4477	71175
陕 西	1739374	10934	155717	162795	433408
甘 肃	1217378	5154	74579	362020	262646
青 海	583991	26767	74437	59981	223805
宁 夏	472764	8042	34790	45448	136339
新 疆	2559573	310390	729608	254209	116399
不分地区	7392113	335050	719878	—	814667

各地区按主要行业分的基本建设投资(二)

单位:万元

地　　区	建筑业	地质勘查业、水利管理业	交通运输、仓储及邮电通信业	批发和零售贸易、餐饮业	金融、保险业	房地产业
全国总计	**1509539**	**2774202**	**21974451**	**2649970**	**1427885**	**1464707**
北　京	73642	7309	410401	152883	120007	7421
天　津	23815	24195	336597	31869	18486	8561
河　北	30354	181398	1100826	156290	59320	40437
山　西	90314	45772	348888	59748	46848	4354
内蒙古	24529	8613	219167	36723	28783	7524
辽　宁	86416	14143	787407	193005	46016	86254
吉　林	45489	10917	204027	39993	20347	—
黑龙江	23395	24656	604053	74441	61141	9858
上　海	163119	28635	897643	127171	49216	793298
江　苏	72367	146174	1148506	191277	79293	42090
浙　江	61871	205097	1052685	225529	78579	28720
安　徽	34112	74704	337697	75837	34403	11156
福　建	7316	66884	963925	72008	44377	26933
江　西	12918	35150	488529	37920	17260	5956
山　东	45522	174044	798483	143615	124755	23244
河　南	56825	516539	504784	127623	90695	15393
湖　北	128461	71421	471657	80257	78874	15408
湖　南	19323	95893	499119	140406	56583	9442
广　东	116853	297739	2124542	139962	36671	165030
广　西	22575	23755	619136	71073	27866	13631
海　南	22827	11634	274274	54991	44983	29986
重　庆	62684	14076	241496	20917	20504	9962
四　川	89160	71867	779808	108277	80020	57867
贵　州	7758	10454	164330	30482	14289	2600
云　南	56984	61488	599029	63699	47955	4678
西　藏	5900	8705	65032	8514	12335	187
陕　西	15950	43696	390382	57385	24996	2812
甘　肃	80684	64931	108988	31341	15515	3170
青　海	5283	18199	72271	12488	9716	590
宁　夏	600	15538	125923	21479	10160	547
新　疆	22493	107080	494189	62767	27892	37598
不分地区	—	293496	4740657	—	—	—

各地区按主要行业分的基本建设投资(三)

单位:万元

地　　区	社会服务业	卫生、体育和社会福利业	教育、文化艺术及广播电影电视业	科学研究和综合技术服务业	国家机关、政党机关和社会团体	其他行业
全国总计	**8203573**	**1485060**	**5292075**	**681741**	**7159921**	**1813254**
北　京	346019	65603	442590	241796	621691	84684
天　津	75906	19918	78224	15810	84673	22008
河　北	295822	67419	270344	14866	361211	31251
山　西	23145	21112	73620	3122	116446	26977
内蒙古	54290	22074	83235	4755	103728	3457
辽　宁	443592	52301	160811	22609	218771	7179
吉　林	31180	17190	98782	11149	122748	13597
黑龙江	119462	18402	98570	3230	207392	45322
上　海	1578009	171560	354592	32684	157388	226726
江　苏	582375	77657	404411	33535	455709	153747
浙　江	509557	114336	311035	19719	373722	78696
安　徽	139161	30542	96080	7101	195385	18866
福　建	201611	41555	167089	4260	185409	29788
江　西	49982	23702	57898	1947	158127	6011
山　东	244563	115027	281689	25374	542171	21284
河　南	223653	49520	247479	21216	446855	19182
湖　北	198221	61721	237812	19424	364972	231304
湖　南	181482	49398	257368	12643	212836	14455
广　东	1444171	205502	571288	26298	665549	82377
广　西	187064	30084	142094	7290	164692	20608
海　南	273178	13860	54718	4182	90082	17068
重　庆	71280	24289	100482	4787	183052	7424
四　川	327102	59432	235613	62382	311037	101733
贵　州	72263	11752	32053	2615	51786	1124
云　南	269067	47659	115325	18413	228227	5422
西　藏	12983	2554	15710	1654	53998	17283
陕　西	65601	19313	128247	15908	158961	53269
甘　肃	35905	13556	56856	6619	91944	3470
青　海	12692	6995	14024	3130	43313	300
宁　夏	26418	5773	16368	911	22470	1958
新　疆	107819	25254	87668	4840	165576	5791
不分地区	—	—	—	27472	—	460893

各地区按主要工业行业分的基本建设投资(一)

单位:万元

地　　区	工业合计	煤炭采选业	石油和天然气开采业	黑色金属矿采选业	有色金属矿采选业	非金属矿采选业	其他矿采选业
全国总计	**41195084**	**2660289**	**3381783**	**109398**	**137281**	**111310**	**125**
北　京	1161892	—	—	4894	—	60	—
天　津	1292159	—	264035	—	—	—	—
河　北	2110850	94364	49070	9269	5907	8031	—
山　西	1099363	411064	—	5233	2483	1717	—
内蒙古	959073	416797	—	400	5907	4881	—
辽　宁	1784782	132757	122354	60976	11121	2013	—
吉　林	1140628	19303	17500	—	1591	—	—
黑龙江	2064999	142143	780200	—	520	245	—
上　海	3017501	—	172003	12105	—	—	—
江　苏	2266303	69037	32182	—	—	7882	—
浙　江	2017685	781	229	—	1680	2645	—
安　徽	1066413	290993	—	4438	4415	3642	—
福　建	896858	4648	—	—	1767	404	—
江　西	392332	5325	—	—	6120	982	—
山　东	2531348	304458	228321	1738	5391	7	—
河　南	2073588	233822	144475	—	9182	6594	—
湖　北	2343990	1440	22381	80	13988	4079	85
湖　南	800609	10312	—	—	4113	437	—
广　东	2987552	1770	103940	1119	729	3564	—
广　西	467224	4220	17645	120	5279	534	—
海　南	316614	—	—	—	1027	5019	—
重　庆	436683	2075	6740	180	—	891	—
四　川	1976791	2447	59151	780	8259	6239	—
贵　州	552541	88826	5226	—	130	48884	—
云　南	695967	29302	136	4908	16890	—	—
西　藏	80613	1886	—	2426	200	—	—
陕　西	751920	88268	40417	—	26034	566	—
甘　肃	699245	60198	13000	—	988	35	—
青　海	358223	2266	68947	—	1779	1405	40
宁　夏	216577	34760	—	—	—	30	—
新　疆	1100216	21567	699413	732	1781	524	—
不分地区	1534545	185460	534418	—	—	—	—

各地区按主要工业行业分的基本建设投资(二)

单位:万元

地区	木材及竹材采运业	食品加工业	食品制造业	饮料制造业	烟草加工业	纺织业	服装及其他纤维制品制造业
全国总计	**85517**	**474901**	**268639**	**466774**	**109986**	**250237**	**65097**
北京	—	20524	25131	15230	—	5605	5449
天津	—	8992	3684	5915	—	1602	—
河北	—	12674	19620	63094	1722	13400	3184
山西	—	5506	1477	1011	590	758	13
内蒙古	15478	3984	3002	1395	—	2935	105
辽宁	—	4197	798	15316	620	3599	5152
吉林	13533	35224	32426	9948	—	914	—
黑龙江	28288	43430	883	12357	2247	2615	2731
上海	—	2608	687	28277	2915	5516	7168
江苏	—	19992	4089	6358	6142	5736	2514
浙江	817	29694	4114	17342	252	25334	1256
安徽	73	6052	1008	29772	4021	3372	50
福建	1470	18803	2700	1048	1686	3959	203
江西	1406	2792	2714	1816	70	2274	150
山东	—	42574	25735	19986	21061	46238	1390
河南	—	23221	16571	14359	7578	11297	2519
湖北	1207	27406	21604	54321	3568	5977	11307
湖南	34	4342	1506	1272	7477	1720	—
广东	30	56824	63713	128034	5514	43688	18228
广西	96	29729	5251	1612	249	1372	393
海南	711	31773	9699	22729	200	17507	343
重庆	—	2911	928	1049	1504	149	570
四川	11654	4575	8072	7168	17246	5478	165
贵州	—	636	488	401	7122	922	1020
云南	3890	17860	1875	1276	12531	1675	—
西藏	449	1947	23	500	—	208	—
陕西	432	4034	3874	826	1416	7997	187
甘肃	358	1904	2139	2178	1614	2349	—
青海	—	761	100	50	—	311	860
宁夏	—	3321	4381	—	—	521	—
新疆	5591	6611	347	2134	2641	25209	140
不分地区	—	—	—	—	—	—	—

各地区按主要工业行业分的基本建设投资(三)

单位:万元

地区	皮革、毛皮、羽绒及其制品业	木材加工及竹、藤、棕、草制品业	家具制造业	造纸及纸制品业	印刷业、记录媒介的复制	文教体育用品制造业	石油加工及炼焦业
全国总计	**59462**	**172431**	**19436**	**659271**	**131325**	**16686**	**1516135**
北京	1470	2971	2497	5113	21471	537	83575
天津	—	—	—	—	7868	2850	63796
河北	9747	9528	1519	4055	1016	370	239897
山西	—	4326	—	2144	7122	396	22546
内蒙古	510	4360	—	1307	868	—	982
辽宁	58	3651	4413	1100	5019	124	79203
吉林	—	1946	—	100	396	—	1100
黑龙江	—	22000	230	10074	3230	100	103845
上海	—	—	—	9866	5042	199	151145
江苏	219	305	675	132901	1027	5300	65142
浙江	8698	245	1008	134933	2183	2135	115999
安徽	—	1548	—	3736	2359	70	5198
福建	78	533	1054	34645	1062	125	72642
江西	152	17816	—	710	2065	120	31153
山东	3485	1341	823	52263	2797	549	53157
河南	2119	21549	3104	9378	14894	—	8052
湖北	3910	25595	1048	6911	6251	315	61393
湖南	—	99	—	7999	3107	50	52710
广东	25200	7579	331	74182	21260	2437	77303
广西	288	9206	—	56790	3315	—	7021
海南	752	5165	—	629	1155	—	4892
重庆	—	—	50	2078	200	80	792
四川	2333	16928	—	36801	5858	—	128
贵州	—	34	105	689	480	480	—
云南	—	13363	55	61561	4755	—	1200
西藏	—	70	—	—	—	—	—
陕西	—	2149	—	3197	4338	—	640
甘肃	—	124	500	125	632	—	70624
青海	203	—	—	692	—	—	—
宁夏	—	—	1894	1033	124	329	468
新疆	240	—	130	4259	1431	120	141532
不分地区	—	—	—	—	—	—	—

各地区按主要工业行业分的基本建设投资(四)

单位:万元

地 区	化学原料及化学制品制造业	医药制造业	化学纤维制造业	橡胶制品业	塑料制品业	非金属矿物制品业	黑色金属冶炼及压延加工业
全国总计	**2567391**	**310978**	**578222**	**177002**	**151292**	**1000022**	**1975542**
北 京	8065	31512	—	50	3426	37507	8979
天 津	50889	50496	111	—	11190	48635	25402
河 北	77339	36956	26350	1676	3890	156566	68172
山 西	24412	1300	390	460	2766	12704	14949
内 蒙 古	35175	2698	—	—	—	38440	13679
辽 宁	163176	200	216	1486	1912	18956	20999
吉 林	405976	3072	61669	50	259	5048	—
黑 龙 江	77854	1783	753	3466	814	8238	250
上 海	141506	2166	35103	—	21951	25231	1248235
江 苏	284373	11149	101165	5400	1395	130360	962
浙 江	67720	9898	22986	77	31799	19982	71780
安 徽	39978	3051	—	45525	538	20606	95147
福 建	7882	4059	54002	74022	8476	32156	5244
江 西	5400	1325	200	88	890	2431	—
山 东	86751	56947	83752	19819	18707	86267	64602
河 南	229570	28181	2700	2083	4537	85379	4294
湖 北	22031	4694	56433	150	7881	15476	96620
湖 南	51787	1309	34192	457	45	11292	7393
广 东	208146	23940	8392	4239	22275	55177	58454
广 西	53182	5438	1211	40	4532	21867	2587
海 南	13693	1649	557	11921	250	71813	4244
重 庆	16697	—	79761	—	615	18382	400
四 川	57114	16882	7879	212	169	34200	27658
贵 州	126692	—	—	4013	408	4965	3130
云 南	76629	28	—	234	296	8201	6572
西 藏	—	100	—	—	500	977	—
陕 西	27834	4902	—	1110	485	2277	6085
甘 肃	122634	5805	—	50	—	2690	113337
青 海	14209	—	400	—	255	9751	5275
宁 夏	22952	514	—	215	180	3300	730
新 疆	47725	924	—	159	851	11148	363
不分地区	—	—	—	—	—	—	—

各地区按主要工业行业分的基本建设投资(五)

单位:万元

地区	有色金属冶炼及压延加工业	金属制品业	普通机械制造业	专用设备制造业	交通运输设备制造业	电气机械及器材制造业
全国总计	**312498**	**187329**	**348994**	**384994**	**1423081**	**246052**
北京	645	19273	25748	4383	21710	20345
天津	—	206	61195	—	2050	1188
河北	5997	18208	26770	16373	36806	2663
山西	18908	8722	5655	2103	24210	3274
内蒙古	12656	165	2033	1154	3206	1634
辽宁	7814	15783	28917	7036	93700	17346
吉林	946	—	1468	2197	156033	920
黑龙江	6844	1180	11868	2892	40566	2046
上海	—	7800	—	20393	223469	13094
江苏	3002	1683	29580	209999	44968	16413
浙江	1419	3269	49479	2289	18049	14417
安徽	49471	630	5802	10517	41722	20630
福建	800	4658	1934	3446	39181	11526
江西	35323	582	2077	1107	5406	2411
山东	2183	11174	20695	28814	180347	27853
河南	68445	6291	9403	20008	24461	7405
湖北	6766	2294	11505	5324	312979	4748
湖南	727	260	5105	3879	11514	5687
广东	2077	35933	13373	12064	37067	22254
广西	13070	4735	3070	2530	2991	376
海南	3300	33862	22	470	2517	1509
重庆	8160	91	2053	10	10694	3432
四川	11840	2051	9671	6921	37538	33895
贵州	2906	365	2831	205	10227	2928
云南	3306	70	160	9577	798	678
西藏	—	—	—	—	—	—
陕西	3446	3726	5974	6125	36391	4434
甘肃	14125	1656	9177	2274	2261	2463
青海	23433	880	772	421	878	230
宁夏	3200	613	1378	—	275	20
新疆	1689	1169	1279	2483	1067	233
不分地区	—	—	—	—	—	—

各地区按主要工业行业分的基本建设投资(六)

单位:万元

地　区	电子及通信设备制造业	仪器仪表及文化、办公用机械制造业	其他制造业	电力、蒸汽、热水的生产和供应业	煤气生产和供应业	自来水的生产和供应业
全国总计	**1223965**	**47976**	**174793**	**17573362**	**562513**	**1252995**
北　京	153090	5753	10085	526481	61446	28867
天　津	309959	4560	—	311256	46164	10116
河　北	30110	1050	3901	981668	19618	50270
山　西	664	307	8755	486638	9577	7183
内 蒙 古	522	—	27700	345439	3000	8661
辽　宁	44378	—	15671	763873	32719	98129
吉　林	1637	260	1320	286906	19183	59703
黑 龙 江	66248	2027	2510	651599	18646	10277
上　海	76114	753	—	579792	49413	174950
江　苏	50600	3819	5940	839985	24762	141247
浙　江	30934	236	590	1209743	12153	101520
安　徽	—	1155	1072	341269	10871	17682
福　建	5301	90	11724	435751	8641	41138
江　西	912	359	7117	228755	9472	12812
山　东	16225	1691	2638	923849	62592	25128
河　南	29791	6947	4022	944507	27445	39405
湖　北	5306	395	510	1470811	15599	31602
湖　南	87	1546	165	531913	3799	34274
广　东	339685	8292	25913	1291210	55979	127637
广　西	1861	429	216	181294	510	24165
海　南	15295	—	644	24766	11193	17308
重　庆	4324	1229	10388	236140	1647	22463
四　川	27565	1636	15533	1443902	15191	33652
贵　州	1028	328	—	229387	1711	5974
云　南	—	—	138	387230	5205	25568
西　藏	124	—	28	70749	—	426
陕　西	9252	4383	17713	349550	25168	58690
甘　肃	2803	556	—	238185	6643	17818
青　海	—	—	500	222604	244	957
宁　夏	—	—	—	131648	255	4436
新　疆	150	175	—	91795	3667	20937
不分地区	—	—	—	814667	—	—

各地区基本建设农业、轻工业、重工业投资

单位:万元

地区	合计	农业	轻工业	重工业
全国总计	**42733851**	**1538767**	**5430969**	**35764115**
北京	1169166	7274	212074	949818
天津	1294189	2030	111565	1180594
河北	2184378	73528	277032	1833818
山西	1113276	13913	38473	1060890
内蒙古	976999	17926	27088	931985
辽宁	1854880	70098	190098	1594684
吉林	1159502	18874	207214	933414
黑龙江	2153392	88393	93423	1971576
上海	3039924	22423	334365	2683136
江苏	2288093	21790	448258	1818045
浙江	2036531	18846	373909	1643776
安徽	1085743	19330	72661	993752
福建	930600	33742	182087	714771
江西	407157	14825	30161	362171
山东	2595948	64600	400568	2130780
河南	2113724	40136	202031	1871557
湖北	2396375	52385	246709	2097281
湖南	821469	20860	99029	701580
广东	3034734	47182	959372	2028180
广西	499783	32559	139132	328092
海南	377219	60605	142750	173864
重庆	447714	11031	113058	323625
四川	2001512	24721	153842	1822949
贵州	556740	4199	23662	528879
云南	739882	43915	127472	568495
西藏	97858	17245	3732	76881
陕西	762854	10934	93193	658727
甘肃	704399	5154	36263	662982
青海	384990	26767	7802	350421
宁夏	224619	8042	17166	199411
新疆	1410606	310390	66780	1033436
不分地区	1869595	335050	—	1534545

各地区能源工业基本建设投资

单位:万元

地区	能源工业合计	煤炭采选业	石油和天然气开采业	电力、蒸汽、热水的生产和供应业	石油加工及炼焦业	煤气生产和供应业
全国总计	**25694082**	**2660289**	**3381783**	**17573362**	**1516135**	**562513**
北京	671502	—	—	526481	83575	61446
天津	685251	—	264035	311256	63796	46164
河北	1384617	94364	49070	981668	239897	19618
山西	929825	411064	—	486638	22546	9577
内蒙古	766218	416797	—	345439	982	3000
辽宁	1130906	132757	122354	763873	79203	32719
吉林	343992	19303	17500	286906	1100	19183
黑龙江	1696433	142143	780200	651599	103845	18646
上海	952353	—	172003	579792	151145	49413
江苏	1031108	69037	32182	839985	65142	24762
浙江	1338905	781	229	1209743	115999	12153
安徽	648331	290993	—	341269	5198	10871
福建	521682	4648	—	435751	72642	8641
江西	274705	5325	—	228755	31153	9472
山东	1572377	304458	228321	923849	53157	62592
河南	1358301	233822	144475	944507	8052	27445
湖北	1571624	1440	22381	1470811	61393	15599
湖南	598734	10312	—	531913	52710	3799
广东	1530202	1770	103940	1291210	77303	55979
广西	210690	4220	17645	181294	7021	510
海南	40851	—	—	24766	4892	11193
重庆	247394	2075	6740	236140	792	1647
四川	1520819	2447	59151	1443902	128	15191
贵州	325150	88826	5226	229387	—	1711
云南	423073	29302	136	387230	1200	5205
西藏	72635	1886	—	70749	—	—
陕西	504043	88268	40417	349550	640	25168
甘肃	388650	60198	13000	238185	70624	6643
青海	294061	2266	68947	222604	—	244
宁夏	167131	34760	—	131648	468	255
新疆	957974	21567	699413	91795	141532	3667
不分地区	1534545	185460	534418	814667	—	—

各地区交通运输业基本建设投资

单位:万元

地区	合计	铁路运输业	公路运输业	管道运输业	水上运输业	航空运输业	交通运输辅助业	其他交通运输业
全国总计	**18071379**	**4959636**	**6681980**	**75223**	**398738**	**1358998**	**4277655**	**319149**
北京	295773	64881	500	—	—	16241	214151	—
天津	215551	7072	5150	—		4650	198679	—
河北	999027	6122	749747	10842	—	4055	212743	15518
山西	316589	12108	276566	—	—	5799	22116	—
内蒙古	170522	70115	38131	—	—	1935	60341	—
辽宁	650892	92643	21111	609	1810	11634	515490	7595
吉林	168368	12506	137884	—		1500	16478	—
黑龙江	480803	21071	348281	771	7376	530	93420	9354
上海	702766	—	1398	—	22691	208796	332743	137138
江苏	901275	85735	441523	—	12011	39213	253302	69491
浙江	799663	124413	350479	260	14331	52564	232383	25233
安徽	261983	48789	23205	—	7468	8000	165852	8669
福建	818216	94356	517902	—	18871	5095	179522	2470
江西	310881	12201	230116	—	9080	34142	25342	—
山东	583409	10390	258843	200	19685	23338	270943	10
河南	369236	40893	171741	545	1403	37049	117325	280
湖北	292651	74744	70819	—	6055	1264	137409	2360
湖南	410026	93916	181944	58	544	1364	126357	5843
广东	1467725	125799	714479	10130	53386	43848	515075	5008
广西	528906	35856	348860	—	37828	20046	84363	1953
海南	213689	11863	10928	—	1746	98458	90694	—
重庆	200896	—	35050	—	6546	142	157771	1387
四川	683262	101374	399417	494	3439	31275	144567	2696
贵州	142158	10928	115117	—	514	—	15599	—
云南	559201	59100	444208	—	2589	29291	10614	13399
西藏	46294	—	44967	—		—	1316	11
陕西	345427	202907	94460	27346	323	3114	17277	—
甘肃	59207	10173	2503	—	—	27005	9689	9837
青海	50049	8534	9780	—	—	501	30550	684
宁夏	87792	—	47725	23968	—	—	16099	—
新疆	372598	141695	162354	—	—	58891	9445	213
不分地区	4566544	3379452	426792	—	171042	589258	—	—

各地区邮电通讯业基本建设投资

单位:万元

地　　区	合　计	邮政业	电信业	邮电业
全国总计	**3435565**	**280635**	**1193419**	**1961511**
北　　京	100786	30898	69888	—
天　　津	91966	14219	42263	35484
河　　北	81103	6816	18976	55311
山　　西	28874	4281	7668	16925
内 蒙 古	43444	6040	10891	26513
辽　　宁	100875	7340	38891	54644
吉　　林	28783	1566	2518	24699
黑 龙 江	100393	9658	26000	64735
上　　海	176290	32693	112829	30768
江　　苏	219786	24820	29795	165171
浙　　江	223603	17745	59520	146338
安　　徽	73783	3178	37743	32862
福　　建	137924	6852	35487	95585
江　　西	150908	5749	67422	77737
山　　东	198479	12483	60719	125277
河　　南	123731	13206	24603	85922
湖　　北	171290	6661	69603	95026
湖　　南	83724	4087	24197	55440
广　　东	605507	12288	107120	486099
广　　西	72902	7215	29794	35893
海　　南	59781	3286	40177	16318
重　　庆	39849	8549	30305	995
四　　川	90345	12383	28975	48987
贵　　州	21225	2492	13166	5567
云　　南	36287	2973	4515	28799
西　　藏	18738	1261	15284	2193
陕　　西	44223	5687	19594	18942
甘　　肃	49453	120	11068	38265
青　　海	22222	1427	13852	6943
宁　　夏	36189	1497	9882	24810
新　　疆	118488	13165	46060	59263
不分地区	84614	—	84614	—

国民经济行业按构成分的基本建设投资

单位:万元

行业	投资额	建筑安装工程	设备工器具购置	其他费用
全国总计	**99170229**	**62152219**	**20606030**	**16411980**
(一) 农、林、牧、渔业	1538767	930228	218536	390003
农业	753871	503904	164289	85678
林业	299371	63413	8315	227643
畜牧业	130690	93167	20069	17454
渔业	60044	39678	8198	12168
农、林、牧、渔服务业	294791	230066	17665	47060
(二) 采掘业	6485703	4195055	1095367	1195281
煤炭采选业	2660289	1270728	547971	841590
石油和天然气开采业	3381783	2677374	470586	233823
黑色金属矿采选业	109398	63081	18869	27448
有色金属矿采选业	137281	90624	23183	23474
非金属矿采选业	111310	40197	14297	56816
其他矿采选业	125	125	—	—
木材及竹材采运业	85517	52926	20461	12130
(三) 制造业	15320511	6219949	6407162	2693400
食品加工业	474901	259077	175813	40011
食品制造业	268639	155448	96693	16498
饮料制造业	466774	215992	213636	37146
烟草加工业	109986	86722	18447	4817
纺织业	250237	125485	103885	20867
服装及其他纤维制品制造业	65097	46101	14362	4634
皮革、毛皮、羽绒及其制品业	59462	28847	25647	4968
木材加工及竹、藤、棕、草制品业	172431	64793	95407	12231
家具制造业	19436	12626	5087	1723
造纸及纸制品业	659271	207676	276945	174650
印刷业、记录媒介的复制	131325	63622	55557	12146
文教体育用品制造业	16686	10981	4500	1205
石油加工及炼焦业	1516135	616865	587088	312182
化学原料及化学制品制造业	2567391	864339	755888	947164
医药制造业	310978	164965	114797	31216
化学纤维制造业	578222	130370	337538	110314
橡胶制品业	177002	74784	87653	14565
塑料制品业	151292	53400	78497	19395
非金属矿物制品业	1000022	399945	463080	136997
黑色金属冶炼及压延加工业	1975542	773885	930566	271091
有色金属冶炼及压延加工业	312498	157845	95306	59347
金属制品业	187329	71129	98225	17975
普通机械制造业	348994	170142	155393	23459

国民经济行业按构成分的基本建设投资

续1　　　　单位:万元

行　　业	投资额	建筑安装工程	设备工器具购置	其他费用
专用设备制造业	384994	175628	186829	22537
交通运输设备制造业	1423081	634324	541941	246816
电气机械及器材制造业	246052	130910	94615	20527
电子及通信设备制造业	1223965	354880	761969	107116
仪器仪表及文化、办公用机械制造业	47976	35018	8068	4890
其他制造业	174793	134150	23730	16913
(四) 电力、煤气及水的生产和供应业	19388870	8635071	6064417	4689382
电力、蒸汽、热水的生产和供应业	17573362	7479697	5742952	4350713
煤气生产和供应业	562513	295396	135463	131654
自来水的生产和供应业	1252995	859978	186002	207015
(五) 建筑业	1509539	1265162	57177	187200
土木工程建筑业	1366260	1159509	41685	165066
线路、管道和设备安装业	119947	82961	15331	21655
建筑物的装修装饰业	23332	22692	161	479
(六) 地质勘查业、水利管理业	2774202	1961759	187369	625074
地质勘查业	185873	101773	73523	10577
水利管理业	2588329	1859986	113846	614497
(七) 交通运输、仓储及邮电通信业	21974451	15232262	4124162	2618027
铁路运输业	4959636	2925087	1576929	457620
公路运输业	6681980	5815210	62983	803787
管道运输业	75223	61086	5349	8788
水上运输业	398738	175516	186906	36316
航空运输业	1358998	348522	718335	292141
交通运输辅助业	4277655	3400116	275701	601838
其他交通运输业	319149	139378	11905	167866
仓储业	467507	329392	71751	66364
邮电通信业	3435565	2037955	1214303	183307
(八) 批发和零售贸易、餐饮业	2649970	2030192	238182	381596
食品、饮料、烟草和家庭用品批发商业	779564	626475	60398	92691
能源、材料和机械电子设备批发业	308443	237455	37892	33096
其他批发业	121535	104465	7039	10031
零售业	1254196	928939	100399	224858
商业经纪与代理业	34155	24272	3811	6072

国民经济行业按构成分的基本建设投资

续2

单位:万元

行　　业	投资额	建筑安装工程	设备工器具购置	其他费用
餐饮业	152077	108586	28643	14848
(九) 金融、保险业	1427885	1162111	147663	118111
金融业	1349660	1095915	145104	108641
保险业	78225	66196	2559	9470
(十) 房地产业	1464707	1016711	32599	415397
房地产开发与经营业	1035835	634865	26745	374225
房地产管理业	417819	372540	5644	39635
房地产代理与经纪业	11053	9306	210	1537
(十一) 社会服务业	8203573	5766098	705639	1731836
公共服务业	6024956	4146463	381148	1497345
居民服务业	80317	67215	6898	6204
旅馆业	1208959	872695	228930	107334
租赁服务业	58100	36563	8318	13219
旅行社	188807	150714	11882	26211
娱乐服务业	325789	219383	55019	51387
信息、咨询服务业	22719	15443	4302	2974
计算机应用服务业	7954	1234	2108	4612
其他社会服务业	285972	256388	7034	22550
(十二) 卫生、体育和社会福利业	1485060	1211774	134517	138769
卫生	1043092	884215	101896	56981
体育	313474	217230	24678	71566
社会福利保障业	128494	110329	7943	10222
(十三) 教育、文化艺术及广播电影电视业	5292075	4523445	381923	386707
教育	4152427	3656256	218890	277281
文化艺术业	691355	526527	94433	70395
广播电影电视业	448293	340662	68600	39031
(十四) 科学研究和综合技术服务业	681741	495748	115146	70847
科学研究业	427382	324766	64137	38479
综合技术服务业	254359	170982	51009	32368
(十五) 国家机关、政党机关和社会团体	7159921	6160058	364051	635812
国家机关	6727882	5815202	329977	582703
政党机关	266419	207821	18288	40310
社会团体	158201	130276	15784	12141
基层群众自治组织	7419	6759	2	658
(十六) 其他行业	1813254	1346596	332120	134538
其他行业	1813254	1346596	332120	134538

国民经济行业按隶属关系分的基本建设投资

单位:万元

行业	合计	中央项目	地方项目	省属	地市属	县属
全国总计	**99170229**	**38582245**	**56412046**	**18746066**	**19937260**	**17728720**
(一) 农、林、牧、渔业	1538767	438461	1055232	452643	148218	454371
农业	753871	249385	491207	311834	56918	122455
林业	299371	177539	120361	57074	9275	54012
畜牧业	130690	2603	107547	10413	27804	69330
渔业	60044	4244	49050	6513	19766	22771
农、林、牧、渔服务业	294791	4690	287067	66809	34455	185803
(二) 采掘业	6485703	5537050	884231	547123	122017	215091
煤炭采选业	2660289	2303592	297469	136687	67419	93363
石油和天然气开采业	3381783	3139040	242643	199424	4791	38428
黑色金属矿采选业	109398	12412	96939	84640	8577	3722
有色金属矿采选业	137281	36098	98668	34712	17466	46490
非金属矿采选业	111310	6701	102077	68154	10841	23082
其他矿采选业	125	—	125	—	—	125
木材及竹材采运业	85517	39207	46310	23506	12923	9881
(三) 制造业	15320511	5196769	7951714	2535638	3715817	1700259
食品加工业	474901	12084	386208	40860	157795	187553
食品制造业	268639	—	164731	27515	84223	52993
饮料制造业	466774	870	285280	37900	156754	90626
烟草加工业	109986	55222	54764	43243	6460	5061
纺织业	250237	11993	199927	32561	77907	89459
服装及其他纤维制品制造业	65097	4150	31104	3667	12853	14584
皮革、毛皮、羽绒及其制品业	59462	1101	52244	1403	27210	23631
木材加工及竹、藤、棕、草制品业	172431	12935	142513	27875	24197	90441
家具制造业	19436	—	10666	1531	6072	3063
造纸及纸制品业	659271	33840	494671	74756	332388	87527
印刷业、记录媒介的复制	131325	22533	87863	17446	58265	12152
文教体育用品制造业	16686	—	14676	3916	2091	8669
石油加工及炼焦业	1516135	1342249	141265	12898	106085	22282
化学原料及化学制品制造业	2567391	1056453	1381472	538941	669630	172901
医药制造业	310978	25545	204624	78669	61219	64736
化学纤维制造业	578222	121495	367541	26350	316157	25034
橡胶制品业	177002	4013	138628	77558	56172	4898
塑料制品业	151292	3117	115754	15007	54354	46393
非金属矿物制品业	1000022	39470	739395	249766	264441	225188
黑色金属冶炼及压延加工业	1975542	1166851	782930	429952	323426	29552
有色金属冶炼及压延加工业	312498	158624	130243	13863	32902	83478
金属制品业	187329	9079	102800	24702	42824	35274
普通机械制造业	348994	38860	247155	107467	77730	61958

国民经济行业按隶属关系分的基本建设投资

续1

单位:万元

行业	合计	中央项目	地方项目	省属	地市属	县属
专用设备制造业	384994	37503	330249	25929	264750	39570
交通运输设备制造业	1423081	818712	408188	213979	132975	61234
电气机械及器材制造业	246052	23980	147583	21095	82252	44236
电子及通信设备制造业	1223965	92814	700684	370914	258580	71190
仪器仪表及文化、办公用机械制造业	47976	5301	33079	12713	13502	6864
其他制造业	174793	97975	55477	3162	12603	39712
(四)电力、煤气及水的生产和供应业	19388870	12240322	6528059	2460918	2209103	1858038
电力、蒸汽、热水的生产和供应业	17573362	12234249	4739212	2066352	1206802	1466058
煤气生产和供应业	562513	3080	541891	168123	299464	74304
自来水的生产和供应业	1252995	2993	1246956	226443	702837	317676
(五)建筑业	1509539	275734	1211648	330459	410868	470321
土木工程建筑业	1366260	177360	1170392	314424	392160	463808
线路、管道和设备安装业	119947	97399	22199	8018	11557	2624
建筑物的装修装饰业	23332	975	19057	8017	7151	3889
(六)地质勘查业、水利管理业	2774202	1017085	1748947	622972	535465	590510
地质勘查业	185873	169592	15076	12953	800	1323
水利管理业	2588329	847493	1733871	610019	534665	589187
(七)交通运输、仓储及邮电通信业	21974451	9217540	12560348	7070081	3371984	2118283
铁路运输业	4959636	4516818	422453	365593	28910	27950
公路运输业	6681980	106175	6551698	4259053	1401159	891486
管道运输业	75223	23026	52197	51314	173	710
水上运输业	398738	249269	149469	88483	44405	16581
航空运输业	1358998	811851	546625	197649	156031	192945
交通运输辅助业	4277655	680190	3530289	1304600	1457075	768614
其他交通运输业	319149	180	318069	186886	80603	50580
仓储业	467507	180778	231412	75975	90711	64726
邮电通信业	3435565	2649253	758136	540528	112917	104691
(八)批发和零售贸易、餐饮业	2649970	247971	2203451	341874	955992	905585
食品、饮料、烟草和家庭用品批发商业	779564	109479	635993	84966	233180	317847
能源、材料和机械电子设备批发业	308443	50310	225690	82161	57944	85585
其他批发业	121535	6524	111020	34576	32338	44106
零售业	1254196	45965	1101608	126561	574525	400522
商业经纪与代理业	34155	8741	17619	2420	4379	10820

国民经济行业按隶属关系分的基本建设投资

续 2　　　　单位:万元

行　　业	合　计	中央项目	地方项目	省　属	地市属	县　属
餐饮业	152077	26952	111521	11190	53626	46705
(九) 金融、保险业	1427885	1096541	317999	113723	127256	77020
金融业	1349660	1032980	303415	111663	123101	68651
保险业	78225	63561	14584	2060	4155	8369
(十) 房地产业	1464707	105491	1321707	259708	374113	687886
房地产开发与经营业	1035835	89331	912465	179552	193516	539397
房地产管理业	417819	16110	398562	80156	174667	143739
房地产代理与经纪业	11053	50	10680	—	5930	4750
(十一) 社会服务业	8203573	314357	7335610	1529929	3730302	2075379
公共服务业	6024956	9641	5743867	1145720	3034933	1563214
居民服务业	80317	180	63861	5674	26587	31600
旅馆业	1208959	63616	991687	278155	469377	244155
租赁服务业	58100	40280	16221	11210	2383	2628
旅行社	188807	12743	114002	21366	37280	55356
娱乐服务业	325789	18235	271180	49432	98527	123221
信息、咨询服务业	22719	3139	19160	11578	5620	1962
计算机应用服务业	7954	—	6121	600	5331	190
其他社会服务业	285972	166523	109511	6194	50264	53053
(十二) 卫生、体育和社会福利业	1485060	88813	1371570	284486	483331	603753
卫生	1043092	82149	953381	210578	335715	407088
体育	313474	3541	293489	57444	112212	123833
社会福利保障业	128494	3123	124700	16464	35404	72832
(十三) 教育、文化艺术及广播电影电视业	5292075	881339	4291893	956130	1215733	2120030
教育	4152427	766355	3280858	555741	803561	1921556
文化艺术业	691355	53586	628764	276053	264326	88385
广播电影电视业	448293	61398	382271	124336	147846	110089
(十四) 科学研究和综合技术服务业	681741	457182	212043	92784	78658	40601
科学研究业	427382	354937	66070	46342	16712	3016
综合技术服务业	254359	102245	145973	46442	61946	37585
(十五) 国家机关、政党机关和社会团体	7159921	837517	6268149	825432	2010613	3432104
国家机关	6727882	713492	5965115	761273	1899964	3303878
政党机关	266419	105307	160997	34807	54724	71466
社会团体	158201	18210	136641	29352	55247	52042
基层群众自治组织	7419	508	5396	—	678	4718
(十六) 其他行业	1813254	630073	1149445	322166	447790	379489
其他行业	1813254	630073	1149445	322166	447790	379489

各地区按隶属关系分的基本建设新增固定资产

单位:万元

地　区	合　计	中央项目	地方项目	省　属	地市属	县　属
全国总计	**74431500**	**31431890**	**40030888**	**11341839**	**14512219**	**14176830**
北　京	2640074	1798742	751242	536571	178595	36076
天　津	1056035	520928	486485	422255	39480	24750
河　北	2932610	710698	2109257	211549	664746	1232962
山　西	1532642	852529	648382	191590	234206	222586
内蒙古	1001913	259910	726995	289010	244038	193947
辽　宁	2567280	1227576	1109141	104115	767737	237289
吉　林	1843316	1067533	752293	389641	196653	165999
黑龙江	2710010	1524137	1182819	442269	445258	295292
上　海	4058137	1643251	2260672	1133652	—	1127020
江　苏	4383934	1173266	2962753	398777	1323788	1240188
浙　江	3806521	770530	2963635	496709	1448411	1018515
安　徽	1834862	864604	911805	165800	392781	353224
福　建	2525141	644308	1802372	444952	720274	637146
江　西	1434935	465261	958511	588094	107679	262738
山　东	4551680	1942459	2240728	559880	858357	822491
河　南	3532850	1478251	1842922	321928	487213	1033781
湖　北	2775880	969330	1644800	153964	776477	714359
湖　南	1482460	573959	898003	142707	308928	446368
广　东	6419314	1066082	4808997	562181	3054613	1192203
广　西	1435474	174562	1214037	526451	365866	321720
海　南	903478	66899	594402	319392	146064	128946
重　庆	986843	69173	906090	459269	148330	298491
四　川	3014622	1071319	1827225	345774	687734	793717
贵　州	667644	90017	568974	359165	78452	131357
云　南	1214175	247651	944323	407255	148147	388921
西　藏	183151	32522	135938	23049	62583	50306
陕　西	1009611	396070	610426	108089	237212	265125
甘　肃	925916	655800	269630	82682	60954	125994
青　海	602803	400403	199967	70015	50200	79752
宁　夏	564219	349973	214246	114330	38670	61246
新　疆	2128903	1347579	755319	242225	238773	274321
不分地区	7705067	6976568	728499	728499	—	—

各地区按建设性质分的基本建设新增固定资产

单位:万元

地区	新建	扩建	改建	单纯建造生活设施	迁建	恢复	单纯购置
全国总计	**38819638**	**24221620**	**4805532**	**3552451**	**654817**	**151928**	**2225514**
北京	1047025	1354083	40578	177847	16424	—	4117
天津	387285	556348	85773	15519	10793	32	285
河北	1754201	773082	184955	184274	25663	2733	7702
山西	714048	517495	134043	149148	13726	820	3362
内蒙古	424894	333368	65404	103741	3763	69923	820
辽宁	1355778	869447	128409	184675	15247	6313	7411
吉林	1064251	530530	83663	157087	6427	—	1358
黑龙江	1099466	1296373	114819	181179	4100	2100	11973
上海	2191123	1589679	118835	110983	38622	—	8895
江苏	1857877	1818353	518524	117795	64748	340	6297
浙江	1872763	1424830	287279	92566	97912	2398	28773
安徽	1159668	442744	147501	66813	7618	3748	6770
福建	1721154	557843	154019	64971	9623	—	17531
江西	1036531	250352	85254	56773	2040	193	3792
山东	1536729	2556851	174239	234013	29194	1150	19504
河南	2080425	939702	223359	215008	33617	19701	21038
湖北	1090567	1244252	212258	138757	70863	5983	13200
湖南	522942	580782	167299	161285	35777	668	13707
广东	4052415	1702632	435081	151959	46847	5097	25283
广西	925714	306691	113111	74160	2639	455	12704
海南	611868	167624	7327	56999	1693	8134	49833
重庆	633728	155699	151411	26478	18067	696	764
四川	1347025	979345	376572	172011	50226	1653	87790
贵州	428848	119187	44704	53930	9834	140	11001
云南	701154	261957	126217	92147	28607	3447	646
西藏	117700	31050	7880	9354	611	13650	2906
陕西	535401	218311	85400	163762	6198	—	539
甘肃	501342	326717	26713	69450	974	15	705
青海	389070	120300	36207	53523	—	591	3112
宁夏	233807	291730	10022	25358	2104	—	1198
新疆	946535	685905	291300	190886	860	1948	11469
不分地区	4478304	1218358	167376	—	—	—	1841029

各地区按主要行业分的基本建设新增固定资产(一)

单位:万元

地区	合计	农、林、牧、渔业	采掘业	制造业	电力、煤气及水的生产和供应业
全国总计	**74431500**	**825338**	**4801394**	**14076128**	**12072228**
北京	2640074	6255	2618	502175	483702
天津	1056035	2360	274930	183898	108406
河北	2932610	47951	73629	562954	374327
山西	1532642	19422	442847	145604	329941
内蒙古	1001913	16435	75032	138123	110329
辽宁	2567280	14991	248028	893620	301396
吉林	1843316	12149	30258	895590	192819
黑龙江	2710010	72949	792541	418977	402345
上海	4058137	20224	5270	1492617	499044
江苏	4383934	17841	34219	779349	437683
浙江	3806521	14840	5489	688557	789794
安徽	1834862	16574	404484	328410	270108
福建	2525141	17912	6128	260945	682484
江西	1434935	12015	29008	284169	379228
山东	4551680	54726	472443	826931	1303198
河南	3532850	33213	247634	1032341	633839
湖北	2775880	42026	16556	895707	387526
湖南	1482460	9876	24285	193360	352032
广东	6419314	23510	21247	1337752	1136017
广西	1435474	18452	5313	109566	148889
海南	903478	57575	5786	295167	29674
重庆	986843	4324	11412	40639	146646
四川	3014622	21370	76102	783998	551800
贵州	667644	3796	41967	82486	48169
云南	1214175	37009	22690	219566	159217
西藏	183151	13730	8067	5023	21755
陕西	1009611	10996	122334	107344	263629
甘肃	925916	3540	72195	155022	359009
青海	602803	11673	80500	35338	309998
宁夏	564219	5796	33956	22301	245997
新疆	2128903	109893	696146	358599	93137
不分地区	7705067	71915	418280	—	520090

各地区按主要行业分的基本建设新增固定资产(二)

单位:万元

地　区	建筑业	地质勘查业、水利管理业	交通运输、仓储及邮电通信业	批发和零售贸易、餐饮业	金融、保险业	房地产业
全国总计	**1258704**	**1462826**	**18095835**	**2196976**	**1141708**	**1007734**
北　京	75742	22373	354620	119823	1140	2615
天　津	2518	20427	189307	21480	3357	5944
河　北	30613	129842	701154	105200	49981	25325
山　西	140753	28650	155878	59519	31517	4202
内蒙古	13267	6023	280208	38719	26793	9705
辽　宁	51364	8255	258849	46336	46911	81628
吉　林	34625	4575	372629	33367	20595	——
黑龙江	23804	14455	479354	41705	45421	5711
上　海	78292	64672	189733	103355	45504	452626
江　苏	45781	83363	1094449	224579	62881	58542
浙　江	67029	79461	722420	186164	65376	13105
安　徽	16475	39205	215058	72577	30925	15358
福　建	5376	29120	888069	80414	72662	18615
江　西	16386	13344	409236	34883	14610	3902
山　东	43731	160564	596675	137255	55469	10750
河　南	47601	86503	408840	127837	99515	10518
湖　北	60180	47612	331926	59278	77510	11843
湖　南	14747	52990	178578	86454	60337	3153
广　东	110996	114808	1854648	93670	58653	159353
广　西	18904	15794	639165	67916	27139	6201
海　南	64266	7890	83010	34113	32196	4815
重　庆	49194	4489	260158	15078	10408	5994
四　川	79465	46113	326536	100443	81498	55987
贵　州	7505	5827	299789	36134	9341	2138
云　南	24447	23648	195099	44611	40887	5256
西　藏	1997	13547	12761	8608	10012	187
陕　西	19278	17894	89795	47788	18061	783
甘　肃	86021	20690	46712	34221	7982	2184
青　海	4994	10543	65996	9940	3060	648
宁　夏	200	6159	154352	19281	14551	302
新　疆	23153	165027	146516	106228	17416	30344
不分地区	—	118963	6094315	—	—	——

各地区按主要行业分的基本建设新增固定资产(三)

单位:万元

地　　区	社会服务业	卫生、体育和社会福利业	教育、文化艺术及广播电影电视业	科学研究和综合技术服务业	国家机关、政党机关和社会团体	其他行业
全国总计	**4794264**	**1119467**	**4181053**	**499991**	**5433866**	**1463988**
北　京	149578	45853	312058	222485	299132	39905
天　津	66214	11510	51310	932	86364	27078
河　北	239758	55120	201909	10662	294998	29187
山　西	20999	13852	60300	3900	72129	3129
内蒙古	74977	24741	77546	6173	97541	6301
辽　宁	278903	42793	122517	9189	154721	7779
吉　林	22131	8598	81484	8189	111985	14322
黑龙江	74394	19419	87844	2857	192632	35602
上　海	587218	112181	182281	19499	84984	120637
江　苏	532272	51176	349297	17893	469989	124620
浙　江	406617	85397	287030	12883	301007	81352
安　徽	128973	17247	94615	7252	161552	16049
福　建	119435	22134	158440	2550	138013	22844
江　西	31964	19695	41693	1677	137720	5405
山　东	131534	87553	240612	11961	392469	25809
河　南	138596	47035	234298	21698	350564	12818
湖　北	126912	49800	202409	12702	291011	162882
湖　南	96727	57005	163497	14043	170260	5116
广　东	490418	97687	415716	9094	444327	51418
广　西	135674	24377	108725	4952	103477	930
海　南	158936	12900	40116	933	69814	6287
重　庆	133470	74320	83115	2395	142240	2961
四　川	256165	43149	211999	58430	230239	91328
贵　州	50579	8530	28667	2472	39446	798
云　南	125737	28244	96521	12227	153575	25441
西　藏	4414	2152	12804	1654	50449	15991
陕　西	55742	17773	82378	9301	111739	34776
甘　肃	4861	9293	42500	3460	74784	3442
青　海	14902	3915	12052	3144	34840	1260
宁　夏	18706	4255	16205	852	19637	1669
新　疆	117458	21763	81115	4532	152228	5348
不分地区	—	—	—	—	—	481504

各地区按主要工业行业分的基本建设新增固定资产(一)

单位:万元

地　区	工业合计	煤炭采选业	石油和天然气开采业	黑色金属矿采选业	有色金属矿采选业	非金属矿采选业	其他矿采选业
全国总计	**30949750**	**1903655**	**2611478**	**46041**	**80760**	**92754**	**85**
北　京	988495	—	—	2618	—	—	—
天　津	567234	—	274930	—	—	—	—
河　北	1010910	15102	44976	2121	4720	6710	—
山　西	918392	439933	—	1252	96	1566	—
内蒙古	323484	53528	—	400	10315	1680	—
辽　宁	1443044	111867	104309	24536	6432	884	—
吉　林	1118667	1483	17500	—	555	—	—
黑龙江	1613863	163387	603030	—	—	245	—
上　海	1996931	—	178	5092	—	—	—
江　苏	1251251	9721	21836	—	—	2662	—
浙　江	1483840	2335	184	—	1098	1173	—
安　徽	1003002	400871	—	—	1622	1918	—
福　建	949557	1777	—	—	2693	221	—
江　西	692405	201	—	—	2332	25302	—
山　东	2602572	253277	215060	1696	2410	—	—
河　南	1913814	93004	143793	—	8537	2300	—
湖　北	1299789	964	1600	—	10447	2405	85
湖　南	569677	20571	—	—	3402	147	—
广　东	2495016	186	15504	1315	634	3608	—
广　西	263768	3738	202	90	446	473	—
海　南	330627	—	—	—	427	5019	—
重　庆	198697	3777	6565	180	—	890	—
四　川	1411900	1738	54305	780	3777	6669	—
贵　州	172622	9942	4974	—	—	27051	—
云　南	401473	8160	—	1718	10333	—	—
西　藏	34845	3706	—	3712	200	—	—
陕　西	493307	74789	38935	—	6836	1166	—
甘　肃	586226	68248	2700	—	634	160	—
青　海	425836	1566	77897	—	862	175	—
宁　夏	302254	33926	—	—	—	30	—
新　疆	1147882	11568	679010	531	1952	300	—
不分地区	938370	114290	303990	—	—	—	—

各地区按主要工业行业分的基本建设新增固定资产(二)

单位:万元

地　　区	木材及竹材采运业	食品加工业	食品制造业	饮料制造业	烟草加工业	纺织业	服装及其他纤维制品制造业
全国总计	**66621**	**373687**	**237012**	**466183**	**114453**	**190896**	**68393**
北　京	—	16120	31326	344	—	348	—
天　津	—	8992	3336	9	—	1397	—
河　北	—	12737	14130	48867	1605	12207	2899
山　西	—	2398	2545	2333	1000	650	—
内蒙古	9109	3881	3925	1666	—	2190	—
辽　宁	—	1482	778	512	210	4548	4146
吉　林	10720	13151	12392	621	—	2650	—
黑龙江	25879	46215	—	8020	1897	3127	2010
上　海	—	15546	1985	481	—	7440	14774
江　苏	—	19493	4450	7043	—	5874	2498
浙　江	699	41129	6447	17824	574	21938	1376
安　徽	73	4183	906	21870	3501	8335	50
福　建	1437	9057	2826	1359	8639	1747	203
江　西	1173	2382	2847	1495	70	2141	250
山　东	—	37236	20334	41683	26694	25424	4520
河　南	—	17162	11066	14748	4983	10409	2904
湖　北	1055	10551	31933	69096	2774	7082	3458
湖　南	165	5377	652	1260	11064	1648	—
广　东	—	14650	60913	143193	4410	28884	25810
广　西	364	27732	2994	1473	249	1598	343
海　南	340	32059	10207	67151	1400	7408	343
重　庆	—	4746	601	368	1868	464	900
四　川	8833	4120	1925	7139	17153	2508	127
贵　州	—	597	658	22	7479	299	870
云　南	2479	7826	384	2042	14708	490	—
西　藏	449	1625	23	500	—	208	—
陕　西	608	6007	458	794	630	3315	187
甘　肃	453	451	1763	1560	830	1795	—
青　海	—	431	—	—	—	847	725
宁　夏	—	1564	4432	—	—	675	—
新　疆	2785	4787	776	2710	2715	23250	—
不分地区	—	—	—	—	—	—	—

各地区按主要工业行业分的基本建设新增固定资产(三)

单位:万元

地区	皮革、毛皮、羽绒及其制品业	木材加工及竹、藤、棕、草制品业	家具制造业	造纸及纸制品业	印刷业、记录媒介的复制	文教体育用品制造业	石油加工及炼焦业
全国总计	**82596**	**134012**	**17204**	**467522**	**84982**	**16577**	**1435738**
北京	1470	1165	200	—	16462	817	167175
天津	—	—	—	—	7868	2850	42202
河北	32747	7932	1889	5911	701	100	10230
山西	—	1185	—	273	7470	396	22896
内蒙古	510	4360	—	1747	600	—	698
辽宁	58	378	6516	—	409	124	538163
吉林	—	1049	—	—	396	—	1100
黑龙江	—	6321	200	12299	1411	1409	132058
上海	—	—	—	10139	—	1831	—
江苏	219	140	—	3454	1067	5300	29004
浙江	10668	243	1188	262355	88	795	139717
安徽	—	3442	—	3520	2093	70	8855
福建	78	1103	1153	2457	820	125	250
江西	380	568	—	—	2201	150	1649
山东	3291	6679	523	28167	688	577	51106
河南	1961	24541	1303	1721	17436	—	4484
湖北	3105	20753	190	2322	2966	315	6976
湖南	—	804	—	3306	3380	50	9740
广东	24285	26976	2741	35215	2215	1219	50198
广西	—	5883	—	2539	3256	—	8517
海南	—	—	—	629	352	—	69140
重庆	—	—	50	1456	200	—	792
四川	3226	12893	—	82666	4308	—	—
贵州	—	—	—	1211	350	—	—
云南	—	5727	—	3514	4315	—	700
西藏	—	70	—	—	—	—	—
陕西	—	1800	—	357	1369	—	915
甘肃	—	—	—	—	368	—	44285
青海	598	—	—	—	—	—	—
宁夏	—	—	1251	1237	760	329	468
新疆	—	—	—	1027	1433	120	94420
不分地区	—	—	—	—	—	—	—

各地区按主要工业行业分的基本建设新增固定资产(四)

单位:万元

地区	化学原料及化学制品制造业	医药制造业	化学纤维制造业	橡胶制品业	塑料制品业	非金属矿物制品业	黑色金属冶炼及压延加工业
全国总计	**2728636**	**288965**	**158170**	**29552**	**91657**	**1266175**	**2105863**
北京	21071	21153	—	—	1515	17309	—
天津	4868	9251	111	—	595	10584	19000
河北	26691	25786	26350	926	3931	186351	29500
山西	6903	1120	280	360	2671	9734	23352
内蒙古	9896	2157	—	—	—	24734	17228
辽宁	65998	—	—	924	1460	20371	40017
吉林	242236	692	9601	50	259	4520	—
黑龙江	34664	744	1031	1140	270	65108	—
上海	89574	4713	13006	—	18231	100	1197967
江苏	208853	2089	40293	500	543	214085	1082
浙江	34203	10089	20487	77	9078	20398	95
安徽	21242	2105	—	1508	638	9775	22266
福建	3700	3948	432	1200	7301	91164	27765
江西	221524	3182	—	88	790	2354	—
山东	110845	12364	5427	9199	18198	286277	6905
河南	505048	161698	8852	2309	3801	66559	18438
湖北	20094	3110	13500	50	2298	47871	306326
湖南	113663	1312	1884	662	—	13253	3811
广东	320457	6291	7850	6078	16544	31163	28112
广西	5064	2558	220	—	308	13355	3185
海南	3376	799	—	—	—	41497	—
重庆	5678	—	1007	—	—	1285	—
四川	240705	12700	7839	80	169	30985	265629
贵州	44566	—	—	4052	—	4404	1612
云南	138523	173	—	134	251	29496	665
西藏	—	100	—	—	500	1255	—
陕西	6328	264	—	—	605	1427	4535
甘肃	8538	75	—	—	—	2310	80582
青海	5981	—	—	—	562	5287	5075
宁夏	1219	132	—	215	180	3100	2582
新疆	207128	360	—	—	959	10064	134
不分地区	—	—	—	—	—	—	—

各地区按主要工业行业分的基本建设新增固定资产(五)

单位:万元

地区	有色金属冶炼及压延加工业	金属制品业	普通机械制造业	专用设备制造业	交通运输设备制造业	电气机械及器材制造业
全国总计	**404726**	**176723**	**248131**	**162231**	**1463398**	**250406**
北京	—	—	21934	—	25140	66281
天津	—	4087	6158	—	286	—
河北	3580	14357	16415	24744	15992	6253
山西	30886	1230	5830	3744	4636	2476
内蒙古	29802	565	1234	1545	1836	1658
辽宁	6596	13067	16684	2973	94184	27527
吉林	946	—	410	1959	600362	920
黑龙江	6844	455	13007	2127	32217	3225
上海	—	10348	—	8002	40771	20695
江苏	3133	1537	40039	14725	24131	12628
浙江	1894	3154	17745	2193	30445	12629
安徽	188463	494	4109	5683	9988	3008
福建	290	1340	2430	2764	73492	7557
江西	18194	85	2023	1184	8406	2619
山东	195	4330	21193	14718	24280	36685
河南	46963	1832	6615	28754	17731	8502
湖北	2256	2229	22730	6610	299796	3483
湖南	367	680	5610	3458	6883	3850
广东	23815	52903	13745	11209	36791	8772
广西	17213	934	5592	3052	1767	333
海南	—	55070	22	109	4616	108
重庆	1546	71	2826	—	7883	3109
四川	1205	2110	6785	2348	46171	7777
贵州	250	96	4855	582	7611	2972
云南	774	70	70	8028	1326	350
西藏	—	—	—	—	—	—
陕西	1612	2635	3489	7104	43250	3810
甘肃	570	865	3560	1004	1830	3025
青海	13002	420	727	351	832	—
宁夏	2596	590	696	—	275	—
新疆	1734	1169	1598	3261	470	154
不分地区	—	—	—	—	—	—

各地区按主要工业行业分的基本建设新增固定资产(六)

单位:万元

地区	电子及通信设备制造业	仪器仪表及文化、办公用机械制造业	其他制造业	电力、蒸汽、热水的生产和供应业	煤气生产和供应业	自来水的生产和供应业
全国总计	**866126**	**38212**	**107902**	**10689285**	**196798**	**1186145**
北京	91074	1060	211	472490	6608	4604
天津	62304	—	—	68214	4853	35339
河北	23742	2260	4121	262353	10880	101094
山西	338	400	10498	320022	6359	3560
内蒙古	1130	—	26761	108710	235	1384
辽宁	42796	—	3699	179531	14838	107027
吉林	1578	160	538	169920	16434	6465
黑龙江	39076	1363	2739	384482	1818	16045
上海	33150	3864	—	232240	4713	262091
江苏	127960	3535	5674	339501	21901	76281
浙江	20528	510	690	674475	10076	105243
安徽	—	200	2106	257894	1948	10266
福建	4076	—	3669	585711	3167	93606
江西	3070	380	6137	359045	4538	15645
山东	23216	3932	2245	1283196	8276	11726
河南	31850	7928	2743	574995	13287	45557
湖北	3184	207	442	332349	10580	44597
湖南	100	431	115	320720	269	31043
广东	330014	4283	19016	1021204	35954	78859
广西	207	844	350	138184	—	10705
海南	237	—	644	22150	2402	5122
重庆	524	1100	4165	135143	1355	10148
四川	19388	1856	2186	507750	11686	32364
贵州	—	—	—	40867	1685	5617
云南	—	—	—	136801	1084	21332
西藏	714	—	28	21399	—	356
陕西	4140	3688	8625	240685	1413	21531
甘肃	1580	31	—	355130	—	3879
青海	—	—	500	308903	344	751
宁夏	—	—	—	243382	—	2615
新疆	150	180	—	71749	95	21293
不分地区	—	—	—	520090	—	—

各地区能源工业基本建设新增固定资产

单位:万元

地区	能源工业合计	煤炭采选业	石油和天然气开采业	电力、蒸汽、热水的生产和供应业	石油加工及炼焦业	煤气生产和供应业
全国总计	**16836954**	**1903655**	**2611478**	**10689285**	**1435738**	**196798**
北京	646273	—	—	472490	167175	6608
天津	390199	—	274930	68214	42202	4853
河北	343541	15102	44976	262353	10230	10880
山西	789210	439933	—	320022	22896	6359
内蒙古	163171	53528	—	108710	698	235
辽宁	948708	111867	104309	179531	538163	14838
吉林	206437	1483	17500	169920	1100	16434
黑龙江	1284775	163387	603030	384482	132058	1818
上海	237131	—	178	232240	—	4713
江苏	421963	9721	21836	339501	29004	21901
浙江	826787	2335	184	674475	139717	10076
安徽	669568	400871	—	257894	8855	1948
福建	590905	1777	—	585711	250	3167
江西	365433	201	—	359045	1649	4538
山东	1810915	253277	215060	1283196	51106	8276
河南	829563	93004	143793	574995	4484	13287
湖北	352469	964	1600	332349	6976	10580
湖南	351300	20571	—	320720	9740	269
广东	1123046	186	15504	1021204	50198	35954
广西	150641	3738	202	138184	8517	—
海南	93692	—	—	22150	69140	2402
重庆	147632	3777	6565	135143	792	1355
四川	575479	1738	54305	507750	—	11686
贵州	57468	9942	4974	40867	—	1685
云南	146745	8160	—	136801	700	1084
西藏	25105	3706	—	21399	—	—
陕西	356737	74789	38935	240685	915	1413
甘肃	470363	68248	2700	355130	44285	—
青海	388710	1566	77897	308903	—	344
宁夏	277776	33926	—	243382	468	—
新疆	856842	11568	679010	71749	94420	95
不分地区	938370	114290	303990	520090	—	—

各地区交通运输业基本建设新增固定资产

单位:万元

地　区	合　计	铁路运输业	公路运输业	管道运输业	水上运输业	航空运输业	交通运输辅助业	其他交通运输业
全国总计	**14883107**	**5536544**	**4633177**	**152363**	**222325**	**1037284**	**3237575**	**63839**
北　京	238818	220208	—	—	—	6983	11627	—
天　津	20019	9769	—	—	—	6150	4100	—
河　北	621050	7104	260179	3420	—	3071	331758	15518
山　西	132472	2647	114218	—	—	3509	12098	—
内蒙古	241876	89128	119561	—	—	1663	31524	—
辽　宁	154011	16365	28828	609	—	2963	101651	3595
吉　林	341904	6334	305943	—	—	21800	7827	—
黑龙江	382848	19296	259022	1571	4413	1630	87497	9419
上　海	92797	—	9800	—	22550	—	60447	—
江　苏	869395	73171	289023	—	9219	69967	423780	4235
浙　江	531146	48423	141921	—	13864	35203	278591	13144
安　徽	175667	85941	20860	—	22	—	68376	468
福　建	795473	2398	429657	—	18375	1200	343418	425
江　西	251731	4398	226399	—	2358	2757	15819	—
山　东	309701	1302	97758	—	3751	13680	193210	—
河　南	288063	16476	20208	595	—	138176	112328	280
湖　北	171961	44436	32261	—	1018	—	91766	2480
湖　南	123055	9918	64760	58	811	—	47403	105
广　东	1218747	101906	431833	145665	81470	43284	414589	—
广　西	598751	18715	449609	—	22019	32047	74659	1702
海　南	54019	80	9631	—	—	34309	9999	—
重　庆	247877	—	31176	—	6238	9365	200852	246
四　川	216885	15079	135552	445	2919	6686	56144	60
贵　州	289778	1994	160266	—	200	—	127318	—
云　南	154305	4696	129925	—	2151	3517	5509	8507
西　藏	6053	—	4887	—	—	—	1155	11
陕　西	57034	7119	17345	—	—	4274	28296	—
甘　肃	16826	4253	3154	—	—	1792	7627	—
青　海	45387	8534	8053	—	—	—	25156	3644
宁　夏	119496	—	65591	—	—	—	53905	—
新　疆	60447	18543	28758	—	—	4000	9146	—
不分地区	6055515	4698311	736999	—	30947	589258	—	—

各地区邮电通讯业基本建设新增固定资产

单位:万元

地　区	合　计	邮政业	电信业	邮电业
全国总计	**2841033**	**201118**	**941676**	**1698239**
北　京	103509	36005	67504	—
天　津	140199	24719	66122	49358
河　北	68404	7641	12299	48464
山　西	15187	436	6325	8426
内蒙古	35525	4438	4745	26342
辽　宁	102733	14894	43546	44293
吉　林	24171	966	2918	20287
黑龙江	83942	4313	23504	56125
上　海	69069	5919	54900	8250
江　苏	194741	10378	26931	157432
浙　江	166241	8867	50495	106879
安　徽	37242	2908	16554	17780
福　建	87379	727	29527	57125
江　西	133170	2830	65012	65328
山　东	224300	21107	77040	126153
河　南	106740	11791	18181	76768
湖　北	157530	3503	47581	106446
湖　南	45033	1318	8887	34828
广　东	573464	4023	106259	463182
广　西	39371	6275	6946	26150
海　南	28256	127	18163	9966
重　庆	12096	2524	8616	956
四　川	103957	9063	56702	38192
贵　州	9449	420	3918	5111
云　南	35348	590	4380	30378
西　藏	6708	1321	3034	2353
陕　西	31362	8337	10675	12350
甘　肃	29388	120	12034	17234
青　海	20609	1683	9092	9834
宁　夏	34511	1497	9882	23132
新　疆	82599	2378	31104	49117
不分地区	38800	—	38800	—

国民经济行业按隶属关系分的基本建设新增固定资产

单位:万元

行　　业	合　计	中央项目	地方项目	省　属	地市属	县　属
全　国　总　计	**74431500**	**31431890**	**40030888**	**11341839**	**14512219**	**14176830**
(一) 农、林、牧、渔业	825338	155418	632049	193904	91146	346999
农业	403760	141430	252690	116539	38370	97781
林业	91789	3408	88251	49544	6641	32066
畜牧业	92432	1835	74436	5358	17694	51384
渔业	35880	2481	24970	2287	11248	11435
农、林、牧、渔服务业	201477	6264	191702	20176	17193	154333
(二) 采掘业	4801394	4240880	525927	272915	71295	181717
煤炭采选业	1903655	1640760	231493	121230	31957	78306
石油和天然气开采业	2611478	2543101	68277	28446	2449	37382
黑色金属矿采选业	46041	2639	43042	35040	5305	2697
有色金属矿采选业	80760	22809	57407	7519	14652	35236
非金属矿采选业	92754	1295	89278	62689	6028	20561
其他矿采选业	85	—	85	—	—	85
木材及竹材采运业	66621	30276	36345	17991	10904	7450
(三) 制造业	14076128	6327976	5808167	1354687	2923230	1530250
食品加工业	373687	5025	314476	59556	120834	134086
食品制造业	237012	—	145808	25211	72337	48260
饮料制造业	466183	640	239986	5925	166276	67785
烟草加工业	114453	56308	58145	48103	4870	5172
纺织业	190896	11653	150468	18901	76203	55364
服装及其他纤维制品制造业	68393	3209	31474	1225	10183	20066
皮革、毛皮、羽绒及其制品业	82596	1101	77210	1798	32191	43221
木材加工及竹、藤、棕、草制品业	134012	2089	123747	32363	6514	84870
家具制造业	17204	—	8022	888	3861	3273
造纸及纸制品业	467522	101	426509	13579	366513	46417
印刷业、记录媒介的复制	84982	22442	43974	3724	27610	12640
文教体育用品制造业	16577	—	13589	4196	2354	7039
石油加工及炼焦业	1435738	1261987	100440	19151	53900	27389
化学原料及化学制品制造业	2728636	1535161	1050246	426752	543664	79830
医药制造业	288965	139440	124728	60059	17360	47309
化学纤维制造业	158170	41849	109717	23654	74113	11950
橡胶制品业	29552	4052	23267	2127	13946	7194
塑料制品业	91657	3097	69056	2416	30135	36505
非金属矿物制品业	1266175	18997	710039	139091	212123	358825
黑色金属冶炼及压延加工业	2105863	1463398	594544	192085	374244	28215
有色金属冶炼及压延加工业	404726	239230	138737	2493	44596	91648
金属制品业	176723	8248	88374	7179	33119	48076
普通机械制造业	248131	27638	203279	48149	88047	67083

国民经济行业按隶属关系分的基本建设新增固定资产

续 1　　　　　　　　　　　　　　　　　　　　　　　　　　单位:万元

行　　业	合　计	中央项目	地方项目			
				省　属	地市属	县　属
专用设备制造业	162231	56477	86625	9769	51019	25837
交通运输设备制造业	1463398	1188143	218526	21580	154501	42445
电气机械及器材制造业	250406	13180	147486	14317	93832	39337
电子及通信设备制造业	866126	154271	452269	166039	233405	52825
仪器仪表及文化、办公用机械制造业	38212	5406	21517	2073	11845	7599
其他制造业	107902	64834	35909	2284	3635	29990
(四) 电力、煤气及水的生产和供应业	12072228	7122465	4820986	1446403	2107747	1266836
电力、蒸汽、热水的生产和供应业	10689285	7116593	3450942	1139149	1299016	1012777
煤气生产和供应业	196798	2450	190002	16470	135021	38511
自来水的生产和供应业	1186145	3422	1180042	290784	673710	215548
(五) 建筑业	1258704	216515	1027000	313016	348384	365600
土木工程建筑业	1110799	122144	977038	292773	324569	359696
线路、管道和设备安装业	121920	93211	28437	7793	18102	2542
建筑物的装修装饰业	25985	1160	21525	12450	5713	3362
(六) 地质勘查业、水利管理业	1462826	370582	1083060	370389	227176	485495
地质勘查业	170884	159277	10707	9704	243	760
水利管理业	1291942	211305	1072353	360685	226933	484735
(七) 交通运输、仓储及邮电通信业	18095835	9497955	8436145	4407536	2427176	1601433
铁路运输业	5536544	5414565	121336	106507	5843	8986
公路运输业	4633177	10810	4602081	3028241	887084	686756
管道运输业	152363	151789	574	—	173	401
水上运输业	222325	109656	112669	41130	55578	15961
航空运输业	1037284	726469	310293	167123	143170	—
交通运输辅助业	3237575	827444	2364076	537536	1122328	704212
其他交通运输业	63839	180	63659	21354	5223	37082
仓储业	371695	58384	242579	70676	106773	65130
邮电通信业	2841033	2198658	618878	434969	101004	82905
(八) 批发和零售贸易、餐饮业	2196976	237601	1831727	288923	755055	787749
食品、饮料、烟草和家庭用品批发商业	679269	89139	553748	71496	191021	291231
能源、材料和机械电子设备批发业	261042	46438	205865	58893	65691	81281
其他批发业	85283	3594	75685	26022	16779	32884
零售业	996937	46336	890297	127180	425501	337616
商业经纪与代理业	23926	4722	8905	4787	1282	2836

国民经济行业按隶属关系分的基本建设新增固定资产

续 2　　　　单位:万元

行业	合计	中央项目	地方项目	省属	地市属	县属
餐饮业	150519	47372	97227	545	54781	41901
(九) 金融、保险业	1141708	869585	263480	67435	130742	65303
金融业	1081306	829899	242844	65113	118914	58817
保险业	60402	39686	20636	2322	11828	6486
(十) 房地产业	1007734	26776	952293	164023	314806	473464
房地产开发与经营业	602275	5634	569146	75306	144252	349588
房地产管理业	397620	21092	375681	88717	166504	120460
房地产代理与经纪业	7839	50	7466	—	4050	3416
(十一) 社会服务业	4794264	89250	4408262	773838	2173012	1461412
公共服务业	3316691	6689	3127664	349606	1688761	1089297
居民服务业	55411	180	38959	281	20012	18666
旅馆业	927358	56673	801286	283249	303774	214263
租赁服务业	912	—	842	175	95	572
旅行社	98757	16093	70018	9766	19548	40704
娱乐服务业	197493	2444	182499	25482	101232	55785
信息、咨询服务业	13373	6139	7234	4646	1542	1046
计算机应用服务业	2735	—	685	—	335	350
其他社会服务业	181534	1032	179075	100633	37713	40729
(十二) 卫生、体育和社会福利业	1119467	90844	1011739	230889	325752	455098
卫生	884232	82097	794431	190686	263702	340043
体育	156415	7033	140997	28093	33605	79299
社会福利保障业	78820	1714	76311	12110	28445	35756
(十三) 教育、文化艺术及广播电影电视业	4181053	666326	3427234	644753	871413	1911068
教育	3515159	545861	2882397	456472	661460	1764465
文化艺术业	382891	38985	343696	118846	157364	67486
广播电影电视业	283003	81480	201141	69435	52589	79117
(十四) 科学研究和综合技术服务业	499991	382801	112539	54194	34794	23551
科学研究业	386732	324919	57162	40736	13515	2911
综合技术服务业	113259	57882	55377	13458	21279	20640
(十五) 国家机关、政党机关和社会团体	5433866	521066	4867419	594382	1408011	2865026
国家机关	5163734	437210	4683963	563539	1344480	2775944
政党机关	211427	75628	135684	24312	46770	64602
社会团体	51854	7720	42969	6531	16275	20163
基层群众自治组织	6851	508	4803	—	486	4317
(十六) 其他行业	1463988	615850	822861	164552	302480	355829
其他行业	1463988	615850	822861	164552	302480	355829

国民经济行业按建设性质分的基本建设新增固定资产

单位:万元

行　　业	新　建	扩　建	改　建	单纯建造生活设施	迁　建	恢　复	单纯购置
全　国　总　计	**38819638**	**24221620**	**4805532**	**3552451**	**654817**	**151928**	**2225514**
(一) 农、林、牧、渔业	438774	251881	97618	29494	3164	1298	3109
农业	242281	85636	63410	10040	270	809	1314
林业	30335	52091	2899	5431	764	138	131
畜牧业	51066	37087	2532	1153	434	—	160
渔业	20280	13920	1147	240	—	—	293
农、林、牧、渔服务业	94812	63147	27630	12630	1696	351	1211
(二) 采掘业	1913643	2623663	182968	79419	85	391	1225
煤炭采选业	1204697	637127	5365	56388	—	—	78
石油和天然气开采业	569159	1872506	168904	909	—	—	—
黑色金属矿采选业	7405	24977	1451	11863	—	51	294
有色金属矿采选业	42837	28699	2534	6155	—	—	535
非金属矿采选业	55115	34455	889	1955	—	340	—
其他矿采选业	85	—	—	—	—	—	—
木材及竹材采运业	34345	25899	3825	2149	85	—	318
(三) 制造业	7672868	5190901	391885	613857	132942	35350	38325
食品加工业	267521	72193	7995	21697	2759	1116	406
食品制造业	197317	17576	2127	10436	8071	650	835
饮料制造业	258287	178859	1316	19760	6741	572	648
烟草加工业	22353	71131	7288	13681	—	—	—
纺织业	94285	43930	10042	38141	2628	880	990
服装及其他纤维制品制造业	49556	12192	776	3479	870	—	1520
皮革、毛皮、羽绒及其制品业	70915	6187	308	3089	—	—	2097
木材加工及竹、藤、棕、草制品业	110844	14504	2476	5838	—	—	350
家具制造业	15065	880	109	1050	—	—	100
造纸及纸制品业	149498	300082	5262	9312	3182	—	186
印刷业、记录媒介的复制	38318	19378	4136	13904	7806	—	1440
文教体育用品制造业	9037	1602	554	2254	2850	—	280
石油加工及炼焦业	768581	651688	3282	12187	—	—	—
化学原料及化学制品制造业	1665562	977919	6802	52170	12087	2334	11762
医药制造业	255570	16505	4017	8090	4783	—	—
化学纤维制造业	105760	47315	2047	3048	—	—	—
橡胶制品业	9431	9803	610	2605	6552	—	551
塑料制品业	74380	12468	897	1508	1945	—	459
非金属矿物制品业	1064801	130795	20080	45507	3859	473	660
黑色金属冶炼及压延加工业	212216	1851759	9733	31950	70	—	135
有色金属冶炼及压延加工业	346861	31083	3416	22583	768	15	—
金属制品业	124600	42223	1129	7659	547	565	—
普通机械制造业	124452	46337	11448	50063	14484	171	1176

国民经济行业按建设性质分的基本建设新增固定资产

续1　　单位:万元

行　　业	新　建	扩　建	改　建	单纯建造生活设施	迁　建	恢　复	单纯购置
专用设备制造业	59932	41761	4403	42298	10219	2224	1394
交通运输设备制造业	997079	230626	83763	121987	28190	360	1393
电气机械及器材制造业	159110	59241	5995	16777	3350	1488	4445
电子及通信设备制造业	377522	277035	183567	15776	6600	—	5626
仪器仪表及文化、办公用机械制造业	16945	9448	1174	9877	31	—	737
其他制造业	27070	16381	7133	27131	4550	24502	1135
(四) 电力、煤气及水的生产和供应业	7950509	3769586	137497	185117	12438	14342	2739
电力、蒸汽、热水的生产和供应业	7107447	3276174	119243	164563	5372	13747	2739
煤气生产和供应业	131420	50627	5617	4233	4901	—	—
自来水的生产和供应业	711642	442785	12637	16321	2165	595	—
(五) 建筑业	646911	239878	182510	169821	2776	618	16190
土木工程建筑业	574362	201209	177730	139781	2372	618	14727
线路、管道和设备安装业	67172	24155	4560	24166	404	—	1463
建筑物的装修装饰业	5377	14514	220	5874	—	—	—
(六) 地质勘查业、水利管理业	631126	416900	325454	41564	12531	29857	5394
地质勘查业	3890	117816	11108	27084	10148	—	838
水利管理业	627236	299084	314346	14480	2383	29857	4556
(七) 交通运输、仓储及邮电通信业	10077891	4098834	1690887	229008	16699	4488	1978028
铁路运输业	3055008	937195	231521	50442	690	—	1261688
公路运输业	3689695	286204	603959	28898	5719	681	18021
管道运输业	147471	—	—	4892	—	—	—
水上运输业	75623	100128	15105	5660	166	396	25247
航空运输业	241312	136548	31451	2110	3467	—	622396
交通运输辅助业	1395928	1066881	702551	39338	5340	2622	24915
其他交通运输业	30647	13012	16180	—	—	—	4000
仓储业	269620	61522	25889	9944	272	664	3784
邮电通信业	1172587	1497344	64231	87724	1045	125	17977
(八) 批发和零售贸易、餐饮业	970225	851205	177982	146275	32612	12563	6114
食品、饮料、烟草和家庭用品批发商业	323859	216323	52227	61980	17687	3494	3699
能源、材料和机械电子设备批发业	121967	88453	9680	30930	9072	464	476
其他批发业	32380	29448	8111	12783	2011	498	52
零售业	363998	493281	92355	34527	3842	7927	1007
商业经纪与代理业	21505	570	—	1774	—	—	77

国民经济行业按建设性质分的基本建设新增固定资产

续2　　单位:万元

行业	新建	扩建	改建	单纯建造生活设施	迁建	恢复	单纯购置
餐饮业	106516	23130	15609	4281	—	180	803
(九) 金融、保险业	474242	451043	45764	131005	26657	260	12737
金融业	437396	439369	44284	123831	23721	260	12445
保险业	36846	11674	1480	7174	2936	—	292
(十) 房地产业	507499	167424	72370	257062	3340	—	39
房地产开发与经营业	422994	89320	47543	42059	320	—	39
房地产管理业	81140	77436	22364	213660	3020	—	—
房地产代理与经纪业	3365	668	2463	1343	—	—	—
(十一) 社会服务业	2772371	1348166	535608	82191	30631	4032	21265
公共服务业	1754045	1035842	432103	54854	17997	2475	19375
居民服务业	31166	10011	3933	1499	8719	—	83
旅馆业	630827	226688	53075	14010	827	1107	824
租赁服务业	760	80	72	—	—	—	—
旅行社	66175	27304	3418	1340	—	—	520
娱乐服务业	138536	26951	31378	80	—	450	98
信息、咨询服务业	685	4572	—	7816	—	—	300
计算机应用服务业	2150	—	135	450	—	—	—
其他社会服务业	148027	16718	11494	2142	3088	—	65
(十二) 卫生、体育和社会福利业	334707	518370	125229	93223	31033	2056	14849
卫生	188414	454084	113131	85451	26258	2056	14838
体育	104643	40292	7971	1180	2318	—	11
社会福利保障业	41650	23994	4127	6592	2457	—	—
(十三) 教育、文化艺术及广播电影电视业	1107477	2160837	298238	419630	166950	19657	8264
教育	828704	1870245	263997	383626	156452	8864	3271
文化艺术业	166070	150779	25666	20575	9619	9418	764
广播电影电视业	112703	139813	8575	15429	879	1375	4229
(十四) 科学研究和综合技术服务业	115553	254239	30160	83432	8947	1303	6357
科学研究业	80840	208571	27179	60630	5398	1103	3011
综合技术服务业	34713	45668	2981	22802	3549	200	3346
(十五) 国家机关、政党机关和社会团体	2122002	1711551	462507	925829	169100	13637	29240
国家机关	2052486	1597998	429714	878306	165410	13637	26183
政党机关	48181	92928	28329	35610	3385	—	2994
社会团体	18328	17956	3554	11648	305	—	63
基层群众自治组织	3007	2669	910	265	—	—	—
(十六) 其他行业	1083840	167142	48855	65524	4912	12076	81639
其他行业	1083840	167142	48855	65524	4912	12076	81639

各地区基本建设财务拨款

单位:万元

地　　区	本年资金来源合计	上年末结余资金	本年资金来源小计	本年各项应付款合计
全国总计	**104676111**	**7574446**	**97101665**	**8980812**
北　京	4403062	499869	3903193	38564
天　津	2027187	165434	1861753	93998
河　北	4833241	288714	4544527	379568
山　西	2027713	59683	1968030	218091
内蒙古	1569412	46495	1522917	106905
辽　宁	4055543	278179	3777364	474945
吉　林	1784754	46042	1738712	182755
黑龙江	3416268	44203	3372065	152553
上　海	8822164	1057819	7764345	412079
江　苏	5937604	494426	5443178	540934
浙　江	5463444	522463	4940981	530735
安　徽	2563732	207003	2356729	272535
福　建	2979377	308108	2671269	381267
江　西	1359790	92269	1267521	192107
山　东	5318131	339263	4978868	557531
河　南	4628529	378293	4250236	419596
湖　北	4459533	282001	4177532	413774
湖　南	2335059	139295	2195764	326507
广　东	9723257	794912	8928345	1289548
广　西	1967829	206543	1761286	238116
海　南	1393787	158345	1235442	157343
重　庆	1340068	156830	1183238	119690
四　川	4432761	253792	4178969	368303
贵　州	949244	91406	857838	118180
云　南	2304036	148921	2155115	278628
西　藏	313496	4476	309020	34266
陕　西	1834174	88126	1746048	209031
甘　肃	1184819	47762	1137057	134167
青　海	590595	13110	577485	36247
宁　夏	488512	8202	480310	44528
新　疆	2589989	52996	2536993	120928
不分地区	7579001	299466	7279535	137393

各地区基本建设财务拨款资金来源(一)

单位:万元

地　　区	本年财务拨款、贷款合计	国家预算内资金	国内贷款	债　券
全国总计	**97101665**	**5745132**	**22398759**	**754837**
北　京	3903193	778226	611921	—
天　津	1861753	92492	439907	21596
河　北	4544527	186136	739517	18120
山　西	1968030	77643	763943	1998
内蒙古	1522917	46018	672165	25000
辽　宁	3777364	236771	817425	31554
吉　林	1738712	52303	387663	104076
黑龙江	3372065	89561	1000171	31000
上　海	7764345	219835	1684826	—
江　苏	5443178	227867	732626	61837
浙　江	4940981	229614	739459	10383
安　徽	2356729	211833	559628	1982
福　建	2671269	85544	542812	30000
江　西	1267521	76407	308080	20084
山　东	4978868	193602	904717	66320
河　南	4250236	446668	906022	11856
湖　北	4177532	631217	866519	104597
湖　南	2195764	142782	482908	595
广　东	8928345	139832	929493	56356
广　西	1761286	80254	275449	1543
海　南	1235442	41163	200626	—
重　庆	1183238	83340	242960	10845
四　川	4178969	210098	1304584	31782
贵　州	857838	58192	340698	517
云　南	2155115	144030	525330	9500
西　藏	309020	79087	53638	—
陕　西	1746048	214606	484072	1000
甘　肃	1137057	79557	429940	8180
青　海	577485	35108	278606	1048
宁　夏	480310	39162	193144	—
新　疆	2536993	241215	490521	30068
不分地区	7279535	274969	3489389	63000

各地区基本建设财务拨款资金来源(二)

单位:万元

地区	利用外资	外商直接投资	自筹资金	其他资金来源
全国总计	**13519212**	**6420790**	**44322431**	**10361294**
北京	442653	374748	1781315	289078
天津	598757	446978	656913	52088
河北	644649	266412	2369256	586849
山西	108315	101536	791413	224718
内蒙古	18765	7676	502564	258405
辽宁	892977	408988	1423454	375183
吉林	231738	66832	765830	197102
黑龙江	178538	80103	1722497	350298
上海	1244759	559336	4065312	549613
江苏	1146353	447081	2824067	450428
浙江	867052	507332	2535320	559153
安徽	396457	301107	1002831	183998
福建	503912	284150	1275336	233665
江西	40002	11866	638506	184442
山东	702838	359380	2772231	339160
河南	597982	116112	1681125	606583
湖北	241164	128596	1919214	414821
湖南	163281	40292	1066279	339919
广东	2541546	1527649	4711029	550089
广西	121062	68632	1081724	201254
海南	328117	136186	568751	96785
重庆	171697	29783	501158	173238
四川	374417	60366	1762215	495873
贵州	42226	28308	325863	90342
云南	115003	18049	1154122	207130
西藏	3825	110	133599	38871
陕西	161046	22250	634162	251162
甘肃	84146	12852	433460	101774
青海	8652	2222	187766	66305
宁夏	13286	2448	165898	68820
新疆	88821	3410	1498437	187931
不分地区	445176	—	1370784	1636217

各地区基本建设财务拨款中的自筹资金(一)

单位:万元

地　　区	自筹资金合计	中央各部门自筹	省自筹	地市自筹
全国总计	**44322431**	**4282095**	**7607598**	**5875928**
北　京	1781315	553981	230024	101932
天　津	656913	30056	149441	52109
河　北	2369256	199342	547011	221637
山　西	791413	65648	309478	112576
内蒙古	502564	67229	123030	60406
辽　宁	1423454	215628	158271	244539
吉　林	765830	99602	159070	67352
黑龙江	1722497	73088	227724	122697
上　海	4065312	84066	791664	—
江　苏	2824067	185018	524663	560940
浙　江	2535320	135927	304645	497562
安　徽	1002831	86477	151249	203670
福　建	1275336	124850	203228	230110
江　西	638506	81523	170527	51461
山　东	2772231	239656	502482	475117
河　南	1681125	85038	303400	170434
湖　北	1919214	198573	154945	142651
湖　南	1066279	29570	207091	116658
广　东	4711029	77904	319832	1393747
广　西	1081724	103466	345248	136776
海　南	568751	75026	59924	34275
重　庆	501158	68073	54144	66001
四　川	1762215	112526	219077	251994
贵　州	325863	79358	88731	44563
云　南	1154122	70015	336765	210191
西　藏	133599	50174	20172	11037
陕　西	634162	93875	149921	89290
甘　肃	433460	37730	89575	49045
青　海	187766	55144	23457	10735
宁　夏	165898	27720	37715	11117
新　疆	1498437	496912	156296	128747
不分地区	1370784	378900	488798	6559

各地区基本建设财务拨款中的自筹资金(二)

单位:万元

地区	县自筹	企、事业单位自有资金	发行股票
全国总计	**4599416**	**21957394**	**380426**
北京	9041	886337	4387
天津	19812	405495	—
河北	276521	1124745	25550
山西	71011	232700	2710
内蒙古	48993	202906	75
辽宁	81049	723967	23360
吉林	28148	411658	13559
黑龙江	55260	1243728	2526
上海	719732	2469850	40357
江苏	365397	1188049	13119
浙江	370062	1227124	31752
安徽	90737	470698	33372
福建	215962	501186	442
江西	64046	270949	380
山东	292982	1261994	7467
河南	265710	856543	520
湖北	143786	1279259	43087
湖南	141779	571181	3758
广东	507338	2412208	21392
广西	113677	382557	7813
海南	21335	378191	22953
重庆	99678	213262	362
四川	216304	962314	43813
贵州	34631	78580	107
云南	140507	396644	3773
西藏	5383	46833	—
陕西	75516	225560	4158
甘肃	27983	229127	265
青海	8809	89621	—
宁夏	6542	82804	5577
新疆	79541	636941	3792
不分地区	2144	494383	20000

国民经济行业基本建设财务拨款

单位:万元

行 业	本年资金来源合计	上年末结余资金	本年资金来源小计	本年各项应付款合计
全 国 总 计	**104676111**	**7574446**	**97101665**	**8980812**
(一) 农、林、牧、渔业	1542830	37219	1505611	68236
农业	761874	7036	754838	20323
林业	301128	9854	291274	6060
畜牧业	126496	3310	123186	15530
渔业	59363	4633	54730	6858
农、林、牧、渔服务业	293969	12386	281583	19465
(二) 采掘业	6452773	72751	6380022	298774
煤炭采选业	2651963	11792	2640171	101242
石油和天然气开采业	3374087	8992	3365095	32757
黑色金属矿采选业	110155	25537	84618	67354
有色金属矿采选业	159004	17597	141407	9134
非金属矿采选业	69963	8424	61539	85945
其他矿采选业	125	—	125	50
木材及竹材采运业	87476	409	87067	2292
(三) 制造业	17642865	2499399	15143466	1424206
食品加工业	497212	36871	460341	63399
食品制造业	283337	14139	269198	26413
饮料制造业	511621	67936	443685	88878
烟草加工业	112862	4828	108034	2445
纺织业	290825	31794	259031	15149
服装及其他纤维制品制造业	67228	11496	55732	5793
皮革、毛皮、羽绒及其制品业	76485	2071	74414	1523
木材加工及竹、藤、棕、草制品业	188533	32300	156233	17786
家具制造业	21629	4120	17509	605
造纸及纸制品业	767641	147606	620035	60248
印刷业、记录媒介的复制	139229	14818	124411	7718
文教体育用品制造业	16422	1467	14955	903
石油加工及炼焦业	1657653	116065	1541588	185814
化学原料及化学制品制造业	3065892	587965	2477927	331167
医药制造业	319492	24736	294756	24867
化学纤维制造业	612143	103766	508377	115818
橡胶制品业	308151	16680	291471	2035
塑料制品业	163603	15740	147863	13848
非金属矿物制品业	1061748	257637	804111	101553
黑色金属冶炼及压延加工业	2137604	324578	1813026	95902
有色金属冶炼及压延加工业	384008	47118	336890	34077
金属制品业	202616	32473	170143	32658
普通机械制造业	436544	52383	384161	17072

国民经济行业基本建设财务拨款

续 1　　　　单位:万元

行　　业	本年资金来源合计	上年末结余资金	本年资金来源小计	本年各项应付款合计
专用设备制造业	400040	22368	377672	16251
交通运输设备制造业	1603391	258997	1344394	85980
电气机械及器材制造业	285322	22874	262448	17612
电子及通信设备制造业	1788600	232802	1555798	22599
仪器仪表及文化、办公用机械制造业	50137	1236	48901	2544
其他制造业	192897	12535	180362	33549
(四) 电力、煤气及水的生产和供应业	20195067	1039550	19155517	1528923
电力、蒸汽、热水的生产和供应业	18275798	802873	17472925	1314120
煤气生产和供应业	687395	115746	571649	46425
自来水的生产和供应业	1231874	120931	1110943	168378
(五) 建筑业	1549399	120906	1428493	222902
土木工程建筑业	1407809	118853	1288956	204291
线路、管道和设备安装业	120185	1877	118308	8205
建筑物的装修装饰业	21405	176	21229	10406
(六) 地质勘查业、水利管理业	2843291	129514	2713777	181077
地质勘查业	189202	3033	186169	11098
水利管理业	2654089	126481	2527608	169979
(七) 交通运输、仓储及邮电通信业	22747140	1149363	21597777	1905763
铁路运输业	5205622	179389	5026233	240643
公路运输业	6768613	460098	6308515	697740
管道运输业	76298	—	76298	83874
水上运输业	494739	84116	410623	35826
航空运输业	1299980	46493	1253487	100355
交通运输辅助业	4580312	254384	4325928	512444
其他交通运输业	315440	2173	313267	30728
仓储业	502164	55349	446815	48311
邮电通信业	3503972	67361	3436611	155842
(八) 批发和零售贸易、餐饮业	2819299	289650	2529649	271570
食品、饮料、烟草和家庭用品批发商业	815681	50843	764838	73828
能源、材料和机械电子设备批发业	318113	25716	292397	23200
其他批发业	143278	23717	119561	12285
零售业	1343023	178200	1164823	147136
商业经纪与代理业	36729	1144	35585	1965

国民经济行业基本建设财务拨款

续 2

单位:万元

行业	本年资金来源合计	上年末结余资金	本年资金来源小计	本年各项应付款合计
餐饮业	162475	10030	152445	13156
(九) 金融、保险业	1564404	195619	1368785	89555
金融业	1476138	192430	1283708	83630
保险业	88266	3189	85077	5925
(十) 房地产业	2035586	161775	1873811	160308
房地产开发与经营业	1591040	131566	1459474	55342
房地产管理业	430188	27320	402868	104542
房地产代理与经纪业	14358	2889	11469	424
(十一) 社会服务业	8200954	730075	7470879	1102811
公共服务业	5928744	416732	5512012	776123
居民服务业	76789	3647	73142	11709
旅馆业	1235938	115449	1120489	153934
租赁服务业	111906	25816	86090	972
旅行社	163771	15558	148213	57685
娱乐服务业	327538	17050	310488	77510
信息、咨询服务业	22122	1039	21083	820
计算机应用服务业	8811	484	8327	230
其他社会服务业	325335	134300	191035	23828
(十二) 卫生、体育和社会福利业	1577564	137570	1439994	174114
卫生	1136463	105151	1031312	111045
体育	300370	25262	275108	51769
社会福利保障业	140731	7157	133574	11300
(十三) 教育、文化艺术及广播电影电视业	5418758	381851	5036907	616766
教育	4184571	192878	3991693	492322
文化艺术业	750856	132575	618281	66966
广播电影电视业	483331	56398	426933	57478
(十四) 科学研究和综合技术服务业	776652	64573	712079	44659
科学研究业	494966	37215	457751	20881
综合技术服务业	281686	27358	254328	23778
(十五) 国家机关、政党机关和社会团体	7428764	497066	6931698	763823
国家机关	6970146	453675	6516471	729296
政党机关	284226	24878	259348	16651
社会团体	167810	18415	149395	15981
基层群众自治组织	6582	98	6484	1895
(十六) 其他行业	1880765	67565	1813200	127325
其他行业	1880765	67565	1813200	127325

国民经济行业基本建设财务拨款资金来源(一)

单位:万元

行业	本年财务拨款、贷款合计	国家预算内资金	国内贷款	债券
全国总计	**97101665**	**5745132**	**22398759**	**754837**
(一) 农、林、牧、渔业	1505611	206326	317288	363
农业	754838	89466	191344	30
林业	291274	65436	53623	—
畜牧业	123186	7398	32865	333
渔业	54730	1159	11521	—
农、林、牧、渔服务业	281583	42867	27935	—
(二) 采掘业	6380022	198912	3101301	5000
煤炭采选业	2640171	105579	1982556	5000
石油和天然气开采业	3365095	65063	981737	—
黑色金属矿采选业	84618	4433	19815	—
有色金属矿采选业	141407	424	60391	—
非金属矿采选业	61539	4833	21524	—
其他矿采选业	125	—	40	—
木材及竹材采运业	87067	18580	35238	—
(三) 制造业	15143466	241992	2886072	222970
食品加工业	460341	11390	87367	—
食品制造业	269198	440	50135	300
饮料制造业	443685	12697	20829	420
烟草加工业	108034	—	12967	—
纺织业	259031	760	30038	—
服装及其他纤维制品制造业	55732	100	4521	—
皮革、毛皮、羽绒及其制品业	74414	80	6208	—
木材加工及竹、藤、棕、草制品业	156233	4901	33616	—
家具制造业	17509	—	2019	—
造纸及纸制品业	620035	2214	109341	4225
印刷业、记录媒介的复制	124411	3863	17451	10
文教体育用品制造业	14955	—	1210	—
石油加工及炼焦业	1541588	7880	349364	50000
化学原料及化学制品制造业	2477927	20940	954944	160525
医药制造业	294756	2999	59056	—
化学纤维制造业	508377	—	139553	—
橡胶制品业	291471	—	12781	—
塑料制品业	147863	220	21570	—
非金属矿物制品业	804111	6463	191880	1000
黑色金属冶炼及压延加工业	1813026	483	289416	—
有色金属冶炼及压延加工业	336890	13558	81456	4500
金属制品业	170143	1010	12945	—
普通机械制造业	384161	3616	44406	1830

国民经济行业基本建设财务拨款资金来源(一)

续1　　　　单位:万元

行　　业	本年财务拨款、贷款合计	国家预算内资金	国内贷款	债　券
专用设备制造业	377672	1472	18531	—
交通运输设备制造业	1344394	102484	115461	160
电气机械及器材制造业	262448	6169	31085	—
电子及通信设备制造业	1555798	9478	166838	—
仪器仪表及文化、办公用机械制造业	48901	780	1894	—
其他制造业	180362	27995	19190	—
(四) 电力、煤气及水的生产和供应业	19155517	921573	6842015	289110
电力、蒸汽、热水的生产和供应业	17472925	857408	6520280	276657
煤气生产和供应业	571649	13646	134553	11358
自来水的生产和供应业	1110943	50519	187182	1095
(五) 建筑业	1428493	78975	264233	2562
土木工程建筑业	1288956	78705	216493	2562
线路、管道和设备安装业	118308	270	46578	—
建筑物的装修装饰业	21229	—	1162	—
(六) 地质勘查业、水利管理业	2713777	800222	209343	5242
地质勘查业	186169	26413	22143	—
水利管理业	2527608	773809	187200	5242
(七) 交通运输、仓储及邮电通信业	21597777	783513	5195783	200196
铁路运输业	5026233	187576	2387539	155502
公路运输业	6308515	216701	1132377	42620
管道运输业	76298	1489	19043	—
水上运输业	410623	16995	139866	1742
航空运输业	1253487	75759	137701	—
交通运输辅助业	4325928	197084	1075605	—
其他交通运输业	313267	642	21935	—
仓储业	446815	65190	83433	—
邮电通信业	3436611	22077	198284	332
(八) 批发和零售贸易、餐饮业	2529649	25016	467474	3520
食品、饮料、烟草和家庭用品批发商业	764838	11481	95910	860
能源、材料和机械电子设备批发业	292397	3195	27085	1000
其他批发业	119561	945	27079	—
零售业	1164823	5623	270243	1660
商业经纪与代理业	35585	—	2130	—

国民经济行业基本建设财务拨款资金来源(一)

续 2　　　　　　　　　　　　　　　　　　　　　　单位:万元

行　　业	本年财务拨款、贷款合计	国家预算内资金	国内贷款	债　券
餐饮业	152445	3772	45027	—
(九) 金融、保险业	1368785	28026	44263	—
金融业	1283708	25049	43703	—
保险业	85077	2977	560	—
(十) 房地产业	1873811	9865	510915	—
房地产开发与经营业	1459474	8394	448365	—
房地产管理业	402868	1366	61452	—
房地产代理与经纪业	11469	105	1098	—
(十一) 社会服务业	7470879	191858	1325074	16560
公共服务业	5512012	143712	954802	7167
居民服务业	73142	4852	10370	—
旅馆业	1120489	29330	270481	6893
租赁服务业	86090	—	1735	—
旅行社	148213	1601	14557	500
娱乐服务业	310488	4681	56088	—
信息、咨询服务业	21083	4001	1810	—
计算机应用服务业	8327	3233	—	—
其他社会服务业	191035	448	15231	2000
(十二) 卫生、体育和社会福利业	1439994	147434	71091	80
卫生	1031312	110941	49497	—
体育	275108	25050	18752	—
社会福利保障业	133574	11443	2842	80
(十三) 教育、文化艺术及广播电影电视业	5036907	807049	183474	187
教育	3991693	686083	92545	187
文化艺术业	618281	87826	53294	—
广播电影电视业	426933	33140	37635	—
(十四) 科学研究和综合技术服务业	712079	268497	20600	—
科学研究业	457751	193379	1965	—
综合技术服务业	254328	75118	18635	—
(十五) 国家机关、政党机关和社会团体	6931698	957677	386339	8997
国家机关	6516471	821643	364964	8997
政党机关	259348	127371	8682	—
社会团体	149395	8621	12293	—
基层群众自治组织	6484	42	400	—
(十六) 其他行业	1813200	78197	573494	50
其他行业	1813200	78197	573494	50

国民经济行业基本建设财务拨款资金来源(二)

单位:万元

行　　业	利用外资	外商直接投资	自筹资金	其他资金来源
全　国　总　计	**13519212**	**6420790**	**44322431**	**10361294**
(一) 农、林、牧、渔业	70379	50775	724409	186846
农业	25210	17141	373632	75156
林业	10592	3550	126506	35117
畜牧业	15513	14313	52586	14491
渔业	8882	8882	25789	7379
农、林、牧、渔服务业	10182	6889	145896	54703
(二) 采掘业	557698	64898	2430280	86831
煤炭采选业	224250	672	267521	55265
石油和天然气开采业	309035	61000	2006218	3042
黑色金属矿采选业	4745	1030	51109	4516
有色金属矿采选业	17822	889	55154	7616
非金属矿采选业	1578	1089	30615	2989
其他矿采选业	—	—	85	—
木材及竹材采运业	268	218	19578	13403
(三) 制造业	5426450	3415708	5287766	1078216
食品加工业	160397	136026	172082	29105
食品制造业	132903	107735	71976	13444
饮料制造业	242688	202181	126817	40234
烟草加工业	1340	—	82383	11344
纺织业	88589	65424	91592	48052
服装及其他纤维制品制造业	27062	12487	18060	5989
皮革、毛皮、羽绒及其制品业	48295	45734	8162	11669
木材加工及竹、藤、棕、草制品业	62642	25904	39303	15771
家具制造业	4862	4862	8897	1731
造纸及纸制品业	389191	256728	84731	30333
印刷业、记录媒介的复制	30371	29579	61768	10948
文教体育用品制造业	7274	7274	4985	1486
石油加工及炼焦业	289088	46687	655429	189827
化学原料及化学制品制造业	584020	197046	564545	192953
医药制造业	128362	116301	95057	9282
化学纤维制造业	257158	194762	95635	16031
橡胶制品业	245268	243398	24241	9181
塑料制品业	66478	51317	50831	8764
非金属矿物制品业	297729	259075	245188	61851
黑色金属冶炼及压延加工业	438363	76882	1043944	40820
有色金属冶炼及压延加工业	76659	36955	128887	31830
金属制品业	80345	72047	57116	18727
普通机械制造业	189507	175849	87336	57466

国民经济行业基本建设财务拨款资金来源(二)

续 1　　单位:万元

行　　业	利用外资	外商直接投资	自筹资金	其他资金来源
专用设备制造业	172012	46631	126148	59509
交通运输设备制造业	400958	265277	659139	66192
电气机械及器材制造业	76875	61753	121866	26453
电子及通信设备制造业	880141	630742	476807	22534
仪器仪表及文化、办公用机械制造业	8940	8940	30432	6855
其他制造业	38933	38112	54409	39835
(四) 电力、煤气及水的生产和供应业	3260282	807310	6057758	1784779
电力、蒸汽、热水的生产和供应业	2935566	734070	5242016	1640998
煤气生产和供应业	129121	33367	221502	61469
自来水的生产和供应业	195595	39873	594240	82312
(五) 建筑业	17549	9658	852644	212530
土木工程建筑业	16575	8684	784461	190160
线路、管道和设备安装业	—	—	53423	18037
建筑物的装修装饰业	974	974	14760	4333
(六) 地质勘查业、水利管理业	272998	43203	1098935	327037
地质勘查业	6000	—	106316	25297
水利管理业	266998	43203	992619	301740
(七) 交通运输、仓储及邮电通信业	1893405	682061	11133823	2391057
铁路运输业	161838	—	867606	1266172
公路运输业	757398	306353	3769105	390314
管道运输业	38392	12200	16217	1157
水上运输业	5141	300	226428	20451
航空运输业	114649	—	654387	270991
交通运输辅助业	583985	310454	2164758	304496
其他交通运输业	35570	7356	251325	3795
仓储业	117135	36801	147830	33227
邮电通信业	79297	8597	3036167	100454
(八) 批发和零售贸易、餐饮业	179296	94762	1379008	475335
食品、饮料、烟草和家庭用品批发商业	18633	16111	449375	188579
能源、材料和机械电子设备批发业	633	633	214269	46215
其他批发业	4752	4702	59738	27047
零售业	136700	59962	565863	184734
商业经纪与代理业	640	640	29041	3774

国民经济行业基本建设财务拨款资金来源(二)

续 2　　单位:万元

行　　业	利用外资	外商直接投资	自筹资金	其他资金来源
餐饮业	17938	12714	60722	24986
(九) 金融、保险业	18215	18215	1110804	167477
金融业	18035	18035	1036439	160482
保险业	180	180	74365	6995
(十) 房地产业	157727	146328	820940	374364
房地产开发与经营业	151000	140601	604709	247006
房地产管理业	6727	5727	211219	122104
房地产代理与经纪业	—	—	5012	5254
(十一) 社会服务业	1246598	791728	4110457	580332
公共服务业	793075	433310	3216316	396940
居民服务业	19755	19755	30635	7530
旅馆业	204296	155997	518959	90530
租赁服务业	66308	66308	17867	180
旅行社	22639	22639	93564	15352
娱乐服务业	132430	88642	102489	14800
信息、咨询服务业	2412	—	10613	2247
计算机应用服务业	—	—	5044	50
其他社会服务业	5683	5077	114970	52703
(十二) 卫生、体育和社会福利业	86719	33107	925773	208897
卫生	22055	3452	696143	152676
体育	63355	29287	129797	38154
社会福利保障业	1309	368	99833	18067
(十三) 教育、文化艺术及广播电影电视业	132666	92261	2993390	920141
教育	101490	64578	2282862	828526
文化艺术业	26689	23996	406563	43909
广播电影电视业	4487	3687	303965	47706
(十四) 科学研究和综合技术服务业	20452	19622	339277	63253
科学研究业	14702	13872	216518	31187
综合技术服务业	5750	5750	122759	32066
(十五) 国家机关、政党机关和社会团体	61547	36108	4152461	1364677
国家机关	32494	24818	3977981	1310392
政党机关	—	—	89910	33385
社会团体	29053	11290	81328	18100
基层群众自治组织	—	—	3242	2800
(十六) 其他行业	117231	115046	904706	139522
其他行业	117231	115046	904706	139522

国民经济行业基本建设财务拨款中的自筹资金(一)

单位:万元

行　　业	自筹资金合计	中央各部门自筹	省自筹	地市自筹
全　国　总　计	**44322431**	**4282095**	**7607598**	**5875928**
(一) 农、林、牧、渔业	724409	19424	93800	91186
农业	373632	3494	39136	66558
林业	126506	7672	4311	770
畜牧业	52586	188	5885	2479
渔业	25789	—	328	4485
农、林、牧、渔服务业	145896	8070	44140	16894
(二) 采掘业	2430280	496364	34183	14595
煤炭采选业	267521	9162	27749	9076
石油和天然气开采业	2006218	481181	30	3402
黑色金属矿采选业	51109	2300	—	—
有色金属矿采选业	55154	3020	2340	1120
非金属矿采选业	30615	21	3341	620
其他矿采选业	85	—	—	—
木材及竹材采运业	19578	680	723	377
(三) 制造业	5287766	220678	182945	95349
食品加工业	172082	430	2958	3548
食品制造业	71976	20	62	2692
饮料制造业	126817	—	50	760
烟草加工业	82383	—	1906	—
纺织业	91592	—	1610	7350
服装及其他纤维制品制造业	18060	50	150	—
皮革、毛皮、羽绒及其制品业	8162	—	—	—
木材加工及竹、藤、棕、草制品业	39303	480	548	2848
家具制造业	8897	—	82	—
造纸及纸制品业	84731	—	6986	6146
印刷业、记录媒介的复制	61768	9989	680	350
文教体育用品制造业	4985	—	—	934
石油加工及炼焦业	655429	125693	6471	2459
化学原料及化学制品制造业	564545	38615	83906	21268
医药制造业	95057	720	3720	226
化学纤维制造业	95635	—	16922	5208
橡胶制品业	24241	—	—	3000
塑料制品业	50831	85	400	832
非金属矿物制品业	245188	13175	19461	15916
黑色金属冶炼及压延加工业	1043944	2550	14432	540
有色金属冶炼及压延加工业	128887	200	3200	2276
金属制品业	57116	2181	—	183
普通机械制造业	87336	2863	1797	430

国民经济行业基本建设财务拨款中的自筹资金(一)

续1　　　　　　　　　　　　　　　　　　　　　　　　　单位:万元

行　　业	自筹资金合计	中央各部门自筹	省自筹	地市自筹
专用设备制造业	126148	457	250	342
交通运输设备制造业	659139	19202	16930	16413
电气机械及器材制造业	121866	1598	——	730
电子及通信设备制造业	476807	2300	124	602
仪器仪表及文化、办公用机械制造业	30432	70	——	196
其他制造业	54409	——	300	100
(四) 电力、煤气及水的生产和供应业	6057758	536252	1744839	847866
电力、蒸汽、热水的生产和供应业	5242016	534151	1591615	564642
煤气生产和供应业	221502	260	75096	58252
自来水的生产和供应业	594240	1841	78128	224972
(五) 建筑业	852644	111299	127376	188055
土木工程建筑业	784461	101339	121072	175307
线路、管道和设备安装业	53423	9960	1340	12682
建筑物的装修装饰业	14760	——	4964	66
(六) 地质勘查业、水利管理业	1098935	103893	324272	298433
地质勘查业	106316	62052	578	298
水利管理业	992619	41841	323694	298135
(七) 交通运输、仓储及邮电通信业	11133823	1954542	3499594	952987
铁路运输业	867606	432792	180597	14072
公路运输业	3769105	660860	1963300	478638
管道运输业	16217	9786	825	——
水上运输业	226428	68923	52137	7117
航空运输业	654387	53795	373009	47204
交通运输辅助业	2164758	498578	636083	302540
其他交通运输业	251325	6302	73562	22859
仓储业	147830	8498	19172	5606
邮电通信业	3036167	215008	200909	74951
(八) 批发和零售贸易、餐饮业	1379008	24469	25844	47870
食品、饮料、烟草和家庭用品批发商业	449375	4768	13197	14113
能源、材料和机械电子设备批发业	214269	14569	2614	3084
其他批发业	59738	2118	2170	1032
零售业	565863	2620	7063	28338
商业经纪与代理业	29041	25	——	——

国民经济行业基本建设财务拨款中的自筹资金(一)

续 2

单位:万元

行业	自筹资金合计	中央各部门自筹	省自筹	地市自筹
餐饮业	60722	369	800	1303
(九) 金融、保险业	1110804	257699	128081	63379
金融业	1036439	240834	115433	57120
保险业	74365	16865	12648	6259
(十) 房地产业	820940	513	67039	102540
房地产开发与经营业	604709	513	10661	84486
房地产管理业	211219	——	56378	15954
房地产代理与经纪业	5012	——	——	2100
(十一) 社会服务业	4110457	39571	533830	1560681
公共服务业	3216316	19143	478288	1421410
居民服务业	30635	80	991	6079
旅馆业	518959	19439	35262	90239
租赁服务业	17867	——	——	——
旅行社	93564	770	15381	9128
娱乐服务业	102489	——	49	23383
信息、咨询服务业	10613	139	388	227
计算机应用服务业	5044	——	——	451
其他社会服务业	114970	——	3471	9764
(十二) 卫生、体育和社会福利业	925773	14169	104839	134722
卫生	696143	12196	69552	91045
体育	129797	550	22121	31195
社会福利保障业	99833	1423	13166	12482
(十三) 教育、文化艺术及广播电影电视业	2993390	198825	211246	465189
教育	2282862	125775	149529	365498
文化艺术业	406563	21131	45212	76275
广播电影电视业	303965	51919	16505	23416
(十四) 科学研究和综合技术服务业	339277	80000	20163	19729
科学研究业	216518	66115	7101	2883
综合技术服务业	122759	13885	13062	16846
(十五) 国家机关、政党机关和社会团体	4152461	178301	448740	904783
国家机关	3977981	170065	431917	871222
政党机关	89910	3019	13560	15377
社会团体	81328	4751	3263	18178
基层群众自治组织	3242	466	——	6
(十六) 其他行业	904706	46096	60807	88564
其他行业	904706	46096	60807	88564

国民经济行业基本建设财务拨款中的自筹资金(二)

单位:万元

行业	县自筹	企、事业单位自有资金	发行股票
全国总计	**4599416**	**21957394**	**380426**
(一) 农、林、牧、渔业	109942	410057	610
农业	58141	206303	—
林业	7475	106278	—
畜牧业	8608	35426	7
渔业	2201	18775	553
农、林、牧、渔服务业	33517	43275	50
(二) 采掘业	42181	1842957	188
煤炭采选业	10592	210942	85
石油和天然气开采业	27065	1494540	—
黑色金属矿采选业	50	48759	—
有色金属矿采选业	2615	46059	—
非金属矿采选业	796	25837	103
其他矿采选业	40	45	—
木材及竹材采运业	1023	16775	—
(三) 制造业	123094	4665700	175996
食品加工业	8011	157135	5839
食品制造业	3478	65724	—
饮料制造业	3768	122239	150
烟草加工业	490	79987	—
纺织业	5026	77606	—
服装及其他纤维制品制造业	40	17820	83
皮革、毛皮、羽绒及其制品业	430	7732	805
木材加工及竹、藤、棕、草制品业	4278	31149	—
家具制造业	463	8352	—
造纸及纸制品业	7935	63664	1500
印刷业、记录媒介的复制	101	50648	—
文教体育用品制造业	10	4041	10
石油加工及炼焦业	400	520406	50300
化学原料及化学制品制造业	4747	416009	28535
医药制造业	5601	84790	800
化学纤维制造业	3850	69655	200
橡胶制品业	30	21211	—
塑料制品业	894	48620	300
非金属矿物制品业	6453	190183	231
黑色金属冶炼及压延加工业	60	1026362	31072
有色金属冶炼及压延加工业	38039	85172	—
金属制品业	1334	53418	—
普通机械制造业	299	81947	3599

国民经济行业基本建设财务拨款中的自筹资金(二)

续1　　　　　　　　　　　　　　　　　　　　　　　　　　　　单位:万元

行　　业	县自筹	企、事业单位自有资金	发行股票
专用设备制造业	460	124639	——
交通运输设备制造业	11142	595452	——
电气机械及器材制造业	4770	114768	1884
电子及通信设备制造业	3146	470635	50688
仪器仪表及文化、办公用机械制造业	740	29426	——
其他制造业	7099	46910	——
(四) 电力、煤气及水的生产和供应业	310987	2617814	79726
电力、蒸汽、热水的生产和供应业	249446	2302162	15516
煤气生产和供应业	6744	81150	22753
自来水的生产和供应业	54797	234502	41457
(五) 建筑业	108596	317318	——
土木工程建筑业	105111	281632	——
线路、管道和设备安装业	165	29276	——
建筑物的装修装饰业	3320	6410	——
(六) 地质勘查业、水利管理业	241541	130796	26
地质勘查业	——	43388	26
水利管理业	241541	87408	——
(七) 交通运输、仓储及邮电通信业	727967	3998733	47431
铁路运输业	7230	232915	9300
公路运输业	292906	373401	20000
管道运输业	362	5244	——
水上运输业	6299	91952	——
航空运输业	56000	124379	——
交通运输辅助业	254212	473345	17316
其他交通运输业	8368	140234	——
仓储业	11624	102930	150
邮电通信业	90966	2454333	665
(八) 批发和零售贸易、餐饮业	82868	1197957	64536
食品、饮料、烟草和家庭用品批发商业	30253	387044	27323
能源、材料和机械电子设备批发业	7769	186233	2579
其他批发业	1411	53007	——
零售业	35505	492337	34199
商业经纪与代理业	7440	21576	——

国民经济行业基本建设财务拨款中的自筹资金(二)

续 2　　　　单位:万元

行业	县自筹	企、事业单位自有资金	发行股票
餐饮业	490	57760	435
(九) 金融、保险业	20713	640932	258
金融业	20235	602817	258
保险业	478	38115	—
(十) 房地产业	79602	571246	256
房地产开发与经营业	59329	449720	—
房地产管理业	19241	119646	256
房地产代理与经纪业	1032	1880	—
(十一) 社会服务业	863970	1112405	5224
公共服务业	764563	532912	15
居民服务业	6309	17176	—
旅馆业	56396	317623	2209
租赁服务业	—	17867	—
旅行社	10400	57885	3000
娱乐服务业	12139	66918	—
信息、咨询服务业	464	9395	—
计算机应用服务业	50	4543	—
其他社会服务业	13649	88086	—
(十二) 卫生、体育和社会福利业	128975	543068	37
卫生	77221	446129	37
体育	40226	35705	—
社会福利保障业	11528	61234	—
(十三) 教育、文化艺术及广播电影电视业	658766	1459364	3337
教育	605858	1036202	1337
文化艺术业	35132	228813	—
广播电影电视业	17776	194349	2000
(十四) 科学研究和综合技术服务业	9007	210378	—
科学研究业	137	140282	—
综合技术服务业	8870	70096	—
(十五) 国家机关、政党机关和社会团体	1038996	1581641	2801
国家机关	985285	1519492	2621
政党机关	28933	29021	—
社会团体	24550	30586	—
基层群众自治组织	228	2542	180
(十六) 其他行业	52211	657028	—
其他行业	52211	657028	—

基本建设施工规模和生产能力建成率(一)

生产能力(或效益)名称	计量单位	代码	本年施工规模		本年新增生产能力和效益	生产能力建成率(%)
			合计	本年新开工		
原煤开采	万吨/年	101	19297	888	3002	15.6
洗煤	万吨/年	102	4574	588	673	14.7
焦炭	万吨/年	103	384	73	70	18.2
原油开采	万吨/年	104	1422	1104	1246	87.6
天然原油	万吨/年	105	1422	1104	1246	87.6
天然气开采	亿立方米/年	107	13	4	3	23.1
石油管输	公里	111	180	—	180	100.0
	万吨/年	112	720	—	720	100.0
天然气管输	公里	113	988	230	387	39.2
	亿立方米/年	114	19	5	9	47.4
石油加工:蒸馏设备	万吨/年	121	2749	1000	500	18.2
裂化设备	万吨/年	122	1180	570	180	15.3
加氢精制设备	万吨/年	123	628	—	460	73.2
焦化设备	万吨/年	124	370	50	280	75.7
催化重整设备	万吨/年	125	310	130	60	19.4
油罐容量	万立方米	129	254	64	74	29.1
铁矿石原矿开采	万吨/年	131	4613	453	273	5.9
铁矿石成品矿	万吨/年	132	948	160	106	11.2
人造富铁矿	万吨/年	133	126	8	8	6.3
其中:烧结铁矿	万吨/年	134	118	—	—	—
球团铁矿	万吨/年	135	3	3	3	100.0
锰矿石原矿开采	万吨/年	136	20	—	—	—
炼铁	万吨/年	141	297	36	33	11.1
炼钢	万吨/年	142	273	34	65	23.8
转炉钢	万吨/年	144	120	—	—	—
电炉钢	万吨/年	145	55	1	50	90.9
初轧	万吨/年	146	2	1	—	—
连铸	万吨/年	147	327	26	118	36.1
铁合金	吨/年	149	22108	5000	11001	49.8
钢材	万吨/年	151	333	129	74	22.2
按加工工艺划分的钢材						
热轧钢材	万吨/年	152	250	100	59	23.6
冷加工钢材	万吨/年	153	57	28	14	24.6
其它	万吨/年	154	26	1	1	3.8
按品种分						
线材	万吨/年	158	20	—	9	45.0
薄钢板	万吨/年	160	121	108	13	10.7
金属丝及其制品	吨/年	169	20175	17010	4310	21.4
铜采矿(原矿)	万吨/年	171	319	24	130	40.8
铜选矿:(1)处理原矿	万吨/年	172	98	4	77	78.6

基本建设施工规模和生产能力建成率(二)

生产能力(或效益)名称	计量单位	代码	本年施工规模		本年新增生产能力和效益	生产能力建成率(%)
			合计	本年新开工		
(2)铜精矿	万吨/年	173	4	—	3	75.0
(3)铜含量	吨/年	174	15926	620	8314	52.2
铜冶炼	吨/年	175	241900	10200	140200	58.0
其中:电解铜	吨/年	176	101900	200	100200	98.3
铜加工	吨/年	177	40529	—	1200	3.0
铅锌采矿(原矿)	万吨/年	181	147	—	—	—
铅锌选矿:(1)处理原矿	万吨/年	182	15	4	4	26.7
(2)铅精矿	万吨/年	183	8	—	8	100.0
铅冶炼	吨/年	188	250	250	—	—
其中:电解铅	吨/年	189	250	250	—	—
锌冶炼	吨/年	190	81250	250	21000	25.8
其中:电解锌	吨/年	191	35250	250	—	—
锌加工	吨/年	194	3500	500	—	—
锡采矿(原矿)	万吨/年	201	63	—	—	—
锡加工	吨/年	207	100150	150	100000	99.9
镍加工	吨/年	217	3500	—	3500	100.0
锑冶炼	吨/年	225	1800	1800	1800	100.0
电解铝	吨/年	233	150500	88500	70500	46.8
铝加工	吨/年	234	21210	15700	15950	75.2
镁冶炼	吨/年	237	6000	1000	4000	66.7
其中:镁电解	吨/年	238	4000	—	3000	75.0
钼采矿	万吨/年	255	180	—	150	83.3
金采矿(原矿)	万吨/年	261	329	200	20	6.1
金选矿:(1)处理原矿	吨/年	262	1759300	55000	227800	12.9
(2)金精(块)矿	吨/年	263	29469	200	9024	30.6
(3)金含量	公斤/年	264	3739	313	1605	42.9
黄金	公斤/年	265	2509	784	705	28.1
矿山成品金	公斤/年	266	2509	784	705	28.1
银采矿(原矿)	万吨/年	271	6	2	—	—
银选矿:(1)处理原矿	吨/年	272	36000	—	—	—
(2)银精(块)矿	吨/年	273	10060	—	—	—
(3)银含量	公斤/年	274	51750	—	—	—
多晶硅	公斤/年	278	12000	12000	12000	100.0
石棉采矿	万吨/年	281	32	—	—	—
石棉选矿:(1)处理原矿	万吨/年	282	32	—	—	—
(2)成品棉	万吨/年	283	1	—	—	—
云母制品	吨/年	285	450	450	450	100.0
硫铁矿开采	万吨/年	286	275	130	25	9.1
磷矿开采	万吨/年	287	85	—	—	—
发电机组容量	万千瓦	291	10875	1827	1397	12.8

基本建设施工规模和生产能力建成率(三)

生产能力(或效益)名称	计量单位	代码	本年施工规模 合计	本年施工规模 本年新开工	本年新增生产能力和效益	生产能力建成率(%)
水力发电	万千瓦	292	4737	324	369	7.8
火力发电	万千瓦	293	5763	1169	1026	17.8
核能发电	万千瓦	294	460	340	—	—
其他发电	万千瓦	295	12	9	3	25.0
输电线路长度(11万伏及以上)	公里	296	32021	11402	15410	48.1
变电设备能力(11万伏及以上)	万千伏安	297	8914	3918	3888	43.6
水泥	万吨/年	301	2074	359	1038	50.0
平板玻璃	万重量箱/年	302	482	—	216	44.8
卫生陶瓷	万件/年	303	292	230	178	61.0
耐火材料制品	吨/年	304	29000	15000	29000	100.0
石墨及炭素制品	吨/年	305	4800	4500	4800	100.0
木材采运	万立方米/年	311	146	17	24	16.4
锯材	万立方米/年	312	31	31	16	51.6
胶合板	万立方米/年	313	1	1	1	100.0
纤维板	万立方米/年	314	50	12	18	36.0
刨花板	万立方米/年	315	6	2	3	50.0
人造板装饰加工板	万立方米/年	316	9	4	6	66.7
硫酸	吨/年	321	2428000	150000	748000	30.8
烧碱	吨/年	323	160000	40000	—	—
纯碱	吨/年	324	29000	5000	24000	82.8
电石	吨/年	325	9680	9680	9680	100.0
合成氨	吨/年	327	2772431	618001	1112431	40.1
农用氮、磷、钾化学肥料	吨/年	331	4808813	1382000	1947000	40.5
氮肥	吨/年	332	3879013	1041000	1772200	45.7
其中：农用尿素	吨/年	333	3385521	720000	1699000	50.2
磷肥	吨/年	335	861800	318000	111800	13.0
钾肥	吨/年	338	68300	23300	63300	92.7
化学农药	吨/年	341	5006	3006	4806	96.0
乙烯	吨/年	342	855000	—	—	—
丙烯	吨/年	343	140007	70000	—	—
纯苯	吨/年	344	50	50	50	100.0
冰醋酸	吨/年	345	100000	—	—	—
塑料树脂及共聚物	吨/年	349	688965	352000	124855	18.1
合成橡胶	吨/年	350	166250	145800	450	0.3
合成纤维单体	吨/年	351	669000	230000	225000	33.6
合成纤维聚合物	吨/年	352	811000	325200	310800	38.3
轮胎外胎	万条/年	353	345	175	15	4.3

基本建设施工规模和生产能力建成率(四)

生产能力(或效益)名称	计量单位	代码	本年施工规模 合计	本年施工规模 本年新开工	本年新增生产能力和效益	生产能力建成率(%)
轮胎内胎	万条/年	354	120	—	—	—
化学原料药	吨/年	361	3328	215	2310	69.4
化学药制剂	吨/年	362	15532	3712	13708	88.3
医药中间体	吨/年	363	42	42	42	100.0
中成药	吨/年	364	9315	1799	2854	30.6
水轮机制造(500千瓦及以上)	万千瓦/年	375	3567	—	3567	100.0
水轮发电机制造	万千瓦/年	376	120	80	—	—
交流电动机制造	万千瓦/年	377	11	—	—	—
内燃机制造	台/年	378	20000	—	20000	100.0
	万千瓦/年	379	88	—	88	100.0
柴油机制造	台/年	380	20000	—	20000	100.0
	万千瓦/年	381	88	—	88	100.0
金属切削机床制造	台/年	384	2220	—	2000	90.1
铸铁件能力	吨/年	385	22072	4072	7072	32.0
锻件能力	吨/年	387	16004	4	4	—
轴承	套/年	388	800000	800000	800000	100.0
拖拉机制造	台/年	391	5000	5000	—	—
小型拖拉机制造	台/年	393	5000	5000	—	—
冶金设备制造	吨/年	396	1300	1000	1300	100.0
矿山采掘和洗选设备制造	吨/年	397	18600	—	—	—
建筑机械制造	台/年	401	3445	2980	3345	97.1
医疗器械制造	台/年	406	2340	2340	1340	57.3
铁路机车制造	台/年	411	26	26	26	100.0
其中:内燃机车制造	台/年	412	26	26	26	100.0
汽车制造	辆/年	417	750200	160000	150200	20.0
载货汽车制造	辆/年	418	190000	30000	—	—
轿车制造	辆/年	419	559200	130000	150200	26.9
其它汽车制造	辆/年	420	1000	—	—	—
摩托车制造	辆/年	423	604252	—	94252	15.6
民用船舶制造	艘/年	424	8	8	—	—
	万综合吨/年	425	29	29	—	—
修造船坞	万载重吨/年	426	8	—	8	100.0
浮船坞	举力吨	427	3	—	3	100.0
	万载重吨/年	428	4	—	4	100.0
彩色电视机	万部/年	432	349	229	249	71.3
彩色显像管	万只/年	437	1065	170	350	32.9
电子计算机	部/年	450	20000	—	20000	100.0
电子计算机外部设备	台/年	453	20	20	20	100.0

基本建设施工规模和生产能力建成率(五)

生产能力(或效益)名称	计量单位	代码	本年施工规模		本年新增生产能力和效益	生产能力建成率(%)
			合计	本年新开工		
大中规模半导体集成电路	万块/年	455	19682	12144	7512	38.2
化学纤维	吨/年	461	342230	55330	183330	53.6
其中:合成纤维	吨/年	462	196100	22300	87000	44.4
粘胶纤维	吨/年	463	41650	1650	250	0.6
棉纺锭	万锭	471	15	11	10	66.7
棉布织机	台	472	1254	1244	1254	100.0
毛纺锭	锭	474	12800	7600	12800	100.0
其中:毛精纺锭	锭	475	2400	2400	2400	100.0
气流纺	头	476	2536	2536	2536	100.0
丝织机	台	481	49	49	49	100.0
桑蚕缫丝机	绪	482	3920	1520	720	18.4
原盐	万吨/年	491	72	6	20	27.8
食用植物油	日处理原料:吨	492	3598	1229	1137	31.6
	日精炼油:吨	493	2092	205	964	46.1
肉加工品	吨/年	494	81456	21336	22056	27.1
其中:熟肉加工	吨/年	495	33500	2500	2500	7.5
机制糖	日处理原料:吨	496	11340	2440	2800	24.7
	年生产糖:吨	497	146530	34230	34130	23.3
机制甘蔗糖	日处理原料:吨	498	11340	2440	2800	24.7
	年生产糖:吨	499	146530	34230	34130	23.3
糖果	吨/年	502	14100	9100	8100	57.4
饼干	吨/年	503	3228	1828	3228	100.0
乳制品	吨/年	504	15250	10750	2350	15.4
奶粉	吨/年	505	2350	2350	2350	100.0
其他乳制品	吨/年	506	12900	8400	—	—
酒	吨/年	507	556786	193386	521786	93.7
啤酒	吨/年	508	550006	180006	510006	92.7
白酒	吨/年	509	5280	1880	1280	24.2
其他酒	吨/年	510	11500	11500	10500	91.3
机制纸浆	万吨/年	521	39	9	5	12.8
机制纸及纸板	万吨/年	522	494	99	31	6.3
合成洗涤剂	吨/年	524	51800	1800	—	—
皮鞋	万双/年	528	322	293	218	67.7
服装	万件/年	529	876	663	605	69.1
塑料制品	万吨/年	530	52	6	9	17.3
日用陶瓷器	万件/年	533	1990	1220	690	34.7

基本建设施工规模和生产能力建成率(六)

生产能力(或效益)名　称	计量单位	代码	本年施工规模		本年新增生产能力和效益	生产能力建成率(%)
			合　计	本年新开工		
日用玻璃制品	万吨/年	534	1	1	1	100.0
灯泡、灯管	万只/年	538	2712	11	2411	88.9
自行车	万辆/年	540	50	—	50	100.0
缝纫机	万架/年	541	24	—	24	100.0
照相机	万台/年	543	489	489	—	—
彩色照像胶卷	万米/年	545	1500	—	1500	100.0
家用电冰箱	万台/年	551	64	54	—	—
家用空气调节器	万台/年	553	2	—	—	—
排油烟机	万台/年	555	50	—	50	100.0
燃气用具	万台/年	556	6	6	6	100.0
影碟机	万部/年	557	4	4	4	100.0
铁路机车购置	台	561	917	917	917	100.0
铁路客车购置	辆	562	2036	2036	2036	100.0
铁路货车购置	辆	563	23918	23917	23918	100.0
汽、挂车购置	辆	564	12626	12320	6998	55.4
载货汽车购置	辆	565	6449	6440	849	13.2
载客汽车购置	辆	566	1828	1556	1828	100.0
小汽车购置	辆	567	3946	3932	3918	99.3
其它汽车购置	辆	568	443	432	443	100.0
新建铁路主线正线交付运营里程	公里	571	4447	700	970	21.8
增建铁路第二线交付运营里程	公里	572	1830	840	458	25.0
电气化铁路主线正线交付运营里程	公里	573	6749	712	1687	25.0
新建公路	公里	576	28071	16981	12203	43.5
其中:高速公路	公里	577	6386	2329	1839	28.8
改建公路	公里	578	33307	19954	20600	61.8
其中:高速公路	公里	579	578	130	—	—
其中:一级公路	公里	580	3191	1288	2309	72.4
新建独立公路桥梁	延长米	581	197204	56666	65183	33.1
	座	582	635	238	428	67.4
新(扩)建港口码头	年吞吐量:万吨	583	22181	7989	8374	37.8
	泊位:个	584	396	168	114	28.8
其中:新(扩)建沿海港口码头	年吞吐量:万吨	585	15281	5725	6423	42.0
	泊位:个	586	163	55	66	40.5
过驳设施	年过驳能力:	587				

基本建设施工规模和生产能力建成率(七)

生产能力(或效益)名称	计量单位	代码	本年施工规模 合计	本年施工规模 本年新开工	本年新增生产能力和效益	生产能力建成率(%)
	万吨		937	471	50	5.3
	泊位:个	588	7	4	1	14.3
船舶购置	艘	589	144	134	143	99.3
	载重量:吨位	590	418464	415542	418264	100.0
	载客量:客位	591	7844	7844	7844	100.0
	拖轮功率:千瓦	592	19023	19023	19023	100.0
新增内河航道里程	公里	593	80	—	71	88.8
改善内河航道里程	公里	594	1058	228	514	48.6
新(扩)建客、货运站	个	595	170	87	87	51.2
	平方米	596	1009299	369171	346973	34.4
民航机场跑道	条	597	24	6	10	41.7
	米	598	57100	14300	23200	40.6
航空油库	吨	599	176140	83000	128140	72.7
	立方米	600	214943	98000	154943	72.1
飞机购置	架	601	13	13	12	92.3
候机楼	座	602	27	8	18	66.7
	平方米	603	1311390	468875	630240	48.1
长途电缆	延长公里	604	46302	38975	25173	54.4
新建微波电路	公里	605	1307	1053	1173	89.7
市内电话自动交换机	门	606	2556934	1670578	1858859	72.7
长途自动电话交换设备	路端	607	210839	138169	149429	70.9
农牧场机具购置	台	610	2218	2216	2190	98.7
	千瓦	611	37954	37934	36010	94.9
商品蛋鸡场	万公斤蛋/年	612	97	53	72	74.2
耕地面积	万亩	613	347	70	185	53.3
造林面积	万亩	614	569	532	452	79.4
水库容量(总库容)	亿立方米	615	279	26	31	11.1
有效灌溉面积	万亩	616	2848	900	768	27.0
除涝面积	万亩	617	3495	1090	837	23.9
排灌装机	万千瓦	618	48	29	28	58.3
商业石油库	万立方米	621	91	3	76	83.5
物资储备石油库	万立方米	622	9	7	9	100.0
商业冷藏库	万吨	623	64	61	61	95.3
水产冷藏库	万吨	624	1	—	1	100.0
粮食仓库	万公斤	625	496614	308333	311683	62.8
	平方米	626	1641114	1043565	1042210	63.5
商业饮食服务网点	处	627	3734	2253	2526	67.6
	平方米	628	12547107	4314666	5131405	40.9

基本建设施工规模和生产能力建成率(八)

生产能力(或效益)名称	计量单位	代码	本年施工规模		本年新增生产能力和效益	生产能力建成率(%)
			合计	本年新开工		
高等院校:学生席位	个	631	242595	75517	117445	48.4
建筑面积	平方米	632	4089462	1072972	1460893	35.7
中等学校:学生席位	个	633	3320071	2440319	2606393	78.5
建筑面积	平方米	634	14340186	9498332	10159783	70.8
小学校:学生席位	个	635	2459282	2012907	2107133	85.7
建筑面积	平方米	636	7349706	5733135	5909599	80.4
其他学校:学生席位	个	637	219317	141869	139519	63.6
建筑面积	平方米	638	1437449	786588	855747	59.5
公共图书馆:藏书量	万册(件)	639	7248	1931	458	6.3
阅览室座席	个	640	39116	14268	6971	17.8
建筑面积	平方米	641	660172	269872	149398	22.6
影剧院:座席	个	644	37158	13700	16640	44.8
	平方米	645	186817	40924	65996	35.3
文化馆	平方米	647	277142	83606	94750	34.2
医院病床	张	651	137339	55591	58835	42.8
疗养院、所病床	张	652	7616	3995	4074	53.5
宾馆、旅馆、招待所客房数	间	653	67204	20481	25419	37.8
宾馆、旅馆、招待所客房数	平方米	654	3863960	908187	1330669	34.4
办公用房	平方米	655	29600019	11688233	12979722	43.9
厂房	平方米	656	11354204	4607821	4610448	40.6
仓库	平方米	657	2651979	1543296	1404463	53.0
商业营业用房	平方米	658	12924617	4409466	5041004	39.0
科学研究实验用房	平方米	659	2292010	704861	618059	27.0
城市自来水供水能力	万吨/ 日	661	4494	1088	886	19.7
城市自来水管道长度	公里	662	2508	1540	1584	63.2
城市煤气生产能力	万立方米/ 日	663	987	118	69	7.0
城市天然气储气能力	万立方米/ 日	664	51363	1256	76	0.1
城市液化石油气储气能力	吨	665	1090283	14590	114686	10.5
城市供热能力:蒸汽	吨/ 小时	666	5522	2409	2617	47.4
热水	兆瓦/ 小时	667	4348	1261	1228	28.2
城市公共交通车辆购置	辆	671	1061	692	1061	100.0
城市道路扩建长度	公里	672	4327	2883	2541	58.7
城市道路扩建面积	万平方米	673	17586	13705	3800	21.6
城市排水管道铺设长度	公里	674	1862	1121	924	49.6
城市污水处理能力	万吨/ 日	675	1606	1010	939	58.5
城市永久性桥梁	座	676	533	392	243	45.6
城市防洪堤长度	公里	677	925	454	656	70.9

各 地 区 基 本 建 设 项 目 个 数

单位:个

地　　区	基层填报单位个数	全部建设项目个数	施工项目个数	新开工	全部建成投产项目个数	项目建成投产率(%)
全国总计	**85863**	**84993**	**84480**	**50179**	**48102**	**56.9**
北　京	1292	1281	1246	460	377	30.3
天　津	611	606	589	361	347	58.9
河　北	5059	5020	5004	3514	3260	65.1
山　西	1813	1806	1795	845	858	47.8
内蒙古	1942	1935	1938	1258	1310	67.6
辽　宁	2001	1985	1981	1141	1117	56.4
吉　林	1170	1166	1165	816	737	63.3
黑龙江	1870	1858	1855	1264	1101	59.4
上　海	1245	1230	1223	417	485	39.7
江　苏	3804	3783	3780	2442	2473	65.4
浙　江	5097	5057	4992	2616	2778	55.6
安　徽	2825	2804	2801	1618	1437	51.3
福　建	3225	3212	3176	1745	1580	49.7
江　西	2414	2407	2402	1388	1348	56.1
山　东	5243	5154	5139	3189	2726	53.0
河　南	5615	5525	5505	3693	3718	67.5
湖　北	5072	5018	4948	3037	3018	61.0
湖　南	4308	4267	4214	2192	2388	56.7
广　东	4400	4346	4307	1968	1817	42.2
广　西	4025	4003	3989	2433	2217	55.6
海　南	1194	1163	1157	718	683	59.0
重　庆	1694	1687	1675	934	905	54.0
四　川	4947	4887	4871	2808	2699	55.4
贵　州	1772	1761	1757	1008	962	54.8
云　南	3715	3711	3703	2268	2091	56.5
西　藏	1121	1026	1026	926	896	87.3
陕　西	2270	2267	2248	1138	1090	48.5
甘　肃	1725	1716	1705	1046	948	55.6
青　海	951	935	921	630	544	59.1
宁　夏	674	667	664	450	424	63.9
新　疆	2681	2626	2621	1841	1757	67.0
不分地区	88	84	83	15	11	13.3

国民经济行业基本建设项目个数

单位:个

行业	基层填报单位个数	全部建设项目个数	施工项目个数	新开工	全部建成投产项目个数	项目建成投产率(%)
全国总计	**85863**	**84993**	**84480**	**50179**	**48102**	**56.9**
(一) 农、林、牧、渔业	2674	2645	2637	1860	1673	63.4
农业	857	852	852	642	571	67.0
林业	497	494	492	342	322	65.4
畜牧业	286	282	281	197	164	58.4
渔业	107	103	102	64	62	60.8
农、林、牧、渔服务业	927	914	910	615	554	60.9
(二) 采掘业	951	938	929	382	354	38.1
煤炭采选业	464	463	459	157	139	30.3
石油和天然气开采业	47	47	47	21	17	36.2
黑色金属矿采选业	39	34	33	16	13	39.4
有色金属矿采选业	160	157	153	77	71	46.4
非金属矿采选业	92	92	92	44	42	45.7
其他矿采选业	2	2	2	2	—	—
木材及竹材采运业	147	143	143	65	72	50.3
(三) 制造业	7185	7086	7054	3636	3690	52.3
食品加工业	605	601	599	378	387	64.6
食品制造业	269	266	265	163	156	58.9
饮料制造业	298	293	289	163	179	61.9
烟草加工业	147	147	147	77	81	55.1
纺织业	449	439	437	248	262	60.0
服装及其他纤维制品制造业	98	92	91	53	58	63.7
皮革、毛皮、羽绒及其制品业	59	58	58	45	31	53.4
木材加工及竹、藤、棕、草制品业	130	128	128	62	68	53.1
家具制造业	43	42	42	25	23	54.8
造纸及纸制品业	211	206	203	106	96	47.3
印刷业、记录媒介的复制	196	193	193	102	93	48.2
文教体育用品制造业	35	34	34	25	17	50.0
石油加工及炼焦业	106	106	104	41	44	42.3
化学原料及化学制品制造业	709	702	701	332	366	52.2
医药制造业	230	229	228	99	107	46.9
化学纤维制造业	65	65	63	28	23	36.5
橡胶制品业	68	67	67	34	29	43.3
塑料制品业	149	143	141	86	82	58.2
非金属矿物制品业	619	614	613	334	346	56.4
黑色金属冶炼及压延加工业	162	161	168	55	70	41.7
有色金属冶炼及压延加工业	154	154	151	73	80	53.0
金属制品业	183	183	183	96	94	51.4
普通机械制造业	456	453	452	224	239	52.9

国民经济行业基本建设项目个数

续 1 单位:个

行业	基层填报单位个数	全部建设项目个数	施工项目个数	新开工	全部建成投产项目个数	项目建成投产率(%)
专用设备制造业	386	382	380	196	200	52.6
交通运输设备制造业	557	550	547	222	212	38.8
电气机械及器材制造业	270	266	264	129	128	48.5
电子及通信设备制造业	280	269	264	121	108	40.9
仪器仪表及文化、办公用机械制造业	93	90	90	45	48	53.3
其他制造业	158	153	152	74	63	41.4
(四)电力、煤气及水的生产和供应业	4538	4513	4444	2131	2093	47.1
电力、蒸汽、热水的生产和供应业	3263	3238	3184	1567	1536	48.2
煤气生产和供应业	265	265	259	94	80	30.9
自来水的生产和供应业	1010	1010	1001	470	477	47.7
(五)建筑业	1587	1555	1549	840	829	53.5
土木工程建筑业	1447	1420	1414	785	764	54.0
线路、管道和设备安装业	107	102	102	39	42	41.2
建筑物的装修装饰业	33	33	33	16	23	69.7
(六)地质勘查业、水利管理业	1963	1952	1938	1014	929	47.9
地质勘查业	287	282	277	133	111	40.1
水利管理业	1676	1670	1661	881	818	49.2
(七)交通运输、仓储及邮电通信业	9046	8914	8833	5250	4897	55.4
铁路运输业	285	279	277	121	107	38.6
公路运输业	2359	2321	2309	1268	1179	51.1
管道运输业	19	19	19	12	13	68.4
水上运输业	162	153	150	50	42	28.0
航空运输业	107	103	100	42	42	42.0
交通运输辅助业	2223	2200	2184	1292	1275	58.4
其他交通运输业	83	82	80	35	31	38.8
仓储业	541	537	535	331	306	57.2
邮电通信业	3267	3220	3179	2099	1902	59.8
(八)批发和零售贸易、餐饮业	5909	5883	5859	3525	3550	60.6
食品、饮料、烟草和家庭用品批发商业	2268	2258	2250	1392	1368	60.8
能源、材料和机械电子设备批发业	788	784	780	447	458	58.7
其他批发业	420	419	417	238	232	55.6
零售业	2110	2105	2096	1275	1306	62.3
商业经纪与代理业	53	51	50	25	21	42.0

国民经济行业基本建设项目个数

续 2　　　　单位:个

行　　业	基层填报单位个数	全部建设项目个数	施工项目个数	新开工	全部建成投产项目个数	项目建成投产率(%)
餐饮业	270	266	266	148	165	62.0
(九) 金融、保险业	2916	2887	2870	1567	1645	57.3
金融业	2621	2597	2583	1370	1501	58.1
保险业	295	290	287	197	144	50.2
(十) 房地产业	1051	1050	1042	532	449	43.1
房地产开发与经营业	565	564	559	251	197	35.2
房地产管理业	460	460	457	266	236	51.6
房地产代理与经纪业	26	26	26	15	16	61.5
(十一) 社会服务业	5300	5229	5191	3047	2753	53.0
公共服务业	3374	3320	3294	2075	1826	55.4
居民服务业	239	238	237	148	119	50.2
旅馆业	1048	1042	1037	475	511	49.3
租赁服务业	15	15	13	5	4	30.8
旅行社	196	192	191	112	87	45.5
娱乐服务业	170	169	167	87	67	40.1
信息、咨询服务业	40	36	35	20	15	42.9
计算机应用服务业	12	12	12	7	6	50.0
其他社会服务业	206	205	205	118	118	57.6
(十二) 卫生、体育和社会福利业	4420	4355	4328	2469	2303	53.2
卫生	3609	3545	3527	2047	1933	54.8
体育	298	297	293	127	118	40.3
社会福利保障业	513	513	508	295	252	49.6
(十三) 教育、文化艺术及广播电影电视业	16089	16008	15939	10154	10024	62.9
教育	14439	14392	14348	9377	9290	64.7
文化艺术业	930	918	903	410	383	42.4
广播电影电视业	720	698	688	367	351	51.0
(十四) 科学研究和综合技术服务业	1193	1157	1143	502	473	41.4
科学研究业	619	607	598	215	203	33.9
综合技术服务业	574	550	545	287	270	49.5
(十五) 国家机关、政党机关和社会团体	20139	19933	19839	12760	11964	60.3
国家机关	19243	19046	18954	12292	11483	60.6
政党机关	564	557	556	298	321	57.7
社会团体	300	298	297	143	140	47.1
基层群众自治组织	32	32	32	27	20	62.5
(十六) 其他行业	902	888	885	510	476	53.8
其他行业	902	888	885	510	476	53.8

各地区基本建设房屋建筑面积和造价

地　　区	施工房屋面　积(万平方米)	竣工房屋面　积(万平方米)	房屋建筑面积竣工率(%)	竣工房屋价　值(万元)	竣工房屋造　价(元/平方米)
全国总计	**44206.26**	**21439.12**	**48.5**	**20036271**	**935**
北　京	2154.31	600.54	27.9	1155304	1924
天　津	373.26	175.86	47.1	264059	1502
河　北	2265.71	1270.81	56.1	1049740	826
山　西	1005.82	477.08	47.4	401327	841
内蒙古	842.54	549.75	65.2	463454	843
辽　宁	1582.91	735.87	46.5	791534	1076
吉　林	721.11	440.01	61.0	428757	974
黑龙江	1166.79	706.18	60.5	661103	936
上　海	2132.56	656.40	30.8	1134408	1728
江　苏	2179.48	1198.14	55.0	1241831	1036
浙　江	1937.25	927.37	47.9	1002556	1081
安　徽	1100.68	585.80	53.2	433336	740
福　建	1444.68	619.29	42.9	592883	957
江　西	925.75	475.04	51.3	347445	731
山　东	2632.51	1229.24	46.7	1092364	889
河　南	2646.57	1419.12	53.6	1024307	722
湖　北	2130.65	1152.76	54.1	891536	773
湖　南	1844.14	902.06	48.9	658720	730
广　东	3779.93	1524.62	40.3	1696576	1113
广　西	1360.65	634.58	46.6	472690	745
海　南	707.62	309.70	43.8	323438	1044
重　庆	903.73	487.89	54.0	254517	522
四　川	2622.88	1363.33	52.0	934957	686
贵　州	685.61	355.09	51.8	212774	599
云　南	1159.04	580.50	50.1	520205	896
西　藏	109.11	85.03	77.9	92704	1090
陕　西	1195.45	513.16	42.9	410904	801
甘　肃	766.26	367.23	47.9	285611	778
青　海	245.24	137.92	56.2	109905	797
宁　夏	215.95	131.55	60.9	137451	1045
新　疆	1000.25	599.25	59.9	597366	997
不分地区	367.80	227.94	62.0	352509	1546

各地区基本建设住宅建筑面积和造价

地　　区	施工住宅面　积(万平方米)	竣工住宅面　积(万平方米)	住宅建筑面积竣工率(%)	竣工住宅价　值(万　元)	竣工住宅造　价(元/平方米)
全国总计	**18065.42**	**10091.49**	**55.9**	**7469552**	**740**
北　京	895.63	303.75	33.9	435468	1434
天　津	101.11	49.54	49.0	54539	1101
河　北	1015.45	550.72	54.2	369849	672
山　西	511.01	282.09	55.2	186967	663
内蒙古	472.40	332.63	70.4	219791	661
辽　宁	675.68	429.25	63.5	357642	833
吉　林	336.80	245.16	72.8	199231	813
黑龙江	611.31	417.35	68.3	334288	801
上　海	597.13	247.28	41.4	332888	1346
江　苏	608.77	410.46	67.4	318240	775
浙　江	367.41	229.51	62.5	188844	823
安　徽	427.60	239.96	56.1	138264	576
福　建	418.27	242.45	58.0	185677	766
江　西	367.23	215.86	58.8	125488	581
山　东	1118.87	603.37	53.9	419690	696
河　南	1090.64	635.77	58.3	370154	582
湖　北	940.24	531.74	56.6	342159	643
湖　南	772.37	460.29	59.6	276109	600
广　东	1351.41	612.71	45.3	539489	880
广　西	495.84	291.13	58.7	181703	624
海　南	226.18	133.08	58.8	129688	975
重　庆	452.80	259.25	57.3	116239	448
四　川	1303.68	750.90	57.6	403814	538
贵　州	302.33	166.33	55.0	79418	477
云　南	509.64	289.67	56.8	203896	704
西　藏	29.64	24.07	81.2	25031	1040
陕　西	695.22	334.66	48.1	230647	689
甘　肃	424.05	214.13	50.5	149824	700
青　海	160.01	92.50	57.8	71344	771
宁　夏	102.99	60.41	58.7	40345	668
新　疆	517.33	333.99	64.6	273664	819
不分地区	166.40	101.48	61.0	169162	1667

国民经济行业基本建设房屋建筑面积和造价

行　　业	施工房屋面　积(万平方米)	竣工房屋面　积(万平方米)	房屋建筑面积竣工率(%)	竣工房屋价　值(万元)	竣工房屋造　价(元/平方米)
全　国　总　计	**44206.26**	**21439.12**	**48.5**	**20036271**	**935**
(一) 农、林、牧、渔业	508.78	334.14	65.7	246969	739
农业	160.75	123.69	76.9	103206	834
林业	68.11	45.44	66.7	30674	675
畜牧业	101.70	69.23	68.1	40328	583
渔业	12.22	5.51	45.1	3938	715
农、林、牧、渔服务业	166.00	90.26	54.4	68823	762
(二) 采掘业	1066.14	674.43	63.3	683237	1013
煤炭采选业	561.19	358.21	63.8	269906	753
石油和天然气开采业	312.72	212.86	68.1	326904	1536
黑色金属矿采选业	59.98	20.96	34.9	20988	1001
有色金属矿采选业	54.71	30.83	56.4	24157	784
非金属矿采选业	36.36	21.25	58.4	21135	995
其他矿采选业	—	—	—	—	—
木材及竹材采运业	41.17	30.32	73.6	20147	664
(三) 制造业	6206.72	2995.47	48.3	2657300	887
食品加工业	263.74	162.24	61.5	154768	954
食品制造业	133.52	75.72	56.7	73705	973
饮料制造业	171.34	108.25	63.2	98783	913
烟草加工业	148.65	77.57	52.2	60283	777
纺织业	263.86	129.11	48.9	96433	747
服装及其他纤维制品制造业	58.24	32.92	56.5	46972	1427
皮革、毛皮、羽绒及其制品业	47.05	38.07	80.9	28828	757
木材加工及竹、藤、棕、草制品业	111.89	41.59	37.2	26582	639
家具制造业	23.47	11.99	51.1	11347	946
造纸及纸制品业	262.59	67.22	25.6	61885	921
印刷业、记录媒介的复制	95.81	44.42	46.4	42080	947
文教体育用品制造业	19.46	12.74	65.5	11100	871
石油加工及炼焦业	266.34	134.27	50.4	144241	1074
化学原料及化学制品制造业	616.58	299.86	48.6	256339	855
医药制造业	168.72	86.10	51.0	97816	1136
化学纤维制造业	90.08	38.44	42.7	41945	1091
橡胶制品业	71.33	26.27	36.8	18629	709
塑料制品业	50.01	29.80	59.6	28632	961
非金属矿物制品业	432.71	241.12	55.7	189998	788
黑色金属冶炼及压延加工业	365.55	154.18	42.2	159465	1034
有色金属冶炼及压延加工业	134.92	71.26	52.8	56423	792
金属制品业	91.99	51.54	56.0	47314	918
普通机械制造业	331.48	161.57	48.7	119680	741

国民经济行业基本建设房屋建筑面积和造价

续 1

行　　业	施工房屋面积（万平方米）	竣工房屋面积（万平方米）	房屋建筑面积竣工率(%)	竣工房屋价值（万元）	竣工房屋造价（元/平方米）
专用设备制造业	278.04	139.82	50.3	101286	724
交通运输设备制造业	955.03	414.65	43.4	369099	890
电气机械及器材制造业	204.09	101.01	49.5	83078	822
电子及通信设备制造业	249.68	103.17	41.3	121955	1182
仪器仪表及文化、办公用机械制造业	66.86	28.67	42.9	24713	862
其他制造业	233.70	111.90	47.9	83921	750
（四）电力、煤气及水的生产和供应业	2001.86	889.53	44.4	902739	1015
电力、蒸汽、热水的生产和供应业	1751.61	769.61	43.9	775994	1008
煤气生产和供应业	75.97	32.44	42.7	29163	899
自来水的生产和供应业	174.28	87.48	50.2	97582	1115
（五）建筑业	957.09	480.83	50.2	408436	849
土木工程建筑业	839.28	414.35	49.4	344237	831
线路、管道和设备安装业	92.82	50.75	54.7	43111	849
建筑物的装修装饰业	24.99	15.73	62.9	21088	1341
（六）地质勘查业、水利管理业	361.55	174.05	48.1	150706	866
地质勘查业	191.97	90.08	46.9	92691	1029
水利管理业	169.58	83.96	49.5	58015	691
（七）交通运输、仓储及邮电通信业	3824.72	1756.31	45.9	2064312	1175
铁路运输业	581.73	317.90	54.6	318460	1002
公路运输业	387.05	168.58	43.6	153168	909
管道运输业	23.28	5.58	24.0	4378	785
水上运输业	127.70	44.08	34.5	50594	1148
航空运输业	161.62	81.10	50.2	148400	1830
交通运输辅助业	526.74	250.92	47.6	262384	1046
其他交通运输业	4.31	1.92	44.5	1957	1019
仓储业	257.61	123.41	47.9	144023	1167
邮电通信业	1754.68	762.82	43.5	980948	1286
（八）批发和零售贸易、餐饮业	3147.00	1485.04	47.2	1524474	1027
食品、饮料、烟草和家庭用品批发商业	1102.15	584.56	53.0	537865	920
能源、材料和机械电子设备批发业	374.84	177.97	47.5	158869	893
其他批发业	207.03	83.28	40.2	68093	818
零售业	1269.87	569.37	44.8	661827	1162
商业经纪与代理业	56.00	11.59	20.7	18416	1589

国民经济行业基本建设房屋建筑面积和造价

续 2

行　　业	施工房屋面积(万平方米)	竣工房屋面积(万平方米)	房屋建筑面积竣工率(%)	竣工房屋价值(万元)	竣工房屋造价(元/平方米)
餐饮业	137.12	58.27	42.5	79404	1363
(九) 金融、保险业	1640.42	717.58	43.7	902637	1258
金融业	1521.07	675.08	44.4	856251	1268
保险业	119.35	42.49	35.6	46386	1092
(十) 房地产业	1824.17	729.15	40.0	817375	1121
房地产开发与经营业	1076.56	370.49	34.4	470471	1270
房地产管理业	726.31	346.97	47.8	339764	979
房地产代理与经纪业	21.30	11.69	54.9	7140	611
(十一) 社会服务业	2162.38	754.02	34.9	935580	1241
公共服务业	810.46	334.06	41.2	311509	932
居民服务业	50.30	21.23	42.2	21904	1032
旅馆业	856.89	268.03	31.3	440128	1642
租赁服务业	24.59	0.50	2.0	587	1174
旅行社	113.47	31.87	28.1	46353	1454
娱乐服务业	97.38	23.88	24.5	44585	1867
信息、咨询服务业	17.67	6.63	37.5	10309	1555
计算机应用服务业	4.36	1.70	39.0	2050	1206
其他社会服务业	187.27	66.12	35.3	58155	880
(十二) 卫生、体育和社会福利业	1992.64	841.11	42.2	819660	974
卫生	1617.13	707.43	43.7	652907	923
体育	204.69	63.56	31.1	99832	1571
社会福利保障业	170.83	70.13	41.1	66921	954
(十三) 教育、文化艺术及广播电影电视业	8032.48	4515.95	56.2	3437002	761
教育	7060.36	4234.58	60.0	3047661	720
文化艺术业	612.88	167.22	27.3	235668	1409
广播电影电视业	359.24	114.15	31.8	153673	1346
(十四) 科学研究和综合技术服务业	711.92	252.59	35.5	306313	1213
科学研究业	489.28	178.66	36.5	231496	1296
综合技术服务业	222.64	73.93	33.2	74817	1012
(十五) 国家机关、政党机关和社会团体	8871.86	4430.04	49.9	3714576	838
国家机关	8426.06	4238.09	50.3	3520231	831
政党机关	271.27	143.28	52.8	149891	1046
社会团体	164.87	40.66	24.7	38150	938
基层群众自治组织	9.65	8.01	83.0	6304	787
(十六) 其他行业	896.55	408.89	45.6	464955	1137
其他行业	896.55	408.89	45.6	464955	1137

国民经济行业基本建设住宅建筑面积和造价

行　　业	施工住宅面积(万平方米)	竣工住宅面积(万平方米)	住宅建筑面积竣工率(%)	竣工住宅价值(万元)	竣工住宅造价(元/平方米)
全国总计	**18065.42**	**10091.49**	**55.9**	**7469552**	**740**
(一)农、林、牧、渔业	198.58	137.32	69.2	84556	616
农业	67.96	52.91	77.9	30161	570
林业	43.11	28.73	66.6	18210	634
畜牧业	7.89	6.66	84.4	4449	668
渔业	5.54	2.73	49.3	1606	588
农、林、牧、渔服务业	74.09	46.29	62.5	30130	651
(二)采掘业	677.13	456.98	67.5	406984	891
煤炭采选业	362.84	234.67	64.7	149873	639
石油和天然气开采业	213.29	161.28	75.6	214235	1328
黑色金属矿采选业	28.67	16.35	57.0	14118	863
有色金属矿采选业	29.93	17.77	59.4	12047	678
非金属矿采选业	17.11	8.67	50.7	5084	586
其他矿采选业	—	—	—	—	—
木材及竹材采运业	25.29	18.25	72.2	11627	637
(三)制造业	2781.07	1528.97	55.0	1069243	699
食品加工业	79.18	59.36	75.0	36983	623
食品制造业	37.16	23.04	62.0	17425	756
饮料制造业	54.82	39.04	71.2	25215	646
烟草加工业	59.63	36.14	60.6	22431	621
纺织业	159.12	80.42	50.5	48217	600
服装及其他纤维制品制造业	17.09	8.73	51.1	8151	934
皮革、毛皮、羽绒及其制品业	9.80	7.48	76.3	5246	701
木材加工及竹、藤、棕、草制品业	18.37	12.75	69.4	9210	722
家具制造业	7.27	2.11	29.0	1602	759
造纸及纸制品业	50.47	26.18	51.9	15535	593
印刷业、记录媒介的复制	48.17	26.64	55.3	21856	820
文教体育用品制造业	5.40	3.76	69.6	2515	669
石油加工及炼焦业	183.11	99.57	54.4	96320	967
化学原料及化学制品制造业	313.01	176.32	56.3	119531	678
医药制造业	31.30	16.52	52.8	11285	683
化学纤维制造业	15.78	7.03	44.6	4159	592
橡胶制品业	25.54	12.08	47.3	6885	570
塑料制品业	8.60	5.70	66.3	3597	631
非金属矿物制品业	158.44	87.78	55.4	52907	603
黑色金属冶炼及压延加工业	178.47	102.30	57.3	72018	704
有色金属冶炼及压延加工业	68.20	42.73	62.7	29405	688
金属制品业	39.91	21.93	54.9	16864	769
普通机械制造业	215.21	102.95	47.8	62974	612

国民经济行业基本建设住宅建筑面积和造价

续1

行业	施工住宅面积（万平方米）	竣工住宅面积（万平方米）	住宅建筑面积竣工率(%)	竣工住宅价值（万元）	竣工住宅造价（元/平方米）
专用设备制造业	177.59	99.79	56.2	61231	614
交通运输设备制造业	421.41	228.89	54.3	180183	787
电气机械及器材制造业	93.57	48.06	51.4	28813	600
电子及通信设备制造业	86.21	42.75	49.6	35763	837
仪器仪表及文化、办公用机械制造业	40.06	16.67	41.6	10564	634
其他制造业	178.17	92.24	51.8	62358	676
(四) 电力、煤气及水的生产和供应业	831.88	480.78	57.8	362418	754
电力、蒸汽、热水的生产和供应业	737.62	422.62	57.3	321036	760
煤气生产和供应业	25.13	14.72	58.6	10405	707
自来水的生产和供应业	69.13	43.43	62.8	30977	713
(五) 建筑业	724.48	378.07	52.2	287771	761
土木工程建筑业	637.68	325.37	51.0	245792	755
线路、管道和设备安装业	75.36	43.15	57.3	35739	828
建筑物的装修装饰业	11.44	9.54	83.4	6240	654
(六) 地质勘查业、水利管理业	229.70	113.38	49.4	84440	745
地质勘查业	141.82	66.17	46.7	54522	824
水利管理业	87.88	47.21	53.7	29918	634
(七) 交通运输、仓储及邮电通信业	1225.65	724.65	59.1	599615	827
铁路运输业	281.45	180.73	64.2	165088	913
公路运输业	140.13	74.05	52.8	49878	674
管道运输业	16.16	5.14	31.8	4242	825
水上运输业	58.18	25.31	43.5	23893	944
航空运输业	55.34	28.63	51.7	31233	1091
交通运输辅助业	197.40	110.63	56.0	83632	756
其他交通运输业	1.04	0.81	77.9	464	573
仓储业	46.94	25.40	54.1	17476	688
邮电通信业	429.01	273.95	63.9	223709	817
(八) 批发和零售贸易、餐饮业	817.34	489.81	59.9	331379	677
食品、饮料、烟草和家庭用品批发商业	340.68	205.49	60.3	143548	699
能源、材料和机械电子设备批发业	130.31	75.01	57.6	50364	671
其他批发业	69.99	47.12	67.3	34328	729
零售业	246.00	144.07	58.6	91778	637
商业经纪与代理业	5.70	3.48	61.1	2337	672

国民经济行业基本建设住宅建筑面积和造价

续 2

行业	施工住宅面积(万平方米)	竣工住宅面积(万平方米)	住宅建筑面积竣工率(%)	竣工住宅价值(万元)	竣工住宅造价(元/平方米)
餐饮业	24.65	14.63	59.4	9024	617
(九) 金融、保险业	579.38	323.68	55.9	229183	708
金融业	547.66	304.18	55.5	214790	706
保险业	31.73	19.50	61.5	14393	738
(十) 房地产业	1111.95	508.71	45.7	529194	1040
房地产开发与经营业	605.45	242.04	40.0	272719	1127
房地产管理业	492.02	256.12	52.1	249943	976
房地产代理与经纪业	14.48	10.55	72.9	6532	619
(十一) 社会服务业	590.52	284.45	48.2	239134	841
公共服务业	437.71	199.28	45.5	158996	798
居民服务业	10.23	5.79	56.6	3591	620
旅馆业	78.29	39.47	50.4	30304	768
租赁服务业	2.08	0.10	4.8	50	500
旅行社	11.39	5.92	52.0	10567	1785
娱乐服务业	4.87	0.93	19.1	660	710
信息、咨询服务业	7.87	4.52	57.4	7631	1688
计算机应用服务业	0.63	0.63	100.0	450	714
其他社会服务业	37.44	27.83	74.3	26885	966
(十二) 卫生、体育和社会福利业	520.77	286.57	55.0	193510	675
卫生	462.77	257.14	55.6	168699	656
体育	12.36	5.85	47.3	3926	671
社会福利保障业	45.64	23.58	51.7	20885	886
(十三) 教育、文化艺术及广播电影电视业	2658.18	1601.62	60.3	1068847	667
教育	2446.48	1503.11	61.4	968865	645
文化艺术业	123.61	46.75	37.8	41754	893
广播电影电视业	88.09	51.77	58.8	58228	1125
(十四) 科学研究和综合技术服务业	375.16	149.67	39.9	133574	892
科学研究业	279.52	109.46	39.2	101634	929
综合技术服务业	95.63	40.21	42.0	31940	794
(十五) 国家机关、政党机关和社会团体	4326.62	2405.70	55.6	1664850	692
国家机关	4142.49	2302.86	55.6	1569868	682
政党机关	144.60	81.71	56.5	79005	967
社会团体	33.79	16.42	48.6	12708	774
基层群众自治组织	5.74	4.71	82.1	3269	694
(十六) 其他行业	417.01	221.12	53.0	184854	836
其他行业	417.01	221.12	53.0	184854	836

各地区基本建设大中型项目投资效果主要指标

地　　区	项目建成投产率(%)	建设周期(年)	固定资产交付使用率(%)	未完工程占用率(%)	房屋建筑面积竣工率(%)
全国总计	**14.8**	**6.6**	**76.3**	**149.6**	**42.7**
北　　京	14.8	7.6	118.2	196.8	29.4
天　　津	30.0	4.0	48.0	71.0	48.3
河　　北	12.7	4.9	38.9	85.9	39.9
山　　西	—	6.5	86.4	100.9	76.6
内 蒙 古	18.8	6.1	41.1	202.7	64.5
辽　　宁	16.0	5.3	66.5	153.4	47.3
吉　　林	13.6	5.7	121.5	131.3	49.2
黑 龙 江	21.6	3.2	77.4	67.5	60.3
上　　海	8.5	5.6	54.0	186.2	16.2
江　　苏	22.2	5.2	75.1	129.3	35.8
浙　　江	18.0	8.1	57.9	150.9	19.5
安　　徽	—	6.9	97.7	117.2	53.9
福　　建	20.5	6.1	111.7	137.0	2.7
江　　西	5.9	7.6	175.3	100.8	85.8
山　　东	11.3	5.7	122.4	105.8	51.5
河　　南	7.7	6.8	77.3	174.1	52.1
湖　　北	12.2	8.7	48.0	253.2	59.3
湖　　南	22.4	5.3	51.9	128.1	39.5
广　　东	18.5	8.9	61.4	252.1	24.3
广　　西	17.1	12.5	57.6	188.4	25.0
海　　南	22.7	8.7	86.7	153.0	57.9
重　　庆	12.5	7.2	66.4	158.3	17.3
四　　川	13.4	6.4	64.3	207.0	49.1
贵　　州	8.7	6.1	59.2	137.6	62.4
云　　南	5.6	6.4	42.8	161.3	36.7
西　　藏	23.5	4.8	26.4	124.8	85.4
陕　　西	—	5.8	34.5	246.9	12.6
甘　　肃	—	4.3	91.5	186.8	41.3
青　　海	7.7	7.6	123.4	87.0	62.3
宁　　夏	14.3	6.7	156.0	73.4	73.2
新　　疆	23.1	9.4	83.0	123.4	46.5
不分地区	13.3	8.3	107.6	110.7	62.0

国民经济行业基本建设大中型项目投资效果主要指标

行　　业	项目建成投产率(%)	建设周期(年)	固定资产交付使用率(%)	未完工程占用率(%)	房屋建筑面积竣工率(%)
全 国 总 计	**14.8**	**6.6**	**76.3**	**149.6**	**42.7**
(一) 农、林、牧、渔业	11.8	12.1	19.7	15.2	84.5
农业	25.0	4.5	44.5	5.8	99.7
林业	—	20.1	—	3.8	—
畜牧业	—	—	—	—	—
渔业	—	—	—	—	—
农、林、牧、渔服务业	25.0	7.6	3.9	108.6	—
(二) 采掘业	3.5	6.7	75.5	116.8	67.8
煤炭采选业	1.2	9.5	73.5	187.0	72.2
石油和天然气开采业	9.5	4.3	78.1	49.3	69.5
黑色金属矿采选业	—	12.7	27.9	712.4	13.0
有色金属矿采选业	—	6.8	69.0	256.6	49.3
非金属矿采选业	9.1	8.7	84.1	182.3	71.9
其他矿采选业	—	—	—	—	—
木材及竹材采运业	12.5	14.3	73.2	38.0	84.7
(三) 制造业	17.9	6.7	103.5	171.2	34.9
食品加工业	27.3	2.3	76.2	88.1	41.9
食品制造业	25.0	7.3	26.4	136.6	3.5
饮料制造业	80.0	3.5	286.5	11.8	82.9
烟草加工业	100.0	1.0	100.0	—	100.0
纺织业	—	3.3	47.8	57.6	52.2
服装及其他纤维制品制造业	—	—	—	—	—
皮革、毛皮、羽绒及其制品业	—	—	—	—	—
木材加工及竹、藤、棕、草制品业	14.3	6.8	76.8	302.9	26.9
家具制造业	—	—	—	—	—
造纸及纸制品业	—	5.9	61.6	154.4	9.0
印刷业、记录媒介的复制	100.0	1.4	100.0	—	—
文教体育用品制造业	—	—	—	—	—
石油加工及炼焦业	14.3	7.2	102.6	142.2	45.4
化学原料及化学制品制造业	20.3	8.3	118.6	244.1	37.5
医药制造业	12.5	5.4	185.4	142.4	74.9
化学纤维制造业	12.5	3.8	26.5	122.1	43.6
橡胶制品业	—	13.0	0.7	133.3	—
塑料制品业	—	3.1	—	126.7	—
非金属矿物制品业	33.3	4.0	192.0	118.0	76.6
黑色金属冶炼及压延加工业	12.5	7.0	109.3	227.8	25.5
有色金属冶炼及压延加工业	13.3	8.2	58.5	183.4	24.8
金属制品业	100.0	1.7	164.1	—	100.0
普通机械制造业	10.0	4.6	35.5	19.3	22.9

国民经济行业基本建设大中型项目投资效果主要指标

续 1

行业	项目建成投产率(%)	建设周期(年)	固定资产交付使用率(%)	未完工程占用率(%)	房屋建筑面积竣工率(%)
专用设备制造业	—	34.5	—	164.1	—
交通运输设备制造业	10.7	7.4	119.1	87.3	27.5
电气机械及器材制造业	—	5.1	22.6	130.3	39.4
电子及通信设备制造业	14.3	5.2	54.8	49.9	31.7
仪器仪表及文化、办公用机械制造业	—	—	—	—	—
其他制造业	20.0	7.6	9.9	411.8	18.7
(四)电力、煤气及水的生产和供应业	15.2	6.5	60.3	149.2	31.4
电力、蒸汽、热水的生产和供应业	13.9	6.6	58.3	147.6	31.2
煤气生产和供应业	—	5.3	13.1	183.9	11.5
自来水的生产和供应业	28.0	5.8	137.1	172.9	71.0
(五)建筑业	20.0	8.0	151.5	461.2	42.1
土木工程建筑业	25.0	24.1	289.9	1604.4	—
线路、管道和设备安装业	—	2.2	102.4	55.6	100.0
建筑物的装修装饰业	—	—	—	—	—
(六)地质勘查业、水利管理业	9.7	9.5	20.6	229.2	35.2
地质勘查业	—	4.2	—	100.0	—
水利管理业	9.9	9.6	20.9	231.3	35.2
(七)交通运输、仓储及邮电通信业	20.6	6.3	95.2	138.0	49.2
铁路运输业	13.7	7.4	122.7	186.0	59.3
公路运输业	14.3	5.6	77.4	109.9	35.8
管道运输业	—	2.5	—	195.7	—
水上运输业	—	6.2	41.7	163.9	48.3
航空运输业	33.3	4.6	91.0	109.0	59.7
交通运输辅助业	34.1	6.1	90.5	111.6	33.2
其他交通运输业	—	2.5	—	—	—
仓储业	20.0	7.0	25.1	60.6	63.4
邮电通信业	30.3	3.1	84.5	74.7	42.3
(八)批发和零售贸易、餐饮业	33.3	5.7	17.0	307.1	100.0
食品、饮料、烟草和家庭用品批发商业	—	—	—	—	—
能源、材料和机械电子设备批发业	—	5.8	14.5	316.5	100.0
其他批发业	—	—	—	—	—
零售业	100.0	1.0	100.0	—	100.0
商业经纪与代理业	—	—	—	—	—

国民经济行业基本建设大中型项目投资效果主要指标

续2

行业	项目建成投产率(%)	建设周期(年)	固定资产交付使用率(%)	未完工程占用率(%)	房屋建筑面积竣工率(%)
餐饮业	—	—	—	—	—
(九) 金融、保险业	—	—	—	—	—
金融业	—	—	—	—	—
保险业	—	—	—	—	—
(十) 房地产业	—	—	—	—	—
房地产开发与经营业	—	—	—	—	—
房地产管理业	—	—	—	—	—
房地产代理与经纪业	—	—	—	—	—
(十一) 社会服务业	8.7	5.7	22.4	243.3	10.9
公共服务业	4.8	5.7	16.3	246.7	11.3
居民服务业	—	—	—	—	—
旅馆业	—	—	—	—	—
租赁服务业	—	—	—	—	—
旅行社	—	—	—	—	—
娱乐服务业	—	1.6	—	110.1	—
信息、咨询服务业	—	—	—	—	—
计算机应用服务业	—	—	—	—	—
其他社会服务业	100.0	40.7	4073.6	—	—
(十二) 卫生、体育和社会福利业	50.0	32.8	1235.6	1423.0	41.2
卫生	50.0	32.8	1235.6	1423.0	41.2
体育	—	—	—	—	—
社会福利保障业	—	—	—	—	—
(十三) 教育、文化艺术及广播电影电视业	—	5.3	45.9	144.8	21.3
教育	—	4.6	68.7	103.4	30.6
文化艺术业	—	9.9	6.8	15.6	6.1
广播电影电视业	—	4.4	15.1	303.2	—
(十四) 科学研究和综合技术服务业	14.3	7.2	64.9	193.2	43.9
科学研究业	22.2	8.2	111.1	116.9	43.9
综合技术服务业	—	5.9	9.4	285.0	—
(十五) 国家机关、政党机关和社会团体	—	4.3	16.1	174.1	100.0
国家机关	—	4.3	16.1	174.1	100.0
政党机关	—	—	—	—	—
社会团体	—	—	—	—	—
基层群众自治组织	—	—	—	—	—
(十六) 其他行业	—	2.8	102.0	2.1	83.1
其他行业	—	2.8	102.0	2.1	83.1

全国基本建设大中型项目投资总规模与完成情况(一)

单位:万元

指　　标	计划总投资	实际需要总投资	自开始建设至本年底累计完成投资	本年完成投资
投资总额	**254627527**	**267535740**	**137548678**	**40425652**
一、按隶属关系分				
中央项目	164702807	174988215	91542482	25780755
地方项目	79793681	82268310	43054512	13328696
省　属	53207853	54414517	26325826	8533309
地市属	23148521	24290298	14925294	4054154
县　属	3437307	3563495	1803392	741233
其　他	10131039	10279215	2951684	1316201
二、按建设性质分				
新　建	182114066	191901790	92206373	26348991
扩　建	65198718	67679042	42162554	13007598
改　建	6479862	7109606	2692176	910506
单纯建造生活设施	—	—	—	—
迁　建	621833	631554	417402	126952
恢　复	213048	213748	70173	31605
单纯购置	—	—	—	—
三、按建设阶段分				
筹　建	18800153	19265610	1991403	815865
本年正式施工	222611588	234253801	122050923	38395001
本年收尾	13071541	13860794	13379031	1213063
全部停缓建	144245	155535	127321	1723
单纯购置	—	—	—	—
四、按投资总规模分				
500万元以下	208	208	208	208
500～1000万元	500	500	500	500
1000～3000万元	29539	29874	25613	15262
3000～5000万元	76560	79065	57422	27264
5000万元～1亿元	500639	530885	373435	147091
1亿元～5亿元	10039668	10635185	7368989	2491721
5亿元～10亿元	14369726	15173460	9491003	3189769
10亿元及以上	229610687	241086563	120231508	34553837

全国基本建设大中型项目投资总规模与完成情况(二)

单位:万元

指　　标	累计新增固定资产	未完工程累计投资	全部建成尚需投资	未完工程占用率(%)
投资总额	**69520189**	**60478055**	**129987062**	**149.6**
一、按隶属关系分				
中央项目	48598434	38557293	83445733	149.6
地方项目	19651512	20473195	39213798	153.6
省　属	11332392	12717277	28088691	149.0
地市属	7517414	6826614	9365004	168.4
县　属	801706	929304	1760103	125.4
其　他	1270243	1447567	7327531	110.0
二、按建设性质分				
新　建	43452307	42758287	99695417	162.3
扩　建	24716079	15907372	25516488	122.3
改　建	1141127	1536396	4417430	168.7
单纯建造生活设施	—	—	—	—
迁　建	150465	266038	214152	209.6
恢　复	60211	9962	143575	31.5
单纯购置	—	—	—	
三、按建设阶段分				
筹　建	668736	1150807	17274207	141.1
本年正式施工	57299747	57801522	112202878	150.5
本年收尾	11469658	1483483	481763	122.3
全部停缓建	82048	42243	28214	2451.7
单纯购置	—	—	—	—
四、按投资总规模分				
500万元以下	108	100	—	48.1
500～1000万元	—	—	—	—
1000～3000万元	17218	8035	4261	52.6
3000～5000万元	45463	11831	21643	43.4
5000万元～1亿元	212818	141123	157450	95.9
1亿元～5亿元	3632042	3399168	3266196	136.4
5亿元～10亿元	5164416	3937008	5682457	123.4
10亿元及以上	60448124	52980790	120855055	153.3

各地区基本建设大中型项目投资总规模与完成情况(一)

单位:万元

地区	计划总投资	实际需要总投资	自开始建设至本年底累计完成投资	本年完成投资
全国总计	**254627527**	**267535740**	**137548678**	**40425652**
北京	4964538	5541522	3196810	724958
天津	5566454	5576114	3418877	1388399
河北	9737091	9973629	5221752	2017608
山西	5381579	5445339	2970095	843349
内蒙古	4343934	5334447	4290015	871226
辽宁	8797846	8998809	5829717	1700483
吉林	5218955	5407067	4351178	950483
黑龙江	6255095	6816964	5570140	2121424
上海	17703887	17908859	9018266	3181415
江苏	8406560	8545843	4183230	1658912
浙江	11617609	11754816	3646714	1455020
安徽	3807543	3849146	2400941	560806
福建	6012495	6342713	3635550	1034760
江西	2780829	2892632	1317854	382714
山东	9151599	9378705	5872351	1647847
河南	12241820	12484956	6285084	1840281
湖北	15627638	15809185	7727330	1810827
湖南	4104547	4215357	2207439	790679
广东	23624477	24049069	11781445	2699108
广西	4154714	4302713	1607166	344555
海南	3158100	3271004	1210352	377019
重庆	2860728	2860728	1116162	399213
四川	9853430	11365157	6277377	1782704
贵州	3387222	3551801	1628252	582707
云南	3793814	3918387	1910827	615237
西藏	610611	611877	400395	127198
陕西	3896498	4043615	2385645	694779
甘肃	2564859	2582640	1935014	596595
青海	1804785	2238864	888278	293833
宁夏	1292694	1291813	556834	192948
新疆	11950709	12120620	5602841	1290175
不分地区	39954867	45051349	19104747	5448390

各地区基本建设大中型项目投资总规模与完成情况(二)

单位:万元

地　区	累计新增固定资产	未完工程累计投资	全部建成尚需投资	未完工程占用率(%)
全国总计	**69520189**	**60478055**	**129987062**	**149.6**
北　京	1768880	1426625	2344712	196.8
天　津	2209323	985900	2157237	71.0
河　北	2674255	1732372	4751877	85.9
山　西	1849796	851144	2475244	100.9
内 蒙 古	1974368	1766318	1044432	202.7
辽　宁	3144455	2609352	3169092	153.4
吉　林	2940213	1248172	1055889	131.3
黑 龙 江	3779109	1432314	1246824	67.5
上　海	2969049	5922658	8890593	186.2
江　苏	2030714	2145506	4362613	129.3
浙　江	1285924	2196251	8108102	150.9
安　徽	1391267	657118	1448205	117.2
福　建	1960993	1417883	2707163	137.0
江　西	917370	385873	1574778	100.8
山　东	4099677	1743410	3506354	105.8
河　南	2931470	3203611	6199872	174.1
湖　北	2794499	4585782	8081855	253.2
湖　南	907812	1012751	2007918	128.1
广　东	4300221	6804693	12267624	252.1
广　西	933278	649303	2695547	188.4
海　南	612597	576698	2060652	153.0
重　庆	484312	631850	1744566	158.3
四　川	2492831	3689538	5087780	207.0
贵　州	798820	801977	1923549	137.6
云　南	755680	992490	2007560	161.3
西　藏	239264	158709	211482	124.8
陕　西	647521	1715391	1657970	246.9
甘　肃	792162	1114636	647626	186.8
青　海	631445	255646	1350586	87.0
宁　夏	414589	141540	734979	73.4
新　疆	3814789	1591575	6517779	123.4
不分地区	10973506	6030969	25946602	110.7

国民经济行业基本建设大中型项目投资总规模与完成情况(一)

单位:万元

行业	计划总投资	实际需要总投资	自开始建设至本年底累计完成投资	本年完成投资
全国总计	**254627527**	**267535740**	**137548678**	**40425652**
(一) 农、林、牧、渔业	4186754	4549254	618472	377405
农业	369279	731779	171881	163973
林业	3526300	3526300	394721	175314
畜牧业	—	—	—	—
渔业	—	—	—	—
农、林、牧、渔服务业	291175	291175	51870	38118
(二) 采掘业	37661337	39119163	23789685	5845458
煤炭采选业	20839911	22139510	13470527	2324864
石油和天然气开采业	14214333	14205873	8149874	3271580
黑色金属矿采选业	1118428	1118428	795394	88264
有色金属矿采选业	251015	256872	214996	38033
非金属矿采选业	477510	557795	512066	63844
其他矿采选业	—	—	—	—
木材及竹材采运业	760140	840685	646828	58873
(三) 制造业	52943025	53929696	32096483	8036355
食品加工业	100582	102305	94630	45271
食品制造业	191030	203085	65676	27922
饮料制造业	79637	79637	68519	22916
烟草加工业	13725	13725	13725	13725
纺织业	50232	50232	15870	15050
服装及其他纤维制品制造业	—	—	—	—
皮革、毛皮、羽绒及其制品业	—	—	—	—
木材加工及竹、藤、棕、草制品业	140380	147922	106895	21910
家具制造业	—	—	—	—
造纸及纸制品业	2882151	2999047	1219468	504334
印刷业、记录媒介的复制	10832	10832	10832	7868
文教体育用品制造业	—	—	—	—
石油加工及炼焦业	8237246	8271215	3373090	1156039
化学原料及化学制品制造业	15654295	16109058	11566615	1942944
医药制造业	449308	449448	327893	83145
化学纤维制造业	1630636	1662379	1059908	441057
橡胶制品业	158900	170900	27650	13157
塑料制品业	9188	9188	3800	3000
非金属矿物制品业	1842446	1975183	1711327	489565
黑色金属冶炼及压延加工业	11965177	12017978	7968204	1724256
有色金属冶炼及压延加工业	960332	990747	434100	120822
金属制品业	57902	57902	57902	33337
普通机械制造业	339013	340013	186502	74592

国民经济行业基本建设大中型项目投资总规模与完成情况(一)

续 1　　　　单位:万元

行业	计划总投资	实际需要总投资	自开始建设至本年底累计完成投资	本年完成投资
专用设备制造业	26270	26270	11631	761
交通运输设备制造业	4863702	4941878	2607778	667864
电气机械及器材制造业	167422	170450	52721	33718
电子及通信设备制造业	2926743	2943988	954301	568446
仪器仪表及文化、办公用机械制造业	—	—	—	—
其他制造业	185876	186314	157446	24656
(四) 电力、煤气及水的生产和供应业	86610603	93786869	41940439	14386805
电力、蒸汽、热水的生产和供应业	82493166	89393231	39090099	13604242
煤气生产和供应业	1388954	1453138	781195	276058
自来水的生产和供应业	2728483	2940500	2069145	506505
(五) 建筑业	629559	642852	557793	80548
土木工程建筑业	495960	509253	460672	21093
线路、管道和设备安装业	133599	133599	97121	59455
建筑物的装修装饰业	—	—	—	—
(六) 地质勘查业、水利管理业	12344513	13050620	4539657	1373012
地质勘查业	91682	91682	21580	21580
水利管理业	12252831	12958938	4518077	1351432
(七) 交通运输、仓储及邮电通信业	51311438	53344184	29313379	8486457
铁路运输业	21792588	23450794	14467207	3164383
公路运输业	16676115	16794782	9034816	2979669
管道运输业	124295	128029	100503	51314
水上运输业	785603	801470	312278	128843
航空运输业	1361278	1386228	661906	298900
交通运输辅助业	8750627	8946942	3888482	1471758
其他交通运输业	5000	5000	2000	2000
仓储业	1087371	1100210	363310	157203
邮电通信业	728561	730729	482877	232387
(八) 批发和零售贸易、餐饮业	18072	20708	15902	3646
食品、饮料、烟草和家庭用品批发商业	—	—	—	—
能源、材料和机械电子设备批发业	17964	20600	15794	3538
其他批发业	—	—	—	—
零售业	108	108	108	108
商业经纪与代理业	—	—	—	—

国民经济行业基本建设大中型项目投资总规模与完成情

续 2

行　　业	计划总投资	实际需要总投资	自开始建设至本年底累计完成投资	本年[illegible]成投资
餐饮业	—	—	—	—
(九) 金融、保险业	—	—	—	—
金融业	—	—	—	—
保险业	—	—	—	—
(十) 房地产业	—	—	—	—
房地产开发与经营业	—	—	—	—
房地产管理业	—	—	—	—
房地产代理与经纪业	—	—	—	—
(十一) 社会服务业	6345819	6383766	3221667	1121989
公共服务业	6232739	6270686	3121294	1095415
居民服务业	—	—	—	—
旅馆业	—	—	—	—
租赁服务业	—	—	—	—
旅行社	—	—	—	—
娱乐服务业	40000	40000	27293	24780
信息、咨询服务业	—	—	—	—
计算机应用服务业	—	—	—	—
其他社会服务业	73080	73080	73080	1794
(十二) 卫生、体育和社会福利业	53744	65979	55081	2010
卫生	53744	65979	55081	2010
体育	—	—	—	—
社会福利保障业	—	—	—	—
(十三) 教育、文化艺术及广播电影电视业	744624	819707	455370	155646
教育	367810	423638	278523	92561
文化艺术业	211200	211900	43753	21430
广播电影电视业	165614	184169	133094	41655
(十四) 科学研究和综合技术服务业	400913	445481	337509	62066
科学研究业	234511	279079	200516	33904
综合技术服务业	166402	166402	136993	28162
(十五) 国家机关、政党机关和社会团体	44820	45155	22610	10386
国家机关	44820	45155	22610	10386
政党机关	—	—	—	—
社会团体	—	—	—	—
基层群众自治组织	—	—	—	—
(十六) 其他行业	1332306	1332306	584631	483869
其他行业	1332306	1332306	584631	483869

建设大中型项目投资总规模与完成情况(二)

单位:万元

	累计新增固定资产	未完工程累计投资	全部建成尚需投资	未完工程占用率(%)
	69520189	**60478055**	**129987062**	**149.6**
、渔业	84521	57541	3930782	15.2
	73529	9460	559898	5.8
	500	6703	3131579	3.8
畜牧业	—	—	—	—
渔业	—	—	—	—
农、林、牧、渔服务业	10492	41378	239305	108.6
(二)采掘业	14777840	6827209	15329478	116.8
煤炭采选业	7804914	4347880	8668983	187.0
石油和天然气开采业	5740895	1614128	6055999	49.3
黑色金属矿采选业	163898	628819	323034	712.4
有色金属矿采选业	117297	97606	41876	256.6
非金属矿采选业	394487	116410	45729	182.3
其他矿采选业	—	—	—	—
木材及竹材采运业	556349	22366	193857	380
(三)制造业	16982367	13755935	21833213	171.2
食品加工业	54754	39876	7675	88.1
食品制造业	12540	38136	137409	136.6
饮料制造业	65651	2711	11118	11.8
烟草加工业	13725	—	—	—
纺织业	7200	8670	34362	57.6
服装及其他纤维制品制造业	—	—	—	—
皮革、毛皮、羽绒及其制品业	—	—	—	—
木材加工及竹、藤、棕、草制品业	27911	66358	41027	302.9
家具制造业	—	—	—	—
造纸及纸制品业	440609	778859	1779579	154.4
印刷业、记录媒介的复制	10832	—	—	—
文教体育用品制造业	—	—	—	—
石油加工及炼焦业	1728750	1644286	4898125	142.2
化学原料及化学制品制造业	6145661	4743642	4542443	244.1
医药制造业	154164	118394	121555	142.4
化学纤维制造业	519850	538495	602471	122.1
橡胶制品业	10107	17543	143250	133.3
塑料制品业	—	3800	5388	126.7
非金属矿物制品业	1068638	577754	263856	118.0
黑色金属冶炼及压延加工业	4010327	3927827	4049774	227.8
有色金属冶炼及压延加工业	208752	221540	556647	183.4
金属制品业	54720	—	—	—
普通机械制造业	103641	14417	153511	19.3

国民经济行业基本建设大中型项目投资总规模与完成[illegible]

续 1

行业	累计新增固定资产	未完工程累计投资	全部建成尚需投资	未[illegible]用率
专用设备制造业	10382	1249	14639	164.1
交通运输设备制造业	1625101	583068	2334100	87.3
电气机械及器材制造业	8796	43925	117729	130.3
电子及通信设备制造业	644801	283856	1989687	49.9
仪器仪表及文化、办公用机械制造业	—	—	—	—
其他制造业	55455	101529	28868	411.8
(四) 电力、煤气及水的生产和供应业	18996367	21467643	51846430	149.2
电力、蒸汽、热水的生产和供应业	17532761	20084154	50303132	147.6
煤气生产和供应业	273611	507584	671943	183.9
自来水的生产和供应业	1189995	875905	871355	172.9
(五) 建筑业	185123	371466	85059	461.2
土木工程建筑业	122255	338417	48581	1604.4
线路、管道和设备安装业	62868	33049	36478	55.6
建筑物的装修装饰业	—	—	—	—
(六) 地质勘查业、水利管理业	1197424	3146925	8510963	229.2
地质勘查业	—	21580	70102	100.0
水利管理业	1197424	3125345	8440861	231.3
(七) 交通运输、仓储及邮电通信业	15757259	11708407	24030805	138.0
铁路运输业	7959579	5884776	8983587	186.0
公路运输业	4852534	3274500	7759966	109.9
管道运输业	71	100432	27526	195.7
水上运输业	101119	211159	489192	163.9
航空运输业	335411	325821	724322	109.0
交通运输辅助业	2151938	1642726	5058460	111.6
其他交通运输业	—	—	3000	—
仓储业	59437	95340	736900	60.6
邮电通信业	297170	173653	247852	74.7
(八) 批发和零售贸易、餐饮业	4692	11198	4806	307.1
食品、饮料、烟草和家庭用品批发商业	—	—	—	—
能源、材料和机械电子设备批发业	4584	11198	4806	316.5
其他批发业	—	—	—	—
零售业	108	—	—	—
商业经纪与代理业	—	—	—	—

[illegible]大中型项目投资总规模与完成情况(二)

单位:万元

[illegible]	[illegible]计新增[illegible]定资产	未完工程累计投资	全部建成尚需投资	未完工程占用率(%)
[illegible]	—	—	—	—
[illegible]	—	—	—	—
[illegible]	—	—	—	—
[illegible]	—	—	—	—
[illegible]地产业	—	—	—	—
[illegible]房地产开发与经营业	—	—	—	—
房地产管理业	—	—	—	—
房地产代理与经纪业	—	—	—	—
（十一）社会服务业	491895	2729772	3162099	243.3
公共服务业	418815	2702479	3149392	246.7
居民服务业	—	—	—	—
旅馆业	—	—	—	—
租赁服务业	—	—	—	—
旅行社	—	—	—	—
娱乐服务业	—	27293	12707	110.1
信息、咨询服务业	—	—	—	—
计算机应用服务业	—	—	—	—
其他社会服务业	73080	—	—	—
（十二）卫生、体育和社会福利业	26479	28602	10898	1423.0
卫生	26479	28602	10898	1423.0
体育	—	—	—	—
社会福利保障业	—	—	—	—
（十三）教育、文化艺术及广播电影电视业	228490	225390	364337	144.8
教育	181285	95748	145115	103.4
文化艺术业	40411	3342	168147	15.6
广播电影电视业	6794	126300	51075	303.2
（十四）科学研究和综合技术服务业	211431	119887	107972	193.2
科学研究业	154689	39636	78563	116.9
综合技术服务业	56742	80251	29409	285.0
（十五）国家机关、政党机关和社会团体	1670	18080	22545	174.1
国家机关	1670	18080	22545	174.1
政党机关	—	—	—	—
社会团体	—	—	—	—
基层群众自治组织	—	—	—	—
（十六）其他行业	574631	10000	747675	2.1
其他行业	574631	10000	747675	2.1

全国施工和建成投产的大中型项目个数

单位:个

指　　标	施工项目个数	新开工项目个数	全部建成投产项目个数	项目建成投产率(%)
全国总计	**1240**	**178**	**184**	**14.8**
一、按隶属关系分				
中央项目	514	66	64	12.5
地方项目	665	92	109	16.4
省　属	302	52	44	14.6
地市属	267	21	50	18.7
县　属	96	19	15	15.6
其　他	61	20	11	18.0
二、按建设性质分				
新　建	785	118	111	14.1
扩　建	395	52	66	16.7
改　建	36	4	5	13.9
单纯建造生活设施	—	—	—	—
迁　建	19	4	1	5.3
恢　复	5	—	1	20.0
单纯购置	—	—	—	—
三、按建设阶段分				
筹　建	2	—	—	—
本年正式施工	1166	178	184	15.8
本年收尾	66	—	—	—
全部停缓建	6	—	—	—
单纯购置	—	—	—	—

各地区施工和建成投产的大中型项目个数

单位:个

地区	施工项目个数	新开工项目个数	全部建成投产项目个数	项目建成投产率(%)
全国总计	**1240**	**178**	**184**	**14.8**
北京	27	1	4	14.8
天津	60	16	18	30.0
河北	55	8	7	12.7
山西	18	1	—	—
内蒙古	32	3	6	18.8
辽宁	50	7	8	16.0
吉林	22	2	3	13.6
黑龙江	37	3	8	21.6
上海	47	8	4	8.5
江苏	45	5	10	22.2
浙江	50	4	9	18.0
安徽	28	5	—	—
福建	44	6	9	20.5
江西	17	2	1	5.9
山东	53	5	6	11.3
河南	52	10	4	7.7
湖北	49	4	6	12.2
湖南	49	4	11	22.4
广东	81	11	15	18.5
广西	41	4	7	17.1
海南	44	17	10	22.7
重庆	16	2	2	12.5
四川	67	17	9	13.4
贵州	23	4	2	8.7
云南	36	4	2	5.6
西藏	17	3	4	23.5
陕西	24	—	—	—
甘肃	27	1	—	—
青海	13	—	1	7.7
宁夏	7	3	1	14.3
新疆	26	3	6	23.1
不分地区	83	15	11	13.3

国民经济行业施工和建成投产的大中型项目个数

单位:个

行业	施工项目个数	新开工项目个数	全部建成投产项目个数	项目建成投产率(%)
全国总计	**1240**	**178**	**184**	**14.8**
(一) 农、林、牧、渔业	17	4	2	11.8
农业	4	1	1	25.0
林业	9	2	—	—
畜牧业	—	—	—	—
渔业	—	—	—	—
农、林、牧、渔服务业	4	1	1	25.0
(二) 采掘业	142	7	5	3.5
煤炭采选业	84	4	1	1.2
石油和天然气开采业	21	3	2	9.5
黑色金属矿采选业	8	—	—	—
有色金属矿采选业	10	—	—	—
非金属矿采选业	11	—	1	9.1
其他矿采选业	—	—	—	—
木材及竹材采运业	8	—	1	12.5
(三) 制造业	330	57	59	17.9
食品加工业	11	2	3	27.3
食品制造业	4	1	1	25.0
饮料制造业	5	3	4	80.0
烟草加工业	1	1	1	100.0
纺织业	2	1	—	—
服装及其他纤维制品制造业	—	—	—	—
皮革、毛皮、羽绒及其制品业	—	—	—	—
木材加工及竹、藤、棕、草制品业	7	1	1	14.3
家具制造业	—	—	—	—
造纸及纸制品业	21	2	—	—
印刷业、记录媒介的复制	1	—	1	100.0
文教体育用品制造业	—	—	—	—
石油加工及炼焦业	28	4	4	14.3
化学原料及化学制品制造业	69	11	14	20.3
医药制造业	8	1	1	12.5
化学纤维制造业	16	3	2	12.5
橡胶制品业	3	1	—	—
塑料制品业	1	1	—	—
非金属矿物制品业	33	1	11	33.3
黑色金属冶炼及压延加工业	32	1	4	12.5
有色金属冶炼及压延加工业	15	3	2	13.3
金属制品业	2	—	2	100.0
普通机械制造业	10	1	1	10.0

国民经济行业施工和建成投产的大中型项目个数

续1　　　　　　　　　　　　　　　　　　　　　　　　　　　　　　单位:个

行　业	施工项目个数	新开工项目个数	全部建成投产项目个数	项目建成投产率(%)
专用设备制造业	2	1	—	—
交通运输设备制造业	28	6	3	10.7
电气机械及器材制造业	5	3	—	—
电子及通信设备制造业	21	7	3	14.3
仪器仪表及文化、办公用机械制造业	—	—	—	—
其他制造业	5	2	1	20.0
(四) 电力、煤气及水的生产和供应业	355	47	54	15.2
电力、蒸汽、热水的生产和供应业	288	42	40	13.9
煤气生产和供应业	17	2	—	—
自来水的生产和供应业	50	3	14	28.0
(五) 建筑业	5	—	1	20.0
土木工程建筑业	4	—	1	25.0
线路、管道和设备安装业	1	—	—	—
建筑物的装修装饰业	—	—	—	—
(六) 地质勘查业、水利管理业	72	5	7	9.7
地质勘查业	1	1	—	—
水利管理业	71	4	7	9.9
(七) 交通运输、仓储及邮电通信业	243	51	50	20.6
铁路运输业	51	5	7	13.7
公路运输业	77	16	11	14.3
管道运输业	2	1	—	—
水上运输业	10	1	—	—
航空运输业	18	3	6	33.3
交通运输辅助业	41	8	14	34.1
其他交通运输业	1	1	—	—
仓储业	10	—	2	20.0
邮电通信业	33	16	10	30.3
(八) 批发和零售贸易、餐饮业	3	1	1	33.3
食品、饮料、烟草和家庭用品批发商业	—	—	—	—
能源、材料和机械电子设备批发业	2	—	—	—
其他批发业	—	—	—	—
零售业	1	1	1	100.0
商业经纪与代理业	—	—	—	—

国民经济行业施工和建成投产的大中型项目个数

续 2　　单位:个

行　　业	施工项目个数	新开工项目个数	全部建成投产项目个数	项目建成投产率(%)
餐饮业	—	—	—	—
(九) 金融、保险业	—	—	—	—
金融业	—	—	—	—
保险业	—	—	—	—
(十) 房地产业	—	—	—	—
房地产开发与经营业	—	—	—	—
房地产管理业	—	—	—	—
房地产代理与经纪业	—	—	—	—
(十一) 社会服务业	23	2	2	8.7
公共服务业	21	2	1	4.8
居民服务业	—	—	—	—
旅馆业	—	—	—	—
租赁服务业	—	—	—	—
旅行社	—	—	—	—
娱乐服务业	1	—	—	—
信息、咨询服务业	—	—	—	—
计算机应用服务业	—	—	—	—
其他社会服务业	1	—	1	100.0
(十二) 卫生、体育和社会福利业	2	—	1	50.0
卫生	2	—	1	50.0
体育	—	—	—	—
社会福利保障业	—	—	—	—
(十三) 教育、文化艺术及广播电影电视业	24	—	—	—
教育	16	—	—	—
文化艺术业	3	—	—	—
广播电影电视业	5	—	—	—
(十四) 科学研究和综合技术服务业	14	1	2	14.3
科学研究业	9	1	2	22.2
综合技术服务业	5	—	—	—
(十五) 国家机关、政党机关和社会团体	4	2	—	—
国家机关	4	2	—	—
政党机关	—	—	—	—
社会团体	—	—	—	—
基层群众自治组织	—	—	—	—
(十六) 其他行业	6	1	—	—
其他行业	6	1	—	—

更新改造固定资产投资

更新改造投资主要指标

指　　标	1997 年	1996 年	1997 年比 1996 年增减	
			绝对数	± %
一、投资总额(亿元)	**3921.94**	**3615.00**	**306.94**	**8.5**
1.按构成分				
建筑安装工程	1540.77	1394.08	146.69	10.5
设备、工具、器具购置	2033.74	1895.69	138.05	7.3
其他费用	347.43	325.24	22.19	6.8
2.按建设性质分				
新　建	381.82	348.66	33.16	9.5
扩　建	1947.48	1816.62	130.86	7.2
改　建	1298.31	1188.12	110.19	9.3
单纯建造生活设施	54.86	51.06	3.80	7.4
迁　建	52.33	38.11	14.22	37.3
恢　复	6.55	2.42	4.13	170.7
单纯购置	180.59	170.01	10.58	6.2
3.按隶属关系分				
中央项目	1407.73	1249.50	158.23	12.7
地方项目	2405.31	2301.05	104.26	4.5
省　属	933.98	877.97	56.01	6.4
地市属	796.07	807.99	−11.92	−1.5
县　属	675.26	615.09	60.17	9.8
其　他	108.88	64.45	44.43	68.9
4.按大中小型分				
大中型	3529.14	3226.16	302.98	9.4
小　型	392.80	388.84	3.96	1.0
5.按投资总规模分				
500 万元以下	177.70	164.44	13.26	8.1
500 万元～1000 万元	162.46	160.49	1.97	1.2
1000 万元～3000 万元	519.94	508.77	11.17	2.2
3000 万元～5000 万元	335.00	345.26	−10.26	−3.0
5000 万元～1 亿元	482.52	472.38	10.14	2.2
1 亿元～5 亿元	1162.70	1075.19	87.51	8.1
5 亿元～10 亿元	463.39	383.45	79.94	20.9
10 亿元以上	618.24	505.04	113.20	22.4
二、新增固定资产(亿元)	**3250.55**	**2995.31**	**255.24**	**8.5**
三、建设项目(个)				
施工项目	51576	55235	−3659	−6.6
其中:限额以上项目	1768	1861	−93	−5.0
全部建成投产项目	33590	34580	−990	−2.9
其中:限额以上项目	550	575	−25	−4.4
四、房屋建筑面积(万平方米)				
施工面积	8470.86	9580.36	−1109.50	−11.6
其中：住宅	3263.66	3440.24	−176.58	−5.1
竣工面积	4409.81	4787.90	−378.09	−7.9
其中：住宅	1771.22	1855.22	−84.00	−4.5

各地区更新改造投资效果主要指标

地　　区	项目建成投产率(%)	建设周期(年)	固定资产交付使用率(%)	未完工程占用率(%)	房屋建筑面积竣工率(%)
全国总计	**65.1**	**2.5**	**82.9**	**52.3**	**52.1**
北　　京	60.1	2.6	68.1	84.3	38.3
天　　津	70.6	2.1	74.8	54.6	45.9
河　　北	69.1	1.9	77.2	35.1	53.4
山　　西	62.0	3.3	87.2	48.1	54.3
内 蒙 古	78.2	3.5	90.3	53.1	57.9
辽　　宁	68.0	2.8	89.0	54.8	47.4
吉　　林	61.6	3.0	84.6	67.9	62.4
黑 龙 江	72.1	2.0	80.0	36.1	57.0
上　　海	57.2	2.9	76.6	89.3	40.3
江　　苏	77.9	2.0	86.5	38.2	63.8
浙　　江	62.1	2.3	100.8	29.6	52.5
安　　徽	73.3	2.4	83.3	38.7	59.7
福　　建	62.9	2.0	85.1	35.3	43.4
江　　西	48.6	2.0	86.8	34.7	50.0
山　　东	64.7	2.5	69.9	53.7	54.2
河　　南	66.5	2.8	92.3	51.3	48.1
湖　　北	70.0	2.1	91.5	34.5	59.0
湖　　南	59.3	2.2	102.6	42.9	54.3
广　　东	49.4	2.6	83.2	51.3	49.3
广　　西	60.2	3.1	89.9	70.4	57.5
海　　南	77.6	3.9	65.5	37.3	57.4
重　　庆	46.7	2.8	82.4	60.3	54.6
四　　川	63.4	2.5	78.6	52.1	60.9
贵　　州	57.7	2.7	83.9	53.7	53.5
云　　南	65.0	2.8	80.5	59.6	55.2
西　　藏	93.8	1.7	89.1	11.3	74.5
陕　　西	62.3	2.5	77.5	70.1	42.7
甘　　肃	61.6	2.4	87.0	59.9	58.2
青　　海	66.9	2.2	79.9	53.4	74.5
宁　　夏	63.7	2.8	96.3	23.2	68.5
新　　疆	80.7	1.7	96.5	22.0	81.2
不分地区	18.2	3.2	46.9	36.9	56.9

国民经济行业更新改造投资效果主要指标

行　　业	项目建成投产率(%)	建设周期(年)	固定资产交付使用率(%)	未完工程占用率(%)	房屋建筑面积竣工率(%)
全　国　总　计	**65.1**	**2.5**	**82.9**	**52.3**	**52.1**
(一) 农、林、牧、渔业	87.4	1.3	85.9	11.7	85.5
农业	90.2	1.2	86.7	8.4	89.2
林业	80.2	1.6	77.4	21.0	85.0
畜牧业	82.8	1.5	89.5	11.9	76.7
渔业	83.3	1.4	83.9	20.7	77.0
农、林、牧、渔服务业	72.7	1.5	81.7	28.7	52.1
(二) 采掘业	57.5	2.9	89.7	32.6	61.9
煤炭采选业	52.3	3.5	100.6	48.0	60.5
石油和天然气开采业	67.0	2.6	83.3	13.0	67.0
黑色金属矿采选业	57.2	2.7	77.7	44.7	51.4
有色金属矿采选业	46.4	2.4	83.6	56.3	50.7
非金属矿采选业	63.9	2.6	75.6	65.3	58.8
其他矿采选业	100.0	1.0	100.0	—	100.0
木材及竹材采运业	59.9	1.9	60.6	31.9	74.0
(三) 制造业	58.0	2.9	80.6	65.1	53.0
食品加工业	71.4	1.8	84.7	34.4	67.3
食品制造业	70.0	1.9	88.6	29.5	65.4
饮料制造业	65.1	2.1	83.2	36.6	61.9
烟草加工业	41.7	2.8	88.8	72.1	43.0
纺织业	70.4	2.3	107.8	32.3	64.8
服装及其他纤维制品制造业	64.0	1.7	82.2	16.6	71.5
皮革、毛皮、羽绒及其制品业	59.3	1.7	96.1	15.5	84.3
木材加工及竹、藤、棕、草制品业	61.5	2.2	102.4	29.0	76.4
家具制造业	65.5	1.6	73.7	38.5	54.9
造纸及纸制品业	59.1	2.8	84.5	78.0	51.9
印刷业、记录媒介的复制	65.1	2.1	87.8	33.5	45.6
文教体育用品制造业	46.6	2.1	74.0	46.2	28.3
石油加工及炼焦业	70.7	2.3	68.3	66.1	60.1
化学原料及化学制品制造业	60.2	2.7	73.7	75.5	53.1
医药制造业	28.0	2.7	55.3	85.0	29.9
化学纤维制造业	61.7	2.7	104.1	48.7	48.2
橡胶制品业	61.8	3.3	94.7	93.2	55.3
塑料制品业	73.8	1.8	88.6	35.8	69.8
非金属矿物制品业	60.1	2.8	83.3	75.0	54.9
黑色金属冶炼及压延加工业	67.0	4.1	85.8	81.9	54.9
有色金属冶炼及压延加工业	49.9	3.8	78.9	86.2	50.7
金属制品业	56.6	2.4	79.4	57.9	48.0
普通机械制造业	39.7	4.1	67.7	81.1	49.9

国民经济行业更新改造投资效果主要指标

续 1

行　　业	项目建成投产率(%)	建设周期(年)	固定资产交付使用率(%)	未完工程占用率(%)	房屋建筑面积竣工率(%)
专用设备制造业	49.0	3.5	80.8	70.9	45.0
交通运输设备制造业	51.8	3.6	77.1	72.6	45.3
电气机械及器材制造业	45.5	2.8	75.1	51.8	49.9
电子及通信设备制造业	43.8	2.1	77.5	29.8	61.7
仪器仪表及文化、办公用机械制造业	47.7	3.3	75.5	78.2	55.2
其他制造业	63.6	3.4	105.8	60.2	60.6
(四) 电力、煤气及水的生产和供应业	71.6	2.8	83.7	56.1	49.4
电力、蒸汽、热水的生产和供应业	74.0	2.8	83.6	56.5	49.9
煤气生产和供应业	44.8	2.2	69.5	67.5	19.7
自来水的生产和供应业	60.9	2.4	89.7	49.0	60.2
(五) 建筑业	54.2	2.3	87.3	46.8	56.8
土木工程建筑业	55.2	2.3	86.5	49.0	58.0
线路、管道和设备安装业	46.5	2.1	92.6	17.3	41.2
建筑物的装修装饰业	60.0	2.8	132.9	4.5	100.0
(六) 地质勘查业、水利管理业	69.7	3.4	51.1	26.9	76.5
地质勘查业	81.8	1.1	84.4	8.8	72.6
水利管理业	68.8	3.5	49.6	27.7	77.1
(七) 交通运输、仓储及邮电通信业	75.3	1.5	84.2	28.0	52.6
铁路运输业	63.6	1.9	90.3	40.7	55.2
公路运输业	62.8	1.9	75.7	46.1	40.3
管道运输业	91.4	1.2	96.2	12.9	59.3
水上运输业	48.9	1.9	123.2	20.6	47.3
航空运输业	85.3	2.0	90.8	1.4	53.5
交通运输辅助业	74.8	2.3	88.4	45.4	40.0
其他交通运输业	—	2.8	24.5	—	—
仓储业	74.3	1.5	93.8	18.9	62.7
邮电通信业	80.5	1.4	82.7	24.4	49.0
(八) 批发和零售贸易、餐饮业	66.5	3.3	59.1	162.9	35.3
食品、饮料、烟草和家庭用品批发商业	73.0	2.2	84.4	66.6	52.2
能源、材料和机械电子设备批发业	58.0	2.4	74.5	88.7	32.0
其他批发业	53.8	3.0	89.5	148.1	42.4
零售业	64.4	4.2	50.7	238.3	29.3
商业经纪与代理业	22.2	1.5	1.0	24.9	0.4

国民经济行业更新改造投资效果主要指标

续 2

行业	项目建成投产率(%)	建设周期(年)	固定资产交付使用率(%)	未完工程占用率(%)	房屋建筑面积竣工率(%)
餐饮业	71.2	2.0	65.8	54.3	37.2
(九) 金融、保险业	38.8	1.4	77.7	36.9	58.0
金融业	38.3	1.4	79.6	39.0	57.1
保险业	46.7	1.2	47.9	2.9	82.1
(十) 房地产业	49.7	3.7	101.7	96.8	39.4
房地产开发与经营业	47.8	3.8	97.9	107.2	32.2
房地产管理业	51.6	3.1	116.8	57.2	50.2
房地产代理与经纪业	—	2.7	—	125.3	—
(十一) 社会服务业	68.3	2.0	90.5	48.2	42.1
公共服务业	70.8	1.9	95.2	35.6	50.5
居民服务业	58.8	1.6	79.2	39.3	70.9
旅馆业	61.0	3.0	76.6	123.4	27.3
租赁服务业	—	1.6	35.6	84.2	—
旅行社	63.2	1.8	64.9	43.5	58.6
娱乐服务业	47.4	3.0	85.7	169.5	44.6
信息、咨询服务业	—	1.1	98.4	1.6	—
计算机应用服务业	40.0	4.3	13.8	153.4	—
其他社会服务业	36.8	2.4	38.4	98.2	31.2
(十二) 卫生、体育和社会福利业	66.3	1.7	95.7	25.8	53.1
卫生	66.5	1.7	95.1	21.8	53.5
体育	45.5	1.7	93.2	45.7	43.3
社会福利保障业	75.0	3.2	132.1	44.4	57.6
(十三) 教育、文化艺术及广播电影电视业	65.9	1.9	75.0	67.5	58.2
教育	69.4	1.7	77.4	56.8	62.6
文化艺术业	37.7	2.7	57.9	121.4	24.3
广播电影电视业	65.6	1.7	88.0	37.8	63.7
(十四) 科学研究和综合技术服务业	67.3	3.2	123.4	64.3	52.7
科学研究业	61.3	3.7	147.1	66.9	62.1
综合技术服务业	74.4	2.6	88.6	60.5	39.0
(十五) 国家机关、政党机关和社会团体	71.6	1.9	90.0	41.8	57.2
国家机关	71.4	1.9	88.0	43.3	56.4
政党机关	93.3	1.2	104.9	1.6	91.6
社会团体	63.6	2.5	222.1	12.1	76.9
基层群众自治组织	—	—	—	—	—
(十六) 其他行业	55.2	2.1	92.6	36.1	51.4
其他行业	55.2	2.1	92.6	36.1	51.4

各地区更新改造投资总规模与完成情况(一)

单位:万元

地　　区	计划总投资	实际需要总投资	自开始建设至本年底累计完成投资	本年完成投资
全国总计	**93928512**	**96915397**	**67633109**	**39219374**
北　　京	4734611	4922619	3264955	1911525
天　　津	2842989	2857174	2143609	1337465
河　　北	4746557	4885645	3741354	2550267
山　　西	2813868	2864225	2265935	874407
内 蒙 古	1527709	1696274	1220276	488107
辽　　宁	6438073	6645262	4321354	2413950
吉　　林	1633898	1705344	1047910	576833
黑 龙 江	2350128	2355535	1607554	1174769
上　　海	10983300	11328927	8111882	3862400
江　　苏	5291926	5426111	3957410	2687735
浙　　江	2518614	2595495	1811508	1131953
安　　徽	2641159	2800435	1857841	1149597
福　　建	2670281	2776376	2105416	1373114
江　　西	1303880	1348556	1032263	658714
山　　东	6384278	6584666	4133373	2634534
河　　南	4571234	4673806	3133547	1692959
湖　　北	4557345	4541268	3368360	2118354
湖　　南	2335065	2389683	1837701	1072563
广　　东	6705662	6990518	4984766	2735407
广　　西	1813948	1851484	1183632	591029
海　　南	148183	295247	127002	75004
重　　庆	1732558	1810451	1206874	654264
四　　川	2878111	2954335	1809999	1178243
贵　　州	1462790	1499382	1012315	551027
云　　南	3226144	3372415	2271033	1224808
西　　藏	39209	39239	37270	22596
陕　　西	1529148	1582363	1086956	630397
甘　　肃	1443291	1482558	944028	605752
青　　海	302710	306163	216745	136371
宁　　夏	492439	496633	432409	179683
新　　疆	1208524	1236328	1056466	739121
不分地区	600880	600880	301366	186426

各地区更新改造投资总规模与完成情况(二)

单位:万元

地区	累计新增固定资产	未完工程累计投资	全部建成尚需投资	未完工程占用率(%)
全国总计	**44196913**	**20528822**	**29282288**	**52.3**
北京	1632599	1611412	1657664	84.3
天津	1167921	729812	713565	54.6
河北	2495085	894398	1144291	35.1
山西	1791447	420287	598290	48.1
内蒙古	952107	259157	475998	53.1
辽宁	2792930	1322176	2323908	54.8
吉林	626984	391394	657434	67.9
黑龙江	1109304	424524	747981	36.1
上海	4166594	3449533	3217045	89.3
江苏	2891162	1025776	1468701	38.2
浙江	1413398	335063	783987	29.6
安徽	1358928	444635	942594	38.7
福建	1545316	485233	670960	35.3
江西	749057	228821	316293	34.7
山东	2492995	1414770	2451293	53.7
河南	2174998	867790	1540259	51.3
湖北	2467710	729977	1172908	34.5
湖南	1280627	459855	551982	42.9
广东	3467991	1402341	2005752	51.3
广西	740574	416086	667852	70.4
海南	84943	27957	168245	37.3
重庆	783570	394713	603577	60.3
四川	1145071	613825	1144336	52.1
贵州	684028	295987	487067	53.7
云南	1427592	730075	1101382	59.6
西藏	34710	2560	1969	11.3
陕西	629515	441749	495407	70.1
甘肃	571672	362862	538530	59.9
青海	131351	72792	89418	53.4
宁夏	373169	41703	64224	23.2
新疆	870415	162816	179862	22.0
不分地区	143150	68743	299514	36.9

各地区按投资规模分的更新改造投资总规模(一)

单位:万元

地　区	500万元以下	500～1000万元	1000～3000万元	3000～5000万元
全国总计	**2202332**	**2376307**	**9879305**	**7223970**
北　京	34478	49608	214233	207153
天　津	44033	49263	189625	138506
河　北	276683	211830	758640	368191
山　西	29705	35909	269229	211622
内蒙古	28662	25618	92104	65969
辽　宁	48692	70971	366189	345646
吉　林	26917	31896	149636	98065
黑龙江	53940	57816	234403	177870
上　海	49410	84565	563560	561202
江　苏	139841	142101	667415	513893
浙　江	79315	106373	443176	224495
安　徽	93765	103045	401663	322956
福　建	88722	91842	324248	272931
江　西	88076	88764	262486	140519
山　东	127136	143226	735399	491922
河　南	135502	121622	602806	438152
湖　北	180532	189495	707772	502701
湖　南	46528	77881	261158	235206
广　东	133418	150313	720122	477853
广　西	63499	67455	185341	176176
海　南	10057	9372	16562	18640
重　庆	28820	33972	218094	154999
四　川	74915	95029	408442	272262
贵　州	41223	81339	217791	217252
云　南	101261	93248	279730	232213
西　藏	2434	1160	12004	—
陕　西	36108	40741	170599	147189
甘　肃	24983	36297	133723	52661
青　海	17179	17643	38610	31754
宁　夏	12128	11901	51902	29463
新　疆	84370	56012	182643	96509
不分地区	—	—	—	—

各地区按投资规模分的更新改造投资总规模(二)

单位:万元

地　　区	5000万元～1亿元	1亿元～5亿元	5亿元～10亿元	10亿元及以上
全国总计	**11315275**	**30144163**	**12381490**	**21392555**
北　京	489687	1401471	739313	1786676
天　津	292734	1203114	673633	266266
河　北	533899	1656974	486825	592603
山　西	270701	492636	560421	994002
内蒙古	190948	424015	247604	621354
辽　宁	499314	2091808	1024535	2198107
吉　林	235307	493254	285327	384942
黑龙江	226185	810236	250062	545023
上　海	1093605	4099412	1431287	3445886
江　苏	664994	1853253	721265	723349
浙　江	398177	749704	209573	384682
安　徽	379773	739843	114948	644442
福　建	417889	998164	259684	322896
江　西	170516	299471	188724	110000
山　东	740059	1500233	784757	2061934
河　南	530135	1143138	522988	1179463
湖　北	641951	1215290	252945	850582
湖　南	347259	706232	457411	258008
广　东	802184	3077618	800005	829005
广　西	298618	735547	144848	180000
海　南	23586	32030	—	185000
重　庆	251463	773719	349384	—
四　川	435362	899448	381377	387500
贵　州	190478	451838	299461	—
云　南	467578	897081	262935	1038369
西　藏	8000	15641	—	—
陕　西	281361	524226	109663	272476
甘　肃	124161	348476	377586	384671
青　海	62714	68263	70000	—
宁　夏	68493	143942	71054	107750
新　疆	133304	285062	137026	261402
不分地区	44840	13024	166849	376167

各地区按隶属关系分的更新改造投资总规模

单位:万元

地区	合计	中央项目	地方项目			
				省属	地市属	县属
全国总计	**96915397**	**30916337**	**64004154**	**26809302**	**22895455**	**14299397**
北京	4922619	1826750	3095869	2839469	218571	37829
天津	2857174	380128	2439214	2247023	57416	134775
河北	4885645	1318412	3526776	995214	1340074	1191488
山西	2864225	1407003	1434152	682282	473201	278669
内蒙古	1696274	322336	1356267	1151127	139350	65790
辽宁	6645262	2179577	4396755	1379370	2856344	161041
吉林	1705344	788010	815098	97184	532284	185630
黑龙江	2355535	1334391	967703	227391	512340	227972
上海	11328927	2411289	8809284	7237374		1571910
江苏	5426111	1655015	3741504	463606	1844620	1433278
浙江	2595495	990413	1570709	256055	804087	510567
安徽	2800435	867184	1888665	189411	1127695	571559
福建	2776376	299802	2275236	1152458	533902	588876
江西	1348556	332206	972875	318722	291609	362544
山东	6584666	2631389	3904671	571977	1859882	1472812
河南	4673806	1708630	2911162	769921	1122460	1018781
湖北	4541268	1295211	2837355	206238	1663165	967952
湖南	2389683	1117914	1058948	484661	387306	186981
广东	6990518	1750627	5084944	606472	3273732	1204740
广西	1851484	380728	1443504	328842	931236	183426
海南	295247	19136	260213	213133	19343	27737
重庆	1810451	519918	1272615	700313	170560	401742
四川	2954335	693243	2152355	407326	1224001	521028
贵州	1499382	558788	938334	530183	267548	140603
云南	3372415	915035	2352453	1433646	394695	524112
西藏	39239	32509	6730	3237	3368	125
陕西	1582363	643802	917669	252383	557012	108274
甘肃	1482558	874864	606442	424847	114120	67475
青海	306163	110752	194086	89157	64826	40103
宁夏	496633	98592	398041	336534	15893	45614
新疆	1236328	851803	374525	213746	94815	65964
不分地区	600880	600880				

各地区按建设性质分的更新改造投资总规模

单位:万元

地区	新建	扩建	改建	单纯建造生活设施	迁建	恢复	单纯购置
全国总计	**9970533**	**47905353**	**33367936**	**1740377**	**1651988**	**98387**	**2180823**
北京	584918	2814339	1037529	168993	208390	25000	83450
天津	479786	1602616	714224	13940	32499	1304	12805
河北	745231	2062984	1946404	6203	18704	24984	81135
山西	114434	1181651	1539707	865	6125	—	21443
内蒙古	8693	1318358	324720	583	—	16685	27235
辽宁	581182	2546954	3400198	6162	37154	—	73612
吉林	179194	912080	597063	—	2471	—	14536
黑龙江	46562	1766377	516628	2392	5122	—	18454
上海	2988684	2396609	4287256	1166436	348566	—	141376
江苏	473915	3018099	1702282	20224	129381	—	82210
浙江	165538	1553083	739141	363	70356	987	66027
安徽	209798	1494450	1049595	281	11298	726	34287
福建	544302	1601946	523189	—	69198	—	37741
江西	212278	724319	384205	1182	3852	98	22622
山东	212234	4027009	2075243	88072	64740	—	117368
河南	296275	2776296	1480605	11702	67282	—	41646
湖北	241855	2306086	1556085	16765	95624	2510	322343
湖南	155876	1187489	991516	981	13320	—	40501
广东	754218	3540115	1868605	51270	136214	9476	630620
广西	151556	1168015	475729	17719	3798	2543	32124
海南	2387	82483	192700	1000	1447	—	15230
重庆	137626	903982	449885	16887	183897	—	118174
四川	314656	1636283	886413	32620	19380	—	64983
贵州	62630	756772	619051	16490	31792	5115	7532
云南	201921	1931967	1105051	43908	71257	8399	9912
西藏	3448	19802	15409	—	—	170	410
陕西	47671	1011863	454382	18810	19728	—	29909
甘肃	28266	354349	1089274	2204	213	240	8012
青海	19805	173352	108600	2071	—	—	2335
宁夏	196	176361	307200	10613	180	—	2083
新疆	5398	483097	705334	21641	—	150	20708
不分地区	—	376167	224713	—	—	—	—

各地区更新改造投资额和新增固定资产

单位:万元

地　区	投资额	新增固定资产	固定资产交付使用率(%)
全国总计	**39219374**	**32505467**	**82.9**
北　京	1911525	1301241	68.1
天　津	1337465	1000338	74.8
河　北	2550267	1969605	77.2
山　西	874407	762516	87.2
内蒙古	488107	440942	90.3
辽　宁	2413950	2149561	89.0
吉　林	576833	487864	84.6
黑龙江	1174769	939511	80.0
上　海	3862400	2959369	76.6
江　苏	2687735	2325394	86.5
浙　江	1131953	1141381	100.8
安　徽	1149597	957266	83.3
福　建	1373114	1168107	85.1
江　西	658714	571669	86.8
山　东	2634534	1841823	69.9
河　南	1692959	1562267	92.3
湖　北	2118354	1938507	91.5
湖　南	1072563	1100470	102.6
广　东	2735407	2275435	83.2
广　西	591029	531410	89.9
海　南	75004	49115	65.5
重　庆	654264	539033	82.4
四　川	1178243	926647	78.6
贵　州	551027	462086	83.9
云　南	1224808	985592	80.5
西　藏	22596	20136	89.1
陕　西	630397	488383	77.5
甘　肃	605752	527271	87.0
青　海	136371	109027	79.9
宁　夏	179683	173015	96.3
新　疆	739121	713105	96.5
不分地区	186426	87381	46.9

国民经济行业更新改造投资额和新增固定资产

单位:万元

行　　业	投资额	新增固定资产	固定资产交付使用率(%)
全　国　总　计	**39219374**	**32505467**	**82.9**
(一) 农、林、牧、渔业	272080	233608	85.9
农业	200401	173794	86.7
林业	13734	10633	77.4
畜牧业	17851	15978	89.5
渔业	20246	16994	83.9
农、林、牧、渔服务业	19848	16209	81.7
(二) 采掘业	2443744	2192324	89.7
煤炭采选业	997011	1002573	100.6
石油和天然气开采业	1130125	940922	83.3
黑色金属矿采选业	57795	44894	77.7
有色金属矿采选业	156910	131153	83.6
非金属矿采选业	73465	55524	75.6
其他矿采选业	80	80	100.0
木材及竹材采运业	28358	17178	60.6
(三) 制造业	18662437	15042165	80.6
食品加工业	584457	495176	84.7
食品制造业	344583	305468	88.6
饮料制造业	880950	732936	83.2
烟草加工业	682437	606261	88.8
纺织业	737365	795146	107.8
服装及其他纤维制品制造业	98414	80887	82.2
皮革、毛皮、羽绒及其制品业	49448	47507	96.1
木材加工及竹、藤、棕、草制品业	197093	201837	102.4
家具制造业	37571	27676	73.7
造纸及纸制品业	601200	508023	84.5
印刷业、记录媒介的复制	146179	128418	87.8
文教体育用品制造业	46254	34249	74.0
石油加工及炼焦业	1424175	973278	68.3
化学原料及化学制品制造业	2642462	1947540	73.7
医药制造业	508451	281004	55.3
化学纤维制造业	233680	243174	104.1
橡胶制品业	331076	313552	94.7
塑料制品业	282906	250617	88.6
非金属矿物制品业	1218787	1014815	83.3
黑色金属冶炼及压延加工业	2357461	2022795	85.8
有色金属冶炼及压延加工业	674384	531839	78.9
金属制品业	228106	181015	79.4
普通机械制造业	730397	494529	67.7

国民经济行业更新改造投资额和新增固定资产

续 1　　　　单位:万元

行　　业	投资额	新增固定资产	固定资产交付使用率(%)
专用设备制造业	429137	346769	80.8
交通运输设备制造业	1447853	1116430	77.1
电气机械及器材制造业	720022	540595	75.1
电子及通信设备制造业	837356	648759	77.5
仪器仪表及文化、办公用机械制造业	97102	73304	75.5
其他制造业	93131	98566	105.8
(四) 电力、煤气及水的生产和供应业	2754250	2304494	83.7
电力、蒸汽、热水的生产和供应业	2347841	1961983	83.6
煤气生产和供应业	109261	75972	69.5
自来水的生产和供应业	297148	266539	89.7
(五) 建筑业	479125	418467	87.3
土木工程建筑业	447279	387083	86.5
线路、管道和设备安装业	27117	25097	92.6
建筑物的装修装饰业	4729	6287	132.9
(六) 地质勘查业、水利管理业	250966	128311	51.1
地质勘查业	10715	9039	84.4
水利管理业	240251	119272	49.6
(七) 交通运输、仓储及邮电通信业	10501265	8840271	84.2
铁路运输业	1040912	939893	90.3
公路运输业	764074	578455	75.7
管道运输业	19160	18427	96.2
水上运输业	147123	181207	123.2
航空运输业	386116	350673	90.8
交通运输辅助业	692832	612688	88.4
其他交通运输业	10395	2546	24.5
仓储业	54860	51449	93.8
邮电通信业	7385793	6104933	82.7
(八) 批发和零售贸易、餐饮业	610603	361033	59.1
食品、饮料、烟草和家庭用品批发商业	108692	91705	84.4
能源、材料和机械电子设备批发业	102386	76282	74.5
其他批发业	5695	5097	89.5
零售业	336280	170512	50.7
商业经纪与代理业	31506	310	1.0

国民经济行业更新改造投资额和新增固定资产

续2　　单位:万元

行　　业	投资额	新增固定资产	固定资产交付使用率(%)
餐饮业	26044	17127	65.8
(九) 金融、保险业	117717	91470	77.7
金融业	110700	88106	79.6
保险业	7017	3364	47.9
(十) 房地产业	569169	578650	101.7
房地产开发与经营业	449083	439507	97.9
房地产管理业	119080	139143	116.8
房地产代理与经纪业	1006		
(十一) 社会服务业	1514658	1371437	90.5
公共服务业	1209585	1151459	95.2
居民服务业	10099	8003	79.2
旅馆业	152784	117090	76.6
租赁服务业	5761	2051	35.6
旅行社	80712	52356	64.9
娱乐服务业	28248	24199	85.7
信息、咨询服务业	13279	13067	98.4
计算机应用服务业	9081	1250	13.8
其他社会服务业	5109	1962	38.4
(十二) 卫生、体育和社会福利业	107729	103070	95.7
卫生	89622	85270	95.1
体育	15721	14648	93.2
社会福利保障业	2386	3152	132.1
(十三) 教育、文化艺术及广播电影电视业	179547	134622	75.0
教育	112409	87043	77.4
文化艺术业	38316	22203	57.9
广播电影电视业	28822	25376	88.0
(十四) 科学研究和综合技术服务业	48472	59838	123.4
科学研究业	28873	42480	147.1
综合技术服务业	19599	17358	88.6
(十五) 国家机关、政党机关和社会团体	375534	338113	90.0
国家机关	360309	317091	88.0
政党机关	10917	11454	104.9
社会团体	4308	9568	222.1
基层群众自治组织			
(十六) 其他行业	332078	307594	92.6
其他行业	332078	307594	92.6

各地区按投资规模分的更新改造投资(一)

单位:万元

地　　区	500万元以下	500～1000万元	1000～3000万元	3000～5000万元
全国总计	**1776965**	**1624596**	**5199360**	**3350006**
北　京	26502	30535	100500	94173
天　津	35121	33031	111151	83280
河　北	253849	172737	487581	203987
山　西	19963	23770	137595	75125
内蒙古	23825	18470	60301	47739
辽　宁	40713	51832	188355	136815
吉　林	22833	22957	81692	48891
黑龙江	41712	41286	135511	104127
上　海	36375	48029	267283	235382
江　苏	121773	107613	351929	261891
浙　江	59557	67849	204017	97524
安　徽	76760	68531	207592	176228
福　建	64692	61622	167516	131858
江　西	65400	51443	108841	41780
山　东	104578	100384	404160	246166
河　南	117960	94919	341648	205803
湖　北	153476	135571	398613	275093
湖　南	34098	51902	130780	99761
广　东	96559	89232	363134	197476
广　西	45848	47517	91138	65027
海　南	8675	8005	13273	10355
重　庆	20152	20259	99419	52290
四　川	55688	63587	211122	128306
贵　州	29943	50348	102462	91284
云　南	74393	48827	114720	74622
西　藏	2097	530	6428	—
陕　西	25246	25953	78561	64614
甘　肃	18281	21493	59778	17578
青　海	13265	11604	22083	19570
宁　夏	9154	6404	32906	16338
新　疆	78477	48356	119271	46923
不分地区	—	—	—	—

各地区按投资规模分的更新改造投资(二)

单位:万元

地　区	5000万元～1亿元	1亿元～5亿元	5亿元～10亿元	10亿元及以上
全国总计	**4825169**	**11627010**	**4633874**	**6182394**
北　京	203340	514414	244140	697921
天　津	158941	650566	195785	69590
河　北	296506	686097	194194	255316
山　西	107912	250074	145999	113969
内蒙古	83164	140863	44363	69382
辽　宁	175429	668886	396529	755391
吉　林	75277	164276	120873	40034
黑龙江	106072	396136	120581	229344
上　海	414120	1408083	624055	829073
江　苏	344880	918116	308778	272755
浙　江	164008	314956	38540	185502
安　徽	173550	318416	31920	96600
福　建	205015	394071	45208	303132
江　西	64545	113373	103332	110000
山　东	340544	635810	356567	446325
河　南	234854	425124	195431	77220
湖　北	302378	558789	92244	202190
湖　南	111210	287191	198621	159000
广　东	340481	929056	338870	380599
广　西	117113	218424	2962	3000
海　南	18073	15000	—	1623
重　庆	90246	231461	140437	—
四　川	181553	333847	126706	77434
贵　州	60594	149096	67300	—
云　南	149968	362935	56168	343175
西　藏	7900	5641	—	—
陕　西	96195	160689	24539	154600
甘　肃	57926	145180	214778	70738
青　海	25164	25980	18705	—
宁　夏	29690	58978	9804	16409
新　疆	77144	143482	79145	146323
不分地区	11377	2000	97300	75749

各地区按构成分的更新改造投资

单位:万元

地区	投资额	建筑安装工程	设备工器具购置	其他费用
全国总计	**39219374**	**15407706**	**20337402**	**3474266**
北京	1911525	907650	707618	296257
天津	1337465	614349	592872	130244
河北	2550267	1076976	1286678	186613
山西	874407	423593	361101	89713
内蒙古	488107	226028	249285	12794
辽宁	2413950	1150242	1045082	218626
吉林	576833	254908	269649	52276
黑龙江	1174769	421757	685485	67527
上海	3862400	1345691	1863287	653422
江苏	2687735	872241	1629654	185840
浙江	1131953	351760	661560	118633
安徽	1149597	393117	697653	58827
福建	1373114	448156	849854	75104
江西	658714	201980	431468	25266
山东	2634534	1023032	1361818	249684
河南	1692959	725917	848986	118056
湖北	2118354	679972	1275632	162750
湖南	1072563	338984	653995	79584
广东	2735407	1142779	1419651	172977
广西	591029	225212	327073	38744
海南	75004	20797	51692	2515
重庆	654264	252810	360357	41097
四川	1178243	448249	634310	95684
贵州	551027	204935	294678	51414
云南	1224808	500876	620804	103128
西藏	22596	4517	17627	452
陕西	630397	229565	353806	47026
甘肃	605752	275709	264398	65645
青海	136371	59419	67884	9068
宁夏	179683	84427	83777	11479
新疆	739121	364021	333961	41139
不分地区	186426	138037	35707	12682

各地区按建设性质分的更新改造投资

单位:万元

地区	新建	扩建	改建	单纯建造生活设施	迁建	恢复	单纯购置
全国总计	**3818208**	**19474786**	**12983055**	**548603**	**523280**	**65540**	**1805902**
北京	180134	1101285	448742	67271	33371	5002	75720
天津	199139	750746	344062	5905	24375	754	12484
河北	422372	930240	1088750	4432	8275	24744	71454
山西	26661	416689	414353	472	700	—	15532
内蒙古	4951	299830	149340	194	—	12004	21788
辽宁	100564	1214537	1017974	3088	15773	—	62014
吉林	80939	246031	238002	—	1379	—	10482
黑龙江	25573	850828	277759	2264	1649	—	16696
上海	1076600	860437	1469742	269669	109265	—	76687
江苏	151168	1571375	803600	3424	81522	—	76646
浙江	85206	666661	293492	168	32828	905	52693
安徽	96454	572260	452150	181	1115	726	26711
福建	178752	902051	244334	—	15713	—	32264
江西	171525	305613	160420	1000	949	98	19109
山东	126395	1433837	878498	56983	27346	—	111475
河南	123449	975898	520945	8491	30589	—	33587
湖北	106064	1111276	576292	12691	19552	1709	290770
湖南	59466	503907	469423	449	2461	—	36857
广东	203039	1309733	612346	24668	26898	7161	551562
广西	53857	355090	139019	9961	1068	1483	30551
海南	1896	48921	6654	927	1376	—	15230
重庆	39001	357243	168423	3843	33630	—	52124
四川	123350	605072	372273	20993	9193	—	47362
贵州	29522	313088	176883	4060	16626	4774	6074
云南	114714	699356	356279	19689	21618	5852	7300
西藏	2198	6502	13469	—	—	170	257
陕西	15261	381347	195855	7681	5666	—	24587
甘肃	10397	166126	422350	1199	213	8	5459
青海	7692	75007	51109	1451	—	—	1112
宁夏	100	96119	78489	2837	130	—	2008
新疆	1769	271932	431351	14612	—	150	19307
不分地区	—	75749	110677	—	—	—	—

各地区按主要行业分的更新改造投资(一)

单位:万元

地区	合计	农、林、牧、渔业	采掘业	制造业	电力、煤气及水的生产和供应业
全国总计	**39219374**	**272080**	**2443744**	**18662437**	**2754250**
北京	1911525	5373	8867	540126	154267
天津	1337465	1234	68334	548854	41059
河北	2550267	11609	159556	1371693	236406
山西	874407	1800	246298	365142	48349
内蒙古	488107	605	50004	248442	16884
辽宁	2413950	4515	414306	1232966	77753
吉林	576833	991	22452	422454	31809
黑龙江	1174769	5787	72529	477316	60251
上海	3862400	12089	226	1654441	362970
江苏	2687735	10923	48703	1464282	202592
浙江	1131953	1814	4158	510091	151728
安徽	1149597	4442	84512	707225	75515
福建	1373114	2305	15333	480681	141224
江西	658714	3207	57553	342134	23247
山东	2634534	66986	235174	1566652	118363
河南	1692959	1484	205723	936268	106350
湖北	2118354	10024	42791	1049025	102180
湖南	1072563	876	22084	618941	34719
广东	2735407	6864	21635	968551	152072
广西	591029	2739	14000	287887	54966
海南	75004	3455	241	41468	4200
重庆	654264	606	35017	324286	45558
四川	1178243	21	79117	629999	141213
贵州	551027	—	25744	263163	118364
云南	1224808	6179	30561	694935	44484
西藏	22596	—	50	319	3882
陕西	630397	—	68873	320514	31582
甘肃	605752	23	73527	278015	86725
青海	136371	566	21068	68538	10649
宁夏	179683	463	32733	87512	9251
新疆	739121	105100	157485	160517	65638
不分地区	186426	—	125090	—	—

各地区按主要行业分的更新改造投资(二)

单位:万元

地　　区	建筑业	地质勘查业、水利管理业	交通运输、仓储及邮电通信业	批发和零售贸易、餐饮业	金融、保险业	房地产业
全国总计	**479125**	**250966**	**10501265**	**610603**	**117717**	**569169**
北　京	10660	48410	704685	107146	1070	5704
天　津	103471	8067	338298	22179	2020	78933
河　北	5225	8040	648842	9866	816	413
山　西	14209	405	130305	508	300	440
内蒙古	485	119	155397	2403	60	—
辽　宁	15117	20	546423	30488	2162	450
吉　林	18489	54	58041	6505	1316	—
黑龙江	428	361	550401	1090	—	—
上　海	98029	1967	593736	181458	530	439859
江　苏	11179	5315	807894	18232	—	400
浙　江	5274	5686	418951	3102	370	—
安　徽	8656	1905	221616	7874	780	600
福　建	5696	1486	683365	3912	1403	—
江　西	88	106	210706	7678	—	136
山　东	11724	99134	371881	58434	611	11062
河　南	24631	6017	291119	10384	136	208
湖　北	18381	6557	549398	23623	54051	—
湖　南	4047	1195	371420	2192	—	—
广　东	59772	42631	1088890	26264	41687	6058
广　西	970	1731	178949	22256	407	—
海　南	—	1706	20372	481	520	—
重　庆	1075	355	193369	4644	1540	22421
四　川	16687	722	273384	5503	606	1871
贵　州	1703	—	132999	6162	70	—
云　南	5522	4155	307127	25619	1164	614
西　藏	—	—	17475	60	—	—
陕　西	18781	—	163647	4236	—	—
甘　肃	488	41	146103	9331	4971	—
青　海	2119	—	25555	3212	160	—
宁　夏	1056	98	44308	278	917	—
新　疆	15163	4683	195273	5483	50	—
不分地区	—	—	61336	—	—	—

各地区按主要行业分的更新改造投资(三)

单位:万元

地　　区	社会服务业	卫生、体育和社会福利业	教育、文化艺术及广播电影电视业	科学研究和综合技术服务业	国家机关、政党机关和社会团体	其他行业
全国总计	**1514658**	**107729**	**179547**	**48472**	**375534**	**332078**
北　京	229544	3976	26496	11100	15168	38933
天　津	58155	897	14134	2554	41321	7955
河　北	47135	7946	11819	3969	22001	4931
山　西	62690	29	150	1882	700	1200
内蒙古	12743	332	244	—	275	114
辽　宁	84223	—	636	1184	3707	—
吉　林	4757	800	3220	372	1862	3711
黑龙江	5119	100	100	480	727	80
上　海	348923	18722	23135	6519	36284	83512
江　苏	39768	8133	10423	700	27950	31241
浙　江	24923	3068	714	172	1602	300
安　徽	12667	965	1211	1315	20077	237
福　建	31086	—	808	109	2925	2781
江　西	11018	—	1067	—	527	1247
山　东	49533	4371	7411	1442	28120	3636
河　南	62598	5227	4918	2703	34833	360
湖　北	111526	24093	10372	2194	42271	71868
湖　南	9575	345	2625	195	1455	2894
广　东	141747	18984	39583	3666	45145	71858
广　西	14038	2072	4503	870	5641	—
海　南	2152	198	211	—	—	—
重　庆	14347	60	1388	700	8898	—
四　川	18311	1499	2486	590	5681	553
贵　州	754	1278	188	285	317	—
云　南	72286	3143	6718	762	16952	4587
西　藏	535	—	210	—	65	—
陕　西	16967	31	189	3490	2087	—
甘　肃	2975	—	1969	—	1584	—
青　海	209	20	1196	268	2811	—
宁　夏	2384	—	228	300	155	—
新　疆	21970	1440	1195	651	4393	80
不分地区	—	—	—	—	—	—

各地区按主要工业行业分的更新改造投资(一)

单位:万元

地区	工业合计	煤炭采选业	石油和天然气开采业	黑色金属矿采选业	有色金属矿采选业	非金属矿采选业	其他矿采选业
全国总计	**23860431**	**997011**	**1130125**	**57795**	**156910**	**73465**	**80**
北京	703260	8402	—	—	—	465	—
天津	658247	—	61745	—	—	6589	—
河北	1767655	124818	2165	9020	7988	15565	—
山西	659789	246040	—	50	—	208	—
内蒙古	315330	38133	—	—	3113	2643	—
辽宁	1725025	39985	348100	14212	6280	5729	—
吉林	476715	5409	10211	—	—	522	—
黑龙江	610096	58659	—	2008	2316	—	—
上海	2017637	—	226	—	—	—	—
江苏	1715577	27768	13081	2935	1300	3619	—
浙江	665977	243	—	—	2258	640	—
安徽	867252	76343	—	2609	2086	3332	—
福建	637238	7984	—	862	3545	1744	—
江西	422934	8876	—	317	45692	2513	—
山东	1920189	50389	161648	4802	13626	4709	—
河南	1248341	88413	100251	640	14558	1861	—
湖北	1193996	2696	24659	4438	1050	9167	80
湖南	675744	13889	—	908	6516	695	—
广东	1142258	2543	4695	1455	9937	3005	—
广西	356853	657	—	7444	5013	780	—
海南	45909	10	—	—	—	231	—
重庆	404861	30138	2404	350	—	2125	—
四川	850329	30480	42095	1223	1092	2601	—
贵州	407271	23200	—	201	—	2343	—
云南	769980	17404	—	2475	9471	1021	—
西藏	4251	—	—	—	—	50	—
陕西	420969	30120	22307	—	15301	38	—
甘肃	438267	20995	46420	82	5319	642	—
青海	100255	1445	18705	270	234	414	—
宁夏	129496	32716	—	—	—	17	—
新疆	383640	9256	146323	1494	215	197	—
不分地区	125090	—	125090	—	—	—	—

各地区按主要工业行业分的更新改造投资(二)

单位:万元

地　区	木材及竹材采运业	食品加工业	食品制造业	饮料制造业	烟草加工业	纺织业	服装及其他纤维制品制造业
全国总计	**28358**	**584457**	**344583**	**880950**	**682437**	**737365**	**98414**
北　京	—	8559	11992	1992	—	10113	688
天　津	—	2351	9267	420	2625	7988	290
河　北	—	29457	35791	62875	6901	59409	22597
山　西	—	3718	6727	7062	5138	10961	600
内蒙古	6115	12720	5629	8770	5	9043	—
辽　宁	—	16556	2933	31345	7523	25021	2736
吉　林	6310	10650	6827	7217	2577	44541	722
黑龙江	9546	24096	21571	40580	7263	8594	50
上　海	—	6422	37793	29988	75114	28539	7863
江　苏	—	49490	23557	40303	28500	96806	5776
浙　江	1017	14556	9610	64749	25961	50033	4769
安　徽	142	30312	13852	61775	40311	35422	2667
福　建	1198	3752	2515	72508	6636	9977	5542
江　西	155	30941	3172	9461	4632	19448	897
山　东	—	62836	24023	66096	23197	76470	10699
河　南	—	37532	22184	41651	33379	62134	762
湖　北	701	35568	20471	45822	44667	62214	18190
湖　南	76	14392	9778	19686	42145	10241	570
广　东	—	21467	37408	75028	8229	36560	10427
广　西	106	50469	6278	37935	7071	7935	—
海　南	—	1158	4696	13875	—	140	—
重　庆	—	1963	12359	8122	20565	4909	—
四　川	1626	6355	5365	93328	29988	15411	2353
贵　州	—	5204	758	9560	26482	1886	—
云　南	190	75864	965	16721	211447	694	—
西　藏	—	—	150	—	—	109	—
陕　西	1107	4209	516	11438	18459	6159	—
甘　肃	69	6382	2856	1141	2141	6117	30
青　海	—	1948	—	—	933	628	—
宁　夏	—	3432	1644	220	548	298	186
新　疆	—	12098	3896	1282	—	29565	—
不分地区	—	—	—	—	—	—	—

各地区按主要工业行业分的更新改造投资(三)

单位:万元

地区	皮革、毛皮、羽绒及其制品业	木材加工及竹、藤、棕、草制品业	家具制造业	造纸及纸制品业	印刷业、记录媒介的复制	文教体育用品制造业	石油加工及炼焦业
全国总计	**49448**	**197093**	**37571**	**601200**	**146179**	**46254**	**1424175**
北京	—	2562	3490	10073	9068	3932	121755
天津	—	4668	—	44314	7647	1652	9716
河北	5163	8658	2198	50593	17510	4220	59449
山西	—	—	28	9046	1354	2832	22039
内蒙古	5194	228	2900	4154	—	—	11130
辽宁	2491	1738	504	18536	7049	480	195830
吉林	130	79423	367	3730	375	—	4361
黑龙江	712	9115	1880	23358	1575	1273	142623
上海	486	4200	4910	7979	19698	5283	105687
江苏	2055	2367	140	18330	10452	60	23973
浙江	6058	2170	160	18841	2139	1725	32082
安徽	855	2978	280	17307	1112	—	28580
福建	1458	5704	941	28600	439	2200	27331
江西	735	12028	930	4912	11540	389	36385
山东	3989	2308	4545	171174	3590	2350	91026
河南	6199	9102	300	32650	5137	—	58836
湖北	3286	7654	1325	15965	9290	6471	40458
湖南	564	10985	9655	17977	3112	400	92670
广东	3991	10355	930	34438	5583	12054	153841
广西	50	11905	58	12003	3469	—	6001
海南	—	—	—	110	809	—	—
重庆	—	—	—	1500	4743	—	61
四川	1438	780	2030	29351	6495	—	427
贵州	—	1600	—	910	591	—	—
云南	—	3133	—	13112	5313	—	1
西藏	—	30	—	—	—	—	—
陕西	4093	230	—	2357	6274	480	99432
甘肃	—	2532	—	860	1018	—	43901
青海	—	50	—	1234	100	—	65
宁夏	—	—	—	4052	—	453	9516
新疆	501	590	—	3734	697	—	6999
不分地区	—	—	—	—	—	—	—

各地区按主要工业行业分的更新改造投资(四)

单位:万元

地区	化学原料及化学制品制造业	医药制造业	化学纤维制造业	橡胶制品业	塑料制品业	非金属矿物制品业	黑色金属冶炼及压延加工业
全国总计	**2642462**	**508451**	**233680**	**331076**	**282906**	**1218787**	**2357461**
北京	88129	9099	1627	12871	1213	16966	71169
天津	150849	5940	1626	18224	7178	28175	5730
河北	195778	94474	17181	5695	24545	131650	303473
山西	68540	6004	4940	4585	2641	26783	92786
内蒙古	28685	1080	—	118	350	13630	105413
辽宁	122425	11856	17747	18344	25270	56100	430215
吉林	65863	14892	4107	215	5275	19811	20557
黑龙江	31228	15625	300	8498	14167	20941	17450
上海	149449	81287	36109	56557	37010	73033	182769
江苏	265031	15678	28344	15564	6783	81516	157561
浙江	63851	17948	6329	11709	3108	29168	36215
安徽	73832	16202	8854	7626	46130	51332	93561
福建	49104	5233	10116	199	4537	43753	30404
江西	20022	13457	13150	998	3158	29190	15771
山东	400050	27937	19136	81478	7497	64962	83528
河南	152450	38318	9364	15884	4776	101185	85226
湖北	127755	24814	6083	659	30538	100245	172644
湖南	62692	8759	10460	54	7667	44904	60334
广东	39604	34952	9074	21699	30638	62265	43017
广西	33519	4036	194	2336	200	9568	26098
海南	1563	3877	—	—	—	2989	—
重庆	40914	16628	15568	300	1316	43976	13289
四川	84321	15799	2709	725	11140	41686	70267
贵州	41703	8295	3288	14146	326	28821	8351
云南	105576	6141	—	25091	150	32955	130308
西藏	—	—	—	—	—	—	—
陕西	20263	4523	—	256	—	8678	20845
甘肃	103106	1900	7014	212	2636	21036	21889
青海	17073	1730	—	—	—	10218	13234
宁夏	32699	1967	360	2020	—	4890	50
新疆	6388	—	—	5013	4657	18361	45307
不分地区	—	—	—	—	—	—	—

各地区按主要工业行业分的更新改造投资(五)

单位:万元

地　　区	有色金属冶炼及压延加工业	金属制品业	普通机械制造业	专用设备制造业	交通运输设备制造业	电气机械及器材制造业
全国总计	**674384**	**228106**	**730397**	**429137**	**1447853**	**720022**
北　京	560	4426	9281	19872	100180	2524
天　津	2137	28229	59286	6213	75086	64122
河　北	32118	32018	33460	35973	30810	14108
山　西	43603	281	3229	31687	4325	465
内蒙古	23653	182	255	28	4195	573
辽　宁	23420	22145	71198	15091	56716	28427
吉　林	11247	2611	4480	2828	75798	8829
黑龙江	1649	11070	7121	7009	37508	5987
上　海	7547	6802	116425	28751	245524	179008
江　苏	26918	15117	131460	49192	164076	77102
浙　江	6777	2545	33008	7137	21084	22133
安　徽	26201	6186	22141	11832	55824	31715
福　建	37508	29842	12185	8960	17982	38005
江　西	12045	6354	10440	9848	34062	19723
山　东	41842	4998	73001	43300	79124	33550
河　南	63592	2552	22142	34448	56133	26895
湖　北	56823	18425	20198	23290	86764	25716
湖　南	22236	1427	9775	20048	62624	17462
广　东	20281	6467	9739	15058	41423	55980
广　西	7000	3150	8784	16332	24394	3586
海　南	—	—	—	124	12000	127
重　庆	30820	1505	5946	1743	64500	6126
四　川	12014	1719	28390	7841	37253	18667
贵　州	67886	3303	3393	941	28083	3143
云　南	29592	2023	12269	5683	1970	9959
西　藏	—	—	—	—	30	—
陕　西	10204	1936	7289	18123	22109	13441
甘　肃	33881	4067	2396	2507	2636	4324
青　海	8872	5920	5293	283	552	—
宁　夏	8806	2185	7304	2139	—	1122
新　疆	5152	621	509	2856	5088	7203
不分地区	—	—	—	—	—	—

各地区按主要工业行业分的更新改造投资(六)

单位:万元

地 区	电子及通信设备制造业	仪器仪表及文化、办公用机械制造业	其他制造业	电力、蒸汽、热水的生产和供应业	煤气生产和供应业	自来水的生产和供应业
全国总计	**837356**	**97102**	**93131**	**2347841**	**109261**	**297148**
北 京	12163	5151	671	115255	15627	23385
天 津	1762	3359	—	31821	5960	3278
河 北	47314	5018	3257	231010	1275	4121
山 西	1071	—	4697	41400	5305	1644
内 蒙 古	1893	—	8614	15364	304	1216
辽 宁	18974	634	1662	74363	902	2488
吉 林	22368	2323	330	22932	4441	4436
黑 龙 江	12003	1800	2270	59701	130	420
上 海	96531	22637	1040	216245	50852	95873
江 苏	109974	13847	4310	188913	2724	10955
浙 江	13875	2252	99	145367	569	5792
安 徽	18009	1882	447	69886	2899	2730
福 建	22702	738	1810	131711	380	9133
江 西	14481	547	3418	15924	650	6673
山 东	55991	5608	2347	105601	4122	8640
河 南	9938	582	2917	103368	1266	1716
湖 北	24428	7009	12253	96179	120	5881
湖 南	53584	1767	2973	32623	61	2035
广 东	154792	8635	4616	90240	3845	57987
广 西	5171	55	290	49931	—	5035
海 南	—	—	—	407	—	3793
重 庆	1230	4746	21457	38572	3302	3684
四 川	96556	2742	4849	123912	2875	14426
贵 州	3762	547	184	114409	662	3293
云 南	1961	681	3326	41090	—	3394
西 藏	—	—	—	3882	—	—
陕 西	33295	2597	3308	28520	990	2072
甘 肃	2708	626	99	83797	—	2928
青 海	—	95	310	3211	—	7438
宁 夏	820	1224	1577	9251	—	—
新 疆	—	—	—	62956	—	2682
不分地区	—	—	—	—	—	—

各地区能源工业更新改造投资

单位:万元

地区	能源工业合计	煤炭采选业	石油和天然气开采业	电力、蒸汽、热水的生产和供应业	石油加工及炼焦业	煤气生产和供应业
全国总计	**6008413**	**997011**	**1130125**	**2347841**	**1424175**	**109261**
北京	261039	8402	—	115255	121755	15627
天津	109242	—	61745	31821	9716	5960
河北	418717	124818	2165	231010	59449	1275
山西	314784	246040	—	41400	22039	5305
内蒙古	64931	38133	—	15364	11130	304
辽宁	659180	39985	348100	74363	195830	902
吉林	47354	5409	10211	22932	4361	4441
黑龙江	261113	58659	—	59701	142623	130
上海	373010	—	226	216245	105687	50852
江苏	256459	27768	13081	188913	23973	2724
浙江	178261	243	—	145367	32082	569
安徽	177708	76343	—	69886	28580	2899
福建	167406	7984	—	131711	27331	380
江西	61835	8876	—	15924	36385	650
山东	412786	50389	161648	105601	91026	4122
河南	352134	88413	100251	103368	58836	1266
湖北	164112	2696	24659	96179	40458	120
湖南	139243	13889	—	32623	92670	61
广东	255164	2543	4695	90240	153841	3845
广西	56589	657	—	49931	6001	—
海南	417	10	—	407	—	—
重庆	74477	30138	2404	38572	61	3302
四川	199789	30480	42095	123912	427	2875
贵州	138271	23200	—	114409	—	662
云南	58495	17404	—	41090	1	—
西藏	3882	—	—	3882	—	—
陕西	181369	30120	22307	28520	99432	990
甘肃	195113	20995	46420	83797	43901	—
青海	23426	1445	18705	3211	65	—
宁夏	51483	32716	—	9251	9516	—
新疆	225534	9256	146323	62956	6999	—
不分地区	125090	—	125090	—	—	—

各地区交通运输业更新改造投资

单位:万元

地　　区	合　计	铁路运输业	公路运输业	管道运输业	水上运输业	航空运输业	交通运输辅助业	其他交通运输业
全国总计	**3060612**	**1040912**	**764074**	**19160**	**147123**	**386116**	**692832**	**10395**
北　京	162304	31003	115971	—	—	10864	4466	—
天　津	37119	2901	3183	—	—	2748	28287	—
河　北	315070	4709	168443	15072	24432	—	102414	—
山　西	51591	35744	15689	—	—	158	—	—
内蒙古	63386	55638	3415	—	—	—	4333	—
辽　宁	169336	118357	997	2855	956	—	46171	—
吉　林	46853	46505	348	—	—	—	—	—
黑龙江	78743	69489	9254	—	—	—	—	—
上　海	135522	31116	6479	—	12034	30624	55169	100
江　苏	105691	4911	29806	—	1029	—	69945	—
浙　江	80007	10194	20388	—	16914	—	32442	69
安　徽	22475	16555	1762	240	408	1017	2493	—
福　建	136333	18467	83731	—	10222	—	13687	10226
江　西	46409	29406	13751	—	980	—	2272	—
山　东	151256	48191	15436	340	8365	—	78924	—
河　南	107468	79790	9181	653	—	3924	13920	—
湖　北	137944	27969	26162	—	17420	31424	34969	—
湖　南	50498	39395	7541	—	590	—	2972	—
广　东	619982	24629	136655	—	17046	285128	156524	—
广　西	49923	34077	13822	—	973	—	1051	—
海　南	10564	267	6214	—	—	1346	2737	—
重　庆	78290	9246	18006	—	35449	—	15589	—
四　川	88521	48585	23634	—	—	4077	12225	—
贵　州	29606	22224	6454	—	305	—	623	—
云　南	45273	25800	8940	—	—	2210	8323	—
西　藏	—	—	—	—	—	—	—	—
陕　西	36125	27523	3114	—	—	5295	193	—
甘　肃	49683	46711	707	—	—	1522	743	—
青　海	5075	396	1443	—	—	1919	1317	—
宁　夏	18638	18559	—	—	—	—	79	—
新　疆	69591	51219	13548	—	—	3860	964	—
不分地区	61336	61336	—	—	—	—	—	—

国民经济行业按构成分的更新改造投资

单位:万元

行　　业	投资额	建筑安装工程	设备工器具购置	其他费用
全国总计	**39219374**	**15407706**	**20337402**	**3474266**
(一) 农、林、牧、渔业	272080	140653	69824	61603
农业	200401	104275	47481	48645
林业	13734	5730	1588	6416
畜牧业	17851	9203	7524	1124
渔业	20246	9227	9679	1340
农、林、牧、渔服务业	19848	12218	3552	4078
(二) 采掘业	2443744	1396570	841331	205843
煤炭采选业	997011	464432	446074	86505
石油和天然气开采业	1130125	763641	272321	94163
黑色金属矿采选业	57795	29934	24815	3046
有色金属矿采选业	156910	93185	51202	12523
非金属矿采选业	73465	36875	30132	6458
其他矿采选业	80	12	68	—
木材及竹材采运业	28358	8491	16719	3148
(三) 制造业	18662437	6284268	10588501	1789668
食品加工业	584457	208187	339658	36612
食品制造业	344583	115706	204537	24340
饮料制造业	880950	298676	544885	37389
烟草加工业	682437	120092	537774	24571
纺织业	737365	162430	522431	52504
服装及其他纤维制品制造业	98414	40429	49453	8532
皮革、毛皮、羽绒及其制品业	49448	14663	32002	2783
木材加工及竹、藤、棕、草制品业	197093	67681	110039	19373
家具制造业	37571	16148	19598	1825
造纸及纸制品业	601200	179381	329132	92687
印刷业、记录媒介的复制	146179	27591	112208	6380
文教体育用品制造业	46254	17753	23695	4806
石油加工及炼焦业	1424175	705461	583971	134743
化学原料及化学制品制造业	2642462	908851	1386881	346730
医药制造业	508451	199185	245985	63281
化学纤维制造业	233680	56495	153679	23506
橡胶制品业	331076	89798	201286	39992
塑料制品业	282906	61488	192749	28669
非金属矿物制品业	1218787	437183	635797	145807
黑色金属冶炼及压延加工业	2357461	984633	1155854	216974
有色金属冶炼及压延加工业	674384	295342	316665	62377
金属制品业	228106	62381	147124	18601
普通机械制造业	730397	193514	447656	89227

国民经济行业按构成分的更新改造投资

续 1　　　　　　　　　　　　　　　　　　　　　　　　　　　　单位:万元

行　　业	投资额	建筑安装工程	设备工器具购置	其他费用
专用设备制造业	429137	140348	244627	44162
交通运输设备制造业	1447853	412423	922831	112599
电气机械及器材制造业	720022	210421	447932	61669
电子及通信设备制造业	837356	193936	572169	71251
仪器仪表及文化、办公用机械制造业	97102	29648	56410	11044
其他制造业	93131	34424	51473	7234
(四) 电力、煤气及水的生产和供应业	2754250	1222793	1208467	322990
电力、蒸汽、热水的生产和供应业	2347841	922164	1139909	285768
煤气生产和供应业	109261	74944	24976	9341
自来水的生产和供应业	297148	225685	43582	27881
(五) 建筑业	479125	276644	153919	48562
土木工程建筑业	447279	268093	131026	48160
线路、管道和设备安装业	27117	7311	19529	277
建筑物的装修装饰业	4729	1240	3364	125
(六) 地质勘查业、水利管理业	250966	210108	26514	14344
地质勘查业	10715	2468	8005	242
水利管理业	240251	207640	18509	14102
(七) 交通运输、仓储及邮电通信业	10501265	3700987	6407600	392678
铁路运输业	1040912	698852	265985	76075
公路运输业	764074	458814	277350	27910
管道运输业	19160	5755	11495	1910
水上运输业	147123	30136	105784	11203
航空运输业	386116	12903	370985	2228
交通运输辅助业	692832	536286	133749	22797
其他交通运输业	10395	10226	169	—
仓储业	54860	34714	12941	7205
邮电通信业	7385793	1913301	5229142	243350
(八) 批发和零售贸易、餐饮业	610603	347979	153937	108687
食品、饮料、烟草和家庭用品批发商业	108692	76579	24486	7627
能源、材料和机械电子设备批发业	102386	58286	37746	6354
其他批发业	5695	5311	128	256
零售业	336280	180283	86680	69317
商业经纪与代理业	31506	12614	1050	17842

国民经济行业按构成分的更新改造投资

续2　　单位:万元

行　　业	投资额	建筑安装工程	设备工器具购置	其他费用
餐饮业	26044	14906	3847	7291
(九) 金融、保险业	117717	80308	31328	6081
金融业	110700	77367	27252	6081
保险业	7017	2941	4076	—
(十) 房地产业	569169	342586	10917	215666
房地产开发与经营业	449083	228004	9786	211293
房地产管理业	119080	113595	1131	4354
房地产代理与经纪业	1006	987	—	19
(十一) 社会服务业	1514658	797750	466623	250285
公共服务业	1209585	634056	372287	203242
居民服务业	10099	7888	1214	997
旅馆业	152784	105263	30956	16565
租赁服务业	5761	1913	3848	—
旅行社	80712	23187	35637	21888
娱乐服务业	28248	13043	8197	7008
信息、咨询服务业	13279	212	13067	—
计算机应用服务业	9081	7291	1239	551
其他社会服务业	5109	4897	178	34
(十二) 卫生、体育和社会福利业	107729	45026	60977	1726
卫生	89622	36849	51216	1557
体育	15721	6462	9224	35
社会福利保障业	2386	1715	537	134
(十三) 教育、文化艺术及广播电影电视业	179547	107723	60474	11350
教育	112409	88964	19583	3862
文化艺术业	38316	9196	25769	3351
广播电影电视业	28822	9563	15122	4137
(十四) 科学研究和综合技术服务业	48472	17125	27039	4308
科学研究业	28873	10859	17046	968
综合技术服务业	19599	6266	9993	3340
(十五) 国家机关、政党机关和社会团体	375534	289795	66185	19554
国家机关	360309	277834	63668	18807
政党机关	10917	10179	—	738
社会团体	4308	1782	2517	9
基层群众自治组织	—	—	—	—
(十六) 其他行业	332078	147391	163766	20921
其他行业	332078	147391	163766	20921

国民经济行业按建设性质分的更新改造投资

单位:万元

行业	新建	扩建	改建	单纯建造生活设施	迁建	恢复	单纯购置
全国总计	**3818208**	**19474786**	**12983055**	**548603**	**523280**	**65540**	**1805902**
(一) 农、林、牧、渔业	11492	65170	178313	5639	945	—	10521
农业	3675	30961	153267	5019	—	—	7479
林业	730	6731	5815	—	309	—	149
畜牧业	2232	12326	2823	—	—	—	470
渔业	3227	10940	4652	—	—	—	1427
农、林、牧、渔服务业	1628	4212	11756	620	636	—	996
(二) 采掘业	69968	1226597	1084498	2568	2957	926	56230
煤炭采选业	41876	234710	664295	2191	792	207	52940
石油和天然气开采业	—	834502	295623	—	—	—	—
黑色金属矿采选业	6954	17479	32217	60	—	719	366
有色金属矿采选业	8481	95414	51655	—	200	—	1160
非金属矿采选业	4194	33484	33657	317	1414	—	399
其他矿采选业	—	80	—	—	—	—	—
木材及竹材采运业	8463	10928	7051	—	551	—	1365
(三) 制造业	1511635	9548238	6690622	92791	470630	12065	336456
食品加工业	46530	353684	157364	1676	7932	—	17271
食品制造业	49236	209900	74986	571	5596	307	3987
饮料制造业	49729	702258	100618	6794	9376	—	12175
烟草加工业	11440	256720	358070	830	43201	—	12176
纺织业	83094	271238	318548	10850	20384	—	33251
服装及其他纤维制品制造业	15559	38286	37695	—	963	—	5911
皮革、毛皮、羽绒及其制品业	4911	22066	19160	—	142	—	3169
木材加工及竹、藤、棕、草制品业	44634	81485	63926	159	4218	—	2671
家具制造业	12205	17188	4225	2110	475	—	1368
造纸及纸制品业	35137	410560	134599	340	12933	373	7258
印刷业、记录媒介的复制	6684	54462	47324	210	10964	—	26535
文教体育用品制造业	3885	25394	12468	1174	2860	—	473
石油加工及炼焦业	3934	519698	879390	2630	16073	—	2450
化学原料及化学制品制造业	171189	1604756	810683	4023	36389	5554	9868
医药制造业	99950	252643	136089	2701	15237	—	1831
化学纤维制造业	1489	130001	84429	1118	4529	—	12114
橡胶制品业	17893	183998	97730	370	28913	—	2172
塑料制品业	73470	143946	55595	360	6210	65	3260
非金属矿物制品业	124505	692134	360830	2858	28075	832	9553
黑色金属冶炼及压延加工业	97586	901943	1348418	3158	3113	—	3243
有色金属冶炼及压延加工业	23336	384730	245171	3052	12283	4774	1038
金属制品业	51048	92653	68077	3089	3392	—	9847
普通机械制造业	57757	341362	290676	10486	18314	—	11802

国民经济行业按建设性质分的更新改造投资

续1　　　　单位:万元

行业	新建	扩建	改建	单纯建造生活设施	迁建	恢复	单纯购置
专用设备制造业	28485	211870	145999	12828	20754	160	9041
交通运输设备制造业	113849	738198	446011	1631	124229	—	23935
电气机械及器材制造业	120007	371793	153577	4403	18318	—	51924
电子及通信设备制造业	153227	459203	165580	7971	3588	—	47787
仪器仪表及文化、办公用机械制造业	2493	47259	34614	3904	6448	—	2384
其他制造业	8373	28810	38770	3495	5721	—	7962
(四)电力、煤气及水的生产和供应业	350091	1143671	1200988	17914	16215	3831	21540
电力、蒸汽、热水的生产和供应业	275710	928537	1087859	17288	14726	2311	21410
煤气生产和供应业	5214	68791	33463	—	1489	304	—
自来水的生产和供应业	69167	146343	79666	626	—	1216	130
(五)建筑业	29713	207881	120071	23580	1748	400	95732
土木工程建筑业	29713	206551	110370	20768	848	400	78629
线路、管道和设备安装业	—	791	9321	2812	—	—	14193
建筑物的装修装饰业	—	539	380	—	900	—	2910
(六)地质勘查业、水利管理业	7705	37330	190584	585	24	3459	11279
地质勘查业	—	1951	3924	—	—	—	4840
水利管理业	7705	35379	186660	585	24	3459	6439
(七)交通运输、仓储及邮电通信业	1269555	6132098	2197894	104501	4339	23707	769171
铁路运输业	33207	120826	819087	64601	—	—	3191
公路运输业	123914	49650	336299	7286	4106	—	242819
管道运输业	—	14733	4427	—	—	—	—
水上运输业	803	27641	42845	50	—	—	75784
航空运输业	—	53818	10718	—	—	—	321580
交通运输辅助业	49622	106777	464378	3727	173	23707	44448
其他交通运输业	—	—	10295	—	—	—	100
仓储业	1951	41483	10882	139	—	—	405
邮电通信业	1060058	5717170	498963	28698	60	—	80844
(八)批发和零售贸易、餐饮业	179844	166474	237366	10826	4540	1810	9743
食品、饮料、烟草和家庭用品批发商业	12507	41564	45745	3420	1314	55	4087
能源、材料和机械电子设备批发业	47821	26407	15380	5820	1134	1556	4268
其他批发业	27	664	4451	553	—	—	—
零售业	89801	92219	150651	943	1977	199	490
商业经纪与代理业	26375	262	4723	—	—	—	146

国民经济行业按建设性质分的更新改造投资

续2　　　　　　　　　　　　　　　　　　　　　　　　　　　　单位:万元

行业	新建	扩建	改建	单纯建造生活设施	迁建	恢复	单纯购置
餐饮业	3313	5358	16416	90	115	—	752
(九) 金融、保险业	21850	43548	42284	3694	639	316	5386
金融业	21850	43548	36326	3571	639	156	4610
保险业	—	—	5958	123	—	160	776
(十) 房地产业	85282	30431	273116	179395	520	—	425
房地产开发与经营业	66573	8538	200977	172438	132	—	425
房地产管理业	18709	21893	71133	6957	388	—	—
房地产代理与经纪业	—	—	1006	—	—	—	—
(十一) 社会服务业	175180	600117	432157	19147	6720	13093	268244
公共服务业	97578	551263	296728	18660	6589	12795	225972
居民服务业	746	2198	6464	80	—	168	443
旅馆业	12451	34571	104609	50	131	20	952
租赁服务业	20	—	3690	—	—	—	2051
旅行社	51295	2231	2389	321	—	110	24366
娱乐服务业	5830	5490	16448	—	—	—	480
信息、咨询服务业	—	176	—	36	—	—	13067
计算机应用服务业	7060	411	777	—	—	—	833
其他社会服务业	200	3777	1052	—	—	—	80
(十二) 卫生、体育和社会福利业	3568	24729	34884	2700	3382	525	37941
卫生	2983	23931	20676	2545	1382	410	37695
体育	—	209	13367	30	2000	115	—
社会福利保障业	585	589	841	125	—	—	246
(十三) 教育、文化艺术及广播电影电视业	19252	52635	74198	3098	3942	3356	23066
教育	4368	34479	57441	2599	1292	3302	8928
文化艺术业	12278	7751	7723	393	2200	54	7917
广播电影电视业	2606	10405	9034	106	450	—	6221
(十四) 科学研究和综合技术服务业	5757	15954	14868	1508	3900	—	6485
科学研究业	—	13120	10572	926	600	—	3655
综合技术服务业	5757	2834	4296	582	3300	—	2830
(十五) 国家机关、政党机关和社会团体	61673	99802	159731	25720	2429	2052	24127
国家机关	57925	98317	151099	24747	2429	2052	23740
政党机关	748	1365	7968	836	—	—	—
社会团体	3000	120	664	137	—	—	387
基层群众自治组织	—	—	—	—	—	—	—
(十六) 其他行业	15643	80111	51481	54937	350	—	129556
其他行业	15643	80111	51481	54937	350	—	129556

各地区按建设性质分的更新改造新增固定资产

单位:万元

地区	新建	扩建	改建	单纯建造生活设施	迁建	恢复	单纯购置
全国总计	**2780870**	**15995170**	**11105353**	**518862**	**286873**	**36814**	**1781525**
北京	5935	838339	317777	59129	4971	—	75090
天津	123669	559615	281632	5235	21853	—	8334
河北	272688	683206	928468	4522	7827	3634	69260
山西	15852	362399	366323	865	1385	—	15692
内蒙古	443	245608	158169	—	—	14266	22456
辽宁	70047	1141013	873655	3280	2412	—	59154
吉林	80093	210656	186186	—	947	—	9982
黑龙江	11981	635560	272082	2264	1329	—	16295
上海	662604	618696	1267544	251032	88424	—	71069
江苏	147857	1386941	699362	3424	15081	—	72729
浙江	80493	583261	398854	283	23515	905	54070
安徽	79873	447078	402206	181	1044	726	26158
福建	141825	766145	225588	—	2346	—	32203
江西	165913	237256	147729	1138	722	98	18813
山东	141368	896877	642117	47284	4790	—	109387
河南	102381	933001	481288	7442	5683	—	32472
湖北	84265	1040952	499094	12548	15898	1615	284135
湖南	44517	581843	436521	614	3162	—	33813
广东	213068	1070325	393220	25465	23703	6891	542763
广西	40350	342773	107968	8514	798	1461	29546
海南	267	25102	6340	800	1376	—	15230
重庆	63376	183614	167825	6496	30174	—	87548
四川	91777	463496	302183	20451	13110	—	35630
贵州	18387	275948	140045	8123	11098	2656	5829
云南	85901	568220	299498	18616	3512	4242	5603
西藏	2298	6502	11106	—	—	170	60
陕西	14356	256417	177622	15560	1500	—	22928
甘肃	13006	142376	365201	1219	213	—	5256
青海	4621	58284	44208	1157	—	—	757
宁夏	100	93760	74487	2598	—	—	2070
新疆	1559	297261	386320	10622	—	150	17193
不分地区	—	42646	44735	—	—	—	—

各地区按主要行业分的更新改造新增固定资产(一)

单位:万元

地　区	合　计	农、林、牧、渔业	采掘业	制造业	电力、煤气及水的生产和供应业
全国总计	**32505467**	**233608**	**2192324**	**15042165**	**2304494**
北　京	1301241	1721	8934	361238	63255
天　津	1000338	1359	16063	455894	40154
河　北	1969605	10731	105988	1089825	136548
山　西	762516	1560	224906	305272	40917
内蒙古	440942	605	39570	203355	26827
辽　宁	2149561	1460	392086	1141367	67261
吉　林	487864	687	20059	353353	17206
黑龙江	939511	6499	56882	264696	91341
上　海	2959369	10832	216	1272224	381936
江　苏	2325394	9008	35907	1155625	145478
浙　江	1141381	1486	3179	495435	254623
安　徽	957266	4907	69608	571379	75997
福　建	1168107	2930	4999	389184	111442
江　西	571669	878	61871	269779	18212
山　东	1841823	52619	185409	951397	103100
河　南	1562267	1484	340533	754536	95530
湖　北	1938507	10009	39437	962756	81462
湖　南	1100470	500	15314	758174	28480
广　东	2275435	6296	11679	700566	153177
广　西	531410	497	11563	253017	50434
海　南	49115	3047	320	25167	1102
重　庆	539033	—	20741	233874	46836
四　川	926647	21	62086	487722	95886
贵　州	462086	—	25133	223075	79225
云　南	985592	5081	21731	566854	13924
西　藏	20136	—	50	319	2769
陕　西	488383	—	71575	207360	29592
甘　肃	527271	23	94724	257652	10241
青　海	109027	424	21249	49934	3011
宁　夏	173015	370	29504	86238	10159
新　疆	713105	98574	154848	194898	28369
不分地区	87381	—	46160	—	—

各地区按主要行业分的更新改造新增固定资产(二)

单位:万元

地区	建筑业	地质勘查业、水利管理业	交通运输、仓储及邮电通信业	批发和零售贸易、餐饮业	金融、保险业	房地产业
全国总计	**418467**	**128311**	**8840271**	**361033**	**91470**	**578650**
北京	12175	26744	492129	18738	1350	3820
天津	102659	8472	218724	3729	2720	71057
河北	4926	7206	524432	7226	816	413
山西	12902	260	113094	528	—	440
内蒙古	485	119	154178	2441	60	—
辽宁	14506	20	453745	19745	1300	480
吉林	10987	54	67255	4042	1316	—
黑龙江	400	352	512585	290	—	—
上海	80362	1967	263338	95289	248	424959
江苏	9359	5253	807099	16341	—	400
浙江	4625	5151	349411	3155	370	—
安徽	6134	1776	183087	7715	780	600
福建	5696	1228	614914	3557	90	—
江西	—	100	206614	4000	—	136
山东	10209	6029	367304	39999	621	34258
河南	25650	5532	250319	3130	55	—
湖北	15178	6557	492231	28892	46969	—
湖南	4175	545	271856	2070	—	—
广东	37887	41656	941451	21486	28074	4632
广西	568	1219	158140	21263	3873	—
海南	—	1416	13080	1821	520	—
重庆	—	—	178193	4465	—	36999
四川	17195	645	232803	4909	606	—
贵州	338	—	122037	10616	70	—
云南	3617	1282	255690	20592	453	456
西藏	—	—	16325	60	—	—
陕西	21730	—	133610	2936	—	—
甘肃	634	41	157669	1676	68	—
青海	1311	—	24803	3912	—	—
宁夏	723	98	42492	293	1061	—
新疆	14036	4589	180442	6117	50	—
不分地区	—	—	41221	—	—	—

各地区按主要行业分的更新改造新增固定资产(三)

单位:万元

地区	社会服务业	卫生、体育和社会福利业	教育、文化艺术及广播电影电视业	科学研究和综合技术服务业	国家机关、政党机关和社会团体	其他行业
全国总计	**1371437**	**103070**	**134622**	**59838**	**338113**	**307594**
北京	226243	5782	9336	30360	9588	29828
天津	47649	1017	3937	2198	23378	1328
河北	36221	7931	9736	3567	19316	4723
山西	59633	—	—	1250	939	815
内蒙古	12679	—	272	—	237	114
辽宁	52976	—	636	1052	2927	—
吉林	3757	800	3220	372	1425	3331
黑龙江	5119	100	100	480	587	80
上海	278219	18053	18183	2196	42939	68408
江苏	53915	7703	10308	700	37187	31111
浙江	19599	1402	1344	—	1601	—
安徽	11304	965	811	2343	19623	237
福建	28052	—	658	35	3077	2245
江西	7342	—	1067	—	483	1187
山东	47981	4540	6185	466	25559	6147
河南	41545	6862	2617	2668	31186	620
湖北	107759	25192	10183	2244	38270	71368
湖南	12451	160	2715	—	1556	2474
广东	158545	14223	37942	2611	35119	80091
广西	18468	1784	4066	785	5733	—
海南	2152	279	211	—	—	—
重庆	12104	60	901	759	4101	—
四川	16062	1610	2446	272	3936	448
贵州	200	598	237	285	272	—
云南	65101	2538	4413	1514	19387	2959
西藏	535	—	13	—	65	—
陕西	17098	31	—	2364	2087	—
甘肃	2829	—	—	—	1714	—
青海	209	—	1196	190	2788	—
宁夏	1487	—	228	362	—	—
新疆	24203	1440	1661	765	3033	80
不分地区	—	—	—	—	—	—

各地区能源工业更新改造新增固定资产

单位:万元

地区	能源工业合计	煤炭采选业	石油和天然气开采业	电力、蒸汽、热水的生产和供应业	石油加工及炼焦业	煤气生产和供应业
全国总计	**4954728**	**1002573**	**940922**	**1961983**	**973278**	**75972**
北京	102848	8934	—	29788	51201	12925
天津	54298	—	12314	28468	8814	4702
河北	261168	75780	2165	132542	50681	—
山西	274268	224548	—	38156	9837	1727
内蒙古	70093	35192	—	23482	10703	716
辽宁	730552	79481	295581	65309	289409	772
吉林	31383	3268	10211	9944	3519	4441
黑龙江	173437	46106	—	90791	36410	130
上海	316373	—	216	253867	28156	34134
江苏	192199	15749	14782	134668	24446	2554
浙江	283091	—	—	249494	33428	169
安徽	176481	65424	—	71418	36740	2899
福建	133724	2498	—	103523	27273	430
江西	46246	6547	—	10549	28500	650
山东	347252	47385	124665	96904	78080	218
河南	501404	231565	94803	93834	81202	—
湖北	136407	2356	25373	76726	31342	610
湖南	79453	8286	—	20694	50412	61
广东	130981	425	5110	94238	28512	2696
广西	47346	551	—	46795	—	—
海南	398	89	—	309	—	—
重庆	66158	15444	4088	43462	2851	313
四川	142464	25066	33646	79223	307	4222
贵州	99066	21201	—	77865	—	—
云南	20786	7768	—	13018	—	—
西藏	2769	—	—	2769	—	—
陕西	90471	22244	37779	25917	2928	1603
甘肃	135415	17805	69140	10241	38229	—
青海	23747	1445	19226	3011	65	—
宁夏	49822	29487	—	10159	10176	—
新疆	188468	7929	145663	24819	10057	—
不分地区	46160	—	46160	—	—	—

各地区交通运输业更新改造新增固定资产

单位:万元

地区	合计	铁路运输业	公路运输业	管道运输业	水上运输业	航空运输业	交通运输辅助业	其他交通运输业
全国总计	**2683889**	**939893**	**578455**	**18427**	**181207**	**350673**	**612688**	**2546**
北京	63126	32446	16928	—	—	9708	4044	—
天津	30358	4701	1708	—	—	2748	21201	—
河北	258870	4149	144775	12832	34506	—	62608	—
山西	36497	24946	11551	—	—	—	—	—
内蒙古	67527	61629	3415	—	—	—	2483	—
辽宁	136099	121243	997	2855	956	—	10048	—
吉林	56686	56338	348	—	—	—	—	—
黑龙江	80025	70771	9254	—	—	—	—	—
上海	90127	12939	4292	—	10852	822	61122	100
江苏	109396	1036	29026	—	1029	—	78305	—
浙江	77757	16610	16744	—	14074	—	30260	69
安徽	19016	13637	1762	240	381	1153	1843	—
福建	118657	20008	84852	—	1785	—	9635	2377
江西	52561	37788	13404	—	980	—	389	—
山东	125850	36946	12289	920	8315	—	67380	—
河南	87073	57936	7397	1580	—	3924	16236	—
湖北	137907	19104	24221	—	17109	31424	46049	—
湖南	45886	37429	6975	—	—	—	1482	—
广东	570575	12129	106161	—	18165	285128	148992	—
广西	43735	25012	17669	—	413	—	641	—
海南	10138	267	6214	—	—	1346	2311	—
重庆	137646	9784	22475	—	72337	—	33050	—
四川	61486	41366	12290	—	—	1574	6256	—
贵州	21698	19414	1418	—	305	—	561	—
云南	27292	14983	5984	—	—	2210	4115	—
西藏	—	—	—	—	—	—	—	—
陕西	41056	32889	3114	—	—	4860	193	—
甘肃	53424	49668	505	—	—	2127	1124	—
青海	4500	343	921	—	—	1919	1317	—
宁夏	16822	16743	—	—	—	—	79	—
新疆	60878	46418	11766	—	—	1730	964	—
不分地区	41221	41221	—	—	—	—	—	—

国民经济行业按建设性质分的更新改造新增固定资产

单位:万元

行业	新建	扩建	改建	单纯建造生活设施	迁建	恢复	单纯购置
全国总计	**2780870**	**15995170**	**11105353**	**518862**	**286873**	**36814**	**1781525**
(一) 农、林、牧、渔业	10217	54029	152584	5299	414	—	11065
农业	3649	23688	133330	5019	—	—	8108
林业	930	5655	3899	—	—	—	149
畜牧业	1074	10686	3748	—	—	—	470
渔业	2606	9279	3692	—	—	—	1417
农、林、牧、渔服务业	1958	4721	7915	280	414	—	921
(二) 采掘业	44776	1170249	919270	1100	1151	824	54954
煤炭采选业	20539	351485	576269	1023	212	105	52940
石油和天然气开采业	—	689995	250927	—	—	—	—
黑色金属矿采选业	3504	14920	25325	60	—	719	366
有色金属矿采选业	8066	86754	34973	—	200	—	1160
非金属矿采选业	5382	23030	26508	17	188	—	399
其他矿采选业	—	80	—	—	—	—	—
木材及竹材采运业	7285	3985	5268	—	551	—	89
(三) 制造业	1290172	7528526	5566844	94239	249092	4943	308349
食品加工业	34317	299088	139304	1423	5188	—	15856
食品制造业	45169	187551	62485	322	5971	305	3665
饮料制造业	17821	595767	87095	5977	16012	—	10264
烟草加工业	10274	301954	278436	750	2761	—	12086
纺织业	88486	271618	383520	7638	11540	—	32344
服装及其他纤维制品制造业	7536	30854	36595	—	1559	—	4343
皮革、毛皮、羽绒及其制品业	3083	20703	20822	—	139	—	2760
木材加工及竹、藤、棕、草制品业	75944	90002	32990	159	677	—	2065
家具制造业	13065	12188	545	510	—	—	1368
造纸及纸制品业	27087	364977	104244	708	3446	373	7188
印刷业、记录媒介的复制	8196	45943	47859	70	1580	—	24770
文教体育用品制造业	3835	10238	12776	—	6927	—	473
石油加工及炼焦业	8234	294879	654075	3955	9685	—	2450
化学原料及化学制品制造业	138737	1125792	648953	3216	20918	552	9372
医药制造业	33898	128527	105664	781	10325	—	1809
化学纤维制造业	1459	125594	82151	1118	20688	—	12164
橡胶制品业	58560	195831	48177	270	8587	—	2127
塑料制品业	52361	130331	60591	150	4129	65	2990
非金属矿物制品业	122366	587440	275107	2098	16992	832	9980
黑色金属冶炼及压延加工业	50203	791373	1175568	2898	210	—	2543
有色金属冶炼及压延加工业	29476	292336	191524	8296	6593	2656	958
金属制品业	76170	53491	40895	2936	1965	—	5558
普通机械制造业	28453	221576	210104	13775	13296	—	7325

国民经济行业按建设性质分的更新改造新增固定资产

续1　　　　单位:万元

行　　业	新　建	扩　建	改　建	单纯建造生活设施	迁　建	恢　复	单纯购置
专用设备制造业	24493	187371	96100	10467	20074	160	8104
交通运输设备制造业	78479	548302	429670	2256	34928	—	22795
电气机械及器材制造业	119940	237668	121279	4416	7274	—	50018
电子及通信设备制造业	122364	313253	159584	5796	1828	—	45934
仪器仪表及文化、办公用机械制造业	7172	31005	23171	8185	1451	—	2320
其他制造业	2994	32874	37560	6069	14349	—	4720
(四) 电力、煤气及水的生产和供应业	294457	771799	1180519	15787	16071	5275	20586
电力、蒸汽、热水的生产和供应业	232824	601567	1073974	15161	16071	1930	20456
煤气生产和供应业	4273	45055	25928	—	—	716	—
自来水的生产和供应业	57360	125177	80617	626	—	2629	130
(五) 建筑业	32236	180204	90146	25577	2337	—	87967
土木工程建筑业	32236	175371	81021	23488	537	—	74430
线路、管道和设备安装业	—	791	8745	2089	—	—	13472
建筑物的装修装饰业	—	4042	380	—	1800	—	65
(六) 地质勘查业、水利管理业	12280	29631	71692	602	52	3677	10377
地质勘查业	—	1686	3415	—	—	—	3938
水利管理业	12280	27945	68277	602	52	3677	6439
(七) 交通运输、仓储及邮电通信业	745676	5267488	1942441	90923	1700	2490	789553
铁路运输业	13488	73983	790140	59176	—	—	3106
公路运输业	14181	42163	278896	7727	1640	—	233848
管道运输业	—	13420	5007	—	—	—	—
水上运输业	1513	13089	53514	—	—	—	113091
航空运输业	—	18363	10888	—	—	—	321422
交通运输辅助业	55586	128850	383598	1800	—	2490	40364
其他交通运输业	—	—	2446	—	—	—	100
仓储业	1267	37450	12017	310	—	—	405
邮电通信业	659641	4940170	405935	21910	60	—	77217
(八) 批发和零售贸易、餐饮业	57169	134281	142408	10397	6720	1728	8330
食品、饮料、烟草和家庭用品批发商业	9521	35812	34173	3326	5168	55	3650
能源、材料和机械电子设备批发业	42023	8367	14747	4807	1254	1474	3610
其他批发业	27	130	4309	631	—	—	—
零售业	3558	87487	77035	1563	298	199	372
商业经纪与代理业	—	52	112	—	—	—	146

国民经济行业按建设性质分的更新改造新增固定资产

续 2　　　　　　　　　　　　　　　　　　　　　　　　　　　　　　单位:万元

行　　业	新　建	扩　建	改　建	单纯建造生活设施	迁　建	恢　复	单纯购置
餐饮业	2040	2433	12032	70	—	—	552
(九) 金融、保险业	10457	42927	28312	6196	329	—	3249
金融业	10457	42927	25210	6113	329	—	3070
保险业	—	—	3102	83	—	—	179
(十) 房地产业	61150	4543	352555	159850	180	—	372
房地产开发与经营业	44299	3630	236572	154634	—	—	372
房地产管理业	16851	913	115983	5216	180	—	—
房地产代理与经纪业	—	—	—	—	—	—	—
(十一) 社会服务业	131207	557672	380079	20696	87	13250	268446
公共服务业	96643	532150	263154	20263	—	12930	226319
居民服务业	600	1530	5050	80	—	300	443
旅馆业	4947	16107	95037	80	87	20	812
租赁服务业	—	—	—	—	—	—	2051
旅行社	23127	1019	3571	273	—	—	24366
娱乐服务业	5830	5624	12265	—	—	—	480
信息、咨询服务业	—	—	—	—	—	—	13067
计算机应用服务业	60	100	262	—	—	—	828
其他社会服务业	—	1142	740	—	—	—	80
(十二) 卫生、体育和社会福利业	2768	22110	33724	3268	2913	501	37786
卫生	2183	21568	19537	3143	913	386	37540
体育	—	353	12180	—	2000	115	—
社会福利保障业	585	189	2007	125	—	—	246
(十三) 教育、文化艺术及广播电影电视业	12906	45421	45767	2593	3710	2074	22151
教育	5836	33280	34555	2020	410	2074	8868
文化艺术业	5041	2817	4313	573	2200	—	7259
广播电影电视业	2029	9324	6899	—	1100	—	6024
(十四) 科学研究和综合技术服务业	7224	28434	15921	1856	575	—	5828
科学研究业	—	25960	11284	1122	575	—	3539
综合技术服务业	7224	2474	4637	734	—	—	2289
(十五) 国家机关、政党机关和社会团体	47003	91915	149584	23101	1042	2052	23416
国家机关	38255	90693	139854	22166	1042	2052	23029
政党机关	748	1222	8648	836	—	—	—
社会团体	8000	—	1082	99	—	—	387
基层群众自治组织	—	—	—	—	—	—	—
(十六) 其他行业	21172	65941	33507	57378	500	—	129096
其他行业	21172	65941	33507	57378	500	—	129096

各地区更新改造财务拨款

单位:万元

地区	本年资金来源合计	上年末结余资金	本年资金来源小计	本年各项应付款合计
全国总计	**41053291**	**2834417**	**38218874**	**2643217**
北京	2028243	219065	1809178	80840
天津	1433011	101660	1331351	70718
河北	2585315	90640	2494675	263222
山西	937238	39409	897829	135374
内蒙古	485304	7187	478117	21188
辽宁	2596161	199545	2396616	127469
吉林	603516	74175	529341	71657
黑龙江	1266511	79122	1187389	36746
上海	3995619	395115	3600504	145816
江苏	2830372	165059	2665313	126814
浙江	1247165	117872	1129293	70715
安徽	1161882	34305	1127577	89932
福建	1380063	88263	1291800	177069
江西	677865	32917	644948	41454
山东	2733914	186509	2547405	198107
河南	1782900	119353	1663547	118715
湖北	2153691	65261	2088430	136944
湖南	1042760	99585	943175	79980
广东	2858177	163822	2694355	211010
广西	624648	79484	545164	57129
海南	73075	7240	65835	5290
重庆	801996	116661	685335	32050
四川	1268336	86919	1181417	67144
贵州	599476	42191	557285	49419
云南	1337407	91785	1245622	93120
西藏	22956	—	22956	140
陕西	690189	81657	608532	44725
甘肃	611119	24642	586477	20575
青海	145942	11876	134066	8325
宁夏	189451	6402	183049	7222
新疆	702563	6696	695867	54308
不分地区	186426	—	186426	—

各地区更新改造财务拨款资金来源(一)

单位:万元

地　　区	本年财务拨款、贷款合计	国家预算内资金	国内贷款	债　券
全国总计	**38218874**	**364809**	**7960862**	**88864**
北　京	1809178	50219	277548	—
天　津	1331351	4517	181640	—
河　北	2494675	30041	492216	10397
山　西	897829	8573	175652	281
内蒙古	478117	3166	78929	20476
辽　宁	2396616	15068	360482	2000
吉　林	529341	7321	137839	500
黑龙江	1187389	6329	296611	800
上　海	3600504	8569	752569	—
江　苏	2665313	7573	487429	551
浙　江	1129293	7300	205143	3100
安　徽	1127577	7192	277411	1000
福　建	1291800	4444	289636	901
江　西	644948	2348	263191	—
山　东	2547405	65000	580228	5891
河　南	1663547	8423	426671	4862
湖　北	2088430	30282	416405	2851
湖　南	943175	6679	237087	380
广　东	2694355	27291	495262	—
广　西	545164	3413	101258	1800
海　南	65835	648	15015	—
重　庆	685335	15880	185725	2621
四　川	1181417	4248	259831	2570
贵　州	557285	1950	138204	10000
云　南	1245622	4693	273554	13500
西　藏	22956	33	1013	—
陕　西	608532	12470	173756	2653
甘　肃	586477	4968	142329	300
青　海	134066	5508	35525	430
宁　夏	183049	1856	47318	—
新　疆	695867	8807	135385	1000
不分地区	186426	—	20000	—

各地区更新改造财务拨款资金来源(二)

单位:万元

地　　区	利用外资	外商直接投资	自筹资金	其他资金来源
全国总计	**2723514**	**1732412**	**25223576**	**1857249**
北　京	68095	26962	1311510	101806
天　津	311181	229102	779756	54257
河　北	100142	77339	1767963	93916
山　西	15010	2810	668581	29732
内蒙古	9472	4438	346276	19798
辽　宁	77409	57153	1875086	66571
吉　林	93363	77569	279481	10837
黑龙江	71562	18272	786665	25422
上　海	375126	250711	2304986	159254
江　苏	346214	238583	1761924	61622
浙　江	25577	18802	866624	21549
安　徽	77111	66351	718800	46063
福　建	73889	44848	864252	58678
江　西	16615	15147	316528	46266
山　东	308795	161490	1438484	149007
河　南	45891	11927	1093473	84227
湖　北	149082	69703	1309558	180252
湖　南	81891	43203	576204	40934
广　东	292936	212195	1691921	186945
广　西	36233	20480	362859	39601
海　南	10035	9684	39358	779
重　庆	36341	26813	374894	69874
四　川	49385	21719	810242	55141
贵　州	2886	2316	390808	13437
云　南	17389	6763	862823	73663
西　藏	—	—	21655	255
陕　西	1397	1151	389258	28998
甘　肃	21308	12243	341571	76001
青　海	4440	4440	81624	6539
宁　夏	1785	—	115830	16260
新　疆	2954	198	518946	28775
不分地区	—	—	155636	10790

各地区更新改造财务拨款中的自筹资金(一)

单位:万元

地　　区	自筹资金合计	中央各部门自筹	省自筹	地市自筹
全国总计	**25223576**	**1280292**	**1274630**	**798941**
北　　京	1311510	71968	74204	11631
天　　津	779756	25789	11995	7001
河　　北	1767963	42424	128379	80840
山　　西	668581	26376	20509	25363
内 蒙 古	346276	55144	5275	12871
辽　　宁	1875086	113308	15004	45369
吉　　林	279481	37918	6600	10837
黑 龙 江	786665	69709	133143	6087
上　　海	2304986	34621	220860	—
江　　苏	1761924	12274	103141	95763
浙　　江	866624	10291	78611	17701
安　　徽	718800	19546	27985	16361
福　　建	864252	17929	23065	25110
江　　西	316528	32702	2013	9536
山　　东	1438484	41450	24290	40546
河　　南	1093473	82392	32135	41313
湖　　北	1309558	80014	12221	50258
湖　　南	576204	45093	20547	3298
广　　东	1691921	31460	89418	104967
广　　西	362859	46121	12161	21008
海　　南	39358	1311	1617	1300
重　　庆	374894	11870	5332	17321
四　　川	810242	68735	51039	35469
贵　　州	390808	28338	45912	10219
云　　南	862823	39544	69704	34718
西　　藏	21655	16003	362	338
陕　　西	389258	81080	21690	46635
甘　　肃	341571	41860	22042	15620
青　　海	81624	6568	3400	405
宁　　夏	115830	14327	425	310
新　　疆	518946	42750	11551	10746
不分地区	155636	31377	—	—

各地区更新改造财务拨款中的自筹资金(二)

单位:万元

地区	县自筹	企、事业单位自有资金	发行股票
全国总计	**877382**	**20992331**	**530617**
北京	15751	1137956	120
天津	2680	732291	16479
河北	115305	1401015	82231
山西	10873	585460	14000
内蒙古	4550	268436	10329
辽宁	10327	1691078	50078
吉林	5413	218713	1000
黑龙江	12070	565656	1764
上海	120106	1929399	65522
江苏	76076	1474670	10736
浙江	17609	742412	5182
安徽	21264	633644	39010
福建	39556	758592	11279
江西	28860	243417	5053
山东	76902	1255296	70622
河南	42505	895128	18845
湖北	65463	1101602	34776
湖南	9591	497675	3141
广东	89161	1376915	51342
广西	5119	278450	256
海南	77	35053	—
重庆	9830	330541	265
四川	21110	633889	9734
贵州	3940	302399	9684
云南	57816	661041	250
西藏	35	4917	—
陕西	3268	236585	4918
甘肃	1463	260586	6156
青海	2723	68528	—
宁夏	266	100502	4229
新疆	7673	446226	3616
不分地区	—	124259	—

国民经济行业更新改造财务拨款

单位:万元

行　　业	本年资金来源合计	上年末结余资金	本年资金来源小计	本年各项应付款合计
全　国　总　计	**41053291**	**2834417**	**38218874**	**2643217**
(一) 农、林、牧、渔业	275553	6237	269316	6703
农业	202214	3793	198421	3151
林业	13885	103	13782	167
畜牧业	19256	1235	18021	101
渔业	21967	——	21967	1270
农、林、牧、渔服务业	18231	1106	17125	2014
(二) 采掘业	2539368	50310	2489058	129415
煤炭采选业	1080630	45667	1034963	85290
石油和天然气开采业	1128978	——	1128978	25288
黑色金属矿采选业	59312	688	58624	1848
有色金属矿采选业	165672	3054	162618	13991
非金属矿采选业	76661	611	76050	2493
其他矿采选业	80	——	80	——
木材及竹材采运业	28035	290	27745	505
(三) 制造业	20506782	2209275	18297507	1411105
食品加工业	595647	13968	581679	50408
食品制造业	349261	36408	312853	14559
饮料制造业	909203	106680	802523	78602
烟草加工业	752445	65738	686707	26911
纺织业	787226	97159	690067	33743
服装及其他纤维制品制造业	118651	884	117767	8709
皮革、毛皮、羽绒及其制品业	50303	782	49521	6227
木材加工及竹、藤、棕、草制品业	199223	17801	181422	8371
家具制造业	35611	205	35406	1560
造纸及纸制品业	588400	52506	535894	86806
印刷业、记录媒介的复制	171300	15581	155719	5562
文教体育用品制造业	53566	9213	44353	577
石油加工及炼焦业	1475740	51749	1423991	62174
化学原料及化学制品制造业	2935190	293770	2641420	199455
医药制造业	603263	113341	489922	36572
化学纤维制造业	246240	15125	231115	17559
橡胶制品业	377353	48511	328842	18156
塑料制品业	274829	20293	254536	18010
非金属矿物制品业	1363711	176484	1187227	137329
黑色金属冶炼及压延加工业	2420755	75185	2345570	213258
有色金属冶炼及压延加工业	749976	135260	614716	85707
金属制品业	250043	35250	214793	13314
普通机械制造业	994136	194300	799836	48689

国民经济行业更新改造财务拨款

续 1 单位:万元

行　　业	本年资金来源合计	上年末结余资金	本年资金来源小计	本年各项应付款合计
专用设备制造业	492971	74193	418778	44730
交通运输设备制造业	1660012	281968	1378044	107117
电气机械及器材制造业	846484	126708	719776	46071
电子及通信设备制造业	969968	114008	855960	34935
仪器仪表及文化、办公用机械制造业	119614	22761	96853	2125
其他制造业	115661	13444	102217	3869
(四) 电力、煤气及水的生产和供应业	2848881	142275	2706606	228189
电力、蒸汽、热水的生产和供应业	2419500	96860	2322640	199525
煤气生产和供应业	120370	20119	100251	6494
自来水的生产和供应业	309011	25296	283715	22170
(五) 建筑业	485610	13610	472000	44409
土木工程建筑业	451691	12871	438820	40518
线路、管道和设备安装业	28523	435	28088	140
建筑物的装修装饰业	5396	304	5092	3751
(六) 地质勘查业、水利管理业	233683	15847	217836	16838
地质勘查业	11067	924	10143	110
水利管理业	222616	14923	207693	16728
(七) 交通运输、仓储及邮电通信业	10275587	129318	10146269	480350
铁路运输业	1049895	11600	1038295	27522
公路运输业	716022	4583	711439	105803
管道运输业	19160	—	19160	—
水上运输业	153140	34026	119114	1320
航空运输业	384854	2843	382011	1548
交通运输辅助业	684202	4374	679828	61715
其他交通运输业	10395	—	10395	6669
仓储业	52891	2453	50438	6589
邮电通信业	7205028	69439	7135589	269184
(八) 批发和零售贸易、餐饮业	667973	71218	596755	57780
食品、饮料、烟草和家庭用品批发商业	116808	2615	114193	8652
能源、材料和机械电子设备批发业	93152	5552	87600	6255
其他批发业	8655	2054	6601	96
零售业	391084	59513	331571	40685
商业经纪与代理业	31631	120	31511	—

国民经济行业更新改造财务拨款

续 2 单位:万元

行　　业	本年资金来源合计	上年末结余资金	本年资金来源小计	本年各项应付款合计
餐饮业	26643	1364	25279	2092
(九) 金融、保险业	118407	914	117493	682
金融业	111350	914	110436	682
保险业	7057	—	7057	—
(十) 房地产业	561760	38588	523172	61166
房地产开发与经营业	434744	30111	404633	51353
房地产管理业	126010	8477	117533	9813
房地产代理与经纪业	1006	—	1006	—
(十一) 社会服务业	1461391	99136	1362255	141538
公共服务业	1136576	80799	1055777	126792
居民服务业	12484	100	12384	178
旅馆业	161169	7507	153662	12728
租赁服务业	10071	—	10071	—
旅行社	82911	3236	79675	1685
娱乐服务业	27723	4167	23556	—
信息、咨询服务业	13303	—	13303	—
计算机应用服务业	11645	3317	8328	25
其他社会服务业	5509	10	5499	130
(十二) 卫生、体育和社会福利业	112232	5480	106752	4354
卫生	91918	3258	88660	1960
体育	17391	2222	15169	2354
社会福利保障业	2923	—	2923	40
(十三) 教育、文化艺术及广播电影电视业	178700	4422	174278	11078
教育	114394	4237	110157	4080
文化艺术业	36394	83	36311	940
广播电影电视业	27912	102	27810	6058
(十四) 科学研究和综合技术服务业	50521	2973	47548	1680
科学研究业	31385	2825	28560	812
综合技术服务业	19136	148	18988	868
(十五) 国家机关、政党机关和社会团体	374694	7885	366809	39339
国家机关	360867	7718	353149	34760
政党机关	9525	20	9505	1553
社会团体	4302	147	4155	3026
基层群众自治组织	—	—	—	—
(十六) 其他行业	362149	36929	325220	8591
其他行业	362149	36929	325220	8591

国民经济行业更新改造财务拨款资金来源(一)

单位:万元

行业	本年财务拨款、贷款合计	国家预算内资金	国内贷款	债券
全国总计	**38218874**	**364809**	**7960862**	**88864**
(一) 农、林、牧、渔业	269316	27992	43981	—
农业	198421	23022	28892	—
林业	13782	1602	2014	—
畜牧业	18021	256	8270	—
渔业	21967	56	3229	—
农、林、牧、渔服务业	17125	3056	1576	—
(二) 采掘业	2489058	8291	239353	801
煤炭采选业	1034963	6973	145816	—
石油和天然气开采业	1128978	—	19783	—
黑色金属矿采选业	58624	—	8049	—
有色金属矿采选业	162618	200	36488	476
非金属矿采选业	76050	272	18787	325
其他矿采选业	80	—	—	—
木材及竹材采运业	27745	846	10430	—
(三) 制造业	18297507	82507	5583175	77192
食品加工业	581679	2594	256801	1567
食品制造业	312853	2254	92978	1121
饮料制造业	802523	4557	197578	200
烟草加工业	686707	700	181343	10000
纺织业	690067	5507	257505	151
服装及其他纤维制品制造业	117767	—	28675	627
皮革、毛皮、羽绒及其制品业	49521	—	16461	—
木材加工及竹、藤、棕、草制品业	181422	1070	46389	—
家具制造业	35406	—	11514	—
造纸及纸制品业	535894	8340	158094	—
印刷业、记录媒介的复制	155719	295	57639	—
文教体育用品制造业	44353	400	23074	—
石油加工及炼焦业	1423991	305	448749	4350
化学原料及化学制品制造业	2641420	8436	964344	13173
医药制造业	489922	3791	171651	450
化学纤维制造业	231115	20	100431	1000
橡胶制品业	328842	500	155672	1000
塑料制品业	254536	2226	105402	970
非金属矿物制品业	1187227	12346	414642	2981
黑色金属冶炼及压延加工业	2345570	6738	337926	34191
有色金属冶炼及压延加工业	614716	3109	159058	2000
金属制品业	214793	190	74579	1377
普通机械制造业	799836	4301	236783	603

国民经济行业更新改造财务拨款资金来源(一)

续1 单位:万元

行业	本年财务拨款、贷款合计	国家预算内资金	国内贷款	债券
专用设备制造业	418778	1332	149619	—
交通运输设备制造业	1378044	8506	375851	551
电气机械及器材制造业	719776	2410	228224	380
电子及通信设备制造业	855960	300	267031	500
仪器仪表及文化、办公用机械制造业	96853	—	36139	—
其他制造业	102217	2280	29023	—
(四) 电力、煤气及水的生产和供应业	2706606	11086	525175	7957
电力、蒸汽、热水的生产和供应业	2322640	9023	451327	7056
煤气生产和供应业	100251	30	11080	—
自来水的生产和供应业	283715	2033	62768	901
(五) 建筑业	472000	11132	48551	400
土木工程建筑业	438820	10932	46780	400
线路、管道和设备安装业	28088	200	920	—
建筑物的装修装饰业	5092	—	851	—
(六) 地质勘查业、水利管理业	217836	71206	23048	—
地质勘查业	10143	557	807	—
水利管理业	207693	70649	22241	—
(七) 交通运输、仓储及邮电通信业	10146269	68166	896818	—
铁路运输业	1038295	19008	23439	—
公路运输业	711439	12046	135784	—
管道运输业	19160	—	110	—
水上运输业	119114	190	25357	—
航空运输业	382011	484	9074	—
交通运输辅助业	679828	23386	105555	—
其他交通运输业	10395	—	—	—
仓储业	50438	1026	25649	—
邮电通信业	7135589	12026	571850	—
(八) 批发和零售贸易、餐饮业	596755	5265	166092	2214
食品、饮料、烟草和家庭用品批发商业	114193	1102	27405	14
能源、材料和机械电子设备批发业	87600	740	26433	—
其他批发业	6601	35	150	—
零售业	331571	3388	85832	2200
商业经纪与代理业	31511	—	12540	—

国民经济行业更新改造财务拨款资金来源(一)

续2 单位:万元

行业	本年财务拨款、贷款合计	国家预算内资金	国内贷款	债券
餐饮业	25279	—	13732	—
(九) 金融、保险业	117493	5068	5749	—
金融业	110436	5068	5749	—
保险业	7057	—	—	—
(十) 房地产业	523172	2781	113499	—
房地产开发与经营业	404633	2144	87577	—
房地产管理业	117533	637	25922	—
房地产代理与经纪业	1006	—	—	—
(十一) 社会服务业	1362255	38620	236379	300
公共服务业	1055777	36544	123919	—
居民服务业	12384	100	2527	—
旅馆业	153662	1690	69545	300
租赁服务业	10071	—	9300	—
旅行社	79675	231	19548	—
娱乐服务业	23556	—	8360	—
信息、咨询服务业	13303	55	—	—
计算机应用服务业	8328	—	3000	—
其他社会服务业	5499	—	180	—
(十二) 卫生、体育和社会福利业	106752	4685	14034	—
卫生	88660	3570	5609	—
体育	15169	1000	8400	—
社会福利保障业	2923	115	25	—
(十三) 教育、文化艺术及广播电影电视业	174278	6488	15616	—
教育	110157	5179	942	—
文化艺术业	36311	333	8287	—
广播电影电视业	27810	976	6387	—
(十四) 科学研究和综合技术服务业	47548	10877	984	—
科学研究业	28560	10030	984	—
综合技术服务业	18988	847	—	—
(十五) 国家机关、政党机关和社会团体	366809	10145	24466	—
国家机关	353149	9810	23956	—
政党机关	9505	125	510	—
社会团体	4155	210	—	—
基层群众自治组织	—	—	—	—
(十六) 其他行业	325220	500	23942	—
其他行业	325220	500	23942	—

国民经济行业更新改造财务拨款资金来源(二)

单位:万元

行　　业	利用外资	外商直接投资	自筹资金	其他资金来源
全 国 总 计	**2723514**	**1732412**	**25223576**	**1857249**
(一) 农、林、牧、渔业	7192	7036	146326	43825
农业	1385	1385	107994	37128
林业	506	350	8022	1638
畜牧业	1680	1680	7394	421
渔业	3242	3242	13322	2118
农、林、牧、渔服务业	379	379	9594	2520
(二) 采掘业	7600	6256	2172019	60994
煤炭采选业	200	--	852784	29190
石油和天然气开采业	410	410	1094814	13971
黑色金属矿采选业	1604	650	45168	3803
有色金属矿采选业	860	860	119638	4956
非金属矿采选业	4526	4336	47377	4763
其他矿采选业	—	--	80	—
木材及竹材采运业	—	--	12158	4311
(三) 制造业	2147969	1402152	9731122	675542
食品加工业	30076	23074	252124	38517
食品制造业	47510	36913	130196	38794
饮料制造业	108136	62891	460221	31831
烟草加工业	85	85	481700	12879
纺织业	72842	54515	306589	47473
服装及其他纤维制品制造业	12179	11651	72937	3349
皮革、毛皮、羽绒及其制品业	13582	8401	18751	727
木材加工及竹、藤、棕、草制品业	74956	72336	46752	12255
家具制造业	13683	11089	7719	2490
造纸及纸制品业	69038	36037	277272	23150
印刷业、记录媒介的复制	8936	8193	80062	8787
文教体育用品制造业	6320	6320	12061	2498
石油加工及炼焦业	55660	--	824205	90722
化学原料及化学制品制造业	297212	161074	1236760	121495
医药制造业	62414	51025	231754	19862
化学纤维制造业	7022	5486	114259	8383
橡胶制品业	54237	45238	114739	2694
塑料制品业	31414	26878	107274	7250
非金属矿物制品业	201758	139546	504112	51388
黑色金属冶炼及压延加工业	64435	51602	1884380	17900
有色金属冶炼及压延加工业	40403	18958	383580	26566
金属制品业	55460	28243	78057	5130
普通机械制造业	199207	113940	339495	19447

国民经济行业更新改造财务拨款资金来源(二)

续 1

单位:万元

行　　业	利用外资	外商直接投资	自筹资金	其他资金来源
专用设备制造业	32488	22422	212815	22524
交通运输设备制造业	248594	152459	723323	21219
电气机械及器材制造业	193942	159897	280607	14213
电子及通信设备制造业	122423	77231	454539	11167
仪器仪表及文化、办公用机械制造业	11599	8911	44412	4703
其他制造业	12358	7737	50427	8129
(四) 电力、煤气及水的生产和供应业	74455	43833	1843300	244633
电力、蒸汽、热水的生产和供应业	71933	42571	1554537	228764
煤气生产和供应业	169	169	84626	4346
自来水的生产和供应业	2353	1093	204137	11523
(五) 建筑业	15999	13769	364257	31661
土木工程建筑业	15999	13769	340116	24593
线路、管道和设备安装业	—	—	19900	7068
建筑物的装修装饰业	—	—	4241	—
(六) 地质勘查业、水利管理业	—	—	80437	43145
地质勘查业	—	—	8232	547
水利管理业	—	—	72205	42598
(七) 交通运输、仓储及邮电通信业	257917	98577	8689951	233417
铁路运输业	900	900	987924	7024
公路运输业	22228	19473	453998	87383
管道运输业	—	—	19050	—
水上运输业	662	—	86529	6376
航空运输业	50292	—	322161	—
交通运输辅助业	61757	26784	456514	32616
其他交通运输业	—	—	7795	2600
仓储业	553	—	21454	1756
邮电通信业	121525	51420	6334526	95662
(八) 批发和零售贸易、餐饮业	72692	33592	256243	94249
食品、饮料、烟草和家庭用品批发商业	4568	468	70810	10294
能源、材料和机械电子设备批发业	4025	4025	51372	5030
其他批发业	—	—	5176	1240
零售业	62782	27782	102334	75035
商业经纪与代理业	—	—	18949	22

国民经济行业更新改造财务拨款资金来源(二)

续 2　　单位:万元

行业	利用外资	外商直接投资	自筹资金	其他资金来源
餐饮业	1317	1317	7602	2628
(九) 金融、保险业	—	—	103380	3296
金融业	—	—	96448	3171
保险业	—	—	6932	125
(十) 房地产业	21076	21076	251890	133926
房地产开发与经营业	18201	18201	202079	94632
房地产管理业	2875	2875	48805	39294
房地产代理与经纪业	—	—	1006	—
(十一) 社会服务业	44867	38252	882101	159988
公共服务业	26769	25769	718177	150368
居民服务业	—	—	8644	1113
旅馆业	6953	1338	69586	5588
租赁服务业	—	—	771	—
旅行社	7283	7283	51821	792
娱乐服务业	3862	3862	10077	1257
信息、咨询服务业	—	—	13212	36
计算机应用服务业	—	—	5258	70
其他社会服务业	—	—	4555	764
(十二) 卫生、体育和社会福利业	4725	1924	68740	14568
卫生	3410	609	61668	14403
体育	1315	1315	4315	139
社会福利保障业	—	—	2757	26
(十三) 教育、文化艺术及广播电影电视业	3158	1158	123256	25760
教育	2458	458	81876	19702
文化艺术业	700	700	25516	1475
广播电影电视业	—	—	15864	4583
(十四) 科学研究和综合技术服务业	3696	3000	30215	1776
科学研究业	—	—	16857	689
综合技术服务业	3696	3000	13358	1087
(十五) 国家机关、政党机关和社会团体	588	207	275800	55810
国家机关	588	207	263715	55080
政党机关	—	—	8172	698
社会团体	—	—	3913	32
基层群众自治组织	—	—	—	—
(十六) 其他行业	61580	61580	204539	34659
其他行业	61580	61580	204539	34659

国民经济行业更新改造财务拨款中的自筹资金(一)

单位:万元

行　　　业	自筹资金合计	中央各部门自筹	省自筹	地市自筹
全　国　总　计	**25223576**	**1280292**	**1274630**	**798941**
(一) 农、林、牧、渔业	146326	728	1548	5587
农业	107994	603	1049	5465
林业	8022	—	—	10
畜牧业	7394	125	215	39
渔业	13322	—	—	—
农、林、牧、渔服务业	9594	—	284	73
(二) 采掘业	2172019	37226	31353	3300
煤炭采选业	852784	12740	29664	1989
石油和天然气开采业	1094814	20226	—	650
黑色金属矿采选业	45168	—	—	90
有色金属矿采选业	119638	2475	100	258
非金属矿采选业	47377	1705	1589	313
其他矿采选业	80	—	—	—
木材及竹材采运业	12158	80	—	—
(三) 制造业	9731122	87954	169669	133455
食品加工业	252124	800	5260	5995
食品制造业	130196	—	3227	1609
饮料制造业	460221	—	1543	3568
烟草加工业	481700	1500	5128	209
纺织业	306589	250	3342	4714
服装及其他纤维制品制造业	72937	—	—	200
皮革、毛皮、羽绒及其制品业	18751	—	560	—
木材加工及竹、藤、棕、草制品业	46752	—	1551	1771
家具制造业	7719	—	—	—
造纸及纸制品业	277272	—	3335	4772
印刷业、记录媒介的复制	80062	1171	1532	1235
文教体育用品制造业	12061	—	—	1295
石油加工及炼焦业	824205	67130	1790	160
化学原料及化学制品制造业	1236760	2824	28418	41324
医药制造业	231754	—	7548	701
化学纤维制造业	114259	40	380	2977
橡胶制品业	114739	500	7217	5795
塑料制品业	107274	445	2230	715
非金属矿物制品业	504112	772	16233	13743
黑色金属冶炼及压延加工业	1884380	—	1000	2967
有色金属冶炼及压延加工业	383580	596	6005	8726
金属制品业	78057	—	600	320
普通机械制造业	339495	75	15364	6449

国民经济行业更新改造财务拨款中的自筹资金(一)

续 1 单位:万元

行业	自筹资金合计	中央各部门自筹	省自筹	地市自筹
专用设备制造业	212815	966	4235	2275
交通运输设备制造业	723323	8602	12113	5259
电气机械及器材制造业	280607	200	2020	10348
电子及通信设备制造业	454539	1083	38378	4242
仪器仪表及文化、办公用机械制造业	44412	200	60	1756
其他制造业	50427	800	600	330
(四) 电力、煤气及水的生产和供应业	1843300	73177	426691	106673
电力、蒸汽、热水的生产和供应业	1554537	73157	317718	94391
煤气生产和供应业	84626	—	42124	3370
自来水的生产和供应业	204137	20	66849	8912
(五) 建筑业	364257	15471	31100	11954
土木工程建筑业	340116	15471	27355	11594
线路、管道和设备安装业	19900	—	—	360
建筑物的装修装饰业	4241	—	3745	—
(六) 地质勘查业、水利管理业	80437	319	12064	18054
地质勘查业	8232	131	—	—
水利管理业	72205	188	12064	18054
(七) 交通运输、仓储及邮电通信业	8689951	1027278	424810	282419
铁路运输业	987924	796022	2520	3468
公路运输业	453998	7860	57331	77279
管道运输业	19050	15033	—	—
水上运输业	86529	10786	2773	2130
航空运输业	322161	7568	—	—
交通运输辅助业	456514	8565	51154	92287
其他交通运输业	7795	1120	2953	1360
仓储业	21454	70	560	177
邮电通信业	6334526	180254	307519	105718
(八) 批发和零售贸易、餐饮业	256243	1254	2825	6249
食品、饮料、烟草和家庭用品批发商业	70810	—	1727	2217
能源、材料和机械电子设备批发业	51372	—	500	1475
其他批发业	5176	—	—	—
零售业	102334	1254	598	591
商业经纪与代理业	18949	—	—	—

国民经济行业更新改造财务拨款中的自筹资金(一)

续2 单位:万元

行业	自筹资金合计	中央各部门自筹	省自筹	地市自筹
餐饮业	7602	—	—	1966
(九) 金融、保险业	103380	3216	1457	826
金融业	96448	2180	1457	666
保险业	6932	1036	—	160
(十) 房地产业	251890	410	1744	2266
房地产开发与经营业	202079	—	—	1871
房地产管理业	48805	410	1744	395
房地产代理与经纪业	1006	—	—	—
(十一) 社会服务业	882101	1911	144488	173716
公共服务业	718177	1083	140848	170206
居民服务业	8644	69	—	—
旅馆业	69586	759	3410	2770
租赁服务业	771	—	—	—
旅行社	51821	—	230	—
娱乐服务业	10077	—	—	—
信息、咨询服务业	13212	—	—	—
计算机应用服务业	5258	—	—	—
其他社会服务业	4555	—	—	740
(十二) 卫生、体育和社会福利业	68740	5322	1327	3632
卫生	61668	4971	903	2558
体育	4315	1	404	809
社会福利保障业	2757	350	20	265
(十三) 教育、文化艺术及广播电影电视业	123256	7344	3229	10562
教育	81876	2344	3044	6242
文化艺术业	25516	5000	75	1680
广播电影电视业	15864	—	110	2640
(十四) 科学研究和综合技术服务业	30215	3605	727	1935
科学研究业	16857	2259	727	334
综合技术服务业	13358	1346	—	1601
(十五) 国家机关、政党机关和社会团体	275800	4391	15874	34852
国家机关	263715	4391	15615	34774
政党机关	8172	—	219	78
社会团体	3913	—	40	—
基层群众自治组织	—	—	—	—
(十六) 其他行业	204539	10686	5724	3461
其他行业	204539	10686	5724	3461

国民经济行业更新改造财务拨款中的自筹资金(二)

单位:万元

行业	县自筹	企、事业单位自有资金	发行股票
全国总计	**877382**	**20992331**	**530617**
(一)农、林、牧、渔业	6707	131756	85
农业	3200	97677	——
林业	260	7752	——
畜牧业	22	6993	85
渔业	1340	11982	——
农、林、牧、渔服务业	1885	7352	——
(二)采掘业	7928	2092212	177
煤炭采选业	3018	805373	177
石油和天然气开采业	800	1073138	——
黑色金属矿采选业	599	44479	——
有色金属矿采选业	600	116205	——
非金属矿采选业	2911	40859	——
其他矿采选业	——	80	——
木材及竹材采运业	——	12078	——
(三)制造业	189822	9150222	496741
食品加工业	12655	227414	7512
食品制造业	5807	119553	3714
饮料制造业	7290	447820	15331
烟草加工业	1931	472932	——
纺织业	7338	290945	10187
服装及其他纤维制品制造业	1267	71470	1350
皮革、毛皮、羽绒及其制品业	630	17561	——
木材加工及竹、藤、棕、草制品业	3842	39588	——
家具制造业	80	7639	——
造纸及纸制品业	19897	249268	14000
印刷业、记录媒介的复制	1040	75084	——
文教体育用品制造业	460	10306	200
石油加工及炼焦业	16376	738749	42226
化学原料及化学制品制造业	48074	1116120	54399
医药制造业	2571	220934	20815
化学纤维制造业	3474	107388	——
橡胶制品业	2811	98416	3453
塑料制品业	885	102999	15663
非金属矿物制品业	30991	442373	24501
黑色金属冶炼及压延加工业	1403	1879010	87399
有色金属冶炼及压延加工业	1284	366969	330
金属制品业	1176	75961	4228
普通机械制造业	9227	308380	35226

国民经济行业更新改造财务拨款中的自筹资金(二)

续 1　　　　单位:万元

行　　业	县自筹	企、事业单位自有资金	发行股票
专用设备制造业	1302	204037	8763
交通运输设备制造业	4922	692427	45813
电气机械及器材制造业	1440	266599	30998
电子及通信设备制造业	850	409986	69383
仪器仪表及文化、办公用机械制造业	360	42036	985
其他制造业	439	48258	265
(四) 电力、煤气及水的生产和供应业	82180	1154579	4859
电力、蒸汽、热水的生产和供应业	71202	998069	2162
煤气生产和供应业	2368	36764	—
自来水的生产和供应业	8610	119746	2697
(五) 建筑业	28245	277487	449
土木工程建筑业	28245	257451	449
线路、管道和设备安装业	—	19540	—
建筑物的装修装饰业	—	496	—
(六) 地质勘查业、水利管理业	26629	23371	36
地质勘查业	—	8101	—
水利管理业	26629	15270	36
(七) 交通运输、仓储及邮电通信业	284191	6671253	1522
铁路运输业	25	185889	—
公路运输业	64197	247331	1214
管道运输业	130	3887	—
水上运输业	692	70148	—
航空运输业	—	314593	—
交通运输辅助业	84784	219724	—
其他交通运输业	2193	169	—
仓储业	436	20211	308
邮电通信业	131734	5609301	—
(八) 批发和零售贸易、餐饮业	6693	239222	17798
食品、饮料、烟草和家庭用品批发商业	1472	65394	—
能源、材料和机械电子设备批发业	771	48626	41
其他批发业	—	5176	—
零售业	3773	96118	17757
商业经纪与代理业	—	18949	—

国民经济行业更新改造财务拨款中的自筹资金(二)

续 2　　　　单位:万元

行　　业	县自筹	企、事业单位自有资金	发行股票
餐饮业	677	4959	—
(九) 金融、保险业	307	97574	—
金融业	307	91838	—
保险业	—	5736	—
(十) 房地产业	28897	218573	—
房地产开发与经营业	26843	173365	—
房地产管理业	2054	44202	—
房地产代理与经纪业	—	1006	—
(十一) 社会服务业	99993	461993	8800
公共服务业	95663	310377	8800
居民服务业	916	7659	—
旅馆业	1545	61102	—
租赁服务业	—	771	—
旅行社	796	50795	—
娱乐服务业	978	9099	—
信息、咨询服务业	—	13212	—
计算机应用服务业	65	5193	—
其他社会服务业	30	3785	—
(十二) 卫生、体育和社会福利业	7568	50891	—
卫生	4337	48899	—
体育	3001	100	—
社会福利保障业	230	1892	—
(十三) 教育、文化艺术及广播电影电视业	24184	77937	—
教育	21286	48960	—
文化艺术业	723	18038	—
广播电影电视业	2175	10939	—
(十四) 科学研究和综合技术服务业	446	23502	30
科学研究业	—	13537	—
综合技术服务业	446	9965	30
(十五) 国家机关、政党机关和社会团体	76521	144162	—
国家机关	68784	140151	—
政党机关	7643	232	—
社会团体	94	3779	—
基层群众自治组织	—	—	—
(十六) 其他行业	7071	177597	120
其他行业	7071	177597	120

更新改造施工规模和生产能力建成率(一)

生产能力(或效益)名称	计量单位	代码	本年施工规模		本年新增生产能力和效益	生产能力建成率(%)
			合计	本年新开工		
原煤开采	万吨/年	101	1889	691	530	28.1
洗煤	万吨/年	102	584	328	254	43.5
焦炭	万吨/年	103	503	223	174	34.6
原油开采	万吨/年	104	41	17	39	95.1
天然原油	万吨/年	105	41	17	39	95.1
天然气管输	公里	113	280	280	280	100.0
石油加工:蒸馏设备	万吨/年	121	827	465	427	51.6
裂化设备	万吨/年	122	921	295	465	50.5
加氢精制设备	万吨/年	123	150	—	90	60.0
焦化设备	万吨/年	124	180	80	50	27.8
催化重整设备	万吨/年	125	45	—	—	—
油罐容量	万立方米	129	71	23	42	59.2
铁矿石原矿开采	万吨/年	131	283	109	88	31.1
铁矿石成品矿	万吨/年	132	5	5	5	100.0
人造富铁矿	万吨/年	133	555	86	258	46.5
其中:烧结铁矿	万吨/年	134	477	77	220	46.1
球团铁矿	万吨/年	135	66	1	31	47.0
锰矿石原矿开采	万吨/年	136	35	35	35	100.0
炼铁	万吨/年	141	490	114	172	35.1
炼钢	万吨/年	142	803	152	454	56.5
转炉钢	万吨/年	144	506	75	404	79.8
电炉钢	万吨/年	145	291	76	48	16.5
初轧	万吨/年	146	128	80	40	31.3
连铸	万吨/年	147	822	80	535	65.1
铁合金	吨/年	149	73831	44570	45971	62.3
钢材	万吨/年	151	1280	591	472	36.9
按加工工艺划分的钢材						
热轧钢材	万吨/年	152	1208	576	440	36.4
冷加工钢材	万吨/年	153	41	13	26	63.4
其它	万吨/年	154	36	6	6	16.7
按品种分						
线材	万吨/年	158	121	41	71	58.7
中厚钢板	万吨/年	159	44	44	44	100.0
薄钢板	万吨/年	160	350	350	—	—
无缝钢管	万吨/年	161	65	—	35	53.8
金属丝及其制品	吨/年	169	78442	22090	37442	47.7
铜采矿(原矿)	万吨/年	171	194	138	156	80.4
铜选矿:(1)处理原矿	万吨/年	172	41	40	—	—
(2)铜精矿	万吨/年	173	19	19	—	—

更新改造施工规模和生产能力建成率(二)

生产能力(或效益)名称	计量单位	代码	本年施工规模 合计	本年施工规模 本年新开工	本年新增生产能力和效益	生产能力建成率(%)
(3)铜含量	吨/年	174	5847	1100	4747	81.2
铜冶炼	吨/年	175	265259	40259	145259	54.8
其中:电解铜	吨/年	176	90259	15259	25259	28.0
铜加工	吨/年	177	152500	14000	109500	71.8
铅锌采矿(原矿)	万吨/年	181	38	12	17	44.7
铅锌选矿:(1)处理原矿	万吨/年	182	82	82	82	100.0
(2)铅精矿	万吨/年	183	4	4	1	25.0
锌精矿	万吨/年	184	4	4	—	—
铅冶炼	吨/年	188	56500	27500	18700	33.1
其中:电解铅	吨/年	189	50000	25000	15000	30.0
锌冶炼	吨/年	190	49952	22452	2126	4.3
其中:电解锌	吨/年	191	7626	7126	1126	14.8
铅加工	吨/年	193	37000	—	25000	67.6
锌加工	吨/年	194	10000	2000	2000	20.0
锡采矿(原矿)	万吨/年	201	3	—	—	—
锡选矿:(1)处理原矿	万吨/年	202	30	14	18	60.0
(3)锡含量	吨/年	204	120	—	—	—
锡冶炼	吨/年	205	2000	500	2000	100.0
镍加工	吨/年	217	101	41	41	40.6
锑冶炼	吨/年	225	10750	1000	7550	70.2
氧化铝	万吨/年	232	28	10	9	32.1
电解铝	吨/年	233	305665	83600	76445	25.0
铝加工	吨/年	234	183357	47800	105725	57.7
镁冶炼	吨/年	237	8050	2850	2300	28.6
钛选矿:(1)处理原矿	万吨/年	242	2	—	2	100.0
钨采矿(原矿)	万吨/年	251	35	—	2	5.7
(3)钨含量	吨/年	254	18	—	—	—
钼采矿	万吨/年	255	100	100	—	—
钼选矿:(1)处理原矿	万吨/年	256	34	34	—	—
金采矿(原矿)	万吨/年	261	421	369	370	87.9
金选矿:(1)处理原矿	吨/年	262	1258377	487506	307367	24.4
(2)金精(块)矿	吨/年	263	63474	55500	7050	11.1
(3)金含量	公斤/年	264	935	355	767	82.0
黄金	公斤/年	265	735	595	507	69.0
矿山成品金	公斤/年	266	735	595	507	69.0
黄金电解	公斤/年	268	73	73	73	100.0
银采矿(原矿)	万吨/年	271	26	—	—	—
银电解	公斤/年	275	42	42	42	100.0
单晶硅	公斤/年	277	35667	35004	35667	100.0

更新改造施工规模和生产能力建成率(三)

生产能力(或效益)名　称	计量单位	代码	本年施工规模 合计	本年新开工	本年新增生产能力和效益	生产能力建成率(%)
多晶硅	公斤/年	278	100000	—	—	—
石棉选矿:(1)处理原矿	万吨/年	282	2	2	—	—
(2)成品棉	万吨/年	283	2	2	—	—
硫铁矿开采	万吨/年	286	41	14	12	29.3
磷矿开采	万吨/年	287	35	25	15	42.9
发电机组容量	万千瓦	291	489	204	194	34.2
水力发电	万千瓦	292	40	20	9	22.5
火力发电	万千瓦	293	461	175	180	39.0
其他发电	万千瓦	295	17	9	5	29.4
输电线路长度(11万伏及以上)	公里	296	3355	2450	1930	57.5
变电设备能力(11万伏及以上)	万千伏安	297	1705	1064	1131	66.3
水　泥	万吨/年	301	3164	1185	1529	48.3
平板玻璃	万重量箱/年	302	2133	267	958	44.9
卫生陶瓷	万件/年	303	1870	1680	1490	79.7
耐火材料制品	吨/年	304	51600	20100	29600	57.4
石墨及炭素制品	吨/年	305	164045	66140	48240	29.4
锯　材	万立方米/年	312	2	2	1	50.0
胶合板	万立方米/年	313	86	80	60	69.8
纤维板	万立方米/年	314	49	23	40	81.6
刨花板	万立方米/年	315	35	18	16	45.7
人造板装饰加工板	万立方米/年	316	995	412	180	18.1
硫　酸	吨/年	321	1766566	570058	978558	55.4
浓硝酸	吨/年	322	123000	50000	83000	67.5
烧碱	吨/年	323	848500	82500	264500	31.2
纯碱	吨/年	324	870120	285120	473120	54.4
电石	吨/年	325	208600	155100	107200	51.4
合成氨	吨/年	327	4883382	2779700	2039085	41.8
农用氮、磷、钾化学肥料	吨/年	331	5588990	3059509	2399090	42.9
氮肥	吨/年	332	4686792	2309025	1846666	39.4
其中：农用尿素	吨/年	333	2797112	1251566	766366	27.4
农用碳酸氢铵	吨/年	334	528777	287416	275657	52.1
磷肥	吨/年	335	1022704	675984	542924	53.1
其中：普通过磷酸钙	吨/年	336	63462	44362	35542	56.0
钙镁磷肥	吨/年	337	64740	39400	6540	10.1
钾肥	吨/年	338	194500	144500	74500	38.3
化学农药	吨/年	341	126951	99340	85775	67.6

更新改造施工规模和生产能力建成率(四)

生产能力(或效益)名称	计量单位	代码	本年施工规模		本年新增生产能力和效益	生产能力建成率(%)
			合计	本年新开工		
乙烯	吨/年	342	458000	108000	98000	21.4
丙烯	吨/年	343	47000	47000	47000	100.0
纯苯	吨/年	344	92096	—	92096	100.0
冰醋酸	吨/年	345	35200	7200	14000	39.8
油漆	吨/年	346	78143	9843	18443	23.6
染料	吨/年	347	85401	21090	29620	34.7
炭黑	吨/年	348	64000	18500	57000	89.1
塑料树脂及共聚物	吨/年	349	920345	445395	279765	30.4
合成橡胶	吨/年	350	55700	13700	13300	23.9
合成纤维单体	吨/年	351	175010	11010	162785	93.0
合成纤维聚合物	吨/年	352	105196	10000	20000	19.0
轮胎外胎	万条/年	353	1970	351	826	41.9
轮胎内胎	万条/年	354	1841	154	448	24.3
化学原料药	吨/年	361	87409	62981	59556	68.1
化学药制剂	吨/年	362	59838	45822	36786	61.5
医药中间体	吨/年	363	43580	37926	24856	57.0
中成药	吨/年	364	32414	8880	10996	33.9
蒸汽锅炉制造	台/年	371	8696	6835	530	6.1
	蒸发量:小时吨/年	372	22694	4570	4074	18.0
汽轮机制造	万千瓦/年	373	210	—	—	—
水轮机制造(500千瓦及以上)	万千瓦/年	375	18	10	18	100.0
水轮发电机制造	万千瓦/年	376	22	—	22	100.0
交流电动机制造	万千瓦/年	377	150542	150120	92	0.1
内燃机制造	台/年	378	2915568	607212	536750	18.4
	万千瓦/年	379	7455	1453	683	9.2
柴油机制造	台/年	380	2800568	607212	536750	19.2
	万千瓦/年	381	6614	1453	683	10.3
其它内燃机制造	台/年	382	115000	—	—	—
	万千瓦/年	383	840	—	—	—
金属切削机床制造	台/年	384	71019	884	57761	81.3
铸铁件能力	吨/年	385	152651	44750	75820	49.7
铸钢件能力	吨/年	386	11730	4350	9330	79.5
锻件能力	吨/年	387	70955	17158	22472	31.7
轴承	套/年	388	29382912	19251070	12732912	43.3
拖拉机制造	台/年	391	360100	13100	225100	62.5
大中型拖拉机制造	台/年	392	49000	7000	9000	18.4
小型拖拉机制造	台/年	393	317100	6100	216100	68.1

更新改造施工规模和生产能力建成率(五)

生产能力(或效益)名称	计量单位	代码	本年施工规模		本年新增生产能力和效益	生产能力建成率(%)
			合计	本年新开工		
其中:手扶拖拉机制造	台/年	394	210000	—	200000	95.2
冶金设备制造	吨/年	396	5700	3100	2000	35.1
矿山采掘和洗选设备制造	吨/年	397	23760	2900	2900	12.2
烟草加工机械制造	台(套)/年	398	60	—	—	—
建筑机械制造	台/年	401	18277	2830	10137	55.5
其中:挖掘机	台/年	402	1390	—	40	2.9
推土机	台/年	403	2500	400	400	16.0
医疗器械制造	台/年	406	3495	395	2045	58.5
汽车制造	辆/年	417	1050347	176627	187092	17.8
载货汽车制造	辆/年	418	518722	56232	151232	29.2
轿车制造	辆/年	419	154000	10000	—	—
其它汽车制造	辆/年	420	381625	110395	35860	9.4
摩托车制造	辆/年	423	3528000	158000	2238000	63.4
民用船舶制造	艘/年	424	27	9	23	85.2
	万综合吨/年	425	70	11	56	80.0
修造船坞	万载重吨/年	426	48	—	40	83.3
黑白电视机	万部/年	431	30	—	30	100.0
彩色电视机	万部/年	432	405	245	310	76.5
摄像机	万部/年	434	2	—	—	—
录放音机	万部/年	435	8	8	8	100.0
彩色显像管	万只/年	437	386	230	136	35.2
微型电子计算机	万部/年	452	60	50	60	100.0
电子计算机外部设备	台/年	453	2600000	1200000	2300000	88.5
大中规模半导体集成电路	万块/年	455	11960	8000	11700	97.8
化学纤维	吨/年	461	213126	115826	109156	51.2
其中:合成纤维	吨/年	462	132556	74956	60810	45.9
粘胶纤维	吨/年	463	41000	14100	17700	43.2
棉纺锭	万锭	471	68	31	47	69.1
棉布织机	台	472	5644	3853	4718	83.6
棉印染	万米/年	473	26266	9732	13146	50.0
毛纺锭	锭	474	27380	23980	22580	82.5
其中:毛精纺锭	锭	475	3400	—	3400	100.0
气流纺	头	476	9736	6536	9736	100.0
麻纺锭	锭	477	17584	14484	3584	20.4
绢丝精纺锭	锭	478	13040	6940	11728	89.9
丝织机	台	481	1295	670	1109	85.6
桑蚕缫丝机	绪	482	14700	10700	11900	81.0
麻袋织机	台	483	48	48	48	100.0
原盐	万吨/年	491	152	114	99	65.1

更新改造施工规模和生产能力建成率(六)

生产能力(或效益)名称	计量单位	代码	本年施工规模 合计	本年施工规模 本年新开工	本年新增生产能力和效益	生产能力建成率(%)
食用植物油	日处理原料:吨	492	7167	4868	5987	83.5
	日精炼油:吨	493	1805	1315	1526	84.5
肉加工品	吨/年	494	161850	137400	143750	88.8
其中:熟肉加工	吨/年	495	87150	76950	85650	98.3
机制糖	日处理原料:吨	496	39200	25800	22000	56.1
	年生产糖:吨	497	534266	354853	306203	57.3
机制甘蔗糖	日处理原料:吨	498	34800	22100	19100	54.9
	年生产糖:吨	499	461341	296928	261403	56.7
机制甜菜糖	日处理原料:吨	500	4400	3700	2900	65.9
	年生产糖:吨	501	72925	57925	44800	61.4
糖果	吨/年	502	23070	4580	18240	79.1
饼干	吨/年	503	26780	7600	26780	100.0
乳制品	吨/年	504	176961	38605	53605	30.3
奶粉	吨/年	505	68515	26515	25515	37.2
其他乳制品	吨/年	506	108446	12090	28090	25.9
酒	吨/年	507	6065239	3179262	3365943	55.5
啤酒	吨/年	508	4672515	1936803	2620110	56.1
白酒	吨/年	509	337218	192357	203611	60.4
其他酒	吨/年	510	1123646	1096046	546046	48.6
卷烟	万箱/年	513	617	218	259	42.0
机制纸浆	万吨/年	521	46	9	11	23.9
机制纸及纸板	万吨/年	522	198	108	96	48.5
肥皂	万吨/年	523	14	13	10	71.4
合成洗涤剂	吨/年	524	508750	155500	246750	48.5
合成洗涤剂原料	吨/年	525	33000	30000	3000	9.1
鞣制皮革(折合牛皮)	万张/年	527	278	247	210	75.5
皮鞋	万双/年	528	202	140	180	89.1
服装	万件/年	529	5048	2806	3621	71.7
塑料制品	万吨/年	530	49	36	40	81.6
日用陶瓷器	万件/年	533	10960	6074	3014	27.5
日用玻璃制品	万吨/年	534	44	33	21	47.7
日用精铝制品	万件/年	535	135	—	135	100.0
保温瓶	万个/年	537	1440	1340	1340	93.1
灯泡、灯管	万只/年	538	28158	12013	22990	81.6

更新改造施工规模和生产能力建成率(七)

生产能力(或效益)名称	计量单位	代码	本年施工规模 合计	本年施工规模 本年新开工	本年新增生产能力和效益	生产能力建成率(%)
自行车	万辆/年	540	210	75	80	38.1
缝纫机	万架/年	541	1	—	—	—
照相机	万台/年	543	30	—	30	100.0
复印机械	台/年	548	1000	—	1000	100.0
家用电风扇	万台/年	549	100	—	100	100.0
家用电冰箱	万台/年	551	495	315	220	44.4
家用洗衣机	万台/年	552	176	79	94	53.4
家用空气调节器	万台/年	553	268	3	158	59.0
燃气用具	万台/年	556	105	105	100	95.2
影碟机	万部/年	557	350	350	350	100.0
微波炉	台/年	560	230000	130000	150000	65.2
铁路机车购置	台	561	9	9	9	100.0
铁路货车购置	辆	563	794	794	794	100.0
汽、挂车购置	辆	564	38801	30673	38716	99.8
载货汽车购置	辆	565	14905	6885	14903	100.0
载客汽车购置	辆	566	11570	11496	11489	99.3
小汽车购置	辆	567	10990	10963	10988	100.0
其它汽车购置	辆	568	1594	1587	1594	100.0
增建铁路第二线交付运营里程	公里	572	147	68	55	37.4
新建公路	公里	576	770	655	572	74.3
其中:高速公路	公里	577	31	31	—	—
改建公路	公里	578	9119	5546	6790	74.5
其中:高速公路	公里	579	52	29	42	80.8
其中:一级公路	公里	580	453	170	168	37.1
新建独立公路桥梁	延长米	581	3436	953	1689	49.2
	座	582	39	15	15	38.5
新(扩)建港口码头	年吞吐量:万吨	583	2117	226	1876	88.6
	泊位:个	584	55	19	41	74.5
其中:新(扩)建沿海港口码头	年吞吐量:万吨	585	258	102	152	58.9
	泊位:个	586	10	2	7	70.0
过驳设施	年过驳能力:万吨	587	140	—	140	100.0
	泊位:个	588	1	—	1	100.0
船舶购置	艘	589	166	164	163	98.2
	载重量:吨位	590	368772	367372	364022	98.7

更新改造施工规模和生产能力建成率(八)

生产能力(或效益)名称	计量单位	代码	本年施工规模 合计	本年施工规模 本年新开工	本年新增生产能力和效益	生产能力建成率(%)
	载客量:客位	591	6640	6140	5274	79.4
	拖轮功率:千瓦	592	12896	12896	12896	100.0
改善内河航道里程	公里	594	16	——	8	50.0
新(扩)建客、货运站	个	595	15	10	6	40.0
	平方米	596	50568	40368	21993	43.5
飞机购置	架	601	4	4	4	100.0
候机楼	座	602	1	1	1	100.0
	平方米	603	1500	1500	1500	100.0
长途电缆	延长公里	604	33521	29969	32677	97.5
新建微波电路	公里	605	2165	1957	2165	100.0
市内电话自动交换机	门	606	11633811	10220021	10371947	89.2
长途自动电话交换设备	路端	607	285547	186591	230787	80.8
农牧场机具购置	台	610	2449	2122	2449	100.0
	千瓦	611	64791	57039	64791	100.0
商品蛋鸡场	万公斤蛋/年	612	36	36	36	100.0
耕地面积	万亩	613	7	7	7	100.0
造林面积	万亩	614	11	11	11	100.0
水库容量(总库容)	亿立方米	615	8	7	2	25.0
有效灌溉面积	万亩	616	124	79	124	100.0
除涝面积	万亩	617	107	104	54	50.5
商业石油库	万立方米	621	5	2	—	—
物资储备石油库	万立方米	622	2	1	1	50.0
水产冷藏库	万吨	624	1	——	1	100.0
粮食仓库	万公斤	625	71444	63114	56079	78.5
	平方米	626	142000	114598	88261	62.2
商业饮食服务网点	处	627	495	307	371	74.9
	平方米	628	1793330	618746	619893	34.6
建筑面积	平方米	632	31373	23709	—	—
中等学校:学生席位	个	633	75139	50763	59144	78.7
建筑面积	平方米	634	346560	164457	215235	62.1
小学校:学生席位	个	635	95461	80458	91591	95.9
建筑面积	平方米	636	261053	205096	246669	94.5
其他学校:学生席位	个	637	2430	800	1570	64.6
建筑面积	平方米	638	22118	9217	11323	51.2
公共图书馆:藏书量	万册(件)	639	37	——	—	—
阅览室座席	个	640	800	——	—	—
建筑面积	平方米	641	27449	900	19349	70.5

更新改造施工规模和生产能力建成率(九)

生产能力(或效益)名称	计量单位	代码	本年施工规模		本年新增生产能力和效益	生产能力建成率(%)
			合计	本年新开工		
影剧院:座席	个	644	4630	400	1848	39.9
	平方米	645	21146	700	6796	32.1
文化馆	平方米	647	9048	4668	—	—
医院病床	张	651	4905	2517	1765	36.0
疗养院、所病床	张	652	192	152	192	100.0
宾馆、旅馆、招待所客房数	间	653	6546	1631	2316	35.4
宾馆、旅馆、招待所客房数	平方米	654	318336	51924	92329	29.0
办公用房	平方米	655	2080940	699728	946625	45.5
厂房	平方米	656	9559986	3619326	5310095	55.5
仓库	平方米	657	1045509	622025	545907	52.2
商业营业用房	平方米	658	2361346	639851	727170	30.8
科学研究实验用房	平方米	659	163023	30527	52544	32.2
城市自来水供水能力	万吨/日	661	482	142	253	52.5
城市自来水管道长度	公里	662	801	568	571	71.3
城市煤气生产能力	万立方米/日	663	85	5	43	50.6
城市天然气储气能力	万立方米/日	664	43	43	28	65.1
城市液化石油气储气能力	吨	665	2039	2039	1973	96.8
城市供热能力:蒸汽	吨/小时	666	678	428	564	83.2
热水	兆瓦/小时	667	767	630	733	95.6
城市公共交通车辆购置	辆	671	8927	8927	8927	100.0
城市道路扩建长度	公里	672	870	695	667	76.7
城市道路扩建面积	万平方米	673	2654	1003	2228	83.9
城市排水管道铺设长度	公里	674	553	345	374	67.6
城市污水处理能力	万吨/日	675	142	54	63	44.4
城市永久性桥梁	座	676	63	36	55	87.3
城市防洪堤长度	公里	677	94	76	59	62.8
更新改造节约效益						
煤炭	万吨/年	701	63	11	47	74.6
由于低效锅炉改造而节约的	万吨/年	702	8	6	6	75.0
由于余热利用而节约的	万吨/年	703	40	2	37	92.5
由于利用煤矸石而节约的	万吨/年	704	8	—	—	—
由于其他原因而节约的	万吨/年	705	8	4	4	50.0
焦炭	吨/年	706	212936	52936	212936	100.0
燃料油	吨/年	707	20386	20386	20386	100.0
由于其他原因而压缩的	吨/年	709	20386	20386	20386	100.0
成品油	吨/年	710	73	—	73	100.0
电力	万千瓦小时/年	711	6814	6788	6753	99.1

各地区更新改造项目个数

单位:个

地　区	基层填报单位个数	全部建设项目个数	施工项目个数	新开工	全部建成投产项目个数	项目建成投产率(%)
全国总计	**24594**	**22712**	**51576**	**33622**	**33590**	**65.1**
北　京	548	515	1837	1097	1104	60.1
天　津	592	547	1351	976	954	70.6
河　北	2388	2158	3077	2249	2127	69.1
山　西	429	407	1401	856	868	62.0
内蒙古	312	283	949	680	742	78.2
辽　宁	780	724	2467	1804	1677	68.0
吉　林	356	298	940	616	579	61.6
黑龙江	568	547	1324	1093	954	72.1
上　海	1151	1092	2470	1218	1413	57.2
江　苏	1565	1430	3418	2688	2662	77.9
浙　江	933	846	1693	1027	1052	62.1
安　徽	997	942	2625	1898	1924	73.3
福　建	851	781	1370	914	862	62.9
江　西	782	758	1333	783	648	48.6
山　东	1493	1412	2659	1899	1721	64.7
河　南	1414	1327	2383	1523	1585	66.5
湖　北	1835	1642	2626	1586	1837	70.0
湖　南	633	591	1335	739	791	59.3
广　东	1624	1462	2765	1311	1365	49.4
广　西	701	643	1236	764	744	60.2
海　南	102	90	147	128	114	77.6
重　庆	433	399	1823	458	852	46.7
四　川	912	825	1855	1212	1176	63.4
贵　州	544	514	946	558	546	57.7
云　南	956	931	2054	1343	1336	65.0
西　藏	51	48	48	39	45	93.8
陕　西	425	393	1070	683	667	62.3
甘　肃	312	294	961	540	592	61.6
青　海	163	154	242	180	162	66.9
宁　夏	131	124	353	256	225	63.7
新　疆	602	524	2807	2501	2264	80.7
不分地区	11	11	11	3	2	18.2

国民经济行业更新改造项目个数

单位:个

行业	基层填报单位个数	全部建设项目个数	施工项目个数	新开工	全部建成投产项目个数	项目建成投产率(%)
全国总计	**24594**	**22712**	**51576**	**33622**	**33590**	**65.1**
(一) 农、林、牧、渔业	511	468	1224	1075	1070	87.4
农业	282	251	914	828	824	90.2
林业	68	66	81	65	65	80.2
畜牧业	55	53	87	82	72	82.8
渔业	34	30	54	39	45	83.3
农、林、牧、渔服务业	72	68	88	61	64	72.7
(二) 采掘业	929	898	3329	2180	1913	57.5
煤炭采选业	448	432	1504	725	786	52.3
石油和天然气开采业	31	31	1008	919	675	67.0
黑色金属矿采选业	71	68	138	83	79	57.2
有色金属矿采选业	169	166	317	187	147	46.4
非金属矿采选业	158	153	219	157	140	63.9
其他矿采选业	1	1	1	1	1	100.0
木材及竹材采运业	51	47	142	108	85	59.9
(三) 制造业	13583	12815	22314	12621	12942	58.0
食品加工业	1056	986	1207	885	862	71.4
食品制造业	436	417	516	349	361	70.0
饮料制造业	701	671	896	591	583	65.1
烟草加工业	224	215	362	188	151	41.7
纺织业	878	792	1098	703	773	70.4
服装及其他纤维制品制造业	123	105	114	77	73	64.0
皮革、毛皮、羽绒及其制品业	76	66	81	60	48	59.3
木材加工及竹、藤、棕、草制品业	190	183	226	141	139	61.5
家具制造业	52	47	55	40	36	65.5
造纸及纸制品业	458	441	597	372	353	59.1
印刷业、记录媒介的复制	263	189	229	157	149	65.1
文教体育用品制造业	46	43	58	20	27	46.6
石油加工及炼焦业	196	194	1211	841	856	70.7
化学原料及化学制品制造业	1941	1907	3167	1966	1907	60.2
医药制造业	501	490	1140	354	319	28.0
化学纤维制造业	150	137	222	131	137	61.7
橡胶制品业	161	151	285	157	176	61.8
塑料制品业	269	246	279	192	206	73.8
非金属矿物制品业	1247	1202	1638	936	985	60.1
黑色金属冶炼及压延加工业	501	490	2533	1572	1697	67.0
有色金属冶炼及压延加工业	297	290	963	408	481	49.9
金属制品业	293	273	371	189	210	56.6
普通机械制造业	846	794	1065	434	423	39.7

国民经济行业更新改造项目个数

续1

单位:个

行业	基层填报单位个数	全部建设项目个数	施工项目个数	新开工	全部建成投产项目个数	项目建成投产率(%)
专用设备制造业	640	602	822	403	403	49.0
交通运输设备制造业	864	809	1676	793	868	51.8
电气机械及器材制造业	533	492	646	289	294	45.5
电子及通信设备制造业	379	339	468	202	205	43.8
仪器仪表及文化、办公用机械制造业	129	122	172	68	82	47.7
其他制造业	133	122	217	103	138	63.6
(四)电力、煤气及水的生产和供应业	1804	1747	5324	3855	3814	71.6
电力、蒸汽、热水的生产和供应业	1419	1364	4636	3475	3429	74.0
煤气生产和供应业	76	76	210	119	94	44.8
自来水的生产和供应业	309	307	478	261	291	60.9
(五)建筑业	373	251	636	360	345	54.2
土木工程建筑业	327	223	560	306	309	55.2
线路、管道和设备安装业	39	23	71	52	33	46.5
建筑物的装修装饰业	7	5	5	2	3	60.0
(六)地质勘查业、水利管理业	208	180	314	222	219	69.7
地质勘查业	29	10	22	14	18	81.8
水利管理业	179	170	292	208	201	68.8
(七)交通运输、仓储及邮电通信业	3426	3004	12536	9593	9445	75.3
铁路运输业	352	335	2850	1845	1813	63.6
公路运输业	522	308	486	303	305	62.8
管道运输业	7	7	93	77	85	91.4
水上运输业	83	47	92	52	45	48.9
航空运输业	22	13	68	52	58	85.3
交通运输辅助业	388	351	886	588	663	74.8
其他交通运输业	3	2	2	1	—	—
仓储业	95	92	136	98	101	74.3
邮电通信业	1954	1849	7923	6577	6375	80.5
(八)批发和零售贸易、餐饮业	889	849	1097	679	730	66.5
食品、饮料、烟草和家庭用品批发商业	329	310	419	303	306	73.0
能源、材料和机械电子设备批发业	154	145	181	100	105	58.0
其他批发业	24	24	26	16	14	53.8
零售业	312	306	382	197	246	64.4
商业经纪与代理业	10	9	9	3	2	22.2

国民经济行业更新改造项目个数

续 2　　　　单位:个

行业	基层填报单位个数	全部建设项目个数	施工项目个数	新开工	全部建成投产项目个数	项目建成投产率(%)
餐饮业	60	55	80	60	57	71.3
(九) 金融、保险业	105	93	276	68	107	38.8
金融业	96	87	261	58	100	38.3
保险业	9	6	15	10	7	46.7
(十) 房地产业	176	174	342	144	170	49.7
房地产开发与经营业	99	97	157	50	75	47.8
房地产管理业	76	76	184	94	95	51.6
房地产代理与经纪业	1	1	1	—	—	—
(十一) 社会服务业	992	867	1913	1353	1306	68.3
公共服务业	706	601	1537	1126	1088	70.8
居民服务业	32	30	34	27	20	58.8
旅馆业	175	169	236	131	144	61.0
租赁服务业	4	2	3	—	—	—
旅行社	34	30	57	44	36	63.2
娱乐服务业	15	14	19	8	9	47.4
信息、咨询服务业	5	2	3	3	—	—
计算机应用服务业	6	5	5	3	2	40.0
其他社会服务业	15	14	19	11	7	36.8
(十二) 卫生、体育和社会福利业	258	195	282	177	187	66.3
卫生	232	170	251	156	167	66.5
体育	11	11	11	6	5	45.5
社会福利保障业	15	14	20	15	15	75.0
(十三) 教育、文化艺术及广播电影电视业	381	322	549	339	362	65.9
教育	250	216	432	279	300	69.4
文化艺术业	53	47	53	22	20	37.7
广播电影电视业	78	59	64	38	42	65.6
(十四) 科学研究和综合技术服务业	127	100	196	122	132	67.3
科学研究业	66	56	106	55	65	61.3
综合技术服务业	61	44	90	67	67	74.4
(十五) 国家机关、政党机关和社会团体	683	615	983	724	704	71.6
国家机关	655	591	957	710	683	71.4
政党机关	14	14	15	9	14	93.3
社会团体	14	10	11	5	7	63.6
基层群众自治组织	—	—	—	—	—	—
(十六) 其他行业	149	134	261	110	144	55.2
其他行业	149	134	261	110	144	55.2

各地区更新改造房屋建筑面积和造价

地　　区	施工房屋面　积(万平方米)	竣工房屋面　积(万平方米)	房屋建筑面积竣工率(%)	竣工房屋价　值(万　元)	竣工房屋造　价(元/平方米)
全国总计	**8470.86**	**4409.81**	**52.1**	**4310928**	**978**
北　　京	474.83	181.71	38.3	267541	1472
天　　津	339.47	155.88	45.9	146784	942
河　　北	388.16	207.47	53.4	201415	971
山　　西	242.41	131.67	54.3	106804	811
内 蒙 古	177.31	102.69	57.9	79207	771
辽　　宁	375.57	178.08	47.4	201159	1130
吉　　林	130.15	81.22	62.4	87005	1071
黑 龙 江	109.27	62.32	57.0	65672	1054
上　　海	1071.85	432.19	40.3	699157	1618
江　　苏	295.82	188.76	63.8	193865	1027
浙　　江	162.72	85.36	52.5	87278	1022
安　　徽	215.37	128.55	59.7	100652	783
福　　建	144.41	62.74	43.4	57579	918
江　　西	142.68	71.38	50.0	54490	763
山　　东	550.84	298.76	54.2	274993	920
河　　南	487.74	234.49	48.1	170407	727
湖　　北	283.22	166.97	59.0	170372	1020
湖　　南	212.50	115.45	54.3	112484	974
广　　东	566.53	279.51	49.3	270861	969
广　　西	165.23	94.99	57.5	78042	822
海　　南	8.89	5.10	57.4	3779	741
重　　庆	301.55	164.78	54.6	108424	658
四　　川	312.55	190.27	60.9	148895	783
贵　　州	167.25	89.41	53.5	67972	760
云　　南	410.48	226.73	55.2	199164	878
西　　藏	0.15	0.12	80.0	158	1317
陕　　西	174.41	74.52	42.7	55020	738
甘　　肃	163.56	95.14	58.2	69802	734
青　　海	32.28	24.04	74.5	19771	822
宁　　夏	70.48	48.27	68.5	41950	869
新　　疆	265.51	215.51	81.2	153513	712
不分地区	27.68	15.74	56.9	16713	1062

各地区更新改造住宅建筑面积和造价

地区	施工住宅面积(万平方米)	竣工住宅面积(万平方米)	住宅建筑面积竣工率(%)	竣工住宅价值(万元)	竣工住宅造价(元/平方米)
全国总计	**3263.66**	**1771.22**	**54.3**	**1487568**	**840**
北京	254.72	113.42	44.5	146455	1291
天津	213.99	101.80	47.6	70455	692
河北	86.36	49.05	56.8	38461	784
山西	130.39	73.18	56.1	49393	675
内蒙古	109.28	70.05	64.1	41804	597
辽宁	130.08	81.45	62.6	78627	965
吉林	21.29	19.41	91.2	15699	809
黑龙江	23.72	21.51	90.7	17827	829
上海	553.70	220.80	39.9	345718	1566
江苏	21.91	13.62	62.2	11127	817
浙江	12.43	6.93	55.8	5967	861
安徽	50.93	28.99	56.9	18699	645
福建	19.94	9.91	49.7	6845	691
江西	45.52	16.81	36.9	12401	738
山东	160.97	101.49	63.0	70573	695
河南	164.29	75.47	45.9	43045	570
湖北	43.97	20.02	45.5	16086	803
湖南	92.35	45.90	49.7	34564	753
广东	171.46	93.23	54.4	69425	745
广西	64.71	33.30	51.5	19891	597
海南	2.87	2.61	90.9	1850	709
重庆	167.12	99.79	59.7	58398	585
四川	104.06	63.24	60.8	44702	707
贵州	57.17	32.51	56.9	17854	549
云南	159.55	102.18	64.0	72419	709
西藏	0.02	0.02	100.0	5	250
陕西	95.06	41.76	43.9	27043	648
甘肃	91.10	56.99	62.6	38453	675
青海	12.87	11.14	86.6	7341	659
宁夏	40.97	30.38	74.2	19639	646
新疆	141.09	123.10	87.2	74601	606
不分地区	19.76	11.17	56.5	12201	1092

国民经济行业更新改造房屋建筑面积和造价

行　　业	施工房屋面积(万平方米)	竣工房屋面积(万平方米)	房屋建筑面积竣工率(%)	竣工房屋价值(万元)	竣工房屋造价(元/平方米)
全　国　总　计	**8470.86**	**4409.81**	**52.1**	**4310928**	**978**
(一) 农、林、牧、渔业	143.98	123.13	85.5	54777	445
农业	114.97	102.51	89.2	40111	391
林业	6.71	5.70	84.9	3201	562
畜牧业	11.01	8.44	76.7	6232	738
渔业	2.38	1.83	76.9	1526	834
农、林、牧、渔服务业	8.92	4.64	52.0	3707	799
(二) 采掘业	685.83	424.48	61.9	338904	798
煤炭采选业	384.45	232.48	60.5	163221	702
石油和天然气开采业	221.44	148.41	67.0	138935	936
黑色金属矿采选业	11.58	5.95	51.4	5880	988
有色金属矿采选业	41.45	21.00	50.7	20299	967
非金属矿采选业	21.60	12.71	58.8	7488	589
其他矿采选业	0.02	0.02	100.0	12	600
木材及竹材采运业	5.29	3.91	73.9	3069	785
(三) 制造业	4022.32	2133.83	53.0	2097113	983
食品加工业	170.11	114.45	67.3	102453	895
食品制造业	76.35	49.94	65.4	51222	1026
饮料制造业	213.52	132.19	61.9	118872	899
烟草加工业	152.50	65.52	43.0	64379	983
纺织业	150.12	97.27	64.8	85807	882
服装及其他纤维制品制造业	44.54	31.87	71.6	35333	1109
皮革、毛皮、羽绒及其制品业	13.66	11.52	84.3	9434	819
木材加工及竹、藤、棕、草制品业	32.09	24.52	76.4	19259	785
家具制造业	17.02	9.34	54.9	8140	872
造纸及纸制品业	125.25	65.03	51.9	59785	919
印刷业、记录媒介的复制	37.39	17.05	45.6	19005	1115
文教体育用品制造业	21.32	6.04	28.3	6584	1090
石油加工及炼焦业	66.09	39.70	60.1	42759	1077
化学原料及化学制品制造业	393.96	209.20	53.1	193272	924
医药制造业	208.26	62.35	29.9	68601	1100
化学纤维制造业	22.29	10.75	48.2	10271	955
橡胶制品业	81.92	45.27	55.3	44412	981
塑料制品业	37.03	25.84	69.8	24858	962
非金属矿物制品业	267.46	146.95	54.9	136846	931
黑色金属冶炼及压延加工业	528.51	290.32	54.9	287597	991
有色金属冶炼及压延加工业	202.76	102.78	50.7	86789	844
金属制品业	66.28	31.81	48.0	32198	1012
普通机械制造业	216.55	108.15	49.9	103974	961

国民经济行业更新改造房屋建筑面积和造价

续1

行　　业	施工房屋面积(万平方米)	竣工房屋面积(万平方米)	房屋建筑面积竣工率(%)	竣工房屋价值(万元)	竣工房屋造价(元/平方米)
专用设备制造业	157.95	71.00	45.0	65779	926
交通运输设备制造业	339.20	153.79	45.3	195632	1272
电气机械及器材制造业	177.37	88.60	50.0	100158	1130
电子及通信设备制造业	104.84	64.72	61.7	77843	1203
仪器仪表及文化、办公用机械制造业	27.58	15.23	55.2	15375	1010
其他制造业	70.39	42.63	60.6	30476	715
(四) 电力、煤气及水的生产和供应业	292.55	144.41	49.4	161685	1120
电力、蒸汽、热水的生产和供应业	250.45	125.04	49.9	139613	1117
煤气生产和供应业	14.75	2.91	19.7	4387	1508
自来水的生产和供应业	27.35	16.46	60.2	17685	1074
(五) 建筑业	141.81	80.53	56.8	86413	1073
土木工程建筑业	123.89	71.82	58.0	76321	1063
线路、管道和设备安装业	15.65	6.44	41.2	4449	691
建筑物的装修装饰业	2.27	2.27	100.0	5643	2486
(六) 地质勘查业、水利管理业	10.36	7.93	76.5	6546	825
地质勘查业	1.45	1.05	72.4	954	909
水利管理业	8.91	6.88	77.2	5592	813
(七) 交通运输、仓储及邮电通信业	1094.80	575.71	52.6	534273	928
铁路运输业	738.33	407.29	55.2	340445	836
公路运输业	70.04	28.24	40.3	27095	959
管道运输业	2.41	1.43	59.3	1370	958
水上运输业	11.51	5.44	47.3	9908	1821
航空运输业	5.50	2.94	53.5	3674	1250
交通运输辅助业	38.18	15.27	40.0	20513	1343
其他交通运输业	—	—	—	—	—
仓储业	21.56	13.51	62.7	10054	744
邮电通信业	207.28	101.60	49.0	121214	1193
(八) 批发和零售贸易、餐饮业	439.13	155.11	35.3	175034	1128
食品、饮料、烟草和家庭用品批发商业	109.43	57.09	52.2	49939	875
能源、材料和机械电子设备批发业	68.73	22.01	32.0	22978	1044
其他批发业	7.54	3.20	42.4	3888	1215
零售业	227.00	66.54	29.3	90249	1356
商业经纪与代理业	9.67	0.03	0.3	52	1733

国民经济行业更新改造房屋建筑面积和造价

续 2

行　　业	施工房屋面　积(万平方米)	竣工房屋面　积(万平方米)	房屋建筑面积竣工率(%)	竣工房屋价　值(万元)	竣工房屋造　价(元/平方米)
餐饮业	16.76	6.24	37.2	7928	1271
(九) 金融、保险业	44.99	26.10	58.0	24568	941
金融业	43.38	24.79	57.1	22083	891
保险业	1.60	1.32	82.5	2485	1883
(十) 房地产业	726.51	285.90	39.4	341898	1196
房地产开发与经营业	435.25	140.16	32.2	226850	1619
房地产管理业	290.31	145.74	50.2	115048	789
房地产代理与经纪业	0.95	—	—	—	—
(十一) 社会服务业	214.49	90.29	42.1	144625	1602
公共服务业	99.11	50.06	50.5	66538	1329
居民服务业	11.41	8.09	70.9	6048	748
旅馆业	76.40	20.84	27.3	54190	2600
租赁服务业	0.66	—	—	—	—
旅行社	9.11	5.33	58.5	7829	1469
娱乐服务业	8.89	3.96	44.5	8890	2245
信息、咨询服务业	0.53	—	—	—	—
计算机应用服务业	1.97	—	—	—	—
其他社会服务业	6.41	2.00	31.2	1130	565
(十二) 卫生、体育和社会福利业	68.20	36.20	53.1	32167	889
卫生	59.50	31.86	53.5	28471	894
体育	4.69	2.03	43.3	2140	1054
社会福利保障业	4.01	2.31	57.6	1556	674
(十三) 教育、文化艺术及广播电影电视业	153.82	89.51	58.2	69054	771
教育	126.91	79.48	62.6	56050	705
文化艺术业	18.08	4.39	24.3	7482	1704
广播电影电视业	8.84	5.64	63.8	5522	979
(十四) 科学研究和综合技术服务业	28.59	15.07	52.7	24768	1644
科学研究业	16.93	10.52	62.1	19073	1813
综合技术服务业	11.67	4.55	39.0	5695	1252
(十五) 国家机关、政党机关和社会团体	245.38	140.41	57.2	128663	916
国家机关	238.65	134.71	56.4	120036	891
政党机关	3.57	3.27	91.6	2694	824
社会团体	3.16	2.43	76.9	5933	2442
基层群众自治组织	—	—	—	—	—
(十六) 其他行业	158.09	81.21	51.4	90440	1114
其他行业	158.09	81.21	51.4	90440	1114

国民经济行业更新改造住宅建筑面积和造价

行　　业	施工住宅面　积(万平方米)	竣工住宅面　积(万平方米)	住宅建筑面积竣工率(%)	竣工住宅价　值(万元)	竣工住宅造　价(元/平方米)
全国总计	**3263.66**	**1771.22**	**54.3**	**1487568**	**840**
(一) 农、林、牧、渔业	65.61	56.56	86.2	20801	368
农业	58.72	51.89	88.4	18046	348
林业	3.14	2.94	93.6	1440	490
畜牧业	0.23	0.22	95.7	189	859
渔业	0.10	0.10	100.0	58	580
农、林、牧、渔服务业	3.42	1.42	41.5	1068	752
(二) 采掘业	447.45	287.05	64.2	201166	701
煤炭采选业	258.31	154.90	60.0	98949	639
石油和天然气开采业	156.89	117.34	74.8	90553	772
黑色金属矿采选业	4.92	2.72	55.3	1696	624
有色金属矿采选业	23.98	10.93	45.6	9129	835
非金属矿采选业	2.78	0.66	23.7	525	795
其他矿采选业	—	—	—	—	—
木材及竹材采运业	0.57	0.50	87.7	314	628
(三) 制造业	850.77	472.65	55.6	363232	769
食品加工业	15.93	9.48	59.5	6304	665
食品制造业	8.17	5.46	66.8	4328	793
饮料制造业	11.76	6.19	52.6	3970	641
烟草加工业	16.87	13.50	80.0	10172	753
纺织业	31.15	18.01	57.8	13019	723
服装及其他纤维制品制造业	3.31	2.95	89.1	2844	964
皮革、毛皮、羽绒及其制品业	0.89	0.24	27.0	120	500
木材加工及竹、藤、棕、草制品业	1.08	0.58	53.7	360	621
家具制造业	3.28	0.57	17.4	645	1132
造纸及纸制品业	7.52	3.74	49.7	2316	619
印刷业、记录媒介的复制	8.78	2.56	29.2	3365	1314
文教体育用品制造业	5.43	—	—	—	—
石油加工及炼焦业	17.63	13.69	77.7	14406	1052
化学原料及化学制品制造业	67.73	38.10	56.3	25146	660
医药制造业	21.15	8.33	39.4	5050	606
化学纤维制造业	0.81	0.31	38.3	173	558
橡胶制品业	5.75	1.96	34.1	1342	685
塑料制品业	3.78	1.96	51.9	984	502
非金属矿物制品业	35.51	20.18	56.8	15460	766
黑色金属冶炼及压延加工业	294.24	155.18	52.7	129156	832
有色金属冶炼及压延加工业	73.85	47.89	64.8	29707	620
金属制品业	11.35	5.96	52.5	5189	871
普通机械制造业	36.41	21.18	58.2	17206	812

国民经济行业更新改造住宅建筑面积和造价

续 1

行　　　业	施工住宅面　积(万平方米)	竣工住宅面　积(万平方米)	住宅建筑面积竣工率(%)	竣工住宅价　值(万元)	竣工住宅造　价(元/平方米)
专用设备制造业	35.67	18.82	52.8	13036	693
交通运输设备制造业	41.83	19.64	47.0	16215	826
电气机械及器材制造业	20.49	12.03	58.7	9734	809
电子及通信设备制造业	13.19	5.42	41.1	6558	1210
仪器仪表及文化、办公用机械制造业	12.58	8.72	69.3	8664	994
其他制造业	44.63	30.00	67.2	17763	592
(四) 电力、煤气及水的生产和供应业	91.68	55.62	60.7	50149	902
电力、蒸汽、热水的生产和供应业	76.02	47.30	62.2	41975	887
煤气生产和供应业	5.84	0.36	6.2	230	639
自来水的生产和供应业	9.83	7.96	81.0	7944	998
(五) 建筑业	98.68	55.50	56.2	56992	1027
土木工程建筑业	87.51	51.58	58.9	54874	1064
线路、管道和设备安装业	11.16	3.92	35.1	2118	540
建筑物的装修装饰业	—	—	—	—	—
(六) 地质勘查业、水利管理业	5.21	4.27	82.0	2531	593
地质勘查业	0.66	0.66	100.0	464	703
水利管理业	4.55	3.61	79.3	2067	573
(七) 交通运输、仓储及邮电通信业	657.74	347.20	52.8	276411	796
铁路运输业	549.35	303.22	55.2	237265	782
公路运输业	33.35	12.79	38.4	12271	959
管道运输业	—	—	—	—	—
水上运输业	6.63	2.75	41.5	5273	1917
航空运输业	0.41	0.41	100.0	389	949
交通运输辅助业	16.19	5.48	33.8	4596	839
其他交通运输业	—	—	—	—	—
仓储业	1.42	0.76	53.5	595	783
邮电通信业	50.39	21.80	43.3	16022	735
(八) 批发和零售贸易、餐饮业	81.23	39.40	48.5	29982	761
食品、饮料、烟草和家庭用品批发商业	27.43	15.49	56.5	9411	608
能源、材料和机械电子设备批发业	29.93	9.49	31.7	8547	901
其他批发业	4.29	2.15	50.1	1856	863
零售业	15.90	10.76	67.7	9010	837
商业经纪与代理业	0.22	—	—	—	—

国民经济行业更新改造住宅建筑面积和造价

续 2

行　　业	施工住宅面积(万平方米)	竣工住宅面积(万平方米)	住宅建筑面积竣工率(%)	竣工住宅价值(万元)	竣工住宅造价(元/平方米)
餐饮业	3.45	1.50	43.5	1158	772
(九) 金融、保险业	16.52	13.11	79.4	8989	686
金融业	16.01	12.81	80.0	8834	690
保险业	0.51	0.29	56.9	155	534
(十) 房地产业	598.22	245.06	41.0	290973	1187
房地产开发与经营业	357.24	122.22	34.2	196722	1610
房地产管理业	240.97	122.84	51.0	94251	767
房地产代理与经纪业	—	—	—	—	—
(十一) 社会服务业	51.49	23.39	45.4	29475	1260
公共服务业	42.78	21.12	49.4	27840	1318
居民服务业	1.09	0.96	88.1	580	604
旅馆业	3.78	0.27	7.1	180	667
租赁服务业	—	—	—	—	—
旅行社	0.88	0.45	51.1	398	884
娱乐服务业	0.95	0.58	61.1	477	822
信息、咨询服务业	0.10	—	—	—	—
计算机应用服务业	0.50	—	—	—	—
其他社会服务业	1.40	—	—	—	—
(十二) 卫生、体育和社会福利业	14.23	9.60	67.5	6675	695
卫生	13.51	9.03	66.8	6210	688
体育	0.45	0.30	66.7	280	933
社会福利保障业	0.27	0.27	100.0	185	685
(十三) 教育、文化艺术及广播电影电视业	39.10	28.32	72.4	17726	626
教育	35.16	25.04	71.2	14791	591
文化艺术业	1.20	1.11	92.5	652	587
广播电影电视业	2.74	2.16	78.8	2283	1057
(十四) 科学研究和综合技术服务业	9.98	6.36	63.7	6810	1071
科学研究业	5.23	2.48	47.4	1940	782
综合技术服务业	4.75	3.88	81.7	4870	1255
(十五) 国家机关、政党机关和社会团体	123.44	67.05	54.3	56268	839
国家机关	120.63	64.61	53.6	55070	852
政党机关	2.24	2.24	100.0	1099	491
社会团体	0.57	0.20	35.1	99	495
基层群众自治组织	—	—	—	—	—
(十六) 其他行业	112.32	60.10	53.5	69388	1155
其他行业	112.32	60.10	53.5	69388	1155

房地产开发固定资产投资

房地产开发投资主要指标

指　　标	1997 年	1996 年	1997 年比 1996 年增减	
			绝对数	±%
一、投资总额(亿元)	**3178.37**	**3216.44**	**−38.07**	**−1.2**
1.按构成分				
建筑安装工程	2236.37	2295.26	−58.89	−2.6
设备、工具、器具购置	124.66	136.08	−11.42	−8.4
其他费用	817.34	785.11	32.23	4.1
2.按工程用途分				
住　宅	1539.38	1699.17	−159.79	−9.4
其中：安居工程	185.50	154.82	30.68	19.8
办公楼	388.98	506.27	−117.29	−23.2
商业营业用房	425.85	468.81	−42.96	−9.2
其　他	824.16	542.20	281.96	52.0
二、全部项目建设规模(亿元)				
计划总投资	16392.40	16561.49	−169.09	−1.0
实际需要的总投资	17685.72	17704.53	−18.81	−0.1
自开始建设至本年底				
累计完成投资	9109.72	8439.89	669.83	7.9
全部建成尚需投资	8576.00	9264.63	−688.63	−7.4
三、新增固定资产(亿元)	**2413.43**	**2105.13**	**308.30**	**14.7**
四、房屋建筑面积(万平方米)				
施工面积	44985.46	47011.74	−2026.28	−4.3
其中：住宅	30374.66	31849.28	−1474.62	−4.6
竣工面积	15819.70	15356.71	462.99	3.0
其中：住宅	12464.70	12232.60	232.10	1.9

各地区按经济类型分的房地产开发单位个数(一)

单位:个

地　区	总　计	国有经济	集体经济	私营经济	联营经济
全国总计	**21286**	**8164**	**4754**	**323**	**459**
北　京	412	150	10		3
天　津	486	187	66	10	14
河　北	364	207	51	9	2
山　西	207	127	44		1
内蒙古	170	97	36	5	1
辽　宁	1095	502	237	10	8
吉　林	181	114	8		1
黑龙江	296	161	26	2	4
上　海	2398	910	596	133	139
江　苏	1803	665	524		41
浙　江	1706	517	449	10	57
安　徽	653	283	132	5	10
福　建	1178	276	184	17	35
江　西	377	184	52	3	3
山　东	909	404	224	5	10
河　南	509	237	98	1	1
湖　北	975	413	103	12	16
湖　南	568	276	69	16	7
广　东	3704	1216	1196	42	80
广　西	525	190	100	1	6
海　南	124	42	12		2
重　庆	468	126	78	19	3
四　川	845	289	231	9	7
贵　州	313	96	70	2	4
云　南	219	150	7		2
西　藏	2	2			
陕　西	255	127	47	1	1
甘　肃	293	93	67		
青　海	47	25	9		
宁　夏	80	40	12	2	1
新　疆	124	58	16	9	
不分地区					

各地区按经济类型分的房地产开发单位个数(二)

单位:个

地 区	股份制经济			外商投资经济			
		股份有限公司	有限责任公司		中外合资经营	中外合作经营	外资企业
全国总计	**3120**	**1099**	**2021**	**2095**	**1403**	**378**	**314**
北 京	64	26	38	115	52	62	1
天 津	115	20	95	47	36	8	3
河 北	42	15	27	45	42	2	1
山 西	10	1	9	14	14		
内 蒙 古	24	9	15	5	5		
辽 宁	162	87	75	109	91	11	7
吉 林	23	15	8	31	25		6
黑 龙 江	64	28	36	14	10	1	3
上 海	93	92	1	135	89	14	32
江 苏	205	65	140	181	141	26	14
浙 江	482	149	333	106	98	4	4
安 徽	151	40	111	52	41	2	9
福 建	114	40	74	247	104	40	103
江 西	56	20	36	44	39	3	2
山 东	88	29	59	87	67	9	11
河 南	88	21	67	34	28	1	5
湖 北	117	66	51	117	82	12	23
湖 南	99	34	65	52	38	3	11
广 东	404	131	273	282	123	143	16
广 西	84	21	63	83	56	18	9
海 南	23	17	6	25	10		15
重 庆	127	37	90	35	25	2	8
四 川	214	72	142	60	47	5	8
贵 州	69	21	48	60	43	3	14
云 南	33	16	17	18	16	1	1
西 藏							
陕 西	43	6	37	33	24	8	1
甘 肃	66	11	55	52	45		7
青 海	11	2	9	2	2		
宁 夏	18	5	13	5	5		
新 疆	31	3	28	5	5		
不分地区							

各地区按经济类型分的房地产开发单位个数(三)

单位:个

地　区	港澳台投资经济	与大陆合资经营企业	与大陆合作经营企业	港澳台独资企业	其他经济
全国总计	**1989**	**903**	**454**	**632**	**382**
北　京	69	36	32	1	1
天　津	40	31	3	6	7
河　北	7	7			1
山　西	10	7		3	1
内蒙古	2	2			
辽　宁	61	47	5	9	6
吉　林	4	1		3	
黑龙江	23	17	1	5	2
上　海	129	88	12	29	263
江　苏	183	144	20	19	4
浙　江	71	50	3	18	14
安　徽	19	9		10	1
福　建	291	51	23	217	14
江　西	35	14	1	20	
山　东	84	50	7	27	7
河　南	48	31	3	14	2
湖　北	188	102	6	80	9
湖　南	48	32	3	13	1
广　东	472	76	320	76	12
广　西	56	37	11	8	5
海　南	18	6		12	2
重　庆	69	40	2	27	11
四　川	21	10	1	10	14
贵　州	11			11	1
云　南	7	4		3	2
西　藏					
陕　西	3	2	1		
甘　肃	14	4		10	1
青　海					
宁　夏	2	2			
新　疆	4	3		1	1
不分地区					

各地区房地产开发投资总规模与完成情况(一)

单位:万元

地区	计划总投资	实际需要总投资	自开始建设至本年底累计完成投资	本年完成投资
全国总计	**163923992**	**176857224**	**91097228**	**31783702**
北京	28916924	31095293	12433527	3303366
天津	2996340	3442517	1798182	808041
河北	1522361	1620970	936842	487547
山西	583271	637800	409148	181736
内蒙古	207047	223493	169214	107828
辽宁	5314950	5762103	3402718	1399122
吉林	787208	862195	539717	252604
黑龙江	1159198	1210655	862900	452431
上海	32111906	33734473	19819947	6143258
江苏	7525924	8087919	4920443	2415542
浙江	7866628	8621179	5665165	2153642
安徽	1653684	1727794	964042	475927
福建	8788502	9541600	4451683	1483314
江西	893725	927870	530116	251323
山东	4953898	5367152	3077882	1077715
河南	1939600	2165930	1211788	517509
湖北	8996636	9427355	3733177	1264725
湖南	1617572	1711637	943170	340151
广东	31190172	34566293	16728025	5283116
广西	2102123	2195385	1152814	335374
海南	987490	1019284	532619	79926
重庆	3479931	3886671	1690726	674763
四川	3134786	3469637	2025162	1002571
贵州	735214	787719	343036	152857
云南	1529106	1648709	1039020	397805
西藏	9090	9090	6590	6590
陕西	1609275	1708460	845769	295337
甘肃	717141	770773	418052	182848
青海	78479	80720	44158	24559
宁夏	103268	109306	76588	60497
新疆	412543	437242	325008	171678
不分地区				

各地区房地产开发投资总规模与完成情况(二)

单位:万元

地区	累计新增固定资产	未完工程	全部建成尚需投资	未完工程占用率(%)
全国总计	**37845550**	**48304698**	**85759996**	**152.0**
北京	5019402	7132680	18661766	215.9
天津	729693	779078	1644335	96.4
河北	451092	404860	684128	83.0
山西	233538	160923	228652	88.5
内蒙古	129777	36328	54279	33.7
辽宁	1362989	1986723	2359385	142.0
吉林	333691	199555	322478	79.0
黑龙江	487871	360970	347755	79.8
上海	5823705	11750054	13914526	191.3
江苏	2675868	2095352	3167476	86.7
浙江	3023233	2480306	2956014	115.2
安徽	553865	367860	763752	77.3
福建	1810942	2470366	5089917	166.5
江西	264650	214287	397754	85.3
山东	1735075	1241788	2289270	115.2
河南	584318	593587	954142	114.7
湖北	1302222	2261056	5694178	178.8
湖南	426586	491650	768467	144.5
广东	6976515	8973913	17838268	169.9
广西	501421	552725	1042571	164.8
海南	202885	327070	486665	409.2
重庆	681569	945647	2195945	140.1
四川	915464	1056603	1444475	105.4
贵州	143872	187444	444683	122.6
云南	624414	393924	609689	99.0
西藏	6590		2500	
陕西	426923	418846	862691	141.8
甘肃	183237	227891	352721	124.6
青海	17257	25666	36562	104.5
宁夏	52824	22810	32718	37.7
新疆	164062	144736	112234	84.3
不分地区				

各地区房地产开发投资额和新增固定资产

单位:万元

地区	投资额	新增固定资产	固定资产交付使用率(%)
全国总计	**31783702**	**24134276**	**75.9**
北京	3303366	2269161	68.7
天津	808041	459543	56.9
河北	487547	350265	71.8
山西	181736	148474	81.7
内蒙古	107828	117504	109.0
辽宁	1399122	1062087	75.9
吉林	252604	191480	75.8
黑龙江	452431	411525	91.0
上海	6143258	4311553	70.2
江苏	2415542	2007722	83.1
浙江	2153642	2133912	99.1
安徽	475927	429418	90.2
福建	1483314	1172812	79.1
江西	251323	182225	72.5
山东	1077715	881400	81.8
河南	517509	389385	75.2
湖北	1264725	681579	53.9
湖南	340151	250449	73.6
广东	5283116	4128530	78.1
广西	335374	261308	77.9
海南	79926	83190	104.1
重庆	674763	531931	78.8
四川	1002571	738645	73.7
贵州	152857	115711	75.7
云南	397805	314376	79.0
西藏	6590	6590	100.0
陕西	295337	200739	68.0
甘肃	182848	120477	65.9
青海	24559	16740	68.2
宁夏	60497	51873	85.7
新疆	171678	113672	66.2
不分地区			

各地区按经济类型分的房地产开发投资(一)

单位:万元

地区	总计	国有经济	集体经济	私营经济	联营经济
全国总计	**31783702**	**11932873**	**3475097**	**341521**	**646465**
北京	3303366	1272297	32191		6328
天津	808041	338205	72111	3600	14582
河北	487547	269083	54778	14647	550
山西	181736	134819	24325		139
内蒙古	107828	76057	11131	634	
辽宁	1399122	533443	197707	31788	5210
吉林	252604	104224	2734		8420
黑龙江	452431	275695	26356	2381	2790
上海	6143258	2048531	716303	100621	328805
江苏	2415542	1192316	366088		28895
浙江	2153642	818059	308266	3120	62092
安徽	475927	225707	68091	3886	4743
福建	1483314	379739	115593	22329	46944
江西	251323	119992	25161	3850	1727
山东	1077715	538741	148914	1353	15269
河南	517509	160562	59963	96	148
湖北	1264725	388592	84256	8753	32753
湖南	340151	157871	33267	12371	1575
广东	5283116	1706593	731475	53878	72214
广西	335374	128615	37220	500	4297
海南	79926	15414	4541		1111
重庆	674763	128547	62471	29952	1323
四川	1002571	260300	178829	9909	4327
贵州	152857	41365	22131	1282	530
云南	397805	275620	4537		289
西藏	6590	6590			
陕西	295337	165734	32512	830	1237
甘肃	182848	44986	36186		
青海	24559	19830	896		
宁夏	60497	34491	8301	650	167
新疆	171678	70855	8763	35091	
不分地区					

各地区按经济类型分的房地产开发投资(二)

单位:万元

地　区	股份制经济	股份有限公司	有限责任公司	外商投资经济	中外合资经营	中外合作经营	外资企业
全国总计	**4405155**	**1863237**	**2541918**	**5012133**	**3050614**	**1144092**	**817427**
北　京	323989	138561	185428	835045	368029	467016	
天　津	146237	52561	93676	106073	75267	29928	878
河　北	68751	21725	47026	71213	68352	2511	350
山　西	5514	100	5414	9688	9688		
内蒙古	18136	5265	12871	1000	1000		
辽　宁	240099	143165	96934	203310	159763	33267	10280
吉　林	84789	78138	6651	45192	39204		5988
黑龙江	58138	23065	35073	38498	25939	10834	1725
上　海	202945	202708	237	1160843	753070	108078	299695
江　苏	273127	102061	171066	296043	199737	22364	73942
浙　江	674855	208125	466730	165959	159945	3624	2390
安　徽	90659	29543	61116	59231	36216	2285	20730
福　建	164316	66688	97628	350337	94316	113584	142437
江　西	32037	11658	20379	31420	26442	4110	868
山　东	105028	37741	67287	150562	89785	27049	33728
河　南	65995	16105	49890	93081	55834	400	36847
湖　北	139268	94991	44277	232751	148971	20425	63355
湖　南	51318	15896	35422	50117	33496	3984	12637
广　东	803909	311752	492157	587514	307659	256946	22909
广　西	53882	27005	26877	69176	47698	8933	12545
海　南	18733	12361	6372	29809	3691		26118
重　庆	196941	79656	117285	77851	56243	9628	11980
四　川	331239	125689	205550	185703	155289	8917	21497
贵　州	44928	14391	30537	36747	25871	2881	7995
云　南	47322	16962	30360	48667	47647	620	400
西　藏							
陕　西	49124	5055	44069	38799	31277	6708	814
甘　肃	48125	10321	37804	28651	21332		7319
青　海	3213		3213	620	620		
宁　夏	13485	2840	10645	1823	1823		
新　疆	49053	9109	39944	6410	6410		
不分地区							

各地区按经济类型分的房地产开发投资(三)

单位:万元

地　区	港澳台投资经济	与大陆合资经营企业	与大陆合作经营企业	港澳台独资企业	其他经济
全国总计	**5206773**	**2252093**	**1521601**	**1433079**	**763685**
北　京	831645	398622	413479	19544	1871
天　津	121403	50970	4767	65666	5830
河　北	6945	6945			1580
山　西	5501	5415		86	1750
内蒙古	870	870			
辽　宁	185719	132782	25931	27006	1846
吉　林	7245	2797		4448	
黑龙江	43997	38937	608	4452	4576
上　海	978604	727390	141517	109697	606606
江　苏	255169	183882	40050	31237	3904
浙　江	98442	55529	5992	36921	22849
安　徽	18398	9241		9157	5212
福　建	382648	50956	44850	286842	21408
江　西	37136	13622	712	22802	
山　东	114592	64238	14873	35481	3256
河　南	136094	96328	4647	35119	1570
湖　北	362706	146187	42592	173927	15646
湖　南	33612	23309	900	9403	20
广　东	1306616	84952	764423	457241	20917
广　西	39138	25577	8795	4766	2546
海　南	9658	1238		8420	660
重　庆	165473	106121	3185	56167	12205
四　川	6780	2439	1100	3241	25484
贵　州	4955			4955	919
云　南	18501	16901		1600	2869
西　藏					
陕　西	7101	3921	3180		
甘　肃	24790	783		24007	110
青　海					
宁　夏	1580	1580			
新　疆	1455	561		894	51
不分地区					

各地区按资质等级分的房地产开发投资(一)

单位:万元

地　区	完成投资	一　级	二　级	三　级
全国总计	**31783702**	**3047962**	**7791971**	**8770724**
北　京	3303366	529637	277296	90732
天　津	808041	137870	131617	161362
河　北	487547	19388	153035	112005
山　西	181736	17501	22671	59200
内蒙古	107828		14865	35504
辽　宁	1399122	130417	147650	533000
吉　林	252604	30404	44907	100551
黑龙江	452431	22140	121511	156658
上　海	6143258	542982	1591863	1258379
江　苏	2415542	252593	698946	984408
浙　江	2153642	149908	472339	889246
安　徽	475927	41158	146384	172635
福　建	1483314	144885	118663	734231
江　西	251323	2936	80909	100803
山　东	1077715	147996	145313	222621
河　南	517509	22468	176628	229437
湖　北	1264725	66629	403015	641699
湖　南	340151	10905	114569	168240
广　东	5283116	524853	1984510	851960
广　西	335374	23047	111232	102270
海　南	79926	11355	39410	8018
重　庆	674763	41040	263854	250320
四　川	1002571	56189	190978	388367
贵　州	152857	6782	50280	68636
云　南	397805	86091	74446	123534
西　藏	6590			6590
陕　西	295337	16140	57139	108728
甘　肃	182848	706	31369	129370
青　海	24559	6476	4514	3576
宁　夏	60497	76	24038	18518
新　疆	171678	5390	98020	60126
不分地区				

各地区按资质等级分的房地产开发投资(二)

单位:万元

地区	四级	五级	无级	兼营
全国总计	**3666186**	**1114908**	**6721797**	**670154**
北京		36953	2296711	72037
天津	146234		229900	1058
河北	152099	2616	43956	4448
山西	29717	1466	44952	6229
内蒙古	28144	1908	23519	3888
辽宁	300535	16176	266829	4515
吉林	44866	336	26144	5396
黑龙江	9482	1725	139070	1845
上海	785410	907271	1057353	
江苏	174021	27935	266045	11594
浙江	317828	12300	273894	38127
安徽	97058	1860	14378	2454
福建	364728	7869	38720	74218
江西	52641	6337	5472	2225
山东	207044	28717	316516	9508
河南	56217	2760	26212	3787
湖北	79481	150	64909	8842
湖南	36516	1461	5658	2802
广东	485477	40134	1171115	225067
广西	52851	879	44464	631
海南	100		15336	5707
重庆	16291		22563	80695
四川	111689	8005	227464	19879
贵州	25807		1352	
云南	27943	6239	38126	41426
西藏				
陕西	29605		52169	31556
甘肃	19597	861	835	110
青海	2262	896	3865	2970
宁夏	4455		4270	9140
新疆	8088	54		
不分地区				

各地区按构成分的房地产开发投资

单位:万元

地区	投资额	建筑安装工程	设备工器具购置	其他费用
全国总计	**31783702**	**22363693**	**1246622**	**8173387**
北京	3303366	2079973	198315	1025078
天津	808041	600995	14363	192683
河北	487547	393944	13865	79738
山西	181736	160552	1017	20167
内蒙古	107828	93190	3200	11438
辽宁	1399122	1053230	50076	295816
吉林	252604	200651	13306	38647
黑龙江	452431	359981	19100	73350
上海	6143258	3782248	305870	2055140
江苏	2415542	1790314	29451	595777
浙江	2153642	1606842	47701	499099
安徽	475927	376587	7166	92174
福建	1483314	1055167	46747	381400
江西	251323	200975	2463	47885
山东	1077715	804152	66612	206951
河南	517509	390708	38229	88572
湖北	1264725	899273	48191	317261
湖南	340151	272032	10160	57959
广东	5283116	3726074	187805	1369237
广西	335374	236342	9071	89961
海南	79926	66186	3129	10611
重庆	674763	496790	44154	133819
四川	1002571	728336	39794	234441
贵州	152857	118185	4241	30431
云南	397805	289050	15336	93419
西藏	6590	5647		943
陕西	295337	220819	6706	67812
甘肃	182848	149433	3416	29999
青海	24559	20200	120	4239
宁夏	60497	50892	2383	7222
新疆	171678	134925	14635	22118
不分地区				

各地区按用途分的房地产开发投资

单位:万元

地区	投资额	住宅	别墅、高档公寓	安居工程	办公楼	商业营业用房	其他
全国总计	**31783702**	**15393805**	**1562955**	**1854959**	**3889819**	**4258452**	**8241626**
北京	3303366	1328665	403853	94177	910796	292482	771423
天津	808041	396370	70416	93977	86881	140582	184208
河北	487547	327134	16525	61221	27474	69592	63347
山西	181736	151687	3888	80984	6258	6990	16801
内蒙古	107828	76868	202	33781	2433	18736	9791
辽宁	1399122	825217	79353	129060	162671	236173	175061
吉林	252604	119709	280	34335	43503	32502	56890
黑龙江	452431	280097	7260	114556	51078	69212	52044
上海	6143258	1706938	272650	91724	438603	293008	3704709
江苏	2415542	1424011	67203	134010	243900	363273	384358
浙江	2153642	1294222	88515	118286	291020	340748	227652
安徽	475927	270586	6489	57211	43817	92190	69334
福建	1483314	724855	118251	97577	203147	236280	319032
江西	251323	156313	5925	33150	14832	37377	42801
山东	1077715	622909	45525	49325	116932	211310	126564
河南	517509	271476	15286	47563	84066	80455	81512
湖北	1264725	551454	30555	89154	136742	276901	299628
湖南	340151	190960	11585	53206	35744	51209	62238
广东	5283116	2991557	240845	103255	644046	696561	950952
广西	335374	160400	5212	42715	43463	40052	91459
海南	79926	23933	1574	4678	6647	22737	26609
重庆	674763	282339	11679	46670	73372	204345	114707
四川	1002571	495387	34239	79981	88972	248890	169322
贵州	152857	75027	510	7699	19595	36769	21466
云南	397805	220925	9943	45710	28790	51048	97042
西藏	6590	5647		5647			943
陕西	295337	176626	10181	60148	33349	19635	65727
甘肃	182848	106938	2485	15134	15111	34479	26320
青海	24559	12420		2064	6097	2676	3366
宁夏	60497	39647	858	5637	5133	10285	5432
新疆	171678	83488	1668	22324	25347	41955	20888
不分地区							

各地区按隶属关系分的房地产开发投资

单位:万元

地　区	合计	中央项目	地方项目	省　属	地市属	县　属
全国总计	**31783702**	**1530055**	**25257483**	**4918064**	**10296338**	**10043081**
北　京	3303366	280880	2953801	1710766	1135435	107600
天　津	808041	22445	538400	324289	177786	36325
河　北	487547	36215	390335	30036	217420	142879
山　西	181736		154536	16791	96378	41367
内蒙古	107828	2709	94116	10583	47301	36232
辽　宁	1399122	84452	1074739	56860	619908	397971
吉　林	252604		239829	49006	174048	16775
黑龙江	452431	32461	356151	25450	274546	56155
上　海	6143258	599292	4777561	990785		3786776
江　苏	2415542	13713	2357031	90896	1068784	1197351
浙　江	2153642	12112	1849819	170777	889504	789538
安　徽	475927	12395	373809	34947	224231	114631
福　建	1483314	22588	1240963	217587	718209	305167
江　西	251323	6730	196919	27727	85091	84101
山　东	1077715	27068	834407	83471	348185	402751
河　南	517509	15289	275493	31051	164155	80287
湖　北	1264725	35777	505298	47686	343869	113743
湖　南	340151	3767	287493	72002	148326	67165
广　东	5283116	260581	4293689	408459	2540126	1345104
广　西	335374	2405	284310	77261	148979	58070
海　南	79926	16	28418	16094	9130	3194
重　庆	674763	2782	478114	197012	78670	202432
四　川	1002571	5797	719677	44136	366964	308577
贵　州	152857	1859	107192	46942	36387	23863
云　南	397805	1806	308816	19996	103534	185286
西　藏	6590		6590		6340	250
陕　西	295337	7353	245768	33209	139227	73332
甘　肃	182848	2340	119333	23414	67203	28716
青　海	24559	1618	22941	3789	16089	3063
宁　夏	60497	863	57474	18654	28312	10508
新　疆	171678	34742	84461	38388	22201	23872
不分地区						

各地区房地产开发投资财务拨款

单位:万元

地　　区	本年资金来源合计	上年末结余资金	本年资金来源小计	本年各项应付款合计
全国总计	**47272214**	**9101564**	**38170650**	**8003988**
北　京	5393009	1101713	4291296	218355
天　津	1031651	158818	872833	161765
河　北	631855	99887	531968	123914
山　西	252649	26778	225871	62071
内蒙古	112936	5596	107340	20080
辽　宁	1685287	234092	1451195	557288
吉　林	254076	31296	222780	73608
黑龙江	444286	37202	407084	92692
上　海	9423481	2156945	7266536	1493667
江　苏	3227891	514882	2713009	729077
浙　江	3868307	578711	3289596	553681
安　徽	672464	118105	554359	115414
福　建	2382885	507072	1875813	409218
江　西	303761	70052	233709	84244
山　东	1479333	300252	1179081	388294
河　南	699341	108920	590421	124796
湖　北	1574782	265922	1308860	333528
湖　南	465848	92751	373097	103443
广　东	8172118	1873640	6298478	1296903
广　西	557420	114129	443291	114697
海　南	115338	18449	96889	11119
重　庆	1037441	144419	893022	268932
四　川	1500109	213053	1287056	265312
贵　州	288184	81633	206551	43881
云　南	645086	79965	565121	128808
西　藏	10393		10393	250
陕　西	501155	93025	408130	138357
甘　肃	238765	33541	205224	60234
青　海	32364	7090	25274	973
宁　夏	77447	4973	72474	13352
新　疆	192552	28653	163899	16035
不分地区				

各地区房地产开发投资财务拨款资金来源(一)

单位:万元

地　　区	本年资金来源小计	国家预算内资金	国内贷款	债　券
全国总计	**38170650**	**124789**	**9111902**	**48691**
北　　京	4291296	34124	1045339	
天　　津	872833	6662	251448	4263
河　　北	531968	584	103655	2100
山　　西	225871	458	77783	51
内 蒙 古	107340	540	28845	
辽　　宁	1451195	11192	328634	5360
吉　　林	222780		49720	132
黑 龙 江	407084	950	99407	1286
上　　海	7266536	27869	1763679	2805
江　　苏	2713009	5780	688718	11939
浙　　江	3289596	5741	903305	2555
安　　徽	554359	2254	137670	58
福　　建	1875813	3472	410048	86
江　　西	233709	286	69221	
山　　东	1179081	2508	267993	
河　　南	590421	1700	204457	1734
湖　　北	1308860	1610	251577	315
湖　　南	373097	1636	105872	20
广　　东	6298478	1586	1104174	1836
广　　西	443291	400	132005	
海　　南	96889		33967	
重　　庆	893022	5129	254566	2551
四　　川	1287056	3951	370874	9269
贵　　州	206551	408	53320	2000
云　　南	565121	4505	129624	
西　　藏	10393		4000	
陕　　西	408130	55	109396	331
甘　　肃	205224	468	52240	
青　　海	25274	921	4411	
宁　　夏	72474		23911	
新　　疆	163899		52043	
不分地区				

各地区房地产开发投资财务拨款资金来源(二)

单位:万元

地　区	利用外资	外商直接投资	自筹资金	其他资金来源
全国总计	**4608565**	**3279010**	**9728831**	**14547872**
北　京	879424	708326	609935	1722474
天　津	103728	81935	272434	234298
河　北	15157	15157	146603	263869
山　西	2992	2992	33853	110734
内蒙古	110	110	27766	50079
辽　宁	121622	93126	410788	573599
吉　林	4479	4479	87355	81094
黑龙江	7967	6197	126032	171442
上　海	1334092	648247	2158428	1979663
江　苏	152403	89432	653999	1200170
浙　江	43444	31372	707305	1627246
安　徽	18149	15753	146997	249231
福　建	358466	280185	382619	721122
江　西	25879	18902	58478	79845
山　东	105240	56197	291649	511691
河　南	34096	25718	165383	183051
湖　北	78462	44176	459057	517839
湖　南	13472	13472	118836	133261
广　东	1098679	960881	1779353	2312850
广　西	23642	16344	106705	180539
海　南	19215	18231	30598	13109
重　庆	75685	69500	205902	349189
四　川	43329	39959	339806	519827
贵　州	10994	9266	61779	78050
云　南	21859	14802	72296	336837
西　藏			250	6143
陕　西	9701	8072	136242	152405
甘　肃	4779	4779	57238	90499
青　海	1000	1000	5388	13554
宁　夏			15184	33379
新　疆	500	400	60573	50783
不分地区				

各地区房地产土地开发情况

单位:平方米

地区	本年完成开发土地面积	正在开发的土地面积	待开发土地面积	本年购置土地面积
全国总计	**73713450**	**83845580**	**176700682**	**66417359**
北京	4197676	1635815	4065947	2612486
天津	3298881	2630225	1646466	2384735
河北	1348608	692021	1066033	1668706
山西	327855	716246	586209	733626
内蒙古	284828	95448	90992	141955
辽宁	3261028	1077529	1380705	2458136
吉林	445814	519387	2401926	112979
黑龙江	644276	206997	131108	303930
上海	2992673	1724196	14973169	4259180
江苏	7616576	4900029	9580661	6585198
浙江	4497024	2855388	5764436	4341121
安徽	1474333	1039525	1492315	2114022
福建	7376305	15316023	12916486	5400751
江西	800608	1434186	998710	1600413
山东	3637728	1836586	9944635	4519147
河南	1457109	945396	1098186	1932547
湖北	2865314	4945844	5269622	3098163
湖南	1476145	1269940	10210353	1195818
广东	14014280	28688217	79373580	7475229
广西	2658030	3005638	3910037	2070923
海南	330790	402034	1654762	48079
重庆	1833094	902710	2550298	2594893
四川	2762859	2788794	3368805	3996269
贵州	314505	86973	141445	229953
云南	1900273	1183955	680756	1940429
西藏				104665
陕西	759647	2152929	952296	1263270
甘肃	596053	536847	120704	472172
青海	78794	33266	62369	37040
宁夏	8000			268575
新疆	454344	223436	267671	452949
不分地区				

各地区房地产房屋建筑面积和造价

地　区	施工房屋面　积(万平方米)	竣工房屋面　积(万平方米)	房屋建筑面积竣工率(%)	竣工房屋价　值(万　元)	竣工房屋造　价(元/平方米)
全国总计	**44985.46**	**15819.70**	**35.2**	**18592458**	**1175**
北　京	2869.61	682.30	23.8	1402128	2055
天　津	1116.73	299.63	26.8	370894	1238
河　北	901.62	375.94	41.7	312168	830
山　西	374.02	182.22	48.7	138795	762
内蒙古	221.13	132.35	59.9	107295	811
辽　宁	2216.81	924.76	41.7	854052	924
吉　林	444.36	216.84	48.8	179941	830
黑龙江	745.91	364.13	48.8	347283	954
上　海	5343.20	1465.98	27.4	3402177	2321
江　苏	3393.55	1647.60	48.6	1553515	943
浙　江	3554.59	1616.40	45.5	1803068	1115
安　徽	1077.68	493.44	45.8	338136	685
福　建	2401.24	662.77	27.6	844059	1274
江　西	689.64	267.79	38.8	175281	655
山　东	1918.38	791.02	41.2	712998	901
河　南	1042.19	370.26	35.5	321026	867
湖　北	1893.45	553.01	29.2	537638	972
湖　南	699.57	293.71	42.0	232995	793
广　东	7547.16	2042.20	27.1	2898558	1419
广　西	676.38	256.38	37.9	208897	815
海　南	166.23	44.56	26.8	72291	1622
重　庆	1650.66	458.26	27.8	380760	831
四　川	1780.60	756.44	42.5	583203	771
贵　州	390.79	137.21	35.1	102621	748
云　南	501.39	248.97	49.7	270193	1085
西　藏	8.99	8.99	100.0	6590	733
陕　西	583.98	217.55	37.3	173343	797
甘　肃	358.01	125.89	35.2	102440	814
青　海	63.29	20.36	32.2	15770	774
宁　夏	126.61	68.80	54.3	45023	654
新　疆	227.70	93.94	41.3	99320	1057
不分地区					

各地区房地产住宅建筑面积和造价

地　　区	施工住宅面积(万平方米)	竣工住宅面积(万平方米)	住宅建筑面积竣工率(%)	竣工住宅价值(万元)	竣工住宅造价(元/平方米)
全国总计	**30374.66**	**12464.70**	**41.0**	**12699131**	**1019**
北　　京	1541.14	478.31	31.0	807836	1689
天　　津	773.92	254.39	32.9	291452	1146
河　　北	765.13	326.59	42.7	238490	730
山　　西	337.61	168.92	50.0	127654	756
内 蒙 古	178.76	109.20	61.1	83482	765
辽　　宁	1586.51	768.92	48.5	631120	821
吉　　林	282.14	172.88	61.3	131614	761
黑 龙 江	527.75	294.06	55.7	216344	736
上　　海	3648.79	1177.16	32.3	2163902	1838
江　　苏	2382.29	1277.46	53.6	1075038	842
浙　　江	2483.06	1260.55	50.8	1273553	1010
安　　徽	735.41	366.62	49.9	228183	622
福　　建	1493.17	500.07	33.5	564820	1129
江　　西	530.78	216.34	40.8	134513	622
山　　东	1318.52	622.87	47.2	467800	751
河　　南	743.22	287.51	38.7	188926	657
湖　　北	1182.22	449.89	38.1	387820	862
湖　　南	498.32	228.35	45.8	166045	727
广　　东	5077.08	1570.46	30.9	2076160	1322
广　　西	476.77	201.67	42.3	149188	740
海　　南	87.86	27.03	30.8	45599	1687
重　　庆	903.48	357.66	39.6	277469	776
四　　川	1222.63	593.59	48.6	372829	628
贵　　州	257.45	106.48	41.4	69775	655
云　　南	360.95	205.38	56.9	201801	983
西　　藏	8.99	8.99	100.0	6590	733
陕　　西	442.16	186.05	42.1	133031	715
甘　　肃	233.19	101.88	43.7	78268	768
青　　海	48.24	17.70	36.7	13103	740
宁　　夏	97.44	54.02	55.4	31436	582
新　　疆	149.70	73.70	49.2	65290	886
不分地区					

各地区按用途分的房地产房屋施工面积

单位:平方米

地区	房屋施工面积合计	住宅			办公楼	商业营业用房	其他
		住宅	别墅、高档公寓	安居工程			
全国总计	**449854604**	**303746635**	**17591943**	**37643366**	**53355146**	**65079467**	**27673356**
北京	28696146	15411404	3357381	1067672	6377411	2607657	4299674
天津	11167308	7739163	667168	1160718	1309633	997116	1121396
河北	9016199	7651258	294395	1533716	331498	842613	190830
山西	3740155	3376091	20519	1312226	95109	165547	103408
内蒙古	2211307	1787643	1845	886383	81132	287249	55283
辽宁	22168147	15865078	1204500	2346548	2056464	3542732	703873
吉林	4443555	2821383	9170	948544	400223	844243	377706
黑龙江	7459115	5277452	80532	1764885	642001	1095496	444166
上海	53432011	36487889	2356601	1870062	9299159	4236557	3408406
江苏	33935530	23822910	710672	2597453	3459357	5040070	1613193
浙江	35545851	24830586	1057065	2556690	4250416	4614835	1850014
安徽	10776807	7354125	87231	1322292	977588	2069378	375716
福建	24012420	14931727	2478656	1772253	3622963	4044840	1412890
江西	6896398	5307837	167901	1209083	384955	955291	248315
山东	19183808	13185154	877033	869997	1757075	3477622	763957
河南	10421871	7432151	319491	1151926	1041143	1484391	464186
湖北	18934544	11822242	516960	2785621	2226540	3619981	1265781
湖南	6995675	4983210	188212	1353669	608265	1178823	225377
广东	75471630	50770830	2122292	1221960	7715823	11300256	5684721
广西	6763842	4767678	116407	1347901	803942	833272	358950
海南	1662278	878624	90211	216977	222449	372256	188949
重庆	16506557	9034792	147233	1165246	1510992	5070368	890405
四川	17805975	12226298	400206	1732377	1621505	3161052	797120
贵州	3907898	2574506	37900	305207	428028	678732	226632
云南	5013882	3609530	134337	617534	505145	636891	262316
西藏	89893	89893		69760			
陕西	5839815	4421597	86343	1445665	725268	596494	96456
甘肃	3580062	2331857	27529	380936	465924	645890	136391
青海	632868	482355		102950	91732	52902	5879
宁夏	1266099	974413	16962	114715	91842	147152	52692
新疆	2276958	1496959	17191	412400	251564	479761	48674
不分地区							

各地区按用途分的房地产房屋新开工面积

单位:平方米

地区	房屋新开工面积合计	住宅			办公楼	商业营业用房	其他
			别墅、高档公寓	安居工程			
全国总计	**140269841**	**109966407**	**4697166**	**17205708**	**8724448**	**14624535**	**6954451**
北京	8483617	5264422	974889	271250	1553587	357544	1308064
天津	3651937	3271691	305670	544326	64189	169815	146242
河北	4104779	3698423	62222	1065197	95174	237573	73609
山西	1964550	1821913	4800	940795	15252	92371	35014
内蒙古	1066836	843500	1845	345717	26250	175048	22038
辽宁	7807900	6574879	273053	1287201	279146	765985	187890
吉林	1938958	1426223	9170	607505	101426	335546	75763
黑龙江	3093388	2544178		1273626	107585	272048	169577
上海	14325359	11845438	634120	453331	948683	716861	814377
江苏	15988758	12742445	199439	1591117	722876	1802688	720749
浙江	11387826	8883013	305306	933267	713844	1242241	548728
安徽	4652678	3441775	25717	587498	311997	768531	130375
福建	5376348	3810578	418956	602554	626549	702465	236756
江西	2603341	2094807	38350	534158	76478	372520	59536
山东	7508412	5957787	193136	525846	374903	954587	221135
河南	3583679	2816133	113847	459244	284868	312171	170507
湖北	4079998	3279031	156240	954598	247194	410661	143112
湖南	1984736	1613171	10624	531325	89232	229406	52927
广东	15795371	12457692	632290	193932	656414	1717715	963550
广西	1600177	1412116	5000	842715	40363	114163	33535
海南	127920	31440		15420	1500	76420	18560
重庆	4703400	2996862	59010	486397	347682	1028158	330698
四川	6184758	4539320	160348	594605	335257	1058652	251529
贵州	945222	691473		66206	83793	128363	41593
云南	2311437	1750327	58430	223063	237006	210200	113904
西藏	4166	4166		4166			
陕西	1787995	1623045	28693	630434	94203	56589	14158
甘肃	1044205	792215		134706	141941	88017	22032
青海	313924	253727		79845	36812	20178	3207
宁夏	894527	735583	8820	114715	40454	76828	41662
新疆	953639	749034	17191	310949	69790	131191	3624
不分地区							

各地区按用途分的房地产房屋竣工面积

单位:平方米

地区	房屋竣工面积合计	住宅	别墅、高档公寓	安居工程	办公楼	商业营业用房	其他
全国总计	**158196983**	**124647030**	**5542202**	**19029095**	**10576611**	**16284430**	**6688912**
北京	6823043	4783124	997614	383163	808638	424418	806863
天津	2996265	2543857	162219	510566	213605	123412	115391
河北	3759352	3265890	49596	550581	134521	230149	128792
山西	1822250	1689211	19280	782860	27448	81343	24248
内蒙古	1323507	1091977	1845	492000	30716	177112	23702
辽宁	9247626	7689167	214240	1523659	462464	817173	278822
吉林	2168355	1728801		519676	163011	170515	106028
黑龙江	3641315	2940623	9534	1208920	263151	340556	96985
上海	14659801	11771605	503968	681501	1707025	593185	587986
江苏	16476025	12774566	321970	1420982	1064354	1937334	699771
浙江	16163971	12605535	527217	1498450	1113684	1701328	743424
安徽	4934350	3666198	37438	717983	336035	801518	130599
福建	6627732	5000717	696001	855302	553716	804148	269151
江西	2677890	2163437	57763	500460	100359	343131	70963
山东	7910229	6228701	258130	494281	227577	1176681	277270
河南	3702598	2875120	75637	556828	167075	491561	168842
湖北	5530065	4498889	158525	1235311	316702	572302	142172
湖南	2937089	2283531	115972	788629	183588	402887	67083
广东	20421969	15704648	848583	381941	1225997	2186026	1305298
广西	2563848	2016656	62367	575117	181540	312127	53525
海南	445622	270288	46795	85177	19263	103195	52876
重庆	4582557	3576585	48705	334744	199946	692631	113395
四川	7564433	5935885	153922	951941	367516	1047214	213818
贵州	1372052	1064780	12205	173862	109596	170452	27224
云南	2489703	2053771	80774	507241	138551	201909	95472
西藏	89893	89893		69760			
陕西	2175484	1860516	34000	648817	195248	105681	14039
甘肃	1258931	1018805	18639	305876	105912	106549	27665
青海	203639	177032		6463	7995	14969	3643
宁夏	687976	540197	12072	60786	43407	85619	18753
新疆	939413	737025	17191	206218	107971	69305	25112
不分地区							

各地区房地产商品房屋销售面积

单位:平方米

地区	房屋销售面积合计	住宅	别墅、高档公寓	安居工程	办公楼	商业营业用房	其他
全国总计	**90101679**	**78643001**	**2542486**	**12118500**	**3414299**	**6340599**	**1703780**
北京	2908976	2561931	535229	277484	187778	79745	79522
天津	1955112	1802443	51865	573257	49735	88424	14510
河北	1823378	1644995	52645	293782	25551	147710	5122
山西	1229221	1172191	6250	570803	6835	43951	6244
内蒙古	776930	673451	45	252894	12884	89165	1430
辽宁	4600379	4017280	67421	717731	140076	381245	61778
吉林	950163	841094		294242	35203	55655	18211
黑龙江	2069664	1710615		636282	78192	186185	94672
上海	6858486	6164206	232776	418069	374093	67367	252820
江苏	10697539	9531336	234975	1422837	270409	739015	156779
浙江	10169686	8789797	180665	847418	543715	720966	115208
安徽	2722327	2143816	22930	382619	100539	451507	26465
福建	4268823	3461421	262963	640997	278864	415542	112996
江西	1365143	1176305	4108	325190	36762	120533	31543
山东	4996311	4313304	106032	314725	119429	479993	83585
河南	2204904	2016463	23933	339461	45970	121302	21169
湖北	3129608	2594046	56018	534516	128495	292791	114276
湖南	1479285	1314883	29512	369498	39361	109968	15073
广东	11659733	10205297	423060	213874	445557	724959	283920
广西	1535351	1385574	16687	440088	41256	65404	43117
海南	192218	137961	6911	34791	1402	49275	3580
重庆	2367600	1997261	41708	224160	75145	242505	52689
四川	4628777	4111894	96121	926063	140849	344542	31492
贵州	656992	596311	1688	109403	8275	45438	6968
云南	1788322	1520051	53937	230152	99721	132294	36256
西藏	41666	41666		4166			
陕西	1185444	1095334	26636	259969	36172	32298	21640
甘肃	835246	712279		303647	66394	54020	2553
青海	89870	82699		6463	500	6548	123
宁夏	358238	301764	1346	15619	12365	40962	3147
新疆	556287	525333	7025	138300	12772	11290	6892
不分地区							

各地区房地产商品房屋实际销售额

单位:万元

地　区	房屋销售额合计	住　宅			办公楼	商业营业用房	其　他
			别墅、高档公寓	安居工程			
全国总计	**17994763**	**14075553**	**1368282**	**1329716**	**1597022**	**1959398**	**362790**
北　京	1640894	1403520	578524	48088	172118	33177	32079
天　津	447650	384518	20017	134105	19997	39559	3576
河　北	270401	222213	14566	27524	5363	42057	768
山　西	129805	118378	775	52802	741	10121	565
内蒙古	82560	64708	10	24488	1131	16381	340
辽　宁	755266	609862	22825	70707	38101	93340	13963
吉　林	123640	101577		29791	7849	11362	2852
黑龙江	311823	230920		69841	18026	45044	17833
上　海	2132216	1720149	182177	76842	303792	24417	83858
江　苏	1550463	1288772	53782	163950	74988	164288	22415
浙　江	1694450	1276823	53037	94644	174777	228798	14052
安　徽	307805	206153	4382	28656	13520	85605	2527
福　建	835005	620442	108616	83081	90361	108035	16167
江　西	111733	85078	378	23833	4449	19799	2407
山　东	638002	505485	32877	35311	36908	87537	8072
河　南	202561	176872	2864	23532	6368	18297	1024
湖　北	494961	324714	23621	47583	54078	92071	24098
湖　南	153309	122089	5107	26109	7284	22508	1428
广　东	4347313	3214506	195036	39211	462954	580950	88903
广　西	181488	151550	3085	30608	9317	16219	4402
海　南	39235	30154	1304	3577	681	7684	716
重　庆	280430	203111	9710	23554	14762	54792	7765
四　川	564033	440179	29690	78449	36249	84902	2703
贵　州	69658	54151	490	7123	1290	12980	1237
云　南	234651	187771	16820	16825	18395	25395	3090
西　藏	578	578		250			
陕　西	158291	141391	7198	27028	6992	6183	3725
甘　肃	103737	79161		29309	10305	14129	142
青　海	10973	9407		303	40	1486	40
宁　夏	46372	33636	197	863	1741	10463	532
新　疆	75460	67685	1194	11729	4445	1819	1511
不分地区							